高等院校经济管理类"十三五"规划教材

中级财务会计

Intermediate Financial Accounting

祝素月 主 编

中国财经出版传媒集团

经济科学出版社

Economic Science Press

图书在版编目（CIP）数据

中级财务会计/祝素月主编．—北京：经济科学
出版社，2019.3
高等院校经济管理类"十三五"规划教材
ISBN 978 - 7 - 5218 - 0347 - 1

Ⅰ．①中… Ⅱ．①祝… Ⅲ．①财务会计 - 高等学校 -
教材 Ⅳ．①F234.4

中国版本图书馆 CIP 数据核字（2019）第 041429 号

责任编辑：杜 鹏 张 燕 刘 悦
责任校对：曹育伟
责任印制：邱 天

中级财务会计

祝素月 主编

经济科学出版社出版、发行 新华书店经销
社址：北京市海淀区阜成路甲 28 号 邮编：100142
编辑部电话：010 - 88191441 发行部电话：010 - 88191522
网址：www.esp.com.cn
电子邮件：esp_bj@163.com
天猫网店：经济科学出版社旗舰店
网址：http://jjkxcbs.tmall.com
固安华明印业有限公司印装
787×1092 16 开 33.25 印张 700000 字
2019 年 3 月第 1 版 2019 年 3 月第 1 次印刷
ISBN 978 - 7 - 5218 - 0347 - 1 定价：68.00 元
（图书出现印装问题，本社负责调换。电话：010 - 88191510）
（版权所有 侵权必究 打击盗版 举报热线：010 - 88191661
QQ：2242791300 营销中心电话：010 - 88191537
电子邮箱：dbts@esp.com.cn）

序

　　过去的40年，我国社会经济环境发生了深刻的变化。社会主义市场经济体制开始建立并逐步得到发展，为企业提供了公平的竞争机会；资本市场开始起步，投资者开始关注资本市场和会计信息；国有上市公司实施了股权分置改革，使资本市场运行机制进一步完善；市场资源配置功能逐步发挥，推动了上市公司治理结构向国际水平看齐。加入WTO后，我国经济与世界经济紧密融合在一起，国内企业在更深程度上参与国际合作的同时，面临更加严峻的挑战。另外，IT技术的飞速发展及云技术的广泛应用，把我们带进了一个以全球化、信息化、网络化为特征的崭新经济时代，为技术、经济、会计等各方面的发展拓展了无限空间。未来的30年，我国将面临更加重要也更加艰巨的任务，国际、国内市场竞争将日趋加剧，制度国际化的进程势不可当。我国在国际舞台上的作为及利益保障，不仅来自经济贸易的对外扩展力，更来自市场经济的完善、资本市场的有效性及制度的创新。

　　会计总是与特定的经济环境相适应，并随着它的发展而发展。伴随着中国经济的发展和经济环境的变化，我国会计改革实现了跨越式发展，并取得了显著成就。1992年，财政部发布了《企业会计准则——基本准则》和13个行业会计制度，奠定了会计信息以市场化需求为导向的制度基础，对于促进我国进一步对外开放和我国经济国际化发挥了积极的作用。随着市场经济的发展和资本市场的进一步完善，资本市场的众多参与者更加重视和使用会计信息，并且，利用会计信息达到社会资源的合理配置已成为社会各界共同的希望，社会公众要求提高会计信息可靠性的呼声越来越高。1997年开始，随着第一个具体会计准则《关联方关系及其交易的披露》的颁布，财政部相继颁布了一系列具体会计准则，包括1998年的《收入》等7项准则、2000年和2001年的《无形资产》《借款费用》《固定资产》等准则。这些具体准则的颁布与实施，为提高会计信息质量发挥了重要作用。2006年2月15日，财政部修订并发布了企业会计准则体系，包括一项基本准则和38项具体准则。会计准则体系的实施，实现了我国会计准则与国际财务报告准则的实质性趋同，有利于境内外投资者更好地了解我国企业的财务状况和经营业绩，是经济国际化时代的社会要求。为了与国际财务报告准则保持持续趋同，2014年以来，财政部陆续增发了《企业会计准则第39号——公允价值计量》（2014）、

《企业会计准则第 40 号——合营安排》(2014)、《企业会计准则第 41 号——在其他主体中权益的披露》(2014)、《企业会计准则第 42 号—— 持有待售的非流动资产、处置组和终止经营》(2017);同时相继对《企业会计准则——基本准则》(2014)、《企业会计准则第 2 号——长期股权投资》(2014)、《企业会计准则第 9 号——职工薪酬》(2014)、《企业会计准则第 30 号——财务报表列报》(2014)、《企业会计准则第 33 号——合并财务报表》(2014)、《企业会计准则第 14 号——收入》(2017)、《企业会计准则第 16 号——政府补助》(2017)、《企业会计准则第 22 号——金融工具确认和计量》(2017)、《企业会计准则第 23 号——金融资产转移》(2017)、《企业会计准则第 24 号——套期会计》(2017)、《企业会计准则第 37 号——金融工具列报》(2017)、《企业会计准则第 21 号——租赁》(2018)等一系列企业会计准则进行了修订。这些准则的发布与修订,在一定程度上展现了我国与国际会计准则进一步趋同的发展历程和成果。

可见,在国际上,会计作为国际通用的"商业语言",是沟通国民经济与全球经济的重要媒介;在国内,会计准则是提高企业会计信息质量的保障;在教学上,我国会计准则体系的国际趋同与等效,对会计教学提出了更高的要求。当今已进入大数据时代,会计又被注入了新的活力,在理论和实务方面将有更大的突破,企业会计准则作为一个开放的体系,其内容和方法等必将随着世界经济环境的变化而不断调整和补充。高等会计教育正处于一个改革、创新的历史时期,如何培养国际型创新会计人才,是高等会计教育教学努力的方向。

杭州电子科技大学会计学专业创办于 1956 年,是中国电子信息产业财会人才的主要培养单位,也是浙江省最早的财会人才培养单位之一。1980 年开始招收本科生,1981 年招收硕士研究生,1990 年经国务院学位委员会批准获得硕士学位授予权,是全国工科院校中最早获得会计学硕士点的单位之一,也是浙江省最早拥有会计学硕士学位授予权的单位,还拥有(会计学)同等学力在职人员申请硕士学位授予权资格、工商管理硕士(MBA)招生和授权资格及会计学专业硕士学位(MPAcc)授予权资格。会计学是原信息产业部重点学科和浙江省重点专业,现为浙江省重点学科及浙江省十三五优势专业。几十年来,已为国家经济建设培养了一大批 IT 行业的领军人物及中国注册会计师界的高端人才。六十多年的办学历史,积累了丰富经验,形成了独自办学特色。2008 年,杭州电子科技大学会计学国家特色专业正式获批立项建设。结合经济发展趋势,尤其是浙江省经济发展的特点,充分体现电子信息特色,以计算机及网络技术为支持,更加注重会计学专业知识与经济管理、现代信息技术知识、先进制造技术知识的结合,把会计学专业的学生培养成为具有宽口径、厚基础、强实践、具有国际视野和创新精神的卓越会计师人才,是我们的建设任务。

基于上述构想,为突出会计专业特色和提升杭州电子科技大学会计学专业教育水平，使会计学专业学生更好地适应社会经济发展的需要，我校会计学院已与中国电子科技集团、中国电子信息产业集团、天健会计师事务所等知名企业紧密合作建立了 30 多个校外教学实践基地。本次在经济科学出版社出版的这套系列教材，包括《基础会计》《中级财务会计》《高级财务会计案例》《财务管理》《成本管理会计》。本套教材力求立足我国最新会计准则，结合国际会计惯例；侧重当前会计实务，注视未来会计发展动向；注重理论与实践的结合；反映最新税收法规的调整内容；语言精练，深入浅出。

由于编写时间比较紧张，不当和错误之处在所难免，恳切希望读者多提宝贵意见，以便来日修改。

本教材得到"杭州电子科技大学会计学国家特色专业及浙江省十三五优势专业"的资助。

杭州电子科技大学会计学国家特色专业系列教材编委会
2019 年 2 月 16 日

前　言
INTRODUCTION

　　会计的发展始终依存于经济的发展。改革开放以来，我国经济环境发生了日新月异的变化：初步建立了适应经济发展的市场经济体制，市场在资源配置中起着决定性作用；我国经济已经融入世界经济体系中；现代企业制度、资本市场已经建立并快速发展；企业经济活动日益复杂。经济的发展要求会计也要同步发展，此外，全球经济一体化与资本市场国际化的迅速发展也加速了我国会计标准国际化的进程。在这种经济背景下，2006年，财政部颁布了企业会计准则，对提高我国上市公司会计信息的质量起到了重大推动作用。企业会计准则在公允价值、资产负债表观的运用以及基本确认、计量的要求上都趋同于国际会计准则。中级财务会计全面阐述在持续经营条件下企业主要交易或事项的会计处理，包括六大要素（资产、负债、所有者权益、收入、费用和利润）的会计处理和财务报表的编制。另外，还包括所得税会计、会计政策、会计估计的变更和会计差错的更正等内容。本教材共十六章，第一章为总论，第二至第十四章为会计六大要素的核算，第十五章为财务报告，第十六章为会计调整。本教材具有以下特点：

　　1. 立足于我国现实的经济环境和会计实务。本教材各章以我国企业会计实务为基础，反映最新会计准则及税法的内容。

　　2. 结合国际惯例。在介绍我国会计准则对会计业务的处理时，也考虑我国经济发展及会计发展趋势，介绍国际会计惯例的做法，关注国际会计的发展动向，比较我国会计准则与国际惯例的差异，引导学生更好地理解准则。

　　3. 理论与实务相结合。本教材编写从理论高度进行概括，运用会计基本理论解释对会计实务的处理方法，有助于培养学生分析问题和解决问题的能力。

　　本教材适用于高等院校会计学专业的学生学习，也可供会计从业人员、经济管理者及会计自学者参考。

　　本教材是杭州电子科技大学会计学院教师集体劳动的成果，参加者主要包括祝素月、李冬姝、刘三红、陈晶、孟晓俊等，全书由祝素月担任主编。本教材的具体分工如下：

祝素月：第一、二、三、十四、十五、十六章；

李冬姝：第七、八、十二章；

刘三红：第六、十三章；

陈晶：第四、五、十一章；

孟晓俊：第九、十章。

由于受编者时间、精力、知识结构的限制，教材中将不可避免地出现一些错漏，敬请读者批评指教，以使我们在以后的修订中及时加以改正。

编　者

2019 年 2 月 16 日

目　录
CONTENTS

第一章 总 论

第一节 财务会计的特征

会计基于人类生产活动的需要而产生，也随着人类生产活动的发展而发展。特别是进入 20 世纪，资本市场在西方国家的兴起，使会计理论与实务得到了前所未有的发展，标志着会计由复式簿记向财务会计的历史性转变，会计确认、计量、记录和报告都进行了一系列的革新，形成了相对独立的财务会计理论体系。财务会计虽然是在传统会计的基础上发展而来的，但并非是传统会计的简单延续，而是适应社会经济的发展与资本市场的要求，在继承了传统会计精华的基础上，丰富和发展了传统会计的内容。

由于所有权与经营权的分离，企业所有者（外部的投资者）与经营者（企业内部管理层）之间的关系实际上是委托与受托关系，所有者把资源委托给经营者运营，经营者则承担资源的受托责任。虽然投资者不直接参与企业的经营活动，但他们需要了解经营者对受托资源的运营情况，关心企业的盈利水平和投资回报。会计已不再局限于为企业业主服务，还要满足企业外部信息使用者的需求。如企业的债权人也需要了解企业的财务状况和获利能力，据以进行信贷决策。由此，传统会计逐步演化为两大分支：一是服务于企业内部管理信息及其决策需要的管理会计，亦称对内报告会计；二是服务于企业外部信息使用者决策需要的财务会计，也称对外报告会计。两者虽然同属于会计报告领域，但它们的主要信息使用者不同，对信息的要求也不同，将财务会计与管理会计相比较，可以更好地了解财务会计的基本特征。

一、财务会计与管理会计的比较

（一）目标不同

财务会计的信息使用者，既包括企业外部的投资者、债权人及其他信息使用者，也包括企业内部的经营管理者，但那些根据企业的财务状况、经营业绩和现金流量等财务信息作出经营决策的投资者、债权人及其他信息使用者是财务会计的主要服务对象。当然，财务会计还应向政府有关部门提供有助于其进行调控的会计信息。因此，财务会计作为对外报告会计，主要面向外部信息使用者，提供有助于他们进行投资决策、信贷决策和其他决策的财务信息。财务会计信息通常以财务报告的方式传递给企业外部信息使用者，报告的信息主要包括企业的财务状况、经营成果和现金流量等。

管理会计的信息使用者是企业内部各管理层的管理人员。通过财务会计提供的信息，管理层可以发现企业经营的利弊得失，以便根据需要及时调整经营政策和投资政策。管理是面向未来的，科学的预测是有效决策制定不可或缺的方面，而预期的现金流量信息在提供并选择最优方案过程中具有特别重要的意义。因此，管理会计作为对内报告会计，主要面向企业内部经营管理者，提供有助于他们进行经营决策、投资决策及全面预算管理所需要的信息。管理会计信息通常包括企业的边际成本、机会成本、作业成本、预期现金流量等。

（二）信息处理系统结构不同

虽然财务会计与管理会计的信息都需要信息的加工和输出，但财务会计从信息的输入到输出有较严密的程序，这是对外报告会计为了保证会计信息的决策有用性所决定的。财务会计信息系统结构的特点表现在以下四方面。

（1）在程序上，财务会计信息的加工需要经过确认、计量、记录和报告程序，该程序比较固定，从原始数据到财务信息的生成有较严格的程序规定，凭证、账簿和报表均有规定的格式。

（2）财务会计核算的信息面向过去，提供的主要是历史信息。只有过去的交易或事项才能在会计信息系统中加以确认。

（3）财务会计处理程序及编制的财务报表必须符合"公认会计原则"（简称GAAP）或会计准则，其目的是确保财务报表的"真实与公允"，提高会计信息的可比性，使信息使用者得到对决策有用的信息。

（4）按公认会计准则（GAAP）或会计准则编制的财务报表须注册会计师（CPA）进行审计。

管理会计系统结构的特点如下。

（1）管理会计信息的加工和输出没有一个固定的核算程序，主要通过预测、计划、计算、评估、比较等程序，凭证、账簿和报表可以根据管理上的需要自行设计。因为管理会计侧重于满足管理当局的计划、决策、预测和分析的信息需要，在形式上更灵活多样，在内容上更加广泛，在时间上更加及时。

（2）管理会计面向未来，主要为规划未来进行预测和决策提供依据。

（3）管理会计只满足企业内部管理的需要，提供的信息不受GAAP或会计准则的约束。

（4）管理会计的信息不需要经过注册会计师（CPA）的审计。

通过与管理会计的比较，财务会计可定义如下。

财务会计是应企业外部信息使用者的需要，以各国的会计准则或公认会计原则（GAAP）为指导，运用确认、计量、记录和报告等程序，提供关于企业财务状况、经营成果、现金流量等信息的财务报表和有助于信息使用者作出决策的其他报告的对外报告会计。

二、财务会计的特征

通过对财务会计与管理会计的比较，财务会计的基本特征可以概括为以下六点。

（1）面向外部，主要向企业外部信息使用者提供与决策有关的财务状况、经营成果、现金流量等信息。

（2）财务报告是财务会计信息传递的手段，而财务报表是财务报告的中心。

（3）对会计信息的加工，需要经过确认、计量、记录、报告等程序。

（4）财务报告的数据来自过去的交易或事项，因此，财务会计提供的主要是历史信息。

（5）财务会计是以一系列基本假设为前提，并受一套比较科学、严密的概念框架所指导。

（6）由于建立在一系列假设和权责发生制的基础上，财务会计允许会计人员进行合理的估计与判断，使财务会计提供的信息带着许多人为的因素。因此，财务会计信息的质量只能要求可理解、可比、相关及可靠，不能做到绝对客观。

第二节　财务会计的概念框架

20 世纪 30 年代以来，西方财务会计逐渐接受公认会计原则的指导，而公认会计原则的发展需要有一定的会计理论概念作为依据，财务会计概念框架是会计理论中最基本的部分。从 70 年代开始，美国财务会计准则委员会（FASB）开始致力于财务会计概念框架的研究，1976 年，发表了一份题为《概念框架项目的范围和涵义》（*Scope and Implication of Conceptual Framework Project*）的征求意见稿，正式提出了"财务会计概念框架"的说法。随后，各国也纷纷出台了各自的概念框架：1999 年 10 月，英国会计准则委员会（ASB）发布了《财务报告原则公告》（*Statement of Principles for Financial Reporting*）；1987 年澳大利亚公布了第一份概念结构《会计概念公告》（*Statement of Accounting Concepts*）的征求意见稿；1989 年 7 月，国际会计准则理事会（IASB）也颁布了财务报告概念框架（Conceptual Framework for Financial Reporting，CF）。尽管各国对财务会计概念框架公告的名称并不一致，但其实质基本相同，都是由一系列财务会计基本概念所组成的理论系统，它可以用来指导会计准则的制定、评估现有的会计准则以及指导发展新会计准则，同时为会计实务提供理论基础。随着经济的发展及会计环境的改变，财务会计概念框架的内容也会不断更新与完善。基于目前的状况，IASB 意识到 1989 年财务报告概念框架（CF）内容存在缺乏完整性、清晰性和环境适应性等问题，因而于 2018 年 3 月发布新 CF。

由一系列基本概念所组成的财务会计概念框架，其内容主要包括：财务会计目标；会计假设（前提）；会计信息的质量特征；对财务报表要素作出定义；解决如何对会计要素的确认、计量和报告；分析某些重大财务会计问题。

财务会计概念框架的逻辑起点是什么？目前，主流会计理论将财务会计目标作为财务会计概念框架的逻辑起点，即在财务会计的基本假设前提下，为了达到财务会计的目标，产生了会计信息的质量特征、财务报表要素和在报表中确认与计量等一系列基本概念，构成一个具有层次的、前后关联并协调一致的整体。财务会计概念框架体系如图 1-1 所示。

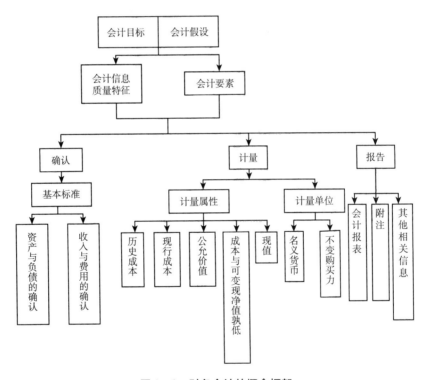

图 1-1 财务会计的概念框架

我国财政部发布的《企业会计准则——基本准则》（2006/2014）（下称"基本准则"）在企业会计准则体系中扮演着概念框架的角色，相当于 FASB 的《财务会计概念公告》（SFAC）和 IASB 的《关于编制和提供财务报表的框架》。基本准则的第一部分包括准则的应用范围、财务会计报告的目标、会计假设、会计核算的基础；第二部分为会计信息质量要求；第三部分为会计要素的定义；第四部分为会计计量；第五部分为财务会计报告。基本准则对会计处理的一般要求作出了原则性规定，是制定具体准则的基础，确保了各具体准则的内在一致性，也为会计实务中出现的、具体准则尚未作出规范的新问题提供了会计处理依据。

一、财务会计的目标

目标是指从事某项活动预期所要达到的境地或标准。财务会计目标在会计信息系统的运行中起着导向的作用，并密切依存于使用者的信息需要，由于在不同的社会经济环境中，信息使用者是有差别的，因此，并不存在一个完全一致的目标。20世纪70年代以后，会计目标形成两种典型观点：受托责任观和决策有用观。

(一) 受托责任观

受托责任观的主要代表人物有美国著名会计学家井鸠雄士（YujiLjiri）、恩里斯特·帕罗科（Ernest J. Parlock）等，其主要代表文献有井鸠雄士所著的《会计计量理论》。

在公司治理背景下，资源的所有者和经营者分离。受托责任观认为，受托方（资源经营者）接受资源所有者的委托，将承担合理管理与应用受托资源的责任，使其在保值基础上实现增值，同时，受托方将承担如实向委托方报告其受托资源管理情况的义务。因此，受托责任观强调会计目标是以恰当的形式有效地反映资源受托者的受托经营责任及其履行情况。从时间观念看，受托责任观是立足于过去，要求财务会计以提供反映经营业绩的信息为重心，且在会计信息质量方面主要强调可靠性。具体要求为：对于会计确认，只确认企业已经发生的交易或事项；对于会计计量，要求以历史成本为主要计量属性，现行价值或未来价值因其具有不确定性而被限制性使用；对于财务报告，以收益表为重心，因为经营业绩是委托者更为关注的会计信息。

(二) 决策有用观

20世纪50年代，美国会计学家斯朵伯斯（Staubus）在博士论文中提出了会计目标就是提供对决策有用的信息。进入70年代，决策有用观的主张得到了美国会计学会（AAA）和美国财务会计准则委员会（FASB）的大力支持。1973年10月，美国注册会计师协会（AICPA）下属的特鲁布拉德委员会（Trueblood Committee）提供了一份名为《财务会计的目标》（Objectives of Financial Statements）的报告（简称 Trueblood 报告），这份报告的最大特点是强调财务会计信息对信息使用者的决策有用性或有效性。特鲁布拉德委员会认为，决策有用是上市公司信息的"第一质量"。这意味着财务会计信息的供给是服从于投资者以及经营者决策需求的，而不是局限于经营过程的观念总结。

1978年，FASB发布了第1号财务会计概念公告（SFAC No. 1）《企业财务报告的目标》，在吸收了特鲁布拉德报告的基础上提出编制财务报告应为现实和潜在的投资者、信贷人以及其他用户提供有用的信息，以便其做出合理的投资、信贷和类似决策。随后发布的一系列财务会计概念公告，以这一会计目标为逻辑起点构建了较为完整的财务会计概念框架，并且将相关性和可靠性作为会计信息对决策有用的两个主要质量特征。

2001 年 4 月，国际会计准则理事会（IASB）在采纳的《编制财务报表的框架》中指出："财务报表的目标，是提供在经济决策中有助于一系列使用者的关于企业财务状况、经营业绩和财务状况变动的信息。"这表明国际会计准则委员会也认同了会计目标的决策有用观。

2018 年 3 月，IASB 发布的新 CF 采用"stewardship"指代"受托责任"。根据新 CF 的有关规定，财务报告的目标是提供报告主体的财务信息，这些信息应帮助通用财务报告的主要使用者做出是否向主体提供资源的决策。决策的做出取决于"期望回报"（股利、本金和利息支付或市价的上升），而回报又取决于"对主体未来现金流金额、时间不确定性和前景的评估，以及对管理层履行主体经济资源受托责任的评估"。

决策是面向未来的，决策有用观认为，会计的目标就是向信息使用者提供有利于其决策的会计信息，强调会计信息的相关性和可靠性。具体要求为：对于会计确认，不仅应确认实际已发生的经济事项，还要确认那些虽然尚未发生但对企业已有影响的经济事项，以满足信息使用者决策的需要；对于会计计量，主张以公允价值为主，并鼓励多种计量属性的并行，使会计报表反映企业财务状况和经营成果的动态变化；对于会计报表，应尽量全面提供对决策有用的会计信息，满足会计信息使用者需求的多样性，因此，强调对资产负债表、利润表及现金流量表一视同仁，不存在对某种会计报表的特殊偏好。

会计目标是特定经济环境下对会计信息使用者及其需求的一种主观认定，经济环境的差异决定了会计目标不可能完全一致。一般认为，受托责任观比较适合于委托方和受托方可以明确辨认的经济环境，委托方和受托方往往是直接建立委托受托关系，所有者和经营者都十分明确，没有模糊、缺位的现象。在资本市场不够发达的情况下，受托责任观比较切合实际。而决策有用观比较适合资本市场发达的会计环境，所认定的两权分离通过资本市场进行，委托受托双方不能直接进行沟通交流。如 FASB 对于财务报告的目标倾向于决策有用观，是符合美国经济环境的。美国的资本市场，尤其是证券市场高度发达，这使得企业的投资者和债权人数量众多且遍布世界各地。在这种情况下，委托代理关系变得不像从前那样清晰、明确了。这样的经济环境要求财务会计面向资本市场提供信息，不但提供给现实投资者和债权人，而且应提供给潜在的投资者和债权人，以有利于他们做出决策，因此，财务会计信息至关重要。在资本市场高度发达的经济环境下，决策有用观显得更为科学，它促使财务会计的理论与方法产生质的飞跃。

受托责任观和决策有用观虽然侧重点有所不同，但两者并不排斥，它们之间是相互联系、互为补充的。决策有用观在强调信息对决策有用的同时，并不否认会计的受托责任，将这两种观点相互融合更有利于全面科学地认识会计目标。如英国会计准则委员会（ASB）在其《财务报告原则表述》中，将受托责任观和决策有用观融合性地表述，形成了财务报告目标："向一个广泛范围内的使用者提供关于一个报告主体财务业绩和财务状况的信息，以利于他们评价该主体管理当局履行受托责任情况并进行相应的经济决策"。

（三）我国财务报告的目标

我国《企业会计准则——基本准则》（2006/2014）对财务会计目标作了明确规定："财务会计报告的目标是向财务会计报告使用者提供与企业财务状况、经营成果和现金流量等有关的会计信息，反映企业管理层受托责任履行情况，有助于财务会计报告使用者作出经济决策。"

具体来说，该目标包含以下三方面内容。

1. 财务会计报告的使用者包括投资者、债权人、政府及其有关部门和社会公众等。由于投资者是企业资本的主要提供者，将投资者作为企业财务报告的首要使用者，体现了保护投资者利益的要求。企业的债权人（如企业贷款人、供应商等）通常十分关心企业的偿债能力和财务风险，他们需要信息来评估企业能否如期支付贷款本金及其利息，能否如期支付所欠购货款等。政府及其有关部门作为经济管理和经济监管部门，通常关心经济资源分配的公平、合理，市场经济秩序的公正、有序，宏观决策所依据信息的真实可靠等，因此，他们需要会计信息来监管企业的经济活动。社会公众关心企业发展前景及其能力、经营效益及其效率等，也是财务会计报告的信息使用者。

2. 提供与企业财务状况、经营成果和现金流量等有关的会计信息。

3. 反映管理层受托责任的履行情况，有助于财务会计报告使用者作出经济决策。体现了我国会计目标中受托责任观和决策有用观的融合思想：会计目标在于提供有用的会计信息，会计信息的有用性表现在有助于经济决策和反映受托责任两个方面，无论是反映受托经管责任还是有助于经济决策，都是通过会计提供信息来实现的。

我国会计目标的定位是与当前所处的社会经济环境相适应的：公有制为主体、多种所有制经济共同发展的经济制度；会计主体的核心是国有企业；资本市场还不够成熟及不够规范；由国有企业改组而成的有限责任公司多数是国家投资；上市公司中国家投资仍占控股地位，公司治理结构存在障碍。在这种经济背景下受托责任观具有一定的现实意义。另外，我国已经明确了社会主义市场经济体制改革的方向，随着股份制改革的不断深化和资本市场的规范化发展，决策有用观的会计目标有利于提高会计信息的质量，有利于规范和发展资本市场，促进社会资本的流动性和社会资源的有效配置。因此，决策有用观的会计目标将是必然趋势，我国会计目标融合了受托责任观和决策有用观，是符合我国会计发展所处经济环境的。

二、会计基本前提

会计基本前提，也称会计假设。会计所处的社会经济环境是变化不定的，会计人员面对复杂的会计环境，需要对会计核算所处的时间、空间环境等作出合理设定，对会计领域中尚未确定的事项作出合乎事理的推断。会计假设，是会计确认、计量和报告赖以存在的基本前提条件，包括会计主体、持续经营、会计分期和货币计量。

（一）会计主体

会计主体，是指会计工作为之服务的特定单位，是企业会计确认、计量和报告的空间范围。会计主体可以是一个特定的企业，也可以是一个企业的某一特定部分（如分厂、分公司等），也可以是由若干家企业通过控股关系组织起来的集团公司。

企业的生产经营活动是由各项具体的经济活动所构成，而每项经济活动都是与其他有关经济活动相联系，企业本身的经济活动也总是与其他企业或单位的经济活动相联系，为了向财务报告使用者反映企业财务状况、经营成果和现金流量等对决策有用的信息，会计核算和财务报告的编制应当集中反映特定对象的活动，并将其与其他经济实体区别开来，才能实现财务报告的目标。

会计主体要求会计核算时区分企业自身的经济活动与其他企业单位的经济活动。只有对那些影响企业自身经济利益的各项交易或事项才能加以确认、计量和报告，对那些不影响企业自身经济利益的各项交易或事项则不能加以确认、计量和报告。

会计主体还要求会计核算时区分会计主体的经济活动与所有者的经济活动。只有对属于企业的各项交易或事项才能加以确认、计量和报告，企业所有者的经济交易或者事项是属于企业所有者主体所发生的，不应纳入企业会计核算的范围。

另外，会计主体不同于法律主体。一般来说，法律主体必然是一个会计主体，但是，会计主体不一定是法律主体。例如，独资与合伙企业通常不具有法人资格，它们所拥有的财产与所负的债务，在法律上被视为业主或合伙人的财产与债务，但在会计核算中，则把它们作为独立的会计主体来处理。

（二）持续经营

持续经营，是指在可以预见的将来，企业将会按当前的规模和状态继续经营下去，不会停业，也不会大规模削减业务。在持续经营假设下，会计确认、计量和报告都以持续、正常的生产经营活动为前提，会计主体将按照既定用途使用资产，按照既定的合约条件清偿债务，从而解决了很多常见的资产计价和收益确认问题，使会计核算中使用的会计处理方法保持稳定，保证企业会计记录和会计报表真实可靠。如以持续经营为前提，企业的固定资产可以根据历史成本进行记录，并采用折旧的方法，将成本分摊到各个会计期间或相关产品的成本中；由于企业以持续经营为前提，企业才可以采用权责发生制作为确认收入或费用的标志；由于企业以持续经营为前提，企业的资产才划分为流动资产和非流动资产，负债才划分为流动负债和非流动负债。

在企业的经营过程中，如果有证据表明一个企业已无法履行它所承担的义务，正常的经营活动也无法经营下去，则意味着企业破产、倒闭或兼并、重组，资产的计价和负债的清偿等就不能采用持续经营假设下的会计核算方法和程序，而应该以法律、法规为依据，采用特殊的会计核算方法处理。

（三）会计分期

会计分期，是指将一个企业持续经营的生产经营活动划分为一个个连续的、长短相同的期间，分期确定各个会计期间的收入、费用和利润，反映每一会计期末的资产、负债和所有者权益，从而及时向财务报告使用者提供有关企业财务状况、经营成果和现金流量的信息。

持续经营假设，意味着企业的经营活动在时间的长河中无休止地运行，要反映企业的财务会计信息，只有等到企业的经营活动全部结束时，这显然是不可能的，也是不允许的。会计信息使用者需要了解企业的财务状况、经营成果和现金流量，要求企业能够定期地提供这些对决策有用的会计信息，有了会计分期，企业才能及时地提供各期的财务会计报告。

会计分期对于企业选择会计处理方法有着重要意义。由于会计分期，才产生了当期与其他期间的差别，从而产生了权责发生制和收付实现制的区别，进而出现了应收、预收、应付、递延、折旧、摊销等会计处理方法。

会计分期形成的会计期间通常分为年度和中期。最常见的会计期间是一年，在我国，会计年度自公历1月1日起至12月31日止；中期，是指短于一个完整的会计年度的报告期间，如半年度、季度和月度。为了满足人们对会计信息的需要，也要求企业按短于一年的期间编制财务报告，如要求上市公司提供中期财务会计报告。

（四）货币计量

货币计量，是指会计主体在财务会计确认、计量和报告时以货币计量，反映会计主体的生产经营活动。在会计确认、计量和报告过程中之所以选择货币为基础进行计量，是由货币本身的属性决定的。货币作为商品的一般等价物，是衡量商品价值的共同尺度，而其他计量单位，如重量、长度、容积、台、件等，只能从一个侧面反映企业的生产经营情况，无法在量上进行汇总和比较，不便于会计计量。

货币计量有两层含义：一是记账本位币的选择；二是币值稳定的假设。在我国，企业会计要求以人民币为记账本位币。业务收支以人民币以外的货币为主的企业，可以选定其中一种货币作为记账本位币，但是编报的财务会计报告应当折算为人民币。货币计量假设的背后还隐含着币值稳定的假设，即便币值有所变动，也是微不足道的。当货币的购买力发生显著变动时，通过货币计量提供的会计信息质量将会受到严重的挑战，会计报表所陈报的信息的相关性就令人怀疑。如在通货膨胀期间，因为物价的持续上涨使币值下降，货币的购买力下降，用货币计量的各个会计期间的财务会计信息就失去可比性，为此，会计上只得调整会计计量单位（如购买力单位）和计量属性，重建会计模式，提供适时的会计信息，即物价变动会计。

值得注意的是，统一采用货币进行计量也有缺陷，某些影响企业财务状况和经营成果的因素，如企业经营战略、研发能力、市场竞争力等，往往难以用货币来计量，但这些信息对于使用者的决策来讲也很重要，为此，企业可以在财务报告附注中补充披露有关非财务信息来弥补上述缺陷。

三、会计基础

在实务中，企业交易或者事项的发生时间与货币收支时间有时并不完全一致。为了更加真实、公允地反映特定会计期间的财务状况和经营成果，我国基本准则明确规定，企业在会计确认、计量和报告中应当以权责发生制为基础。

权责发生制要求，凡是当期已经实现的收入和已经发生或应当负担的费用，无论款项是否收付，都应当作为当期的收入和费用，计入利润表；凡是不属于当期的收入和费用，即使款项已在当期收付，也不应当作为当期的收入和费用。按照权责发生制，收入的确认应以实现为原则，费用的确认应以发生为原则。

与权责发生制相对应的是收付实现制。在收付实现制下，对收入和费用的入账，完全按照款项实际收到或支付的日期为基础来确定它们的归属期。

四、财务会计信息的质量要求

（一）各国对财务会计信息质量的要求

财务会计信息的质量在整个概念框架中居于重要地位。从国际范围看，各国的财务会计概念框架中都对财务会计信息质量提出了要求。

1. 美国财务会计准则委员会（FASB）对会计信息质量的要求。FASB 认为，规定有用的会计信息质量具有以下作用：为制订与财务报告目标相一致的会计准则提供指南；为财务信息提供者在选择表述经济事件的不同方法时提供指南；增进使用者对企业和其他组织提供的财务信息的有用性和局限性的理解，以帮助他们更好地有依据地决策。为此，1980 年 12 月，FASB 在第 2 号财务会计概念公告（SFAC No. 2）《会计信息的质量特征》（*Qualitative Characteristics of Accounting Information*）中全面概述了会计信息的一系列质量要求（见图 1 - 2）。

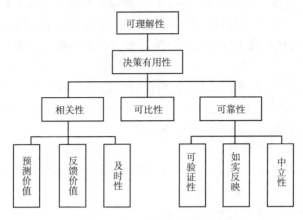

图1-2 FASB的会计信息质量要求

FASB对财务会计信息质量要求是有所侧重的。它强调指出，信息是否有用主要取决于"相关性"和"可靠性"两个质量，或者说，相关性和可靠性是使会计信息对决策有用的两个主要质量。在所费成本小于效益并符合重要性这两个约束条件下，相关性和可靠性提高才能使信息符合需要，从而对决策有用。

2. 国际会计准则委员会（IASC）对会计信息质量的要求。IASC在《财务报表的编报框架》中提出了财务报表的四项主要质量特质：可理解性、相关性、可靠性和可比性。IASC一直将会计准则在全球范围内可比作为其努力的目标，可比性也被认为是财务报表质量要求的主要组成部分。在可理解性、相关性、可靠性和可比性之外，IASC还提出了会计信息质量的制约因素，包括及时性、效益与成本之间的平衡以及重要性。

2018年3月，国际会计准则理事会（IASB）发布的新CF对会计信息质量的要求作了相关修订。其中对谨慎性概念进行了澄清，由于非对称谨慎性有时与财务信息的相关性和如实反映相矛盾，因此，新CF中的谨慎性仅包含对称的谨慎性，即对于资产与负债、收益与费用一视同仁，均不能高估或低估。IASB将这种对称的谨慎性作为中立性的基础，但也指出并非所有的不对称谨慎性都与中立性不一致，国际财务报告准则（IFRS）也可能允许使用不对称的谨慎性，只要其能产生有用的财务信息。另外，针对会计信息的相关性、如实反映等信息质量，新CF指出，只要确认某项目能同时提供有关会计要素的相关性信息，并对它们进行如实反映，确认即为适当。可见，此处围绕财务报告目标，强调了有用信息质量特征的作用。其中，相关性信息受到存在的不确定性和经济利益流入（出）可能性的影响；如实反映则受到计量不确定性、确认不一致（会计错配）以及列报和披露的影响。此外，成本限制也是确认内容的影响因素之一。新CF又提出，相较于作为相关性的影响因素，计量不确定性更适合作为如实反映的影响因素，具体表现在对基本质量特征的取舍。新CF指出，有时高度不确定性的估计信息对使用者而言最有用，这种估计信息是相关的，但可能由于计量不确定性太高而难以做到充分如实反映，此时就要取相关性而舍弃充分如实反映。然而，有时使用者需要充分如实反映的信息，就应在相关性要求上做出让步，即采取相关性较差但计量不确定性较低、能保证信息充分如实反映的估计。由此可见，新 CF 承认计量不确定性的增加会削弱如实反映的程度，即其是影响如实反映的重要因素。

3. 英国会计准则委员会（ASB）对会计信息质量的要求。1999 年 2 月，英国 ASB 发表了《财务报告原则公告》（*Statements of Principles for Financial Reporting*），对财务信息质量要求提出了以下观点。

（1）财务会计信息质量可分为两类：一类是同财务报表中的信息内容有关，主要指相关性与可靠性两个质量；另一类是同财务报表中信息的表述有关，主要指可理解性、可比性、一致性和及时性等。

（2）最低的会计信息质量是重要性。

（3）财务会计信息质量的限制条件包括及时性、效益大于成本等。

4. 我国《企业会计准则——基本准则》对会计信息质量的要求。2007 年开始实施的《企业会计准则——基本准则》首次提出了"会计信息质量要求"，包括了对会计信息质量在可靠性、相关性、可理解性、可比性、实质重于形式、重要性、谨慎性和及时性方面的要求。

（二）财务会计信息质量要求的解释

1. 相关性。相关性，是指财务报告提供的会计信息应与信息使用者的决策相关。会计信息的相关性在我国是指企业提供的会计信息应当与财务会计报告使用者的经济决策需要相关，有助于财务会计报告使用者对企业过去、现在或者未来的情况做出评价或者预测。

相关性的核心是对决策有用，即有助于决策或者提高决策水平。符合相关性的会计信息，必须满足具有预测价值、反馈价值和及时性的基本质量特征。

（1）预测价值，是指会计信息能够帮助投资者预测企业的财务状况、经营成果和现金流量等情况。因为投资者的决策是面向未来的，决策者可以根据预测的可能结果，做出投资选择。

（2）反馈价值，是指投资者在获得会计信息后，能够据以修正某些过去的决策和实施方案，把过去决策所产生的结果反馈给决策者，使之与预期的结果比较，以验证过去的决策是否正确，从而防止以后的决策犯同样的错误。因此，反馈价值有助于未来决策。

2. 可靠性。可靠性，是指会计信息应如实表述所要反映的对象，不受错误或偏向的影响。可靠性要求会计信息具有可验证性、如实反映和中立性。

（1）可验证性，是指会计信息可经得住复核和验证，即由不同的会计人员分别采用同一会计方法，对同一事项加以会计处理，可以得到相同或相似的结果。

（2）如实反映，是指会计核算应以实际发生的交易或者事项为依据进行确认、计量，内容真实、数字准确，会计记录和报告不加以任何修饰。

（3）中立性，是指会计人员形成会计信息的过程和结果不能有特定的偏向，不能在客观的信息上附加某种主观成分以满足特定信息使用集团的需要，即会计人员处理会计信息时应保持不偏不倚的态度，否则信息的可靠性就会受到质疑。

相关性和可靠性是从属于决策必须具备的两个质量要求。但需要指出的是，财务信息在正常情况下可以达到相关性和可靠性的统一，但两者又常常存在冲突或矛盾。因为相关性包含了对未来事件的主观估计，可靠性则要求对历史客观反映。如历史成本信息具有可靠性，但在价格变动情况下不能正确反映实际财务状况和经营成果，与决策需要不相关，当会计计量方法改用现行成本时，在保证了相关性的同时，可靠性则可能会大打折扣。当相关性和可靠性出现矛盾时，由信息使用者根据自己的需求作出必要的选择。传统会计理论与实务更偏重于可靠性，但 FASB 认为两者要进行权衡，且似乎更偏向于相关性。

3. 可比性。可比性，是指财务会计信息在同一企业不同期间之间和不同企业同一期间之间应当相互可比，从而使会计信息使用者能识别不同企业经济事项之间的相似之处和不同之处。可比性包括两层含义。

（1）同一企业不同时期可比。同一企业不同时期会计信息的可比性又称为一致性，要求同一企业不同时期发生的相同或者相似的交易或者事项，采用的会计政策应当前后保持一致，不得随意变更，以便于财务报告使用者了解企业财务状况、经营成果和现金流量的变化趋势，比较企业在不同时期的财务报告信息，全面、客观地评价过去、预测未来，从而做出决策。但是，如果会计政策变更后能够提供更可靠、更相关的会计信息的，可以变更会计政策，有关会计政策变更的情况，应当在附注中予以说明。

（2）不同企业相同会计期间可比。可比性要求不同企业同一会计期间发生的相同或者相似的交易或者事项采用规定的会计政策，使企业提供的会计信息口径一致、相互可比，以便于财务报告使用者评价不同企业的财务状况、经营成果和现金流量及其变动情况。提高不同企业会计信息可比性的重要方法之一就是制定统一的会计准则或会计制度，要求企业对于相同或类似的交易或事项采用相同的会计处理方法，以此来规范具体的会计行为。

4. 可理解性。可理解性，是从属于会计信息使用者的质量要求。企业编制财务报告的目的在于向财务报告使用者提供对决策有用的信息，为了使财务报告使用者理解会计信息的内涵和有效地使用会计信息，要求企业提供的会计信息应当清晰明了、易于理解。只有这样，才能提高会计信息的有用性，实现财务报告的目标。

可理解性需要两方面的配合：一是信息使用者应当具备对信息的理解能力，财务信息是否有助于决策，在很大程度上取决于特定的使用者对信息的理解程度；二是财务信息的提供者应当了解不同信息使用者的需求，按照会计准则的要求，尽量以最易于被接受和理解的方式来提供会计信息，以满足使用者的需要。

5. 实质重于形式。在多数情况下，企业发生的交易或事项其经济实质和法律形式是一致的，但在有些情况下会出现不一致。如果企业仅按交易或事项的法律形式进行会计核算，而这些形式又没有反映其经济实质，这样的会计信息将会误导会计信息使用者的决策。实质重于形式要求企业应当按照交易或者事项的经济实质进行会计确认、计量和报告，不仅仅以交易或者事项的法律形式为依据。实质重于形式的典型运用有：租入资产、售后回购、关联关系的确定等。

6. 重要性。重要性，要求企业提供的会计信息应当反映与企业财务状况、经营成果和现金流量有关的所有重要交易或者事项。

在实务中，如果会计信息的省略或者错报会影响投资者等财务报告使用者作出决策的，该信息就具有重要性。重要性的应用需要依赖职业判断，企业应当根据其所处环境和实际情况，从项目的性质和金额大小两方面加以判断。从性质方面讲，只要该会计事项发生就可能对决策有重大影响时，则属于具有重要性的事项。从金额方面讲，当某一会计事项的发生达到总资产的一定比例（如5%）时，一般认为其具有重要性。判断某一项会计事项重要与否，更重要的是应当考虑经济业务的性质。如果特定的经济决策确实需要某一方面的会计资料，即使相应的核算成本很高，在总资产中占的比重很小，也应将其作为重要事项来核算。

7. 谨慎性。谨慎性，又称稳健性，要求企业对交易或者事项进行会计确认、计量和报告时应当保持应有的谨慎，不应高估资产或者收益、低估负债或者费用。通常的处理是，应预计可能产生的损失，但不预计可能产生的收益和过高估计资产的价值。

在市场经济环境下，企业的生产经营活动面临着许多风险和不确定性，如应收款项的可收回性、固定资产的使用寿命、售出存货可能发生的退货或者返修等。会计信息质量的谨慎性要求，需要企业在面临不确定性因素的情况下作出职业判断时，应当保持应有的谨慎，充分估计到各种风险和损失，既不高估资产或者收益，也不低估负债或者费用。例如，要求企业对可能发生的资产减值损失计提资产减值准备、对售出商品可能发生的保修义务等确认预计负债等，就体现了会计信息质量的谨慎性要求。

谨慎性的应用也不允许企业设置秘密准备，如果企业故意低估资产或者收益，或者故意高估负债或者费用，将不符合会计信息的可靠性和相关性要求，会损害会计信息的质量，从而对信息使用者的决策产生误导。

8. 及时性。及时性要求企业对于已经发生的交易或者事项，应当及时进行确认、计量和报告，不得提前或者延后。会计信息即使满足了可靠性、相关性的要求，如果不能及时提供，就失去了时效性，对于使用者的效用就大大降低，甚至不再具有实际意义。在会计确认、计量和报告中的及时性体现为及时收集会计信息、及时处理会计信息、及时传递会计信息。

在实务中，需要在及时性和可靠性之间进行权衡。如企业为了及时提供会计信息，可能在有关交易或事项的信息全部获得之前就进行会计处理，此时会影响会计信息的可靠性；反之，为了提高会计信息的可靠性，企业等到与交易或事项有关的全部信息获得之后再进行会计处理，此时影响了会计信息的及时性。如何在两者之间进行权衡，应以投资者等财务报告使用者的经济决策需要为判断标准。

五、财务会计的要素

会计要素是会计核算对象的具体化形式，是财务报表项目的概括性分类，而每一类别都具有会计上的特定含义和计量特征，如何设置要素、定义要素和揭示不同要素的特征，都涉及它们在报表中的确认与计量。为此，会计理论界和职业界长期以来对财务会计要素进行了大量研究。

（一）财务会计要素的设置

财务会计作为一个信息系统，必然存在相应的会计对象、明确的会计目标以及会计基本假设。会计要素既体现为会计对象的具体化，同时必须反映会计目标的要求以及受会计基本假设的制约，三者共同决定着会计要素的设置。不同经济发展时期、不同国家的资本市场成熟程度各异，不同国家的会计信息使用者对会计信息的要求也不同，导致了具体会计目标的差异，进而导致在会计目标影响下的会计要素设置也各不相同。

1970 年，美国会计原则委员会（APB）首次系统研究会计要素，在第 4 号报告中提出了六个基本要素：资产、负债、业主权益、收入、费用和净收益。其中，前三个要素反映企业的"财务状况"，它们之间存在的数量关系为：

$$资产 = 负债 + 业主权益$$

后三个要素反映企业的"经营成果"，它们之间存在的数量关系为：

$$收入 - 费用 = 净收益$$

1980 年 2 月，美国财务会计准则委员会（FASB）发表了第 3 号财务会计概念公告《企业财务报表的要素》（*Elements of Financial Statements of Business Enterprises*，SFAC No. 3），SFAC No. 3 提出了十个要素：资产、负债、产权、业主投资、分派业主款、全面收益、收入、费用、利得、损失。其中，"业主投资"与"分派业主款"是企业与其作为业主的所有人之间的交易，业主投资表现为企业收到业主投入的各种资产，其结果是"增加其在企业中的业主利益或权益"；分派业主款是指企业向业主转交资产或承担负债而"减少企业里的业主利益或权益的交易"。

FASB 将企业的财务报表要素分为两大类型，并用公式描述了要素之间的关系。

第一种类型的要素包括资产、负债和权益，在某一时点上，以静态描述它们之间的关系为：

$$资产 = 负债 + 产权$$

第二种类型的要素包括业主投资、分派业主款、全面收益、收入、费用、利得、损失，在一定期间内，以动态描述它们之间的关系为：

$$全面收益 = 收入 - 费用 + 利得 - 损失$$

值得一提的是，SFAC No. 3（后来被 SFAC No. 6 所替代）首次提出了"全面收益"要素。所谓全面收益是指"一个主体在某个期间与非业主方面进行交易或发生其他事项所引起的业主权益变动"。该要素的提出，旨在把资产因价格变动的持有损益作为全面收益的一个组成部分，同时能更确切地反映由于前期调整对本期净收益的影响。全面收益要素的提出，推动了西方财务会计理论和实务的进一步发展，FASB 也于 1997 年 6 月颁布了 SFAS 130《报告全面收益》，要求企业增报第四财务报表。

1989 年，国际会计准则委员会（IASC）发布的《关于编制和提供财务报表的框架》中，定义了资产、负债、产权、收益和费用五个会计要素，其中，收益包括收入和利得，费用包括损失。并认为，资产、负债和产权是直接关系到财务状况计量的要素，而收益和费用是直接关系到利润计量的要素。

2018 年 3 月，国际会计准则理事会（IASB）发布的新 CF 对财务报表要素定义进行了更新。认为资产是过去事项形成的主体当前所控制的经济资源，该经济资源是具有产生经济利益潜力的权利；负债是过去事项导致的主体转移经济资源的现时义务，该义务是主体没有实际能力能够避免的。修订后的 CF 主要变化有：首先，纠正了资产和负债的性质，即资产是经济资源而负债是转移经济资源的义务，并非最终的经济利益流入或流出。其次，删除了资产（负债）定义的"预期流入（出）"，即从要素定义的层面上看，资产的判断不再需要以经济利益的"确定"流入或"很可能"产生为必要条件；负债的判断也不再需要以经济利益的"确定"流出或"很可能"流出为必要条件。IASB 认为，经济利益流动的不确定性应在确认标准和计量中处理，而不应体现在要素的定义中。最后，界定负债义务时提出"主体没有实际能力能够避免"的条件，并阐述该条件在两类情况下如何用于判断一项责任是否属于"负债义务"。一是当主体没有实际能力违背商业惯例、公开政策或特定公告的意志而行动时，相关责任即为负债义务；二是当主体没有实际能力避免未来的特定行动时，相关责任即为负债义务。

英国会计准则委员会（ASB）把财务会计要素设置为资产、负债、所有者权益、利得、损失、业主投资和分派业主款七个。不同的是，ASB 用"利得"和"损失"取代了"收入"和"费用"，除了保留"损益表"，还增加了"全部已确认利得和损失表"。

我国会计要素的设置借鉴了国际惯例。1992 年 11 月 30 日颁布的《企业会计准则》，把会计要素分为国际上流行的六要素，即资产、负债、所有者权益、收入、费用和利润，并对各要素给出了相应的定义；2006 年颁布的《企业会计准则——基本准则》中又对这些要素的定义进行了调整，使之与国际惯例保持一致。不同的是，我国较之国际惯例多了一个"利润"要素。将"利润"作为独立的会计要素，是缺乏企业实际经济交易这一客观依据的，因为利润的形成实际上是收入和费用对比的结果。但利润是我国长期以来一个重要的考核指标，在衡量企业经营成果中具有重要作用，则我国仍将其设为一个独立的会计要素。此外，我国会计准则没有将利得和损失单独作为会计要素，而是将利得和损失分为两种情况处理：一种是直接计入所有者权益的利得和损失，该类归入"所有者权益"要素；另一种是直接计入当期利润的利得和损失，该类归入"利润"要素中。

（二）会计要素的定义

1. 资产。在所有的会计要素中，资产是西方会计界长期讨论的一个基本概念。对于资产要素的定义，目前仍存在不同的观点。

（1）资源观。以 IASB 为代表。IASB 把资产定义为："资产是由于过去的事项而由企业控制的、预期会导致未来经济利益流入企业的资源。"可见，IASB 认为，资产是"资源"；资源来源于"事项"，这一点与 FASB 强调的"交易或事项"存在差异；只提"控制"而不提"拥有"。

（2）未来经济利益观。以 FASB 为代表。FASB 的 SFAC No. 6 中将资产定义为："资产是特定的主体因已经发生的交易或事项而拥有或控制的、可能的未来经济利益。"该定义流行甚广，被加拿大、澳大利亚、新加坡、中国香港等国家和地区效仿。FASB 首次将"未来经济利益"作为资产的实质，同时将资产与成本区分开来，对资产的定义有了重大突破，扭转了长期以来会计上成本与资产相混淆的现象。资源观强调资产的经济资源属性，把一些不是经济资源但有助于实现未来经济利益的或减少未来经济损失的项目如某些备抵项目排除在资产之外。未来经济利益观则将这些项目合乎情理地包括在资产之中。因此，未来经济利益更加全面、合理。但将资产定义为"未来的经济利益"，在计量上未来的经济利益最终体现为现金及其现金等价物的流入，则需要利用未来现金流量信息借助于估值技术进行确定，带有一定主观性，而且难以测度。另外，应"未来经济利益"定义资产，相应的资产计量属性也应该是公允价值，但是，目前公允价值的运用并不普遍，除了金融工具等项目外，资产负债表中的资产项目更多的是历史成本和其他计量属性并存。

（3）财产权利观。以英国 ASB 为代表。ASB 在 1999 年公布的《财务报告原则公告》中将资产定义为："是由过去的交易或事项形成的、由特定主体控制的、对未来经济利益的权利或其他使用权"。该定义也只提"控制"而不提"拥有"，这是 ASB 强调实质重于形式的体现，因为控制不见得一定拥有，控制已经涵盖了拥有。将资产定义为"权利或其他使用权"，正说明了资产并不意味着财产本身，而是一种权利，这样，衍生金融工具也可以纳入资产中。但是，该定义必须依托于目前颇有争议的产权概念，很容易引起新的争议。

（4）我国对资产的定义。根据我国《企业会计准则——基本准则》（2006/2014），资产是指"企业过去的交易或者事项形成的，由企业拥有或者控制的，预期会给企业带来经济利益的资源"。显然，我国资产的定义体现了"资源观"，接近于国际会计准则委员会/理事会（IASC/IASB）的定义，从理论上与国际会计准则保持了内在的一致，在实践上也回避了未来经济利益过于抽象、无法计量的矛盾。

从以上资产的定义中可以看出，资产应具有以下方面的特征。

第一，资产能够为企业提供未来的经济利益。即资产具有直接或者间接导致现金和现金等价物流入企业的潜力，预期能否会为企业带来经济利益是资产的首要特征。资产是由具有价值的财产和权利所组成，包括：能为企业提供某些潜在的服务或权利的房屋、机器、材料和专利权等；具有直接购买力，可用以交换其他资产的现金和银行存款；具有要求付款权利的应收款项等；出售后可以转换为货币资金或某种权利的商品、产成品等。当企业拥有或控制的资源已经不能为企业带来经济利益时，则该资源不能确认为企业的资产。

第二，资产为企业所拥有或控制。拥有资产是指对企业某项资产的所有权，控制资产是指对企业某项资产的支配权，或者企业已掌握了某项资产的实际未来利益和风险。

第三，资产由企业过去的交易或者事项形成。过去的交易或者事项包括购买、生产、建造行为或者其他交易或事项。至于未来交易或事项可能产生的结果，则不得作为资产确认。

第四，资产能以货币计量。货币计量是会计反映的基础，如果一项资源不能以货币计量，就难以进行会计确认和计量其价值，也就不是会计所要反映和监督的内容。所以，不能以货币计量的资源就不能列作会计要素之一的资产，如人力资源目前无法以货币进行可靠计量，就不能作为资产列入资产负债表。

符合资产定义的资源，在同时满足以下两个条件时确认为资产：一是与该资源有关的经济利益很可能流入企业；二是该资源的成本或者价值能够可靠地计量。

2. 负债。负债是与资产相对应的一个会计要素，因此，各国会计准则对负债的定义是和资产的定义相关联的。美国财务会计准则委员会（FASB）于1980年发表的第3号财务会计概念公告《企业财务报表的要素》（SFAC No. 3）中对负债的定义为："负债是特定的主体由于过去的交易或事项而产生的、现在承担的、将来向其他主体交付资产或提供劳务的义务，这种义务将导致企业未来经济利益的牺牲。"国际会计准则委员会/理事会（IASC/IASB）对负债的定义为："负债是由于过去的事项而发生的企业的现时义务，该义务的履行将会引起含有未来经济利益的企业资源的流出 。"可见，IASC/IASB对负债的定义都强调"含有未来经济利益的资源"。

我国《企业会计准则——基本准则》（2006/2014）对负债的定义："负债是指企业过去的交易或者事项形成的，预期会导致经济利益流出企业的现时义务。"该定义包括三层含义：第一，负债形成的原因，即负债是企业过去的交易、事项形成的；第二，负债的表现形式，即企业应承担现时的义务；第三，负债解除的结果，即企业清偿负债会导致未来经济利益的流出。

3. 所有者权益。所有者权益的定义从属于资产和负债的定义，在资产已经确定后，所有者权益就取决于负债的确认和计量。

美国财务会计准则委员会（FASB）在第 6 号财务会计概念公告《财务报表要素》中将所有者权益的定义为"某个主体的资产减去负债后的剩余权益。"

国际会计准则委员会/理事会（IASC/IASB）在其《编报财务报表的框架》中将所有者权益定义为"企业的资产中扣除企业全部负债后的剩余权益"。

我国《企业会计准则——基本准则》（2006/2014）中对所有者权益的定义："所有者权益是指企业资产扣除负债后由所有者享有的剩余权益。"所有者权益的来源包括所有者投入的资本、直接计入所有者权益的利得和损失及留存收益。所有者投入的资本既包括构成企业注册资本或者股本部分的金额，也包括投入资本超过注册资本或者股本部分的金额，即资本溢价或者股本溢价。直接计入所有者权益的利得和损失，是指不应计入当期损益、会导致所有者权益发生增减变动的、与所有者投入资本或者向所有者分配利润无关的利得或者损失。留存收益是企业历年实现的净利润留存于企业的部分，主要包括累计计提的盈余公积和未分配利润。所有者权益通常由股本（或实收资本）、其他权益工具、资本公积、其他综合收益、盈余公积和未分配利润构成。

可见，各国对所有者权益的定义是一致的，都是从定量和定性两个角度去界定所有者权益的内涵。即所有者权益在金额上等于资产扣除负债后的余额；所有者权益是一种索取权后于债权人的"剩余权益"，只有债权人的要求权得到清偿后，所有者权益才能够被清偿。

4. 收入。作为财务报表的一大基本要素，收入的定义历来为会计界所关注，各国会计准则对收入也都作了定义。

APB 在 1970 年的第四号报告书中指出："收入是从一个企业改变其业主权益的经营活动中产生的资产增加或负债减少的总额"。这种观点认为，收入是企业在经营过程中产生的现金（或其他资产）流量，它应通过销售商品和提供劳务而实现。

FASB 于 1985 年在 SFAC No. 6《财务报表要素》中给收入作的定义是："收入是指一个主体在持续的、主要的或核心的业务中，因销售或生产商品、提供劳务或进行其他活动而形成的现金流入，或其他资产的增加，或负债的清偿（或兼而有之）"。这个定义具有一定的权威性，对其他国家准则制定机构的影响比较大，从两个方面对收入进行了界定：一是收入来源于持续的、主要的或核心的业务；二是收入的表现形式有各种资产或资源的流入、资产的增加、负债的清偿。

IASC 在 1993 年发布了修订后的 IAS18《收入》，对收入作了如下定义："收入是指企业在一定期间内由正常经营活动所产生的经济利益的总流入。该流入仅指引起权益增加的部分，而不包括企业投资者出资引起的部分。"与美国财务会计准则委员会关于收入的定义比较，国际会计准则委员会对收入的定义要简单些，只是概括地指出收入的来源是企业在一定期间内，由正常经营活动所产生的经济利益的总流入，其实质是权益的增加。

英国 ASB 在《财务报告原则公告》中使用了"利得"概念，认为利得是指业主出资以外的所有者权益的增长。ASB 的利得定义与 FASB 和 IASC 的收入定义比较显得更加宽泛，既没有明确地说明收入的来源，也没有给出收入的表现形式。

总体上，对收入的定义有两种表述。一种是将收入（revenue）规定于持续的、主要的或核心的业务中，而不包括非持续经营的、非主要的收入（利得），如 FASB 的定义；另一种是将利得包括到收入中，与收入共同组成企业的收益（income），如 IASC 的定义。

我国《企业会计准则——基本准则》（2006/2014）中对收入的定义为："收入是指企业在日常活动中形成的、会导致所有者权益增加的、与所有者投入资本无关的经济利益的总流入。"该定义强调收入要来自于"日常活动"，即企业为完成其经营目标所从事的经常性活动以及与之相关的其他活动。如制造企业销售半成品和产成品、商品流通企业销售商品、租赁企业出租固定资产、商业银行提供贷款、广告商提供广告策划服务、安装公司提供安装服务、保险公司签发保单、软件企业为客户开发软件等，均属于企业为完成其经营目标所从事的经常性活动，其产生的经济利益构成收入；工业企业出售原材料，其产生的经济利益也构成收入。

5. 费用。会计界对费用的认识存在较大的分歧，从不同会计组织对费用的界定可以看出，费用有广义和狭义之分。

国际会计准则委员会/理事会（IASC/IASB）在《编报财务报表的框架》提出的五大要素中，与广义收入要素相对应的是广义的费用要素。把费用定义为："会计期间内经济利益的减少，其形式表现为因资产流出、资产消耗或是发生负债而引起的权益减少，但不包括与所有者分配有关的类似事项。"该定义将所有导致企业经济利益减少的情况都列作费用，无论是与经营活动有关还是与经营活动无关，即费用既包括在企业日常活动中发生的费用也包括了损失。

美国财务会计准则委员会（FASB）在 SFAC No. 6《财务报表要素》中将费用定义为："一个主体在某一期间由于交付或生产商品、提供劳务，或从事构成该主体不断进行的主要经营活动的其他业务而发生的现金流出或其他资产的耗用或债务的承担（或两者兼而有之）"。可以看出，FASB 的费用定义是一个狭义的概念，将非主要经营活动的耗费或资源的流出作为损失，费用和损失是两个独立的要素。

我国在《企业会计准则——基本准则》（2006/2014）中把费用定义为："企业在日常活动中发生的、会导致所有者权益减少的、与向所有者分配利润无关的经济利益的总流出"。该定义是狭义的费用，即费用只能在日常经营活动中形成。

6. 利润。利润是指企业在一定会计期间的经营成果，亦称为收益或损益。长期以来，利润是评价企业管理层业绩的一项重要指标，也是财务报告使用者进行决策时的重要依据。通常情况下，如果企业实现了利润，表明业绩得到了提升，企业的所有者权益将增加；反之，如果企业发生了亏损（即利润为负数），表明业绩下滑，企业的所有者权益将减少。正因为如此，利润一直成为人们关注的话题。

我国在《企业会计准则——基本准则》（2006/2014）中把利润定义为："利

润是指企业在一定会计期间的经营成果。利润包括收入减去费用后的净额、直接计入当期利润的利得和损失等"。其中，收入减去费用后的净额反映的是企业日常活动的业绩；直接计入当期利润的利得和损失，是指应当计入当期损益，最终会引起所有者权益发生增减变动的，与所有者投入资本或者向所有者分配利润无关的利得或损失。利得是指由企业非日常活动所形成的、会导致所有者权益增加的、与所有者投入资本无关的经济利益的流入。损失是指由企业非日常活动所发生的、会导致所有者权益减少的、与向所有者分配利润无关的经济利益的流出。

由于利润是收入与费用计算的结果，因此，按照国际惯例，利润无须设置为一个独立的会计要素。从上述各国会计准则对要素的设置中看出，可以从收入、费用、利得、损失的关系中得出净收益或全面收益的概念。

六、会计确认

在财务会计概念框架中，会计确认是一个重要的环节。美国 FASB 在《企业财务报表的确认与计量》中指出："确认是指将某个项目作为资产、负债、收入、费用等正式加以记录和列入企业财务报表的过程，它同时包括用文字和数字描述某一项目，其金额则包括在报表总计之中。"确认必然要涉及"是否确认""何时确认""如何确认"几个问题。

（一）确认的标准

会计确认需要先解决"是否确认"的问题。一个会计要素要在财务报表中进行确认，必须符合下列四个标准：
（1）符合要素的定义；
（2）可计量性；
（3）相关性；
（4）可靠性。

进入财务报表进行确认，必须要符合某一特定要素的定义，即可定义性；确认的某个项目的成本或价值要能够可靠地加以计量，即可计量性；经确认的项目所反映的信息与使用者的决策相关，即相关性；相关的信息应如实反映、可验证和不偏不倚，即可靠性。其中，相关性和可靠性是实现财务报告目标的两个质量要求，将其作为确认的标准时，就是要根据每个项目是否具有相关性、是否可靠来决定它应否列入报表。

（二）确认的时间

当某个项目符合确认的标准，要在财务报表中进行确认，接下来需要解决的是"何时确认"的问题。

对资产、负债来说，是否即期确认；对收入、费用来说，是否在发生的当期确认。收入和费用的确认比资产和负债的确认更为复杂，因为资产和负债的交易属于时点概念，只要交易时符合资产要素和负债要素的确认标准，就可以进行确认。而收入和费用是反映企业经营成果的期间概念，发生的时间并不一定是款项收付的时间，因此，收入和费用会计确认的时间基础有权责发生制和收付实现制。收付实现制要求在收到现金时确认收入、支出现金时确认费用。现代财务会计的确认基础是权责发生制，在权责发生制下，取得收入的权利发生时确认收入、支付费用的义务发生时确认费用，即：收入以实现为原则，费用以配比为原则。

（三）初始确认和最终确认

任何一项交易，从进入会计信息系统进行处理到通过报表输出已加工的信息，都要经过两次确认，即初始确认和最终确认。初始确认是指对某项符合会计确认条件的经济业务进入会计信息系统进行处理，比如记作资产、负债、收入或费用等。在初始确认的基础上，按照财务报告的目标把账户记录转化为报表要素与项目，成为对报表使用者有用的信息，所有金额均计入报表的合计，这一过程为最终确认。

七、会计计量

会计计量，是指用数量（主要是用金额）对财务报表要素进行描述。会计计量是与会计确认密不可分的，人们常常把计量视为确认的一部分。前面讨论的确认标准、确认时间基础，解决了"是否确认""何时确认"的问题，而"如何确认"就是指如何对会计要素在记录时和在报表中进行数量描述。

会计计量主要是货币计量，着重货币的数量表现，必然涉及计量单位和计量属性。因此，选择合理的计量单位和计量属性是会计计量技术要考虑的两个问题。

（一）计量单位

任何计量都离不开计量所依据的单位或尺度，对会计计量来说，考虑到会计对象的特点是资金的运动过程，而且已在会计假设中作了明确规定，因此，确认的交易或事项，其计量单位理应是货币。作为计量单位的货币通常是指某国、某地区的法定货币，如美元、日元、人民币等。在正常情况下，通常称为名义货币，即不考虑货币的币值变动，一律按不同时期同种货币的面值为计量单位。按名义货币计量的特点是，无论各个时期货币的实际购买力如何发生变动，会计计量都采用固定的货币单位，即不调整不同时期货币的购买力。但是，当物价水平发生剧烈的变动时，会使得以名义货币单位计量的会计数据不准确，因此，会影响会计信息的可靠性，甚至对信息使用者产生误导。为了消除这种影响，也可以采用一般购买力单位作为会计计量尺度。一般购买力单位的确立，是对币值不变这一假设的否定，它是将不同时期的同种货币，一律按其实际购买力折算为基准时期的货币，是对名义货币单位的一种调整形式。

（二）计量属性

计量属性，是指被计量客体的特征或者外在表现形式，如一个物体的长、宽、高、体积、数量等。具体到会计要素就是指资产、负债等要素可以用财务形式定量化的方面，即能用货币单位计量的方面。

通常企业的经济资源是以货币交易价格计量的，而经济交易或事项又可以从多个方面用货币交易价格进行计量，从而可能得出不同的货币数量。例如，企业的一台生产设备可以运用以下货币价格计量：

（1）过去购买的交易价格，即取得该设备时的初始交易价格或在取得日支出的货币额；

（2）现时购买的交易价格，即类似设备的现时市场购买价格；

（3）现时出售的交易价格，即在当期出售该资源时可能收到的货币额；

（4）未来的交易价格，即在未来期间的交换价格或者是与该资源有关的预期未来现金流量的现值。

可见，计量属性有多种。

2018年3月，为促进财务报告的可理解性，IASB发布的新CF对计量属性进行了层次更为明晰的重新分类，完善了各计量属性内涵的说明。而且，新CF还指出了各属性的优缺点与适用范围，以及选择计量属性应考虑的因素。此外，根据新CF的有关要求，选择计量基础应考虑其所提供信息的相关性和如实反映情况以及成本限制。其中，相关性受到资产和负债特征、未来现金流量特征的影响；如实反映则需要考虑计量不一致和计量不确定性问题。

结合国际惯例，我国《企业会计准则——基本准则》（2006/2014）中提出了五个计量属性，分别是历史成本、重置成本、可变现净值、现值和公允价值。

1. 历史成本。历史成本又称为实际成本，就是取得或制造某项财产物资时所实际支付的现金或者其他等价物。在历史成本计量下，资产按照其购置时支付的现金或者现金等价物的金额，或者按照购置资产时所付出的对价的公允价值计量。负债按照其因承担现时义务而实际收到的款项或者资产的金额，或者承担现时义务的合同金额，或者按照日常活动中为偿还负债预期需要支付的现金或者现金等价物的金额计量。历史成本在入账后，就不考虑已入账资产的价格变动。

历史成本是最基本的计量属性，长期以来在财务会计中受到普遍运用。财务会计是以企业已发生的、过去的交易或事项为处理对象的，因此，对财务会计的账户而言，最直接的计量属性是过去的市场价格。此外，历史成本被长期广泛运用，其本身具有不可取代的优点——历史成本是以实际交易而不是可能的交易所决定的，基于交易双方的认可。由于交易已经发生，有证据可供稽核，历史成本计量能够反映历史的经济事实，因而有较大的可靠性。在一个持续经营的企业中，其长期资产不是为卖而买的，持有这类资产的目的是供企业长期使用和生产消费的，市场价格的变动对于这些资产完全可以不予考虑。

但是，历史成本也有其局限性，最主要表现为：历史成本只能反映一个企业资产取得时的价值，不能反映资产在持有过程中的不确定性；当价格明显变动时，基于各个交易时点的历史成本代表不同的价值量，它们之间不可比，失去了会计信息可比性；在物价上涨时，以历史成本计量的资产负债表中的非货币资产和负债就被低估，不能揭示实际财务状况；由于资产是以历史成本计量的，则费用以历史成本计量，而收入是以现行价格计量，这样，收入与费用的配比就缺乏逻辑上的统一；在物价上涨时，费用按历史成本计量与收入按现行价格计量形成的利润无法区分管理当局的经营业绩和价格变动引起的持有利得。

2. 重置成本。重置成本又称现行成本，是指按照当前市场条件，重新取得同样一项资产所需支付的现金或现金等价物金额。在重置成本计量下，资产按照现在购买相同或者相似资产所需支付的现金或者现金等价物的金额计量。负债按照现在偿付该项债务所需支付的现金或者现金等价物的金额计量。

与历史成本比较，重置成本的优点主要在于：按现行成本计量的费用与按现行价格计量的收入配比，可以避免在价格变动时虚计利润；期末资产负债表提供以现行成本为基础的现时信息，反映了现时财务状况；现行价格的收入与现行成本相配比实现逻辑上的统一性；便于区分管理当局的经营业绩和资产持有利得。

重置成本的缺点主要在于：重置成本的含义不明确，实际中也难以存在与原持有资产完全吻合的重置成本；另外，重置成本的确定较困难，并缺乏足够可信的证据，影响会计信息的可靠性。

3. 可变现净值。可变现净值，又称预期脱手价格，是指在正常生产经营过程中，以预计售价减去进一步加工成本和销售所必需的预计税金、费用后的净值。在可变现净值计量下，资产按照其正常对外销售所能收到现金或者现金等价物的金额扣减该资产至完工时估计将要发生的成本、估计的销售费用以及相关税金后的金额计量。

可变现净值是未折现的现金或现金等价物，没有考虑货币的时间价值，按可变现净值计量，未来收回的现金与现在收回的现金是等价的。另外，可变现净值计量属性完全依赖于可观察的市场价格，缺乏可靠的证据，影响了会计信息的可靠性。

4. 现值。现值，是指对未来现金流量以恰当的折现率进行折现后的价值，是考虑货币时间价值因素等的一种计量属性。在现值计量下，资产按照预计从其持续使用和最终处置中所产生的未来净现金流入量的折现金额计量，负债按照预计期限内需要偿还的未来净现金流出量的折现金额计量。该计量属性考虑了货币的时间价值，能反映资产的经济价值，提供的会计信息与决策更相关。

但从严格意义上来讲，现值并不是一项独立的计量属性，现值只是任何一种现金流量同利率的结合，是一种可以达到某种计量属性的手段和技术。因为任何一种计量属性，都必须可用于交易或事项初始确认时的计量，而初始计量不存在现值问题；另外，从实务操作的角度看，现值的可靠性也较差。

5. 公允价值。20 世纪 90 年代开始，公允价值得到广泛的运用，发展成为仅次于历史成本的最重要的计量属性。

2014 年 1 月，财政部颁布了《企业会计准则第 39 号——公允价值计量》，对公允价值的定义为："公允价值是指市场参与者在计量日发生的有序交易中，出售一项资产所能收到或者转移一项负债所需支付的价格"。

被定义为脱手价格的公允价值，是假想的交易的结果。因此，有必要对交易本身以及假想的交易环境作出规范，交易环境涉及市场及交易者。

首先规定交易本身，计量公允价值应当假定是在有序交易的情况下进行的。有序交易，是指在计量日前一段时期内相关资产或负债具有惯常市场活动的交易，清算等被迫交易不属于有序交易。

其次是规定了市场，因为有可能许多市场都符合规定的有序交易，则有可能获得不同的脱手价格。那么，哪个市场中的价格才是公允价值呢？有序交易必须假定是在主要市场或最有利市场中进行。"以公允价值计量相关资产或负债，应当假定出售资产或者转移负债的有序交易在相关资产或负债的主要市场进行。不存在主要市场的，企业应当假定该交易在相关资产或负债的最有利市场进行。"主要市场，是指相关资产或负债交易量最大和交易活跃程度最高的市场。最有利市场，是指在考虑交易费用和运输费用后，能够以最高金额出售相关资产或者以最低金额转移相关负债的市场。主要市场（或最有利市场）应当是企业在计量日能够进入的交易市场，但不要求企业于计量日在该市场上实际出售资产或者转移负债。企业应当以主要市场的价格计量相关资产或负债的公允价值。不存在主要市场的，企业应当以最有利市场的价格计量相关资产或负债的公允价值。

最后是规定了交易者。交易必须有买卖双方，交易者能力、交易意愿与目的不同，其对交易对象（计量对象物）的了解程度也不同，买卖双方还可能存在作为交易对手以外的其他联系（如关联方关系），这些特征都会影响交易价格。考虑到公允价值计量的虚拟性，更要严格定义交易者。

对于公允价值的计量，应当采用在当前情况下适用并且有足够可利用数据和其他信息支持的估值技术。企业使用估值技术的目的是，估计在计量日当前市场条件下市场参与者在有序交易中出售一项资产或者转移一项负债的价格。使用的估值技术主要包括市场法、收益法和成本法。企业应当使用与其中一种或多种估值技术相一致的方法计量公允价值。市场法，是利用相同或类似的资产、负债或资产和负债组合的价格以及其他相关市场交易信息进行估值的技术。收益法，是将未来金额转换成单一现值的估值技术。成本法，是反映当前要求重置相关资产服务能力所需金额（通常指现行重置成本）的估值技术。

企业应当将公允价值计量所使用的输入值划分为三个层次，并首先使用第一层次输入值，其次使用第二层次输入值，最后使用第三层次输入值。

第一层次输入值是在计量日能够取得的相同资产或负债在活跃市场上未经调整的报价。活跃市场，是指相关资产或负债的交易量和交易频率足以持续提供定价信息的市场。在所有情况下，企业只要能够获得相同资产或负债在活跃市场上的报价，就应当将该报价不加调整地应用于该资产或负债的公允价值计量。

第二层次输入值是除第一层次输入值外相关资产或负债直接或间接可观察的输入值。第二层次输入值包括：活跃市场中类似资产或负债的报价；非活跃市场中相同或类似资产或负债的报价；除报价以外的其他可观察输入值，包括在正常报价间隔期间可观察的利率和收益率曲线、隐含波动率和信用利差等；市场验证的输入值等。

第三层次输入值是相关资产或负债的不可观察输入值。企业只有在相关资产或负债不存在市场活动或者市场活动很少导致相关可观察输入值无法取得或虽取得但不切实可行的情况下，才能使用第三层次输入值，即不可观察输入值。不可观察输入值应当反映市场参与者对相关资产或负债定价时所使用的假设，包括有关风险的假设，如特定估值技术的固有风险和估值技术输入值的固有风险等。企业可以使用内部数据作为不可观察输入值，但如果有证据表明其他市场参与者将使用不同于企业内部数据的其他数据，或者这些企业内部数据是企业特定数据、其他市场参与者不具备企业相关特征时，企业应当对其内部数据做出相应调整。

由于公允价值计量在操作上的复杂性，有非金融资产的公允价值计量、负债和企业自身权益工具的公允价值计量、市场风险或信用风险可抵销的金融资产和金融负债的公允价值计量分别具有各自的特点，在操作上无法直接适用标准的规程，准则分别做了相应的规定。

以上会计计量属性中，历史成本通常反映的是资产或者负债过去的价值，而重置成本、可变现净值、现值以及公允价值通常反映的是资产或者负债的现时成本或者现时价值，是与历史成本相对应的计量属性，但它们之间是相互联系的。如当前环境下某项资产或负债的历史成本可能是过去环境下该项资产或负债的公允价值，而当前环境下某项资产或负债的公允价值也许就是未来环境下某项资产或负债的历史成本。

《企业会计准则——基本准则》（2006/2014）同时指出：企业在对会计要素进行计量时，一般应当采用历史成本。采用重置成本、可变现净值、现值、公允价值计量的，应当保证所确定的会计要素金额能够取得并可靠计量。

八、财务报告

会计信息处理系统由确认、计量、记录和报告四个基本程序组成，初始确认、计量、记录环节都是为财务报告奠定基础。把计量、记录的结果最终确认到财务报告中，向信息使用者提供有助于其经济决策所需的会计信息，这是财务会计的目标。

由于财务会计信息的传递是由财务报告来完成的，所以财务报告在传递信息的手段和形式上应考虑信息使用者决策的需要。随着企业生产经营活动的日益复杂及资本市场的发展，企业的相关利益集团范围的延伸，加强信息透明度的呼声越来越高，财务报表以外的非财务信息的披露也日益受到重视，使得单靠财务报表已无法满足使用者的信息需要，财务报告的形式必然要有新的发展。FASB 在1978 年发表的《企业财务报告的目标》中规定："财务报告的编制不仅包括财务报表，还包括其他传输信息的手段，其内容直接地或间接地与会计系统所提供的信息有关。"在会计理论和实务中，"财务报告"取代了"财务报表"，对于一些无法列入财务报表但与信息使用者决策相关的信息，为了维护使用者的利益，应通过附注和其他报告手段予以披露。因此，财务报告除了财务报表外，还包括附注和其他相关信息及资料。

《企业会计准则——基本准则》（2006/2014）指出：财务报告是企业对外提供的反映企业某一特定日期的财务状况和某一会计期间的经营成果、现金流量等会计信息的文件。财务报告包括会计报表及其附注和其他应当在财务会计报告中披露的相关信息和资料。会计报表至少应当包括资产负债表、利润表、现金流量表等报表。资产负债表是指反映企业在某一特定日期的财务状况的会计报表；利润表是指反映企业在一定会计期间的经营成果的会计报表；现金流量表是指反映企业在一定会计期间的现金和现金等价物流入和流出的会计报表；附注是指对会计报表中列示项目所作的进一步说明以及对未能在这些报表中列示项目的说明等。

第三节　企业会计准则

企业会计准则是约束和规范财务会计行为、指导财务报表的规范。会计准则最早产生于美国。20 世纪 30 年代，美国股份经济迅速发展，企业所有权与经营权相分离，导致会计信息提供者与使用者的分离。为了保证企业提供的会计信息真实与公允，需要通过具有约束力的规范去指导会计实务，这是会计信息使用者的共同要求。

一、美国财务会计准则

1939 年，美国形成第一份代表公认会计原则（Generally Accepted Accounting Principles，GAAP）的权威文件，它是会计界普遍接受并有相当权威支持的用以指导和规范企业财务会计行为的各项原则的总称。

美国的会计准则一般由民间组织来制定、公布，相对于政府而言，民间会计职业团体对于复杂多变的会计实务敏感性更强、反应更快。在几十年的准则制定时间里，会计准则的制定机构经历了由会计程序委员会、会计原则委员会到财务会计准则委员会的过程，先后发表的权威文献有《会计研究公告》（ARB）、《会计原则委员会意见书》和《财务会计准则公告》等。美国会计准则公告和准则制定机构的演变过程如表 1 - 1 所示。

表 1 – 1   美国会计准则公告和准则制定机构的演变

年份	准则制定机构	创建机构	发布的公告
1938～1959	会计程序委员会（CAP）	美国注册会计师协会（AICPA）	《会计研究公告》（ARB）
1959～1973	会计原则委员会（APB）	美国注册会计师协会（AICPA）	《会计原则委员会意见书》
1973 年至今	财务会计准则委员会（FASB）	美国注册会计师协会 美国证券交易委员会 美国会计学会（AAA） 全国会计人员联合会 财务经理学会 财务分析师协会	《财务会计概念公告》（SFAC） 《财务会计准则公告》（SFAS） 《财务会计准则解释》（IFAS）

作为指导会计实务的规范，会计准则必然要带有一定的强制性和权威性。美国会计职业团体制定和发布的会计准则得到了美国证券交易委员会的授权，才使其制定的会计准则在执业界具有公认性。

2001 年安然事件前，美国借助其成熟的资本市场优势和完善的会计审计制度，在会计领域自居全球首位，安然、世通公司等财务丑闻彻底打击了美国投资者对资本市场的信心。为了改变这一局面，美国国会和政府加速通过了《萨班斯法案》，该法案的另一个名称是"公众公司会计改革与投资者保护法案"。主要内容有：建立一个独立的"公众公司会计监管委员会"，对上市公司审计进行监管；通过负责合伙人轮换制度以及咨询与审计服务不兼容等提高审计的独立性；对公司高管人员的行为进行限定以及改善公司治理结构等，以增进公司的报告责任；加强财务报告的披露；通过增加拨款和雇员等来提高美国证券交易委员会（SEC）的执法能力；提高对公司高管及白领犯罪的刑事责任。

二、国际会计准则

一个企业是否能有效地经营，除了受企业内部的因素影响外，也受到企业外在生存环境的影响，包括法律制度、政治体制、经济发展程度、社会文化传统以及国际环境变迁所带来的冲击。由于各国所处的环境不同，使得各国的会计理论、实务、规范都存在一定的差异。在经济不发达、国际经济交往不多的情况下，各国之间的会计差异对国家的经济活动虽有影响但并不强烈。随着世界经济日益趋向全球化，国际商业活动、国际投资、国际经济合作、跨国公司经营等不断增加，会计差异给经济全球化带来了障碍。为了改变这种局面，国际会计职业团体率先进行制定国际会计准则的尝试。1972 年，在澳大利亚悉尼召开的第 10 次国际会计师大会上通过一项倡议，会后组建了会计职业界国际协调委员会，通过该组织主要成员国代表的协商，提出了筹建国际会计准则委员会的方案。1973 年 6 月，国际会计准则委员会（IASC）在伦敦成立，其基本目标有两个：一是本着公众的利益，制定并发布在编制财务报表时应遵循的会计准则，并推动这些会计准则在世界范围内被接受和遵守；二是为改进和协调有关财务报表列报的规则、准则和程序，规范地开展工作。2001 年 4 月，国际会计准则委员会（IASC）经改组并对外改称为国际会计准则理事会（IASB）。到目前为止，IASC/IASB 已颁布并修订了《国际财务报告准则》《财务报告解释公告》等 40 多项国际会计准则。国际会计准则的制定，经历了两个发展阶段。第一个阶段，IASC 已经发表了 31 份国际会计准则，这些准则树立了 IASC 的形象和提高了被接受的程度，但缺陷是备选的会计处理方案过多，不利于缩小各国准则的差异，又降低了财务报表的可比性。所以从 1978 年起，IASC 开始把重点放到提高不同国家和地区之间企业财务报表的可比性上来。第二个阶段，IASC 的主要任务是针对调整后的目标，修订已发表的国际会计准则，尽可能删减过多的备选会计处理方案，提出 IASC 所趋向的某种会计处理方案列为"基准会计处理"，其余方案压缩后作为"允许的备选会计处理"。2018 年 3 月，国际会计准则理事会（IASB）发布了新财务报告概念框架（Conceptual Framework for Financial Reporting, CF），进一步完善了 CF 的内容。

由于国际会计准则委员会/理事会属于民间会计职业团体，没有得到官方或国际组织赋予它制定准则的法律权利，因此，所制定的准则没有强制性。但是，它得到了世界各国主要国家会计职业团体的支持，特别是具有官方性质的证券委员会国际组织的支持和参与。在全球范围内采用协调的财务报告，可以提高投资者对他们用来进行决策和风险评估的信息的信心，提高财务会计报表的可比性。

三、我国企业会计准则

（一）准则的制定

为了适应改革开放和市场经济发展的需要，我国财政部于 1992 年 11 月 30 日发布了《企业会计准则》，并自 1993 年 7 月 1 日起施行。截至 2002 年末，我国已颁布实施了《关联方关系及其交易的披露》等 16 项具体会计准则。

从 2005 年开始，为了适应会计准则的国际化趋同，我国借鉴国际财务报告准则，全面启动了中国会计准则体系的制定、修订工作。2006 年 2 月，财政部颁布了《企业会计准则——基本准则》和 38 项具体准则以及《企业会计准则——应用指南》，取代了 1992 年颁布的《企业会计准则》和 16 项具体会计准则，并要求在 2007 年起在上市公司范围内施行。

2014 年，财政部相继对《企业会计准则——基本准则》《企业会计准则第 2 号——长期股权投资》《企业会计准则第 9 号——职工薪酬》《企业会计准则第 30 号——财务报表列报》《企业会计准则第 33 号——合并财务报表》和《企业会计准则第 37 号——金融工具列报》进行了修订，并发布了《企业会计准则第 39 号——公允价值计量》《企业会计准则第 40 号——合营安排》和《企业会计准则第 41 号——在其他主体中权益的披露》三项具体准则。这些准则的发布与修订，在一定程度上展现了我国与国际会计准则实现趋同的发展历程和成果。

2017 年，为进一步实现我国企业会计准则与国际财务报告准则的持续全面趋同，借鉴国际成功的做法和经验，财政部对《企业会计准则第 14 号——收入》《企业会计准则第 16 号——政府补助》《企业会计准则第 22 号——金融工具确认和计量》《企业会计准则第 23 号——金融资产转移》《企业会计准则第 24 号——套期会计》《企业会计准则第 37 号——金融工具列报》进行了修订，并发布了《企业会计准则第 42 号——持有待售的非流动资产、处置组和终止经营》，同时取消了《企业会计准则第 15 号——建造合同》。

2018 年，财政部又修订《企业会计准则第 21 号——租赁》。

所以，我国目前的会计准则体系由《企业会计准则——基本准则》、41 项具体准则和《企业会计准则——应用指南》构成。

（二）我国企业会计准则的结构和内容

我国企业会计准则体系可以划分为两大类：一类为基本准则；另一类为具体会计准则。

基本准则类似于 FASB 的财务会计概念框架，包括总则、会计信息质量要求、财务会计报表要素、会计计量、财务会计报告。

具体准则是处理会计具体业务的规范，其具体内容可分为一般业务准则、特殊行业和特殊业务准则、财务报告准则三小类。一般业务准则是规范普遍适用的一般经济业务的确认、计量要求，如存货、固定资产、无形资产、职工薪酬、所得税等。特殊行业和特殊业务准则是对特殊行业特定业务的会计问题做出的处理规范，如生物资产、金融资产转移、套期保值、原保险合同、再保险合同、合并会计报表等。财务会计报告准则主要规范各类企业通用的报告类准则，如财务报表列报、现金流量表、合并财务报表、中期财务报告、分部报告等。我国企业会计准则体系结构和内容如图 1-3 所示。

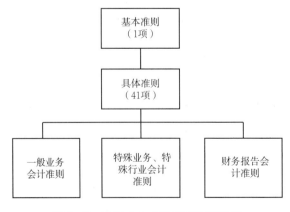

图 1-3 我国企业会计准则体系结构

（三）我国企业会计准则与国际会计准则的实质性趋同

经过多年的努力，我国企业会计准则已经基本上实现了与国际会计准则的实质性趋同，在准则的内容甚至准则的名称方面（见表1－2），都与国际会计准则保持了一致。2008年11月14日，由欧盟成员国代表组成的欧盟证券委员会就第三国会计准则等效问题投票决定，自2009年至2011年底前的过渡期间，欧盟将允许中国证券发行者在进入欧洲市场时使用中国会计准则。这表明欧盟已认可中国会计准则与国际财务报告准则实现了等效。

表1－2　　　　中国会计准则与国际财务报告准则具体项目比较

中国企业会计准则	国际财务报告准则
CAS 1 存货（2006）	IAS 2 存货 IAS 2 Inventories
CAS 2 长期股权投资（2014）	IAS 27 单独财务报表 IAS 27 Separate Financial Statements IAS 28 对联营企业和合营企业的投资 IAS 28 Investments in Associates and Joint Ventures
CAS 3 投资性房地产（2006）	IAS 40 投资性房地产 IAS 40 Investment Property
CAS 4 固定资产（2006）	IAS 16 不动产、厂场和设备 IAS 16 Property, Plant and Equipment
CAS 5 生物资产（2006）	IAS 41 农业 IAS 41 Agriculture
CAS 6 无形资产（2006）	IAS 38 无形资产 IAS 38 Intangible Assets
CAS 7 非货币性资产交换（2006）	IAS 16 不动产、厂场和设备 IAS 16 Property, Plant and Equipment IAS 38 无形资产 IAS 38 Intangible Assets IAS 40 投资性房地产 IAS 40 Investment Property
CAS 8 资产减值（2006）	IAS 36 资产减值 IAS 36 Impairment of Assets
CAS 9 职工薪酬（2014）	IAS 19 雇员福利 IAS 19 Employee Benefits
CAS 10 企业年金基金（2006）	IAS 26 退休福利计划的会计和报告 IAS 26 Accounting and Reporting by Retirement Benefit Plans

中国企业会计准则	国际财务报告准则
CAS 11 股份支付（2006）	IFRS 2 以股份为基础的支付 IFRS 2 Share-based Payment
CAS 12 债务重组（2006）	IFRS 9 金融工具 IFRS 9 Financial Instruments
CAS 13 或有事项（2006）	IAS 37 准备、或有负债和或有资产 IAS 37 Provisions, Contingent Liabilities and Contingent Assets
CAS 14 收入（2017）	IFRS 15 与客户签订合同的收入 IFRS 15 Revenue from Contracts with Customers
CAS 16 政府补助（2017）	IAS 20 政府补助的会计和政府援助的披露 IAS 20 Accounting for Government Grants and Disclosure of Government Assistance
CAS 17 借款费用（2006）	IAS 23 借款费用 IAS 23 Borrowing Costs
CAS 18 所得税（2006）	IAS 12 所得税 IAS 12 Income Taxes
CAS 19 外币折算（2006）	IAS 21 汇率变动的影响 IAS 21 The Effects of Changes in Foreign Exchange Rates
CAS 20 企业合并（2006）	IFRS 3 企业合并 IFRS 3 Business Combinations
CAS 21 租赁（2018）	IFRS 16 租赁 IFRS 16 Leases
CAS 22 金融工具确认和计量（2017） CAS 23 金融资产转移（2017） CAS 24 套期保值（2017）	IFRS 9 金融工具 IFRS 9 Financial Instruments
CAS 25 原保险合同（2006） CAS 26 再保险合同（2006）	IFRS 17 保险合同 IFRS 17 Insurance Contracts
CAS 27 石油天然气开采（2006）	IFRS 6 矿产资源的勘探和评价 IFRS 6 Exploration for and Evaluation of Mineral Resources
CAS 28 会计政策、会计估计变更和差错更正（2006）	IAS 8 会计政策、会计估计变更和差错 IAS 8 Accounting Policies, Changes in Accounting Estimates and Errors
CAS 29 资产负债表日后事项（2006）	IAS 10 资产负债表日后事项 IAS 10 Events after the Reporting Period
CAS 30 财务报表列报（2014）	IAS 1 财务报表的列报 IAS 1 Presentation of Financial Statements

中国企业会计准则	国际财务报告准则
CAS 31 现金流量表（2006）	IAS 7 现金流量表 IAS 7 Statement of Cash Flows
CAS 32 中期财务报告（2006）	IAS 34 中期财务报告 IAS 34 Interim Financial Reporting
CAS 33 合并财务报表（2014）	IFRS 10 合并财务报表 IFRS 10 Consolidated Financial Statements
CAS 34 每股收益（2006）	IAS 33 每股收益 IAS 33 Earnings per Share
CAS 35 分部报告（2006）	IFRS 8 经营分部 IFRS 8 Operating Segments
CAS 36 关联方披露（2006）	IAS 24 关联方披露 IAS 24 Related Party Disclosures
CAS 37 金融工具列报（2017）	IFRS 7 金融工具：披露 IFRS 7 Financial Instruments：Disclosures IAS 32 金融工具：列报 IAS 32 Financial Instruments：Presentation
CAS 38 首次执行企业会计准则（2006）	IFRS 1 首次采用国际财务报告准则 IFRS 1 First-time Adoption of International Financial Reporting Standards
CAS 39 公允价值计量（2014）	IFRS 13 公允价值计量 IFRS 13 Fair Value Measurement
CAS 40 合营安排（2014）	IFRS 11 合营安排 IFRS 11 Joint Arrangements
CAS 41 在其他主体中权益的披露（2014）	IFRS 12 在其他主体中权益的披露 IFRS 12 Disclosure of Interests in Other Entities
CAS 42 持有待售的非流动资产、处置组和终止经营（2017）	IFRS 5 持有待售的非流动资产和终止经营 IFRS 5 Non-current Assets Held for Sale and Discontinued Operations

第二章　货币资金

能给企业带来未来经济利益的资产可以按其变现或耗用的时间分为流动资产和非流动资产，还可以按其为企业带来的现金流入金额是否固定或可确定分为货币性资产和非货币性资产。

流动资产，是指预计能够在一个正常营业周期内变现、出售或耗用，或主要为交易目的而持有的资产，是企业资产中必不可少的组成部分。资产满足下列条件之一的，应当归类为流动资产：

（1）预计在一个正常营业周期内变现、出售或耗用；

（2）主要为交易目的而持有；

（3）预计在资产负债表日起一年内（含一年，下同）变现；

（4）自资产负债表日起一年内，交换其他资产或清偿负债的能力不受限制的现金或现金等价物。

流动资产一般又划分为货币资金、交易性金融资产、应收及预付款项、存货等。

流动资产以外的资产应当归类为非流动资产。如果资产预计不能在一个正常营业周期内变现、出售或耗用，或者持有资产的目的不是为了交易，就应归类为非流动资产。如债权投资、其他债权投资、长期应收款、长期股权投资、投资性房地产、固定资产、在建工程、工程物资、生物资产、无形资产、商誉、递延所得税资产、其他权益工具投资等。

货币性资产，是指企业持有的货币资金和将以固定或可确定的金额收取的资产，包括库存现金、银行存款、应收账款和应收票据以及债券投资等，即货币性资产包括货币资金和将以固定或可确定的金额收取的资产。其中，货币资金是企业资产的重要组成部分，是企业资产中流动性最强的一种资产。任何企业要进行生产经营活动都必须拥有货币资金，持有货币资金是进行生产经营活动的基本条件。货币资金从本质上讲属于金融资产范畴，由于其会计处理的特殊性，本章单独加以阐述。根据货币资金的存放地点及其用途的不同，货币资金分为库存现金、银行存款及其他货币资金。

非货币性资产，指货币性资产以外的资产，包括存货、固定资产、无形资产、股权投资以及其他债权投资等。

区别货币性资产和非货币性资产的主要依据是资产为企业带来的未来经济利益——现金流入金额是否是固定的或可确定的。如果资产为企业带来的未来经济利益——现金流入金额是固定的或可确定的，那么该项资产就是货币性资产，反之，资产为企业带来的未来经济利益——现金流入金额是不固定的或不可确定的，那么该项资产就是非货币性资产。如库存商品的成本为 100 万元，变现时可能收 130 万元，也可能收 80 万元，故存货不属于货币性资产。

另外，根据我国《企业会计准则第 22 号——金融工具确认和计量》（2017）中对金融资产的分类，银行存款、其他货币资金分类至以摊余成本计量的金融资产。银行存款为以摊余成本计量的、企业存入银行或其他金融机构的各种款项；其他货币资金为以摊余成本计量的、企业的银行汇票存款、银行本票存款、信用卡存款、信用证保证金存款、存出投资款、外埠存款等货币资金。

第一节　现　　金

一、现金的定义

现金有广义与狭义之分，依国际惯例，现金是指随时可作为流通与支付手段的票证，不论是法定货币还是信用票据，只要具有购买或支付能力，均可视为现金。即广义的现金包括库存现款和视同为现金的各种银行存款、流通证券等。

我国日常交易业务会计核算所采用的是狭义的现金概念，即库存现金，是指存放在企业并由出纳人员保管的现金，包括库存的人民币和各种外币，而财务报告（现金流量表）涉及的现金是广义的现金和现金等价物。

现金是流动性最强的一种货币性资产，它可以随时用以购买所需物资、支付日常零星开支、偿还债务，也可以随时存入银行。

二、现金的管理

（一）现金管理的基本原则

现金管理就是对现金的收、付、存等各环节进行的管理。依据国务院颁布的《现金管理暂行条例》，现金管理应遵循以下基本原则。

1. 开户单位库存现金一律实行限额管理。库存现金限额，是指为保证各单位日常零星支付按规定允许留存的现金的最高数额。库存现金的限额，由开户行根据开户单位的实际需要和距离银行远近等情况核定。其限额一般按照单位 3～5 天日常零星开支所需现金确定，远离银行机构或交通不便的单位可依据实际情况适当放宽，但最高不得超过 15 天。

2. 不准擅自坐支现金。坐支是指企事业单位和机关团体从本单位的现金收入中直接用于现金支出。按照《现金管理暂行条例》及其实施细则的规定，开户单位支付现金，可以从本单位的现金库存中支付或者从开户银行提取，不得从本单位的现金收入中直接支出（即坐支）。坐支现金容易打乱现金收支渠道，不利于现金监督和管理。按照规定，因特殊需要确实需要坐支现金的，可向开户银行提出申请。

3. 企业收入的现金不准作为储蓄存款存储。

4. 收入现金应及时送存银行，企业的现金收入应于当天送存开户银行，确有困难的，应由开户银行确定送存时间。

5. 严格按照国家规定的开支范围使用现金，结算金额超过起点的，不得使用现金。

6. 不准编造用途套取现金。企业在国家规定的现金使用范围和限额内需要现金，应从开户银行提取，提取时应写明用途，不得编造用途套取现金。

7. 企业之间不得相互借用现金。

（二）现金的使用范围

按照《现金管理暂行条例》的规定，开户单位可以在下列范围内使用现金：

（1）职工工资、津贴；

（2）个人劳务报酬；

（3）根据国家规定颁发给个人的科学技术、文化艺术、体育等各种奖金；

（4）各种劳保、福利费用以及国家规定的对个人的其他支出；

（5）向个人收购农副产品和其他物资的价款；

（6）出差人员必须随身携带的差旅费；

（7）结算起点以下的零星支出；

（8）中国人民银行确定需要支付现金的其他支出。

（三）现金的内部控制

现金的流动性决定了现金内部控制的必要性。企业必须强调现金内部控制，严格现金内部控制的措施与手段，建立健全现金的内部控制制度，才能防止现金的丢失、盗用、挪用公款等违法乱纪行为的发生，企业应保持现金流动的合理性、安全性，提高现金的使用效果与获利能力。现金的内部控制包括如下五个方面。

1. 职能分开。要求库存现金实物的管理与账务记录分开，不能由一人兼任。企业库存现金收支与保管应由出纳人员负责，经管现金的出纳人员不得兼管收入、费用、债权、债务等账簿的登记工作以及会计稽核和会计档案保管工作；填写银行结算凭证的有关印鉴，不能集中由出纳人员保管，应实行印鉴分管制度。目的是分清责任，形成互相牵制的控制机制，防止挪用现金以及隐藏流入的现金。

2. 现金收付的交易必须要有合法的原始凭证。企业收到现金时，要有现金收入的原始凭证，以保证现金收入的来源合法；企业支付现金时，要按规定的授权程序进行，除小额零星支出须用库存现金外，其他应尽可能少用现钞，而用支票付款，同时要有确凿的原始凭证，以保证支付的有效性。对涉及现金收付交易的经济业务要根据原始凭证编制收付款凭证，并要在原始凭证与收付款凭证上盖上"现金收讫"与"现金付讫"印章。

3. 建立票据的领用制度。领用票据必须登记数量和起讫编号，由领用人员签字，收回票据存根，应由保管人员办理签收手续。对空白收据和发票应定期检查，以防短缺。

4. 加强监督与检查。对企业的库存现金，除了要求出纳人员应做到日清月结之外，企业的审计部门以及会计部门的领导对现金的管理工作要进行经常性的与突击性的监督与检查，包括现金收入与支出的所有记录。对发现的现金溢余与短缺，必须及时查明原因，并按规定的要求进行处理。

5. 企业的出纳人员应定期进行轮换，不得一人长期从事出纳工作。通过人员的及时轮换，不仅可以避免惰性，有利于提高工作效率，而且对工作人员本身也是一种保护。

三、现金的核算

现金的核算包括序时核算和总分类核算。

（一）现金的序时核算

现金的序时核算是指根据现金的收支业务逐日逐笔地记录现金的增减及结存情况。方法是设置与登记现金日记账。现金日记账是核算和监督现金日常收付结存情况的序时账簿，通过它可以全面、连续地了解和掌握企业每日现金的收支动态和库存余额，为日常分析、检查企业的现金收支活动提供资料。

现金日记账是根据审核签字后的现金收、付款凭证和从银行提取现金时填制的银行存款付款凭证，按照经济业务发生的时间顺序，由出纳人员逐日逐笔地进行登记的账簿。每日终了时，出纳人员应结出本日收入合计和本日支出合计，并结出余额；现金日记账的本日余额与库存现金的实有额应核对相符，若不一致，应及时查明原因，进行调整，做到账实相符；每月终了时，现金日记账的月末余额与现金总分类账的月末余额应核对相符。有外币现金的企业，应分别以人民币和各种外币设置现金日记账。

（二）现金的总分类核算

库存现金总分类账，可以根据现金收、付款凭证和从银行提取现金时填制的银行存款付款凭证逐笔登记，如果企业日常现金收支业务量较大，为了简化核算工作，可以根据实际情况，采用科目汇总表或汇总记账凭证的核算形式，根据科目汇总表或汇总收付款凭证定期或月终登记"库存现金"总账。

（三）备用金的核算

备用金是指企业预付给职工和内部有关单位用作差旅费、零星采购和零星开支，事后需要报销的款项。备用金业务在企业日常的现金收支业务中占有很大的比重，对于备用金的预支和报销，要建立必要的手续制度，并认真执行。职工预借备用金时，要填写"借款单"，说明借款的用途和金额，并经本部门和有关领导的批准后，方可领取。职工预借备用金的数额应根据实际需要确定，预借的备用金应严格按照规定的用途使用。备用金用后要在规定期限内到财会部门报销，剩余备用金要及时交回，不得拖欠。报销时，应由报销人填写"报销单"并附有关原始凭证，经有关领导审批。

备用金的总分类核算，应设置"其他应收款"科目，用来核算企业的备用金与各种赔款、罚款及应向职工收取的各种垫付款项等。在备用金数额较大或业务较多的企业中，可以将备用金业务从"其他应收款"科目中划分出来，单独设置"备用金"科目进行核算。

备用金的明细分类核算，一般是按领取备用金的单位或个人设置三栏式明细账，根据预借和报销凭证进行登记。有的企业为了简化核算手续，用借款单的第三联代替明细账（借款单第一联是存根，第二联出纳据以付款），报销和交回现金时，予以注销。

在实际中，备用金的核算有两种方法：一是随借随用、用后报销的一般备用金制度，该方法适用于不经常使用备用金的单位和个人；二是定额备用金制度，适用于经常使用备用金的单位和个人。定额备用金制度的特点是对经常使用备用金的部门或车间，规定一个备用金定额。按定额拨付现金时，借记"其他应收款"或"备用金"科目，贷记"库存现金"科目。报销时，根据报销单据付给现金，补足定额，贷记"库存现金"科目，借记有关科目。

【例 2 – 1】天宇股份有限公司行政管理部门职工李涵，7 月 1 日因公出差预借差旅费 1 000 元。7 月 12 日回公司，实际报销 700 元，剩余现金 300 元交回财会部门。

①7 月 1 日：

借：其他应收款——李涵   1 000

  贷：库存现金   1 000

②7 月 12 日报销：

借：管理费用   700

  贷：其他应收款——李涵   700

③剩余现金交回财会部门：

借：库存现金   300

  贷：其他应收款——李涵   300

【例 2 – 2】天宇股份有限公司会计部门对行政管理部门实行定额备用金制度。根据核定的定额，付给定额备用金 3 000 元。

借：其他应收款——行政管理部门   3 000

  贷：库存现金   3 000

【例 2 – 3】行政管理部门在一段时间内共发生备用金支出 2 300 元，持开支凭证到会计部门报销。会计部门审核后付给现金，补足定额。

借：管理费用 2 300
　　贷：库存现金 2 300

行政管理部门未使用的现金余额为 700 元，报销收到现金 2 300 元，补足定额 3 000 元。

【例 2 - 4】会计部门因管理需要决定取消行政管理部门定额备用金制度。行政管理部门持尚未报销的开支凭证 400 元和余款 2 600 元，到会计部门办理报销和交回备用金的手续。

借：管理费用 400
　　库存现金 2 600
　　贷：其他应收款——行政管理部门 3 000

四、现金的清查

为了保护现金的安全完整，做到账实相符，必须做好现金的清查工作。

现金清查的基本方法是清点库存现金，并将现金实存数与现金日记账上的余额进行核对。实存数是指企业实有的现款额，清查时不能白条抵库，即不能用借条等单据来抵充现金。出纳每日终了应查对库存现金实存数与其账面余额是否相符，现金的清查还包括清查小组的清查。对于现金清查中发现的账实不符，即现金溢缺情况，通过"待处理财产损溢——待处理流动资产损溢"科目进行核算。现金清查中发现短缺的现金，按短缺的金额，借记"待处理财产损溢——待处理流动资产损溢"科目，贷记"库存现金"科目；现金清查中发现溢余的现金，按溢余的金额，借记"库存现金"科目，贷记"待处理财产损溢——待处理流动资产损溢"科目，待查明原因后按如下要求进行处理。

（1）如为现金短缺，属于应由责任人赔偿的部分，借记"其他应收款——应收现金短缺款"科目，贷记"待处理财产损溢——待处理流动资产损溢"科目；属于无法查明的其他原因，根据管理权限，经批准后处理，借记"管理费用——现金短缺"科目，贷记"待处理财产损溢——待处理流动资产损溢"科目。

（2）如为现金溢余，属于应支付给有关人员或单位的，应借记"待处理财产损溢——待处理流动资产损溢"科目，贷记"其他应付款——应付现金溢余"科目；属于无法查明原因的现金溢余，经批准后，借记"待处理财产损溢——待处理流动资产损溢"科目，贷记"营业外收入——现金溢余"科目。

【例 2 - 5】7 月 31 日发现短缺 160 元。

借：待处理财产损溢——待处理流动资产损溢 160
　　贷：库存现金 160

【例 2 - 6】查明后，应由责任人赔偿的部分。

借：其他应收款——应收现金短缺款 160
　　贷：待处理财产损溢——待处理流动资产损溢 160

【例 2 - 7】8 月 15 日发生溢余 50 元时。

借：库存现金　　　　　　　　　　　　　　　　　　　50
　　贷：待处理财产损溢——待处理流动资产损溢　　　　　　50

【例 2 - 8】 无法查明原因，经批准转作营业外收入。

借：待处理财产损溢——待处理流动资产损溢　　　　　50
　　贷：营业外收入　　　　　　　　　　　　　　　　　　50

第二节　银行存款

一、支付结算的基本要求

支付结算是指单位、个人在社会经济活动中使用现金、票据、信用卡和结算凭证进行货币给付及其资金清算的行为，其主要功能是完成资金从一方当事人向另一方当事人的转移。银行是支付结算和资金清算的中介机构。

办理支付结算的基本要求：

（1）单位、个人和银行办理支付结算必须使用按中国人民银行统一规定印制的票据和结算凭证；

（2）单位、个人和银行应当按照《人民币银行结算账户管理办法》的规定开立、使用账户；

（3）票据和结算凭证上的签章和其他记载事项应当真实，不得伪造、变造；

（4）填写票据和结算凭证应当规范，做到要素齐全、数字正确、字迹清晰、不错不漏、不潦草，防止涂改。

二、开立和使用银行存款账户的规定

银行结算账户是指存款人在经办银行开立的办理资金收付结算的人民币活期存款账户。企业收入的一切款项，除留存限额内的现金之外，都必须送存银行。企业的一切支出除规定可用现金支付之外，都必须遵守银行结算办法的有关规定，通过银行办理转账结算。

银行是结算中心，各企业必须在银行开设账户，以办理存款、取款和转账等业务。中国人民银行制定的《银行账户管理办法》规定，一个企业可以根据需要在银行开立四种账户，包括基本存款账户、一般存款账户、临时存款账户和专用存款账户。

基本存款账户是企业办理日常结算和现金收付业务的账户，企业的工资、奖金等现金的支取只能通过基本存款账户办理。一个企业只能在一家银行开立一个基本存款账户，不得在同一家银行的几个分支机构开立一般存款账户。

一般存款账户是企业在基本存款账户以外的银行借款转存以及与基本存款账

户的企业不在同一地点的附属非独立核算的单位的账户，企业可以通过一般存款账户办理转账结算和现金缴存，但不能支取现金。

临时存款账户是企业因临时经营活动需要而开立的账户，企业可以通过临时存款账户办理转账结算和根据国家现金管理的规定办理现金收付。

专用存款账户是企业因特殊用途需要而开立的账户。

企业在办理存款账户以后，在使用账户时应严格遵守银行结算纪律的规定。具体内容包括：合法使用银行账户，不得转借给其他单位或个人使用；不得利用银行账户进行非法活动；不得签发没有资金保证的票据和远期支票、套取银行信用；不得签发、取得和转让没有真实交易和债权债务的票据，套取银行和他人的资金；不准无理拒绝付款、任意占用他人资金；不准违反规定开立和使用账户。

三、银行结算方式

（一）国内结算方式

适用于国内的结算方式包括票据结算方式和其他结算方式。票据结算方式包括银行汇票、商业汇票、银行本票和支票等；其他结算方式包括托收承付、委托收款、汇兑和信用卡等。

1. 票据结算方式。

（1）银行汇票。银行汇票是汇款人将款项交存出票银行，由出票银行签发的，由其在见票时按照实际结算金额无条件支付给收款人或者持票人的票据。银行汇票的出票银行为银行汇票的付款人。企业与异地单位和个人的各种款项结算，均可使用银行汇票。银行汇票的提示付款期限自出票日起1个月，持票人超过付款期限提示付款的，代理付款人不予受理。

收款人受理申请人交付的银行汇票时，应在出票金额以内，根据实际需要的款项办理结算，并将实际结算金额和多余金额填入银行汇票和解讫通知的相关栏内。银行汇票的实际结算金额低于出票金额的，其多余金额由出票银行退交申请人。

银行汇票可以背书转让给被背书人，银行汇票的背书转让以不超过出票金额的实际结算金额为准。

（2）银行本票。银行本票是指由银行签发的，承诺在见票时无条件支付确定的金额给收款人或者持票人的票据。它适用于单位和个人在同一票据交换区域需要支付各种款项的结算。银行本票可以用于转账，注明"现金"字样的银行本票也可以用于支取现金。

银行本票分为不定额本票和定额本票两种，其中，定额本票分为1 000元、5 000元、10 000元和50 000元四种面额。银行本票的提示付款期限自出票日起最长不得超过2个月，持票人超过付款期限提示付款的，代理付款人不予受理。

银行本票可以背书转让。

（3）支票。支票是指出票人签发的，委托办理支票存款业务的银行在见票时无条件支付确定的金额给收款人或者持票人的票据。支票的出票人为在银行机构开立可以使用支票的存款账户的单位和个人。支票适用于单位和个人在同一票据交换区域的各种款项的结算。转账支票目前也可以通过支票影像系统用于异地结算。

支票分为现金支票、转账支票和普通支票三种。在支票上印有"现金"字样的支票为现金支票，现金支票只能用于支取现金；在支票上印有"转账"字样的支票为转账支票，转账支票只能用于转账，不能用于支取现金；在支票上未印有"现金"或"转账"字样的为普通支票，普通支票可以用于支取现金，也可以用于转账。另外，在普通支票左上角划两条平行线的，为划线支票，划线支票只能用于转账，不得支取现金。

支票的提示付款期限自出票日起 10 日，中国人民银行另有规定的除外。超过提示付款期限提示付款的，持票人开户银行不予受理，付款人不予付款。

单位和个人签发支票的金额不得超过付款时在付款人处实有的存款金额，同时不得签发空头支票、与预留银行签章不符的支票以及支付密码错误的支票。否则，银行应予以退票，并按票面金额处以 5% 但不低于 1 000 元的罚款；持票人有权要求出票人赔偿支票金额 2% 的赔偿金。

（4）商业汇票。商业汇票是指由出票人签发的，委托付款人在指定日期无条件支付确定的金额给收款人或者持票人的票据。商业汇票在同城、异地都可以使用，而且没有结算起点的限制。商业汇票到期后，一律通过银行办理转账结算，银行不支付现金。商业汇票一律记名并允许背书转让，符合条件的商业汇票在尚未到期前可以向银行申请贴现，并按银行规定的贴现率向银行支付贴现息。

与银行汇票等相比，商业汇票的适用范围相对较窄，各企业、事业单位之间只有根据购销合同进行合法的商品交易，才能签发商业汇票，如购买材料、销售商品等业务。除商品交易以外，其他方面的结算，如劳务报酬、债务清偿、资金借贷等不可采用商业汇票结算方式。

商业汇票的付款期限可由交易双方自行约定，但最长不得超过 6 个月。商业汇票的提示付款期限，自汇票到期日起 10 日。持票人应在提示付款期限内通过开户银行委托收款或直接向付款人提示付款。

按承兑人的不同，商业汇票可分为商业承兑汇票和银行承兑汇票两种。

商业承兑汇票可以由付款人签发并承兑，也可以由收款人签发交由付款人承兑，属于商业信用范畴。收款人或者持票人在提示付款期限内应填写委托收款凭证，并连同商业承兑汇票送交银行办理收款。在收到银行转来的收款通知后，就可办理收款的账务处理。付款人收到开户银行转来的付款通知，应在当日通知银行付款。付款人在接到通知日的次日起 3 日内（遇法定休假日顺延）未通知银行付款的，银行视同付款人承诺付款，并应于付款人接到通知日的次日起第 4 日（法定休假日顺延）上午开始营业时，将票款划给持票人。银行在办理划款时，付款人存款账户不足支付的，应填制付款人未付票款通知书，连同商业承兑汇票邮寄持票人开户银行转交持票人。

银行承兑汇票由银行承兑，属于银行信用。银行承兑汇票应由在承兑银行开立存款账户的存款人签发。承兑银行应在汇票到期日或到期日后的见票当日支付票款。

2. 其他结算方式。

（1）汇兑。汇兑是指汇款人委托银行将其款项支付给收款人的结算方式。单位和个人各种款项的结算，均可使用汇兑结算方式。汇兑结算方式适用于异地之间各种款项的结算，这种结算方式简便灵活。

（2）委托收款。委托收款是指收款人委托银行向付款人收取款项的结算方式。按银行结算办法的规定，单位和个人凭已承兑商业汇票、债券、存单等付款人债务证明办理款项的结算，均可以使用委托收款结算方式。这种结算方式在同城、异地均可以使用。

收款人委托银行向付款人收取款项时，应填写一式五联的委托收款结算凭证，连同有关债务证明送交银行办理委托收款手续，收款人开户行受理后，应将有关凭证寄交付款单位开户银行并由其审核后通知付款单位。付款人应于接到通知的当日书面通知银行付款。按照规定，付款人未在接到通知日的次日起3日内通知银行付款的，视同付款人同意付款，银行应于付款人接到通知日的次日起第4日上午开始营业时，将款项划给收款人。银行在办理划款时，付款人存款账户不足支付应付金额时，应通过被委托银行向收款人发出未付款项通知书。

（3）异地托收承付。异地托收承付是指根据购销合同由收款人发货后委托银行向异地付款人收取款项，由付款人向银行承认付款的结算方式。按银行结算办法的规定，使用托收承付结算方式的收款单位和付款单位，必须是国有企业、供销合作社以及经营管理较好，并经开户银行审查同意的城乡集体所有制工业企业。收款单位和付款单位间的结算必须是商品交易，以及因商品交易而产生的劳务供应的款项。但有些交易如代销、寄销、赊销商品的款项，不得办理托收承付结算。采用托收承付进行结算的交易双方必须签有符合《经济合同法》要求的购销合同，并在合同上订明使用托收承付结算方式进行结算。

采用托收承付结算方式下，销货单位在按合同规定向购货单位发货以后，应填写一式五联的托收承付结算凭证，连同合同以及货物发运证件送交银行办理托收。银行经审查同意办理托收以后，根据回单联进行销售货物的账务处理，待收到开户银行转来的收款通知时，可编制收款凭证，将款项收入账内。

购货单位收到银行转来的付款通知以后，应在承付期内及时组织审查核对，安排资金，支付货款。承付货款分为验单付款和验货付款两种方式，由收付双方选择使用，并在合同中明确加以规定。验单付款的承付期为3天，从付款人开户银行发出承付通知的次日算起（承付期内遇法定休假日顺延）。付款人在承付期内，未向银行表示拒绝付款，银行即视作承付，并在承付期满的次日（法定休假日顺延）上午银行开始营业时，将款项主动从付款人的账户内付出，按照收款人指定的划款方式，划给收款人。验货付款的承付期为10天，从运输部门向付款人发出提货通知的次日算起。

不论验单付款还是验货付款，付款人都可以在承付期内提前向银行表示承付，并通知银行提前付款，银行应立即办理划款；因商品的价格、数量或金额变动，付款人应多承付款项的，须在承付期内向银行提出书面通知，银行据以随同当次托收款项划给收款人。付款人不得在承付货款中，扣抵其他款项或以前托收的货款。

付款人在承付期内如果有完整的拒付手续和充足的理由，可以向银行提出拒付。下列情况下，付款人在承付期内，可向银行提出全部或部分拒绝付款：

①没有签订购销合同或购销合同未订明托收承付结算方式的款项。

②未经双方事先达成协议，收款人提前交货或因逾期交货付款人不再需要该项货物的款项。

③未按合同规定的到货地址发货的款项。

④代销、寄销、赊销商品的款项。

⑤验单付款，发现所列货物的品种、规格、数量、价格与合同规定不符，或货物已到，经查验货物与合同规定或发货清单不符的款项。

⑥验货付款，经查验货物与合同规定或与发货清单不符的款项。

⑦货款已经支付或计算有错误的款项。

不属于上述情况的，付款人不得向银行提出拒绝付款。

（4）信用卡。信用卡是指商业银行向个人和单位发行的凭以购物、消费和向银行存取现金且具有消费信用的特制载体卡片。信用卡按使用对象分为单位卡和个人卡。

凡在中国境内金融机构开立基本存款账户的单位可申领单位卡。单位申领使用信用卡时，应按规定填制申请表，连同有关资料一并送交发卡银行。符合条件的单位应按银行的要求交存一定金额后，银行才能为申领人开立信用卡存款账户，并发给信用卡。信用卡存款利息按照活期存款利率及计息办法计算。单位卡账户的资金一律从其基本存款账户转账存入，不得交存现金，不得将销货收入的款项存入其账户。单位卡销户时账户余额要转入其基本存款账户，不能提取现金。

（二）国际结算方式

国际结算方式有三种，即信用证、托收和汇付。

1. 信用证。信用证是由银行开具的以银行信用为基础的保证付款的书面文件。企业委托银行办理信用证时，要向银行提交"信用证委托书"，并且需要在银行存入相应的款项，信用证属于银行信用，供销双方的权利和义务都会得到保障，信用证作为可靠支付手段已被大多数国家和地区接受和使用，我国企业与国外企业间的贸易业务基本上都是采用这一结算方式进行结算的。

信用证结算方式的一般收付款程序是：

（1）开证申请人根据合同填写开证申请书并交纳押金或提供其他保证，请开证行开证。

（2）开证行根据申请书内容，开出信用证并寄交出口人所在地通知行。

（3）通知行核对印鉴无误后，将信用证交收益人。

（4）收益人审核信用证内容与合同规定相符后，按信用证规定装运货物、备妥单据并开出汇票，在信用证有效期内送议付行议付。

（5）议付行按信用证条款审核无误后，将货款垫付给收益人。

（6）议付行将汇票和货运单据寄给开证行或其特定的付款行索偿。

（7）开证行审核单据无误后，付款给议付行。

（8）开证行通知开证人付款赎单。

2. 托收。托收是指出口商开立汇票连同货运单据委托出口地银行通过进口地代收银行向进口企业收款的结算方式。托收也称跟单托收，根据交单条件不同分为付款交单和承兑交单。付款交单是指进口商付清货款后才能取得单据，承兑交单是指进口商在承兑汇票后就能取得单据。

3. 汇付。汇付是指交款人按约定的条件和时间通过银行把款项交收款人的结算方式。汇付一般可用于预付货款，也可用于支付佣金、赔款和样品费等。

四、银行存款的核算

银行存款的核算包括序时核算和总分类核算。

（一）银行存款的序时核算

银行存款的序时核算是指根据银行存款的收支业务逐日逐笔地记录银行存款的增减及结存情况，即设置与登记银行存款日记账。银行存款日记账是核算和监督银行存款日常收付结存情况的序时账簿。通过它，可以全面、连续地了解和掌握企业每日银行存款的收支动态和余额，为日常分析、检查企业的银行存款收支活动提供资料。

银行存款日记账由出纳人员根据银行存款收、付款凭证及现金存入银行时的现金付款凭证，按照经济业务发生的先后顺序，逐日逐笔登记，同时要逐日加计收入合计、付出合计和结余数，月末结出本月收入、付出的合计数和月末结余数。

有外币存款的企业，应分别按人民币和各种外币设置银行存款日记账。

（二）银行存款的总分类核算

银行存款的总分类核算是为了总括地反映和监督企业在银行开立结算账户的收支结存情况，为此，应设置"银行存款"科目。企业的外埠存款、银行本票存款、银行汇票存款等在"其他货币资金"科目核算，不在本科目内核算。

"银行存款"科目可以根据银行存款的收款凭证和付款凭证以及现金存入银行时的现金付款凭证登记。为了减少登记的工作量，在实际工作中，可以定期（10天或半月）填制汇总收付款凭证，据以登记银行存款总账科目，也可以根据科目汇总表进行登记。

月末，银行存款总分类账余额应与银行存款日记账的余额核对相符。

第三节　其他货币资金

一、其他货币资金的内容

其他货币资金是指除库存现金、银行存款之外的货币资金，包括外埠存款、银行汇票存款、银行本票存款、信用卡存款、信用证保证金存款以及存出投资款等。

外埠存款，是指企业到外地进行临时或零星采购时，汇往采购地银行开立采购专户的款项。

银行汇票存款，是指企业为取得银行汇票按照规定存入银行的款项。

银行本票存款，是指企业为取得银行本票按照规定存入银行的款项。

信用卡存款，是指企业为取得信用卡按照规定存入银行的款项。

信用证保证金存款，是指企业为取得信用证按规定存入银行的保证金。

存出投资款，是指企业已存入证券公司但尚未进行短期投资的款项。

二、其他货币资金的核算

为了总括地反映企业其他货币资金的增减变动和结余情况，应设置"其他货币资金"科目进行总分类核算，同时为了详细反映企业各项其他货币资金的增减变动及结余情况，还应在"其他货币资金"总账科目下按其他货币资金的组成内容的不同分设明细科目，并且按外埠存款的开户银行以及银行汇票或银行本票的收款单位等设置明细账。

（一）外埠存款的核算

为满足企业临时或零星采购的需要，将款项委托当地银行汇往采购地银行开立采购专户时，借记"其他货币资金"科目，贷记"银行存款"科目；会计部门在收到采购员交来的供应单位的材料账单、货物运单等报销凭证时，借记"材料采购""应交税费——应交增值税（进项税额）"等科目，贷记"其他货币资金"科目；采购员在离开采购地时，采购专户如有余额款项，应将剩余的外埠存款转回企业当地银行结算户，会计部门根据银行的收账通知，借记"银行存款"科目，贷记"其他货币资金"科目。

【例2-9】8月1日，天宇股份有限公司因零星采购需要，将款项80 000元汇往上海并开立采购专户，会计部门根据银行转来的回单联，填制记账凭证。

借：其他货币资金——外埠存款　　　　　　　　　80 000

　　贷：银行存款　　　　　　　　　　　　　　　　　　80 000

【例 2 – 10】8 月 8 日，会计部门收到采购员寄来的采购材料发票等凭证，货物价款为 65 000 元，应交增值税为 8 450 元，合计 73 450 元。

借：材料采购   65 000

     应交税费——应交增值税（进项税额）   8 450

        贷：其他货币资金——外埠存款   73 450

【例 2 – 11】8 月 9 日，外地采购业务结束，采购员将剩余采购资金 6 550 元，转回本地银行，会计部门根据银行转来的收款通知填制记账凭证。

借：银行存款   6 550

        贷：其他货币资金——外埠存款   6 550

（二）银行汇票的核算

企业使用银行汇票办理结算时，应填写"银行汇票委托书"，并将相应金额的款项交存银行，取得银行汇票后，根据银行盖章退回的委托书存根联，借记"其他货币资金——银行汇票"科目，贷记"银行存款"科目；企业使用银行汇票后，应根据发票账单及开户银行转来的银行汇票第四联等有关凭证，借记"材料采购"等科目，贷记"其他货币资金——银行汇票"科目；银行汇票如有多余款项或因超过付款期等原因而退回款项时，借记"银行存款"科目，贷记"其他货币资金——银行汇票"科目。

【例 2 – 12】8 月 10 日，天宇股份有限公司向银行提交"银行汇票委托书"，并交款项 60 000 元。银行受理后签发银行汇票和解讫通知，公司根据"银行汇票委托书"存根联记账。

借：其他货币资金——银行汇票   60 000

        贷：银行存款   60 000

【例 2 – 13】8 月 11 日，天宇股份有限公司用银行签发的银行汇票支付采购材料货款 50 000 元，应交增值税 6 500 元，企业记账的原始凭证是银行转来的银行汇票第四联及所附发货票账单等凭证。

借：材料采购   50 000

     应交税费——应交增值税（进项税额）   6 500

        贷：其他货币资金——银行汇票   56 500

【例 2 – 14】8 月 12 日，天宇股份有限公司收到银行退回的余款收账通知。

借：银行存款   3 500

        贷：其他货币资金——银行汇票   3 500

（三）银行本票的核算

企业要使用银行本票办理结算时，应填写"银行本票申请书"，并将相应金额的款项交存银行，取得银行本票后，根据银行盖章退回的申请书存根联，借记"其他货币资金——银行本票"科目，贷记"银行存款"科目。企业付出银行本票后，应根据发票账单等有关凭证，借记"材料采购""应交税费——应交增值税（进项税额）"等科目，贷记"其他货币资金——银行本票"科目。银行本票如有多余款项或因本票超过付款期等原因而退款时，应借记"银行存款"科目，贷记"其他货币资金——银行本票"科目。

（四）信用卡存款的核算

企业申请使用信用卡时，应按规定填制申请表，并连同支票和有关资料一并送交发卡银行，根据银行盖章退回的进账单第一联，借记"其他货币资金——信用卡"科目，贷记"银行存款"科目。企业用信用卡购物或支付有关费用时，借记有关科目，贷记"其他货币资金——信用卡"科目。企业信用卡在使用过程中，需要向其账户续存资金的，借记"其他货币资金——信用卡"科目，贷记"银行存款"科目。

（五）信用证存款的核算

企业申请使用信用证进行结算时，应向银行交纳保证金，根据银行退回的进账单，借记"其他货币资金——信用证"科目，贷记"银行存款"科目；根据开证行交来的信用证来单通知书及有关单据列明的金额，借记"材料采购"或"原材料""库存商品""应交税费——应交增值税（进项税额）"等科目，贷记"其他货币资金"科目。

【例 2-15】8 月 20 日，天宇股份有限公司向银行交纳保证金 100 000 元，办理信用证。

借：其他货币资金——信用证存款　　　　　　　　　100 000

　　贷：银行存款　　　　　　　　　　　　　　　　　　100 000

根据开证行交来的信用证来单通知书及有关单据列明的金额，共需支付材料款项 101 700 元。信用证保证金不足的部分用银行存款支付。

借：材料采购　　　　　　　　　　　　　　　　　　 90 000

　　应交税费——应交增值税（进项税额）　　　　　　 11 700

　　贷：其他货币资金——信用证保证金存款　　　　　 100 000

　　　　银行存款　　　　　　　　　　　　　　　　　　1 700

（六）存出投资款的核算

企业在向证券市场进行股票、债券投资时，应向证券公司申请资金账号并划出资金。会计部门应按实际划出的金额，借记"其他货币资金——存出投资款"科目，贷记"银行存款"科目；购买债券时，应按实际支付的金额，借记"交易性金融资产""债权投资"等科目，贷记"其他货币资金——存出投资款"科目。

第三章　应收款项

　　应收款项是指企业在日常生产经营过程中发生的各项债权，包括应收票据、应收账款、其他应收款、预付账款等。预付账款是企业因购买商品或接受劳务而预先支付给有关单位的款项，应收款项和预付账款都是企业的资产，企业应将不同内容的应收款项和预付账款分类加以核算，正确反映、监督各种短期债权的发生及收回情况，以保证资产的安全完整，加速企业流动资金的周转。

　　根据我国《企业会计准则第 22 号——金融工具确认和计量》（2017）中对金融资产的分类，应收票据、应收账款、其他应收款等应收款项分类至以摊余成本计量的金融资产。

第一节　应收票据

一、应收票据概述

　　应收票据是指企业持有的还没有到期、尚未兑现的商业汇票。商业汇票是由出票人签发的，委托付款人在指定日期无条件支付确定金额给收款人或持票人的票据。

　　商业汇票按其承兑人的不同，可以分为商业承兑汇票和银行承兑汇票两种。商业承兑汇票是指由收款人签发，经付款人承兑，或者由付款人签发并承兑的汇票；银行承兑汇票是指由收款人或承兑申请人签发，并由承兑申请人向开户银行申请，经银行审查同意承兑的汇票。

　　商业汇票按是否计息可分为不带息商业汇票和带息商业汇票。不带息商业汇票是指商业汇票到期时，承兑人只按票据面值向收款人或被背书人支付款项的票据。带息商业汇票是指商业汇票到期时，承兑人必须按票面金额加上应计利息向收款人或被背书人支付票款的票据。

二、应收票据的计价

　　为了反映和监督应收票据取得、票款收回等经济业务，企业应设置"应收票据"科目，该科目核算以摊余成本计量的、企业因销售商品、提供劳务等而收到的商业汇票，包括银行承兑汇票和商业承兑汇票。

用来核算企业因销售商品、提供劳务等而收到的商业汇票，"应收票据"科目借方登记取得应收票据的面值以及计提的票据利息，贷方登记到期收回票款或到期前向银行贴现的无追索权的应收票据终止确认的票面金额，期末余额在借方，反映企业尚未到期商业汇票的面值和计提的利息。

另外，还应当设置"应收票据备查簿"，逐笔登记商业汇票的种类、号数、出票日、票面金额、交易合同号、付款人、承兑人、背书人的姓名或单位名称、到期日、背书转让日、贴现日、贴现率、贴现净额、收款日、收回金额以及退票情况等资料。商业汇票到期结清票款或退票后，在备查簿中应予注销。

企业取得的应收票据应以面值入账。

三、应收票据的主要账务处理

（一）不带息应收票据

不带息应收票据的到期价值等于应收票据的面值。企业销售商品或提供劳务收到开出、承兑的商业汇票时，按应收票据的面值，借记"应收票据"科目，贷记"主营业务收入"科目，贷记"应交税费——应交增值税（销项税额）"科目。应收票据到期收回时，按票面金额，借记"银行存款"科目，贷记"应收票据"科目。如果商业承兑汇票到期，承兑人违约拒付或无力支付票款，企业收到银行退回的商业承兑汇票、委托收款凭证、未付票款通知书或拒绝付款证明等，借记"应收账款"科目，贷记"应收票据"科目。

【例 3-1】天宇股份有限公司销售一批产品给江南公司，货已发出，货款为 70 000 元，增值税税额为 9 100 元。按合同约定 3 个月以后付款，江南公司交给天宇股份有限公司一张 3 个月到期的不带息商业承兑汇票，面额 79 100 元。天宇股份有限公司账务处理如下。

借：应收票据——江南公司　　　　　　　　　　79 100
　　贷：主营业务收入　　　　　　　　　　　　　　70 000
　　　　应交税费——应交增值税（销项税额）　　　9 100

3 个月后，应收票据到期，天宇公司收回款项 79 100 元，存入银行。

借：银行存款　　　　　　　　　　　　　　　　79 100
　　贷：应收票据——江南公司　　　　　　　　　79 100

如果该票据到期，江南公司无力偿还票款，天宇公司应将到期票据的票面金额转入"应收账款"科目。

借：应收账款　　　　　　　　　　　　　　　　79 100
　　贷：应收票据——江南公司　　　　　　　　　79 100

（二）带息应收票据

企业收到的带息应收票据，应于会计期末计提票据利息，应收票据计提的利息增加"应收票据"科目的账面余额，同时冲减"财务费用"科目的账面余额。

票据利息的计算公式为：

$$应收票据利息 = 应收票据面值 × 票面利率 × 期限$$

其中，"利率"一般指年利率；"期限"指签发日至到期日的时间间隔，票据的期限有按日表示和按月表示两种。在将年利率折算为月利率或日利率时，为了计算方便，一般月度按 30 天计算，季度按 90 天计算，年度按 360 天计算。

票据期限按日表示时，应从出票日起按实际经历天数计算。通常出票日和到期日，只能计算其中的一天，即"算头不算尾"或"算尾不算头"。票据期限按月表示时，到期日为以到期月份中与出票日相同的那一天为到期日，不论各月大小；若签发日是某月的最后一天，到期日为若干月后的最后一天。

【例 3 - 2】天宇股份有限公司 2019 年 9 月 1 日销售一批产品给万达公司，货已发出，专用发票上注明的销售收入为 100 000 元，增值税税额为 13 000 元。收到万达公司交来的商业承兑汇票一张，期限为 6 个月，票面利率为 6%。天宇公司应作如下账务处理。

①收到票据时：

借：应收票据　　　　　　　　　　　　　　　　　113 000
　　贷：主营业务收入　　　　　　　　　　　　　　100 000
　　　　应交税费——应交增值税（销项税额）　　　 13 000

②年度终了（2019 年 12 月 31 日），计提票据利息：

票据利息 = 113 000 × 6% ÷ 12 × 4 = 2 260（元）

借：应收票据　　　　　　　　　　　　　　　　　　2 260
　　贷：财务费用　　　　　　　　　　　　　　　　　2 260

③票据到期收回款项：

收款金额 = 113 000 × (1 + 6% ÷ 12 × 6) = 116 390（元）

借：银行存款　　　　　　　　　　　　　　　　　116 390
　　贷：应收票据　　　　　　　　　　　　　　　　115 260
　　　　财务费用　　　　　　　　　　　　　　　　　1 130

（三）应收票据的转让

根据《企业会计准则第 23 号——金融资产转移》，金融资产转移是指企业（转出方）将金融资产让与或交付给该金融资产发行方以外的另一方（转入方）。企业将持有的未到期商业票据转让、向银行贴现，以应收账款向银行融资等，都属于金融资产转移。

金融资产转移涉及的会计处理，核心是金融资产转移是否符合终止确认的条件。金融资产终止确认是指企业将之前确认的金融资产从其资产负债表中予以转出。

企业在判断金融资产转移是否导致金融资产终止确认时，应当评估其在多大程度上保留了金融资产所有权上的风险和报酬。企业转移了金融资产所有权上几乎所有风险和报酬的，应当终止确认该金融资产。

企业将持有的商业汇票背书转让，以取得所需物资。不附追索权转让时，按取得的物资成本，借记"物资采购"或"原材料""库存商品"等科目，按专用发票上注明的增值税税额，借记"应交税费——应交增值税（进项税额）"科目；同时，该金融资产已转移，应终止确认，按应收票据的账面余额，贷记"应收票据"科目；如有差额，借记或贷记"银行存款"等科目。

【例3-3】6月1日，天宇股份有限公司向运盛公司销售商品一批，价款为200 000元，增值税为26 000元，商品已交付运盛公司，该商品成本为150 000元。当日收到运盛公司开出并由银行承兑的商业汇票，面值为226 000元，期限为6个月。10月1日，天宇公司向航信公司采购材料价款为210 000元，增值税税额为27 300元，材料已验收入库；当日天宇公司将持有的运盛公司商业汇票背书转让给航信公司，差额部分用银行存款结算。该票据转让不附追索权。

天宇公司账务处理如下。

① 6月1日销售商品：

借：应收票据——运盛公司   226 000
  贷：主营业务收入   200 000
    应交税费——应交增值税（销项税额） 26 000
借：主营业务成本   150 000
  贷：库存商品   150 000

② 转让商业汇票，采购原材料：

借：原材料   210 000
  应交税费——应交增值税（进项税额）   27 300
  贷：应收票据——运盛公司   226 000
    银行存款   11 300

（四）应收票据的贴现

应收票据贴现是指持票人因急需资金，将未到期的商业汇票背书后转移给银行，银行受理后，扣除按银行的贴现率计算确定的贴现息后，将余额付给贴现企业的业务活动。

$$贴现息 = 票据到期值 \times 贴现率 \times 贴现期$$
$$贴现所得金额 = 票据到期值 - 贴现利息$$

带息应收票据的到期值，是其面值加上按票据的利率计算的票据利息；不带息应收票据的到期值就是其面值。

应收票据贴现分为附追索权和不附追索权的票据贴现，两者会计处理不同。

1. 不附追索权的票据贴现。不附追索权的票据贴现，即到期承兑人不付款时，被贴现人无权要求企业归还贴现款，该项金融资产转移符合终止确认的条件。企业持未到期的应收票据向银行贴现，应按贴现所得金额，借记"银行存款"科目,按贴现息部分,借记"财务费用"科目,贷记"应收票据"科目。

2. 附追索权的票据贴现。附追索权的票据贴现,即应收票据到期无法从债务人处收取货款时,银行等金融机构有权向贴现的企业追偿,此时,可以认定企业保留了该金融资产所有权上几乎所有的风险和报酬,不应当终止确认该"应收票据"。贴现应作为从银行取得的借款,贷记"短期借款"科目。

【例3-4】天宇股份有限公司销售一批商品给乙企业,货已发出,增值税专用发票上注明的商品价款为400 000元,增值税销项税额为52 000元。当日收到乙企业签发的不带息商业承兑汇票一张,该票据的期限为3个月。相关销售商品收入符合收入确认条件。

天宇股份有限公司的账务处理如下。

①销售实现时:

借:应收票据   452 000
  贷:主营业务收入   400 000
     应交税费——应交增值税(销项税额)   52 000

② 天宇股份有限公司在该票据到期前向银行贴现,且银行拥有追索权,则表明天宇公司的应收票据贴现不符合金融资产终止确认条件,应将贴现所得确认为一项金融负债(短期借款)。假定天宇公司贴现获得现金净额446 000元,则天宇公司有关账务处理如下。

借:银行存款   446 000
  短期借款——利息调整   6 000
  贷:短期借款——成本   452 000

贴现利息6 000元应在票据贴现期间采用实际利率法确认为利息费用。

企业应当设置"应收票据备查簿",逐笔登记商业汇票的种类、号数和出票日、票面金额、交易合同号与付款人、承兑人、背书人的姓名或单位名称、到期日、背书转让日、贴现日、贴现率和贴现净额以及收款日和收回金额、退票情况等资料。商业汇票到期结清票款或退票后,在备查簿中应予注销。

第二节　应收账款

一、应收账款概述

(一)应收账款的确认

应收账款是指企业在正常经营活动中,由于销售商品或提供劳务等应向购货或接受劳务单位收取的款项。应收账款应于收入实现时确认。

(二)应收账款的计价

应收账款是以摊余成本计量的、企业因销售商品、提供劳务等日常活动应收取的款项。其入账价值包括：销售货物或提供劳务的价款、增值税以及代购货方垫付的包装费、运杂费等。

在确认应收账款的入账价值时，应当考虑有关的折扣因素。

1. 商业折扣。商业折扣是指企业为促进销售而在商品标价上给予的扣除。如标价 1 000 元的商品，打 8 折销售，实际售价为 800 元。商业折扣一般在交易发生时已确定，它仅仅是确定实际销售价格的一种手段，存在商业折扣的情况下，企业应收账款入账金额应按扣除商业折扣以后的实际售价确定。

2. 现金折扣。现金折扣通常发生在以赊销方式销售商品及提供劳务的交易中，企业为了鼓励客户提前偿付货款，通常与债务人达成协议，债务人在不同期限内付款可享受不同比例的折扣。现金折扣一般用符号"折扣/付款期限"表示。例如"2/10，1/20，n/30"，表示买方在 10 天内付款给予 2% 的折扣，在 20 天内付款给予 1% 的折扣，客户最迟应在 30 大内付款，但超过 20 天则不给折扣。

存在现金折扣的情况下，应收账款入账价值的确定有两种方法，一种是总价法，另一种是净价法。

总价法是应收账款按未扣除现金折扣的金额作为入账价值。现金折扣只有客户在折扣期内支付货款时，才予以确认。在这种方法下，销售方把给予客户的现金折扣视为融资的理财费用，会计上作为财务费用处理。总价法可以较好地反映企业销售的总过程，但可能会因客户享受现金折扣而高估应收账款和销售收入。例如，期末结账时，有些应收账款还没有超过折扣期限，如果有一部分客户享受现金折扣，则销货企业的应收账款和销售收入就会因入账时按总价确认而虚增。

净价法是将扣减最大现金折扣后的金额作为应收账款的入账价值。这种方法是把客户取得折扣视为正常现象，认为客户一般都会提前付款，而将由于客户超过折扣期限而多收入的金额，视为提供信贷获得的收入，于收到账款时入账，冲减财务费用。净价法可以避免总价法的不足，但在客户没有享受现金折扣而全额付款时，必须再查对原销售总额。期末结账时，对已超过期限尚未收到的应收账款，需按客户未享受的现金折扣进行调整，操作起来比较麻烦。

对现金折扣，我国要求对应收账款按总价法确定。

二、应收账款的核算

应收账款的核算通过"应收账款"科目进行，企业销售商品或提供劳务等发生应收款项，借记"应收账款"科目，贷记"主营业务收入""应交税费——应交增值税（销项税额）"等科目；收回款项时，借记"银行存款"等科目，贷记"应收账款"科目。

企业代购货单位垫付包装费、运杂费时，借记"应收账款"科目，贷记"银行存款"等科目；收回代垫费用时，借记"银行存款"等科目，贷记"应收账款"科目。

如果企业应收账款改用应收票据结算，在收到承兑的商业汇票时，借记"应收票据"科目，贷记"应收账款"科目。

【例3-5】天宇股份有限公司赊销商品一批，按价目表的价格计算，货款金额总计20 000元，给买方的商业折扣为10%，适用增值税税率为13%，天宇公司代垫运杂费1 500元。

①销售时：

借：应收账款		21 840
贷：主营业务收入		18 000
应交税费——应交增值税（销项税额）		2 340
银行存款		1 500

②收到货款：

借：银行存款		21 840
贷：应收账款		21 840

【例3-6】天宇股份有限公司赊销一批商品，货款为90 000元，规定对货款部分的付款条件为"2/10，n/30"，适用的增值税税率为13%。假设折扣时不考虑增值税。

①按总价法核算。

借：应收账款		101 700
贷：主营业务收入		90 000
应交税费——应交增值税（销项税额）		11 700

假如客户于10天内付款：

借：银行存款		99 900
财务费用		1 800
贷：应收账款		101 700

假如客户超过10天付款：

借：银行存款		101 700
贷：应收账款		101 700

②按净价法核算。

借：应收账款		99 900
贷：主营业务收入		88 200
应交税费——应交增值税（销项税额）		11 700

假如10天内收到货款：

借：银行存款		99 900
贷：应收账款		99 900

如果超过10天收到货款：

借：银行存款		101 700
贷：应收账款		99 900
财务费用		1 800

三、应收款项减值

企业的各项应收款项，可能会发生付款人违约的风险而无法收回，表明应收款项资产发生了减值，企业就要承担信用损失。这里的信用损失，是指企业根据合同应收的现金流量与预期能收到的现金流量之间差额的现值。

对于应收款项的信用减值损失，企业可参照历史信用损失经验，编制应收账款逾期天数与固定准备率对照表，如若未逾期为 1%；若逾期不到 30 日为 2%；若逾期天数为 30 ~ 90（不含）日为 3%；若逾期天数为 90 ~ 180（不含）日为 20% 等，以此为基础计算预期信用损失。

如果企业的历史经验表明不同细分客户群体发生损失的情况存在显著差异，则企业应当对客户群体进行恰当的分组，在分组基础上运用上述简便方法。企业可用于对资产进行分组的标准包括：地理区域、产品类型、客户评级、担保物以及客户类型（如批发和零售客户）。

在每个资产负债表日，企业应分析前瞻性估计的变动，并据此对历史违约损失率进行调整。

企业的预付账款，如有证据表明有客户违约风险的，应将原计入预付账款的金额转入其他应收款，借记"其他应收款——预付账款转入"科目，贷记"预付账款"科目。转入"其他应收款"科目后，可以计提信用损失准备。另外，企业持有的应收票据，如有确凿证据表明票据已到期无法收回票款的，也应转入"应收账款"科目，计提信用损失准备。

应当指出，对已确认为信用损失的应收款项，并不意味着企业放弃了其追索权，一旦重新收回，应及时入账。

应收款项发生信用损失的核算方法有两种：直接转销法和备抵法。我国企业采用备抵法核算信用损失。

1. 直接转销法。采用直接转销法，只有在实际发生应收款项信用损失时，才计入当期损益，同时冲销应收款项。

直接转销法核算简单，不需要设置"坏账准备"科目，但是其存在的问题有：首先，在直接转销法下，应收账款即使已经成为呆账，但账面一直不作调整，显然报表不能反映应收账款资产的真实性；其次，确认信用损失时核销应收账款，同时增加费用或损失，不符合权责发生制的计量基础，也不符合谨慎性的信息质量要求。我国不允许采用直接转销法。

2. 预期信用损失法。在预期信用损失法下，应预计信用减值准备，减值准备的计提不以减值的实际发生为前提，而是以未来可能的违约事件造成损失的期望值来计量当前（资产负债表日）应当确认的减值准备，待信用损失实际发生时再冲减该项减值准备。

企业需设置"坏账准备"科目。资产负债表日，企业提取坏账准备时，按应计提的坏账准备金额，借记"信用减值损失"科目，贷记"坏账准备"科目。

对于确实无法收回的应收款项，按管理权限报经批准后作为坏账损失，转销应收款项，借记"坏账准备"科目，贷记"应收账款""其他应收款""长期应收款"等科目。已确认并转销的应收款项以后又收回的，应按实际收回的金额，借记"应收账款""其他应收款""长期应收款"等科目，贷记"坏账准备"科目；同时，借记"银行存款"科目，贷记"应收账款""其他应收款""长期应收款"等科目。

采用预期信用损失法估计应收款项信用损失的方法有应收款项余额百分比法、账龄分析法、赊销百分比法和个别认定法等。

（1）应收款项余额百分比法。应收款项余额百分比法，是根据会计期末应收款项的余额和预期违约损失率，估计信用损失，计提坏账准备的方法。

【例3-7】2016 年开始，天宇股份有限公司首次用应收款项余额百分比法预计信用损失，坏账准备预期违约损失率为10%。

①假定：2016 年12 月31 日应收账款余额为2 400 000 元。

借：信用减值损失　　　　　　　　　　　　　　　240 000

　　贷：坏账准备　　　　　　　　　　　　　　　　　　240 000

②2017 年4 月，天宇公司有甲公司的26 000 元应收账款无法收回，予以转销。

借：坏账准备　　　　　　　　　　　　　　　　　26 000

　　贷：应收账款——甲公司　　　　　　　　　　　　　26 000

③2017 年12 月31 日，天宇公司应收账款余额为2 000 000 元。

2 000 000 ×10% -（240 000 -26 000）= -14 000 （元）

借：坏账准备　　　　　　　　　　　　　　　　　14 000

　　贷：信用减值损失　　　　　　　　　　　　　　　　14 000

2017 年利润表上利润因减少信用减值损失而增加14 000 元。

④2018 年12 月31 日，天宇公司应收账款余额为2 700 000 元。

2 700 000 ×10% -200 000 =70 000 （元）

借：信用减值损失　　　　　　　　　　　　　　　70 000

　　贷：坏账准备　　　　　　　　　　　　　　　　　　70 000

⑤2019 年1 月10 日，接银行通知，公司2017 年度已冲销的甲公司26 000 元坏账又收回，款项已存入银行。

借：应收账款——甲公司　　　　　　　　　　　　26 000

　　贷：坏账准备　　　　　　　　　　　　　　　　　　26 000

借：银行存款　　　　　　　　　　　　　　　　　26 000

　　贷：应收账款——甲公司　　　　　　　　　　　　　26 000

⑥2019 年1 月30 日，天宇公司得知债务人永莱公司破产，应收永莱公司116 000 元全部不能收回。

借：坏账准备　　　　　　　　　　　　　　　　　116 000

　　贷：应收账款——永莱公司　　　　　　　　　　　　116 000

（2）账龄分析法。应收款项账龄越长，对债权方来说发生信用损失的可能性就越大。账龄分析法是根据应收款项的逾期时间长短用不同违约损失率来计算坏账准备的一种方法。期末，将应收款项按逾期时间分组计算合计数，各组合计的应收款项余额分别乘以相应的违约损失率，计算出各组的坏账准备金额，最后加总得到期末应保留的坏账准备金额。这样计算确定的坏账准备金额比应收款项余额百分比法更合理更符合实际。

除期末应保留的坏账准备金额按账龄分析确定外，账龄分析法的会计处理方法与应收款项余额百分比法相同。

在估计信用损失之前，可将应收款项按其逾期时间编制"应收账款分析表"，借以了解应收账款在各个顾客之间的金额分布情况及其逾期时间的长短。该表所提供的信息，可使管理当局了解收款、欠款情况，判断欠款的可收回程度和可能发生的信用损失。利用该表，管理当局还可酌情作出采取放宽或紧缩商业信用政策，并可作为衡量负责收款部门和资信部门工作效率的依据。

【例3-8】2018年12月31日，天宇股份有限公司应收账款余额合计为50万元。考虑到客户群由众多小客户构成，天宇公司根据代表偿付能力的客户共同风险特征对应收账款进行分类，使用逾期天数与违约损失率对照表确定该应收账款组合的预期信用损失，如表3-1所示。

表3-1   **应收账款分析表**

2018年12月31日   单位：元

客户名称	账面余额	未逾期	已逾期			
			逾期30日	逾期31~60日	逾期61~90日	逾期>90日
A	240 000	50 000	160 000	30 000		
B	120 000	50 000	40 000	20 000	10 000	
C	80 000			50 000	30 000	
D	60 000					60 000
合计	500 000	100 000	200 000	100 000	40 000	60 000

如表3-2所示，公司2018年12月31日"坏账准备"科目的账面应保留余额为59 000元。

表3-2   **信用损失准备计算表**

2018年12月31日

应收账款分类	应收账款余额（元）	估计违约损失率（%）	信用损失准备金额（元）
未逾期	100 000	1	1 000
逾期30日	200 000	5	10 000
逾期31~60日	100 000	10	10 000

续表

应收账款分类	应收账款余额（元）	估计违约损失率（%）	信用损失准备金额（元）
逾期 61～90 日	40 000	20	8 000
逾期 >90 日	60 000	50	30 000
合计	500 000	—	59 000

①假设天宇公司此前"坏账准备"科目的账面余额为 0。

借：信用减值损失　　　　　　　　　　　　　　　　59 000

　　贷：坏账准备　　　　　　　　　　　　　　　　　　　59 000

②假设天宇公司此前"坏账准备"科目有贷方余额 12 000 元。

借：信用减值损失　　　　　　　　　　　　　　　　47 000

　　贷：坏账准备　　　　　　　　　　　　　　　　　　　47 000

③假设天宇公司此前"坏账准备"科目有贷方余额 62 000 元。

借：坏账准备　　　　　　　　　　　　　　　　　　3 000

　　贷：信用减值损失　　　　　　　　　　　　　　　　　3 000

应收款项余额百分比法和账龄分析法都着眼于对应收款项信用风险的评价，体现了会计核算的谨慎性，但由于应收款项余额既包括本年度的应收账款，也包括以前年度尚未收回的应收账款，因此，根据应收款项余额一定的比例计提的坏账准备，并没有完全在应收款项发生的同一会计期间估计该应收款项可能发生的信用损失，可能将应收款项的销货收入与估计的信用损失在不同会计期间予以反映，因而在一定程度上有悖权责发生制的核算基础。

（3）赊销百分比法。赊销百分比法，是以本期发生的赊销金额的一定百分比作为估计坏账的方法。企业可以根据过去的经验和有关资料，估计违约损失率，直接计算应计提的坏账准备。这种方法比较简单，只考虑赊销发生额，不考虑期末已收回和尚未收回的应收款项数额和逾期时间，也无须考虑计提前"坏账准备"科目余额，因而实务中较少使用。

【例 3－9】假设天宇股份有限公司 2017 年赊销金额为 1 200 000 元，2018 年发生坏账 30 000 元，2018 年赊销金额为 1 500 000 元。根据以往资料和经验，估计违约损失率为 3%。

①2017 年年末估计信用损失时：

借：信用减值损失　　　　　　　　　　　　　　　　36 000

　　贷：坏账准备　　　　　　　　　　　　　　　　　　　36 000

②2018 年发生坏账时：

借：坏账准备　　　　　　　　　　　　　　　　　　30 000

　　贷：应收账款　　　　　　　　　　　　　　　　　　　30 000

③ 2018 年年末估计信用损失时：

借：信用减值损失　　　　　　　　　　　　　　　　45 000

　　贷：坏账准备　　　　　　　　　　　　　　　　　　　45 000

赊销百分比法在赊销的当期估计信用损失，并计入当期损益，体现了收入与费用的配比及权责发生制。采用赊销百分比法，信用损失估计数无须与"坏账准备"科目贷方期末余额保持一致，即通常不调整"坏账准备"科目余额。但是，各赊销业务逾期长短不同，发生坏账的可能性也不一样，按同一信用损失比例估计信用损失会出现与企业实际发生信用损失不相符合的情况，这就要求企业及时修正违约损失率，使之与企业实际情况基本保持一致。

（4）个别认定法。如果某项应收账款的可收回性与其他应收账款存在明显的差别，导致该项应收账款如果按其他应收账款同样的方法计提坏账准备，将无法真实地反映其可收回金额的，可对该项应收账款单独计提坏账准备。个别认定法计提坏账准备的违约损失率与坏账可能产生的概率更加接近，因而使计提的坏账准备数额与其后可能产生的信用损失更为相符。

四、应收账款的融资

（一）应收账款融资会计处理的原则

企业将其按照销售商品、提供劳务的销售合同所产生的应收账款出售给银行等金融机构，在进行会计核算时，应按照实质重于形式的要求，充分考虑企业是否转移了金融资产所有权上几乎所有风险和报酬，如企业转移了该应收账款所有权上几乎所有风险和报酬的，符合终止确认条件的，应当终止确认该应收账款，并确认相关损益；否则，不符合应收账款终止确认条件的，应作为以应收账款为质押取得借款进行会计处理。

（二）以应收账款为质押取得借款

企业如将应收账款提供给银行作为其向银行借款的质押，在此情况下，与应收账款有关的风险和报酬并未转移，仍由持有应收账款的企业向客户收款，并由企业自行承担应收账款可能产生的风险，合理计提该应收账款的坏账准备。企业的应收账款不能终止确认，同时作为其向银行借款，需对借款的取得、付息、偿还本金进行账务处理。

【例3-10】2019年5月21日，天宇股份有限公司销售一批商品给金地公司，开出的增值税专用发票上注明的销售价款为100 000元，增值税销项税额为13 000元，款项尚未收到。双方约定，金地公司应于10月30日付款。6月1日，天宇公司因急需资金，经与中国建设银行协商，以应收金地公司货款为质押取得4个月期流动资金借款95 000元，年利率为6%，每月末偿付利息。假定不考虑其他因素，天宇公司有关的账务处理如下。

① 5月21日销售成立时：

借：应收账款——金地公司　　　　　　　　　　　　113 000
　　贷：主营业务收入　　　　　　　　　　　　　　　　　100 000

　　应交税费——应交增值税（销项税额）　　　　　　　　13 000

②6月1日取得短期借款时：

借：银行存款　　　　　　　　　　　　　　　　　95 000

　　贷：短期借款　　　　　　　　　　　　　　　　95 000

③6月30日偿付利息时：

借：财务费用　　　　　　　　　　　　　　　　　　475

　　贷：银行存款　　　　　　　　　　　　　　　　　475

④9月30日偿付短期借款本金及最后一期利息。

借：财务费用　　　　　　　　　　　　　　　　　　475

　　短期借款　　　　　　　　　　　　　　　　　95 000

　　贷：银行存款　　　　　　　　　　　　　　　95 475

　　以应收债权为质押取得借款的核算，只需进行短期借款的取得、付息、偿还本金的账务处理，不涉及应收债权本身。但质押的应收债权应在备查账簿上做好相应记录。

（三）应收账款的出售

　　1. 符合终止确认的应收账款出售。企业将其应收账款出售给银行等金融机构，根据企业、债务人及银行之间的协议不附有追索权，即在所售应收账款到期无法收回时，银行等金融机构不能向出售应收账款的企业进行追偿，所售应收账款的主要风险（即应收账款的坏账损失）与报酬完全由银行等金融机构承担，该应收账款转移符合终止确认的条件。转出方企业则承担销售折扣、销售折让或销售退回的损失。为此，金融机构在购买应收账款时一般要按一定比例预留部分余款，以备转出方承担的销售折扣、折让或退回的损失，待实际发生销售折扣、折让或退回时，再予以冲销。

　　【例3–11】2019年5月15日，天宇股份有限公司销售一批商品给甲公司，开出的增值税专用发票上注明的销售价款为150 000元，增值税销项税额为19 500元，款项尚未收到。双方约定，甲公司应于2019年10月31日付款。2019年6月4日，经与中国银行协商后约定：天宇公司将应收甲公司的货款出售给中国银行，价款为131 625元；在应收甲公司货款到期无法收回时，中国银行不能向天宇公司追偿。天宇公司根据以往经验，预计该批商品将发生的销售退回金额为11 300元，其中，增值税销项税额为1 300元，成本为6 500元，实际发生的销售退回由天宇公司承担。2019年8月3日，天宇公司收到甲公司退回的商品，价款为11 300元。假定不考虑其他因素，天宇公司与应收债权出售有关的账务处理如下。

　　①2019年6月4日出售应收债权。

借：银行存款　　　　　　　　　　　　　　　　131 625

　　财务费用　　　　　　　　　　　　　　　　 26 575

　　其他应收款　　　　　　　　　　　　　　　 11 300

    　　　贷：应收账款　　　　　　　　　　　　　　　　169 500
　　② 2019 年 8 月 3 日收到退回的商品。
　　借：主营业务收入　　　　　　　　　　　　　　　10 000
　　　　应交税费——应交增值税（销项税额）　　　　 1 300
　　　　　贷：其他应收款　　　　　　　　　　　　　　　11 300
　　借：库存商品　　　　　　　　　　　　　　　　　 6 500
　　　　　贷：主营业务成本　　　　　　　　　　　　　　 6 500

2. 不符合终止确认的应收账款出售。企业在出售应收债权的过程中如附有追索权，即在有关应收债权到期无法从债务人处收回时，银行等金融机构有权向出售应收债权的企业追偿，或按照协议约定，企业有义务按照约定金额自银行等金融机构回购部分应收债权，应收债权的坏账风险由售出应收债权的企业负担，则该应收账款转移不符合终止确认的条件。企业应按照以应收债权为质押取得借款的核算原则进行会计处理。

第三节　预付账款和其他应收款

一、预付账款

预付账款是指企业按照购货合同规定预付给供应单位的款项，是企业暂时被供货单位占用的资金。预付账款必须以购销双方签订的购货合同为条件，按照规定的程序和方法进行核算。

为了反映和监督预付账款的增减变动情况，企业应设置"预付账款"科目，借方登记预付的款项和补付的款项，贷方登记收到采购货物时按发票金额冲销的预付账款数和因预付货款多余而退回的款项，期末余额一般在借方，反映企业实际预付的款项。

预付款项不多的企业，可以不设"预付账款"科目，而直接在"应付账款"科目核算。但在编制"资产负债表"时，应当将"预付账款"和"应付账款"项目的金额分别反映。

企业根据购货合同的规定向供应单位预付款项时，应借记"预付账款"科目，贷记"银行存款"科目；企业收到所购货物时，根据有关发票账单金额，应借记"原材料""应交税费——应交增值税（进项税额）"等科目，贷记"预付账款"科目；当预付货款小于采购货物所需支付的款项时，应将不足部分补付，借记"预付账款"科目，贷记"银行存款"科目；当预付货款大于采购货物所需支付的款项时，对收回的多余款项应借记"银行存款"科目，贷记"预付账款"科目。

【例 3 –12】天宇股份有限公司向普惠公司采购甲材料，所需支付的款项总额预计 48 590 元。天宇公司向普惠公司预付货款 25 000 元，验收货物后补付其余款项。

①预付货款。

借：预付账款	25 000	
贷：银行存款		25 000

②收到普惠公司发来的甲材料。

借：原材料	43 000	
应交税费——应交增值税（进项税额）	5 590	
贷：预付账款		48 590

③以银行存款补付不足款项。

借：预付账款	23 590	
贷：银行存款		23 590

企业的预付账款，如有确凿证据表明其不符合预付账款性质，或者因供货单位破产、撤销等原因已无望再收到所购货物的，应将原计入预付账款的金额转入其他应收款，借记"其他应收款——预付账款转入"科目，贷记"预付账款"科目。转入"其他应收款"科目后，可以计提坏账准备。

二、其他应收款

（一）其他应收款的内容

其他应收款是指除应收票据、应收账款、预付账款以外的其他各种应收、暂付款项。其主要内容包括：

（1）应收的各种赔款、罚款，如因企业财产等遭受意外损失而应向有关保险公司收取的赔款等；

（2）应收的出租包装物租金；

（3）应向职工收取的各种垫付款项，如为职工垫付，但应由职工负担的水电费、医药费、房租费等；

（4）备用金，如向企业各有关部门拨出的备用金；

（5）存出保证金，如租入包装物支付的押金；

（6）预付账款转入；

（7）其他各种应收、暂付款项。

（二）其他应收款的核算

企业应设置"其他应收款"科目对其他应收款进行核算。该科目核算分类为以摊余成本计量的，企业除存出保证金、买入返售金融资产、应收票据、应收账款、预付账款、应收股利、应收利息、应收代位追偿款、应收分保账款、应收分保未到期责任准备金、应收分保保险责任准备金、长期应收款等经营活动以外的其他各种应收、暂付的款项。

该科目借方登记发生的各种其他应收款，贷方登记企业收回或结转的其他应收款，余额一般在借方，表示应收未收的其他应收款项。企业应在"其他应收款"科目下，按债务人设置明细科目，进行明细核算。

企业发生备用金以外的其他应收款时，借记"其他应收款"科目，贷记"库存现金""银行存款"等科目；收回其他应收款时，借记"库存现金""银行存款""应付职工薪酬"等科目，贷记"其他应收款"科目。

企业应当定期或者至少于每年年度终了时对其他应收款进行检查，预计其可能发生的坏账损失，并计提坏账准备。对于不能收回的其他应收款应查明原因，追究责任。对确实无法收回的，按照企业的管理权限，经股东大会或董事会，或经理（厂长）会议或类似机构批准作为坏账损失，冲减提取的坏账准备。

【例 3 – 13】天宇股份有限公司出租包装物一批给玉林公司，应向其收取租金 20 000 元，假定不考虑增值税。

①出租时：

借：其他应收款——玉林公司　　　　　　　　　　　　　　20 000

　　　贷：其他业务收入　　　　　　　　　　　　　　　　20 000

②收到租金时：

借：银行存款　　　　　　　　　　　　　　　　　　　　20 000

　　　贷：其他应收款——玉林公司　　　　　　　　　　　20 000

该批包装物的发出及成本摊销分录略。

【例 3 – 14】天宇股份有限公司购买原材料时向销售方同庆公司借入包装物一批，以银行存款向销售方支付押金 2 500 元。

①支付押金。

借：其他应收款——同庆公司　　　　　　　　　　　　　　2 500

　　　贷：银行存款　　　　　　　　　　　　　　　　　　2 500

②归还包装物，收回押金。

借：银行存款　　　　　　　　　　　　　　　　　　　　2 500

　　　贷：其他应收款——同庆公司　　　　　　　　　　　2 500

第四章 存　　货

第一节　存货概述

一、存货的定义及其特征

对企业而言，存货是一项重要的流动资产，在企业总资产中占有很大的比重。存货的流动也是企业的收入，特别是现金收入的主要源泉。我国《企业会计准则第 1 号——存货》《国际会计准则第 2 号——存货》、美国现行会计准则（ARB No. 43 Chapter 4 Inventory Pricing Statement 以及 FAS No. 151 Inventory Cost）、《英国标准会计惯例公告第 9 号——存货和长期合同》等关于存货的定义在本质上是一致的。我国《企业会计准则第 1 号——存货》对存货的定义是："存货是指企业在日常活动中持有以备出售的产成品或商品、处在生产过程中的在产品、在生产过程或提供劳务过程中耗用的材料和物料等。"

《国际会计准则第 2 号——存货》的定义：存货是指在正常经营过程中为了销售而持有的资产；为了销售而处在生产过程中的资产；在生产或提供劳务过程中需要消耗的以材料和物料形式存在的资产。对商品流通企业而言，存货包括为再售目的而购入和持有的货物，例如由零售商购入并且为了再售而持有的商品，以及为了再售而持有的土地和其他不动产等。

美国会计研究公报 43 号第 4 章《存货计价》（Accounting Research Bulletin，Chapter 4：ARB，CH. 4）对存货的定义为：在企业的日常经营活动中，为了销售而持有的有形财产（property），或为了销售而处于生产过程中的有形财产，或为了生产商品或提供劳务而消耗掉的有形财产。商品流通企业的存货较为单一，主要是商品存货；而制造业企业的存货有三种类型：原材料、在产品、完工产品。

《英国标准会计惯例公告第 9 号——存货和长期合同》指出，存货包括下列各类：为销售而购入的物品或其他资产；可耗用库存；为制成产品出售而购入的原材料和组成件；尚未完成的产品和劳务；长期合同余额；产成品。

根据存货的定义，存货的特征归纳为以下四点。

（1）存货是有形资产。存货具有实物形态则是有别于无形资产的特征。

（2）存货具有较强的流动性。在企业中，存货经常处在不断销售、耗用、重置之中，与长期资产相比，具有较快的变现能力和明显的流动性，它通常能在一年或一个营业周期内被销售变现或者被耗用而转换为新的资产，但其流动性又低于货币资金、短期的金融资产投资、应收账款等。

（3）企业持有存货的目的在于销售或生产经营过程中被耗费。如商品、产成品以及可以直接出售的半成品，企业持有的目的是为了出售；材料和物料、周转材料等，企业持有的目的是为了将在生产过程或提供劳务过程中被耗用。在判断一项资产是否属于存货时，应考虑取得该资产的目的，即在生产经营过程中的用途。例如，为建造固定资产购入的工程物资，其持有的目的是用于固定资产的建造，不属于存货。

（4）存货具有时效性和发生潜在损失的可能性。正常的情况下，存货能够有规律地转换为货币资金或其他资产，但若是长期不能销售或者耗用，就有可能积压变成无用的物资，从而给企业带来经济损失。

二、存货的分类

（一）存货按经济用途的分类

存货的类别视企业的性质而定。企业性质不同，存货的构成项目也不同。商品流通企业的主要业务是销售商品，其存货主要是商品流通企业外购或委托加工完成验收入库用于销售的各种商品；制造企业是以生产产品和销售产品为主要业务，其存货的构成较为复杂，包括各种将在生产经营过程中耗用的原材料、周转材料，还包括处于生产中的产品以及已经完工待售的产成品。

按照经济用途，制造企业的存货可以分为以下五种。

（1）原材料。指企业在生产过程中经加工改变其形态或性质并构成产品主要实体的各种原料及主要材料、辅助材料、外购半成品（外购件）、修理用备件、包装材料、燃料等。

（2）在产品。指企业正在制造的尚未完工的产品，包括正在各个生产工序加工的产品和已加工完毕但尚未检验或已检验但尚未办理入库手续的产品。

（3）半成品。指经过一定生产过程并已检验合格交付半成品仓库保管，但尚未制造完工成为产成品，仍需进一步加工的中间产品。

（4）产成品。指工业企业已经完成全部生产过程并验收入库，可以按照合同规定的条件送交订货单位，或者可以作为商品对外销售的产品。企业接受外来材料加工制造的代制品和为外单位加工修理的代修品，制造和修理完成验收入库后，应视同企业的产成品。

（5）周转材料。指企业能够多次使用但不符合固定资产定义的材料，比如为了包装本企业商品而储备的各种包装物、各种工具、管理用具、玻璃器皿、劳动保护用品以及在经营过程中周转使用的容器等低值易耗品和建造承包商的钢模板、木模板、脚手架等其他周转材料。但是，周转材料符合固定资产定义的，应当作为固定资产处理。

（二）存货按存放地点的分类

（1）库存存货。指已经到达企业，并已验收入库的存货，包括库存商品、材料、产成品、包装物、低值易耗品等。

（2）在途存货。指企业已取得所有权但尚在运输途中或尚未验收入库的存货，比如在途材料等。

（3）在制存货。指正在本企业加工或委托外单位加工的存货，比如在产品、半成品、委托加工材料等。

（4）在售存货。指已发运给购货方但尚不能满足收入确认的条件，因而仍应作为销货方存货的发出商品等。

（三）存货按来源的分类

按来源，存货可以分为外购存货、自制存货、投资者投入的存货、接受捐赠的存货、债务重组取得的存货、非货币性资产交换取得的存货、盘盈的存货等。其中，外购存货和自制存货是企业存货的主要来源。

三、存货的确认条件

存货的确认，首先视其是否符合存货的定义，在此前提下，同时满足下列条件的，才能予以确认。

（一）与该存货有关的经济利益很可能流入企业

资产最重要的特征就是预期会给企业带来经济利益，存货是企业最重要的流动资产之一，对存货的确认，关键是判断其能否为企业带来未来的经济利益。本着"实质重于形式"的要求，判断与该存货有关的经济利益能否流入企业时，应考虑该存货所有权的归属，而不应当仅看其存放的地点，如果法定所有权属于企业的存货，不论其存放在何处或者处于何种状态，都应作为企业的存货。通常情况下，随着存货实物的交付和存货所有权的转移，所有权上的主要风险和报酬也一并转移。就销货方而言，如果存货已经售出，企业同时取得了收取现金的权利或者收取了现金，就意味着存货的所有权已经转移，因而存货所包含的经济利益已不能流入企业，就不能再作为企业的存货，即使该存货尚未运离企业；就购货方而言，如果存货已经购入，就意味着存货的所有权已经转入，因而存货所包含的经济利益能够流入企业，就应作为企业的存货，即使该存货尚未运达企业。但是，在有些交易方式下，存货实物的交付及所有权的转移与所有权上主要风险和报酬的转移可能并不同步，在这种情况下，存货的确认应当注重交易的经济实质，而不能仅仅依据其所有权的归属。

（二）该存货的成本能够可靠地计量

存货作为企业资产的组成部分，要予以确认必须要符合资产确认的基本条件，即成本或者价值能够可靠地计量。存货的成本能够可靠计量是指成本的计量必须以取得的确凿证据为依据，并且具有可验证性。如果存货成本不能可靠地计量，则不能确认为一项存货。

第二节　存货的初始计量

存货的初始计量，是指企业取得存货时，对存货入账价值的确定。我国《企业会计准则第 1 号——存货》规定，存货应当按照成本进行初始计量。由于存货取得的途径及方式不同，存货成本的构成内容也不相同。

一、外购的存货

（一）外购存货的成本

外购存货的成本即采购成本，是指存货从采购到入库前所发生的全部支出，包括购买价款、相关税费、运输费、装卸费、保险费以及其他可归属于存货采购成本的费用。

购买价款是指企业购入存货发票账单上所列明的价款，但是不包括按照规定可以抵扣的增值税。在有商业折扣的购货中，存货的购买价款不应包括商业折扣。

相关税费是指企业购买、自制、委托加工或进口存货发生的消费税、资源税、关税和不能抵扣的增值税进项税额。其中，消费税是价内税，应计入外购存货的成本；增值税是价外税，其进项税额可以抵扣，但是不能抵扣的增值税进项税额应计入存货的成本；关税是进口存货成本的重要部分。

（二）外购存货的会计处理

企业外购的存货，由于货款结算方式不同等原因，可能造成存货验收入库和货款结算不一定同步完成，另外，还存在预付货款方式等，这就需要根据具体情况，分别进行会计处理。

1. 存货验收入库和货款支付同时完成。在存货验收入库和货款支付同时完成的情况下，企业应于支付货款并且存货验收入库后，按发票账单等结算凭证确定的存货成本，借记"原材料""库存商品"等存货科目，按增值税专用发票上注明的增值税税额，借记"应交税费——应交增值税（进项税额）"科目，按实际支付的款项，贷记"银行存款"科目。

【例 4 - 1】天宇股份有限公司购入一批原材料，增值税专用发票上注明的原材料价款为 100 000 元，增值税进项税额为 13 000 元。销货方代垫运费及增值税税额 1 635 元（取得了运输企业开具的增值税专用发票，运费适用的增值税税率为 9%），其中运费的增值税税额为 135 元。上述货款及销货方代垫运杂费已通过银行转账支付，材料也已验收入库。

增值税进项税额 = 13 000 + 135 = 13 135（元）

借：原材料　　　　　　　　　　　　　　　　　　　101 500
　　应交税费——应交增值税（进项税额）　　　　　 13 135
　　贷：银行存款　　　　　　　　　　　　　　　　　114 635

2. 货款已经结算但存货尚未验收入库。在货款已经结算但存货尚在运输途中或尚未验收入库的情况下，企业应于支付货款时，按发票账单等结算凭证确定的存货成本，借记"在途物资"或"物资采购"科目，按增值税专用发票上注明的增值税税额，借记"应交税费——应交增值税（进项税额）"科目，按实际支付的款项，贷记"银行存款"科目；在存货运达企业并验收入库后，再根据有关验货凭证，借记"原材料""库存商品"等科目，贷记"在途物资"或"物资采购"科目。

【例 4 - 2】天宇股份有限公司购入一批原材料，增值税专用发票上注明的材料价款为 80 000 元，增值税税额为 10 400 元。货款已通过银行转账支付，材料尚在运输途中。

①支付货款。

借：在途物资　　　　　　　　　　　　　　　　　　 80 000
　　应交税费——应交增值税（进项税额）　　　　　 10 400
　　贷：银行存款　　　　　　　　　　　　　　　　　 90 400

②原材料运达企业并验收入库。

借：原材料　　　　　　　　　　　　　　　　　　　　80 000
　　贷：在途物资　　　　　　　　　　　　　　　　　 80 000

3. 存货已验收入库但货款尚未结算。在存货已验收入库，但发票账单等结算凭证尚未到达、货款尚未结算的情况下，企业在收到存货时可先不作会计处理。如果月末结算凭证仍未到达，应对收到的存货暂估价值入账，借记"原材料""库存商品"等科目，贷记"应付账款"科目，下月初，再编制相同的红字记账凭证予以冲回；待结算凭证到达时，按发票账单等结算凭证，借记"原材料""库存商品"等科目，按增值税专用发票注明的增值税进项税额，借记"应交税费——应交增值税（进项税额）"科目，按实际支付或应付的金额，贷记"银行存款""应付票据"等科目。

【例 4 - 3】天宇股份有限公司购入一批原材料，材料已运达企业并已验收入库，但发票账单等结算凭证月末仍未到达，该公司对该批材料估价 50 000 元入账。下月，发票账单等结算凭证到达企业，增值税专用发票上注明的原材料价款为 55 000 元，增值税税额为 7 150 元，货款已通过银行转账支付。

①月末，对原材料暂估价值入账。

借：原材料   50 000
　　贷：应付账款——暂估应付账款   50 000

②下月初，编制红字记账凭证冲回。

借：原材料   50 000

　　贷：应付账款——暂估应付账款   50 000

③下月，收到结算凭证并支付货款。

借：原材料   55 000
　　应交税费——应交增值税（进项税额）   7 150
　　贷：银行存款   62 150

4. 采用预付货款方式购入的存货。企业在采用预付货款方式购入存货的情况下，应在预付货款时，按照实际预付的金额，借记"预付账款"科目，贷记"银行存款"科目；购入的存货验收入库时，按照发票账单上注明的存货价款、增值税税额等，借记"原材料""库存商品"等科目和"应交税费——应交增值税（进项税额）"科目，贷记"预付账款"科目；预付的货款不足，按照补付的金额，借记"预付账款"科目，贷记"银行存款"科目；供货方退回多付的货款时，借记"银行存款"科目，贷记"预付账款"科目。

【例 4-4】天宇股份有限公司于 3 月 16 日向大成公司预付货款 600 000 元，用于采购一批原材料。4 月 15 日，天宇公司收到材料及大成公司开具的增值税专用发票，该材料价款为 1 000 000 元，增值税进项税额为 130 000 元。4 月 20 日，天宇公司已通过银行转账补付货款。

①3 月 16 日，预付货款。

借：预付账款——大成公司   600 000
　　贷：银行存款   600 000

②4 月 15 日，材料验收入库。

借：原材料   1 000 000
　　应交税费——应交增值税（进项税额）   130 000
　　贷：预付账款——大成公司   1 130 000

③4 月 20 日，补付货款。

借：预付账款——大成公司   530 000
　　贷：银行存款   530 000

5. 附有现金折扣条件的购入存货。存货的购入在附有现金折扣条件下，其会计处理有总价法和净价法两种方法。在总价法下，存货和应付账款均按实际交易金额入账，如果购货方在现金折扣期限内付款，取得的现金折扣冲减当期财务费用；在净价法下，存货和应付账款按实际交易金额扣除现金折扣后的净额入账，如果购货方超过现金折扣期限付款，则丧失的现金折扣计入当期财务费用。我国企业会计准则要求采用总价法进行会计处理。

【例4-5】天宇股份有限公司于8月1日从大成公司赊购一批原材料，增值税专用发票上注明的原材料价款为200 000元，增值税税额为26 000元。根据购货合同约定，天宇公司应于8月31日前付款，并附有现金折扣条件：如果在10天内付款，可按原材料价款（不含增值税）的2%享受现金折扣，如果超过10天付款，则须按交易金额全额支付。

天宇公司采用总价法进行会计处理。

①8月1日，购进原材料。

借：原材料 200 000

　　应交税费——应交增值税（进项税额） 26 000

　　　贷：应付账款——大成公司 226 000

②假定天宇公司在8月10日支付货款。

现金折扣=200 000×2%=4 000（元）

实际付款金额=226 000-4 000=222 000（元）

借：应付账款——大成公司 226 000

　　贷：银行存款 222 000

　　　财务费用 4 000

③假定天宇公司在8月31日支付货款。

借：应付账款——大成公司 226 000

　　贷：银行存款 226 000

6. 采用分期付款方式赊购的存货。如果合同各方在合同中约定了付款时间，该付款时间为企业购买存货提供了重大融资利益，则合同中包含了重大融资成分。企业购入存货的成本应剔除货币时间价值的影响，以合同价款的公允价值确定。合同价款的公允价值应按各期付款额的现值金额计算确定，也可以按存货的现购价格确定。实际支付的价款与现值之间的差额，作为未确认融资费用，应在信用期间内采用实际利率法进行摊销，摊销金额应在信用期间内计入财务费用。

【例4-6】天宇股份有限公司2019年1月1日购入一批材料，合同金额为20 000 000元，增值税进项税额为2 600 000元。购货合同约定，天宇公司应于购货时支付全部增值税进项税额，其余价款分3年支付，2019年12月31日支付10 000 000元，2020年12月31日支付6 000 000元，2021年12月31日支付4 000 000元。假定天宇公司按照3年期银行借款年利率6%为折现率。

①材料买价现值=$1\ 000/(1+6\%)+600/(1+6\%)^2+400/(1+6\%)^3$=1 813.24（万元）

借：原材料 18 132 400

　　应交税费——应交增值税（进项税额） 2 600 000

　　未确认融资费用 1 867 600

  贷：长期应付款   20 000 000

    银行存款   2 600 000

②2019 年末支付价款并摊销未确认融资费用。

  借：长期应付款   10 000 000

    贷：银行存款   10 000 000

  借：财务费用   （18 132 400 × 6%）1 087 944

    贷：未确认融资费用   1 087 944

③2020 年末支付价款并摊销未确认融资费用。

2020 年摊销未确认融资费用 = ［（20 000 000 − 1 867 600）−（10 000 000 −

1 087 944）］× 6% = 553 221（元）

  借：长期应付款   6 000 000

    贷：银行存款   6 000 000

  借：财务费用   553 221

    贷：未确认融资费用   553 221

④2021 年末支付价款并摊销未确认融资费用。

2021 年摊销未确认融资费用 = 1 867 600 − 1 087 944 − 553 221 = 226 435（元）

  借：长期应付款   4 000 000

    贷：银行存款   4 000 000

  借：财务费用   226 435

    贷：未确认融资费用   226 435

二、自行加工取得的存货

  企业自行加工取得的存货，主要包括产成品、在产品等，其成本由采购成本、加工成本构成。某些存货还包括使存货达到目前场所和状态所发生的其他成本，如可直接认定的产品设计费等。采购成本是由所使用或消耗的原材料采购成本转移而来的，因此，计量加工取得的存货成本，重点是要确定存货的加工成本。

  存货的加工成本由直接人工和按照一定方法分配的制造费用构成，其实质是企业在进一步加工存货的过程中追加发生的生产成本，因此，不包括直接由材料存货转移来的价值。直接人工指企业在生产产品过程中，直接从事产品生产的工人的职工薪酬。制造费用是指企业为生产产品和提供劳务而发生的各项间接费用，是一项间接生产成本，包括企业生产部门（如生产车间）管理人员的职工薪酬、折旧费、办公费、水电费、机物料消耗、劳动保护费、季节性的停工损失等。

  加工取得的存货一般是针对制造业企业而言的。对于直接人工的分配，如果企业生产车间同时生产几种产品，则其发生的直接人工应采用合理方法分配计入相关产品成本中。由于工资形成的方式不同，直接人工的分配也不同，比如采用工时工资或者按照计件工资分配直接人工。

对于制造费用的分配，由于企业各生产车间或部门的生产任务、技术装备程度、管理水平和费用水准各不相同，因此，制造费用的分配一般按生产车间或部门进行。在各种产品分配制造费用时，通常按照生产工人工资、工人工时、机器工时、耗用原材料的数量或成本、直接成本（原材料、燃料、动力、生产工人工资等职工薪酬合计）、产成品产量等进行分配。这些分配方法通常是对各月生产车间或部门的制造费用实际发生额进行分配的。

各产品间分配加工成本时，借记"生产成本"科目，贷记"应付职工薪酬""制造费用"科目。当产成品验收入库时，按照实际发生的成本借记"库存商品"科目，贷记"生产成本"等科目。

【例4-7】天宇股份有限公司的基本生产车间本月完成一批产成品，完工产品的实际生产成本为150 000元。

借：库存商品　　　　　　　　　　　　　　　150 000
　　贷：生产成本　　　　　　　　　　　　　　　　150 000

在确定存货成本的过程中应当注意，下列费用不应当计入存货成本，而应当在其发生时计入当期损益。

（1）非正常消耗的直接材料、直接人工及制造费用，应计入当期损益，不得计入存货成本。例如，企业超定额的废品损失以及由自然灾害而发生的直接材料、直接人工及制造费用，由于这些费用的发生无助于使该存货达到目前场所和状态，不应计入存货成本，而应计入当期损益。

（2）仓储费用，指企业在采购入库后发生的储存费用，应计入当期损益。但是，在生产过程中为达到下一个生产阶段所必需的仓储费用则应计入存货成本。例如，某种酒类产品生产企业为使生产的酒达到规定的产品质量标准，而必须发生的仓储费用，就应计入酒的成本，而不是计入当期损益。

（3）不能归属于使存货达到目前场所和状态的其他支出，不符合存货的定义和确认条件，应在发生时计入当期损益，不得计入存货成本。

三、委托加工取得的存货

委托加工取得存货的成本，一般包括加工过程中实际耗用的原材料或半成品成本、加工费、往返运杂费以及按规定应计入存货成本的税金等。

企业委托加工的存货，其所有权仍属于委托方，该存货应包含在委托方的存货中，在"委托加工物资"科目中核算。企业发出材料委托外单位加工时，按发出材料的实际成本，借记"委托加工物资"科目，贷记"原材料"等科目；支付的加工费、运杂费等，计入委托加工存货成本，借记"委托加工物资"科目，贷记"银行存款"科目；支付的增值税，借记"应交税费——应交增值税（进项税额）"科目，贷记"银行存款"科目；需要交纳消费税的委托加工存货，由受托方代收代交的消费税，应分别以下情况处理。

（1）委托加工存货收回后直接用于销售的，由受托方代收代缴的消费税计入委托加工存货成本，借记"委托加工物资"科目，贷记"银行存款"等科目。

（2）委托加工存货收回后用于连续生产应税消费品，由受托方代收代缴的消费税按规定准予抵扣的，借记"应交税费——应交消费税"科目，贷记"银行存款"等科目。

计算委托加工应税消费品的消费税时，其销售额按受托方同类消费品的价格确定，没有同类消费品销售价格的，按组成计税价格确定。

$$组成计税价格 = （材料成本 + 加工费） \div （1 - 消费税税率）$$
$$委托加工支付的消费税 = 组成计税价格 \times 消费税税率$$

委托加工存货加工完成并已验收入库，按"委托加工物资"科目计算的实际成本，借记"原材料""周转材料""库存商品"等科目，贷记"委托加工物资"科目。

【例4-8】天宇股份有限公司委托甲公司加工一批材料（属于应税消费品），发出加工材料的成本为60 000元，支付加工费12 000元，支付增值税1 560元，受托方甲公司没有同类消费品的销售价格，由甲公司代收代缴的消费税按组成计税价格计算，消费税税率为10%。加工好的材料收回后用于连续生产应税消费品。

①发出材料，委托加工。

借：委托加工物资　　　　　　　　　　　　　　　　　60 000
　　贷：原材料　　　　　　　　　　　　　　　　　　　　60 000

②支付加工费和增值税、消费税。

组成计税价格 =（60 000 + 12 000）/（1 - 10%）= 80 000（元）

消费税 = 80 000 × 10% = 8 000（元）

借：委托加工物资　　　　　　　　　　　　　　　　　12 000
　　应交税费——应交增值税（进项税额）　　　　　　　1 560
　　应交税费——应交消费税　　　　　　　　　　　　　8 000
　　贷：银行存款　　　　　　　　　　　　　　　　　　21 560

③材料加工完成，收回后验收入库。

入库材料的实际成本 = 60 000 + 12 000 = 72 000（元）

借：原材料　　　　　　　　　　　　　　　　　　　　72 000
　　贷：委托加工物资　　　　　　　　　　　　　　　　72 000

上例中，假设加工好的材料收回后直接用于销售，其他条件不变。

天宇公司的账务处理如下：

①发出材料，委托甲公司加工。

借：委托加工物资　　　　　　　　　　　　　　　　　60 000
　　贷：原材料　　　　　　　　　　　　　　　　　　　　60 000

②支付加工费和税金。

借：委托加工物资　　　　　　　　　　　　　　　　20 000

　　应交税费——应交增值税（进项税额）　　　　　1 560

　　　贷：银行存款　　　　　　　　　　　　　　　　　　　21 560

③材料加工完成，收回后验收入库。

入库材料的实际成本 = 60 000 + 20 000 = 80 000（元）

借：库存商品　　　　　　　　　　　　　　　　　　80 000

　　　贷：委托加工物资　　　　　　　　　　　　　　　　　　80 000

四、投资者投入的存货

投资者投入存货的成本，应当按照投资合同或协议约定的价值确定，但合同或协议约定价值不公允的除外。在投资合同或协议约定价值不公允的情况下，按照该项存货的公允价值作为其入账价值。

企业收到投资者投入的存货，按照投资合同或协议约定的存货价值，借记"原材料""周转材料""库存商品"等科目，按照增值税专用发票上注明的增值税进项税额，借记"应交税费——应交增值税（进项税额）"科目，按照投资者在注册资本中所占的份额，贷记"实收资本"或"股本"科目，按其差额，贷记"资本公积"科目。

【例4-9】天宇股份有限公司的股东大阳公司以原材料向该公司投资，原材料的计税价格为 600 000 元，增值税专用发票上注明的进项税额为 78 000 元，投资各方确认按该金额作为大阳公司的投入资本，可折换天宇公司每股面值 1 元的普通股股票 500 000 股。

借：原材料　　　　　　　　　　　　　　　　　　　600 000

　　应交税费——应交增值税（进项税额）　　　　　78 000

　　　贷：股本——大阳公司　　　　　　　　　　　　　　　500 000

　　　　资本公积——股本溢价　　　　　　　　　　　　　178 000

五、以非货币性资产交换方式取得的存货

非货币性资产交换，是指交易双方主要以存货、固定资产、无形资产和长期股权投资等非货币性资产进行的交换。

（一）非货币性资产交换的认定

非货币性资产是相对于货币性资产而言的。货币性资产，是指企业持有的货币资金和将以固定或可确定的金额收取的资产，包括现金、银行存款、应收账款和应收票据以及分类至以摊余成本计量的金融资产（债权投资）等。非货币性

资产是指货币性资产以外的资产，包括存货、固定资产、长期股权投资、其他债权投资、其他权益工具投资、投资性房地产、在建工程、工程物资、无形资产等。区分货币性资产和非货币性资产的最基本的特征是其将来为企业带来的经济利益，即货币金额是否固定或是否可确定。

非货币性交换中一般不涉及货币性资产，或只涉及少量的货币性资产即补价。少量的补价是指补价占整个资产交换金额的比例应低于 25% 。也就是说，支付的货币性资产占换入资产公允价值（或占换出资产公允价值与支付的货币性资产之和）的比例，或者收到的货币性资产占换出资产的公允价值（或占换入资产公允价值和收到的货币性资产之和）的比例低于 25% 的，视为非货币性资产交换；高于 25% （含 25%）的，视为货币性资产交换，按照《企业会计准则——收入》等相关准则的规定进行会计处理。

（二）非货币性资产交换确认和计量的原则

对于换入资产，企业应当在换入资产符合资产定义并满足资产确认条件时予以确认；对于换出资产，企业应当在换出资产满足资产终止确认条件时终止确认。

以非货币性资产交换取得的存货，其入账价值应根据该项交换是否具有商业实质以及换入存货的公允价值是否能够可靠计量，分以公允价值为基础进行计量和以账面价值为基础进行计量。

1. 换入的存货以公允价值为基础进行计量。通过非货币性资产交换取得的存货，在同时满足下列两个条件时，以公允价值和应支付的相关税费作为换入资产的成本，公允价值与换出资产账面价值的差额计入当期损益。

（1）该项交换具有商业实质。在确定资产交换是否具有商业实质时，企业应当重点考虑由于发生了该项资产交换预期使企业未来现金流量发生变动的程度，通过比较换出资产和换入资产预计产生的未来现金流量或其现值，确定非货币性资产交换是否具有商业实质。能够符合下列条件之一的，视为具有商业实质。

①换入资产的未来现金流量在风险、时间和金额方面与换出资产显著不同。通常包括但不仅限于以下几种情况：未来现金流量的风险、金额相同，时间不同；未来现金流量的时间、金额相同，风险不同；未来现金流量的风险、时间相同，金额不同。

比如，某企业以一批存货换入一项设备，因存货流动性强，能够在较短时间内产生现金流量，设备作为固定资产要在较长的时间内为企业带来现金流量，两者产生现金流量的时间相差较大，则可以判断上述存货与固定资产的未来现金流量显著不同。

再比如，A 企业以其用于经营出租的一幢公寓楼，与 B 企业同样用于经营出租的一幢公寓楼进行交换，两幢公寓楼的租期、每期租金总额均相同，但是 A 企业租给一家财务及信用状况良好的企业（该企业租用该公寓是给其单身职工居住），B 企业的客户则都是单个租户，相比较而言，A 企业取得租金的风险较小，B 企业取得租金的风险较大，两者产生的风险相差较大，则可以判断两项资产的未来现金流量显著不同。

再比如，某企业以一项商标权换入另一企业的一项专利技术，预计两项资产的使用寿命相同，在使用寿命期限内预计为企业带来的现金流量总额相同，但是换入的专利技术是新开发的，预计开始阶段产生的未来现金流量明显少于后期，而该企业拥有的商标每年产生的现金流量比较均衡，两者产生现金流量的金额相差较大，则可以判断两项资产的未来现金流量显著不同。

②换入资产与换出资产的预计未来现金流量现值不同，且其差额与换入资产和换出资产的公允价值相比是重大的。如果按照上述第一个条件难以判断某项非货币性资产交换是否具有商业实质，即可根据第二个条件，通过计算换入资产和换出资产的预计未来现金流量现值进行比较后判断。资产预计未来现金流量现值，应当按照资产在持续使用过程和最终处置时预计产生的税后未来现金流量，选择恰当的折现率对预计未来现金流量折现后的金额加以确定。

从"市场参与者"的角度分析，换入资产和换出资产预计未来现金流量在风险、时间和金额方面可能相同或类似，但是，鉴于换入资产的性质和换入企业经营活动的特征等因素，换入资产与换入企业其他现有资产相结合，能够比换出资产产生更大的作用，也就是说换出资产和换入资产对于企业而言使用价值明显不同，则表明该非货币性资产交换具有商业实质。

在确定非货币性资产交换是否具有商业实质时，应当关注交易各方之间是否存在关联方关系，关联方关系的存在可能导致发生的非货币性资产交换不具有商业实质。

（2）换入资产或换出资产的公允价值能够可靠地计量。资产存在活跃市场，是资产公允价值能够可靠计量的明显证据，但不是唯一要求。符合以下情形之一的，公允价值视为能够可靠计量：

①换入资产或换出资产存在活跃市场。

②换入资产或换出资产不存在活跃市场，但同类或类似资产存在活跃市场。

③换入资产或换出资产不存在同类或类似资产的可比市场交易，还可以采用估值技术确定的公允价值。但要求采用估值技术确定的公允价值估计数的变动区间很小或者在公允价值估计数变动区间内，各种用于确定公允价值估计数的概率能够合理确定。

换入资产和换出资产公允价值均能够可靠计量的，应当以换出资产公允价值作为确定换入资产成本的基础。

2. 换入存货以公允价值为基础进行计量的会计处理。在以公允价值计量的情况下，不论是否涉及补价，只要换出资产的公允价值与其账面价值不相同，就一定会涉及损益的确认，非货币性资产交换损益通常是换出资产公允价值与换出资产账面价值的差额。

非货币性资产交换取得存货的会计处理，视换出资产的类别不同而有所区别。

（1）换出资产为存货的，应当视同销售处理，按照公允价值确认销售收入，同时结转销售成本。涉及增值税的，应进行相应的处理。

（2）换出资产为固定资产、无形资产的，换出资产公允价值与其账面价值的差额，计入资产处置损益。

（3）换出资产为长期股权投资的，换出资产公允价值与其账面价值的差额，计入投资收益。

（4）换出资产为投资性房地产的，以其公允价值确认其他业务收入，同时结转其他业务成本。

在涉及补价的情况下，按下列方法确定换入存货的成本：

支付补价方，应以换出资产的公允价值加上支付的补价（即换入资产的公允价值）和应支付的相关税费，减去可以抵扣的增值税进项税额，作为换入存货的入账成本；

收到补价方，应以换出资产的公允价值减去收到的补价（即换入资产的公允价值），加上应支付的相关税费，再减去可以抵扣的增值税进项税额，作为换入存货的入账成本。

非货币性资产中涉及的税费，除换出资产增值税的销项税额和换入资产可以抵扣的进项税额以外的，如果是为换出资产而发生的相关税费，则计入换出资产的处置损益；如果是为换入资产而发生的相关税费，则计入换入资产的成本。

【例4－10】 天宇股份有限公司和乙公司适用的增值税税率均为13%，计税价格等于公允价值，假定该项交换具有商业实质且其换入换出资产的公允价值能够可靠地计量。天宇股份有限公司以库存商品A产品交换乙公司原材料，双方均将收到的存货作为库存商品核算。有关资料如下。

①天宇股份有限公司换出：库存商品的账面成本400万元，公允价值500万元，含税公允价值565万元。

②乙公司换出：原材料的账面成本340万元，已计提存货跌价准备40万元，公允价值400万元，含税公允价值452万元。

天宇股份有限公司收到不含税补价100万元，含税补价113万元。

判断：补价比例＝100/500＝20%＜25%，属于非货币性资产交换。

①天宇股份有限公司的会计处理。

天宇股份有限公司换入库存商品成本＝换出资产含税公允价值（500×1.13）－收到的银行存款（113）－可抵扣的增值税进项税额（400×13%）＋应支付的相关税费（0）＝400（万元）

借：库存商品		4 000 000
应交税费——应交增值税（进项税额）		520 000
银行存款		1 130 000
贷：主营业务收入		5 000 000
应交税费——应交增值税（销项税额）		650 000
借：主营业务成本		4 000 000

　　贷：库存商品　　　　　　　　　　　　　　　　　　4 000 000

　　影响营业利润 = 500 - 400 = 100（万元）

　　②乙公司的会计处理。

　　乙公司取得的库存商品入账价值 = 换出资产含税公允价值（400×1.13）+ 支付的银行存款（113）- 可抵扣的增值税进项税额（500×13%）+0 = 500（万元）

　　借：库存商品　　　　　　　　　　　　　　　　　　5 000 000
　　　　应交税费——应交增值税（进项税额）　　　　　　650 000
　　　　贷：其他业务收入　　　　　　　　　　　　　　4 000 000
　　　　　　应交税费——应交增值税（销项税额）　　　　520 000
　　　　　　银行存款　　　　　　　　　　　　　　　　1 130 000

　　借：其他业务成本　　　　　　　　　　　　　　　　3 000 000
　　　　存货跌价准备　　　　　　　　　　　　　　　　　400 000
　　　　贷：原材料　　　　　　　　　　　　　　　　　3 400 000

　　【例4-11】 天宇股份有限公司和甲公司适用的增值税税率均为16%，计税价格等于公允价值，假定该项交换具有商业实质且其换入换出资产的公允价值能够可靠地计量。天宇股份有限公司经协商以其拥有的一项生产用固定资产与甲公司持有的对丙公司长期股权投资交换。交换日资料如下。

　　①天宇股份有限公司换出：固定资产成本475万元；已提折旧25万元；公允价值600万元；含税公允价值678万元。

　　②甲公司换出：长期股权投资账面价值450万元（其中，成本400万元，损益调整20万元，因被投资方以公允价值计量且其变动计入其他综合收益的金融资产的公允价值变动确认其他综合收益25万元，其他权益变动5万元）；公允价值550万元。

　　分析：

　　天宇股份有限公司收到含税补价 = 678 - 550 = 128（万元）

　　天宇股份有限公司收到不含税补价 = 600 - 550 = 50（万元）

　　①天宇股份有限公司：

　　a. 补价比例 = 50/600 = 8.33% < 25%，属于非货币性资产交换。

　　b. 天宇股份有限公司换入长期股权投资的成本 = 换出资产含税公允价值（600×1.13）- 收到的补价（128）+ 应支付的相关税费（0）= 550（万元）

　　c. 天宇股份有限公司换出固定资产的损益 = 600 - （475 - 25）= 150（万元）

　　d. 会计分录如下。

　　借：固定资产清理　　　　　　　　　　　　　　　　4 500 000
　　　　累计折旧　　　　　　　　　　　　　　　　　　　250 000
　　　　贷：固定资产　　　　　　　　　　　　　　　　4 750 000

　　借：长期股权投资——丙公司　　　　　　　　　　　　5 500 000
　　　　银行存款　　　　　　　　　　　　　　　　　　1 280 000
　　　　贷：固定资产清理　　　　　　　　　　　　　　4 500 000

资产处置损益	1 500 000
应交税费——应交增值税（销项税额）	780 000

②甲公司：

a. 补价比例 = 50/（550 + 50）= 8.33% < 25%，属于非货币性资产交换。

b. 甲公司换入固定资产的成本 = 换出资产含税公允价值（550）+ 支付的银行存款（128）- 可抵扣的增值税进项税额（600 × 13%）= 600（万元）

c. 甲公司换出长期股权投资确认的投资收益 = 550 - 450 + 30 = 130（万元）

d. 会计分录如下。

借：固定资产		6 000 000
应交税费——应交增值税（进项税额）		780 000
贷：长期股权投资——丙公司		4 500 000
银行存款		1 280 000
投资收益		1 000 000
借：其他综合收益		250 000
资本公积		50 000
贷：投资收益		300 000

为了在会计处理上与新收入准则保持一致，财政部于 2019 年 1 月印发了《企业会计准则第 7 号——非货币性资产交换（修订）（征求意见稿）》，对非货币性资产交换准则做出相应的调整。该征求意见稿将非货币性资产交换的计量原则与新收入准则协调一致，即以换入资产的公允价值为首选进行会计处理。具体规定如下。

非货币性资产交换同时满足下列条件的，应当以换入资产的公允价值为基础进行处理，除非有确凿证据表明换出资产的公允价值更加可靠：

（1）该项交换具有商业实质；

（2）换入资产或换出资产的公允价值能够可靠地计量。

满足以上规定条件的非货币性资产交换，对于换入资产，企业应当以换入资产的公允价值和应支付的相关税费作为换入资产的成本进行初始计量；对于换出资产，企业应当在终止确认时，将换入资产的公允价值与换出资产账面价值之间的差额计入当期损益。涉及补价、同时换入或换出多项资产的，应当按照下列规定进行处理：

支付补价的，换入资产的公允价值减去支付的补价，与换出资产账面价值之间的差额计入当期损益。

收到补价的，换入资产的公允价值加上收到的补价，与换出资产账面价值之间的差额计入当期损益。

未满足以上规定条件的非货币性资产交换，对于换入资产，企业应当以换出资产的账面价值和应支付的相关税费作为换入资产的成本进行初始计量；对于换出资产，终止确认时不确认损益。

3. 换入的存货以账面价值为基础进行计量。非货币性资产交换不具有商业实质或换出资产和换入存货的公允价值均不能可靠计量的，应当按照换出资产的账面价值为基础确定换入存货的成本，无论是否支付补价，均不确认损益。

不涉及补价的，应以换出资产的账面价值加上应支付的相关税费，减去可以抵扣的增值税进项税额，作为换入存货的入账成本。

涉及补价的，收到或支付的补价作为确定换入存货成本的调整因素。其中，收到补价方，应以换出资产的账面价值，减去收到的补价，加上支付的相关税费，减去可以抵扣的增值税进项税额，作为换入存货的入账成本；支付补价方，应以换出资产的账面价值，加上支付的补价和支付的相关税费，减去可以抵扣的增值税进项税额，作为换入存货的入账成本。

【例 4 - 12】天宇股份有限公司为增值税一般纳税人，经协商用其一辆小汽车交换甲公司的一批原材料。小汽车的账面余额为 200 000 元，已计提折旧 50 000 元。天宇公司用银行存款支付库存商品运输途中保险费 1 060 元（含 6% 增值税）。换入的原材料可以抵扣的增值税为 15 600 元，天宇公司收到甲公司支付的补价 10 000 元。假定该交易不具有商业实质，并不考虑固定资产的增值税。

①天宇公司将设备转入清理。

借：固定资产清理   150 000

  累计折旧   50 000

  贷：固定资产   200 000

②换入原材料。

换入原材料的入账价值 = 150 000 - 15 600 + 1 060 - 10 000 = 125 460（元）

借：原材料   125 460

  应交税费——应交增值税（进项税额）   15 600

  银行存款   10 000

  贷：固定资产清理   150 000

   银行存款   1 060

4. 涉及多项非货币性资产交换的会计处理。非货币性资产交换同时换入多项资产的，首先应该确定换入资产的总成本，然后再按照一定的分摊比例进行分配。

在确定各项换入资产的成本时，应当分别以下列情况处理。

（1）资产交换具有商业实质且各项换出资产和各项换入资产的公允价值均能够可靠计量的，换入资产的总成本应当按照换出资产的公允价值总额为基础确定。各项换入资产的成本，应当按照各项换入资产的公允价值占换入资产公允价值总额的比例，对换入资产的总成本进行分配，确定各项换入资产的成本。

（2）资产交换具有商业实质，且换入资产的公允价值能够可靠计量、换出资产的公允价值不能可靠计量的。在这种情况下，换入资产的总成本应当按照换入资产的公允价值总额为基础确定，各项换入资产的成本，应当按照各项换入资产的公允价值占换入资产公允价值总额的比例，对换入资产总成本进行分配，确定各项换入资产的成本。

（3）资产交换具有商业实质，换出资产的公允价值能够可靠计量，但换入资产的公允价值不能可靠计量，换入资产的总成本应当按照换出资产的公允价值总额为基础确定。各项换入资产的成本，应当按照各项换入资产原账面价值占换入资产原账面价值总额的比例，对换入资产总成本进行分配，确定各项换入资产的成本。

（4）资产交换不具有商业实质，或换入资产和换出资产的公允价值均不能可靠计量。换入资产的总成本应当按照换出资产的账面价值总额为基础确定，各项换入资产的成本，应当按照各项换入资产的原账面价值占换入资产的账面价值总额的比例，对按照换出资产账面价值总额为基础确定的换入资产总成本进行分配，确定各项换入资产的成本。

【例4-13】天宇股份有限公司和丙公司均为增值税一般纳税人，适用的增值税税率均为13%。天宇股份有限公司为适应经营业务发展的需要，经与丙公司协商，进行非货币性资产交换，资料如下。

①天宇股份有限公司换出：

厂房：账面价值为3 600万元（其中，成本4 500万元，累计计提折旧900万元）；公允价值为3 000万元；

投资性房地产：账面价值为1 500万元（其中，成本为1 200万元，公允价值变动300万元，此外自用房地产转换为投资性房地产时产生的其他综合收益300万元）；公允价值为1 800万元；

库存商品：账面价值为600万元（其中，成本900万元，已计提存货跌价准备300万元）；公允价值为1 200万元，销项税额156万元；

换出资产不含税公允价值合计6 000万元，含税公允价值合计6 156万元。

②丙公司换出：

办公楼：账面价值为1 500万元（其中，成本为6 000万元，累计计提折旧4 500万元）；公允价值3 000万元；

原材料：账面价值为450万元（其中，成本为570万元，已计提存货跌价准备为120万元）；公允价值为600万元，销项税额78万元；

以公允价值计量且其变动计入当期损益的金融资产（交易性金融资产）：账面价值为1 440万元（其中，成本900万元，公允价值变动增加为540万元）；公允价值2 250万元；

换出资产不含税公允价值5 850万元，含税公允价值5 928万元。

③天宇股份有限公司收到补价（不含税）150万元，含税补价228万元。

假定不考虑固定资产的增值税。

①天宇股份有限公司的账务处理如下。

a. 判断：150/6 000 = 2.5% < 25%，属于非货币性资产交换。

b. 天宇股份有限公司换入资产总成本 = 6 156 - 228 + 0 - 78 = 5 850（万元）。

c. 计算天宇股份有限公司换入各项资产的成本：

办公楼的成本 = 5 850 × 3 000/（3 000 + 600 + 2 250）= 3 000（万元）

原材料的成本 = 5 850 × 600/（3 000 + 600 + 2 250）= 600（万元）

以公允价值计量且其变动计入当期损益的金融资产的成本 = 5 850 × 2 250/（3 000 + 600 + 2 250）= 2 250（万元）

d. 天宇股份有限公司换入各项资产的会计分录如下。

借：固定资产清理　　　　　　　　　　　　　　　　36 000 000

　　累计折旧　　　　　　　　　　　　　　　　　　　9 000 000

　　　贷：固定资产　　　　　　　　　　　　　　　　　　45 000 000

借：固定资产——办公楼　　　　　　　　　　　　　30 000 000

　　原材料　　　　　　　　　　　　　　　　　　　6 000 000

　　交易性金融资产　　　　　　　　　　　　　　　22 500 000

　　应交税费——应交增值税（进项税额）　　　　　　780 000

　　资产处置损益（30 000 000 - 36 000 000）　　　6 000 000

　　银行存款　　　　　　　　　　　　　　　　　　2 280 000

　　　贷：固定资产清理　　　　　　　　　　　　　　　36 000 000

　　　　　其他业务收入　　　　　　　　　　　　　　　18 000 000

　　　　　主营业务收入　　　　　　　　　　　　　　　12 000 000

　　　　　应交税费——应交增值税（销项税额）　　　　1 560 000

借：其他业务成本　　　　　　　　　　　　　　　　9 000 000

　　公允价值变动损益　　　　　　　　　　　　　　3 000 000

　　其他综合收益　　　　　　　　　　　　　　　　3 000 000

　　　贷：投资性房地产　　　　　　　　　　　　　　　15 000 000

借：主营业务成本　　　　　　　　　　　　　　　　6 000 000

　　存货跌价准备　　　　　　　　　　　　　　　　3 000 000

　　　贷：库存商品　　　　　　　　　　　　　　　　　9 000 000

②丙公司的账务处理如下。

a. 判断：150/（150 + 5 850）= 2.5% < 25%，属于非货币性资产交换。

b. 丙公司换入资产总成本 = 5 928 + 228 - 156 = 6 000（万元）。

c. 丙公司换入各项资产的成本：

厂房的成本 = 6 000 × 3 000/（3 000 + 1 800 + 1 200）= 3 000（万元）

投资性房地产的成本 = 6 000 × 1 800/（3 000 + 1 800 + 1 200）= 1 800（万元）

库存商品的成本 = 6 000 × 1 200/（3 000 + 1 800 + 1 200）= 1 200（万元）

d. 丙公司换入各项资产的会计分录如下。

借：固定资产清理　　　　　　　　　　　　　　　　15 000 000

　　累计折旧　　　　　　　　　　　　　　　　　　45 000 000

　　　贷：固定资产　　　　　　　　　　　　　　　　　60 000 000

借：固定资产——厂房   30 000 000

     投资性房地产   18 000 000

     原材料   12 000 000

     应交税费——应交增值税（进项税额）   1 560 000

     公允价值变动损益   5 400 000

     贷：固定资产清理   15 000 000

       资产处置损益（30 000 000 – 15 000 000）   15 000 000

       其他业务收入   6 000 000

       应交税费——应交增值税（销项税额）   780 000

       交易性金融资产   14 400 000

       投资收益   13 500 000

       银行存款   2 280 000

借：其他业务成本   4 500 000

     存货跌价准备   1 200 000

     贷：原材料   5 700 000

财政部于 2019 年 1 月印发的《企业会计准则第 7 号——非货币性资产交换（修订）（征求意见稿）》规定，对于同时换入的多项资产，应当按照各项换入资产的公允价值和应支付的相关税费分别作为各项换入资产的成本进行初始计量。

对于同时换出的多项资产，应当按照各项换出资产的公允价值的相对比例，将换入资产的公允价值总额分摊至各项换出资产，分摊至各项换出资产的金额与各项换出资产账面价值之间的差额，分别在各项换出资产终止确认时计入当期损益。

六、通过债务重组方式取得的存货

企业通过债务重组方式取得的存货，应当对受让的存货按其公允价值入账，如果受让存货时发生了运杂费，也应计入受让存货的成本，增值税一般纳税人允许抵扣受让存货的增值税进项税额。

重组债权的账面余额与受让存货的公允价值（包含增值税）之间的差额，确认为债务重组损失，计入营业外支出。如果重组债权已经计提减值准备的，应当先将上述差额冲减已计提的减值准备，冲减后仍有损失的，计入营业外支出（债务重组损失）；冲减后减值准备仍有余额的，应予转回并抵减当期资产减值损失。

【例 4 – 14】2019 年 4 月 1 日，天宇股份有限公司销售一批产品给丙公司，含税价为 150 000 元。2019 年 7 月 10 日，丙公司发生财务困难，无法按合同规定偿还债务，经双方协议，天宇公司同意丙公司用产品抵偿该应收账款。该产品市价为 100 000 元，增值税税率为 13%，产品成本为 80 000 元。天宇公司为该债权计提了坏账准备 30 000 元。假定不考虑其他税费。

债务重组损失 = 150 000 – 30 000 – 113 000 = 7 000（元）

天宇公司的账务处理如下。

借：库存商品　　　　　　　　　　　　　　　　　100 000
　　应交税费——应交增值税（进项税额）　　　　13 000
　　坏账准备　　　　　　　　　　　　　　　　　30 000
　　营业外支出　　　　　　　　　　　　　　　　7 000
　　贷：应收账款　　　　　　　　　　　　　　　　　150 000

假定天宇公司为该债权计提了 40 000 元坏账准备。

债务重组损失 = 150 000 – 40 000 – 113 000 = –3 000（元）

借：库存商品　　　　　　　　　　　　　　　　　100 000
　　应交税费——应交增值税（进项税额）　　　　13 000
　　坏账准备　　　　　　　　　　　　　　　　　40 000
　　贷：应收账款　　　　　　　　　　　　　　　　　150 000
　　　　信用减值损失　　　　　　　　　　　　　　　3 000

七、接受捐赠取得的存货

企业接受捐赠取得的存货，应当分别按以下情况确定入账成本。

（1）捐赠方提供了有关凭据的，比如发票、报关单、协议等，按凭据上注明的金额加上相关的税费作为入账成本。

（2）捐赠方没有提供有关凭据的，按照如下顺序确定入账成本：同类或类似存货存在活跃市场的，按同类或类似存货的市场价格估计的金额，加上相关税费，作为入账成本；同类或类似存货不存在活跃市场的，按该接受捐赠存货预计未来现金流量的现值，作为入账成本。

企业收到捐赠的存货时，按照确定的入账成本，借记"原材料""周转材料""库存商品"等科目，按实际支付或应付的相关税费，贷记"银行存款"等科目，按其差额，贷记"营业外收入——捐赠利得"科目。

【例 4 – 15】天宇股份有限公司接受捐赠一批商品，捐赠方提供的发票上标明的价值为 80 000 元，天宇公司为该批商品支付了运费 1 200 元。（假定不考虑增值税）

天宇公司的账务处理如下。

借：库存商品　　　　　　　　　　　　　　　　　81 200
　　贷：营业外收入　　　　　　　　　　　　　　　　80 000
　　　　银行存款　　　　　　　　　　　　　　　　　1 200

第三节　发出存货的计价

一、发出存货的计价方法

发出存货计价方法的选择，对企业的财务状况和经营成果产生一定的影响。首先，存货计价方法对损益计算有直接的影响，如果期末存货高估，本期销售成本就会低估，相应当期损益就会高估，反之，则低估当期损益。其次，存货计价方法对资产负债表有关项目数额的计算有直接影响，尤其是流动资产总额和所有者权益项目。最后，由于存货计价方法影响到损益，它必定影响到应交所得税数额。因此，合理选择存货的计价方法有一定的现实意义。

企业通常会以不同的价格采购相同的商品或者原材料，当企业发出存货时，从理论上，应该按照采购的实际成本作为发出存货的成本，这样可以使存货的成本流转与实物流转保持一致，即取得存货时确定的各项存货入账成本应当随着各项存货的销售或耗用而同步结转。但在实务中，由于存货品种繁多，流出流进量较大，而且同一存货因不同时间、不同地点、不同方式取得而单位成本各异，很难保证存货的成本流转与实物流转完全一致，这就形成了存货成本流转的假设，即按照一个假定的成本流转方式来确定发出存货的成本，而不强求存货的成本流转与实物流转完全一致。

在存货发出计价方面，国际会计准则只允许采用个别计价法、先进先出法和加权平均法。同时它还要求相同性质和用途的存货采用相同的计算方法确定发出存货的成本，另外零售价法也可以使用。

美国现行会计准则除个别计价法、先进先出法和加权平均法外，还允许后进先出法。另外也没有明确地规定相同性质和用途的存货采用相同的计算方法确定发出存货的成本。

在英国的会计实务中，可以使用的计价方法包括个别计价法、先进先出法和加权平均法，但不允许使用后进先出法。

按照我国《企业会计准则第1号——存货》的要求，企业应当根据各类存货的实物流转方式、企业管理的要求、存货的性质等实际情况，合理地选择发出存货成本的计算方法，以合理确定当期发出存货的实际成本。对于性质和用途相似的存货，应当采用相同的成本计算方法确定发出存货的成本，企业在确定发出存货的成本时，可以采用先进先出法、移动加权平均法、月末一次加权平均法和个别计价法等方法。我国企业不得采用后进先出法确定发出存货的成本。

下面通过天宇股份有限公司7月的存货数据来说明发出存货四种方法的应用。

【例4－16】天宇公司采用永续盘存制，2018年7月A商品的收入、发出情况如表4－1所示。

表4－1　　　　　　　　　　存货明细账

存货名称及规格：A商品　　　　　　　　　　　　　　　　　　　　　　单位：元

日期		摘要	收入			发出			结存		
月	日		数量	单价	金额	数量	单价	金额	数量	单价	金额
7	1	期初余额							10	91	910
	3	购入	15	106							
	14	销售				20					
	17	购入	20	115							
	28	购入	10	119							
7	30	销售				23					

根据表4－1，采用先进先出法下，本月A商品的收入、发出和结存情况如表4－2所示。

表4－2　　　　　　　　　　存货明细账（先进先出法）

存货名称及规格：A商品　　　　　　　　　　　　　　　　　　　　　　单位：元

日期		摘要	收入			发出			结存		
月	日		数量	单价	金额	数量	单价	金额	数量	单价	金额
7	1	期初余额							10	91	910
	3	购入	15	106	1 590				10	91	2 500
									15	106	
	14	销售				10	91	910	5	106	530
						10	106	1 060			
	17	购入	20	115	2 300				5	106	2 830
									20	115	
	28	购入	10	119	1 190				5	106	
									20	115	4 020
									10	119	
	30	销售				5	106	530	2	115	1 420
						18	115	2 070	10	119	
7	31	期末结存	45		5 080	43		4 570	12		1 420

（一）先进先出法

先进先出法，是以先购入的存货应先发出（销售或耗用）这样一种存货实物流转假设为前提，对发出存货进行计价。采用这种方法，先购入的存货成本在后购入存货成本之前转出，据此确定发出存货和期末存货的成本。

采用先进先出法计算的 7 月 A 商品发出成本及期末结存成本为：

14 日销售 A 商品成本 $= 10 \times 91 + 10 \times 106 = 1\,970$（元）

30 日销售 A 商品成本 $= 5 \times 106 + 18 \times 115 = 2\,600$（元）

期末 A 商品的成本 $= 10 \times 119 + 2 \times 115 = 1\,420$（元）

采用先进先出法对发出存货进行计价，可以随时计算发出存货的成本和期末结存存货的成本，更值得一提的是，采用该方法确定的期末存货成本反映了最近的购货成本，比较接近现行的市场价值。但在物价上涨的情况下，会高估当期利润和存货价值；反之，会低估当期利润和存货价值。

（二）月末一次加权平均法

月末一次加权平均法，是指以当月全部进货数量加上月初存货数量作为权数，去除当月全部进货成本加上月初存货成本，计算出存货的加权平均单位成本，以此为基础计算当月发出存货的成本和期末存货成本的一种方法。

$$成本 = \frac{（月初存货的实际成本）+ \sum （本月某批进货的实际单位成本 \times 本月某批进货的数量）}{月初库存存货数量 + 本月各批进货数量之和}$$

本月发出存货的成本 $=$ 本月发出存货的数量 $\times$ 存货单位成本

本月月末库存存货成本 $=$ 月末库存存货的数量 $\times$ 存货单位成本

根据表 4 - 1，采用月末一次加权平均法计算 7 月 A 商品的收入、发出和结存情况，如表 4 - 3 所示。

表 4 - 3　　　　　　存货明细账（月末一次加权平均法）

存货名称及规格：A 商品　　　　　　　　　　　　　　　　　　　　　　单位：元

日期		摘要	收入			发出			结存		
月	日		数量	单价	金额	数量	单价	金额	数量	单价	金额
7	1	期初余额							10	91	910
	3	购入	15	106	1 590				25		
	14	销售				20			5		
	17	购入	20	115	2 300				25		
	28	购入	10	119	1 190				35		
	30	销售				23			12		
7	31	期末结存	45		5 080	43	108.91	4 683.13	12		1 306.87

加权平均单位成本 $= (10 \times 91 + 15 \times 106 + 20 \times 115 + 10 \times 119)/(10 + 15 + 20 + 10) = 108.91$（元/件）

本月销售 A 商品的成本 $= 43 \times 108.91 = 4\,683.13$（元）

期末结存 A 商品的成本 $= 910 + 5\,080 - 4\,683.13 = 1\,306.87$（元）

采用月末一次加权平均法，只需在月末一次计算存货的平均单位成本即可，平时不对发出存货计价，存货日常核算工作量较小，适用于存货收发频繁的企业。但由于存货的单位成本在月末计算，所以平时无法提供发出存货和结存存货的成本，无法为存货管理提供及时的信息。

（三）移动加权平均法

移动加权平均法，是指以每次进货的成本加上原有库存存货的成本，除以每次进货数量与原有库存存货的数量之和，据以计算加权平均单位成本，作为在下次进货前计算各次发出存货成本的依据。计算公式如下：

$$存货单位成本 = \frac{原有库存存货的实际成本 + 本次进货的实际成本}{原有库存存货数量 + 本次进货数量}$$

本次发出存货的成本 = 本次发出存货数量 × 本次发货前的存货单位成本

本月月末库存存货成本 = 月末库存存货的数量 × 本月月末存货单位成本

根据表4-1，采用移动加权平均法计算的天宇公司7月A商品发出成本及期末结存成本如下：

7月3日购货后移动加权平均单位成本 = (910 + 1 590)/(10 + 15) = 100（元/件）

7月14日销售A商品成本 = 20 × 100 = 2 000（元）

7月14日结存A商品成本 = 5 × 100 = 500（元）

7月28日购货后移动加权平均单位成本 = (5 × 100 + 20 × 115 + 10 × 119)/(5 + 20 + 10) = 114（元/件）

7月30日销售A商品成本 = 23 × 114 = 2 622（元）

期末结存A商品成本 = 12 × 114 = 1 368（元）

根据上述计算，7月A商品的收入、发出和结存情况，如表4-4所示。

表4-4 **存货明细账（移动加权平均法）**

存货名称及规格：A商品

单位：元

日期		摘要	收入			发出			结存		
月	日		数量	单价	金额	数量	单价	金额	数量	单价	金额
7	1	期初余额							10	91	910
	3	购入	15	106	1 590				25		2 500
	14	销售				20	100	2 000	5	100	500
	17	购入	20	115	2 300				25		2 800
	28	购入	10	119	1 190				35		3 990
	30	销售				23	114	2 622	12	114	1 368
7	31	期末结存	45		5 080	43		4 622	12	114	1 368

移动加权平均法的特点是将存货的计价和明细账的登记分散在平时进行，这样可以随时掌握发出存货的成本和结存存货的成本，为存货管理提供及时的信息。但是这种方法每次收货都要计算一次平均单位成本，计算工作量大，不适合存货收发频繁的企业使用。

（四）个别计价法

个别计价法，亦称个别认定法，其特征是注重所发出存货具体项目的实物流转与成本流转之间的联系，逐一辨认各批发出存货和期末存货所属的购进批别或生产批别，分别按其购入或生产时所确定的单位成本计算各批发出存货和期末存货的成本。

根据表4-1，采用个别计价法计算的7月A商品发出成本及期末结存成本如下。

经具体辨认，7月14日销售的20件A商品中，有10件是期初结存的，另外10件是7月3日购入的；在7月30日销售的A商品中，有10件是28日购入的，13件是7月17日购入的。

7月14日销售A商品成本 = 10 × 91 + 10 × 106 = 1 970（元）

7月30日销售A商品成本 = 13 × 115 + 10 × 119 = 2 685（元）

期末结存A商品的成本 = 5 × 106 + 7 × 115 = 1 335（元）

根据上述计算，7月A商品的收入、发出和结存情况，如表4-5所示。

表4-5　　　　　　　　　　存货明细账（个别计价法）

存货名称及规格：A商品　　　　　　　　　　　　　　　　　　　　　单位：元

日期		摘要	收入			发出			结存		
月	日		数量	单价	金额	数量	单价	金额	数量	单价	金额
7	1	期初余额							10	91	910
	3	购入	15	106	1 590				10	91	910
									15	106	1 590
	14	销售				10	91	910	5	106	530
						10	106	1 060			
	17	购入	20	115	2 300				5	106	530
									20	115	2 300
	28	购入	10	119	1 190				5	106	530
									20	115	2 300
									10	119	1 190
	30	销售				13	115	1 495	5	106	530
						10	119	1 190	7	115	805
7	31	期末结存	45		5 080	43		4 655	12		1 335

个别计价法的特点是成本流转与实物流转完全一致，因而能准确地反映本期发出存货的成本和期末结存存货的成本。但采用该方法需要有详细的存货收、发、存记录，存货实物流转操作程序较复杂。个别计价法往往用于不能替代使用的存货或为特定项目专门购入的存货计价，以及品种数量不多、单位价值较高、

容易辨认的存货计价。在实际中，越来越多的企业采用计算机信息系统进行会计处理，个别计价法可以广泛应用于发出存货的计价，并且该方法确定的存货成本最为准确。

二、发出存货的会计处理

不同的存货其经济用途也不同，企业应根据各种存货的特点及用途，对发出存货进行会计处理。

（一）生产经营领用原材料

企业生产单位领用的材料具有种类多、业务频繁等特点。为了简化核算，可以在月末根据"领料单"，编制"发料凭证汇总表"，据以登记入账。根据材料的用途，将其价值直接计入产品成本或当期费用。

【例4-17】天宇股份有限公司根据"发料凭证汇总表"，本月领用原材料605 000元。其中，基本生产领用540 000元，辅助生产领用50 000元，生产车间一般耗用10 000元，管理部门领用5 000元。

借：生产成本——基本生产成本	540 000	
——辅助生产成本	50 000	
制造费用	10 000	
管理费用	5 000	
贷：原材料		605 000

（二）出售库存商品或原材料

如果是商品、产成品销售，企业应采用先进先出法、月末一次加权平均法、移动加权平均法和个别计价法确定已销售商品的实际成本。

对已售存货计提了存货跌价准备的，还应结转已计提的存货跌价准备，冲减当期主营业务成本或其他业务成本。如果企业按存货类别计提存货跌价准备的，应按比例结转相应的存货跌价准备。

【例4-18】天宇股份有限公司销售A商品5000件，每件销售价格150元，增值税税率为13%，这批A商品的成本为600 000元，已计提跌价准备5 000元。天宇公司已经开出了相关销售发票，并收到了款项。

借：银行存款	847 500	
贷：主营业务收入	750 000	
应交税费——应交增值税（销项税额）	97 500	
借：主营业务成本	595 000	
存货跌价准备	5 000	
贷：库存商品		600 000

如果是对外销售原材料，将已出售材料的实际成本予以结转，计入当期其他

业务成本,将取得的销售收入作为其他业务收入。销售原材料时,按已收或应收的合同或协议价,借记"银行存款""应收账款"等科目,按实现的销售收入,贷记"其他业务收入"科目,按增值税销项税额,贷记"应交税费——应交增值税(销项税额)"科目;同时,按发出原材料的账面价值结转销售成本,借记"其他业务成本"科目,贷记"原材料"科目。

【例 4 – 19】天宇股份有限公司销售一批原材料,材料售价 15 000 元,增值税税额 1 950 元,价款已收存银行。该材料的账面价值为 10 800 元。

借:银行存款　　　　　　　　　　　　　　　　16 950
　　贷:其他业务收入　　　　　　　　　　　　　15 000
　　　　应交税费——应交增值税(销项税额)　　　 1 950
借:其他业务成本　　　　　　　　　　　　　　10 800
　　贷:原材料　　　　　　　　　　　　　　　　10 800

(三)在建工程领用库存商品或原材料

在建工程领用库存商品,按库存商品的账面价值计入在建工程的成本。

【例 4 – 20】天宇股份有限公司自建一条生产线,领用一批本企业生产的商品。该批商品的账面价值为 18 000 元,计税价格 20 000 元,增值税税率为 13%。

借:在建工程　　　　　　　　　　　　　　　　18 000
　　贷:库存商品　　　　　　　　　　　　　　　18 000

如果上例企业在建生产线时领用生产用原材料,领用原材料时,按原材料账面价值借记"在建工程"科目,贷记"原材料"科目。

借:在建工程　　　　　　　　　　　　　　　　18 000
　　贷:原材料　　　　　　　　　　　　　　　　18 000

(四)生产经营领用周转材料

周转材料包括包装物、低值易耗品以及企业(建造承包商)的钢模板、木模板、脚手架等。周转材料种类繁多,分布于生产经营和各个环节,具体用途各不相同,会计处理也不尽相同。

生产部门领用的周转材料,构成产品实体的一部分,应将其账面价值计入产品生产成本。领用时,借记"生产成本"科目,贷记"周转材料"科目。

销售部门领用的周转材料,随同商品出售但不单独计价的,应将其账面价值计入销售费用,领用时,借记"销售费用"科目,贷记"周转材料"科目。随同商品出售并单独计价的,应视同材料销售,将取得的收入作为其他业务收入,相应的周转材料账面价值计入其他业务成本,借记"其他业务成本"科目,贷记"周转材料"科目。

用于出租的周转材料,收取的租金应作为其他业务收入,相应的周转材料账面价值应计入其他业务成本。

用于出借的周转材料,其账面价值应计入销售费用。

出租或出借周转材料报废时，其残值应相应冲减其他业务成本或销售费用。

出租或出借的周转材料可以重复周转使用，企业应根据其消耗方式、价值大小、耐用程度等，选择适当的摊销方法，将其账面价值计入有关成本费用。常用的周转材料摊销方法有一次转销法、五五分摊法、分次摊销法等。

1. 一次转销法。一次转销法是指在领用周转材料时，将其账面价值一次计入有关成本费用的一种方法。此方法适用于一次领用价值不大或极易损坏的周转材料。

采用一次转销法，领用周转材料时，按其账面价值，借记"管理费用""生产成本""销售费用""其他业务成本"等科目，贷记"周转材料"科目。

周转材料报废时，应按其残料价值，借记"原材料"等科目，贷记"管理费用""生产成本""销售费用""其他业务成本"等科目。

【例4-21】天宇股份有限公司采用一次转销法核算周转材料。公司管理部门本期领用低值易耗品一批，价值300 000元。账务处理如下。

借：管理费用　　　　　　　　　　　　　　　　300 000
　　贷：周转材料　　　　　　　　　　　　　　　　　300 000

假设本期公司报废一批周转材料，该批周转材料的残值为500元，账务处理如下。

借：原材料　　　　　　　　　　　　　　　　　500
　　贷：管理费用　　　　　　　　　　　　　　　　　500

【例4-22】天宇股份有限公司销售一批产品，随同产品一并销售若干单独计价的包装物。产品售价为80 000元，增值税税额为10 400元，账面价值为62 000元；包装物售价为1 000元，增值税税额为130元，账面价值为800元，价款已收存银行。账务处理如下。

①销售产品及包装物。

借：银行存款　　　　　　　　　　　　　　　　90 400
　　贷：主营业务收入　　　　　　　　　　　　　　　80 000
　　　　应交税费——应交增值税（销项税额）　　　10 400
借：银行存款　　　　　　　　　　　　　　　　1 130
　　贷：其他业务收入　　　　　　　　　　　　　　　1 000
　　　　应交税费——应交增值税（销项税额）　　　130

②结转产品及包装物的账面价值。

借：主营业务成本　　　　　　　　　　　　　　62 000
　　贷：库存商品　　　　　　　　　　　　　　　　　62 000
借：其他业务成本　　　　　　　　　　　　　　800
　　贷：周转材料　　　　　　　　　　　　　　　　　800

2. 五五摊销法。五五摊销法，是指周转材料领用时先摊销其账面价值的一半，报废时再摊销其账面价值的另一半。即周转材料分两次各按照50%进行摊销。

采用五五摊销法，周转材料应分别设置"在库""在用"和"摊销"明细科目。领用周转材料时，按其账面价值，借记"周转材料——在用"科目，贷记"周转材料——在库"科目；摊销其账面价值的50%时，借记"管理费用""生产成本""销售费用""其他业务成本"等科目，贷记"周转材料——摊销"科目。在周转材料报废时，应摊销周转材料的摊余价值；同时，转销全部已提摊销额，借记"周转材料——摊销"科目，贷记"周转材料——在用"科目；按报废周转材料的残料价值，借记"原材料"等科目，贷记"管理费用""生产成本""销售费用""其他业务成本"等科目。

【例 4-23】天宇股份有限公司低值易耗品采用实际成本法核算，并按五五摊销法进行摊销。该公司生产车间 8 月 10 日从仓库领用账面价值 60 000 元的工具一批。10 月 30 日该批工具全部报废，报废时的残料价值为 1 000 元，作为原材料入库。账务处理如下。

①领用低值易耗品并摊销其账面价值的50%。

借：周转材料——在用	60 000	
贷：周转材料——在库		60 000
借：制造费用	30 000	
贷：周转材料——摊销		30 000

②报废时摊销其余50%的账面价值并转销全部已提摊销额。

借：制造费用	30 000	
贷：周转材料——摊销		30 000
借：原材料	1 000	
贷：制造费用		1 000
借：周转材料——摊销	60 000	
贷：周转材料——在用		60 000

采用五五摊销法，虽然会计处理略显烦琐，但周转材料在报废之前，始终有50%的价值保留在账面上，有利于加强对周转材料的管理与核算。五五摊销法既适用于价值较低、使用期限较短的低值易耗品，也适用于每期领用数量和报废数量大致相等的物品。

3. 分次摊销法。分次摊销法是根据周转材料可供使用的估计次数，将其价值按比例地分次摊销计入有关成本费用的一种方法。各期摊销额的计算公式为：

某期应摊销额＝周转材料账面价值/预计使用次数×该期实际使用次数

周转材料的分次摊销，与五五摊销法相同。领用时，按周转材料的账面价值，借记"周转材料——在用"科目，贷记"周转材料——在库"科目；分次摊销其账面价值时，借记"管理费用""生产成本""销售费用""其他业务成本"等科目，贷记"周转材料——摊销"科目。在周转材料报废时，转销全部已提摊销额，借记"周转材料——摊销"科目，贷记"周转材料——在用"科目；按报废周转材料的残料价值，借记"原材料"等科目，贷记"管理费用""生产成本""销售费用""其他业务成本"等科目。

第四节　计划成本法与存货估价法

一、计划成本法

存货采用实际成本进行日常核算，要求存货的收入和发出凭证、明细分类账、总分类账全部按实际成本计价，这对于存货品种、规格、数量繁多，收发频繁的企业来说，工作量大，核算成本较高，也会影响会计信息的及时性。为了简化存货的日常核算手续，并有利于考核部门采购部门的工作业绩，企业可以采用计划成本法对存货的收入、发出及结存进行日常核算。计划成本法在我国的制造企业中应用得比较广泛。

计划成本法，是指存货的日常收入、发出和结存均按预先制定的计划成本计价，并设置"材料成本差异"科目登记实际成本与计划成本之间的差异，月末，再通过对存货成本差异的分摊，将发出存货的计划成本和结存存货的计划成本调整为实际成本进行反映的一种核算方法。

（一）计划成本法的程序

1. 制定存货的计划成本目录，规定存货的分类，各类存货的名称、规格、编号、计量单位和单位计划成本。

2. 设置"材料采购"科目。"材料采购"科目的借方登记购入存货的实际成本，贷方登记购入存货的计划成本，并将计算的实际成本与计划成本的差额，转入"材料成本差异"科目分类登记。

3. 设置"原材料"科目。该账户反映库存材料收、发、存的情况，其特点是无论借方、贷方还是余额，所反映的都是计划成本。

4. 设置"材料成本差异"科目，登记存货实际成本与计划成本之间的差异，取得存货并形成差异时，实际成本高于计划成本的超支差异，在该科目的借方登记，实际成本低于计划成本的节约差异，在该科目的贷方登记。发出存货并分摊差异时，超支差异从该科目的贷方用蓝字转出，节约差异从该科目的贷方用红字转出。

5. 月末对材料成本差异进行分摊。存货的日常收入与发出均按计划成本计价，月末通过存货成本差异的分摊，将本月发出存货的计划成本和月末结存存货的计划成本调整为实际成本。

（二）存货的取得及成本差异的形成

企业取得存货时，按确定的实际采购成本，借记"材料采购"科目，按增值税专用发票上注明的增值税税额，借记"应交税费——应交增值税（进项税额）"科目，按已支付或应支付的金额，贷记"银行存款""应付票据""应付账款"等科目。

当存货验收入库时，按计划成本，借记"原材料"等科目，贷记"材料采购"科目。验收入库的存货，其实际成本大于计划成本的超支差额，借记"材料成本差异"科目，贷记"材料采购"科目；其实际成本小于计划成本的节约差额，借记"材料采购"科目，贷记"材料成本差异"科目。

主要账务处理如下。

（1）取得存货时，按确定的实际采购成本：

借：材料采购 （实际成本）

　　应交税费——应交增值税（进项税额）

　　贷：银行存款/应付票据/应付账款

（2）存货验收入库时，按计划成本：

借：原材料/周转材料 （计划成本）

　　贷：材料采购 （计划成本）

（3）结转材料成本差异。

如果实际成本大于计划成本的超支额：

借：材料成本差异 （超支额）

　　贷：材料采购 （超支额）

如果实际成本小于计划成本的节约额：

借：材料采购 （节约额）

　　贷：材料成本差异 （节约额）

（三）存货的发出及成本差异的分摊

采用计划成本法对存货进行核算，发出存货时先按计划成本计价。

借：生产成本

　　制造费用

　　管理费用

　　贷：原材料 （计划成本）

月末，再将期初结存存货的成本差异和本月取得存货形成的成本差异，在本月发出存货和期末结存存货之间进行分摊，将本月发出存货和期末结存存货的计划成本调整为实际成本。

计划成本、成本差异与实际成本之间的关系如下：

$$实际成本 = 计划成本 + 超支差异$$

或

$$= 计划成本 - 节约差异$$

存货成本差异的分摊，是通过计算材料成本差异率进行的。材料成本差异率包括本期材料成本差异率和期初材料成本差异率两种，其计算公式如下：

$$本期存货成本差异率=\frac{月初结存存货的东南部本差异+本月收入存货的成本差异}{月初结存存货的计划成本+本月收入存货的计划成本}\times100\%$$

$$期初存货成本差异率=\frac{月初结存存货的成本差异}{月初结存存货的计划成本}\times100\%$$

本月发出存货应负担的成本差异及实际成本和月末结存存货应负担的成本差异及实际成本，可按如下公式计算：

本月发出存货应负担的差异=发出存货的计划成本×材料成本差异率

本月发出存货的实际成本=发出存货计划成本+发出存货应负担的超支差异

或　　　　　　　　=发出存货的计划成本－发出存货应负担的节约差异

发出存货应负担的成本差异，必须按月分摊：

借：生产成本

　　制造费用

　　管理费用

　　贷：材料成本差异

实际成本大于计划成本的超支差异，用蓝字登记；实际成本小于计划成本的节约差异，用红字登记。

【例4-24】天宇股份有限公司的存货采用计划成本核算。6月1日，天宇公司结存原材料的计划成本为95 000元，"材料成本差异"账户的贷方余额为1 000元。

6月发生了下列材料采购业务。

①6月4日，购入一批原材料，增值税专用发票上注明的价款为200 000元，增值税进项税额为26 000元。货款已通过银行转账支付，材料也已验收入库。该批原材料的计划成本为205 000元。

借：材料采购　　　　　　　　　　　　　　　　　200 000

　　应交税费——应交增值税（进项税额）　　　　 26 000

　　贷：银行存款　　　　　　　　　　　　　　　　　　　226 000

借：原材料　　　　　　　　　　　　　　　　　　205 000

　　贷：材料采购　　　　　　　　　　　　　　　　　　　200 000

　　　　材料成本差异　　　　　　　　　　　　　　　　　　5 000

②6月20日，购入一批材料，材料已经运达企业并已验收入库，但发票等结算凭证尚未收到。货款尚未支付。6月30日，该批材料的结算凭证仍未到达，企业按该批材料的计划成本85 000元估价入账。

借：原材料　　　　　　　　　　　　　　　　　　 85 000

　　贷：应付账款——暂估　　　　　　　　　　　　　　　 85 000

③6月领用原材料的计划成本为120 000元，其中，基本生产领用80 000元，辅助生产领用22 000元，车间一般耗费7 000元，管理部门领用5 000元，对外销售6 000元。

a. 发出材料。

借：生产成本——基本生产成本   80 000

     ——辅助生产成本   22 000

  制造费用   7 000

  管理费用   5 000

  其他业务成本   6 000

  贷：原材料   120 000

b. 计算本月材料成本差异率。

本月材料成本差异率 = (-1 000 -5 000)/(95 000 +205 000) = -2%

注意：在计算本月材料成本差异率时，本月收入存货的计划成本金额不包括已经验收入库但发票等结算凭证月末未到达，企业按照计划成本估价入账的原材料金额。

分摊材料成本差异：

基本生产成本 = 80 000 × 2% = 1 600

辅助生产成本 = 22 000 × 2% = 440

制造费用 = 7 000 × 2% = 140

管理费用 = 5 000 × 2% = 100

其他业务支出 = 6 000 × 2% = 120

账务处理如下。

借：生产成本——基本生产成本   1 600

     ——辅助生产成本   440

  制造费用   140

  管理费用   100

  其他业务成本   120

  贷：材料成本差异   2 400

月末：

"原材料"科目期末余额 = 95 000 +205 000 -120 000 +85 000 =265 000 （元）

"材料成本差异"科目余额 = -1 000 -5 000 +2 400 = -3 600 （元）

结存原材料的实际成本 =265 000 -3 600 =261 400 （元）

月末编制资产负债表时，存货项目中的原材料存货应该按照结存原材料的实际成本列示。

采用计划成本核算，同一种存货只有一个单位计划成本，因此，存货明细账平时可以只登记收、发、存数量，而不必登记收、发、存金额。需要了解某项存货的收、发、存金额时，以该项存货的单位计划成本乘以相应的数量即可求得，避免了烦琐的发出存货计价，简化了存货的日常核算手续。此外，在计划成本法下，可以通过实际成本与计划成本的比较，得出实际成本超过计划成本的差异，并通过对差异的分析，寻求超支的原因，据以考核采购部门的工作业绩，促使采购部门不断降低采购成本。

二、存货估价法

为了简化存货的计价，存货种类繁多的企业（批发企业和商品零售企业）可以采用存货估价法对月末存货的成本进行估价，待季末、半年末或年末时，再采用发出存货的计价方法，计算发出存货和结存存货的成本，并对估算的存货成本做出调整。存货估价方法有毛利率法和零售价法。

（一）毛利率法

毛利率法，是指用前期实际（或本期计划、本期估计）毛利率乘以本期销售净额，估算本期销售毛利，进而估算本期发出存货成本和期末结存存货成本的一种方法。

采用毛利率法估算存货成本的基本程序如下。

1. 确定毛利率。采用毛利率法，应先确定一个合理的毛利率，作为估价的依据。可以采用前期实际毛利率，也可以本期估计毛利率。计算公式为：

$$毛利率 = \frac{销售毛利}{销售净额} \times 100\%$$

2. 估算本期销售成本。根据毛利率估计本期销售毛利，再从本期销售净额中减除估计的销售毛利。计算公式为：

$$销售净额 = 销售收入 - 销售退回与折让$$
$$估计的销售毛利 = 销售净额 \times 毛利率$$
$$估计的销售成本 = 销售净额 - 销售毛利$$

3. 估算期末结存存货成本。

$$期末结存存货成本 = （期初存货成本 + 本期购货成本）$$
$$- 本期估计的销售成本$$

毛利率法是商品批发企业普遍采用的一种存货估价方法。商品批发企业同类商品的毛利率大致相同，采用毛利率法估算的存货成本也比较接近于实际。采用毛利率法估算存货成本的关键在于确定一个合理的毛利率，企业应按存货的类别分别确定各类存货的毛利率，据以估算存货成本，不能采用综合毛利率。采用前期实际毛利率要求前后各期的毛利率大致相同，而采用本期估计毛利率则需要进行不断的修正。毛利率法提供的只是存货成本的近似值，不是对存货的准确计价。为了合理确定期末存货的实际价值，企业一般应当在每季季末，采用先进先出法、加权平均法等存货计价方法，对结存存货的成本进行一次准确的计量，然后根据本季度期初结存存货的成本和本期购进存货的成本，倒减出本季度发出存货的实际成本,据以调整采用毛利率法估算的存货成本。

【例4-25】10月1日,天宇股份有限公司结存的A商品成本为3 560 000元。本月购进A商品成本为3 420 000元,本月销售A商品收入为5 250 000元,发生的销售退回与折让为20 000元。A商品在本年第三季度的实际毛利率为15%。

10月的销售净额 = 5 250 000 - 20 000 = 5 230 000(元)

10月的销售毛利 = 5 230 000 × 15% = 784 500(元)

10月的销售成本 = 5 230 000 - 784 500 = 4 445 500(元)

10月末结存存货成本 = 3 560 000 + 3 420 000 - 4 445 500 = 2 534 500(元)

(二)零售价法

零售价法,是指用成本占零售价的比率(即成本率)乘以期末存货的售价总额,估算期末存货成本,并据以计算本期发出存货成本的一种方法。

采用零售价法估算存货成本的基本程序如下。

1. 计算本期可供销售的存货成本占零售价的比率。本期可供销售的存货成本占零售价的比率,是根据期初结存存货的成本及零售价和本期购入存货的成本及零售价计算确定的,计算公式如下:

$$成本占零售价的比率 = \frac{期初存货成本 + 本期购货成本}{期初存货售价 + 本期购货售价} \times 100\%$$

为了便于取得本期可供销售的存货成本和售价资料,在日常核算中,必须同时按成本和零售价记录期初存货和本期购货。

2. 计算期末存货的售价总额。

$$期末存货售价总额 = 本期可供销售存货的售价总额$$
$$- 本期已销存货的售价总额$$

3. 计算期末存货成本。

$$期末存货成本 = 期末存货售价总额 \times 成本占零售价的比率$$

4. 计算本期销售成本。

$$本期销售成本 = 期初存货成本 + 本期购货成本 - 期末存货成本$$

零售价法是商品零售企业普遍采用的一种存货估价方法。商品零售企业的商品品种、型号、款式繁多,很难采用通常的发出存货计价方法,按月确定销售成本和结存存货成本。而零售企业必须按零售价格标明商品价值,也为采用零售价法提供了便利。

商品零售企业中广泛采用的售价金额核算法,也可以认为是零售价法的一种方式。这种方法的特点是,"库存商品"科目按售价核算,并设置"商品进销差价"科目,核算商品售价与进价的差额。期末,通过计算商品进销差价率,将商品进销差价在本期已销商品和结存商品之间进行分摊，据以确定本期已销商品的成本和结存商品的成本。

第五节 存货的期末计量

为了在资产负债表中更可靠地反映期末存货的价值，使存货符合资产的定义，企业应当选择适当的计价方法对期末存货进行再计量。从国际上看，资产的期末计量有成本法、市价法和成本与市价孰低法等方法。

国际会计准则要求存货按照成本与可变现净值孰低法计量。可变现净值，是指在正常生产经营过程中，以该存货的估计售价减去至完工时估计将要发生的成本、估计的销售费用和相关税费后的金额。它是一个根据该企业具体情况确定的金额，并不一定等于市场价值减去估计的销售费用。

美国现行会计准则要求存货按照成本与市场价值孰低法计量。在这里，市场价值是指当前重置价值，同时以可变现净值为上限，以可变现净值减去正常的利润为下限，即现行重置成本不得高于可变现净值。

在英国的会计实务中，在定期财务报表上，存货以单项或同类存货的成本与可变现净值中较低者的总额列示。存货也可以按其他被认为正当的方法计价。

我国企业会计准则规定，资产负债表日存货应当按照成本与可变现净值孰低计量。

一、成本与可变现净值孰低法的含义

成本与可变现净值孰低法，是指按照存货的成本与可变现净值两者之中的较低者对期末存货进行计量的一种方法。采用这种方法，当存货成本低于可变现净值时，存货按成本计量；当存货成本高于可变现净值时，存货按可变现净值计量，同时按照成本高于可变现净值的差额计提存货跌价准备，计入当期损益。这种做法体现了谨慎性的要求，即当存货可变现净值低于成本，表明该存货会给企业带来的未来经济利益低于其账面成本，应将这部分损失从资产价值中扣除，否则，就会出现虚计资产的现象。

所谓成本，是指期末存货的实际成本，即采用先进先出法、加权平均法、个别计价法等存货计价方法，对存货发出进行计价所确定的期末存货账面成本。如果存货核算采用计划成本法、售价金额核算法等简化核算方法，则期末存货的实际成本是指通过差异调整而确定的存货成本。

所谓可变现净值，是指在日常活动中，存货的估计售价减去至完工时估计将要发生的成本、估计的销售费用以及相关税费后的金额。确定存货可变现净值的前提是企业在进行日常活动而不是处于清算过程。

二、存货可变现净值的确定

（一）确定存货的可变现净值时应考虑的因素

1. 确定存货的可变现净值应当以取得确凿证据为基础。确定存货的可变现净值的确凿证据是指对确定存货的可变现净值和成本有直接影响的客观证明，包括存货成本的确凿证据及存货可变现净值的确凿证据，如产成品或商品的市场销售价格、与产成品或商品相同或类似商品的市场销售价格、销货方提供的有关资料和生产成本资料等。

2. 确定存货的可变现净值应当考虑持有存货的目的。企业持有存货的目的有两个，即持有以备出售和持有以备继续加工或耗用。企业在确定存货的可变现净值时，应考虑持有存货的目的。

（1）持有以备出售的存货，如商品、产成品，其中又分为有合同约定的存货和没有合同约定的存货，应当以该存货的估计售价减去估计的销售费用和相关税费后的金额，确定其可变现净值。

（2）在生产过程或提供劳务过程中耗用的存货，如材料等，应当以所生产的产成品的估计售价减去至完工时估计将要发生的成本、估计的销售费用和相关税费后的金额，确定其可变现净值。

3. 确定存货的可变现净值应当考虑资产负债表日后事项等的影响。确定存货的可变现净值时，应当根据资产负债表日存货所处状况应估计的售价为基础，资产负债表日后事项期间发生的有关价格波动，如果有确凿证据表明是对资产负债表日的存货存在状况提供进一步证明的，在计算可变现净值时应当考虑资产负债表日后事项的影响。

（二）存货估计售价的确定

在确定存货可变现净值时，应合理确定估计售价、至完工时将要发生的成本、估计的销售费用和相关税费。其中，估计售价对计算可变现净值至关重要。企业应当区别如下情况确定存货的估计售价。

（1）为执行销售合同或者劳务合同而持有的存货，通常应当以产成品或商品的合同价格作为其可变现净值的计算基础。也就是说，如果企业就其产成品或商品签订了销售合同，则该批产成品或商品的可变现净值应当以合同价格作为计算基础；如果企业销售合同所规定的标的物还没有生产出来，但持有专门用于该标的物生产的原材料，其可变现净值也应当以合同价格作为计算基础。

【例 4-26】天宇股份有限公司于 2018 年 12 月 20 日与无为公司签订了一笔不可撤销的销售合同，合同约定，由天宇公司向无为公司提供 A 商品 2 000 件，价格为 180 元。

2018 年 12 月 31 日，天宇公司 A 商品的数量为 2 000 件，单位成本为 130 元，账面成本为 260 000 元。2018 年 12 月 31 日，A 商品的市场销售价格为 200 元。另外，假设估计将要发生的销售费用和相关税金为 108 000 元。

本例中，销售合同约定的数量为 2 000 件，期末天宇公司的库存数量也是 2 000 件，因此，这批 A 商品应以合同约定价 180 元作为估计售价。2018 年 12 月 31 日，天宇公司 A 商品的可变现净值 = 180 × 2 000 – 108 000 = 252 000（元），由于账面成本为 260 000 元，根据成本与可变现净值孰低法，天宇公司应按照可变现净值来计量存货，期末存货的价值为 252 000 元。

（2）如果企业持有存货的数量多于销售合同订购数量，超出部分的存货可变现净值应当以产成品或商品的一般销售价格（即市场销售价格）作为计算基础。

（3）如果企业持有存货的数量少于销售合同或劳务合同订购数量，实际持有的与该合同相关的存货应当以合同所规定的价格作为可变现净值的计量基础。

（4）没有销售合同约定的存货（不包括用于出售的材料），其可变现净值应当以产成品或商品一般销售价格（即市场销售价格）作为计算基础。

【例 4 – 27】2018 年 11 月 1 日，天宇公司与无为公司签订了一份不可撤销的销售合同，双方约定，2019 年 3 月 28 日，天宇公司应按每个 180 元的价格向公司提供 A 商品 2 000 个。

2018 年 12 月 31 日，天宇公司 A 商品数量为 3 000 个，单位成本为 130 元，账面成本为 390 000 元。A 商品的市场销售价格为 200 元。另外，根据天宇公司销售部门提供的资料，估计向无为公司销售将要发生的销售费用和相关税金为 108 000 元，向其他客户销售发生的销售费用和相关税金为 88 000 元。

A 商品的可变现净值为：

有合同部分 = 2 000 × 180 – 108 000 = 252 000（元）

无合同部分 = 1 000 × 200 – 88 000 = 112 000（元）

（5）用于出售的材料等，通常以市场价格作为其可变现净值的计算基础。这里的市场价格是指材料等的市场销售价格。如果用于出售的材料存在销售合同约定，应按合同价格作为其可变现净值的计算基础。

（三）材料存货的期末计量

需要经过加工的材料存货，在正常生产经营过程中，应当以所生产的产成品的估计售价减去至完工时估计将要发生的成本、估计的销售费用和相关税费后的金额，确定其可变现净值。

需要经过加工的材料存货，如果使用该材料生产的产成品的可变现净值预计高于成本，那么不论其自身的可变现净值是否低于成本，只要它所生产的产成品的可变现净值预计高于成本，就按照成本计量其价值；如果使用该材料生产的产成品的可变现净值预计低于成本，那么该材料就应该按照可变现净值入账。

【例 4 – 28】天宇股份有限公司年末库存原材料——C 材料的账面成本为

6 000 000元，单位成本为 60 000 元/件，数量为 100 件，可用于生产 100 台 W6 型机器。C 材料的市场销售价格为 50 000 元/件。

C 材料市场销售价格下跌，导致用 C 材料生产的 W6 型机器的市场销售价格也下跌，由此造成 W6 型机器的市场销售价格由 150 000 元/台降为 135 000 元/台，但生产成本仍为 140 000 元/台。将每件 C 材料加工成 W6 型机器尚需投入 80 000 元，估计发生运杂费等销售费用 5 000 元/台。

根据上述资料，可按照以下步骤确定 C 材料的可变现净值。

首先，计算用该原材料所生产的产成品的可变现净值：

W6 型机器的可变现净值 = W6 型机器估计售价 – 估计销售费用 – 估计相关税费

$$= 135\ 000 \times 100 - 5\ 000 \times 100 = 13\ 000\ 000\ （元）$$

其次，将用该原材料所生产的产成品的可变现净值与其成本进行比较。W6 型机器的可变现净值 13 000 000 元小于其成本 14 000 000 元，即 C 材料价格的下降表明 W6 型机器的可变现净值低于成本，因此，C 材料应当按可变现净值计量。

最后，计算该原材料的可变现净值：

C 材料的可变现净值 = W6 型机器的售价总额 – 将 C 材料加工成 W6 型机器尚需投入的成本 – 估计销售税费

$$= 135\ 000 \times 100 - 80\ 000 \times 100 - 5\ 000 \times 100 = 5\ 000\ 000\ （元）$$

C 材料的可变现净值 5 000 000 元小于其成本 6 000 000 元，因此，C 材料的期末价值应为其可变现净值 5 000 000 元，即 C 材料应按 5 000 000 元列示在年末资产负债表的存货项目之中。

三、存货跌价准备的计提

企业应当定期对存货进行检查，如果由于毁损、腐烂、过时、陈旧等原因造成存货的可变现净值低于其成本，应按照可变现净值低于成本的部分计提存货的跌价准备。

（一）存货跌价准备计提的依据

（1）该存货的市场价格持续下跌，并且在可预见的未来无回升的希望；

（2）企业使用该项原材料生产的产品的成本大于产品的销售价格；

（3）企业因产品更新换代，原有库存原材料已不适应新产品的需要，而该原材料的市场价格又低于其账面成本；

（4）因企业所提供的商品或劳务过时或消费者偏好改变而使市场的需求发生变化，导致市场价格逐渐下跌；

（5）其他足以证明该项存货实质上已经发生减值的情形。

存货存在下列情形之一的，通常表明存货的可变现净值为零：

（1）已霉烂变质的存货；

（2）已过期且无转让价值的存货；

（3）生产中已不再需要，并且已无使用价值和转让价值的存货；

（4）其他足以证明已无使用价值和转让价值的存货。

（二）存货跌价准备的计提方法

存货的成本与可变现净值的比较方法有三种：逐项比较法、分类比较法和总额比较法。逐项比较法就是将每一存货项目的成本与可变现净值分别进行比较，按照每一存货项目可变现净值低于成本的差额作为计提各项存货项目准备的依据。分类比较法是将存货按照一定的标准划分为若干类别，分别计算各类别存货的总成本以及可变现净值的总额，在此基础上进行比较，选择较低者作为期末价值。总额比较法是将所有存货的总成本与所有存货的可变现净值进行比较，选择低者作为存货的价值。

《企业会计准则第1号——存货》具体规定了三种方法的适用范围。

1. 企业通常应当按照单个存货项目计提存货跌价准备。企业在计提存货跌价准备时通常应当以单个存货项目为基础。在企业采用计算机信息系统进行会计处理的情况下，完全有可能做到按单个存货项目计提存货跌价准备。在这种方式下，企业应当将每个存货项目的成本与其可变现净值逐一进行比较，按较低者计量存货，并且按成本高于可变现净值的差额计提存货跌价准备。这就要求企业应当根据管理要求和存货的特点，明确规定存货项目的确定标准。例如，将某一型号和规格的材料作为一个存货项目，将某一品牌和规格的商品作为一个存货项目，等等。

2. 对于数量繁多、单价较低的存货，可以按照存货类别计提存货跌价准备。如果某一类存货的数量繁多并且单价较低，企业可以按存货类别计量成本与可变现净值，即按存货类别的成本的总额与可变现净值的总额进行比较，每个存货类别均取较低者确定存货期末价值。

3. 与在同一地区生产和销售的产品系列相关、具有相同或类似最终用途或目的，且难以与其他项目分开计量的存货，可以合并计提存货跌价准备。

三种计提方法下存货跌价准备的金额可能有所不同，分类比较法与总额比较法下存货项目成本与可变现净值的差额会被其他存货项目所抵消，逐项比较法是将每项存货按照成本与可变现净值中较低者进行计量，因此，该法下计提的跌价准备可能最为稳健。

（三）存货跌价准备的会计处理

1. 资产负债表日，企业应当确定存货的可变现净值。企业确定存货的可变现净值，应当以资产负债表日的状况为基础确定，既不能提前确定存货的可变现净值，也不能延后确定存货的可变现净值，并且在每一个资产负债表日都应当重新确定存货的可变现净值。

在确定存货可变现净值的基础上，将存货的成本与可变现净值进行比较，确定本期存货的减值金额，再将本期存货的减值金额与"存货跌价准备"科目原有的余额进行比较，按照下列公式确定本期应计提的跌价准备金额：

$$某期应计提的存货跌价准备 = 当期可变现净值低于成本的差额$$
$$- "存货跌价准备"科目原有余额$$

根据上式，如果计提存货跌价准备前，"存货跌价准备"科目无余额，应按本期存货可变现净值低于成本的差额计提存货跌价准备，借记"资产减值损失"科目，贷记"存货跌价准备"科目。如果本期存货可变现净值低于成本的差额大于"存货跌价准备"科目原有贷方余额，应按照两者差额补提存货跌价准备，借记"资产减值损失"科目，贷记"存货跌价准备"科目。如果本期存货可变现净值低于成本的差额与"存货跌价准备"科目原有贷方余额相等，不需要计提存货跌价准备。如果本期存货可变现净值低于成本的差额小于"存货跌价准备"科目原有贷方余额，表明以前引起存货减值的影响因素已经部分消失，存货的价值又得以部分恢复，企业应当借记"存货跌价准备"科目，贷记"资产减值损失"科目。如果本期存货可变现净值高于成本，表明以前引起存货减值的影响因素已经完全消失，存货价值全部得以恢复，借记"存货跌价准备"科目，贷记"资产减值损失"科目。

2. 企业存货在符合条件的情况下，可以转回计提的存货跌价准备。存货跌价准备转回的条件是以前减记存货价值的影响因素已经消失，而不是在当期造成存货可变现净值高于成本的其他影响因素。

3. 当符合存货跌价准备转回的条件时，应在原已计提的存货跌价准备的金额内转回。即在对该项存货、该类存货或该合并存货已计提的存货跌价准备的金额内转回。转回的存货跌价准备与计提该准备的存货项目或类别应当存在直接对应关系，但转回的金额以将存货跌价准备余额冲减至零为限。

【例4-29】天宇股份有限公司是一家制造业企业，为增值税一般纳税人，从2018年开始计提存货的跌价准备金额。

①2018年12月31日，该公司生产的A商品账面成本为800 000元，但由于市场价格下跌，预计可变现净值为700 000元。

②2019年6月30日，A商品的账面成本仍然为800 000元，但由于市场价格有所上升，使得A商品的预计可变现净值变为780 000元。

③2019年9月1日，对外出售账面价值额为400 000元的A商品，销售价格为500 000元，货款已于当日存入银行。

④2019年12月31日，A商品的账面成本为400 000元，由于A商品的市场价格进一步上升，预计A商品的可变现净值为420 000元。

天宇公司的账务处理如下。

①2018年12月31日，该公司生产的A商品账面成本为800 000元，预计可变现净值为700 000元，所以应该计提存货跌价准备100 000元。

借：资产减值损失——存货减值准备　　　　　　　　100 000

贷：存货跌价准备　　　　　　　　　　　　　　　　100 000

②2019 年 6 月 30 日，A 商品的市场价格有所上升，使得 A 商品的可变现净值有所恢复，应计提存货跌价准备为 20 000 元，但原来已经计提的跌价准备为 100 000 元，所以需要冲减 80 000 元。

借：存货跌价准备　　　　　　　　　　　　　80 000

贷：资产减值损失——存货减值准备　　　　　　　　　80 000

③2019 年 9 月 1 日，对外出售账面价值额为 400 000 元的 A 商品，此时应该结转存货跌价准备 10 000 元（20 000/2）。

借：银行存款　　　　　　　　　　　　　580 000

贷：主营业务收入　　　　　　　　　　　　　　500 000

应交税费——应交增值税（销项税额）　　　　80 000

借：主营业务成本　　　　　　　　　　　390 000

存货跌价准备　　　　　　　　　　　10 000

贷：库存商品　　　　　　　　　　　　　　400 000

④2019 年 12 月 31 日，由于 A 商品的市场价格进一步上升到 420 000 元，需要冲减存货跌价准备 20 000 元，但原来计提的跌价准备还有账面价值 10 000 元，所以，应该冲减存货跌价准备 10 000 元。

借：存货跌价准备　　　　　　　　　　　10 000

贷：资产减值损失——存货减值准备　　　　　　　　　10 000

第五章　金融资产投资

第一节　金融资产投资概述

一、金融资产

根据我国现行会计准则的规定，金融工具是指形成一个企业的金融资产，并形成其他单位的金融负债或权益工具的合同，因此，金融工具包括金融资产、金融负债和权益工具。

金融资产是指企业持有的现金、其他方的权益工具以及符合下列条件之一的资产。

（1）从其他方收取现金或其他金融资产的合同权利。如企业的银行存款、应收账款、应收票据和发放的贷款等均属于金融资产。

（2）在潜在有利条件下，与其他方交换金融资产或金融负债的合同权利。如企业购入的看涨期权或看跌期权等衍生工具。

（3）将来须用或可用企业自身权益工具进行结算的非衍生工具合同，且企业根据该合同将收到可变数量的自身权益工具。如企业回购自身普通股，回购数量随着其普通股市场价格的变动而变动。

（4）将来须用或可用企业自身权益工具进行结算的衍生工具合同，但以固定数量的自身权益工具交换固定金额的现金或其他金融资产的衍生工具合同除外。

金融资产主要包括银行存款、其他货币资金、应收账款、应收票据、其他应收款、应收利息、交易性金融资产、债权投资、其他债权投资、其他权益工具投资及衍生金融工具等形成的资产。

金融资产投资是企业金融资产的重要组成部分，有债权性投资、股权性投资和混合性投资。

债权性投资是指企业通过购买债券、委托金融机构贷款等方式，取得被投资企业债权而形成的投资，包括债券投资和其他债权投资。债券是由政府或企业发行的、以契约的形式明确规定还本付息金额和时间的一种有价证券，债券投资可以按期获得固定的利息收益，并在到期时收回本金。

股权性投资是指企业通过购买股票、股权方式而形成的投资，包括股票投资和其他股权投资。企业进行权益性投资，成为被投资企业的股东，享有被投资企业的利润分配权和表决权。

混合性投资是指企业通过购买混合性证券的方式而形成的对外投资。混合性证券是指兼具股权和债权双重性质的有价证券，如优先股股票、可转换公司债券等。

二、金融资产投资的特点

（1）金融资产投资是以让渡其他资产而换取的另一项资产。如以现金、银行存款等让渡给其他单位使用，以换取债权或股权投资等资产。

（2）金融资产投资为企业带来经济利益的形式与其他资产不同。企业的其他资产为企业创造经济利益要么通过出售取得，要么通过自身参与企业经营为企业带来经济利益，而金融资产投资收益主要是通过被投资企业的分配取得以及在投资市场上出售取得。

（3）金融资产投资需要有投资策略和风险管理。金融资产投资形式多样，企业需要有投资策略对不同的投资进行选择，如可在资本市场上购买随时可以出售的股票，也可以购买持有至到期的债券等。尤其是股票投资，风险大，企业需要进行风险管理。

三、金融资产的分类

（一）金融资产分类的依据

金融资产的分类是确认和计量的基础。企业应根据其管理金融资产的业务模式和金融资产的合同现金流量特征，对金融资产进行分类。

1. 企业管理金融资产的业务模式。企业管理金融资产的业务模式，是指企业如何管理其金融资产以产生现金流量。业务模式决定企业所管理金融资产现金流量的来源是收取合同现金流量、出售金融资产还是两者兼有。

一个企业可能会采用多个业务模式管理其金融资产。例如，企业持有一组以收取合同现金流量为目标的投资组合，同时还持有另一组既以收取合同现金流量为目标又以出售该金融资产为目标的投资组合。

企业确定其管理金融资产的业务模式时，应当注意以下四个方面。

（1）企业应当在金融资产组合的层次上确定管理金融资产的业务模式，而不必按照单个金融资产逐项确定业务模式。

（2）企业应当以企业关键管理人员决定的对金融资产进行管理的特定业务目标为基础，确定管理金融资产的业务模式。

（3）企业应当以客观事实为依据，确定管理金融资产的业务模式，不得以按照合理预期不会发生的情形为基础确定。

（4）如果金融资产实际现金流量的实现方式不同于评估业务模式时的预期（如企业出售的金融资产数量超出或少于在对资产作出分类时的预期），只要企业在评估业务模式时已经考虑了当时所有可获得的相关信息，这一差异不构成企业财务报表的前期差错，也不改变企业在该业务模式下持有的剩余金融资产的分类。但是，企业在评估新的金融资产的业务模式时，应当考虑这些信息。

企业管理金融资产业务模式的类型有以下三种。

（1）以收取合同现金流量为目标的业务模式。在以收取合同现金流量为目标的业务模式下，企业管理金融资产旨在通过在金融资产存续期内收取合同付款来实现现金流量，而不是通过持有并出售金融资产产生整体回报。

（2）以收取合同现金流量和出售金融资产为目标的业务模式。在以收取合同现金流量和出售金融资产为目标的业务模式下，企业的关键管理人员认为收取合同现金流量和出售金融资产对于实现其管理目标而言都是不可或缺的。

与以收取合同现金流量为目标的业务模式相比，此业务模式涉及的出售通常频率更高、价值更大。因为出售金融资产是此业务模式的目标之一。

（3）其他业务模式。如果企业管理金融资产的业务模式，不是以收取合同现金流量为目标，也不是既以收取合同现金流量又出售金融资产来实现其目标，该金融资产应当分类为以公允价值计量且其变动计入当期损益的金融资产。例如，企业持有金融资产的目的是交易性的或者基于金融资产的公允价值作出决策并对其进行管理。在这种情况下，企业管理金融资产的目标是通过出售金融资产以实现现金流量。即使企业在持有金融资产的过程中会收取合同现金流量，企业管理金融资产的业务模式不是既以收取合同现金流量又出售金融资产来实现其目标，因为收取合同现金流量对实现该业务模式目标来说只是附带性质的活动。

2. 金融资产的合同现金流量特征。金融资产的合同现金流量特征，是指金融工具合同约定的、反映相关金融资产经济特征的现金流量属性。企业分类为以摊余成本计量的金融资产和以公允价值计量且其变动计入其他综合收益的金融资产，其合同现金流量特征应当与基本借贷安排相一致。即相关金融资产在特定日期产生的合同现金流量仅为对本金和以未偿付本金金额为基础的利息的支付。

（二）金融资产的具体分类

1. 以摊余成本计量的金融资产。金融资产同时符合下列条件的，应当分类为以摊余成本计量的金融资产。

（1）企业管理该金融资产的业务模式是以收取合同现金流量为目标。

（2）该金融资产的合同条款规定，在特定日期产生的现金流量，仅为对本金和以未偿付本金金额为基础的利息的支付。

例如，企业持有的普通债券的合同现金流量是到期收回本金和按约定的利率在合同期间按时收取固定利息，在没有其他特殊安排的情况下，该债券的合同现金流量一般情况下符合仅为对本金和未偿付本金金额为基础的利息支付的要求，如果企业管理该债券投资的业务模式是以收取合同现金流量为目标，则企业对该债券应当分类为以摊余成本计量的金融资产。属于以摊余成本计量的金融资产还有银行存款、应收账款、应收票据等金融资产。

2. 以公允价值计量且其变动计入其他综合收益的金融资产。金融资产同时符合下列条件的，应当分类为以公允价值计量且其变动计入其他综合收益的金融资产。

（1）企业管理该金融资产的业务模式既以收取合同现金流量为目标又以出售该金融资产为目标。

（2）该金融资产的合同条款规定，在特定日期产生的现金流量，仅为对本金和以未偿付本金金额为基础的利息的支付。

例如，企业持有的普通债券的合同现金流量是到期收回本金和按约定的利率在合同期间按时收取固定利息。在没有其他特殊安排的情况下，该债券的合同现金流量一般情况下符合仅为对本金和未偿付本金金额为基础的利息支付的要求，如果企业管理该债券投资的业务模式既以收取合同现金流量为目标又以出售该债券为目标，则企业对该债券应当分类为以公允价值计量且其变动计入其他综合收益的金融资产。

3. 以公允价值计量且其变动计入当期损益的金融资产。企业应当将分类为以摊余成本计量的金融资产和以公允价值计量且其变动计入其他综合收益的金融资产之外的金融资产，分类为以公允价值计量且其变动计入当期损益的金融资产。例如，企业持有的普通股股票的合同现金流量是收取被投资企业未来股利分配以及其清算时获得剩余收益的权利。由于股利及获得剩余收益的权利均不符合本金和利息的定义，因此企业持有的普通股股票应当分类为以公允价值计量且其变动计入当期损益的金融资产。

4. 金融资产分类的特殊规定。权益工具投资的合同现金流量评估一般不符合基本借贷安排，因此只能分类为以公允价值计量且其变动计入当期损益的金融资产。

然而在初始确认时，企业可以将非交易性权益工具投资指定为以公允价值计量且其变动计入其他综合收益的金融资产，并按规定确认股利收入。该指定一经做出，不得撤销。企业投资其他上市公司股票或者非上市公司股权的，都可能属于这种情形。

初始确认时，企业可基于单项非交易性权益工具投资，将其指定为以公允价值计量且其变动计入其他综合收益的金融资产，其公允价值的后续变动计入其他综合收益，不需计提减值准备。除了获得的股利计入当期损益外，其他相关的利得和损失均应当计入其他综合收益，且后续不得转入损益。当金融资产终止确认时，之前计入其他综合收益的累计利得或损失应当从其他综合收益转出，计入留存收益。

需要注意的是，企业在非同一控制下的企业合并中确认的或有对价构成金融资产的，该金融资产应当分类为以公允价值计量且其变动计入当期损益的金融资产，不得指定为以公允价值计量且其变动计入其他综合收益的金融资产。

第二节 以摊余成本计量的金融资产

一、以摊余成本计量的金融资产的初始确认

以摊余成本计量的金融资产的会计处理，主要包括金融资产实际利率的计算、摊余成本的确定、持有期间利息收益的确认和处置时损益的处理。为了核算以摊余成本计量的金融资产，企业应设置"债权投资"科目，用于核算企业以摊余成本计量的金融资产的价值。本科目应分别按"成本""利息调整""应计利息"进行明细核算。其中，"成本"明细科目用来核算企业取得债权投资的面值；"利息调整"明细科目用来核算企业取得债权投资时产生的利息调整的金额及其摊销的金额；"应计利息"明细科目用来核算企业取得的到期一次付息债权的利息。企业取得的分期付息债权的利息不通过该明细科目核算，而应另设"应收利息"科目进行核算。

以摊余成本计量的金融资产的初始确认时，应当按照公允价值和相关交易费用之和作为初始计量金额。实际支付的价款中包含的已到付息期但尚未领取的利息，应单独确认为应收项目。

交易费用，是指可直接归属于购买、发行或处置金融工具的增量费用。增量费用是指企业没有发生购买、发行或处置相关金融工具的情形就不会发生的费用，主要包括支付给代理机构、咨询公司、券商、证券交易所、政府有关部门等的手续费、佣金、相关税费以及其他必要支出，不包括债券溢价、折价、融资费用、内部管理成本和持有成本等与交易不直接相关的费用。

企业取得以摊余成本计量的金融资产时，按照债权的票面价值，借记"债权投资——成本"科目，按照实际支付的价款，即公允价值和相关交易费用之和，贷记"银行存款"科目，根据上述两者的差额，借记或贷记"债权投资——利息调整"科目。实际支付的价款中如果包含已到付息期但尚未领取的债权利息，则应将其单独确认为"应收利息"。

【例5-1】天宇股份有限公司于2018年1月1日支付价款1 043 295元（含交易费用295元）从二级市场购入甲公司发行的5年期债券，面值为1 000 000元，票面利率6%。利息按年支付，本金最后一次偿还。天宇公司根据其管理该投资的业务模式和其合同现金流量特征，将该债券投资分类为以摊余成本计量的金融资产。

天宇公司购入甲公司债券的账务处理如下。

借：债权投资——成本　　　　　　　　　　　　1 000 000
　　　　　　——利息调整　　　　　　　　　　　43 295
　　贷：银行存款　　　　　　　　　　　　　　1 043 295

二、以摊余成本计量的金融资产的后续计量

以摊余成本计量的金融资产初始确认后，企业应当采用实际利率法，按摊余成本进行后续计量。实际利率法，是指计算金融资产或金融负债的摊余成本以及将利息收入或利息费用分摊计入各会计期间的方法。

1. 实际利率。实际利率，是指将金融资产或金融负债在预计存续期的估计未来现金流量，折现为该金融资产账面余额或该金融负债摊余成本所使用的利率。在确定实际利率时，应当在考虑金融资产或金融负债所有合同条款（如提前还款、展期、看涨期权或其他类似期权等）的基础上估计预期现金流量，但不应当考虑预期信用损失。

经信用调整的实际利率，是指将购入或源生的已发生信用减值的金融资产在预计存续期的估计未来现金流量，折现为该金融资产摊余成本的利率。在确定经信用调整的实际利率时，应当在考虑金融资产的所有合同条款（如提前还款、展期、看涨期权或其他类似期权等）以及初始信用损失的基础上估计预期现金流量。

合同各方之间支付或收取的、属于实际利率或经信用调整的实际利率组成部分的各项费用、交易费用及溢价或折价等，应当在确定实际利率或经信用调整的实际利率时予以考虑。

2. 摊余成本。金融资产的摊余成本，应当以该金融资产的初始确认金额经下列调整后的结果确定：

（1）扣除已偿还的本金；

（2）加上或减去采用实际利率法将该初始确认金额与到期日金额之间的差额进行摊销形成的累计摊销额；

（3）扣除累计计提的损失准备。

3. 利息收入。企业应当按照实际利率法确认利息收入。利息收入根据金融资产账面余额乘以实际利率计算确定，但下列情况除外。

（1）对于购入或源生的已发生信用减值的金融资产，企业应当自初始确认起，按照该金融资产的摊余成本和经信用调整的实际利率计算确定其利息收入。

（2）对于购入或源生的未发生信用减值但在后续期间成为已发生信用减值的金融资产，企业应当在后续期间，按照该金融资产的摊余成本和实际利率计算确定其利息收入。

企业按照上述规定对金融资产的摊余成本运用实际利率法计算利息收入的，若该金融资产在后续期间因其信用风险有所改善而不再存在信用减值，并且这一改善

在客观上可与应用上述规定之后发生的某一事件相联系（如债务人的信用评级被上调），企业应当转按实际利率乘以该金融资产账面余额来计算确定利息收入。

4. 计提损失准备。当对金融资产预期未来现金流量具有不利影响的一项或多项事件发生时，该金融资产成为已发生信用减值的金融资产，应计提损失准备。金融资产已发生信用减值的证据包括下列可观察信息：

（1）发行方或债务人发生重大财务困难；

（2）债务人违反合同，如偿付利息或本金违约或逾期等；

（3）债权人出于与债务人财务困难有关的经济或合同考虑，给予债务人在任何其他情况下都不会做出的让步；

（4）债务人很可能破产或进行其他财务重组；

（5）发行方或债务人财务困难导致该金融资产的活跃市场消失；

（6）以大幅折扣购买或源生一项金融资产，该折扣反映了发生信用损失的事实。

金融资产发生信用减值，有可能是多个事件的共同作用所致，未必是可单独识别的事件所致。

以摊余成本计量的金融资产发生信用减值时，借记"信用减值损失"科目，贷记"债权投资减值准备"等科目。

【例5-2】承〖例5-1〗资料，天宇股份有限公司在取得该以摊余成本计量的金融资产的后续期间，应计算确定该债券的实际利率，确认各年投资收益（利息收入）、收到利息和到期收回本金。

设该债券的实际利率为 r，列出如下等式：

$$6 \times (1+r)^{-1} + 6 \times (1+r)^{-2} + 6 \times (1+r)^{-3} + 6 \times (1+r)^{-4} + (6+100) \times (1+r)^{-5}$$
$$= 104.3295 （万元）$$

采用插值法，可以计算得出 $r \approx 5\%$。

编制实际利率摊销表，以计算摊余成本，确认各年投资收益，如表5-1所示。

表5-1　　　　　　　　　　　　利息收入与摊余成本计算　　　　　　　　　　　单位：元

时间	应收利息 （1）	投资收益 （2）=（4）×5%	利息调整摊销 （3）=（1）-（2）	摊余成本 （4）=（4）-（3）
				1 043 295
2018 年末	60 000	52 165	7 835	1 035 460
2019 年末	60 000	51 773	8 227	1 027 233
2020 年末	60 000	51 362	8 638	1 018 595
2021 年末	60 000	50 930	9 070	1 009 525
2022 年末	60 000	50 475 *	9 525	1 000 000
合计	300 000	256 705	43 295	—

注：* 数字考虑了计算过程中出现的尾差。

相关账务处理如下。

①2018 年 12 月 31 日。

借：应收利息   60 000

贷：投资收益   52 165

债权投资——利息调整   7 835

借：银行存款   60 000

贷：应收利息   60 000

②2019 年 12 月 31 日。

借：应收利息   60 000

贷：投资收益   51 773

债权投资——利息调整   8 227

借：银行存款   60 000

贷：应收利息   60 000

③2020 年 12 月 31 日。

借：应收利息   60 000

贷：投资收益   51 362

债权投资——利息调整   8 638

借：银行存款   60 000

贷：应收利息   60 000

④2021 年 12 月 31 日。

借：应收利息   60 000

贷：投资收益   50 930

债权投资——利息调整   9 070

借：银行存款   60 000

贷：应收利息   60 000

⑤2022 年 12 月 31 日。

借：应收利息   60 000

贷：投资收益   50 475

债权投资——利息调整   9 525

借：银行存款   1 060 000

贷：应收利息   60 000

债权投资——成本   1 000 000

【例 5 - 3】承〖例 5 - 1〗资料，假设天宇公司购入的甲公司的 5 年期债券的本金和利息到期一次性支付，且利息不是以复利计算。由此可计算天宇公司购入该债券时的实际利率 r：

$$(6 \times 5 + 100) \times (1 + r)^{-5} = 104.3295 （万元）$$

采用插值法，可以计算得出 r≈4.5%，由此可编制表 5 - 2。

表 5 - 2　　　　　　　　　　　　　利息收入与摊余成本计算　　　　　　　　　　　　单位：元

年份	应计利息 (1)	投资收益 (2) = (4) ×4.5%	利息调整摊销 (3) = (1) - (2)	摊余成本 (4) = (4) + (1) - (3)
				1 043 295
2018	60 000	46 948	13 052	1 090 243
2019	60 000	49 061	10 939	1 139 304
2020	60 000	51 269	8 731	1 190 573
2021	60 000	53 576	6 424	1 244 149
2022	60 000	55 851 *	4 149	1 300 000
合计	300 000	256 705	43 295	—

注：* 数字考虑了计算过程中出现的尾差。

天宇公司有关账务处理如下。

①2018 年 1 月 1 日。

借：债权投资——成本　　　　　　　　　　　　　　　　1 000 000

　　　　——利息调整　　　　　　　　　　　　　　　　43 295

　　贷：银行存款　　　　　　　　　　　　　　　　　　　1 043 295

②2018 年 12 月 31 日。

借：债权投资——应计利息　　　　　　　　　　　　　　60 000

　　贷：投资收益　　　　　　　　　　　　　　　　　　　46 948

　　　　债权投资——利息调整　　　　　　　　　　　　　13 052

③2019 年 12 月 31 日。

借：债权投资——应计利息　　　　　　　　　　　　　　60 000

　　贷：投资收益　　　　　　　　　　　　　　　　　　　49 061

　　　　债权投资——利息调整　　　　　　　　　　　　　10 939

④2020 年 12 月 31 日。

借：债权投资——应计利息　　　　　　　　　　　　　　60 000

　　贷：投资收益　　　　　　　　　　　　　　　　　　　51 269

　　　　债权投资——利息调整　　　　　　　　　　　　　8 731

⑤2021 年 12 月 31 日。

借：债权投资——应计利息　　　　　　　　　　　　　　60 000

　　贷：投资收益　　　　　　　　　　　　　　　　　　　53 576

　　　　债权投资——利息调整　　　　　　　　　　　　　6 424

⑥2022 年 12 月 31 日。

借：债权投资——应计利息　　　　　　　　　　　　　　60 000

　　贷：投资收益　　　　　　　　　　　　　　　　　　　55 851

　　　　债权投资——利息调整　　　　　　　　　　　　　4 149

借：银行存款　　　　　　　　　　　　　　　　　　　　1 300 000

　　　贷：债权投资——成本　　　　　　　　　　　　　1 000 000

　　　　　　　　——应计利息　　　　　　　　　　　　 300 000

第三节　以公允价值计量且其变动计入
其他综合收益的金融资产

一、以公允价值计量且其变动计入其他综合收益的金融资产的初始确认

　　以公允价值计量且其变动计入其他综合收益的金融资产的会计处理，主要包括以公允价值计量且其变动计入其他综合收益的金融资产（债务工具）实际利率的计算、摊余成本的确定、持有期间利息收益的确认和指定为以公允价值计量且其变动计入其他综合收益的非交易性权益工具投资股利收益的确认；以公允价值计量且其变动计入其他综合收益的金融资产在资产负债表日公允价值变动的处理；以公允价值计量且其变动计入其他综合的金融资产的处置时的处理等。

　　为了核算以公允价值计量且其变动计入其他综合收益的金融资产，企业应设置"其他债权投资"和"其他综合收益"等科目。在初始确认时，企业将非交易性权益工具投资指定为以公允价值计量且其变动计入其他综合收益的金融资产的，应设置"其他权益工具投资"科目。

　　"其他债权投资"科目下设"成本""利息调整""应计利息"和"公允价值变动"四个明细科目。"成本"明细科目用来核算企业取得以公允价值计量且其变动计入其他综合收益的金融资产（债券投资）的面值；"利息调整"明细科目用来核算企业取得以公允价值计量且其变动计入其他综合收益的金融资产（债券投资）时产生的利息调整的金额及其摊销的金额；"应计利息"明细科目用来核算企业取得的到期一次付息债券的利息，企业取得的分期付息债券的利息不通过该明细科目核算，而应另设"应收利息"科目进行核算；"公允价值变动"明细科目用来核算以公允价值计量且其变动计入其他综合收益的金融资产在持有期间的公允价值变动金额。

　　"其他权益工具投资"科目下设"成本"和"公允价值变动"两个明细科目，"成本"明细科目用来核算企业取得的指定为以公允价值计量且其变动计入其他综合收益的非交易性权益工具投资的成本；"公允价值变动"明细科目用来核算以公允价值计量且其变动计入其他综合收益的金融资产（非交易性权益工具投资）在持有期间的公允价值变动金额。"其他综合收益"科目反映以公允价值计量且其变动计入其他综合收益的金融资产在持有期间由于公允价值变动产生的利得和损失。

以公允价值计量且其变动计入其他综合收益的金融资产应按公允价值进行初始计量，相关交易费用计入初始确认金额。

如果取得的以公允价值计量且其变动计入其他综合收益的金融资产是债券投资，企业应按取得该债券投资的面值借记"其他债权投资——成本"科目，根据债券投资支付的价款和相关交易费用之和，贷记"银行存款"科目，根据上述两者的差额，借记或贷记"其他债权投资——利息调整"科目。

如果取得指定为以公允价值计量且其变动计入其他综合收益的非交易性权益工具投资，企业应按取得该非交易性权益工具投资的公允价值与交易费用之和，借记"其他权益工具投资——成本"科目，同时贷记"银行存款"科目。

企业取得以公允价值计量且其变动计入其他综合收益的金融资产支付的价款中包含已到付息期但尚未领取的债券利息，应当单独确认为应收项目（应收利息）；企业指定为以公允价值计量且其变动计入其他综合收益的非交易性权益工具投资，取得时支付的价款中包含的已宣告但尚未发放的现金股利应当单独确认为应收项目（应收股利）。

【例 5 - 4】天宇股份有限公司于 2018 年 9 月 12 日从二级市场购入某公司股票 2 000 000 股，每股市价 12 元，手续费 24 000 元；初始确认时将其指定为以公允价值计量且其变动计入其他综合收益的金融资产。

取得该以公允价值计量且其变动计入其他综合收益的金融资产的初始确认账务处理如下。

借：其他权益工具投资——成本   24 024 000
    贷：银行存款   24 024 000

二、以公允价值计量且其变动计入其他综合收益的金融资产的后续计量

以公允价值计量且其变动计入其他综合收益的金融资产为债务工具（债券投资）的，企业应于资产负债表日采用实际利率法计算确认利息收入，计入当期损益。该金融资产计入各期损益的金额应当与视同其一直按摊余成本计量而计入各期损益的金额相等。

以公允价值计量且其变动计入其他综合收益的金融资产所产生的所有利得或损失，除减值损失或利得和汇兑损益之外，均应当计入其他综合收益，直至该金融资产终止确认或被重分类。该金融资产终止确认时，之前计入其他综合收益的累计利得或损失应当从其他综合收益中转出，计入当期损益。

指定为以公允价值计量且其变动计入其他综合收益的非交易性权益工具投资，除了获得的股利（明确代表投资成本部分收回的股利除外）计入当期损益外，其他相关的利得和损失均应当计入其他综合收益，且后续不得转入当期损益。当其终止确认时，之前计入其他综合收益的累计利得或损失应当从其他综合收益中转出，计入留存收益。

【例5-5】上例中，天宇股份有限公司于2018年9月12日从二级市场购入某公司股票2 000 000股，每股市价12元，手续费24 000元；初始确认时将其指定为以公允价值计量且其变动计入其他综合收益的非交易性权益工具投资。2018年12月31日，天宇公司仍持有该股票，其市价为14元/股。2019年1月22日，公司将该股票售出，售价为每股15元，另支付相关税费120 000元。

①2018年12月31日，确认股票公允价值变动损益。

借：其他权益工具投资——公允价值变动　　　　　　　3 97 6000
　　贷：其他综合收益　　　　　　　　　　　　　　　　　　　3 976 000

②2019年1月22日，出售股票。

借：银行存款　　　　　　　　　　　　　　　　　　29 880 000
　　其他综合收益　　　　　　　　　　　　　　　　　3 976 000
　　　贷：其他权益工具投资——成本　　　　　　　　　　24 024 000
　　　　　　　　　　　　　　——公允价值变动　　　　　3 976 000
　　　盈余公积——法定盈余公积　　　　　　　　　　　　585 600
　　　利润分配——未分配利润　　　　　　　　　　　　5 270 400

【例5-6】2018年1月1日，天宇股份有限公司购买了一项公司债券，剩余年限为5年，债券的面值为1 100万元，公允价值为950万元，交易费用为11万元，次年1月5日按票面利率3%支付利息。该债券在第五年兑付（不能提前兑付）本金及最后一期利息，实际利率6%。2018年末，该债券公允价值为1 000万元。2019年末，该债券的公允价值为1 050万元。假定公司将该债券分类为以公允价值计量且其变动计入其他综合收益的金融资产。

①2018年1月1日。

借：其他债权投资——成本　　　　　　　　　　　　11 000 000
　　贷：银行存款　　　　　　　　　　　　　　　　　　9 610 000
　　　其他债权投资——利息调整　　　　　　　　　　1 390 000

②2018年12月31日。

应收利息 = 1 100 × 3% = 33（万元）

利息收入 = 961 × 6% = 57.66（万元）

利息调整 = 57.66 - 33 = 24.66（万元）

借：应收利息　　　　　　　　　　　　　　　　　　　330 000
　　其他债权投资——利息调整　　　　　　　　　　　　246 600
　　　贷：投资收益　　　　　　　　　　　　　　　　　　576 600

摊余成本 = 961 + 24.66 = 985.66（万元），小于公允价值1 000万元。

借：其他债权投资——公允价值变动　　　　　　　　　143 400
　　贷：其他综合收益　　　　　　　　　　　　　　　　143 400

③2019年1月5日。

借：银行存款　　　　　　　　　　　　　　　　　　　330 000
　　贷：应收利息　　　　　　　　　　　　　　　　　　330 000

④2019 年 12 月 31 日。

应收利息 = 1 100 × 3% = 33（万元）

利息收入 = 985.66 × 6% = 59.14（万元）

利息调整 = 59.14 − 33 = 26.14（万元）

借：应收利息 330 000
    其他债权投资——利息调整 261 400
    贷：投资收益 591 400

摊余成本 = 985.66 + 26.14 = 1 011.80（万元），账面价值 = 1 000 + 26.14 = 1 026.14（万元），小于公允价值 1 050 万元。则：

借：其他债权投资——公允价值变动 238 600
    贷：其他综合收益 238 600

第四节　以公允价值计量且其变动计入当期损益的金融资产

一、以公允价值计量且其变动计入当期损益的金融资产的初始确认

为反映企业的以公允价值计量且其变动计入当期损益的金融资产从取得、持有到出售各环节的影响，企业应设置"交易性金融资产""公允价值变动损益"科目。

"交易性金融资产"下设"成本"和"公允价值变动"两个明细科目。"成本"明细科目用来核算以公允价值计量且其变动计入当期损益的金融资产的初始确认金额；"公允价值变动"明细科目用来核算以公允价值计量且其变动计入当期损益的金融资产在持有期间的公允价值变动金额。

"公允价值变动损益"科目用来核算以公允价值计量且其变动计入当期损益的金融资产在持有期间的公允价值变动产生的损益。

以公允价值计量且其变动计入当期损益的金融资产初始确认时，应按公允价值计量，相关交易费用应当直接计入当期损益。

企业在取得以公允价值计量且其变动计入当期损益的金融资产时，按该金融资产的公允价值，借记"交易性金融资产——成本"科目；按发生的交易费用，借记"投资收益"科目；按实际支付的金额，贷记"银行存款"等科目。

【例 5 - 7】2018 年 6 月 7 日，天宇股份有限公司从二级市场购入某公司的股票 10 000 股，每股价格 12 元，另支付交易费用 360 元。天宇公司将持有的该公司股权划分为以公允价值计量且其变动计入当期损益的金融资产。

假定不考虑其他因素，天宇公司购入股票的账务处理如下。

借：交易性金融资产——成本　　　　　　　　　　　　　　120 000

　　投资收益　　　　　　　　　　　　　　　　　　　　　　360

　　贷：银行存款　　　　　　　　　　　　　　　　　　　　　　120 360

　　企业取得以公允价值计量且其变动计入当期损益的金融资产所支付的价款中，如果包含已宣告但尚未发放的现金股利或已到付息期但尚未领取的债券利息的，该部分金额不构成以公允价值计量且其变动计入当期损益的金融资产的公允价值，不应在"交易性金融资产——成本"中确认，而应当将其借记"应收股利"或"应收利息"等科目。

【例5-8】 承〖例5-7〗假设每股12元价格中，还包括已宣告但尚未支付的现金股利0.1元，其他条件不变。

天宇公司购入股票的账务处理如下。

借：交易性金融资产——成本　　　　　　　　　　　　　　119 000

　　应收股利　　　　　　　　　　　　　　　　　　　　　1 000

　　投资收益　　　　　　　　　　　　　　　　　　　　　　360

　　贷：银行存款　　　　　　　　　　　　　　　　　　　　　　120 360

二、以公允价值计量且其变动计入当期损益的金融资产的后续计量

以公允价值计量且其变动计入当期损益的金融资产的后续计量主要包括三种情况：一是企业在持有该金融资产期间取得的现金股利或债券利息；二是在资产负债表日企业持有的该金融资产的公允价值发生变动；三是企业对该金融资产进行处置。

企业在持有期间取得的现金股利或债券利息，应确认为投资收益，借记"应收股利"或"应收利息"等科目，贷记"投资收益"科目；实际收到现金时，借记"银行存款"科目，贷记"应收股利"或"应收利息"等科目。

在资产负债表日，企业应按所持有的以公允价值计量且其变动计入当期损益的金融资产的公允价值进行后续计量，并将其公允价值变动计入当期损益。在资产负债表日，以公允价值计量且其变动计入当期损益的金融资产的公允价值大于其账面价值，即公允价值上升，根据其差额，借记"交易性金融资产——公允价值变动"科目，同时贷记"公允价值变动损益"科目；反之，如果以公允价值计量且其变动计入当期损益的金融资产的公允价值小于其账面价值，即公允价值下降，则根据其差额借记"公允价值变动损益"科目，同时贷记"交易性金融资产——公允价值变动"科目。

处置以公允价值计量且其变动计入当期损益的金融资产时，按实际收到的价款，借记"银行存款"科目，按该金融资产的初始入账金额，贷记"交易性金融资产——成本"科目，按该金融资产的累计公允价值变动金额，贷记或借记"交易性金融资产——公允价值变动"科目，按已计入应收项目但尚未收回的现金股利或债券利息，贷记"应收股利"或"应收利息"科目，按借贷方差额，

贷记或借记"投资收益"科目。同时，将该金融资产持有期间的累计公允价值变动确认为处置当期的投资收益，借记或贷记"公允价值变动损益"科目，贷记或借记"投资收益"科目。

因此，企业处置以公允价值计量且其变动计入当期损益的金融资产时应确认的投资收益包括两部分：一是处置金融资产取得的价款与以公允价值计量且其变动计入当期损益的金融资产账面价值（包括交易性金融资产"成本"和"公允价值变动"两个明细科目的余额）的差额；二是以公允价值计量且其变动计入当期损益的金融资产持有期间公允价值累计变动部分。

【例 5 - 9】天宇股份有限公司 2018 年有关以公允价值计量且其变动计入当期损益的金融资产的资料如下。

①3 月 1 日以银行存款购入 A 公司股票 50 000 股，并准备随时变现，每股买价 16 元，同时支付相关税费 4 000 元。

②4 月 20 日，A 公司宣告发放的现金股利每股 0.4 元。

③4 月 21 日，又购入 A 公司股票 50 000 股，并准备随时变现，每股买价 18.4 元（其中包含已宣告发放但尚未支取的股利每股 0.4 元），同时支付相关税费 6 000 元。

④4 月 25 日，收到 A 公司发放的现金股利 40 000 元。

⑤6 月 30 日（资产负债表日），A 公司股票市价为每股 16.4 元。

⑥7 月 18 日，公司以每股 17.5 元的价格转让 A 公司股票 60 000 股，扣除相关税费 6 000 元，实得金额为 1 044 000 元。

⑦12 月 31 日，A 公司股票市价为每股 18 元。

天宇公司的账务处理如下。

①借：交易性金融资产——A 公司股票（成本）　　　800 000
　　　投资收益　　　　　　　　　　　　　　　　　 4 000
　　　　贷：银行存款　　　　　　　　　　　　　　　　　 804 000
②借：应收股利　　　　　　　　　　　　　　　　 20 000
　　　　贷：投资收益　　　　　　　　　　　　　　　　　 20 000
③借：交易性金融资产——A 公司股票（成本）　　　900 000
　　　应收股利　　　　　　　　　　　　　　　　 20 000
　　　投资收益　　　　　　　　　　　　　　　　　 6 000
　　　　贷：银行存款　　　　　　　　　　　　　　　　　 926 000
④借：银行存款　　　　　　　　　　　　　　　　 40 000
　　　　贷：应收股利　　　　　　　　　　　　　　　　　 40 000
⑤公允价值变动损益 = (800 000 + 900 000) - 16.4 × 100 000 = 60 000（元）
借：公允价值变动损益　　　　　　　　　　　　 60 000
　　　贷：交易性金融资产——A 公司股票（公允价值变动）　　 60 000
⑥借：银行存款　　　　　　　　　　　　　　　　 1 044 000
　　　交易性金融资产——A 公司股票（公允价值变动）　　 36 000

贷：交易性金融资产——A 公司股票（成本）　　　　　　1 020 000

　　　投资收益　　　　　　　　　　　　　　　　　　　　60 000

借：投资收益　　　　　　　　　　　　　　　　36 000

　　贷：公允价值变动损益　　　　　　　　　　　　　　36 000

⑦公允价值变动损益 = 18 × 40 000 − [（800 000 + 900 000 − 1 020 000）−（60 000 − 36 000）] = 64 000（元）

借：交易性金融资产——A 公司股票（公允价值变动）　　64 000

　　贷：公允价值变动损益　　　　　　　　　　　　　　64 000

【例 5 – 10】 天宇股份有限公司 2018 年 1 月 1 日从二级市场购入甲公司债券，支付价款 103 万元，其中包括已到付息期但尚未领取的债券利息 2 万元，另付交易费用 2 万元。该债券面值总额为 100 万元，剩余期限为 3 年，年利率为 4%，每半年付息一次，天宇公司根据其管理该债券的业务模式和该债券的合同现金流量特征，将该债券分类为以公允价值计量且其变动计入当期损益的金融资产。

天宇股份有限公司购买该债券后的资料如下。

（1）2018 年 1 月 10 日，收到债券 2014 年下半年的利息 2 万元。

（2）2018 年 6 月 30 日，债券的公允价值为 115 万元。

（3）2018 年 7 月 10 日，收到债券 2015 年上半年的利息。

（4）2018 年 12 月 31 日，债券的公允价值为 110 万元。

天宇公司的账务处理如下。

①购入债券。

借：交易性金融资产——成本（1 030 000 − 20 000）　　1 010 000

　　应收利息　　　　　　　　　　　　　　　　　20 000

　　投资收益　　　　　　　　　　　　　　　　　20 000

　　贷：银行存款　　　　　　　　　　　　　　　　　1 050 000

②收到 2017 年下半年的债券利息 2 万元。

借：银行存款　　　　　　　　　　　　　　　　20 000

　　贷：应收利息　　　　　　　　　　　　　　　　　20 000

③2018 年 6 月 30 日，债券的公允价值为 115 万元。

公允价值变动 = 115 − 101 = 14（万元）

借：交易性金融资产——公允价值变动　　　　　140 000

　　贷：公允价值变动损益　　　　　　　　　　　　　140 000

④借：应收利息（1 000 000 × 4% × 6/12）　　　20 000

　　贷：投资收益　　　　　　　　　　　　　　　　　20 000

⑤2018 年 7 月 10 日，收到债券 2018 年上半年的利息。

借：银行存款　　　　　　　　　　　　　　　　20 000

　　贷：应收利息　　　　　　　　　　　　　　　　　20 000

⑥2018 年 12 月 31 日，债券的公允价值为 110 万元。

公允价值变动 = 110 − 115 = −5（万元）

借：公允价值变动损益   50 000

    贷：交易性金融资产——公允价值变动   50 000

借：应收利息   20 000

    贷：投资收益   20 000

第五节　金融资产重分类

一、金融资产重分类的原则

企业改变其管理金融资产的业务模式时，应当按照规定对所有受影响的相关金融资产进行重分类。所以，金融资产可以在以摊余成本计量、以公允价值计量且其变动计入其他综合收益和以公允价值计量且其变动计入当期损益之间进行重分类。企业管理金融资产业务模式的变更是一种极其少见的情形。

企业对金融资产进行重分类，应当自重分类日起采用未来适用法进行相关会计处理，不得对以前已经确认的利得、损失（包括减值损失或利得）或利息进行追溯调整。重分类日，是指导致企业对金融资产进行重分类的业务模式发生变更后的首个报告期间的第一天（即下一个季度会计期间的期初）。例如，甲上市公司决定于 2018 年 3 月 22 日改变某金融资产的业务模式，则重分类日为 2018 年 4 月 1 日；乙上市公司决定于 2018 年 10 月 15 日改变某金融资产的业务模式，则重分类日为 2019 年 1 月 1 日。

二、金融资产重分类的计量

1. 以摊余成本计量的金融资产重分类为以公允价值计量且其变动计入其他综合收益的金融资产。企业将一项以摊余成本计量的金融资产重分类为以公允价值计量且其变动计入其他综合收益的金融资产的，应当按照该金融资产在重分类日的公允价值进行计量。原账面价值与公允价值之间的差额计入其他综合收益。该金融资产重分类不影响其实际利率和预期信用损失的计量。

2. 以摊余成本计量的金融资产重分类为以公允价值计量且其变动计入当期损益的金融资产。企业将一项以摊余成本计量的金融资产重分类为以公允价值计量且其变动计入当期损益的金融资产的，应当按照该资产在重分类日的公允价值进行计量。原账面价值与公允价值之间的差额计入当期损益。

【例 5 – 11】2017 年 10 月 15 日，天宇股份有限公司以公允价值 500 000 元购入一项债券投资，并按规定将其分类为以摊余成本计量的金融资产，该债券的账面余额为 500 000 元。2018 年 10 月 15 日，天宇公司变更了其管理债券投资的业务模式，其变更符合重分类的要求，因此，天宇公司于 2019 年 1 月 1 日将该债券从以摊余成本计量重分类为以公允价值计量且其变动计入当期损益。2019 年 1 月 1 日，该债券的公允价值为 490 000 元，已确认的减值准备为 6 000 元。假设不考虑该债券的利息收入。

天宇公司的会计处理如下。

借：交易性金融资产　　　　　　　　　　　　　　490 000
　　债权投资减值准备　　　　　　　　　　　　　　6 000
　　公允价值变动损益　　　　　　　　　　　　　　4 000
　　贷：债权投资　　　　　　　　　　　　　　　　　500 000

3. 以公允价值计量且其变动计入其他综合收益的金融资产重分类为以摊余成本计量的金融资产。企业将一项以公允价值计量且其变动计入其他综合收益的金融资产重分类为以摊余成本计量的金融资产的，应当将之前计入其他综合收益的累计利得或损失转出，调整该金融资产在重分类日的公允价值，并以调整后的金额作为新的账面价值，即视同该金融资产一直以摊余成本计量。该金融资产重分类不影响其实际利率和预期信用损失的计量。

【例 5-12】2018 年 9 月 15 日，天宇股份有限公司以公允价值 500 000 元购入一项债权投资，并按规定将其分类为以公允价值计量且其变动计入其他综合收益的金融资产，该债券的账面余额为 500 000 元。2018 年 10 月 15 日，天宇公司变更了其管理债券投资组合的业务模式，其变更符合重分类的要求，因此，天宇公司于 2019 年 1 月 1 日将该债券从以公允价值计量且其变动计入其他综合收益的金融资产重分类为以摊余成本计量的金融资产。2019 年 1 月 1 日，该债券的公允价值为 490 000 元，已确认的减值准备为 6 000 元。假设不考虑利息收入。

天宇公司的会计处理如下。

借：债权投资　　　　　　　　　　　　　　　　　500 000
　　其他债权投资——公允价值变动　　　　　　　　10 000
　　其他综合收益——信用减值准备　　　　　　　　6 000
　　贷：其他债权投资——成本　　　　　　　　　　　500 000
　　　　其他综合收益——其他债权投资公允价值变动　　10 000
　　　　债权投资减值准备　　　　　　　　　　　　　6 000

4. 以公允价值计量且其变动计入其他综合收益的金融资产重分类为以公允价值计量且其变动计入当期损益的金融资产。企业将一项以公允价值计量且其变动计入其他综合收益的金融资产重分类为以公允价值计量且其变动计入当期损益的金融资产的，应当继续以公允价值计量该金融资产。同时，企业应当将之前计入其他综合收益的累计利得或损失从其他综合收益转入当期损益。

5. 以公允价值计量且其变动计入当期损益的金融资产重分类为以摊余成本计量的金融资产。企业将一项以公允价值计量且其变动计入当期损益的金融资产重分类为以摊余成本计量的金融资产的，应当以其在重分类日的公允价值作为新的账面余额。

6. 以公允价值计量且其变动计入当期损益的金融资产重分类为以公允价值计量且其变动计入其他综合收益的金融资产。企业将一项以公允价值计量且其变动计入当期损益的金融资产重分类为以公允价值计量且其变动计入其他综合收益的金融资产的，应当继续以公允价值计量该金融资产。

对以公允价值计量且其变动计入当期损益的金融资产进行重分类的，企业应当根据该金融资产在重分类日的公允价值确定其实际利率。同时，企业应当自重分类日起对该金融资产适用金融资产减值的相关规定，并将重分类日视为初始确认日。

第六节　金融资产减值

一、金融资产减值的范围

企业应当以预期信用损失为基础，对下列项目进行减值会计处理并确认损失准备：

（1）以摊余成本计量的金融资产和以公允价值计量且其变动计入其他综合收益的金融资产；

（2）租赁应收款；

（3）合同资产；

（4）部分贷款承诺和财务担保合同。

损失准备，是指针对按照以摊余成本计量的金融资产、租赁应收款和合同资产的预期信用损失计提的准备，按照以公允价值计量且其变动计入其他综合收益的金融资产的累计减值金额以及针对贷款承诺和财务担保合同的预期信用损失计提的准备。

预期信用损失，是指以发生违约的风险为权重的金融工具信用损失的加权平均值。

信用损失，是指企业按照原实际利率折现的、根据合同应收的所有合同现金流量与预期收取的所有现金流量之间的差额，即全部现金短缺的现值。其中，对于企业购买或源生的已发生信用减值的金融资产，应按照该金融资产经信用调整的实际利率折现。由于预期信用损失考虑付款的金额和时间分布，因此，即使企业预计可以全额收款但收款时间晚于合同规定的到期期限，也会产生信用损失。

二、金融资产减值模型

一般情况下，企业应当在每个资产负债表日评估相关金融资产的信用风险自初始确认后是否已显著增加，并按照下列情形分别计量其损失准备、确认预期信用损失及其变动。

（1）如果该金融资产的信用风险自初始确认后已显著增加，企业应当按照相当于该金融资产整个存续期内预期信用损失的金额计量其损失准备。无论企业评估信用损失的基础是单项金融资产还是金融资产组合，由此形成的损失准备的增加或转回金额，应当作为减值损失或利得计入当期损益。

（2）如果该金融资产的信用风险自初始确认后并未显著增加，企业应当按照相当于该金融资产未来 12 个月内预期信用损失的金额计量其损失准备，无论企业评估信用损失的基础是单项金融资产还是金融资产组合，由此形成的损失准备的增加或转回金额，应当作为减值损失或利得计入当期损益。

未来 12 个月内预期信用损失，是指因资产负债表日后 12 个月内（若金融资产的预计存续期少于 12 个月，则为预计存续期）可能发生的金融资产违约事件而导致的预期信用损失，是整个存续期信用损失的一部分。

企业在进行相关评估时，应当考虑所有合理且有依据的信息，包括前瞻性信息。为确保自金融资产初始确认后信用风险显著增加即确认整个存续期预期信用损失，企业在一些情况下应当以组合为基础考虑评估信用风险是否显著增加。整个存续期预期信用损失，是指因金融资产整个预计存续期内所有可能发生的违约事件而导致的预期信用损失。

三、对风险显著增加的判断

企业在评估金融资产的信用风险自初始确认后是否已显著增加时，应当考虑金融资产预计存续期内发生违约风险的变化，而不是预期信用损失金额的变化。企业应当通过比较金融资产在资产负债表日发生违约的风险与在初始确认日发生违约的风险，以确定金融资产预计存续期内发生违约风险的变化情况。

企业通常应当在金融资产逾期前确认该资产整个存续期预期信用损失。企业在确定信用风险自初始确认后是否显著增加时，企业无须付出不必要的额外成本或努力即可获得合理且有依据的前瞻性信息的，不得仅依赖逾期信息来确定信用风险自初始确认后是否显著增加；企业必须付出不必要的额外努力成本或努力才可获得合理且有依据的逾期信息以外的单独或汇总的前瞻性信息的，可以采用逾期信息来确定信用风险自初始确认后是否显著增加。

无论企业采用何种方式评估信用风险是否显著增加，通常情况下，如果逾期超过 30 日，则表明金融资产的信用风险已经显著增加。除非企业在无须付出不必要的额外成本或努力的情况下即可获得合理且有依据的信息，证明即使逾期超过 30 日，信用风险自初始确认后仍未显著增加。如果企业在合同付款逾期超过 30 日前已确定信用风险显著增加，则应当按照整个存续期的预期信用损失确认损失准备。如果交易对手方未按合同规定时间支付约定的款项，则表明该金融资产发生逾期。

企业在评估金融资产的信用风险自初始确认后是否已显著增加时，应当考虑违约风险的相对变化，而非违约风险变动的绝对值。在同一后续资产负债表日，对于违约风险变动的绝对值相同的两项金融资产，初始确认时违约风险较低的金融资产比初始确认时违约风险较高的金融资产的信用风险变化更为显著。

企业确定金融资产在资产负债表日只具有较低的信用风险的，可以假设该金融资产的信用风险自初始确认后并未显著增加。如果金融资产的违约风险较低，借款人在短期内履行其合同现金流量义务的能力很强，并且即便较长时期内经济形势和经营环境存在不利变化但未必一定降低借款人履行其合同现金流量义务的能力，该金融资产被视为具有较低的信用风险。

四、预期信用损失的计量

企业计量金融资产预期信用损失的方法应当反映的要素有以下三种。

（1）通过评价一系列可能的结果而确定的无偏概率加权平均金额。

（2）货币时间价值。

（3）在资产负债表日无须付出不必要的额外成本或努力即可获得的有关过去事项、当前状况以及未来经济状况预测的合理且有依据的信息。

对于金融资产，信用损失应为企业应收取的合同现金流量与预期收取的现金流量之间差额的现值。对于资产负债表日已发生信用减值但并非购买或源生已发生信用减值的金融资产，信用损失应为该金融资产账面余额与按原实际利率折现的估计未来现金流量的现值之间的差额。

企业应当以概率加权平均为基础对预期信用损失进行计量。企业对预期信用损失的计量应当反映发生信用损失的各种可能性，但不必识别所有可能的情形。在计量预期信用损失时，企业需考虑的最长期限为企业面临信用风险的最长合同期限（包括考虑续约选择权），而不是更长期间，即使该期间与业务实践相一致。

五、金融资产减值的账务处理

企业应当在资产负债表日计算金融资产预期信用损失。如果该预期信用损失大于该资产当前减值准备的账面金额，企业应当将其差额确认为减值损失，借记"信用减值损失"科目，根据金融资产的种类，贷记"债权投资减值准备"等科目。

对于分类为以公允价值计量且其变动计入其他综合收益的金融资产，企业应当在其他综合收益中确认其损失准备，并将减值损失或利得计入当期损益，且不应减少该金融资产在资产负债表中列示的账面价值，即借记"信用减值损失"科目，贷记"其他综合收益——信用减值准备"科目。

如果资产负债表日计算的预期信用损失小于该资产当前减值准备的账面金额（例如，从按照整个存续期预期信用损失计量损失准备转为按照未来 12 个月预期信用损失计量损失准备时，可能出现这一情况），则应当将差额确认为减值利得，做相反的会计分录。

【例 5 - 13】天宇股份有限公司于 2018 年 12 月 15 日购入一项公允价值为 1 000 万元的债务工具，分类为以公允价值计量且其变动计入其他综合收益的金融资产。该工具合同期限为 10 年，年利率为 5%，假定实际利率也为 5%。初始确认时，天宇公司已经确定其不属于购入或源生的已发生信用减值的金融资产。

2018 年 12 月 31 日，由于市场利率变动，该债务工具的公允价值跌至 950 万元。天宇公司认为，该工具的信用风险自初始确认后并无显著增加，应按 12 个月内预期信用损失计量损失准备，损失准备金额为 30 万元。2019 年 1 月 1 日，天宇公司决定以当日公允价值 950 万元，出售该债务工具。

天宇公司相关账务处理如下。

①购入该债务工具时：

借：其他债权投资——成本　　　　　　　　　　　　10 000 000
　　贷：银行存款　　　　　　　　　　　　　　　　　　　10 000 000

②2018 年 12 月 31 日。

借：信用减值损失　　　　　　　　　　　　　　　　　300 000
　　其他综合收益——其他债权投资公允价值变动　　　500 000
　　贷：其他债权投资——公允价值变动　　　　　　　　　500 000
　　　　其他综合收益——信用减值准备　　　　　　　　　300 000

天宇公司在其 2018 年年度财务报表中披露了该债务工具的累计减值 30 万元。

③2019 年 1 月 1 日。

借：银行存款　　　　　　　　　　　　　　　　　　9 500 000
　　投资收益　　　　　　　　　　　　　　　　　　　200 000
　　其他综合收益——信用减值准备　　　　　　　　　300 000
　　其他债权投资——公允价值变动　　　　　　　　　500 000
　　贷：其他综合收益——其他债权投资公允价值变动　　500 000
　　　　其他债权投资——成本　　　　　　　　　　　10 000 000

第六章 长期股权投资及合营安排

第一节 长期股权投资的初始计量

一、长期股权投资及其内容

长期股权投资（long-term investment on stocks）是指通过投资取得被投资单位的股份。企业对其他单位进行长期股权投资的目的，通常并不是为了获取短期收益，而往往是通过股权投资达到控制被投资单位，或对被投资单位施加共同控制或重大影响的目的。长期股权投资可以通过在证券市场上以货币资金购买其他单位股票的方式取得，也可以直接以现金及非现金资产投资于其他单位获得。

（一）投资企业能够对被投资单位实施控制的权益性投资

在确定能否对被投资单位实施控制时，投资方应当按照《企业会计准则第33号——合并财务报表》的有关规定进行判断。根据该准则，控制是指投资方拥有对被投资方的权力，通过参与被投资方的相关活动而享有可变回报，并且有能力运用对被投资方的权力影响其回报金额。

相关活动是指对被投资方的回报产生重大影响的活动。对许多企业而言，经营和财务活动通常对其回报产生重大影响。但是，不同企业的相关活动可能是不同的，企业应当根据企业的行业特征、业务特点、发展阶段、市场环境等具体情况来进行判断，这些活动可能包括但不限于：商品或劳务的销售和购买；金融资产的管理；资产的购买和处置；研究与开发活动；确定资本结构和获取融资。

可变回报，是不固定且可能随着被投资方业绩而变化的回报，可以仅是正回报，仅是负回报，或者同时包括正回报和负回报。

因此，投资方要实现控制，必须具备两项基本要素：一是因涉入被投资方而享有可变回报；二是拥有对被投资方的权力，并且有能力运用对被投资方的权力影响其回报金额。投资方只能同时具备上述两个要素时，才能控制被投资方。

实际工作中，投资方在判断其能否控制被投资方时，应综合考虑所有相关事实和情况，以判断是否同时满足控制的这两个要素。相关事实和情况主要包括：

被投资方的设立目的和设计；被投资方的相关活动以及如何对相关活动作出决策；投资方享有的权利是否使其目前有能力主导被投资方的相关活动；投资方是否通过参与被投资方的相关活动而享有可变回报；投资方是否有能力运用对被投资方的权力影响其回报金额；投资方与被投资方的关系。其中，对投资方的设立目的和设计的分析，贯穿于判断控制的始终，也是分析上述其他事实和情况的基础。如果事实和情况表明上述控制要素中的一个或多个发生变化，投资方应当重新判断其是否还能够控制被投资方。

投资企业能够对被投资单位实施控制的，被投资单位为其子公司，投资企业应当将子公司纳入合并财务报表的合并范围。投资企业在其个别财务报表中对子公司的长期股权投资，应当采用成本法核算，编制合并财务报表时按照权益法进行调整。

（二）投资企业与其他合营方一同对被投资单位实施共同控制的权益性投资

确定被投资单位是否为合营企业时，应按照《企业会计准则第 40 号——合营安排》的有关规定进行判断。根据该准则，应该划分为长期股权投资的被投资单位，是指合营安排中的合营企业。合营安排是指一项有两个或两个以上的参与方共同控制的安排。合营安排分为共同经营和合营企业。合营企业是指合营方仅对该安排的净资产享有权利的合营安排。

有关合营安排和合营企业的相关内容在本章最后一节中有详细的阐述，此处不再赘述。

（三）投资企业对被投资单位具有重大影响的权益性投资

重大影响，是指对一个企业的财务和经营政策有参与决策的权力，但并不能够控制或者与其他方一起共同控制这些政策的制定。在会计实务中，较为常见的重大影响体现为在被投资单位的董事会或类似权力机构中派有代表，通过在被投资单位生产经营决策制定过程中的发言权实施重大影响。投资企业直接或通过子公司拥有被投资单位 20% 以上但低于 50% 的表决权股份时，一般认为对被投资单位具有重大影响，除非有明确的证据表明该种情况下不能参与被投资单位的生产经营决策，不形成重大影响。投资企业拥有被投资单位有表决权股份的比例低于 20% 的，一般认为对被投资单位不具有重大影响。企业通常可以通过以下一种或几种情形来判断是否对被投资单位有重大影响。

（1）在被投资单位的董事会或类似权力机构中派有代表。这种情况下，由于在被投资单位的董事会或类似权力机构中派有代表，并享有相应的实质性的参与决策权，投资企业可以通过该代表参与被投资单位经营政策的制定，达到对被投资单位施加重大影响。

（2）参与被投资单位的政策制定过程，包括股利分配政策等的制定。这种情况下，因可以参与被投资单位的政策制定过程，在制定政策过程中可以为其自身利益提出建议和意见，从而对被投资单位施加重大影响。

（3）与被投资单位之间发生重要交易。有关的交易因对被投资单位的日常经营具有重要性，进而一定程度上可以影响到被投资单位的生产经营决策。

（4）向被投资单位派出管理人员。这种情况下，通过投资企业对被投资单位派出管理人员，管理人员有权力并负责被投资单位的财务和经营活动，从而能够对被投资单位施加重大影响。

（5）向被投资单位提供关键技术资料。因被投资单位的生产经营需要依赖投资企业的技术或技术资料，表明投资企业对被投资单位具有重大影响。

存在上述一种或几种情形并不意味着投资方一定对被投资单位具有重大影响。

在确定能否对被投资单位施加重大影响时，一方面应考虑投资企业直接或间接持有被投资单位的表决权股份，另一方面要考虑企业及其他方持有的现行可执行潜在表决权在假定转换为对被投资单位的股权后产生的影响。如被投资单位发行的现行可转换的认股权证、股票期权及可转换公司债券等的影响，如果其在转换为对被投资单位的股权后，能够增加投资企业的表决权比例或是降低被投资单位其他投资者的表决权比例，从而使得投资企业能够参与被投资单位的财务和经营决策的，应当认为投资企业对被投资单位具有重大影响。

对于重大影响以下的权益性投资应按《企业会计准则第22号——金融工具的确认和计量》的有关规定处理。

二、长期股权投资的初始计量

长期股权投资在取得时，应按初始投资成本入账。长期股权投资的初始投资成本应分别以企业合并和非企业合并两种情况确定。

企业合并，是指将两个或者两个以上单独的企业合并形成一个报告主体的交易或事项。

企业合并的界定、合并方式、合并类型的划分如表6-1所示。

表6-1　　　　　　　企业合并的界定、合并方式和合并类型的划分

企业合并的界定	关键要看有关交易或事项发生前后，是否引起报告主体的变化	
企业合并的方式	控股合并　A+B=A+B 吸收合并　A+B=A 新设合并　A+B=C	
企业合并类型	同一控制下的企业合并	是指参与合并的企业在合并前后均受同一方或相同的多方最终控制且该控制并非暂时性的
	非同一控制下的企业合并	是指参与合并各方在合并前后不受同一方或相同的多方最终控制的合并交易，即除判断属于同一控制下企业合并的情况以外其他的企业合并

按照上述的定义和分类，只有控股合并才形成了投资企业对被投资企业的长期股权投资。被投资企业是投资企业的子公司。

企业合并形成的长期股权投资，初始投资成本的确定应区分企业合并的类型，分同一控制下控股合并与非同一控制下控股合并确定长期股权投资的初始投资成本。

1. 同一控制下控股合并形成的对子公司长期股权投资。同一控制下的控股合并是指参与合并的各方在合并前后均受同一方或相同的多方最终控制，且该控制并非暂时性的。

对于同一控制下的企业合并，从能够对参与合并各方在合并前及合并后均实施最终控制的一方来看，最终控制方在企业合并前及合并后能够控制的资产并没有发生变化。合并方通过企业合并形成的对被合并方的长期股权投资，其成本代表的是在被合并方账面所有者权益中享有的份额。在同一控制的合并下，合并方合并对价采用的方式不同，其会计处理也不同。合并方为合并发生的各项直接相关的费用，包括为合并而发生的会计审计费用、法律服务费用、咨询费用评估费用，应作为当期损益处理，应于发生时记入"管理费用"科目。

（1）合并方以支付现金、转让非现金资产或承担债务方式作为合并对价的，应当在合并日按照所取得被合并方所有者权益在最终控制方合并财务报表中的账面价值的份额作为长期股权投资的初始投资成本，借记"长期股权投资"科目，按享有被投资单位已宣告但尚未发放的现金股利或利润，借记"应收股利"科目，按支付的合并对价的账面价值，贷记有关资产科目，按其差额，贷记"资本公积——资本溢价或股本溢价"科目；为借方差额的，借记"资本公积——股本溢价"科目，资本公积（股本溢价）不足冲减的，借记"盈余公积""利润分配——未分配利润"科目。

【例6-1】天宇股份有限公司和乙公司同为A公司控制下的子公司。2019年4月1日，天宇公司与乙公司签订协议，天宇公司以存货换取乙公司的股权。2019年7月1日合并日，乙公司所有者权益账面价值为800万元，可辨认净资产公允价值为880万元，天宇公司取得70%的份额。天宇公司投出存货的公允价值为500万元，增值税为65万元，账面成本为400万元。账务处理如下。

借：长期股权投资——乙公司（成本）　　　　　　　　5 600 000

　　贷：库存商品　　　　　　　　　　　　　　　　　　4 000 000

　　　　应交税费——应交增值税（销项税额）　　　　　　650 000

　　　　资本公积——股本溢价　　　　　　　　　　　　　950 000

【例6-2】天宇股份有限公司和丙公司同为B集团的子公司，2019年5月1日，天宇公司以无形资产和固定资产作为合并对价取得丙公司80%的表决权资本。无形资产原值为1 000万元，已计提摊销额为200万元，公允价值为2 000万元；固定资产原值为300万元，已计提折旧额为100万元，公允价值为200万元（不考虑增值税）。合并日丙公司所有者权益的账面价值为2 000万元，合并日丙公司所有者权益的公允价值为3 000万元。发生直接相关费用10万元。账务处理如下。

借：固定资产清理		2 000 000
累计折旧		1 000 000
贷：固定资产		3 000 000
借：长期股权投资——丙公司（成本）		16 000 000
累计摊销		2 000 000
贷：无形资产		10 000 000
固定资产清理		2 000 000
资本公积——股本溢价		6 000 000
借：管理费用		100 000
贷：银行存款		100 000

（2）合并方以发行权益性证券作为合并对价的，应按发行权益性证券的面值总额作为股本，长期股权投资初始投资成本与所发行权益性证券面值总额之间的差额，应当调整资本公积（资本溢价或股本溢价）；资本公积不足冲减的，调整留存收益。

具体进行会计处理时，在合并日应按取得被合并方所有者权益账面价值的份额，借记"长期股权投资"科目，按应享有被投资单位已宣告但尚未发放的现金股利或利润，借记"应收股利"科目，按发行权益性证券的面值，贷记"股本"科目，按其差额，贷记"资本公积——资本溢价或股本溢价"科目；如为借方差额，应借记"资本公积——资本溢价或股本溢价"科目，资本公积不足冲减的，借记"盈余公积""利润分配——未分配利润"科目。

发行权益性证券作为合并对价的，与所发行权益性证券相关的佣金、手续费等相关的费用，不管其是否与企业合并直接相关，均应自所发行权益性证券的发行收入中扣减，在权益性工具发行有溢价的情况下，自溢价收入中扣除，在权益性证券发行无溢价或溢价金额不足以扣减的情况下，应当冲减盈余公积和未分配利润。

【例6-3】2019年3月20日，天宇股份有限公司合并丁企业，该项合并属于同一控制下的企业合并。合并中，天宇公司发行本公司普通股10 000万股（每股面值1元，市价为3元）作为对价取得丁企业60%的股权。合并日，丁企业的净资产账面价值为40 000万元，公允价值为50 000万元。另支付承销商佣金300万元和评估审计费用等直接相关税费100万元。天宇公司的账务处理如下。

借：长期股权投资——丁公司（成本）		240 000 000
贷：股本		100 000 000
资本公积——股本溢价		140 000 000
借：管理费用		1 000 000
资本公积——股本溢价		3 000 000
贷：银行存款		4 000 000

确定同一控制下企业合并所形成的长期股权投资的成本时，需注意以下三个方面。

①上述在按照合并日应享有被合并方账面所有者权益的份额确定长期股权投资的初始投资成本时，前提是合并前合并方与被合并方采用的会计政策和会计期间应当一致。企业合并前合并方与被合并方采用的会计政策和会计期间不同的，应首先按照合并方的会计政策、会计期间对被合并方资产、负债的账面价值进行调整，在此基础上计算确定被合并方的账面所有者权益并确定长期股权投资的初始投资成本。

②被合并方账面所有者权益是指被合并方的所有者权益相对于最终控制方而言的最终价值，即同一控制下企业合并形成的长期股权投资，其初始投资成本是合并日按照持股比例与被合并方所有者权益在最终控制方合并财务报表上的账面价值中享有的份额计算的结果。

③形成同一控制下控股合并的长期股权投资，如果子公司按照改制时确定的资产、负债经评估确认的价值调整资产、负债的账面价值的，合并方应当按照取得子公司经评估确认的净资产的份额，作为长期股权投资的初始投资成本。

（3）通过多次交换交易，分步取得股权最终形成控股合并的，在个别财务报表中，应当以持股比例计算的合并日应享有的被合并方账面所有者权益份额，作为长期股权投资的初始投资成本。初始投资成本与其原长期股权投资账面价值加上合并日为取得新的股份所支付对价的公允价值之和的差额，调整资本公积（资本溢价或股本溢价），资本公积不足冲减的，冲减留存收益。

2. 非同一控制下控股合并形成的对子公司长期股权投资。非同一控制下的控股合并，是指参与合并的各方在合并前后不属于同一方或相同的多方最终控制的情况下进行的合并。

基于上述原则，一次交换交易实现的控股合并，购买方应当按照确定的企业合并成本作为长期股权投资的初始投资成本。企业合并成本包括购买方付出的资产、发生或承担的负债、发行的权益性证券的公允价值之和。发生的直接相关费用，记入"管理费用"科目。

采用非同一控制下的企业控股合并时，支付合并对价的公允价值与账面价值的差额计入合并当期损益，分别按不同情况处理。

（1）合并对价为固定资产、无形资产的，公允价值与账面价值的差额，计入资产处置损益。

（2）合并对价为以公允价值计量且其变动计入其他综合收益的债权性金融资产的，原持有期间公允价值变动形成的其他综合收益应一并转入投资损益。

（3）合并对价为库存商品的，应当作为销售处理，以库存商品的公允价值确认主营业务收入，同时结转相应的成本。

（4）合并对价为投资性房地产的，以其公允价值确认其他业务收入，同时结转其他业务成本。

具体进行会计处理时，对于非同一控制下控股合并形成的长期股权投资，应在购买日按企业合并成本，借记"长期股权投资"科目，按享有被投资单位已宣告但尚未发放的现金股利或利润，借记"应收股利"科目，按支付合并对价的账面价值，贷记有关资产或借记有关负债科目，按其差额，贷记"资产处置损益"或"投资收益"等科目，或借记"资产处置损益""投资收益"等科目；以存货作为合并对价的，应贷记"主营业务收入"或"其他业务收入"科目，并同时结转相关的成本。对于以公允价值计量且其变动计入其他综合收益的债权性金融资产，持有期间公允价值变动形成的其他综合收益，应同时转入投资收益，借记"其他综合收益"科目，贷记"投资收益"科目。

【例6－4】天宇股份有限公司和C公司不属于同一控制下的子公司。天宇公司以存货和承担C公司的短期还贷款义务换取C公司的股权，2019年7月1日合并日，C公司可辨认净资产公允价值为1 000万元，天宇公司取得70%的份额。天宇公司投出存货的公允价值为500万元，增值税为65万元，账面成本为400万元，承担归还贷款义务200万元。账务处理如下。

借：长期股权投资——C公司（成本）	7 650 000	
贷：短期借款		2 000 000
主营业务收入		5 000 000
应交税费——应交增值税（销项税额）		650 000
借：主营业务成本	4 000 000	
贷：库存商品		4 000 000

【例6－5】2019年1月1日，天宇股份有限公司以一项不动产和银行存款200万元取得D公司60%的股权（天宇公司和D公司不属于同一控制的两个公司），该固定资产的账面原价为8 000万元，已计提折旧500万元，已计提固定资产减值准备200万元，公允价值为7 600万元。不考虑其他相关税费。天宇公司的账务处理如下。

借：固定资产清理	73 000 000	
累计折旧	5 000 000	
固定资产减值准备	2 000 000	
贷：固定资产		80 000 000
借：长期股权投资——D公司（成本）	78 000 000	
贷：固定资产清理		73 000 000
银行存款		2 000 000
资产处置损益		3 000 000

通过多次交换交易，分步取得股权最终形成企业合并的，在个别财务报表中，长期股权投资的初始投资成本包括购买日之前所持被购买方的股权投资的账面价值和购买日新增投资成本之和。

第二节 长期股权投资的后续计量

长期股权投资的后续计量，主要解决投资企业在持有期间的投资收益的确认以及期末长期股权投资的计价问题。根据投资企业对被投资单位的影响程度及是否存在活跃市场、公允价值能否可靠计量等进行划分，分别采用成本法及权益法进行核算。

一、长期股权投资的成本法

（一）成本法的概述

成本法，是指长期股权投资以取得时的初始投资成本计价，其后，除追加或收回投资外，长期股权投资的账面价值一般不进行调整的一种会计处理方法。也就是说，长期股权投资一旦入账，无论被投资企业实现净利润还是发生亏损，所有者权益是增加还是减少，投资企业都不改变其长期股权投资的账面价值。长期股权投资成本法适用于企业持有的，能够对被投资单位实施控制的长期股权投资。

成本法认为，股权投资成本是企业取得被投资企业股权时的实际支出。投资能获得多少收益，在很大程度上取决于能分回多少现金股利或利润，以及在处置该项投资时实际收回金额与投资成本的差额的合计数。在这种理念下，期末长期股权投资按投资成本计价，收到现金股利或利润确认为投资收益。

成本法将投资企业与被投资企业视为两个独立的法人主体，无论被投资企业实现利润还是发生亏损，以及其他权益变动，投资企业都不做任何账务处理。虽然持有被投资企业的股份，但并不代表实现的利润能分回，只有在被投资企业分配现金股利或利润时，投资收益才得以实现。成本法下企业实际获得的投资收益与现金流入时间上相匹配，不会存在递延税款的问题，同时也是稳健性的体现。

成本法也有其局限性：其一，成本法侧重于形式重于实质的原则，长期股权投资账户按成本计价不能反映其经济实质。在现代市场经济中，一个长远发展的企业必然会将相当比例的利润留存下来，用于企业扩大再生产。留存利润虽然没有及时发给投资者，但也是转作属于投资者的净资产（权益）。因此，投资的价值应随着被投资企业的净资产（权益）的变动而调整。其二，成本法不能反映投资企业在被投资企业中所应享有的权益，忽略了若投资企业能够对被投资企业的财务和经营决策产生重大影响、实施控制时，投资企业就可以影响甚至决定被投资企业的财务和经营决策，包括利润分配和现金股利的支付。

（二）成本法的核算步骤

采用成本法核算的长期股权投资，核算步骤如下。

（1）初始投资或追加投资时，按照初始投资或追加投资时的成本增加长期股权投资的账面价值。

（2）除取得投资时实际支付的价款或对价中包含的已宣告但尚未发放的现金股利或利润外，投资企业应当按照享有被投资单位宣告发放的现金股利或利润确认投资收益，不论有关利润分配是属于对取得投资前还是取得投资后实现净利润的分配。

投资企业在确认自被投资单位应分得的现金股利或利润后，应当考虑有关长期股权投资是否发生减值。在判断该类长期股权投资是否存在减值迹象时，应当关注长期股权投资的账面价值是否大于享有被投资单位净资产（包括相关商誉）账面价值的份额等情况。出现类似情况时，企业应当按照《企业会计准则第8号——资产减值》的规定对长期股权投资进行减值测试，可收回金额低于长期股权投资账面价值的，应当计提减值准备。

（3）子公司将未分配利润或盈余公积转增股本（实收资本），且未向投资方提供等值现金股利或利润的选择权时，投资方并没有获得收取现金或者利润的权利，该项交易通常属于子公司自身权益结构的重分类，投资方不应确认相关的投资收益。

【例6-6】 2019年3月20日，天宇股份有限公司以2 000万元购入G公司80%的股权。天宇公司取得该部分股权后，能够主导G公司的相关活动并获得可变回报。2019年6月30日，G公司宣告分派现金股利，天宇公司按照其持有比例确定可分回30万元。

天宇公司账务处理如下。

借：长期股权投资——G公司（成本）　　　　　　　20 000 000
　　贷：银行存款　　　　　　　　　　　　　　　　　　20 000 000
借：应收股利　　　　　　　　　　　　　　　　　　　　300 000
　　贷：投资收益　　　　　　　　　　　　　　　　　　　　300 000

二、长期股权投资的权益法

（一）权益法的概述

权益法，是指投资以初始投资成本计量后，在投资持有期间内，根据投资单位所有者权益的变动，投资企业按应享有（或应分担）被投资单位所有者权益的份额调整其投资账面价值的方法。

权益法的核算范围：

（1）投资企业对被投资单位具有共同控制的长期股权投资，即对合营企业投资。

（2）投资企业对被投资单位具有重大影响的长期股权投资，即对联营企业投资。

风险投资机构、共同基金以及类似主体持有的、在初始确认时按照《企业会计准则第 22 号——金融工具确认和计量》的规定以公允价值计量且其变动计入当期损益的金融资产，无论以上主体是否对这部分具有重大影响，应按照《企业会计准则第 22 号——金融工具确认和计量》的规定进行确认和计量。投资方对联营企业的权益性投资，其中一部分通过风险投资机构、共同基金、信托公司或包括投连险基金在内的类似主体间接持有的，无论以上主体是否对这部分投资具有重大影响，投资方都可以按照《企业会计准则第 22 号——金融工具确认和计量》的有关规定，对间接持有的该部分投资选择以公允价值计量且其变动计入当期损益，并对其余部分采用权益法核算。

权益法认为，股权代表股东应享有或承担被投资企业的利益或损失，当被投资企业实现利润而增加所有者权益时，投资企业也应按投资比例确认投资收益，同时增加长期股权投资的价值；相反被投资企业发生亏损等减少所有者权益时，投资企业也应按投资比例确认投资损失，同时减少投资的账面价值。权益法上述观点体现了实质重于形式的要求。

权益法下，"长期股权投资"账户能够反映投资企业在被投资企业中的权益，反映了投资企业拥有被投资企业所有者权益的份额的经济实质；"投资收益"账户反映投资企业经济意义上的投资收益，无论投资企业分配多少利润或现金股利，在什么时间分配，投资企业享有被投资企业的净利润或应承担亏损的份额，才是真正实现的投资利益。

权益法的局限性有：会计核算比较复杂；与法律上企业法人概念相悖，投资企业与被投资企业虽然从经济意义上看成一个整体，但从法律意义上看仍然是两个独立的法人主体，被投资企业实现利润或发生亏损，不可能成为投资企业的利润或亏损，投资企业在被投资企业宣告分派利润前，是不可能分回利润或现金股利的；投资收益与现金流入的时间不吻合，投资收益在先，实际收到现金股利或利润在后。

（二）权益法的核算步骤

长期股权投资核算需要在长期股权投资一级科目下设置"长期股权投资——成本""长期股权投资——损益调整""长期股权投资——其他综合收益""长期股权投资——其他权益变动"等明细科目，分别核算初始投资成本调整、被投资企业实现净利润、发生亏损以及其他综合收益、其他权益变动时的账务处理。

1. 初始投资成本的调整。投资企业取得对联营企业或合营企业的投资以后，对于取得投资时投资成本与应享有被投资单位可辨认净资产公允价值份额之间的差额，应区别情况处理。

（1）初始投资成本大于取得投资时应享有被投资单位可辨认净资产公允价值份额时，两者之间的差额不要求对长期股权投资的成本进行调整。该部分差额本质上是投资企业在取得投资过程中通过购买作价体现出的与所取得股权份额相对应的商誉及被投资单位不符合确认条件的资产价值。

（2）初始投资成本小于取得投资时应享有被投资单位可辨认净资产公允价值份额时，两者之间的差额计入取得投资的当期损益，同时调整增加长期股权投资的账面价值。该部分差额体现为双方在交易作价过程中转让方的让步，作为营业外收入处理。

【例6-7】天宇股份有限公司于2019年1月以760万元购入B公司40%的普通股权，并对B公司有重大影响，2019年1月1日，B公司可辨认净资产的公允价值为2 000万元（假定被投资单位各项可辨认资产、负债的公允价值与其账面价值相同），款项已以银行存款支付。

天宇公司的投资成本为760万元，取得投资时被投资单位可辨认净资产的公允价值为2 000万元，天宇公司按持股比例40%计算确定应享有800万元，则初始投资成本与应享有被投资单位可辨认净资产公允价值份额之间的差额400万元应计入取得投资当期的营业外收入。

天宇公司账务处理如下。

借：长期股权投资——B公司（成本）　　　　　　　8 000 000
　　贷：银行存款　　　　　　　　　　　　　　　　　　7 600 000
　　　　营业外收入　　　　　　　　　　　　　　　　　　400 000

如果本例中天宇公司以900万购入B公司40%的普通股权，大于取得投资时应享有被投资单位可辨认净资产公允价值的份额800万元，两者之间的差额不调整长期股权投资的账面价值。

天宇公司账务处理如下。

借：长期股权投资——B公司（成本）　　　　　　　9 000 000
　　贷：银行存款　　　　　　　　　　　　　　　　　　9 000 000

2. 投资损益的确认。投资企业取得长期股权投资后，应当按照应享有或应分担被投资单位实现净利润或发生净亏损的份额，调整长期股权投资的账面价值，并确认为当期投资损益。即被投资单位实现净利润时，应当按照应享有或应分担的被投资单位实现的净损益的份额，确认投资收益并调整长期股权投资的账面价值；被投资企业亏损时，则确认投资损失并调减长期股权投资的账面价值。

在确认应享有或应分担被投资单位的净利润或净亏损时，在被投资单位账面净利润的基础上，应对以下因素的影响进行适当调整。

（1）被投资单位采用的会计政策及会计期间与投资企业不一致的，应按投资企业的会计政策及会计期间对被投资单位的财务报表进行调整。

（2）如果取得投资时被投资单位有关资产、负债的公允价值与其账面价值不同的，投资企业在计算确认投资收益时，不能以被投资单位自身核算的净利润与持股比例计算确定，而需要对被投资单位的净利润进行适当调整加以确定。

以固定资产为例，权益法下，是将投资企业与被投资单位作为一个整体对待，如果取得投资时被投资单位固定资产公允价值高于账面价值，对于投资企业来说，在取得投资时，是以被投资单位有关资产、负债的公允价值为基础确定投资成本，长期股权投资的投资收益所代表的是被投资单位资产、负债在公允价值计量的情况下在未来期间通过经营产生的损益中归属于投资企业的部分，因此，相关固定资产的折旧应以取得投资时该固定资产的公允价值为基础确定。但是被投资单位个别利润表中的净利润是以其持有的固定资产账面价值为基础持续计算的。因此，在计算归属于投资企业应享有的净利润或应承担的净亏损时，应考虑被投资单位计提的折旧额、摊销额以及资产减值准备金额等进行调整。除固定资产外，存货和无形资产等其他资产也会产生类似的问题。

【例 6 - 8】2018 年 1 月 1 日，天宇股份有限公司以 500 万元取得 H 公司 30% 的股权，并对 H 公司有重大影响，取得投资时 H 公司的固定资产公允价值为 1 000 万元，账面价值为 500 万元，剩余使用年限为 10 年，净残值为零，按照直线法计提折旧。H 公司 2018 年度利润表中净利润为 600 万元。天宇公司与 H 公司之间未发生内部商品交易。

按固定资产的公允价值与账面价值的差额调整增加折旧 = 1 000/10 - 500/10 = 50（万元）

调整后的净利润 = 600 - 50 = 550（万元）

天宇公司应确认的投资收益 = 550 × 30% = 165（万元）

借：长期股权投资——H 公司（损益调整）　　　　　1 650 000

　　贷：投资收益　　　　　　　　　　　　　　　　　　1 650 000

凡符合下列条件之一的，投资企业可以以被投资单位的账面净利润为基础，计算确认投资损益，同时应在会计报表附注中说明不能按照准则规定进行核算的原因：一是投资企业无法合理确定取得投资时被投资单位各项可辨认资产等的公允价值；二是投资时被投资单位可辨认资产的公允价值与其账面价值相比，两者之间的差额不具有重要性的；三是其他原因导致无法取得被投资单位的有关资料，不能按照准则中规定的原则对被投资单位的净损益进行调整的。

【例 6 - 9】天宇股份有限公司于 2018 年 1 月 10 日购入甲公司 30% 的股份，购买价款为 1100 万元，并自取得投资之日起派人参与甲公司的财务和生产经营决策。取得投资日，甲公司净资产公允价值为 3 000 万元，除如表 6 - 2 所示的项目外，其账面其他资产、负债的公允价值与账面价值相同。

表 6 - 2　　　　　　　　　　　　相关资产资料　　　　　　　　　　　　单位：万元

项目	账面原价	已提折旧	公允价值	甲公司预计使用年限	天宇公司取得投资后剩余使用年限
存货	250		350		
固定资产	900	120	800	20	16
无形资产	350	70	400	10	8

假定甲公司于 2018 年实现净利润 300 万元，其中在天宇公司取得投资时的账面存货 80% 对外出售。天宇公司与甲公司的会计年度及采用的会计政策相同。假定天宇与甲公司间未发生任何内部交易。

天宇公司在确定其应享有的投资收益时，应在甲公司实现净利润的基础上，根据取得投资时有关资产账面价值与其公允价值差额的影响进行调整（不考虑所得税影响）。

2018 年：

调整后的净利润 = 300 - (350 - 250) × 80% - (800/16 - 900/20) - (400/8 - 350/10) = 300 - 80 - 5 - 15 = 200（万元）

天宇公司应享有份额 = 200 × 30% = 60（万元）

借：长期股权投资——甲公司（损益调整）　　　　　　　600 000
　　贷：投资收益　　　　　　　　　　　　　　　　　　　　600 000

2019 年：

假定甲公司于 2019 年发生净亏损 100 万元，其中在天宇公司取得投资时的账面存货其余 20% 对外出售。假定天宇公司与甲公司间未发生任何内部交易。

调整后的净利润 = -100 - (350 - 250) × 20% - (800/16 - 900/20) - (400/8 - 350/10) = -100 - 20 - 5 - 15 = -140（万元）

天宇公司应承担的份额 = 140 × 30% = 42（万元）

借：投资收益　　　　　　　　　　　　　　　　　　　420 000
　　贷：长期股权投资——甲公司（损益调整）　　　　　　420 000

（3）投资企业与联营企业及合营企业之间发生的未实现内部交易损益按照持股比例计算归属于投资企业的部分应当予以抵销，在此基础上确认投资损益。投资企业与被投资单位发生的内部交易损失，按照《企业会计准则第 8 号——资产减值》等规定属于资产减值损失的，应当全额确认。投资企业对于纳入其合并范围的子公司与其联营企业及合营企业之间发生的内部交易损益，也应当按照上述原则进行抵销，在此基础上确认投资损益。

未实现内部交易损益的抵销既包括顺流交易也包括逆流交易。其中，顺流交易是指投资企业向其联营企业或合营企业出售资产；逆流交易是指联营企业或合营企业向投资企业出售资产。

第一，对于逆流交易，在该交易存在未实现内部交易损益的情况下（即有关资产未对外部独立第三方出售），投资企业在采用权益法计算确认应享有联营企业或合营企业的投资损益时，应抵销该未实现内部交易损益的影响。当投资企业自其联营企业或合营企业购买资产时，在将该资产出售给外部独立的第三方之前，不应确认联营企业或合营企业因该交易产生的损益中本企业应享有的部分。

因逆流交易产生的未实现内部交易损益，在未对外部独立的第三方出售之前，体现在投资企业持有资产的账面价值当中。投资企业对外编制合并财务报表的，应在合并财务报表中对长期股权投资及包含未实现内部交易损益的资产账面价值进行调整，抵销有关资产账面价值中包含的未实现内部交易损益，并相应调整对联营企业或合营企业的长期股权投资。

【例 6 - 10】天宇股份有限公司于 2019 年 1 月 3 日以银行存款 2000 万元购入 A 公司 40% 的有表决权股份，能够对 A 公司施加重大影响。假定取得该项投资时，被投资单位各项可辨认资产、负债的公允价值等于账面价值，双方采用的会计政策、会计期间相同。2019 年 6 月 5 日，A 公司出售一批商品给天宇公司，商品成本为 400 万元，售价为 600 万元，天宇公司购入的商品作为存货。至 2019 年末，天宇公司已将从 A 公司购入商品的 50% 出售给外部独立的第三方。A 公司 2019 年实现净利润 1 200 万元。

天宇公司 2019 年应确认对 A 公司的投资收益 = [1 200 − (600 − 400) × 50%] × 40% = 440 （万元），账务处理如下。

借：长期股权投资——A 公司（损益调整）　　　　　　4 400 000
　　贷：投资收益　　　　　　　　　　　　　　　　　　　　4 400 000

假定在 2020 年，天宇公司将该商品向外部独立第三方出售，因该部分内部交易损益已经实现，天宇公司在确认应享有 A 公司 2020 年净损益时，应考虑将原未确认的该部分内部交易损益计入投资损益。

第二，对于顺流交易，在该交易存在未实现内部交易损益的情况下（即有关资产未向外部独立第三方出售），投资企业在采用权益法计算确认应享有联营企业或合营企业的投资损益时，应抵销该未实现内部交易损益的影响，同时调整对联营企业或合营企业长期股权投资的账面价值。当投资企业向联营企业或合营企业出售资产，同时有关资产由联营企业或合营企业持有时，投资方因出售资产应确认的损益仅限于与联营企业或合营企业其他投资者交易的部分。即在顺流交易中，投资方投出资产或出售资产给其联营企业或合营企业产生的损益中，按照持股比例计算确定归属于本企业的部分不予确认。

【例 6 - 11】2018 年 1 月 3 日，天宇股份有限公司以银行存款 5 000 万元购入 K 公司 30% 的有表决权股份，能够对 K 公司施加重大影响。假定取得该项投资时，被投资单位各项可辨认资产、负债的公允价值等于账面价值，双方采用的会计政策、会计期间相同。2018 年 6 月 5 日，天宇公司出售一批商品给 K 公司，商品成本为 1 000 万元，售价为 1 500 万元，K 公司购入的商品作为存货。至 2018 年末，K 公司已将从天宇公司购入商品的 40% 出售给外部独立的第三方。K 公司 2018 年实现净利润 1 000 万元。假定不考虑所得税因素。

天宇公司 2018 年应确认对 K 公司的投资收益 = [1 000 − (1 500 − 1 000) × 60%] × 30% = 210 （万元）

天宇公司在该项交易中实现利润 300 万元，其中的 90 （500 × 60% × 30%）万元是针对本企业持有的对联营企业的权益份额，在采用权益法计算确认投资损益时应予抵销，即天宇公司应当进行的账务处理为如下。

借：长期股权投资——K 公司（损益调整）　　　　　　2 100 000
　　贷：投资收益　　　　　　　　　　　　　　　　　　　　2 100 000

应当说明的是，投资企业与其联营企业及合营企业之间发生的无论是顺流交易还是逆流交易产生的未实现内部交易损失，属于所转让资产发生减值损失的，有关的未实现内部交易损失不应予以抵销。

第三，合营方向合营企业投出非货币性资产产生损益的处理。合营方向合营企业投出或出售非货币性资产的相关损益，应当按照以下原则处理。

符合下列情况之一的，合营方不应确认该类交易的损益：与投出非货币性资产所有权有关的重大风险和报酬没有转移给合营企业；投出非货币性资产的损益无法可靠计量；投出非货币性资产交易不具有商业实质。

合营方转移了与投出非货币性资产所有权有关的重大风险和报酬并且投出资产留给合营企业使用的，应在该项交易中确认属于合营企业其他合营方的利得和损失。交易表明投出或出售非货币性资产发生减值损失的，合营方应当全额确认该部分损失。

在投出非货币性资产的过程中，合营方除了取得合营企业的长期股权投资以外还取得了其他货币性或非货币性资产的，应当确认该项交易中与所取得其他货币性、非货币性资产相关的损益。

【例 6－12】甲公司、乙公司和丙公司共同出资设立丁公司，注册资本为 2 500 万元，甲公司持有丁公司注册资本的 38%，乙公司和丙公司各持有丁公司注册资本的 31%，丁公司为甲、乙、丙公司的合营企业。甲公司以其固定资产（机器设备）出资，该机器的原价为 800 万元，累计折旧为 200 万元，公允价值为 950 万元，未计提减值；乙公司和丙公司以现金出资，各投资 775 万元。假定甲公司需要编制合并财务报表。不考虑所得税影响。

甲公司的账务处理如下。

甲公司在个别财务报表中，对丁公司的长期股权投资为 950 万元，投出机器的账面价值与公允价值之间的差额为 350 万元，确认损益（利得）。

借：长期股权投资——丁公司（成本）　　　　　9 500 000
　　贷：固定资产清理　　　　　　　　　　　　　　　9 500 000
借：固定资产清理　　　　　　　　　　　　　6 000 000
　　累计折旧　　　　　　　　　　　　　　　2 000 000
　　贷：固定资产　　　　　　　　　　　　　　　　　8 000 000
借：固定资产清理　　　　　　　　　　　　　3 500 000
　　贷：资产处置损益　　　　　　　　　　　　　　　3 500 000

3. 取得现金股利或利润的处理。权益法核算的长期股权投资，投资企业自被投资单位取得的现金股利或利润，应抵减长期股权投资的账面价值。在被投资单位宣告分派现金股利或利润时，借记"应收股利"科目，贷记"长期股权投资——损益调整"科目。会计分录如下。

借：应收股利
　　贷：长期股权投资——损益调整

4. 超额亏损的处理。投资企业确认被投资单位发生的净亏损，应当以长期股权投资的账面价值以及其他实质上构成对被投资单位净投资的长期权益减记至零为限，投资企业负有承担额外损失义务的除外。

其他实质上构成对被投资单位净投资的长期权益，通常是指长期性的应收项目，如企业对被投资单位的长期债权，该债权没有明确的清收计划且在可预见的未来期间不准备收回的，实质上构成对被投资单位的净投资。但不包括投资企业与被投资企业因销售商品等日常活动产生的长期债权。

在确认应分担被投资单位发生的亏损时，应当按照以下顺序进行处理。

首先，减记长期股权投资的账面价值。

其次，在长期股权投资账面价值减记至零的情况下，对于未确认的投资损失，应考虑长期股权投资以外，投资方账面是否有其他实质上构成对被投资单位净投资的长期权益项目，如果有，则应以其他长期权益的账面价值为限，继续确认投资损失，冲减长期应收项目等的账面价值。

最后，在进行上述处理后，按照投资合同或协议约定企业仍承担额外义务的，应按预计承担的义务确认预计负债，计入当期投资损失。

除上述情况仍未确认的应分担被投资单位的损失，应在账外备查登记。

企业在实务操作过程中，在发生投资损失时，应借记"投资收益"科目，贷记"长期股权投资——损益调整"科目。在长期股权投资的账面价值减记至零以后，考虑其他实质上构成对被投资单位净投资的长期权益，继续确认的投资损失，应借记"投资收益"科目，贷记"长期应收款"等科目；因投资合同或协议约定导致投资企业需要承担额外义务的，按照或有事项准则的规定，对于符合确认条件的义务，应确认为当期损失，同时确认预计负债，借记"投资收益"科目，贷记"预计负债"科目。

如果被投资单位以后期间实现盈利的，在扣除未确认的亏损分担额后，应按与上述顺序相反的顺序处理，即应当按顺序分别借记"预计负债""长期应收款""长期股权投资"等科目，贷记"投资收益"科目。

【例6-13】天宇股份有限公司持有M公司40%的股权，2018年12月31日投资的账面价值为1 200万元。2018年，M公司发生净亏损4 000万元。天宇公司账上有应收M公司长期应收款300万元（符合长期权益的条件），假定取得投资时被投资单位各项可辨认资产公允价值等于账面价值，双方采用的会计政策、会计期间相同，天宇公司与M公司之间未发生内部商品交易。

天宇公司账务处理如下。

2018年度天宇公司应分担损失＝4 000×40%＝1 600万元＞投资账面价值1 200万元

首先，冲减长期股权投资账面价值。

借：投资收益　　　　　　　　　　　　　　　12 000 000
　　贷：长期股权投资——M公司（损益调整）　　12 000 000

其次，因天宇公司账上有应收M公司长期应收款300万元则应进一步确认损失。

借：投资收益　　　　　　　　　　　　　　　3 000 000
　　贷：长期应收款　　　　　　　　　　　　　3 000 000

2018年度天宇公司确认的投资损失＝1 200＋300＝1 500（万元）

（长期股权投资和长期权益的账面价值均减至为0，还有未确认投资损失100

万元备查登记）

5. 其他综合收益的处理。权益法核算下，被投资单位确认的其他综合收益及其变动，也会影响被投资单位所有者权益总额，投资企业应享有被投资单位所有者权益的份额会发生变化。当被投资单位其他综合收益发生变动时，投资企业应按照归属于本企业的部分，相应调整长期股权投资的账面价值，同时增加或减少其他综合收益。例如，被投资单位因将自用的房地产等转为公允价值模式计量的投资性房地产，公允价值大于其账面价值形成的其他综合收益等。

【例 6 – 14】天宇股份有限公司持有甲公司 30% 的股份，并能对甲公司施加重大影响。当期，甲公司将作为存货的房地产转换为以公允价值模式计量的投资性房地产，转换日公允价值大于账面价值 1 000 万元，计入了其他综合收益。不考虑其他因素，天宇公司当期按照权益法核算应确认的其他综合收益的会计处理如下。

借：长期股权投资——其他综合收益   3 000 000

  贷：其他综合收益   3 000 000

6. 被投资单位所有者权益其他变动的处理。投资企业对于被投资单位除净损益、其他综合收益以及利润分配以外所有者权益的其他变动，应按照持股比例与被投资单位所有者权益的其他变动计算的归属于本企业的部分，相应调整长期股权投资的账面价值，同时增加或减少资本公积（其他资本公积）。主要包括被投资单位接受其他股东的资本性投入、被投资单位以权益结算的股份支付等。

注意：资本公积转增资本，盈余公积转增资本，被投资企业根据税后利润提取法定盈余公积金、任意盈余公积，只会影响所有者权益内部比例的变化，而不会导致所有者权益金额的变动。因此投资企业不必做任何的会计处理。

【例 6 – 15】天宇股份有限公司持有 N 公司 30% 的股份，能够对 N 公司施加重大影响。N 企业为上市公司，当期 N 企业的母公司给予 N 公司捐赠 1 000 万元，该捐赠实质上属于资本性投入，N 公司将其计入资本公积（股本溢价）。不考虑其他因素，天宇股份有限公司按权益法作如下会计处理。

天宇公司在确认应享有被投资单位所有者权益的变动时的账务处理如下。

借：长期股权投资——其他权益变动   3 000 000

  贷：资本公积——其他资本公积   3 000 000

7. 股票股利的处理。股票股利是企业用增发的股票代替现金发放给股东的股利。从理论上讲，被投资单位分派的股票股利，既没有减少资产，也没有减少所有者权益，但每股净资产降低，股份稀释；投资企业既没有增加资产，也没有增加所有者权益，只是股份的增加，而股份增加也并没有使持股比例增加，仅仅是以更多的股份代表持股比例，所享有的权益也没有变化，只是每股应享有被投资企业净资产份额的减少，每股投资成本减低而已。被投资企业派发股票股利时，投资企业不作账务处理，但应于除权日在备查账上注明所增加的股数，以反映股份的变化情况。

第三节 长期股权投资核算方法的转换

当企业持有的长期股权投资因增减投资等原因使持股比例变化或其他实质性因素发生改变，可能导致长期股权投资核算需要由一种方法转换为另外的方法。

一、成本法转换为权益法

因处置投资导致对被投资单位的影响能力由控制转为具有重大影响或者与其他投资方一起实施共同控制的情况下，企业的账务处理如下。

（1）应按处置或收回投资的比例结转应终止确认的长期股权投资成本。

（2）比较剩余的长期股权投资成本与按照剩余持股比例计算原投资时应享有被投资单位可辨认净资产公允价值的份额：

第一，属于投资作价中体现的商誉部分，不调整长期股权投资的账面价值；

第二，属于投资成本小于原投资时应享有被投资单位可辨认净资产公允价值份额的，在调整长期股权投资成本的同时，应调整留存收益。

（3）对于原取得投资后至转变为权益法核算之间被投资单位实现净损益中应享有的份额：

第一，应当调整长期股权投资的账面价值，同时对于原取得投资时至处置投资当期期初被投资单位实现的净损益（扣除已发放及已宣告发放的现金股利及利润）中应享有的份额，调整留存收益，对于处置投资当期期初至处置投资日之间被投资单位实现的净损益中享有的份额，调整当期损益；

第二，其他原因导致被投资单位所有者权益变动中应享有的份额，在调整长期股权投资账面价值的同时，应当计入"其他综合收益""资本公积——其他资本公积"。

【例 6 - 16】天宇股份有限公司于 2018 年 1 月 1 日取得 R 公司 60% 的股权，成本为 3 200 万元，取得时 R 公司可辨认净资产公允价值总额为 5 000 万元。2018 年 1 月 1 日至 2019 年 12 月 31 日，R 公司净资产增加了 3 000 万元，其中，按购买日公允价值计算实现的净利润 2 000 万元，持有的非交易性权益工具投资以公允价值计量且其变动计入其他综合收益的金融资产的公允价值升值 1 000 万元。2020 年 1 月 3 日，天宇公司出售 R 公司 30% 的股权，取得出售价款 2 600 万元，款项已收入银行存款户。出售该部分股权后，天宇公司不能再对 R 公司实施控制，但能够对 R 公司施加重大影响，因此天宇公司将对 R 公司的股权投资由成本法改为权益法核算。

①2018 年 1 月 1 日初次取得 R 公司的股权时：

借：长期股权投资——R 公司（成本）　　　　　　　　　32 000 000

贷：银行存款   32 000 000

②2020 年 1 月 3 日出售30% 股权后，对 R 公司长期股权投资应由成本法改为按照权益法进行核算，确认长期股权投资处置损益时：

借：银行存款   26 000 000

  贷：长期股权投资——R 公司（成本）   16 000 000

    投资收益   10 000 000

③2020 年 1 月 3 日，调整剩余长期股权投资的成本。

剩余长期股权投资的账面价值为 3 200 – 1 600 = 1 600（万元），与原投资时应享有被投资单位可辨认净资产公允价值份额（5 000 × 30% = 1 500）之间的差额 100 万元为商誉，该部分商誉的价值不需要对长期股权投资的成本进行调整。

④2020 年 1 月 3 日，确认应享有 R 公司可辨认净资产公允价值变动。

借：长期股权投资——R 公司（损益调整）   6 000 000

  贷：盈余公积   600 000

    利润分配——未分配利润   5 400 000

借：长期股权投资——R 公司（其他综合收益） 3 000 000

  贷：其他综合收益   3 000 000

二、公允价值计量或权益法转换为成本法

投资方原持有的对被投资单位不具有控制、共同控制或重大影响的按照金融资产确认和计量准则进行会计处理的权益性投资（分类为以公允价值计量且其变动计入当期损益的金融资产或非交易性权益工具投资分类为以公允价值计量且其变动计入其他综合收益的金融资产），以及原持有对联营企业、合营企业的长期股权投资，因追加投资的原因，能够对被投资单位实施控制的，长期股权投资账面价值的调整应按照对子公司投资初始计量的相关规定处理。

（1）对于原作为金融资产，转换为采用成本法核算的对子公司投资的。有关金融资产分类为以公允价值计量且其变动计入当期损益的金融资产，应按转换时的公允价值确认为长期股权投资，该公允价值与其原账面价值之间的差额计入当期损益。

非交易性权益工具投资分类为以公允价值计量且其变动计入其他综合收益的金融资产，应按转换时的公允价值确认为长期股权投资，该公允价值与账面价值之间的差额计入当期损益外，原确认为计入其他综合收益的前期公允价值变动也应结转计入当期损益。

（2）购买日之前持有的股权投资采用权益法进行会计处理的。应按原持有的股权投资账面价值加上新增投资成本之和，作为改按成本法核算的初始投资成本。

【例 6 – 17】2018 年 1 月 1 日，天宇股份有限公司以每股 5 元的价格购入某上市公司 B 公司的股票 100 万股，并由此持有 B 公司 5% 的股权。天宇公司与 B

公司不存在关联方关系。天宇公司将对 B 公司的投资分类为以公允价值计量且其变动计入当期损益的金融资产进行会计处理。2018 年 12 月 31 日该股票的收盘价格为每股 7 元。不考虑交易费用及税金等。

天宇公司的会计处理如下。

借：交易性金融资产——成本   5 000 000
    贷：银行存款   5 000 000
借：交易性金融资产——公允价值变动   2 000 000
    贷：公允价值变动损益   2 000 000

2019 年 1 月 1 日，天宇公司以银行存款 17 500 万元为对价，向 B 公司大股东收购 B 公司 55% 的股权，相关手续于当日完成。假设天宇公司购买 B 公司 5% 的股权和后续购买 55% 的股权不构成"一揽子交易"，天宇公司取得 B 公司控制权之日为 2019 年 1 月 10 日，当日，原 5% 股权的公允价值为 710 万元。不考虑相关税费等其他因素影响。天宇公司的会计处理如下。

$$\begin{array}{c}\text{购买日对子公司按成本法}\\\text{核算的初始投资成本}\end{array} = \begin{array}{c}\text{购买日前原持有的}\\\text{金融资产转换日的公允价值}\end{array} + \begin{array}{c}\text{追加投资应支付}\\\text{对价的公允价值}\end{array}$$
$$= 710 + 17\ 500 = 18\ 210\ (万元)$$

借：长期股权投资   182 100 000
    贷：交易性金融资产——成本   5 000 000
                ——公允价值变动   2 000 000
    投资收益   100 000
    银行存款   175 000 000

【例 6 – 18】 天宇股份有限公司于 2018 年 3 月以 12 000 万元取得 B 公司 30% 的股权，并能对 B 公司施加重大影响，采用权益法核算该项股权投资，当年度确认对 B 公司的投资收益 350 万元，其他综合收益 100 万元。2019 年 4 月，天宇公司又斥资 15 000 万元自 C 公司取得 B 公司另外 30% 的股权。天宇公司除净利润外，无其他所有者权益变动，按净利润的 10% 提取法定盈余公积。天宇公司对该项长期股权投资未计提任何减值准备。2019 年 4 月购买日，天宇公司应进行以下会计处理。

借：长期股权投资   150 000 000
    贷：银行存款   150 000 000

购买日对子公司按照成本法核算的初始投资成本为：12 450 + 15 000 = 27 450（万元）。

购买日前天宇公司原持有股权的其他综合收益 100 万元在购买日不进行会计处理。

三、公允价值计量转换为权益法

（1）原持有的对被投资单位的股权不具有控制、共同控制或重大影响，按照金融工具确认和计量准则进行会计处理的，因追加投资等原因导致持股比例上升，能够对被投资单位施加共同控制或重大影响而转按权益法核算的，应在转换日，按原股权的公允价值加上为取得新增投资而应支付对价的公允价值，作为改按权益法核算的初始投资成本。原股权投资在转换日的公允价值与账面价值之间的差额，以及原计入其他综合收益的累计公允价值变动应当转入留存收益。

（2）比较上述计算所得的初始投资成本，与按照追加投资后获得被投资单位共同控制或重大影响时应享有被投资单位可辨认净资产公允价值份额之间的差额，前者大于后者的，不调整长期股权投资的账面价值；前者小于后者的，调整长期股权投资的账面价值，并计入当期营业外收入。

【例 6 – 19】2018 年 2 月，天宇股份有限公司取得甲公司 10% 的股权，成本为 600 万元，天宇公司将其分类为以公允价值计量且其变动计入其他综合收益的金融资产。2018 年 12 月，该项金融资产的公允价值为 700 万元。

2019 年 4 月 10 日，天宇公司又以 1 200 万元的价格取得甲公司 12% 的股权。当日甲公司可辨认净资产公允价值总额为 9 500 万元。取得该部分股权后，按照甲公司章程的规定，天宇公司可以派人参与甲公司的生产经营决策。天宇公司对该项股权投资改按权益法核算。2019 年 4 月 10 日，天宇公司对甲公司投资原 10% 股权的公允价值为 1 000 万元。本例中，假定天宇公司在取得对甲公司 10% 的股权后至新增投资日，未派发现金股利或利润。

2018 年 2 月，取得甲公司股权时：

借：其他权益工具投资——投资成本 6 000 000
　　贷：银行存款 6 000 000

2018 年 12 月 31 日，确认公允价值变动：

借：其他权益工具投资——公允价值变动 1 000 000
　　贷：其他综合收益 1 000 000

2019 年 4 月 10 日，天宇公司确认对甲公司的长期股权投资：

借：长期股权投资——成本 12 000 000
　　贷：银行存款 12 000 000

借：长期股权投资——成本 10 000 000
　　贷：其他权益工具投资——投资成本 6 000 000
　　　　　　　　　　　　——公允价值变动 1 000 000
　　　　投资收益 3 000 000

借：其他综合收益 1 000 000
　　贷：盈余公积 100 000
　　　　利润分配——未分配利润 900 000

初始投资成本为 2 200 万元（1 200 + 1 000），应享有甲公司可辨认净资产公允价值份额为 2 090 万元（9 500 × 22%），前者大于后者 110 万元，不调整长期股权投资的账面价值。

四、权益法转公允价值计量的金融资产

原持有的对被投资单位具有共同控制或重大影响的长期股权投资，因部分处置等原因导致持股比例下降，不能再对被投资单位实施共同控制或重大影响的，应改按金融工具确认和计量准则对剩余股权投资进行会计处理，按下列会计处理方法核算。

（1）处置后的剩余股权应当改按金融工具确认和计量核算，其在丧失共同控制或重大影响之日的公允价值与账面价值之间的差额计入当期损益。

（2）原采用权益法核算的相关其他综合收益应当在终止采用权益法核算时，采用与被投资单位直接处置相关资产或负债相同的基础进行会计处理，因被投资方除净损益、其他综合收益和利润分配以外的其他所有者权益变动而确认的所有者权益，应当在终止采用权益法核算时全部转入当期损益。

【例 6 – 20】天宇股份有限公司持有乙公司 30% 的有表决权股份，能够对乙公司施加重大影响，对该股权投资采用权益法核算。2018 年 10 月，天宇公司将该项投资中的 50% 出售给非关联方，取得价款 1 800 万元。相关股权划转手续于当日完成。天宇公司持有乙公司剩余 15% 的股权，无法再对乙公司施加重大影响，转为以公允价值计量且其变动计入其他综合收益的金融资产。股权出售日，剩余股权的公允价值为 1 800 万元。

出售股权时，长期股权投资的账面价值为 3 200 万元，其中，投资成本为 2 600 万元，损益调整为 300 万元，因被投资单位的非交易性权益工具投资以公允价值计量且其变动计入其他综合收益的金融资产的累计公允价值变动享有部分为 200 万元，除净损益、其他综合收益和利润分配外的其他所有者权益变动为 100 万元。不考虑相关税费等其他因素的影响。

天宇公司会计处理如下。

①确认有关股权投资的处置损益。

借：银行存款 18 000 000
 贷：长期股权投资 16 000 000
  投资收益 2 000 000

②由于终止采用权益法核算，将原确认的其他综合收益全部转入当期损益。

借：其他综合收益 2 000 000
 贷：投资收益 2 000 000

③由于终止采用权益法核算，将原计入资本公积的其他所有者权益变动全部转入当期损益。

借：资本公积——其他资本公积 1 000 000
 贷：投资收益 1 000 000

④剩余股权转为其他权益工具投资。

借：其他权益工具投资 18 000 000

贷：长期股权投资	16 000 000
投资收益	2 000 000

五、成本法转公允价值计量的金融资产

（1）投资企业原持有被投资单位的股份使得其能够对被投资单位实施控制，其后因部分处置等原因导致持股比例下降，不能再对被投资单位实施控制，同时对被投资单位也不具有共同控制或重大影响的，首先应按处置投资的比例结转应终止确认的长期股权投资成本。

（2）剩余股权按金融工具确认和计量准则的要求进行会计处理，并于丧失控制权日将剩余股权按公允价值计量，公允价值与账面价值之间的差额计入当期损益。

【例6－21】天宇股份有限公司持有乙公司60%的股权并能控制乙公司，投资成本为600万元，按成本法核算。2019年5月12日，天宇公司出售所持乙公司股权的90%给非关联方，所得价款为900万元，剩余6%股权于丧失控制权日的公允价值为100万元，天宇公司将其分类为以公允价值计量且其变动计入当期损益的金融资产。假定不考虑其他因素，天宇公司于丧失控制权日的会计处理如下。

①出售股权。

借：银行存款	9 000 000
贷：长期股权投资	5 400 000
投资收益	3 600 000

②剩余股权。

借：交易性金融资产	1 000 000
贷：长期股权投资	600 000
投资收益	400 000

第四节　长期股权投资的减值和处置

一、长期股权投资的减值

长期股权投资的减值，按照《企业会计准则第8号——资产减值》有关规定进行账务处理。资产负债表日，按应予计提的减值准备金额作如下会计处理。

借：资产减值损失

　　贷：长期股权投资减值准备

已计提减值准备的投资价值恢复时，按《企业会计准则第8号——资产减值》的规定，已计提的减值准备不得转回。

二、长期股权投资的处置

企业由于被投资企业投资环境的改变，投资企业投资战略的变化以及出于自身现金流量的考虑等，可能处置其长期股权投资。企业处置长期股权投资时，应相应结转与所售股权相对应的长期股权投资的账面价值，出售所得价款与处置长期股权投资账面价值之间的差额，应确认为处置损益。

采用权益法核算的长期股权投资，原计入其他综合收益（不能结转损益的除外）或资本公积（其他资本公积）中的金额，在处置时亦应进行结转，将与所出售股权相对应的部分在处置时自其他综合收益或资本公积转入当期损益。

【例 6-22】天宇股份有限公司原持有 B 公司 40% 的股权，2018 年 12 月 20 日，天宇公司决定出售 10% 的 B 企业股权，出售时天宇公司账面上对 B 企业长期股权投资的构成为：投资成本 3 600 万元，损益调整 960 万元，可转入损益的其他综合收益为 200 万元，其他权益变动 400 万元，计提减值准备 200 万元，出售取得价款 1 410 万元。

①天宇公司转让股份。

借：银行存款　　　　　　　　　　　　　　　　14 100 000
　　长期股权投资减值准备　　　　　　　　　　　　500 000
　　贷：长期股权投资——B 公司（成本）　　　　9 000 000
　　　　　　　　——B 公司（损益调整）　　　　2 400 000
　　　　　　　　——B 公司（其他综合收益）　　　500 000
　　　　　　　　——B 公司（其他权益变动）　　1 000 000
　　　　投资收益　　　　　　　　　　　　　　　1 700 000

②将原计入其他综合收益、资本公积的部分按比例转入当期损益。

借：其他综合收益　　　　　　　　　　　　　　　500 000
　　资本公积——其他资本公积　　　　　　　　1 000 000
　　贷：投资收益　　　　　　　　　　　　　　　1 500 000

第五节　合营安排

一、合营安排的定义与分类

合营安排是指一项由两个或两个以上的参与方共同控制的安排。合营安排分为共同经营和合营企业。共同经营，是指合营方享有该安排相关资产且承担该安排相关负债的合营安排。合营企业，是指合营方仅对该安排的净资产享有权利的合营安排。合营方应当根据其在合营安排的正常经营中享有的权利和承担的义务，来确定合营安排的分类。对权利和义务进行评价时，应当考虑该合营安排的结构、法律形式以及合营安排中约定的条款、其他相关事实和情况等因素。

共同经营和合营企业的一些普遍特征的比较包括但不限于表6-3所示。

表6-3　　　　　　　　　　　共同经营和合营企业对比

对比项目	共同经营	合营企业
合营安排的条款	参与方对合营安排的相关资产享有权利并对相关负债承担义务	参与方对合营安排有关的净资产享有权利，即单独主体（而不是参与方），享有与安排相关资产的权利，并承担与安排相关负债的义务
对资产的权利	参与方按照约定的比例分享合营安排的相关资产的全部利益（例如，权利、权属或所有权等）	资产属于合营安排自身，参与方并不对资产享有权利
对负债的义务	参与方按照约定的比例分担合营安排的成本、费用、债务及义务。第三方对该安排提出索赔要求时，参与方作为义务人承担赔偿责任	合营安排对自身的债务或义务承担责任。参与方仅以其各自对该安排认缴的投资额为限对该安排承担相应的义务。合营安排的债权方无权就该安排的债务对参与方进行追索
收入、费用及损益	合营安排建立了各参与方按照约定的比例（例如按照各自所耗用的产能比例）分配收入和费用的机制。某些情况下，参与方按约定的份额比例享有合营安排产生的净损益不会必然使其被分类为合营企业，仍应当分析参与方对该安排相关资产的权利以及对该安排相关负债的义务	各参与方按照约定的份额比例享有合营安排产生的净损益
担保	参与方为合营安排提供担保（或提供担保的承诺）的行为本身并不直接导致一项安排被分类为共同经营	

二、共同经营参与方的会计处理

（一）共同经营中，合营方的会计处理

1. 一般会计处理原则。合营方应当确认其与共同经营中利益份额相关的下列项目，并按照相关企业会计准则的规定进行会计处理：一是确认单独所持有的资产，以及按其份额确认共同持有的资产；二是确认单独所承担的负债，以及按其份额确认共同承担的负债；三是确认出售其享有的共同经营产出份额所产生的收入；四是按其份额确认共同经营因出售产出所产生的收入；五是确认单独所发生的费用，以及按其份额确认共同经营发生的费用。

合营方可能将其自有资产用于共同经营，如果合营方保留了对这些资产的全部所有权或控制权，则这些资产的会计处理与合营方自有资产的会计处理并无差别。

合营方也可能与其他合营方共同购买资产来投入共同经营，并共同承担共同经营的负债，此时，合营方应当按照企业会计准则相关规定确认在这些资产和负债中的利益份额。如按照《企业会计准则第 4 号——固定资产》来确认在相关固定资产中的利益份额，按照金融工具确认和计量准则来确认在相关金融资产和金融负债中的份额。

共同经营通过单独主体达成时，合营方应确认按照上述原则单独所承担的负债，以及按本企业的份额确认共同承担的负债。但合营方对于因其他股东未按约定向合营安排提供资金，按照我国相关法律或相关合同约定等规定而承担连带责任的，从其规定，在会计处理上应遵循《企业会计准则第 13 号——或有事项》。

合营安排通常描述了该安排所从事活动的性质，以及各参与方打算共同开展这些活动的方式。例如，合营安排各参与方可能同意共同生产产品，每一参与方负责特定的任务，使用各自的资产，承担各自的负债。合营安排也可能规定了各参与方分享共同收入和分担共同费用的方式。在这种情况下，每一个合营方在其资产负债表上确认其用于完成特定任务的资产和负债，并根据相关约定确认相关的收入和费用份额。

当合营安排各参与方可能同意共同拥有和经营一项资产时，相关约定规定了各参与方对共同经营资产的权利，以及来自该项资产的收入或产出和相应的经营成本在各参与方之间分配的方式。每一个合营方对其在共同资产中的份额、同意承担的负债份额进行会计处理，并按照相关约定确认其在产出、收入和费用中的份额。

【例 6 - 23】2019 年 1 月 1 日，A 公司和 B 公司共同出资购买一栋写字楼，各自拥有该写字楼 50% 的产权，用于出租收取租金。合同约定，该写字楼相关活动的决策需要 A 公司和 B 公司一致同意方可做出；A 公司和 B 公司的出资比例、收入分享比例和费用分担比例均为各自 50%。该写字楼购买价款为 8 000 万元，由 A 公司和 B 公司以银行存款支付，预计使用寿命 20 年，预计净残值为320 万元，采用年限平均法按月计提折旧。

该写字楼的租赁合同约定，租赁期限为 10 年，每年租金为 480 万元，按月交付。该写字楼每月支付维修费 2 万元。另外，A 公司和 B 公司约定，该写字楼的后续维护和维修支出（包括再装修支出和任何其他的大修支出）以及与该写字楼相关的任何资金需求，均由 A 公司和 B 公司按比例承担。假设 A 公司和 B 公司均采用成本法对投资性房地产进行后续计量，不考虑税费等其他因素影响。

本例中，由于关于该写字楼相关活动的决策需要 A 公司和 B 公司一致同意方可做出，所以 A 公司和 B 公司共同控制该写字楼，购买并出租该写字楼为一项合营安排。由于该合营安排并未通过一个单独主体来架构，并明确约定了 A 公司和 B 公司享有该安排中资产的权利、获得该安排相应收入的权利、承担相应费用的责任等，因此该合营安排是共同经营。

A 公司的相关会计处理如下。

①出资购买写字楼时：

借：投资性房地产（80 000 000×50%）   40 000 000

    贷：银行存款   40 000 000

②每月确认租金收入时：

借：银行存款（4 800 000×50%÷12）   200 000

    贷：其他业务收入   200 000

③每月计提写字楼折旧时：

借：其他业务成本   160 000

    贷：投资性房地产累计折旧   160 000

（80 000 000 – 3 200 000）÷20÷12×50% = 16（万元）

④支付维修费时：

借：其他业务成本（20 000×50%）   10 000

    贷：银行存款   10 000

2. 合营方向共同经营投出或者出售不构成业务的资产的会计处理。合营方向共同经营投出或出售资产等（该资产构成业务的除外），在共同经营将相关资产出售给第三方或相关资产消耗之前（即，未实现内部利润仍包括在共同经营持有的资产账面价值中时），应当仅确认归属于共同经营其他参与方的利得或损失。交易表明投出或出售的资产发生符合《企业会计准则第8号——资产减值》（以下简称"资产减值损失准则"）等规定的资产减值损失的，合营方应当全额确认该损失。

3. 合营方自共同经营购买不构成业务的资产的会计处理。合营方自共同经营购买资产等（该资产构成业务的除外），在将该资产等出售给第三方之前（即，未实现内部利润仍包括在合营方持有的资产账面价值中时），不应当确认因该交易产生的损益中该合营方应享有的部分。即，此时应当仅确认因该交易产生的损益中归属于共同经营其他参与方的部分。

4. 合营方取得构成业务的共同经营的利益份额的会计处理。合营方取得共同经营中的利益份额，且该共同经营构成业务时，应当按照企业合并准则等相关准则进行相应的会计处理。

（二）对共同经营不享有共同控制的参与方的会计处理原则

对共同经营不享有共同控制的参与方（非合营方），如果享有该共同经营相关资产且承担该共同经营相关负债的，比照合营方进行会计处理。即，共同经营的参与方，不论其是否具有共同控制，只要能够享有共同经营相关资产的权利并承担共同经营相关负债的义务，对在共同经营中的利益份额采用与合营方相同的会计处理。

否则，应当按照相关企业会计准则的规定对其利益份额进行会计处理。例如，如果该参与方对于合营安排的净资产享有权利并且具有重大影响，则按照长期股权投资准则等相关规定进行会计处理；如果该参与方对于合营安排的净资产享有权利并且无重大影响，则按照金融工具确认和计量准则等相关规定进行会计处理；向共同经营投出构成业务的资产的，以及取得共同经营的利益份额的，则按照合并财务报表及企业合并等相关准则进行会计处理。

三、关于合营企业参与方的会计处理

合营企业中，合营方应当按照《企业会计准则第 2 号——长期股权投资》的规定核算其对合营企业的投资。

对合营企业不享有共同控制的参与方（非合营方）应当根据其对该合营企业的影响程度进行相关会计处理：对该合营企业具有重大影响的，应当按照长期股权投资准则的规定核算其对该合营企业的投资；对该合营企业不具有重大影响的，应当按照金融工具确认和计量准则的规定核算其对该合营企业的投资。

第七章 固定资产

第一节 固定资产概述

一、固定资产的定义及特征

企业的各项生产和经营活动都离不开各种有形资产，其中很重要的部分就是固定资产。对于固定资产的定义国际国内表述不一。国际会计准则第 16 号对不动产、厂场和设备的定义，指出"不动产、厂场和设备，是指符合下列条件的有形资产：（1）企业为了在生产或供应商品或劳务时使用、出租给其他人，或为了管理的目的而持有；（2）预期能在不止一个的期间内使用"。我国《企业会计准则第 4 号——固定资产》（2006）规定，固定资产是指同时具有下列特征的有形资产：（1）为生产商品、提供劳务、出租或经营管理而持有的；（2）使用寿命超过一个会计年度。由此可见，我国现行的会计准则基本上采用了国际会计准则对于不动产、厂场和设备的定义。

从固定资产的定义看，固定资产具有以下三个特征。

1. 为生产商品、提供劳务或经营管理而持有。企业持有固定资产的目的是为了生产商品、提供劳务或经营管理，即企业持有的固定资产是企业的劳动工具或手段，而不是用于出售的产品。

2. 使用寿命超过一个会计年度。通常情况下，固定资产的使用寿命是指使用固定资产的预计期间，比如自用房屋建筑物的使用寿命表现为企业对该建筑物的预计使用年限。对于某些机器设备或运输设备等固定资产，其使用寿命表现为以该固定资产所能生产产品或提供劳务的数量，例如，汽车或飞机等，按其预计行驶或飞行里程估计使用寿命。

固定资产使用寿命超过一个会计年度，意味着固定资产属于非流动资产，随着使用和磨损，通过计提折旧的方式逐渐减少账面价值。这是区分设备器具是属于存货类的流动资产还是长期性质的固定资产时的一项重要判别依据。

3. 固定资产是有形资产。固定资产具有实物特征，这一特征将固定资产与无形资产区别开来。有些无形资产可能同时符合固定资产的其他特征，如无形资产为生产商品、提供劳务而持有，使用寿命超过一个会计年度，但是由于其没有实物形态，所以不属于固定资产。

二、固定资产的分类

企业中固定资产的数量很多，为便于对其实物和价值进行管理，就需要对固定资产进行科学、合理的分类。出于各种管理的目的，企业可以按照不同的标准对固定资产进行分类。

（一）按经济用途对固定资产的分类

按照经济用途可以将固定资产分为经营用固定资产和非经营用固定资产两大类。

经营用固定资产是指直接参加或直接服务于生产经营过程的各种固定资产，如用于企业生产经营的房屋、建筑物、机器设备、运输设备、工具器具等。

非经营用固定资产是指不直接服务于生产经营过程中的各种固定资产，如用于职工住宅、公共福利设施、文化娱乐、卫生保健等方面的房屋、建筑物、设施和器具等。

这种分类可以反映企业固定资产中不同经济用途的固定资产的比重，便于企业合理配置固定资产。

（二）按使用情况对固定资产的分类

按照使用情况可以将固定资产分为使用中固定资产、未使用固定资产和不需用固定资产三类。

使用中固定资产，是指企业正在使用的经营用固定资产和非经营用固定资产。如由于季节性生产经营或进行大修理等原因而暂时停止使用以及存放在生产车间或经营场所备用、轮换使用的固定资产，属于使用中固定资产。

未使用固定资产，是指已购建完成但尚未交付使用的新增固定资产以及进行改建、扩建等暂时脱离生产经营过程的固定资产。

不需用固定资产，是指本企业多余或不适用，待处置的固定资产。

这种分类便于分析固定资产的使用情况，提高固定资产的利用效率，同时也为正确计提固定资产折旧提供条件。

除上述基本分类外，企业还可按其他标准对固定资产进行分类。如按固定资产的所有权分类，可分为自有固定资产和租入固定资产；按固定资产的性能分类，可分为房屋和建筑物、动力设备、传导设备、工作机器及设备、工具、仪器及生产经营用具、运输设备、管理用具等；按固定资产的来源渠道分类，可分为外购的固定资产、自行建造的固定资产、投资者投入的固定资产、租入的固定资产、改建扩建新增的固定资产、接受抵债取得的固定资产、非货币性资产交换换入的固定资产、接受捐赠的固定资产、盘盈的固定资产等。

在会计实务中，企业为了更好地满足固定资产管理和核算的需要，往往将几种分类标准结合起来，采用综合的标准对固定资产进行分类。如综合考虑固定资产的经济用途、使用情况及所有权等，可将固定资产分为经营用固定资产、非经营用固定资产、未使用固定资产、不需用固定资产、租入固定资产等。

企业应当根据《企业会计准则第号——固定资产》规定，结合本企业的实际情况，制定固定资产目录，包括每类或每项固定资产的使用寿命、预计净残值、折旧方法等，并将其编制成册，经股东大会或董事会、经理（厂长）会议或类似机构批准，按照法律、行政法规等规定报送有关各方备案。固定资产目录一经确定不得随意变更，如需变更，仍应履行程序，并按《企业会计准则第28号——会计政策、会计估计变更和差错更正》的规定加以处理。

三、固定资产的计价标准

固定资产的计价是指以货币为计量单位计算固定资产的价值额，这是进行固定资产核算的重要内容。一般而言，固定资产存在三种计价标准，即原始价值、重置完全价值和净值。

（一）原始价值

固定资产的计价一般应以原始价值为标准。原始价值简称原价或原值，也称实际成本、历史成本等，是指取得某项固定资产时和直至使该项固定资产达到预定可使用状态前所实际支付的各项必要的、合理的支出，一般包括买价、进口关税、运输费、保险费、安装费和其他税费等。

固定资产的来源渠道不同，原始价值的具体内容就会有所不同。在确定固定资产的原始价值时，以下两个重要问题需要关注。

一是企业为购建固定资产而借入款项所发生的借款费用资本化的会计处理问题。关于这个问题，国际上通行的做法是，只有固定资产建造期间实际发生的利息成本才能予以资本化。我国基本上采用了国际惯例的做法。我国企业会计准则规定，需要经过相当长时间的购建才能达到预定可使用状态的固定资产在达到预定可使用状态之前发生的借款费用，符合规定的应予以资本化，计入购建资产的价值，不能资本化的部分，计入当期费用；在固定资产达到预定可使用状态之后发生的，计入当期费用，不能资本化。

二是有些企业的部分固定资产在确定原始价值时应该考虑弃置费用。弃置费用通常是指根据国家法律和行政法规、国际公约等规定，企业承担的环境保护和生态恢复等义务所确定的支出，如核电站核设施等的弃置和恢复环境义务等。这些特殊行业的弃置费用成为企业取得该项固定资产的必要支出，如果符合预计负债的确认条件，在确定其原始价值时，还应考虑弃置费用，将弃置费用体现在原始价值中。由于弃置费用的金额与其现值比较通常较大，所以需要考虑货币时间价值，按照现值计算确定应计入固定资产成本的金额和相应的预计负债，在固定资产的使用寿命内按照预计负债的摊余成本和实际利率计算确定利息费用。应区分的是，一般生产制造企业的固定资产发生的报废清理费用不属于弃置费用，应当在发生时作为固定资产处置费用处理。

固定资产的原始价值由于具有客观性和可验证性的特点，被普遍认为是固定资产的基本计价标准。但是，采用原始价值计价也有一定局限，尤其是当社会经济环境和物价水平发生变化时，因原始价值不能反映固定资产的现时价值，也就不能真实地揭示企业当前的生产经营规模和盈利水平，以此编制的会计报表的真实性和相关性必然会受到影响。此外，由于固定资产的取得渠道的多样性，在有些情况下企业可能无法取得原始价值资料。因此，除了采用原始价值对固定资产进行计价外，会计上还有必要辅之以其他计价标准。

（二）重置完全价值

重置完全价值，是指在现时的生产技术和市场条件下，重新购置同样的固定资产所需支付的全部代价。重置完全价值所反映的是固定资产的现时价值，从理论上讲，比采用原始价值计价更为合理。但由于重置完全价值本身是经常变化的，如果将其作为基本计价标准，势必会引起一系列复杂的会计问题，在会计实务中也不具备可操作性。因此，重置完全价值只能作为固定资产的一个辅助计价标准来使用。实务中，企业如果由于无法取得固定资产原始价值资料而不能确定固定资产原始价值时，才以重置完全价值为计价标准对固定资产计价，如盘盈固定资产、接受捐赠固定资产成本的确定等。

（三）净值

固定资产净值，是指固定资产原始价值减去折旧后的余额，也称折余价值。它是计算固定资产盘盈、盘亏、出售、报废、毁损等溢余或损失的依据。将其与原始价值或重置完全价值相比较，还可以一般地了解固定资产的新旧程度，比如，企业的一项固定资产原始价值 250 000 元，已提折旧 50 000 元，可以说该项固定资产为八成新。企业根据这个计价标准可以合理制定固定资产的更新计划，适时进行固定资产的更新等。

第二节　固定资产的确认和初始计量

一、固定资产的确认条件

固定资产在符合定义的前提下，还应当同时满足以下两个条件，才能加以确认。

1. 与该固定资产有关的经济利益很可能流入企业。资产最重要的特征是预期会给企业带来经济利益。企业在确认固定资产时，需要判断与该项固定资产有关的经济利益是否很可能流入企业。如果与该项固定资产有关的经济利益很可能流入企业，并同时满足固定资产确认的其他条件，那么，企业应将其确认为固定资产；否则，不应将其确认为固定资产。

在实务中，判断固定资产包含的经济利益是否很可能流入企业，主要看与该固定资产所有权相关的风险和报酬是否转移到企业。通常情况下，资产的法定所有权的转移会同时引起相关的风险和报酬的转移，因此，取得固定资产的所有权是判断与固定资产所有权相关的风险和报酬是否转移到企业的一个标志。但是，当资产的法定所有权的转移与相关的风险和报酬的转移不同步时，就必须以风险和报酬是否转移作为判别标准。

2. 该固定资产的成本能够可靠地计量。成本能够可靠地计量是资产确认的一项基本条件。固定资产一般以历史成本作为其计价基础，也就是说，固定资产应按照其成本入账。企业在确定固定资产成本时必须取得确凿证据，但是，有时需要根据所获得的最新资料，对固定资产的成本进行合理的估计。比如，企业对于已达到预定可使用状态但尚未办理竣工决算的固定资产，需要根据工程预算、工程造价或者工程实际发生的成本等资料，按估计价值确定其成本，办理竣工决算后，再按照实际成本调整原来的暂估价值。

企业的环保设备和安全设备等资产，虽然不能直接为企业带来经济利益，却有助于企业从相关资产中获得经济利益，也应当确认为固定资产。对于固定资产的各组成部分，各自具有不同的使用寿命或者以不同的方式为企业提供经济利益，从而各组成部分适应不同的折旧率或折旧方法，应当将各组成部分各自确认为单独的固定资产。例如，飞机的引擎，如果其与飞机机身具有不同的使用寿命，从而使用不同的折旧率和折旧方法，则企业应将其单独确认为一项固定资产。

二、固定资产的初始计量

固定资产的初始计量，是指取得固定资产时入账价值的确定，即固定资产的取得成本。固定资产应当按照成本进行初始计量。取得成本包括企业为购建某项固定资产达到预定可使用状态前所发生的一切合理的、必要的支出。在实务中，企业取得固定资产的方式多种多样，如外购、自行建造、投资者投入以及非货币性资产交换、债务重组、企业合并等。固定资产取得方式不同，其成本的具体构成内容及确定方法也存在较大差异。

（一）外购的固定资产

企业外购固定资产的实际成本，包括购买价款、相关税费、使固定资产达到预定可使用状态前所发生的可归属于该项资产的运输费、装卸费、安装费和专业人员服务费等。

外购固定资产分为购入不需要安装的固定资产和购入需要安装的固定资产两类。外购固定资产是否达到预定可使用状态，需要根据具体情况进行分析判断。

如果购入不需安装的固定资产，购入后即可发挥作用，因此，购入后即可达到预定可使用状态。企业购入不需安装的固定资产的取得成本包括企业实际支付的购买价款、包装费、运杂费、保险费、专业人员服务费和相关税费（不含可抵扣的增值税进项税额）等。

如果购入需安装的固定资产，只有安装调试后，达到设计要求或合同规定的标准，该项固定资产才可发挥作用，才意味着达到预定可使用状态。企业购入需要安装的固定资产的取得成本在不需安装的固定资产的取得成本的基础上，加上安装调试成本。

在实务中，企业可能以一笔款项同时购入多项没有单独标价的资产。如果这些资产均符合固定资产的定义，并满足固定资产的确认条件，则应将各项资产单独确认为固定资产，并按各项固定资产公允价值的比例对总成本进行分配，分别确定各项固定资产的成本。如果以一笔款项购入的多项资产中还包括固定资产以外的其他资产，也应按类似的方法予以处理。

1. 外购且不需安装的固定资产的会计处理。企业取得这类固定资产时，按应计入固定资产成本的金额，借记"固定资产"科目，根据取得的增值税专用发票上注明的增值税进项税额，借记"应交税费——应交增值税（进项税额）"科目，贷记"银行存款""其他应付款""应付票据"等科目。

【例 7 - 1】2019 年 8 月 1 日，天宇股份有限公司购入一台不需要安装的生产用设备，取得的增值税专用发票上注明的设备价款为 2 000 000 元，增值税进项税额为 260 000 元。同时，取得增值税专用发票，注明的运输费用 10 000 元，按运输费用与增值税税率 9% 计算的进项税额 1 000 元。设备款项及运输费用已全部付清。假定不考虑其他相关税费。

购置设备的成本 = 2 000 000 + 10 000 = 2 010 000（元）

借：固定资产——××设备 2 010 000
　　应交税费——应交增值税（进项税额） 260 900
　　贷：银行存款 2 270 900

【例 7 - 2】天宇股份有限公司是增值税一般纳税人，2019 年 7 月 1 日购入一栋办公楼，取得的增值税专用发票上注明的价款为 10 000 万元，增值税税额为 900 万元。

2019 年 7 月，天宇公司的账务处理如下（单位：万元）。

借：固定资产 10 000
　　应交税费——应交税费（进项税额） 900
　　贷：银行存款 10 900

2. 外购需安装的固定资产。对于外购但需安装的固定资产，由于从固定资产运抵企业到交付使用，尚需经过安装和调试过程，并会发生安装调试成本。因此，应先通过"在建工程"科目核算购置固定资产所支付的购买价款、包装费、运杂费、保险费、专业人员服务费、相关税费（不含可抵扣的增值税进项税额）和安装成本等，待固定资产安装完毕达到预定可使用状态时，再将"在建工程"科目归集的成本一次转入"固定资产"科目。

【例 7 - 3】2019 年 2 月 1 日，天宇股份有限公司购入一台需要安装的生产用机器设备，取得的增值税专用发票上注明的设备价款为 5 000 000 元，增值税进项税额为 650 000 元，款项已通过银行支付；安装设备时，领用本公司原材料一批，价值 40 000 元，购进该批原材料时支付的增值税进项税额为 5 200 元；支付安装工人的工资为 6 000 元。假定不考虑其他相关税费。

天宇公司的账务处理如下。

①支付设备价款、增值税。

借：在建工程——××设备   5 000 000

  应交税费——应交增值税（进项税额） 650 000

  贷：银行存款   5 650 000

②领用原材料、支付安装工人工资。

借：在建工程——××设备   46 000

  贷：原材料   40 000

   应付职工薪酬   6 000

③设备安装完毕达到预定可使用状态。

借：固定资产——××设备   5 046 000

  贷：在建工程——××设备   5 046 000

3. 超过正常信用条件期限付款的外购固定资产。企业购买固定资产通常在正常信用条件期限内付款，但也会发生超过正常信用条件购买固定资产的经济业务，如采用分期付款方式购买固定资产，且在合同中规定的付款期限比较长，超过了正常信用条件。在这种情况下，该项购货合同实质上具有融资性质，购入固定资产的成本不能以各期付款额之和确定，而应以各期付款额的现值之和确定。固定资产购买价款的现值，应当按照各期支付的价款选择恰当的折现率进行折现后的金额加以确定。折现率是反映当前市场货币时间价值和延期付款债务特定风险的利率。该折现率实质上是供货企业的必要报酬率。各期实际支付的价款之和与其现值之间的差额，在达到预定可使用状态之前符合资本化条件的，应当通过在建工程计入固定资产成本，其余部分应当在信用期间内确认为财务费用，计入当期损益。

企业购入固定资产时，按购买价款的现值，借记"固定资产"或"在建工程"等科目，按应支付的金额，贷记"长期应付款"科目，按其差额，借记"未确认融资费用"科目。

【例 7 - 4】2019 年 1 月 1 日，天宇股份有限公司与乙公司签订一项购货合同，从乙公司购入一台需要安装的大型机器设备。合同约定，天宇公司采用分期付款方式支付价款。该设备不含税价 9 000 000 元，分 6 期平均支付，首期款项 1 500 000 元于 2019 年 1 月 1 日支付，其余款项在 2019 ~ 2023 年的 5 年期间平均支付，每年的付款日期为当年的 12 月 31 日，税法要求付款时计算增值税。2019 年 1 月 1 日，设备如期运抵天宇公司并开始安装，发生运杂费 1 600 000 元（未取得增值税专用发票），已用银行存款付讫。2019 年 12 月 31 日，设备达到预定可使用状态，支付安装费 400 000 元，税率为 9%，已用银行存款付讫。天宇公司按照合同约定用银行存款如期支付了各期款项。假定折现率为 10%。

① 购买价款的现值为：

1 500 000 + 1 500 000 × (P/A,10%,5) = 1 500 000 + 1 500 000 × 3.7908
= 7 186 200（元）

② 2019 年 1 月 1 日：

借：在建工程   7 186 200
　　未确认融资费用   1 813 800
　　　贷：长期应付款   9 000 000
借：长期应付款   1 500 000
　　应交税费——应交增值税（进项税额）   195 000
　　　贷：银行存款   1 695 000
借：在建工程   1 600 000
　　　贷：银行存款   1 600 000

③确定信用期间未确认融资费用的分摊额，如表 7 - 1 所示。

表 7 - 1　　　　　　　　未确认融资费用的分摊表

2019 年 1 月 1 日　　　　　　　　　　　　　　　　单位：元

日期	分期付款额	确认的融资费用	应付本金金额
①	②	③ = 期初④×10%	④ = 期初④ - ② + ③
2019 年 1 月 1 日			5 686 200
2019 年 12 月 31 日	1 500 000	568 620	4 754 820
2020 年 12 月 31 日	1 500 000	475 482	3 730 302
2021 年 12 月 31 日	1 500 000	373 030	2 603 332
2022 年 12 月 31 日	1 500 000	260 333	1 363 665
2023 年 12 月 31 日	1 500 000	136 335 *	0
合计	7 500 000	1 813 800	0

注：＊数字考虑了计算过程中出现的尾差。

④2019 年 1 月 1 日至 2019 年 12 月 31 日安装期间，未确认融资费用的分摊额符合资本化条件，计入固定资产成本。

2019 年 12 月 31 日：

借：在建工程   568 620
　　　贷：未确认融资费用   568 620
借：长期应付款   1 500 000
　　应交税费——应交增值税（进项税额）   195 000
　　　贷：银行存款   1 695 000

借：在建工程	400 000	
应交税费——应交增值税（进项税额）	36 000	
贷：银行存款		436 000
借：固定资产	9 754 820	
贷：在建工程		9 754 820

⑤2020 年 1 月 1 日至 2023 年 12 月 31 日，未确认融资费用的分摊额不再符合资本化条件，应计入当期损益。

2020 年 12 月 31 日：

借：财务费用	475 482	
贷：未确认融资费用		475 482
借：长期应付款	1 500 000	
应交税费——应交增值税（进项税额）	195 000	
贷：银行存款		1 695 000

2021 年 12 月 31 日：

借：财务费用	373 030	
贷：未确认融资费用		373 030
借：长期应付款	1 500 000	
应交税费——应交增值税（进项税额）	195 000	
贷：银行存款		1 695 000

2022 年 12 月 31 日：

借：财务费用	260 333	
贷：未确认融资费用		260 333
借：长期应付款	1 500 000	
应交税费——应交增值税（进项税额）	195 000	
贷：银行存款		1 695 000

2023 年 12 月 31 日：

借：财务费用	136 335	
贷：未确认融资费用		136 335
借：长期应付款	1 500 000	
应交税费——应交增值税（进项税额）	195 000	
贷：银行存款		1 695 000

（二）自行建造的固定资产

企业自行建造固定资产的成本，由建造该项资产达到预定可使用状态前所发生的一切合理、必要的支出构成，具体包括工程物资成本、人工成本、交纳的相关税费、应予资本化的借款费用以及应分摊的间接费用等。

自行建造的固定资产，从发生第一笔购置支出到固定资产完工交付使用，通常需要经历一段较长的建造期间。为了便于归集和计算固定资产的实际建造成本，企业应设置"在建工程"科目。固定资产建造期间实际发生的各项工程支出均记入"在建工程"科目，待固定资产建造工程完工达到预定可使用状态时，再将固定资产实际建造成本从"在建工程"科目转入"固定资产"科目，作为固定资产入账价值。"在建工程"科目应当按照"建筑工程""安装工程""在安装设备""待摊支出"以及单项工程进行明细核算。企业为在建工程准备的各种物资，包括工程用材料、尚未安装的设备以及为生产准备的工器具等的成本，单独设置"工程物资"科目进行核算。"工程物资"科目应当按照"专用材料""专用设备""工器具"等各种专项物资进行明细核算。在建工程和工程物资发生减值的，可以在"在建工程"和"工程物资"科目下设置"减值准备"明细科目进行核算，也可以单独设置"在建工程减值准备"和"工程物资减值准备"科目进行核算。

自行建造固定资产又分为自营建造和出包建造两种方式。无论采用何种方式，所建工程都应当按照实际发生的支出确定其工程成本并单独核算。

1. 自营方式建造的固定资产。自营工程是指企业利用自身的生产能力进行的固定资产建造工程。企业自行组织工程物资采购、自行组织施工人员从事工程施工。自营方式建造固定资产，其成本应当按照直接材料、直接人工、直接机械施工费等计量。实务中，企业采用自营方式建造固定资产比较少，多数采用出包方式。在确定自营建造的固定资产成本时，应注意以下八个方面。

（1）企业为自营工程购买的工程物资，按照实际支付的买价、运输费、保险费等相关税费（不含可抵扣的进项税额）作为实际成本，通过"工程物资"科目按专项物资的种类进行明细核算。

（2）自营工程领用工程物资、原材料或库存商品，按其实际成本转入所建工程成本。借记"在建工程"科目，贷记"工程物资""原材料""库存商品"等科目。

（3）工程应负担的职工薪酬、辅助生产部门为之提供的水、电、运输等劳务，以及其他必要支出等应计入所建工程项目的成本。

（4）符合资本化条件，应计入所建造固定资产成本的借款费用按照《企业会计准则第 17 号——借款费用》的有关规定处理。

（5）所建造的固定资产已达到预定可使用状态，但尚未办理竣工结算的，应当自达到预定可使用状态之日起，根据工程预算、造价或者工程实际成本等，按暂估价值转入固定资产，并按有关计提固定资产折旧的规定，计提固定资产折旧。待办理竣工决算手续后再调整原来的暂估价值，但不需要调整原已计提的折旧额。

（6）工程完工后，剩余的工程物资办理退库的，借记"工程物资"科目，贷记"在建工程"科目。剩余的工程物资转作本企业原材料的，借记"原材料"科目，贷记"工程物资"科目。

（7）建设期间发生的工程物资盘亏、报废及毁损，减去残料价值以及保险公司、过失人等赔款后的净损失，计入所建工程的成本；盘盈的工程物资或处置净收益，冲减所建工程的成本。

（8）工程完工后发生的工程物资盘盈、盘亏、报废、毁损，计入当期损益。

【例7-5】2019年，天宇股份有限公司利用剩余生产能力自行制造一台设备。在建造过程中主要发生下列支出。

6月26日，用银行存款购入工程物资，增值税专用发票上注明的价款为2 000 000元，增值税税额为260 000元，工程物资已验收入库。

7月开始，领用工程物资1 950 000元；领用原材料一批，实际成本为120 000元；领用自产产品一批，实际成本为100 000元；辅助生产部门为工程提供水、电等费用支出10 000元，工程应负担直接人工费20 000元。

至2019年10月10日，工程完工并达到预定可使用状态。工程完工后，将剩余工程物资转为原材料管理。

①工程物资购入并验收入库。

借：工程物资   2 000 000
  应交税费——应交增值税（进项税额）   260 000
   贷：银行存款   2 260 000

②工程领用工程物资。

借：在建工程   1 950 000
   贷：工程物资   1 950 000

③工程领用原材料。

借：在建工程   120 000
   贷：原材料   120 000

④工程领用自产产品。

借：在建工程   100 000
   贷：库存商品   100 000

⑤结转由工程负担的水、电等费用。

借：在建工程   10 000
   贷：生产成本——辅助生产成本   10 000

⑥结转由工程负担的直接人工费。

借：在建工程   20 000
   贷：应付职工薪酬   20 000

⑦10月10日，工程完工并达到预定可使用状态。

借：固定资产   2 200 000
   贷：在建工程   2 200 000

⑧工程剩余物资转作原材料。

借：原材料   50 000
   贷：工程物资   50 000

2. 出包方式建造的固定资产。出包工程是指企业通过委托建筑公司等其他单位进行的固定资产建造工程。出包工程多用于企业的房屋、建筑物的新建、改建及扩建工程等。在出包方式下，企业通过招标方式将工程项目发包给建造承包商，由建造承包商（即施工企业）组织工程项目施工。

出包方式建造固定资产，其成本由建造该项固定资产达到预定可使用状态前所发生的必要支出，包括建筑工程支出、安装工程支出以及需分摊计入各固定资产的待摊支出。建筑工程支出、安装工程支出，如人工费、材料费、机械使用费等由建造承包商核算。对于发包企业而言，建筑工程支出、安装工程支出是构成在建工程成本的重要内容，发包企业按照合同规定的结算方式和工程进度定期与建造承包商办理工程价款结算，计算的工程价款计入在建工程成本。待摊支出，是指在建设期间发生的，不能直接计入某项固定资产价值，而应由所建造固定资产共同负担的相关费用，包括为建造工程发生的管理费、可行性研究费、临时设施费、公证费、监理费、应负担的税金、符合资本化条件的借款费用、建设期间发生的工程物资盘亏、报废及毁损净损失以及负荷联合试车费等。

在出包方式下，"在建工程"科目主要是企业与建造承包商办理工程价款的结算科目，企业支付给建造承包商的工程价款，作为工程成本通过"在建工程"科目核算。企业应按合理估计的工程进度和合同规定结算的进度款，借记"在建工程——建筑工程""在建工程——安装工程"科目，贷记"银行存款""预付账款"等科目。工程完成时，按合同规定补付的工程款，借记"在建工程"科目，贷记"银行存款"等科目。

企业将需安装设备运抵现场安装时，借记"在建工程——在安装设备"科目，贷记"工程物资"科目；为建造固定资产发生的待摊支出，借记"在建工程——待摊支出"科目，贷记"银行存款""应付职工薪酬"等科目。

在建工程达到预定可使用状态时，首先计算分配待摊支出，待摊支出的分配率可按下列公式计算：

$$待摊支出分配率 = \frac{累计发生的待摊支出}{建筑工程支出 + 安装工程支出 + 在安装设备支出} \times 100\%$$

$$\times\times 工程应分摊的待摊支出 = \left(\begin{array}{c}\times\times 工程的 \\ 建筑工程支出\end{array} + \begin{array}{c}\times\times 工程的 \\ 安装工程支出\end{array} + \begin{array}{c}\times\times 工程的在 \\ 安装设备支出\end{array}\right) \times \begin{array}{c}待摊支出 \\ 分配率\end{array}$$

其次计算确定已完工的固定资产成本：

房屋、建筑物等固定资产成本 = 建筑工程支出 + 应分摊的待摊支出

需要安装设备的成本 = 设备成本 + 为设备安装发生的基础、支座等建筑工程支出 + 安装工程支出 + 应分摊的待摊支出

最后，进行相应的账务处理，借记"固定资产"科目，贷记"在建工程——建筑工程""在建工程——安装工程""在建工程——待摊支出"等科目。

【例7-6】2018年3月，天宇股份有限公司以出包方式建造一座冷藏库，合同总金额为3 000 000元。根据与承包单位签订承包合同，天宇公司于4月2日

工程启动前向承包单位支付工程款 2 600 000 元，剩余工程款于工程完工决算时补付。同年 8 月 20 日，该工程完工并验收合格，并将剩余工程款项全部付清。

①4 月 2 日按合同规定预付工程款。

借：在建工程——建筑工程   2 600 000

 贷：银行存款   2 600 000

②工程完工补付剩余工程款。

借：在建工程——建筑工程   400 000

 贷：银行存款   400 000

③计算并结转工程成本时：

借：固定资产   3 000 000

 贷：在建工程——建筑工程   3 000 000

（三）存在弃置费用的固定资产

对于特殊行业的特定固定资产，如核电站核设施，确定其初始成本时，还应考虑弃置费用。弃置费用的金额与其现值比较通常较大，需要考虑货币时间价值，按照现值计算确定应计入固定资产成本的金额和相应的预计负债。在固定资产的使用寿命内按照预计负债的摊余成本和实际利率计算确定的利息费用，应当在发生时计入财务费用。

【例 7 - 7】某公司经国家批准于 2018 年 1 月 1 日建造完成核电站核反应堆并交付使用，建造成本为 2 500 000 万元，预计使用寿命为 40 年。该核反应堆将会对当地的生态环境产生一定的影响，根据法律规定，企业应在该项设施使用期满后将其拆除，并对造成的污染进行整治，预计发生弃置费用 250 000 万元。假定适用的折现率为 10%。

核反应堆属于特殊行业的特定固定资产，确定其成本时应考虑弃置费用。

①2018 年 1 月 1 日：

弃置费用的现值 = 250 000 × (P/F,10% ,40) = 250 000 × 0.0221 = 5 525（万元）

固定资产的成本 = 2 500 000 + 5 525 = 2 505 525（万元）

借：固定资产——××核反应堆   25 055 250 000

 贷：在建工程——××核反应堆   25 000 000 000

  预计负债——××核反应堆——弃置费用   55 250 000

②计算第 1 年应负担的利息费用 = 55 250 000 × 10% = 5 525 000（元）

借：财务费用   5 525 000

 贷：预计负债   5 525 000

以后年度，企业应当按照实际利率法计算确定每年财务费用，账务处理略。

（四）租赁取得的固定资产

1. 租赁及其评估。对于不想取得固定资产的所有权而只重视使用权或者暂时没有足够的资金取得固定资产所有权的企业而言，采用租赁的方式以换得固定资产的使用不失为一项正确的决策。因为租赁可以使企业在不付或者先付很少资金的情况下，就可以得到所需的资产或设备，这对于资金短缺和正处于发展阶段的企业来说更加适合。

租赁，是指在一定期间内，出租人将资产的使用权让与承租人以获取对价的合同。

在合同开始日，企业应当评估合同是否为租赁。

对出租方而言，让渡了在一定期间内控制一项或多项已识别资产使用的权利以换取对价的，则该合同为租赁。

对承租方而言，有权获得在使用期间内因使用已识别资产所产生的几乎全部经济利益，并有权在该使用期间主导已识别资产的使用的，则该合同为租赁。

存在下列情况之一的，可视为承租方有权主导对已识别资产在整个使用期间内的使用。

（1）承租方有权在整个使用期间主导已识别资产的使用目的和使用方式。

（2）已识别资产的使用目的和使用方式在使用期开始前已预先确定，并且承租方有权在整个使用期间自行或主导他人按照其确定的方式运营该资产，或者承租方设计了已识别资产并在设计时已预先确定了该资产在整个使用期间的使用目的和使用方式。

2. 租入固定资产的确认和初始计量。

（1）确认。在租赁期开始日，承租企业应当对租入资产确认为使用权资产和租赁负债。

使用权资产，是指承租企业可在租赁期内使用租赁资产的权利。

租赁期开始日，是指出租方提供租赁资产使其可供承租企业使用的起始日期。如果承租企业有续租选择权，即有权选择续租该资产，且合理确定将行使该选择权的，租赁期还应当包含续租选择权涵盖的期间。如果承租企业有终止租赁选择权的，即有权选择终止租赁该资产，但合理确定将不会行使该选择权的，租赁期应当包含终止租赁选择权涵盖的期间。

（2）初始计量。一方面，承租企业应当对租入的使用权资产按照成本进行初始计量。该成本包括：

①租赁负债的初始计量金额；

②在租赁期开始日或之前支付的租赁付款额，存在租赁激励的，扣除已享受的租赁激励相关金额；

③承租企业发生的初始直接费用；

④承租企业为拆卸及移除租赁资产、复原租赁资产所在场地或将租赁资产恢复至租赁条款约定状态预计将发生的成本。

租赁激励，是指出租方为达成租赁向承租企业提供的优惠，包括向承租企业支付的与租赁有关的款项、为承租企业偿付或承担的成本等。

初始直接费用，是指为达成租赁所发生的增量成本。即若企业不取得该租赁，则不会发生的成本。

另一方面，承租企业应当对形成的租赁负债按照租赁期开始日尚未支付的租赁付款额的现值进行初始计量。

租赁付款额，是指承租企业向出租方支付的与在租赁期内使用租赁资产的权利相关的款项，包括：

①固定付款额及实质固定付款额，存在租赁激励的，扣除租赁激励相关金额；

②取决于指数或比率的可变租赁付款额，该款项在初始计量时根据租赁期开始日的指数或比率确定；

③购买选择权的行权价格，前提是承租企业合理确定将行使该选择权；

④行使终止租赁选择权需支付的款项，前提是租赁期反映出承租企业将行使终止租赁选择权；

⑤根据承租企业提供的担保余值预计应支付的款项。

实质固定付款额，是指在形式上可能包含变量但实质上无法避免的付款额。

可变租赁付款额，是指承租企业为取得在租赁期内使用租赁资产的权利，向出租方支付的因租赁期开始日后的事实或情况发生变化（而非时间推移）而变动的款项。取决于指数或比率的可变租赁付款额包括与消费者价格指数挂钩的款项、与基准利率挂钩的款项和为反映市场租金费率变化而变动的款项等。

担保余值，是指与出租方无关的一方向出租方提供担保，保证在租赁结束时租赁资产的价值至少为某指定的金额。

未担保余值，是指租赁资产余值中，出租方无法保证能够实现或仅由与出租方有关的一方予以担保的部分。

在计算租赁付款额的现值时，承租企业应当按以下顺序选择折现率：

①采用租赁内含利率作为折现率。租赁内含利率是指使出租方的租赁收款额的现值与未担保余值的现值之和等于租赁资产公允价值与出租方的初始直接费用之和的利率。

②无法确定租赁内含利率的，应当采用承租企业增量借款利率作为折现率。承租企业增量借款利率是指承租企业在类似经济环境下为获得与使用权资产价值接近的资产，在类似期间以类似抵押条件借入资金须支付的利率。

3. 租入固定资产的后续计量。

（1）承租企业对租入固定资产应当参照《企业会计准则第 4 号——固定资产》有关折旧规定，对使用权资产计提折旧。

（2）折旧年限的确定。承租企业能够合理确定租赁期届满时取得租赁资产所有权的，应当在租赁资产剩余使用寿命内计提折旧。无法合理确定租赁期届满时能够取得租赁资产所有权的，应当在租赁期与租赁资产剩余使用寿命两者孰短的期间内计提折旧。

（3）承租企业应当按照固定的周期性利率计算租赁负债在租赁期内各期间的利息费用，并计入当期损益。

未纳入租赁负债计量的可变租赁付款额应当在实际发生时计入当期损益。

【例7－8】2017年12月1日，天宇股份有限公司与B公司签订了一份租赁合同。合同主要条款如下。

①租赁标的物：塑钢机。

②租赁期开始日：2018年1月1日。

③租赁期间：2018年1月1日至2021年12月31日，共4年。

④租金支付：自租赁开始期日每年年末支付租金1 500 000元。

⑤租赁内含利率为7%。

⑥初始直接费用为10 000元，以银行存款结算。

⑦租赁期届满时，天宇公司享有优惠购买该机器的选择权，购买价为1 000元，估计该日租赁资产的公允价值为800 000元。假定不考虑相关税费。

$(P/A, 7\%, 4) = 3.3872$；$(P/F, 7\%, 4) = 0.7629$

分析：

租赁付款额的现值 = 1 500 000 × 3.3872 + 1 000 × 0.7629 = 5 081 533（元）

使用权资产的初始计量 = 5 081 532.9 + 10 000 = 5 091 533（元）

由于购买价远远低于租赁期届满时租赁资产的公允价值，预计天宇公司将行使该选择权。

天宇公司会计处理如下。

①2018年1月1日：

借：使用权资产——固定资产	5 091 533	
未确认融资费用	919 467	
贷：长期应付款		6 001 000
银行存款		10 000

②2018年12月31日：

借：长期应付款	1 500 000	
贷：银行存款		1 500 000
借：财务费用	355 707	
贷：未确认融资费用		355 707

③2019年12月31日：

借：长期应付款	1 500 000	
贷：银行存款		1 500 000
借：财务费用	275 607	
贷：未确认融资费用		275 607

④2020年12月31日：

借：长期应付款	1500 000	
贷：银行存款		1 500 000
借：财务费用	189 899	
贷：未确认融资费用		189 899

⑤2021年12月31日：

借：长期应付款   1 500 000

  贷：银行存款   1 500 000

借：财务费用   98 254

  贷：未确认融资费用   98 254

使用权资产计提折旧略。

4. 租赁期届满时的会计处理。租赁期届满时，承租企业如果返还租赁资产，通常借记"长期应付款""累计折旧"科目，贷记"使用权资产——固定资产"科目。

留购租赁资产时，根据支付的购买款，借记"长期应付款"科目，贷记"银行存款"科目；同时，将租入固定资产从"使用权资产"科目转入"固定资产"科目。

【例 7 – 9】承〖例 7 – 8〗，租赁期届满，天宇股份有限公司行使优惠购买该机器的选择权。

2021 年 12 月 31 日，天宇公司会计处理如下。

借：长期应付款   1 000

  贷：银行存款   1 000

借：固定资产——××设备   5 091 533

  贷：使用权资产——固定资产   5 091 533

5. 短期租赁和低价值资产租赁。短期租赁，是指在租赁期开始日，租赁期不超过 12 个月的租赁。包含购买选择权的租赁不属于短期租赁。

低价值资产租赁，是指单项租赁资产为全新资产时价值较低的租赁。

对于短期租赁和低价值资产租赁，承租企业可以选择不确认使用权资产和租赁负债，将短期租赁和低价值资产租赁的租赁付款额，在租赁期内各个期间按照直线法或其他系统合理的方法计入相关资产成本或当期损益。

（五）投资者投入的固定资产

投资者可能会以企业所需要的固定资产作为资本投入企业，企业以这种形式取得的固定资产，就属于投资者投入的固定资产。一般而言，这类固定资产应按照投资各方签订的合同或协议所约定的价值，作为固定资产的入账价值，合同或协议所约定的价值不公允的除外。投资者投入的固定资产，根据投资各方合同或协议所约定的价值，借记"固定资产"科目，根据允许抵扣的增值税进项税额，借记"应交税费——应交增值税（进项税额）"科目，根据投资者在企业注册资本中所占的份额，贷记"实收资本"或"股本"科目，根据上述借贷双方的差额，贷记"资本公积——资本溢价"或"资本公积——股本溢价"科目。

【例 7 – 10】天宇股份有限公司接受甲股东以一座厂房作为投资，该厂房经评估确认价值为 2 500 000 元，投资各方达成协议，该厂房评估确认的价值作为投入资本的价值（评估价值等于公寓价值），并可折换成每股面值为 1 元、数量为 2 000 000 股的普通股股票。不考虑相关税费的影响。

借：固定资产　　　　　　　　　　　　　　　　2 500 000

　　贷：股本——甲股东　　　　　　　　　　　　　　2 000 000

　　　　资本公积——股本溢价　　　　　　　　　　　　500 000

（六）非货币性资产交换取得的固定资产

非货币性资产交换换入的固定资产，在取得时，应按以下两种情况确认换入固定资产的入账价值。

1. 按照公允价值和应支付的相关税费作为换入固定资产的成本。当交易双方的非货币性资产交换同时满足下列两个条件时，应当以公允价值和应支付的相关税费作为换入固定资产的成本（入账价值），公允价值与换出资产账面价值的差额计入当期损益：

（1）该项交换具有商业实质；

（2）换入资产或换出资产的公允价值能够可靠地计量。

换出资产和换入固定资产公允价值均能够可靠计量的，应当以换出资产公允价值作为确定换入固定资产成本的基础。如果有确凿证据表明换入固定资产的公允价值更可靠，应以换入固定资产的公允价值为基础进行计价。

在公允价值计量模式下，如果换入固定资产的一方支付补价时，应以换出资产的公允价值加上支付的补价（或换入固定资产的公允价值）和应支付的相关税费，作为换入固定资产的成本；在换入固定资产的一方收到补价时，应以换出资产的公允价值减去补价加上应支付的相关税费，作为换入固定资产的成本。

【例 7 - 11】2019 年 6 月 1 日，天宇股份有限公司用自产的商品换入一台不需安装即可投入使用的生产用设备。已知换出商品的成本为 1 200 000 元，交换日的市场价格为 2 000 000 元，计税价格等于市场价格；换入的生产设备在交换日的市场价格为 2 000 000 元。天宇公司没有为该批商品计提减值准备。假设该项交易具有商业实质，增值税税率为 13%。

该项交易具有商业实质，且换入资产和换出资产的公允价值均能可靠计量，因此，天宇公司对换入的生产设备采用公允价值进行计价。

借：固定资产——××设备　　　　　　　　　　2 000 000

　　应交税费——应交增值税（进项税额）　　　　260 000

　　贷：主营业务收入　　　　　　　　　　　　　　2 000 000

　　　　应交税费——应交增值税（销项税额）　　　　260 000

借：主营业务成本　　　　　　　　　　　　　　1 200 000

　　贷：库存商品　　　　　　　　　　　　　　　　1 200 000

财政部于 2019 年 1 月印发的《企业会计准则第 7 号——非货币性资产交换（修订）（征求意见稿）》规定，满足规定条件的非货币性资产交换，对于换入资产，企业应当以换入资产的公允价值和应支付的相关税费作为换入资产的成本进行初始计量；对于换出资产，企业应当在终止确认时，将换入资产的公允价值与换出资产账面价值之间的差额计入当期损益。涉及补价、同时换入或换出多项资产的，应当按照下列规定进行处理：

支付补价的，换入资产的公允价值减去支付的补价，与换出资产账面价值之间的差额计入当期损益。

收到补价的，换入资产的公允价值加上收到的补价，与换出资产账面价值之间的差额计入当期损益。

2. 按照换出资产的账面价值和应支付的相关税费作为换入固定资产的成本。如果非货币性资产交换不具有商业实质，或者换入和换出资产的公允价值均不能可靠计量时，应当按照换出资产的账面价值和应支付的相关税费，作为换入固定资产的成本。在换入固定资产的一方支付补价时，应以换出资产的账面价值加上支付的补价和应支付的相关税费，作为换入固定资产的成本；在换入固定资产的一方收到补价时，应以换出资产的账面价值减去补价，加上应支付的相关税费，作为换入固定资产的成本。

【例 7 - 12】2018 年 7 月 25 日，天宇股份有限公司用一项账面价值为 1 500 000 元的长期股权投资换入甲公司的一台专有设备，用于产品生产。由于该专有设备系当时专门制造，性质特殊，其公允价值不能可靠计量；天宇公司拥有的长期股权投资在活跃市场中没有报价，其公允价值也不能可靠计量。经双方商定，天宇公司向甲公司支付了 300 000 元补价。假设不考虑相关税费。

天宇公司与甲公司之间的资产交换由于换入资产和换出资产的公允价值均不能可靠计量，因此，对换入的固定资产以换出资产的账面价值为基础进行计量。

借：固定资产——××专有设备   1 800 000
    贷：长期股权投资   1 500 000
       银行存款   300 000

（七）债务重组取得的固定资产

债务重组，是指在债务人发生财务困难的情况下，债权人按照其与债务人达成的协议或者法院的裁定作出让步的事项。债务重组的基本特征是债权人对债务人做出了让步，即债权人同意发生财务困难的债务人现在或将来以低于重组债务账面价值的金额或者价值偿还债务。债权人如果通过这种方式取得固定资产，其入账价值应当按照受让固定资产的公允价值确定。重组债权的账面余额与受让的固定资产公允价值之间的差额作为债务重组损失，计入营业外支出。如果债权人已对债权计提了减值准备，其差额应先冲减减值准备，减值准备不足冲减的部分，计入营业外支出；如果减值准备冲减该差额后仍有余额，应该转回并抵减当期资产减值损失，而不再确认债务重组损失。

【例 7 - 13】2018 年 3 月 31 日，天宇股份有限公司有一笔应向甲公司收取的 400 000 元应收账款已到期。由于甲公司财务发生困难，短期内不能支付货款。2018 年 4 月 3 日，经协商，天宇公司同意甲公司以一台设备偿还债务。该项设备的账面原价为 350 000 元，已提折旧 50 000 元，其公允价值为 360 000 元（假定不考虑增值税）。天宇公司对该项应收账款已提取坏账准备 20 000 元。

假定不考虑该项债务重组相关的税费，天宇公司的账务处理如下。

借：固定资产　　　　　　　　　　　　　　　360 000
　　坏账准备　　　　　　　　　　　　　　　　20 000
　　营业外支出——债务重组损失　　　　　　　20 000
　　　贷：应收账款　　　　　　　　　　　　　　　　400 000

如果天宇公司对该项应收账款提取的坏账准备为 50 000 元，其他条件不变，则天宇公司的账务处理如下。

借：固定资产　　　　　　　　　　　　　　　360 000
　　坏账准备　　　　　　　　　　　　　　　　50 000
　　　贷：应收账款　　　　　　　　　　　　　　　　400 000
　　　　　信用减值损失　　　　　　　　　　　　　　 10 000

（八）接受捐赠的固定资产

接受捐赠的固定资产，应根据具体情况合理确定其入账价值。一般分为两种情况。

捐赠方提供了有关凭据的，按凭据上标明的金额加上应支付的相关税费，作为入账价值。

捐赠方没有提供有关凭据的，按如下顺序确定其入账价值。

（1）同类或类似固定资产存在活跃市场的，按同类或类似固定资产的市场价格估计的金额，加上应支付的相关税费，作为入账价值。

（2）同类或类似固定资产不存在活跃市场的，按该接受捐赠固定资产预计未来现金流量的现值，加上应支付的相关税费，作为入账价值。

如果受赠的是旧固定资产，按照上述方法确定的价值减去估计折旧后的净额作为入账价值。

企业接受捐赠的固定资产按照上述规定确定入账价值后，应借记“固定资产”科目，贷记“营业外收入——捐赠利得”等科目。

（九）盘盈的固定资产

为掌握固定资产的存量，加强固定资产的实物安全，企业需要定期与不定期地对固定资产进行清查。通过清查，确定企业的固定资产是否与账簿记录相一致。如果清查发现有固定资产盘盈，作为前期差错处理，在按管理权限报经批准处理前，应先通过“以前年度损益调整”科目核算。

【例 7-14】2018 年 12 月 20 日，天宇股份有限公司在固定资产清查中发现一台设备没有在账簿中记录。该设备的当前市场价格为 120 000 元，根据其新旧程度估计价值耗损 15 000 元。

盘盈发现设备登记入账：

借：固定资产   105 000
　　贷：以前年度损益调整   105 000

第三节　固定资产的后续计量

固定资产的后续计量主要包括固定资产折旧的计提、减值损失的确定，以及后续支出的计量。

一、固定资产折旧

（一）固定资产折旧及其性质

折旧是指在固定资产的使用寿命内，按照确定的方法对应计折旧额进行的系统分摊。应计折旧额，是指应当计提折旧的固定资产的原价扣除其预计净残值后的金额。如果已对固定资产计提减值准备，还应当扣除已计提的固定资产减值准备累计金额。

固定资产能够在未来给企业带来一定的经济利益，这种经济利益是来自于企业对固定资产服务潜能的利用。但是随着固定资产在生产经营过程中的不断使用，这种服务潜力会逐渐衰减直至消逝。企业为了使成本和相应的收入相配比，就必须按消逝的服务能力的比例，将固定资产的取得成本转入营业成本或费用中，以正确确定企业的收益。从量上来说，准确地确定固定资产已消逝的服务能力几乎是不可能的，特别是某一期消逝的服务能力更是如此。但是，人们可以通过采用一定的方法来尽可能客观地反映这种已消逝的服务能力，这种方法一经确定，在固定资产整个的经济使用年限内不得随意变更。

固定资产服务潜力的逐渐消逝，是因为固定资产在使用过程中会发生各种损耗。固定资产损耗可分为有形损耗和无形损耗。有形损耗是指固定资产在使用过程中，由于正常使用和自然力的作用而引起的使用价值和价值的损失，如设备使用过程中发生磨损、房屋建筑物受到自然侵蚀等；无形损耗是指由于科学技术的进步和劳动生产率的提高而带来的固定资产价值上的损失，这种损耗的特点是固定资产在物质形态上仍具有一定的服务潜力，但已不再适用或继续使用已不经济，如因新技术的出现而使现有技术水平相对陈旧、市场需求变化使其所生产的产品过时。一般而言，有形损耗决定固定资产的最长使用年限，即物质使用年限；无形损耗决定固定资产的实际使用年限，即经济使用年限。

固定资产折旧的过程，实际上是一个持续的成本分配过程。折旧就是企业采用合理而系统的分配方法将固定资产的取得成本在固定资产的经济使用年限内进行合理分配，使之与各期的收入相配比，以正确确认企业的损益。

（二）影响固定资产折旧的因素

影响固定资产折旧的因素主要有以下四个方面。

（1）固定资产原价，指固定资产的成本，它是计算折旧的基数。以固定资产原值作为计算折旧的基数，可以使折旧的计算建立在客观的基础上，不易受会计人员主观因素的影响。

（2）预计净残值，指假定固定资产预计使用寿命已满并处于使用寿命终了时的预期状态，企业目前从该项资产处置中获得的扣除预计处置费用后的金额。

（3）固定资产减值准备，指固定资产已计提的固定资产减值准备累计金额。固定资产计提减值准备后，应当在剩余使用寿命内根据调整后的固定资产账面价值（固定资产账面余额扣减累计折旧和累计减值准备后的金额）和预计净残值重新计算确定固定资产折旧率和折旧额。

（4）预计使用寿命，指企业使用固定资产的预计期间，或者该固定资产所能生产产品或提供劳务的数量。企业确定固定资产的预计使用寿命时，应当考虑下列因素：

①该项资产预计生产能力或实物产量；

②该项资产预计有形损耗；

③该项资产预计无形损耗；

④法律或者类似规定对该项资产使用的限制。某些固定资产的使用寿命可能受法律或类似规定的约束。如对于租赁的固定资产，根据《企业会计准则第21号——租赁》（2018）规定，承租人能够合理确定租赁期届满时取得租赁资产所有权的，应当在租赁资产剩余使用寿命内计提折旧，无法合理确定租赁期届满时能够取得租赁资产所有权的，应当在租赁期与租赁资产剩余使用寿命两者孰短的期间内计提折旧。

（三）固定资产的折旧范围

根据我国企业会计准则的规定，除以下情况外，企业应对所有固定资产计提折旧：

（1）已提足折旧仍继续使用的固定资产；

（2）按规定单独估价作为固定资产入账的土地。

在确定计提折旧的范围时应注意以下三点。

（1）固定资产应当按月计提折旧，自达到预定可使用状态时开始计提折旧，终止确认时或划分为持有待售非流动资产时停止计提折旧。为了简化核算，当月增加的固定资产，当月不计提折旧，从下月起计提折旧；当月减少的固定资产，当月仍计提折旧，从下月起不计提折旧。

（2）固定资产提足折旧后，不论能否继续使用，均不再计提折旧，提前报废的固定资产也不再补提折旧。所谓提足折旧是指已经提足该项固定资产的应计折旧额。

（3）已达到预定可使用状态但尚未办理竣工决算的固定资产，应当按照估计价值确定其成本，并计提折旧；待办理竣工决算后再按实际成本调整原来的暂估价值，但不需要调整原已计提的折旧额。

（四）固定资产的折旧方法

企业应当根据与固定资产有关的经济利益的预期消耗方式，合理选择折旧方法。根据我国会计准则的规定，企业可选用的折旧方法主要包括年限平均法、工作量法、双倍余额递减法和年数总和法等。

企业选用不同的固定资产折旧方法，将影响固定资产使用寿命期间内不同时期的折旧费用，因此，固定资产的折旧方法一经确定，不得随意变更。

1. 年限平均法。年限平均法，又称直线法，是指将固定资产的应计折旧额均衡地分摊到固定资产预计使用寿命内的一种方法。采用这种方法计算的每期折旧额均相等。计算公式如下：

$$年折旧额 = \frac{固定资产原价 - 预计净残值}{预计使用年限}$$

在实务中固定资产折旧是根据折旧率计算的。折旧率是指折旧额占原始价值的比重。

$$年折旧率 = \frac{1 - 预计净残值率}{预计使用寿命（年）} \times 100\%$$
$$月折旧率 = 年折旧率 \div 12$$
$$月折旧额 = 固定资产原价 \times 月折旧率$$

【例7－15】天宇股份有限公司一台生产用设备原始价值为 6 250 000 元，预计净残值为 250 000 元，预计使用 5 年，采用年限平均法计提折旧。

$$年折旧额 = \frac{固定资产原价 - 预计净残值}{预计使用年限} = \frac{6\ 250\ 000 - 250\ 000}{5} = 1\ 200\ 000（元）$$

$$月折旧额 = 年折旧额 \div 12 = 1\ 200\ 000 \div 12 = 100\ 000（元）$$

$$预计净残值率 = \frac{250\ 000}{6\ 250\ 000} \times 100\% = 4\%$$

$$年折旧率 = \frac{1 - 4\%}{5} \times 100\% = 19.2\%$$

$$月折旧率 = 19.2\% \div 12 = 1.6\%$$

$$月折旧额 = 6\ 250\ 000 \times 1.6\% = 100\ 000（元）$$

采用年限平均法计算固定资产折旧，其优点是计算过程简便易行、容易理解，但缺点也很明显，表现为以下两点。

（1）固定资产在不同使用年限提供的经济效益是不同的。一般来讲，固定资产在其使用前期工作效率相对较高，所带来的经济利益也较多；而在其使用后期，工作效率一般呈下降趋势，因而所带来的经济利益也就逐渐减少。年限平均法不考虑这种因素，明显是不合理的。

（2）固定资产在不同的使用年限发生的维修费用将随着其使用时间的延长而不断增加，而年限平均法没有考虑这一因素。

当固定资产各期负荷程度相同时，各期应分摊相同的折旧费，采用年限平均法计算折旧是合理的。但是，如果固定资产各期负荷程度不同，采用年限平均法计算折旧，则不能反映固定资产的实际使用情况，计提的折旧额与固定资产的损耗程度不相符。

2. 工作量法。工作量法，是根据实际工作量计算每期应提折旧额的一种方法。采用这种折旧方法，各年折旧额的大小随各期工作量的变动而变动。采用工作量法计算折旧的原理和使用年限平均法相同，只是将分配折旧额的标准由使用年限改成了工作量，因此，工作量法实际上是年限平均法的一种演变，工作量法也被归类为直线法。计算公式如下：

$$单位工作量折旧额 = \frac{固定资产原价 - 预计净残值}{预计总工作量}$$

$$= \frac{固定资产原价 \times (1 - 预计净残值率)}{预计总工作量}$$

某项固定资产月折旧额 = 该项固定资产当月工作量 × 单位工作量折旧额

【例7-16】天宇股份有限公司一台生产用设备原始价值为 5 100 000 元，预计净残值为 100 000 元，预计生产产品总量为 200 000 件，本月生产产品 4 000 件。该设备采用工作量法计提折旧。则该机器设备的本月折旧额计算如下：

$$单件产品折旧额 = \frac{固定资产原价 - 预计净残值}{预计总工作量} = \frac{5\ 100\ 000 - 100\ 000}{200\ 000} = 25（元）$$

本月折旧额 = 4 000 × 25 = 100 000（元）

工作量法的优点和年限平均法相似，计算过程简便易行，而且它以固定资产的工作量为分配固定资产成本的标准，使各年计提的折旧额与固定资产的使用程度成正比例关系，体现了收入与费用相配比。

工作量法的缺点是：它将有形损耗看作是引起固定资产折旧的唯一因素，固定资产不使用则不计提折旧，事实上，由于无形损耗的客观存在，固定资产即使不使用也会发生折旧；工作量法在计算固定资产前后期折旧时采用了一致的单位工作量的折旧额，而实际上是不一样的，因为固定资产在使用的过程中单位工作量所带来的经济效益是不一样的，因而折旧也应该是不一样的，但工作量法忽视了这一点。

工作量法适用于使用期内工作量负担程度差异大，提供的经济利益不均衡，特别是有形损耗比经济折旧更重要的固定资产折旧，如使用季节性较为明显的大型机器设备、大型施工机械以及运输单位或其他企业专业车队的客、货运汽车等固定资产折旧的计算。

3. 双倍余额递减法。双倍余额递减法，是指在不考虑固定资产预计净残值的情况下，根据每期期初固定资产原价减去累计折旧后的金额（即固定资产净值）和双倍的直线法折旧率计算固定资产折旧的一种方法。计算公式如下：

$$年折旧率 = \frac{2}{预计使用寿命(年)} \times 100\%$$

$$年折旧额 = 固定资产净值 \times 年折旧率$$

$$月折旧额 = 年折旧额 \div 12$$

由于每年年初固定资产净值没有扣除预计净残值，因此，在应用这种方法计算折旧额时必须注意不能使固定资产的净值降低到其预计净残值以下，即采用双倍余额递减法计提折旧的固定资产，通常在其折旧年限到期前两年内，将固定资产净值扣除预计净残值后的余额平均摊销。

【例 7 - 17】天宇股份有限公司一台生产用设备原始价值 5 200 000 元，预计净残值 100 000 元，预计使用 5 年，采用双倍余额递减法计提折旧，该固定资产未计提资产减值准备。

每年折旧额计算如下：

年折旧率 = 40%

第一年应提的折旧额 = 5 200 000 × 40% = 2 080 000（元）

第二年应提的折旧额 =（5 200 000 - 2 080 000）× 40% = 1 248 000（元）

第三年应提的折旧额 =（5 200 000 - 2 080 000 - 1 248 000）× 40% = 748 800（元）

从第四年起改按年限平均法（直线法）计提折旧：

第四年、第五年的年折旧额 =（5 200 000 - 2 080 000 - 1 248 000 - 748 800 - 100 000）÷ 2 = 511 600（元）

4. 年数总和法。年数总和法，又称年限合计法，是将固定资产的原价减去预计净残值的余额乘以一个以固定资产尚可使用寿命为分子、以预计使用寿命逐年数字之和为分母的逐年递减的分数计算每年的折旧额。计算公式如下：

$$年折旧率 = \frac{尚可使用年限}{预计使用寿命的年数总和} \times 100\%$$

$$年折旧额 =（固定资产原价 - 预计净残值）\times 年折旧率$$

$$月折旧额 = 年折旧额 \div 12$$

【例 7 - 18】沿用〖例 7 - 17〗的资料，采用年数总和法计算的各年折旧额如表 7 - 2 所示。

表 7 - 2　　　　　　　　　　　折旧的计算

年份	尚可使用年限（年）	原价 - 预计净残值（元）	年折旧率	每年折旧额（元）	累计折旧（元）
第 1 年	5	5 100 000	5/15	1 700 000	1 700 000
第 2 年	4	5 100 000	4/15	1 360 000	3 060 000

年份	尚可使用年限 （年）	原价－预计净残值 （元）	年折旧率	每年折旧额 （元）	累计折旧 （元）
第3年	3	5 100 000	3/15	1 020 000	4 080 000
第4年	2	5 100 000	2/15	680 000	4 760 000
第5年	1	5 100 000	1/15	340 000	5 100 000

双倍余额递减法和年数总和法都属于加速折旧法。加速折旧法是指固定资产折旧费用在使用早期提得较多，在使用后期提得较少，以使固定资产的大部分成本在使用早期尽快得到补偿，从而相对加快折旧速度的一种计算折旧的方法。和直线法相比，加速折旧法既不意味着要缩短折旧年限，也不意味着要增大或减少应提折旧总额，只是对应提折旧总额在各使用年限之间的分配上采用了递减的方式而不是平均的方式。不论采用加速折旧法还是采用直线法，在整个固定资产预计使用年限内计提的折旧总额都是相等的。

加速折旧法有如下特点：

（1）可以使固定资产的使用成本各年保持大致相同。固定资产的使用成本主要包括折旧费用和修理维护费用两项内容。一般来说，修理维护成本会随着资产的老化而逐年增加，为了使固定资产的使用成本在使用年限中大致保持均衡，计提的折旧费用就应逐年递减。

（2）可以使收入和费用合理配比。固定资产的服务能力在服务早期总是比较高的，因而能为企业提供较多的利益，而在使用后期，随着资产的老化、修理次数增多，产品质量下降，将大大影响企业利益的获得。为了使固定资产的成本与其所提供的收益相配比就应在早期多提折旧，而在使用后期少提折旧。

（3）能使固定资产账面净值比较接近于市价。资产一经投入使用就成了旧货，其可变现价值会随之降低，因而在最初投入使用时多提一些折旧，可使资产账面净值更接近于资产的现时市价。

（4）可降低无形损耗的风险。无形损耗是由于企业外部因素引起的价值损耗，企业很难对其做出合理估计，出于谨慎性考虑，将固定资产的大部分成本在使用早期收回，可使无形损耗的影响降至最低。

（五）固定资产使用寿命、预计净残值和折旧方法的复核

由于固定资产的使用寿命长于一年，属于企业的非流动资产，企业至少应当于每年年度终了，对固定资产的使用寿命、预计净残值和折旧方法进行复核。

固定资产使用过程中所处的经济环境、技术环境以及其他环境有可能对固定资产使用寿命和预计净残值产生较大影响。例如，固定资产使用强度比正常情况大大加强，致使固定资产实际使用寿命大大缩短；替代该项固定资产的新产品的出现致使其实际使用寿命缩短，预计净残值减少等。为真实反映固定资产为企业提供经济利益的期间及每期实际的资产消耗，企业至少应当于每年年度终了，对固定资产使用寿命和预计净残值进行复核。如有确凿证据表明，固定资产使用寿命预计数与原先估计数有差异，应当调整固定资产使用寿命；如果固定资产预计净残值预计数与原先估计数有差异，应当调整预计净残值。

固定资产使用过程中所处的经济环境、技术环境以及其他环境的变化也可能致使与固定资产有关的经济利益的预期消耗方式发生重大改变。如果固定资产给企业带来经济利益的方式发生重大变化，企业也应相应改变固定资产折旧方法。例如，某企业以前年度采用年限平均法计提固定资产折旧，此次年度复核中发现，与该固定资产相关的技术发生很大变化，年限平均法已很难反映该项固定资产给企业带来经济利益的方式，因此，决定变年限平均法为加速折旧法。

（六）固定资产折旧的会计处理

在会计实务中，企业一般都是按月计提固定资产折旧，计提的折旧应通过"累计折旧"科目进行核算。企业各月计提折旧时，可在上月计提折旧的基础上，对上月固定资产的增减情况进行调整后计算当月应计提的折旧额。

固定资产的折旧费用，应根据固定资产的受益对象分配计入有关的成本或费用中：企业基本生产车间所使用的固定资产，其折旧应记入"制造费用"科目；管理部门所使用的固定资产，其计提的折旧应记入"管理费用"科目；销售部门所使用的固定资产，其计提的折旧应记入"销售费用"科目；自行建造固定资产过程中使用的固定资产，其计提的折旧应记入"在建工程"科目；未使用的固定资产，其计提的折旧应记入"管理费用"科目。

【例7-19】天宇股份有限公司2018年5月固定资产计提折旧情况如下：生产车间厂房计提折旧640 000元，机器设备计提折旧80 000元；管理部门房屋建筑物计提折旧120 000元，运输工具计提折旧90 000元；销售部门房屋建筑物计提折旧80 000元，运输工具计提折旧50 000元。

天宇公司2018年5月计提折旧的账务处理如下。

借：制造费用 720 000
　　管理费用 210 000
　　销售费用 130 000
　　贷：累计折旧 1 060 000

二、固定资产的后续支出

固定资产的后续支出，是指固定资产使用过程中发生的更新改造支出、修理费用等。

从支出目的来看，固定资产后续支出有的是为了维护、恢复或改进固定资产的性能，使固定资产在质量上发生变化；有的是为了改建、扩建或增建固定资产，使固定资产在数量上发生变化。

从支出的情况来看，有的后续支出在取得固定资产时即可预见到它的发生，属于经常性的或正常性的支出；有的后续支出很难预见到它的发生，属于偶然性的或特殊性的支出。

从支出的性质来看，有的后续支出会使可能流入企业的经济利益超过原先的估计，如延长了固定资产的使用寿命，或者使产品质量实质性提高，或者使产品成本实质性降低，这类支出符合固定资产确认条件，应当计入固定资产成本；有的后续支出并没有使固定资产在上述几个方面等发生改变，这类支出不符合固定资产确认条件，应当确认为费用，计入当期损益。

后续支出的处理原则为：符合固定资产确认条件的，应当计入固定资产成本或其他相关资产的成本（例如，与生产产品相关的固定资产的后续支出计入相关产成品的成本），同时将被替换部分的账面价值扣除；不符合固定资产确认条件的，应当计入当期损益。

（一）资本化的后续支出

固定资产发生可资本化的后续支出时，企业一般应将该固定资产的原价、已计提的累计折旧和减值准备转销，将固定资产的账面价值转入在建工程，并在此基础上重新确定固定资产原价。因已转入在建工程，因此停止计提折旧。在固定资产发生的后续支出完工并达到预定可使用状态时，再从在建工程转为固定资产，并按重新确定的固定资产原价、使用寿命、预计净残值和折旧方法计提折旧。固定资产发生的可资本化的后续支出，通过"在建工程"科目核算。

【例7–20】天宇股份有限公司的一条生产线，原价为1 410 000元，预计使用年限为5年，预计净残值为10 000元，采用直线法计提折旧。该生产线已使用3年，已提折旧为840 000元。现对该生产线进行更新改造，更新改造支出符合固定资产确认条件，以银行存款支付改良支出200 000元。改造后的生产线预计还可使用4年，预计净残值为0。

根据上述资料，天宇公司的账务处理如下。

①固定资产转入更新改造时：

借：在建工程	570 000
累计折旧	840 000
贷：固定资产	1 410 000

②发生改良支出时：

借：在建工程	200 000
贷：银行存款	200 000

③生产线更新改造完毕，达到预定可使用状态时：

借：固定资产	770 000
贷：在建工程	770 000

④改造后的生产线年折旧额 = 770 000/4 = 192 500（元）

借：制造费用	192 500

贷：累计折旧　　　　　　　　　　　　　　　　　　192 500

企业发生的某些固定资产后续支出可能涉及替换原固定资产的某组成部分，当发生的后续支出符合固定资产确认条件时，应将其计入固定资产成本，同时将被替换部分的账面价值扣除。这样可以避免将替换部分的成本和被替换部分的成本同时计入固定资产成本，导致固定资产成本高估。企业对固定资产进行定期检查发生的大修理费用，符合资本化条件的，可以计入固定资产成本，不符合资本化条件的，应当费用化，计入当期损益。固定资产在定期大修间隔期间，照提折旧。

【例7－21】天宇股份有限公司某项固定资产原价为 10 000 000 元，采用年限平均法计提折旧，使用寿命为 10 年，预计净残值为零，在第 5 年年初企业对该项固定资产的某一主要部件进行更换，发生支出合计 5 000 000 元，符合固定资产的确认条件，被更换部件的原价为 4 000 000 元。

①第 5 年初更换部件时转入"在建工程"：

借：在建工程　　　　　　　　　　　　　　　　　　6 000 000

　　累计折旧（10 000 000 ÷ 10 × 4）　　　　　　　　4 000 000

　　　贷：固定资产　　　　　　　　　　　　　　　10 000 000

②安装新部件时：

借：在建工程　　　　　　　　　　　　　　　　　　5 000 000

　　　贷：工程物资——××发动机　　　　　　　　　5 000 000

③更换部件时：

借：营业外支出（4 000 000 － 4 000 000 ÷ 10 × 4）　2 400 000

　　　贷：在建工程　　　　　　　　　　　　　　　　2 400 000

④更换完毕，固定资产投入使用时：

固定资产的入账价值 = 6 000 000 + 5 000 000 － 2 400 000 = 8 600 000（元）

借：固定资产　　　　　　　　　　　　　　　　　　8 600 000

　　　贷：在建工程　　　　　　　　　　　　　　　　8 600 000

（二）费用化的后续支出

企业固定资产更新改造支出不满足固定资产确认条件的，在发生时应直接计入当期损益。与固定资产有关的修理费用等后续支出，不符合固定资产确认条件的，应当根据不同情况分别在发生时计入当期管理费用或销售费用。

一般情况下，固定资产投入使用之后，由于固定资产磨损、各组成部分耐用程度不同，可能导致固定资产的局部损坏，为了维护固定资产的正常运转和使用，充分发挥其使用效能，企业将对固定资产进行必要的维护。除与存货的生产和加工相关的固定资产的修理费用按照存货成本确定原则进行处理外，行政管理部门发生的固定资产修理费用等后续支出计入管理费用；企业专设销售机构发生的固定资产修理费用等后续支出，计入销售费用。

【例7－22】2018 年 1 月 3 日，天宇股份有限公司对现有的一台生产用机器设备进行日常维护，维护过程中领用本企业原材料一批，价值为 48 000 元，应支付维护人员的工资为 15 000 元。不考虑其他相关税费。

借：制造费用	63 000	
贷：原材料		48 000
应付职工薪酬		15 000

第四节　固定资产清查与期末计价

一、固定资产清查

（一）固定资产清查概述

固定资产是一种价值较高、使用期限较长的有形资产，因此，对于管理规范的企业而言，盘盈、盘亏的固定资产较为少见。企业应当健全制度，加强管理，定期或者至少于每年年末对固定资产进行清查盘点，以保证固定资产核算的真实性和完整性。如果清查中发现固定资产盘盈或盘亏的，应及时查明原因，在期末结账前处理完毕。

固定资产清查原则上要求对所有的固定资产全面清查盘点，主要包括土地、房屋及建筑物、通用设备、专用设备、交通运输设备等。

（二）固定资产盘亏

固定资产盘亏造成的损失，应当计入当期损益。企业在财产清查中盘亏的固定资产，按盘亏固定资产的账面价值借记"待处理财产损溢——待处理固定资产损溢"科目，按已计提的累计折旧，借记"累计折旧"科目，按已计提的减值准备，借记"固定资产减值准备"科目，按固定资产原价，贷记"固定资产"科目。按管理权限报经批准后处理时，按可收回的保险赔偿或过失人赔偿，借记"其他应收款"科目，按应计入营业外支出的金额，借记"营业外支出——盘亏损失"科目，贷记"待处理财产损溢"科目。

【例 7 - 23】天宇股份有限公司年末对固定资产进行清查时，发现丢失一台设备。该设备账面原价为 280 000 元，已计提折旧 160 000 元，并已计提减值准备 30 000 元。经查，该设备丢失的原因在于保管员张三看守不当。经批准，由保管员赔偿 10 000 元。有关账务处理如下（不考虑增值税）。

①发现盘亏时：

借：待处理财产损溢——待处理固定资产损溢	90 000	
累计折旧	160 000	
固定资产减值准备	30 000	
贷：固定资产——××设备		280 000

②报经批准后的账务处理：

借：其他应收款——张三	10 000
营业外支出——盘亏损失	80 000
贷：待处理财产损溢——待处理固定资产损溢	90 000

二、固定资产期末计价

（一）固定资产减值及其含义

企业应当于期末对固定资产进行检查，如发现存在下列情况，应当计算固定资产的可收回金额，以确定资产是否已经发生减值：

（1）固定资产市价大幅度下跌，其跌幅大大高于因时间推移或正常使用而预计的下跌，并且预计在近期内不可能恢复；

（2）企业所处经营环境，如技术、市场、经济或法律环境，或者产品营销市场在当期发生或在近期发生重大变化，并对企业产生负面影响；

（3）同期市场利率等大幅度提高，进而很可能影响企业计算固定资产可收回金额的折现率，并导致固定资产可收回金额大幅度降低；

（4）固定资产陈旧过时或发生实体损坏等；

（5）固定资产预计使用方式发生重大不利变化，如企业计划终止或重组该资产所属的经营业务、提前处置资产等情形，从而对企业产生负面影响；

（6）其他有可能表明资产已发生减值的情况。

如果企业确定固定资产的可收回金额低于账面价值的，应当计提固定资产减值准备。可收回金额是指固定资产的公允价值减去处置费用后的净额与预期从固定资产的持续使用和使用寿命结束时的处置中形成的预计未来现金流量的现值两者之中的较高者。

（二）固定资产减值准备的会计处理

企业应通过"资产减值损失"和"固定资产减值准备"科目核算企业确认的固定资产减值损失和计提的资产减值准备。

按照我国会计准则的规定，期末资产负债表日，如果出现减值迹象，应对固定资产进行减值测试。如果固定资产的可收回金额低于账面价值，应当将固定资产的账面价值减记至可收回金额。根据所确认的减值金额，借记"资产减值损失"科目，贷记"固定资产减值准备"科目。资产减值损失一经确认，在以后会计期间不得转回。以前期间计提的资产减值准备，需要等到资产处置时才可转出。

资产减值损失确认后，减值资产的折旧或者摊销费用应当在未来期间作相应调整，以使该资产在剩余使用寿命内系统地分摊调整后的资产账面价值（扣除预计净残值）。即固定资产计提减值准备后，应当按照计提减值准备后的账面价值及尚可使用寿命或尚可使用年限（含预计净残值等的变更）重新计算确定折旧率、折旧额。

第五节　固定资产的处置

一、固定资产终止确认的条件

固定资产满足下列条件之一的，应当予以终止确认。

1. 该固定资产处于处置状态。固定资产处置包括固定资产的出售、转让、报废或毁损、对外投资、非货币性资产交换、债务重组等。处于处置状态的固定资产不再用于生产商品、提供劳务、出租或经营管理，因此不再符合固定资产的定义，应予终止确认。

2. 该固定资产预期通过使用或处置不能产生经济利益。固定资产的确认条件之一是"与该固定资产有关的经济利益很可能流入企业"，如果一项固定资产预期通过使用或处置不能产生经济利益，那么，它就不再符合固定资产的定义和确认条件，应予终止确认。

二、固定资产处置的会计处理

企业出售、转让固定资产划归为持有待售类别的，按照持有待售固定资产的相关内容进行会计处理；未划归为持有待售固定资产而出售、转让的，通过"固定资产清理"科目归集所发生的损益，其产生的利益或损失转入"资产处置损益"科目，计入当期损益。

固定资产因报废毁损等原因而终止确认的，通过"固定资产清理"科目归集所发生的损益，其产生的利得或损失计入"营业外收入"或"营业外支出"科目。

企业因出售、转让、报废或毁损、对外投资、非货币性资产交换、债务重组等处置固定资产，通过"固定资产清理"科目核算的，其会计处理一般经过以下五个步骤。

第一，固定资产转入清理。固定资产转入清理时，按固定资产账面价值，借记"固定资产清理"科目，按已计提的累计折旧，借记"累计折旧"科目，按已计提的减值准备，借记"固定资产减值准备"科目，按固定资产账面余额，贷记"固定资产"科目。

第二，发生的清理费用。固定资产清理过程中发生的有关费用以及应支付的相关税费，借记"固定资产清理"科目，贷记"银行存款""应交税费"等科目。

第三，出售收入和残料等的处理。企业收回出售固定资产的价款、残料价值和变价收入等，按实际收到的出售价款以及残料变价收入，借记"银行存款"

"原材料"等科目,贷记"固定资产清理"等科目。随出售价款收回增值税时,按适用税率计算增值税,借记"银行存款"科目,贷记"应交税费——应交增值税(销项税额)科目"。

第四,保险赔偿的处理。企业计算或收到的应由保险公司或过失人赔偿的损失,借记"其他应收款""银行存款"等科目,贷记"固定资产清理"科目。

第五,清理净损益的处理。固定资产清理完成后的净损失,属于正常出售、转让所产生的利得或损失,借记或贷记"资产处置损益"科目,贷记或借记"固定资产清理"科目;属于已丧失使用功能正常报废所产生的利得或损失,借记或贷记"营业外支出——非流动资产报废"科目,贷记或借记"固定资产清理"科目;属于自然灾害等非正常原因造成的,借记或贷记"营业外支出——非常损失"科目,贷记或借记"固定资产清理"科目。

【例 7 - 24】天宇股份有限公司因经营管理需要将一台设备出售。该设备为 2016 年 12 月 1 日购入,原价为 300 000 元,预计使用年限为 3 年,采用平均年限法计提折旧,预计净残值为零。2018 年 12 月 31 日,累计已计提折旧 200 000 元,计提减值准备 40 000 元。在清理过程中,以银行存款支付清理费用 8 000 元,收到不含税转让收入 100 000 元,增值税税率为 13%。

①固定资产转入清理。

借:固定资产清理——××设备	60 000	
累计折旧	200 000	
固定资产减值准备——××设备	40 000	
贷:固定资产——××设备		300 000

②发生清理费用和相关税费。

借:固定资产清理——××设备	8 000	
贷:银行存款		8 000

③收到转让收入。

借:银行存款	113 000	
贷:固定资产清理——××设备		100 000
应交税费——应交增值税(销项税额)		13 000

④结转固定资产净损益。

借:固定资产清理——××设备	32 000	
贷:资产处置损益		32 000

【例 7 - 25】天宇股份有限公司一台设备由于正常使用丧失使用功能,按规定做报废处理。设备原价 100 000 元,已计提累计折旧 98 000 元。报废时支付清理费用 400 元,残料作价 1 000 元,验收入库作为原材料使用。

天宇公司账务处理如下。

①设备报废,固定资产账面价值转入"固定资产清理"科目。

借:固定资产清理	2 000	
累计折旧	98 000	

　　　　贷：固定资产　　　　　　　　　　　　　　　　　100 000

②支付清理费用。

借：固定资产清理　　　　　　　　　　　　　　　　400

　　　贷：银行存款　　　　　　　　　　　　　　　　　400

③残料入库。

借：原材料　　　　　　　　　　　　　　　　　　　1 000

　　　贷：固定资产清理　　　　　　　　　　　　　　　1 000

④结转报废净损失。

借：营业外支出——非流动资产报废　　　　　　　　1 400

　　　贷：固定资产清理　　　　　　　　　　　　　　　1 400

三、持有待售固定资产

（一）持有待售类别资产及分类原则

　　企业主要通过出售（包含具有商业实质的非货币性资产交换）而非持续使用一项非流动资产或处置组收回其账面价值的，应当将其划分为持有待售类别。这里的非流动资产包括固定资产、无形资产、长期股权投资等，但不包括递延所得税资产、金融工具相关准则规范的金融资产、以公允价值模式进行后续计量的投资性房地产、以公允价值减去出售费用后的净额计量的生物资产和由保险合同相关会计准则规范的保险合同所产生的权利。处置组，是指在一项交易中作为整体出售或其他方式一并处置的一组资产，以及在该交易中转让的与这些资产直接相关的负债。

　　同时满足下列条件的非流动资产应当划分为持有待售：一是该非流动资产在当前状况下可立即出售；二是出售极可能发生。

　　满足条件一，指企业应该具有当前状态下出售该非流动资产的意图和能力，企业应当在出售前做好相关准备，如按照惯例允许买方在报价和签署合同前对资产进行尽职调查等。

　　满足条件二，指企业已经就一项出售计划作出决议且获得确定的购买承诺，预计出售在一年内完成。包含以下三层含义：一是企业出售非流动资产或处置组的决议一般需要由企业相应级别的管理层作出，如果有关规定要求企业相关权力机构或者监管部门批准后方可出售，应当已经获得批准。二是企业已经获得确定的购买承诺，确定的购买承诺是企业与其他方签订的具有法律约束力的购买协议，该协议包括交易价格、时间和足够严厉的违约惩罚等重要条款，使协议出现重大调整或者撤销的可能性极小。三是预计自划分为持有待售类别起一年内，出售交易能够完成。有些情况下，非流动资产或处置组在初始分类时满足了持有待售类别的所有条件，但后续由于一些企业无法控制的原因，可能导致出售未能在一年内完成。如果涉及的出售不是关联方交易，且有充分证据表明企业仍然承诺出售非流动资产或处置组，允许放松一年期限条件，企业可以继续将非流动资产或处置组划分为持有待售类别。

企业无法控制的原因包括以下两点。

（1）意外设定条件。买方或其他方意外设定导致出售延期的条件，企业针对这些条件已经及时采取行动，且预计能够自设定导致出售延期的条件起一年内顺利化解延期因素，即预计能够自设定这些条件起一年内满足条件并完成出售。

（2）在最初一年内，发生罕见情况，导致出售将被延迟至一年之后。如果企业针对这些新情况在最初一年内已经采取必要措施，而且该非流动资产或处置组重新满足了持有待售类别的划分条件，企业仍然可以维持原持有待售类别的分类。这里的"罕见情况"主要指因不可抗力引发的情况、宏观经济形势发生急剧变化等不可控情况。如果涉及的出售是关联方交易，不允许放松一年期限条件。

持有待售的非流动资产或处置组不再继续满足持有待售类别划分条件的，企业不应当继续将其划分为持有待售类别。

（二）持有待售固定资产的计量

企业拟通过出售（包含具有商业实质的非货币性资产交换）而非持续使用一项固定资产收回其账面价值的，满足上述两个条件时，应当将其划分为持有待售固定资产。

持有待售固定资产的计量包括：划分为持有待售类别前的计量、划分为持有待售类别时的计量、划分为持有待售类别后的计量、不再继续划分为持有待售类别的计量。

1. 划分为持有待售类别前的计量。企业将固定资产首次划分为持有待售类别前，应首先确定固定资产的账面价值，按固定资产准则对固定资产计提折旧，按资产减值准则，应判断资产负债表日是否发生减值迹象。如果出现减值迹象，应对固定资产进行减值测试。

2. 划分为持有待售类别时的计量。对于持有待售的固定资产，企业在初始计量时，如果持有待售的固定资产的账面价值低于其公允价值减去出售费用后的净额，企业不需要对账面价值进行调整；如果账面价值高于其公允价值减去出售费用后的净额，企业应当将账面价值减记至公允价值减去出售费用后的净额，减记的金额确认为资产减值损失，计入当期损益，同时计提持有待售资产减值准备。

企业应当按照《企业会计准则第39号——公允价值计量》的有关规定确定固定资产的公允价值。出售费用是企业发生的可以直接归属于出售资产或处置组的增量费用，包括为出售发生的特定法律服务、评估咨询等中介费用，也包括相关的消费税、城市维护建设税、土地增值税和印花税等，但不包括财务费用和所得税费用。有些情况下，公允价值减去出售费用后的净额可能为负值，持有待售的固定资产的账面价值应当以减记至零为限。是否需要确认相关预计负债，应当按照《企业会计准则第13号——或有事项》的规定进行会计处理。

3. 划分为持有待售类别后的计量。对于已划分为持有待售的固定资产，资产负债表日重新计量持有待售固定资产时，如果账面价值高于公允价值减去出售费用后的净额，应当将账面价值减记至公允价值减去出售费用后的净额，减记的金额确认资产减值损失，计入当期损益，同时计提持有待售资产减值准备。如果后续资产负债表日持有待售的固定资产公允价值减去出售费用后的净额增加，以前减记的金额应予以恢复，并在划分为持有待售类别后固定资产计提的资产减值损失金额内转回，转回金额计入当期损益，划分为持有待售类别前确认的资产减值损失不得转回。

持有待售的固定资产不计提折旧。

4. 不再继续划分为持有待售类别的计量。固定资产因不再满足持有待售类别划分条件而不再继续划分为持有待售固定资产时，应当按照以下两者孰低计量：

（1）划分为持有待售固定资产前的账面价值，按照假定不划分为持有待售类别情况下本应确认的折旧或减值进行调整后的金额；

（2）可收回金额。由此产生的差额计入当期损益，通过"资产减值损失"科目进行会计处理。原划分为持有待售的固定资产在重新分类后，与其从未划分为持有待售类别情况下的账面价值一致。

（三）持有待售固定资产终止确认的会计处理

持有待售固定资产实际出售时，应当将尚未确认的利得或损失计入当期损益，通过"资产处置损益"科目核算。

【例7－26】天宇股份有限公司2015年12月取得一幢办公楼，原值1 100万元，预计净残值100万元，预计使用寿命10年，按平均年限法计提折旧。2018年12月，天宇公司与乙公司签订不可撤销的转让协议，定于2019年8月将该项固定资产以610万元的价格出售给乙公司，预计处置费用为10万元，假定该不动产满足划分为持有待售类别的条件，且该不动产未发生减值，不考虑相关税费。

①划分为持有待售资产前，该固定资产共计提折旧300万元，其账面价值 = 1 100 – 100 × 3 = 800（万元）。

②该项固定资产转为持有待售的固定资产时：

借：持有待售资产——固定资产　　　　　　　　　　8 000 000
　　累计折旧　　　　　　　　　　　　　　　　　3 000 000
　　　贷：固定资产　　　　　　　　　　　　　　　　　11 000 000

此后不再计提折旧。

③该资产账面价值高于其公允价值减去出售费用后的净额，应计提减值准备。

计提减值准备 = 800 – (610 – 10) = 200（万元）

借：资产减值损失　　　　　　　　　　　　　　　　2 000 000

  贷：持有待售资产减值准备——固定资产   2 000 000

  ④假设，在某一后续资产负债表日，出售费用由于相关因素变化预计会发生金额为 15 万元，则减记的金额应增加 5 万元。

  借：资产减值损失   50 000
    贷：持有待售资产减值准备——固定资产   50 000

  ⑤2019 年 8 月，天宇公司按协议将此设备出售给乙公司，实际发生出售费用为 15.5 万元，其他条件不变。

  借：银行存款   5 945 000
    持有待售资产减值准备——固定资产   2 050 000
    资产处置损益   5 000
    贷：持有待售资产——固定资产   8 000 000

第八章　无形资产

第一节　无形资产概述

一、无形资产的特征和分类

（一）无形资产的定义

根据国际会计准则第 38 号的定义，无形资产是指"为用于商品或劳务的生产或供应、出租给其他单位、或为管理目的而持有的、没有实物形态的、可辨认的非货币资产"。我国会计准则第 6 号将无形资产定义为"企业拥有或者控制的没有实物形态的可辨认非货币性资产"。根据我国会计准则的定义，无形资产主要具有以下特征。

1. 由企业拥有或者控制并能为其带来未来经济利益的资源。预计能为企业带来未来经济利益是作为一项资产的本质特征，无形资产也不例外。通常情况下，企业拥有或者控制的无形资产应当拥有其所有权并且能够为企业带来未来经济利益。但在某些情况下并不需要企业拥有其所有权，如果企业有权获得某项无形资产产生的经济利益，同时又能约束其他人获得这些经济利益，则说明企业控制了该无形资产，或者说控制了该无形资产产生的经济利益，并受法律的保护。

2. 不具有实物形态。无形资产通常表现为某种权利、某项技术或是某种获取超额利润的综合能力。它们不具有实物形态，看不见，摸不着。无形资产为企业带来经济利益的方式与固定资产不同，后者是通过实物价值的磨损和转移来为企业带来未来经济利益，而无形资产很大程度上是通过自身所具有的技术等优势为企业带来未来经济利益，不具有实物形态是无形资产区别于其他资产的特征之一。

3. 具有可辨认性。要作为无形资产进行核算，该资产必须是能够区别于其他资产可单独辨认的。符合以下条件之一的，则认为其具有可辨认性。

（1）能够从企业中分离或者划分出来，并能单独用于出售或转让等，而不需要同时处置在同一获利活动中的其他资产，则说明无形资产可以辨认。某些情况下无形资产可能需要与有关的合同一起用于出售、转让等，这种情况下也视为可辨认无形资产。商誉是与企业整体价值联系在一起的，所以商誉不属于无形资产。

（2）产生于合同性权利或其他法定权利，无论这些权利是否可以从企业或其他权利和义务中转移或者分离。如一方通过与另一方签订特许权合同而获得的特许使用权，通过法律程序申请获得的商标权、专利权等。

客户关系、人力资源等，由于企业无法控制其带来的未来经济利益，不符合无形资产的定义，不应将其确认为无形资产。内部产生的品牌、报刊名、刊头、客户名单和实质上类似项目的支出不能与整个业务开发成本区分开来。因此，这类项目也不应确认为无形资产。

4. 属于非货币性资产。非货币性资产，是指企业持有的货币资金和将以固定或可确定的金额收取的资产以外的其他资产。无形资产由于没有发达的交易市场，一般不容易转化成现金，在持有过程中为企业带来未来经济利益的情况不确定，不属于以固定或可确定的金额收取的资产，属于非货币性资产。

（二）无形资产的分类

在知识经济条件下，无形资产对企业具有极其重要的意义，企业有必要加强对无形资产的管理。企业出于不同的管理需要，可以对无形资产进行不同的分类。

1. 根据无形资产的来源进行分类。无形资产可以分为外购的无形资产，自行开发的无形资产，投资者投入的无形资产，企业合并取得的无形资产，债务重组取得的无形资产，以非货币性资产交换取得的无形资产，以及政府补助取得的无形资产等。这种分类主要是为了使无形资产的初始确认和计量更加准确、合理，因为不同来源的无形资产，其初始确认的方法和计量属性可能存在很大区别。

2. 根据无形资产的使用寿命进行分类。无形资产可以分为使用寿命有限的无形资产和使用寿命不确定的无形资产。使用寿命有限的无形资产是指法律或合同规定了使用期限的无形资产。这些无形资产在使用期限届满时，如果不能请求展期或企业未请求展期，其经济价值将随之消逝，如专利权、专营权、商标权、著作权、土地使用权等。使用寿命不确定的无形资产是指法律或合同没有规定使用期限的无形资产。这些无形资产只要企业愿意，就可以无限期地使用下去，除非其经济价值因故消逝，如非专利技术等。这种分类主要是为了便于正确地将无形资产的应摊销金额在其使用寿命内进行系统合理的摊销。

3. 根据无形资产的内容进行分类。无形资产可以分为专利权、非专利技术、商标权、著作权、特许权、土地使用权等。

（1）专利权，是指国家专利主管机关依法授予发明创造专利申请人，对其发明创造在法定期限内所享有的专有权利，包括发明专利权、实用新型专利权和外观设计专利权。

（2）非专利技术，也称专有技术，是指不为外界所知、在生产经营活动中已采用了的、不享有法律保护的、可以带来经济效益的各种技术和诀窍。非专利技术并不是专利法的保护对象，需用自我保密的方式来维持其独占性，具有经济性、机密性和动态性等特点。

（3）商标权，是指专门在某类指定的商品或产品上使用特定的名称或图案的权利。经商标局核准注册的商标为注册商标，包括商品商标、服务商标和集体商标、证明商标。商标注册人享有商标专用权，受法律保护。

（4）著作权，又称版权，是指作者对其创作的文学、科学和艺术作品依法享有的某些特殊权利。著作权包括作品署名权、发表权、修改权和保护作品完整权，还包括复制权、发行权、出租权、展览权、表演权、放映权、广播权、信息网络传播权、摄制权、改编权、翻译权、汇编权以及应当由著作权人享有的其他权利。

（5）特许权，又称经营特许权、专营权，指企业在某一地区经营或销售某种特定商品的权利或是一家企业接受另一家企业使用其商标、商号、技术秘密等的权利。特许权通常有两种形式：一种是由政府机构授权，准许企业使用或在一定地区享有经营某种业务的特权，如水、电、邮电通信等专营权、烟草专卖权等；另一种指企业间依照签订的合同，有限期或无限期使用另一家企业的某些权利，如连锁店分店使用总店的名称等。

（6）土地使用权，指国家准许某企业在一定期间内对国有土地享有开发、利用、经营的权利。根据我国土地管理法的规定，我国土地实行公有制，任何单位和个人不得侵占、买卖或者以其他形式非法转让。通常情况下，作为投资性房地产或者作为固定资产核算的土地，按照投资性房地产或者固定资产核算；以缴纳土地出让金等方式外购的土地使用权、投资者投入等方式取得的土地使用权，作为无形资产核算。

二、无形资产的确认条件

由于无形资产没有实物形态，因而要对其进行确认会比有形资产困难。根据我国会计准则的规定，无形资产首先必须符合无形资产的定义，同时满足以下两个确认条件时，才能予以确认。

1. 与该资产有关的经济利益很可能流入企业。无形资产作为一项资产，必须要符合资产的特性，即与该资产有关的经济利益很可能流入企业。通常情况下，无形资产所产生的未来经济利益可能并不是单独或直接可见的，而是包括在销售商品、提供劳务的收入中，或者企业使用该项无形资产而减少或节约的成本中，或体现在获得的其他利益中。实务中，要确定无形资产创造的经济利益是否很可能流入企业，需要职业判断。在实施这种判断时，需要对无形资产在预计使用寿命内可能存在的各种经济因素作出合理估计，并且应当有明确的证据支持。比如，企业是否有足够的人力资源、高素质的管理队伍、相关的硬件设备、相关的原材料等来配合无形资产为企业创造经济利益。同时，更为重要的是关注一些外界因素的影响，比如是否存在相关的新技术、新产品冲击无形资产相关的技术或据其生产的产品的份额等。在实施判断时，企业的管理当局应对无形资产的预计使用寿命内存在的各种因素作出最稳健的估计。

2. 该无形资产的成本能够可靠地计量。成本能够可靠地计量是资产确认的一项基本条件。对于无形资产来说，这个条件相对更为重要。如果符合上述第一个条件，但是其本身的成本不能够可靠计量，在会计上依然不能作为无形资产确认。比如，企业内部产生的品牌、报刊名等，因其成本无法可靠计量，不作为无形资产确认。再比如，企业科技人才的知识在规定的期限内预期能够为企业创造经济利益，但由于这些技术人才的知识难以辨认，且形成这些知识所发生的支出难以计量，因而不能作为企业的无形资产加以确认。

第二节　无形资产的初始计量

无形资产通常是按实际成本计量，即以取得无形资产并使之达到预定用途而发生的全部支出，作为无形资产的成本。对于不同来源取得的无形资产，其初始成本构成内容和确认方法存在较大区别。

一、外购的无形资产

外购方式是企业取得无形资产的重要渠道，在企业日常生产经营过程中，如果自身研究和开发能力有限，企业可以通过外购的方式取得无形资产，以及时满足企业经营管理的需要。外购无形资产成本包括购买价款、相关税费以及直接归属于使该项资产达到预定用途所发生的其他支出。其中，直接归属于使该项资产达到预定用途所发生的其他支出包括使无形资产达到预定用途所发生的专业服务费用、测试无形资产是否能够正常发挥作用的费用等。但是，下列各项不包括在无形资产的初始成本中：

（1）为引入新产品进行宣传发生的广告费、管理费用及其他间接费用；

（2）无形资产已经达到预定用途以后发生的费用。例如，在形成预定经济规模之前发生的初始运作损失，以及在无形资产达到预定用途之前发生的其他经营活动的支出，如果该经营活动并非是无形资产达到预定用途必不可少的，则有关经营活动的损益应于发生时计入当期损益，而不构成无形资产的成本。

外购的无形资产，应按其取得成本进行初始计量；如果购入的无形资产超过正常信用条件延期支付价款，实质上是具有融资性质的，应按所取得无形资产购买价款的现值计量其成本，现值与应付价款之间的差额作为未确认的融资费用，在付款期间内按照实际利率法确认为利息费用。

2016年3月，财政部、国家税务总局发布了《营业税改征增值税试点实施办法》（2016 年 5 月 1 日开始实施），将应税行为的具体范围调整为"销售服务、无形资产或者不动产"，并规定转让无形资产的增值税税率为 6%（土地使用权除外）。企业外购的无形资产按税法规定可以抵扣增值税的，按可以抵扣的增值税进项税额借记"应交税费——应交增值税（进项税额）"科目。

【**例 8 - 1**】天宇股份有限公司因经营管理需要，从外部购入一项专利权，按照协议约定以现金支付，实际支付的价款为 300 万元，并支付有关专业服务费用 5 万元，增值税共计 18.3 万元，款项已通过银行转账支付。

天宇公司取得该无形资产的账务处理如下。

借：无形资产——专利权 3 050 000
    应交税费——应交增值税（进项税额） 183 000
    贷：银行存款 3 233 000

企业分期付款购买无形资产，超过正常信用条件的，该项购买实质上具有融资性质，无形资产的成本应以各期付款额的现值之和确定。具体会计核算与分期购买固定资产，超过正常信用条件类似。

二、投资者投入的无形资产

投资者可以用企业生产经营所需的无形资产作为出资投入企业。投资者投入的无形资产成本，应当按照投资合同或协议约定的价值确定无形资产的取得成本。如果投资合同或协议约定价值不公允的，应按无形资产的公允价值作为无形资产初始成本入账。

【**例 8 - 2**】天宇股份有限公司因业务发展需要，同意某企业以一项自有专利技术向公司投资。根据双方签订的投资协议，此项专利技术作价 200 万元，折合公司股票 20 万股，每股面值 1 元。同时，天宇公司为该项专利技术的转让支付印花税等相关税费 1.5 万元，款项已通过银行转账支付。

该项专利技术的初始计量，应以取得时的成本为基础，即等于投资协议约定的价格 200 万元，加上支付的相关税费 1.5 万元为基础。假定不考虑增值税，该项无形资产初始确认的会计分录如下。

借：无形资产——专利技术 2 015 000
    贷：股本 200 000
        资本公积——股本溢价 1 800 000
        银行存款 15 000

三、通过非货币性资产交换取得的无形资产

非货币性资产交换取得的无形资产，是指企业以其存货、固定资产、无形资产和长期股权投资等非货币性资产，与其他单位的无形资产进行交换而取得的无形资产。

如果非货币性资产交换具有商业实质且公允价值能够可靠计量，换入的无形资产应以换出资产的公允价值为基础进行计量。在换入无形资产的一方支付补价时，应以换出资产的公允价值加上支付的补价（即换入无形资产的公允价值）和应支付的相关税费，作为换入无形资产的入账成本；在换入无形资产的一方收到补价时，应以换入无形资产的公允价值（或换出资产的公允价值减去补价）和应支付的相关税费，作为换入无形资产的入账成本。

如果非货币性资产交换不具有商业实质，或者换入和换出资产的公允价值均不能可靠计量时，换入的无形资产应以换出资产的账面价值为基础进行计量。在换入无形资产的一方支付补价时，应以换出资产的账面价值加上支付的补价和应支付的相关税费，作为换入无形资产的入账成本；在换入无形资产的一方收到补价时，应以换出资产的账面价值减去补价，加上应支付的相关税费，作为换入无形资产的入账成本。

财政部于 2019 年 1 月印发的《企业会计准则第 7 号——非货币性资产交换（修订）（征求意见稿）》规定，满足规定条件的非货币性资产交换，对于换入资产，企业应当以换入资产的公允价值和应支付的相关税费作为换入资产的成本进行初始计量；对于换出资产，企业应当在终止确认时，将换入资产的公允价值与换出资产账面价值之间的差额计入当期损益。涉及补价、同时换入或换出多项资产的，应当按照下列规定进行处理：

支付补价的，换入资产的公允价值减去支付的补价，与换出资产账面价值之间的差额计入当期损益。

收到补价的，换入资产的公允价值加上收到的补价，与换出资产账面价值之间的差额计入当期损益。

四、接受捐赠的无形资产

企业接受捐赠的无形资产，应分别以下情况确定无形资产的入账价值。

一是捐赠方提供了有关凭据的，按凭据上标明的金额加上应支付的相关税费确定。

二是捐赠方没有提供有关凭据的，按如下顺序确定：

（1）同类或类似无形资产存在活跃市场的，应参照同类或类似无形资产的市场价格估计的金额，加上应支付的相关税费确定；

（2）同类或类似无形资产不存在活跃市场的，按该接受捐赠的无形资产的预计未来现金流量现值确定。

企业接受捐赠的无形资产，按确定的金额计入营业外收入。

五、通过债务重组取得的无形资产

通过债务重组取得的无形资产，是指企业作为债权人取得的债务人用于偿还债务的，且企业作为无形资产管理的非现金资产。通过债务重组取得的无形资产成本，应当以公允价值入账。

六、土地使用权

企业取得的土地使用权，通常应当按照取得时所支付的价款及相关税费确认为无形资产。土地使用权用于自行开发建造厂房等地上建筑物时，土地使用权的账面价值不与地上建筑物合并计算其成本，而仍作为无形资产进行核算，土地使用权与地上建筑物分别进行摊销和提取折旧。但下列情况除外：

（1）房地产开发企业取得的土地使用权用于建造对外出售的房屋建筑物，相关的土地使用权应当计入所建造的房屋建筑物成本。

（2）企业外购的房屋建筑物，实际支付的价款中包括土地以及建筑物的价值，则应当对支付的价款按照合理的方法（例如，公允价值比例）在土地和地上建筑物之间进行分配；如果确实无法在地上建筑物与土地使用权之间进行合理分配的，应当全部作为固定资产，按照固定资产确认和计量的规定进行处理。

企业改变土地使用权的用途，将其用于出租或增值目的时，应将其转为投资性房地产。

【例 8 − 3】2019 年 1 月 1 日，天宇股份有限公司购入一块土地使用权，以银行存款转账支付 9 000 万元，并在该土地上自行建造厂房等工程，发生材料支出8 000 万元，工资费用 4 000 万元，其他相关费用 6 000 万元。该工程已经完工并达到预定可使用状态。土地使用权的使用年限为 50 年，厂房的使用年限为 25年，两者都没有净残值，都采用直线法进行摊销和计提折旧。为简化核算，假定无其他税费。

天宇公司购入土地使用权，使用年限为 50 年，表明它属于使用寿命有限的无形资产，在该土地上自行建造厂房，应将土地使用权和地上建筑物分别作为无形资产和固定资产进行核算，并分别摊销和计提折旧。账务处理如下。

①支付转让价款。

借：无形资产——土地使用权　　　　　　　　　　90 000 000
　　贷：银行存款　　　　　　　　　　　　　　　　　90 000 000

②在土地上自行建造厂房。

借：在建工程　　　　　　　　　　　　　　　　180 000 000
　　贷：工程物资　　　　　　　　　　　　　　　　　80 000 000
　　　　应付职工薪酬　　　　　　　　　　　　　　　40 000 000
　　　　银行存款　　　　　　　　　　　　　　　　　60 000 000

③厂房达到预定可使用状态。

借：固定资产　　　　　　　　　　　　　　　　180 000 000
　　贷：在建工程　　　　　　　　　　　　　　　　180 000 000

④每年分期摊销土地使用权和对厂房计提折旧。

借：管理费用　　　　　　　　　　　　　　　　　1 800 000
　　制造费用　　　　　　　　　　　　　　　　　7 200 000
　　　贷：累计摊销　　　　　　　　　　　　　　　　　1 800 000
　　　　　累计折旧　　　　　　　　　　　　　　　　　7 200 000

第三节　内部研究开发费用的确认和计量

　　企业研究与开发费用是否符合无形资产的定义和相关特征（例如，可辨认性）、能否或者何时能够为企业产生预期经济利益，以及成本能否可靠地计量尚存在不确定因素。这些成本是否应予资本化的争论，主要有三种观点：一是全部费用化，其理由是企业在从事某项专利技术的研究与开发时，并不一定能保证成功，出于谨慎性考虑，应将研究与开发过程中的费用计入当期损益；二是全部资本化，其依据是企业的研究与开发活动应看作是一个整体，因此研究与开发费用应从总体上进行判断，只要企业总体的研究与开发成功，则研究与开发费用都应资本化；三是有选择的资本化，这种方法首先确定了将研究与开发支出资本化应具备的条件，符合资本化条件的支出资本化，不符合条件的费用化。

　　目前国际会计准则和我国会计准则都是遵循第三种观点：研究与开发活动发生的费用，除了要遵循无形资产确认和初始计量的一般要求外，还需要满足其他特定的条件，才能够确定为一项无形资产。

　　不同国家或组织的会计准则所确定的研究与开发支出资本化的条件差异较大，国际会计准则的规定有六个方面：（1）完成该无形资产，使其能使用或销售，在技术上可行；（2）有意愿完成并使用或销售该无形资产；（3）有能力使用或销售该无形资产；（4）该无形资产有实现未来经济利益的不同方式；（5）有足够的技术、财务资源和其他资源支持，以完成该无形资产的开发并使用或销售之；（6）对归属该无形资产开发阶段的支出，能够可靠地计量。

　　按照我国会计准则的规定：首先，为评价内部产生的无形资产是否满足确认标准，企业应当将资产的形成过程分为研究阶段与开发阶段两个部分；其次，对于开发过程中发生的费用，在符合一定条件的情况下，才可确认为一项无形资产。在实务工作中，具体划分研究阶段与开发阶段，以及是否符合资本化的条件，应当根据企业的实际情况以及相关信息予以判断。

一、研究阶段和开发阶段的划分

　　我国会计准则在确定企业自行研究与开发项目的支出资本化条件时，要求区分研究阶段与开发阶段两个部分。

（一）研究阶段

研究阶段是指为获取新的技术和知识等进行的有计划的调研，如为获取知识而进行的活动；研究成果或其他知识的应用研究、评价和最终选择；材料、设备、产品、工序、系统或服务替代品的研究；新的或经改进的材料、设备、产品、工序、系统或服务的可能替代品的配制、设计、评价和最终选择等。

从研究活动的特点看，其研究是否能在未来形成成果，即通过开发后是否会形成无形资产均具有很大的不确定性，企业也无法证明其能够带来未来经济利益的无形资产的存在，因此，研究阶段的有关支出在发生时，应当予以费用化计入当期损益。

（二）开发阶段

开发阶段是指在进行商业性生产或使用前，将研究成果或其他知识应用于某项计划或设计，以生产出新的或具有实质性改进的材料、装置、产品等。如生产前或使用前的原型和模型的设计、建造和测试；含新技术的工具、夹具、模具和冲模的设计；不具有商业性生产经济规模的试生产设施的设计、建造和运营；新的或经改造的材料、设备、产品、工序、系统或服务所选定的替代品的设计、建造和测试等。

由于开发阶段相对于研究阶段更进一步，相对于研究阶段来讲，进入开发阶段，则很大程度上形成一项新产品或新技术的基本条件已经具备，此时如果企业能够证明满足无形资产的定义及相关确认条件，所发生的开发支出可资本化，确认为无形资产的成本。

二、内部开发的无形资产的确认与计量原则

在开发阶段，如果企业能够证明满足无形资产的定义及相关确认条件，所发生的开发支出可资本化，确认为无形资产。可以将开发阶段有关支出资本化计入无形资产成本的，应具备以下条件。

（1）完成该无形资产以使其能够使用或出售在技术上具有可行性。

（2）具有完成该无形资产并使用或出售的意图。

（3）无形资产产生经济利益的方式，包括能够证明运用该无形资产生产的产品存在市场或无形资产自身存在市场，无形资产将在内部使用的，应当证明其有用性。

（4）有足够的技术、财务资源和其他资源支持，以完成该无形资产的开发，并有能力使用或出售该无形资产。

（5）归属于该无形资产开发阶段的支出能够可靠地计量。

内部开发活动形成的无形资产成本，主要由可直接归属于该资产的创造、生产并使该资产能够以管理层预定的方式运作的所有必要支出组成。其中，可直接

归属成本主要包括：开发该无形资产时耗费的材料、劳务成本、注册费，在开发该无形资产过程中使用的其他专利权和特许权的摊销，以及按照借款费用的处理原则可资本化的利息支出。

在开发无形资产过程中发生的除上述可直接归属于无形资产开发活动的其他销售费用、管理费用等间接费用、无形资产达到预定用途前发生的可辨认的无效和初始运作损失、为运行该无形资产发生的培训支出等，不构成无形资产的开发成本。

内部开发无形资产的成本仅包括在满足资本化条件的时点至无形资产达到预定用途前发生的支出总和，对于同一项无形资产在开发过程中达到资本化条件之前已经费用化计入当期损益的支出不再进行调整。

三、内部研究开发支出的会计处理

企业内部研究和开发无形资产，其在研究阶段的支出全部费用化，计入当期损益（管理费用）；开发阶段的支出符合条件的资本化，不符合资本化条件的计入当期损益。如果确实无法区分研究阶段的支出和开发阶段的支出，应将其所发生的研发支出全部费用化，计入当期损益。

企业自行开发无形资产发生的研发支出，不满足资本化条件的，应借记"研发支出——费用化支出"科目，满足资本化条件的，借记"研发支出——资本化支出"科目，贷记"原材料""银行存款""应付职工薪酬"等科目。

企业以其他方式取得的正在进行中的研究开发项目，应按确定的金额，借记"研发支出——资本化支出"科目，贷记"银行存款"等科目。以后发生的研发支出，应当比照上述第一条原则进行处理。

研究开发项目达到预定用途形成无形资产的，应按"研发支出——资本化支出"科目的余额，借记"无形资产"科目，贷记"研发支出——资本化支出"科目。

【例8-4】天宇股份有限公司因生产经营需要，在2018年组织研发人员进行一项专利技术研发。在研究开发过程中发生材料费50万元，人工工资20万元，其他费用30万元，总计100万元，其中，符合资本化条件的支出为65万元。2018年末，该专利技术研发成功并申请了国家专利，在申请专利过程中发生注册等相关费用5 000元，聘请律师费6 000元。

在此例中，费用化的支出 = 100 - 65 = 35（万元）

资本化的支出 = 65 + 0.5 + 0.6 = 66.1（万元）

天宇公司的账务处理如下。

①发生研发支出。

借：研发支出——费用化支出	350 000
——资本化支出	650 000
贷：原材料	500 000
应付职工薪酬	200 000

　　　　银行存款　　　　　　　　　　　　　　　　　　　　300 000

②申请国家专利发生的支出。

借：研发支出——资本化支出　　　　　　　　　　　　11 000

　　贷：银行存款　　　　　　　　　　　　　　　　　　　　11 000

③期末结转费用化支出。

借：管理费用——研发支出　　　　　　　　　　　　　350 000

　　贷：研发支出——费用化支出　　　　　　　　　　　　　350 000

④该专利技术开发成功。

借：无形资产　　　　　　　　　　　　　　　　　　　661 000

　　贷：研发支出——资本化支出　　　　　　　　　　　　　661 000

第四节　无形资产的后续计量

一、无形资产的使用寿命

　　无形资产初始确认和计量后，在其后使用该项无形资产期间内应以成本减去累计摊销额和累计减值损失后的余额计量。要确定无形资产在使用过程中的累计摊销额，首先就要估计其使用寿命，只有使用寿命有限的无形资产才能将其成本在估计使用寿命内采用系统合理的方法进行摊销，而对于使用寿命不确定的无形资产则不需要摊销。

　　企业在取得无形资产时就应对其使用寿命进行分析判断，其寿命如果有限，就应当估计该使用寿命的年限或者构成使用寿命的产量等类似计量单位数量；无法预见无形资产为企业带来未来经济利益期限的，应当视为使用寿命不确定的无形资产。

　　企业应当综合考虑以下因素来估计无形资产的使用寿命：

　　（1）该资产通常的产品寿命周期，以及可获得的类似资产使用寿命的信息；

　　（2）技术、工艺等方面的现实情况及对未来发展的估计；

　　（3）以该资产在该行业运用的稳定性和生产的产品或服务的市场需求情况；

　　（4）现在或潜在的竞争者预期采取的行动；

　　（5）为维持该资产产生未来经济利益的能力所需要的维护支出，以及企业预计支付有关支出的能力；

　　（6）对该资产的控制期限，以及对该资产使用的法律或类似限制，如特许使用期间、租赁期间等；

　　（7）与企业持有的其他资产使用寿命的关联性等。

　　具体而言，企业应当按照如下原则对无形资产的使用寿命进行确定。

　　（1）源自合同性权利或其他法定权利的无形资产，其使用寿命不应超过合同性权利或其他法定权利的期限。

（2）如果企业使用资产的预期期限短于合同性权利或其他法定权利规定的期限，则应当按照企业预期使用的期限确定其使用寿命。

（3）如果合同性权利或其他法定权利能够在到期时因续约等延续，则仅当有证据表明企业续约不需要付出重大成本时，续约期才能够包括在使用寿命的估计中。下列情况下，一般说明企业无须付出重大成本即可延续合同性权利或其他法定权利：

①有证据表明合同性权利或法定权利将被重新延续，如果在延续之前需要第三方同意，则还需有第三方将会同意的证据；

②有证据表明为获得重新延续所必需的所有条件将被满足，以及企业为延续持有无形资产付出的成本相对于预期从重新延续中流入企业的未来经济利益相比不具有重要性。

（4）如果企业为延续无形资产持有期间而付出的成本与预期从重新延续中流入企业的未来经济利益相比具有重要性，则从本质上来看是企业获得的一项新的无形资产。

（5）没有明确的合同或法律规定无形资产的使用寿命的，企业应当综合各方面情况，例如企业经过努力，聘请相关专家进行论证、与同行业的情况进行比较以及参考企业的历史经验等，来确定无形资产为企业带来未来经济利益的期限。

（6）如果经过上述这些努力，仍确实无法合理确定无形资产为企业带来经济利益的期限的，才能将该无形资产作为使用寿命不确定的无形资产。

另外，企业至少应当于每年年度终了，对无形资产的使用寿命及摊销方法进行复核，如果有证据表明无形资产的使用寿命及摊销方法不同于以前的估计，如由于合同的续约或无形资产应用条件的改善，延长了无形资产的使用寿命，则对于使用寿命有限的无形资产，应改变其摊销年限及摊销方法，并按照会计估计变更进行处理。对于使用寿命不确定的无形资产，如果有证据表明其使用寿命是有限的，则应视为会计估计变更，应当估计其使用寿命并按照使用寿命有限的无形资产的处理原则进行处理。

二、使用寿命有限的无形资产

使用寿命有限的无形资产，应在其预计的使用寿命内采用系统合理的方法对应摊销金额进行摊销。应摊销金额，是指无形资产的成本扣除残值后的金额。已计提减值准备的无形资产，还应扣除已计提的无形资产减值准备累计金额。使用寿命有限的无形资产，其残值一般应当视为零。

（一）摊销期和摊销方法

无形资产的摊销期自其可供使用（即其达到预定用途）时起至终止确认时

止，即无形资产摊销的起始和停止日期为：当月增加的无形资产，当月开始摊销；当月减少的无形资产，当月不再摊销。

无形资产摊销有多种方法，包括直线法、产量法等。企业应当根据能够反映与该项无形资产有关的经济利益的预期消耗方式选择恰当的无形资产摊销方法，并一致地运用于不同会计期间。例如，受技术陈旧因素影响较大的专利权和专有技术等无形资产，可采用类似固定资产加速折旧的方法进行摊销；有特定产量限制的特许经营权或专利权，应采用产量法进行摊销。无法可靠确定其预期消耗方式的，应当采用直线法进行摊销。

无形资产的摊销一般应计入当期损益，但如果某项无形资产是专门用于生产某种产品或者其他资产，其所包含的经济利益是通过转入到所生产的产品或其他资产中实现的，则无形资产的摊销费用应当计入相关资产的成本。例如，某项专门用于生产过程中的专利技术，其摊销费用应构成所生产产品成本的一部分，计入制造该产品的制造费用。

持有待售的无形资产不进行摊销，按照账面价值与公允价值减去处置费用后的净额孰低进行计量。

（二）残值的确定

一般情况下，无形资产的残值为零，但下述两种情况除外：一是有第三方承诺在无形资产使用寿命结束时购买该项无形资产；二是可以根据活跃市场得到无形资产预计残值信息，并且该市场在该项无形资产使用寿命结束时可能存在。

估计无形资产的残值应以资产处置时的可收回金额为基础，此时的可收回金额是指在预计出售日，出售一项使用寿命已满且处于类似使用状况下，同类无形资产预计的处置价格（扣除相关税费）。残值确定以后，在持有无形资产期间，至少应于每年年末进行复核，预计其残值与原估计金额不同的，应按照会计估计变更进行处理。如果无形资产的残值重新估计以后高于其账面价值，则无形资产不再摊销，直至残值降至低于账面价值时再恢复摊销。

（三）使用寿命有限的无形资产摊销的账务处理

使用寿命有限的无形资产应当在其使用寿命内，采用合理的摊销方法进行摊销。摊销时，应当考虑该项无形资产所服务的对象，并以此为基础将其摊销价值计入相关资产的成本或者当期损益。

【例8-5】2018年1月1日，天宇股份有限公司从外单位购得一项非专利技术，支付价款200万元，款项已支付，估计该项非专利技术的使用寿命为5年，该项非专利技术用于产品生产。假定无形资产的净残值均为零，并按直线法摊销。

由于公司外购的非专利技术的估计使用寿命为5年，表明该项无形资产是使用寿命有限的无形资产，且该项无形资产用于产品生产，因此，应当将其摊销金额计入相关产品的制造成本。天宇公司的账务处理如下。

①取得无形资产。

借：无形资产——非专利技术   2 000 000

  应交税费——应交增值税（进项税额） 120 000

   贷：银行存款   2 120 000

②按年摊销。

借：制造费用——非专利技术   400 000

   贷：累计摊销   400 000

三、使用寿命不确定的无形资产

如果无法合理估计某项无形资产的使用寿命，企业应将其作为使用寿命不确定的无形资产进行核算。对于使用寿命不确定的无形资产，在持有期间内不需要摊销，但应当在每个会计期间进行减值测试。其减值测试的方法按照资产减值的原则进行处理，如经减值测试表明已发生减值，则需要计提相应的减值准备，其相关的账务处理为：借记"资产减值损失"科目，贷记"无形资产减值准备"科目。

【例8-6】2015年1月1日，天宇股份有限公司以银行存款500万元（不含增值税）购入一项专利权。该项无形资产的预计使用年限为10年，2018年末预计该项无形资产的可收回金额为250万元，尚可使用年限为5年。另外，该公司2016年1月内部研发成功并可供使用非专利技术的无形资产账面价值为140万元，无法预见这一非专利技术为企业带来未来经济利益期限，2018年末预计其可收回金额为120万元，预计该非专利技术可以继续使用4年，该企业按直线法摊销无形资产。天宇公司的账务处理如下。

①2015年取得专利权。

借：无形资产——专利权   5 000 000

  应交税费——应交增值税（进项税额） 300 000

   贷：银行存款   5 300 000

②2015年年末摊销。

借：管理费用   500 000

   贷：累计摊销   500 000

③2016年1月内部研发成功非专利技术。

借：无形资产——非专利技术   1 400 000

   贷：研发支出——资本化支出   1 400 000

④2016年、2017年、2018年年末专利权摊销。

借：管理费用   500 000

   贷：累计摊销   500 000

⑤截至2018年专利权的账面价值 $= 500 - 500 \div 10 \times 4 = 300$（万元），可收回金额为250万元，计提减值准备50万元。

借：资产减值损失   500 000

   贷：无形资产减值准备——专利权   500 000

  非专利技术账面价值为 140 万元，属于使用寿命不确定的无形资产，不进行摊销，可收回金额为 120 万元，计提减值准备 20 万元。

   借：资产减值损失   200 000

    贷：无形资产减值准备——非专利技术   200 000

  ⑥2019 年末，购入的专利权继续摊销，摊销金额 = 250 ÷ 5 = 50（万元），非专利技术确定了可使用年限后需要摊销，摊销金额 = 120 ÷ 4 = 30（万元）。

   借：管理费用——专利权   500 000

       ——非专利技术   300 000

    贷：累计摊销   800 000

第五节 无形资产的处置

  无形资产的处置，主要是指无形资产出售、对外出租、对外捐赠，或者是无法为企业带来未来经济利益时对无形资产进行终止确认并转销。

一、无形资产的出售

  企业出售某项无形资产，表明企业放弃无形资产的所有权。企业出售、转让划归为持有待售类别的，应按照持有待售非流动资产、处置组的相关规定进行会计处理。有关会计处理原则与持有待售固定资产相同，本章不再赘述。

  未划分为持有待售类别而出售、转让无形资产的，应将所取得的价款与该无形资产账面价值的差额作为资产处置利益或损失，记入"资产处置损益"科目。出售无形资产时，按实际收到的金额，借记"银行存款"等科目，按已计提的累计摊销，借记"累计摊销"科目，原已计提减值准备的，借记"无形资产减值准备"科目，按应支付的相关税费，贷记"应交税费"等科目，按其账面余额，贷记"无形资产"科目，按其差额，借记或贷记"资产处置损益"科目。转让无形资产（土地使用权除外）的增值税税率为 6%，转让土地使用权的增值税税率为 10%。

  【例 8 - 7】天宇股份有限公司 2019 ~ 2022 年无形资产业务有关的资料如下。

  ①2019 年 12 月 1 日，以银行存款 3 180 000 元购入一项无形资产。该无形资产的预计使用年限为 10 年，采用直线法摊销，预计净残值为 0。

  ②2021 年 12 月 31 日对该无形资产进行减值测试时，该无形资产的预计未来现金流量现值是 1 900 000 元，公允价值减去处置费用后的金额为 1 800 000 元。减值测试后该资产的使用年限不变。

  ③2022 年 4 月 1 日，将该无形资产以 2 600 000 元对外出售，取得的价款及增值税已收存银行，增值税税率为 6%。

天宇公司的账务处理如下。

①购入无形资产时:

借:无形资产	3 000 000	
应交税费——应交增值税（进项税额）	180 000	
贷:银行存款		3 180 000

②2019年12月31日摊销无形资产时:

| 借:管理费用（3 000 000/10×1/12） | 25 000 | |
| 贷:累计摊销 | | 25 000 |

③2021年12月31日无形资产的账面价值为:3 000 000 - 25 000 - 300 000 - 300 000 = 2 375 000（元）

该无形资产预计未来现金流量现值高于其公允价值减去处置费用后的金额，所以其可收回金额是预计未来现金流量现值1 900 000元，应计提减值准备 = 2 375 000 - 1 900 000 = 475 000（元）。

| 借:资产减值损失 | 475 000 | |
| 贷:无形资产减值准备 | | 475 000 |

④无形资产出售时:

2022年前3个月该无形资产的摊销金额 = 1 900 000/（120个月 - 25个月）×3个月 = 60 000（元），至2022年4月1日，无形资产共摊销了25 000 + 300 000 + 300 000 + 60 000 = 685 000（元）。

借:银行存款	2 756 000	
累计摊销	685 000	
无形资产减值准备	475 000	
贷:无形资产		3 000 000
资产处置损益		760 000
应交税费——应交增值税（销项税额）		156 000

二、无形资产的出租

企业将所拥有的无形资产的使用权让渡给他人，而所有权仍由企业拥有，由此而产生的租金收入，属于与企业日常活动相关的其他经营活动取得的收入，在满足收入确认条件的情况下，应确认相关的收入及成本。让渡无形资产使用权而取得的租金收入，借记"银行存款"等科目，贷记"其他业务收入"等科目；摊销出租无形资产的成本并发生与转让有关的各种费用支出时，借记"其他业务成本"科目，贷记"累计摊销"科目。

【例8-8】2019年1月1日，天宇股份有限公司将一项专利技术对外出租，该专利技术账面余额为200万元，摊销期限为10年。出租合同规定，承租方每销售一件用该专利生产的产品，必须付给出租方8元专利技术使用费。假定承租方当年销售该产品5万件，增值税税率为6%。

天宇公司的账务处理如下。

①取得该项专利技术租金收入时：

借：银行存款　　　　　　　　　　　　　　　　　424 000

　　贷：其他业务收入　　　　　　　　　　　　　　400 000

　　　　应交税费——应交增值税（销项税额）　　　　24 000

②按年对该项专利技术进行摊销：

借：其他业务成本　　　　　　　　　　　　　　　200 000

　　贷：累计摊销　　　　　　　　　　　　　　　　200 000

三、无形资产的报废

当无形资产预期不能为企业带来未来经济利益，或者无形资产已被其他新技术所替代或超过法律保护期而不能再为企业带来经济利益，企业就应将其报废并予以转销。在将无形资产转销时，应按已计提的累计摊销借记"累计摊销"科目；按其账面余额，贷记"无形资产"科目；按其差额，借记"营业外支出"科目；已计提减值准备的，还应同时结转减值准备。

【例8－9】天宇股份有限公司拥有的某项专利技术已被其他更先进的技术所取代，不能再为企业带来经济利益，企业决定对其转销。转销时，该项专利技术的账面余额为100万元，摊销期限为10年，采用直线法进行摊销，已累计摊销60万元，假定该项专利权的残值为零，已累计计提的减值准备为10万元，假定不考虑其他相关因素。

天宇公司转销该无形资产的账务处理如下。

借：累计摊销　　　　　　　　　　　　　　　　　600 000

　　无形资产减值准备　　　　　　　　　　　　　100 000

　　营业外支出——处置非流动资产损失　　　　　300 000

　　贷：无形资产——专利权　　　　　　　　　　1 000 000

第九章　投资性房地产

第一节　投资性房地产的概述

一、投资性房地产的定义及其性质

房地产是土地和房屋及其权属的总称。由于我国土地归国家或集体所有，企业和居民只能取得土地使用权。因此，房地产中的土地是指土地使用权。房屋是指土地上的房屋等建筑物及构筑物。

投资性房地产，是指为赚取租金或资本增值，或者两者兼有而持有的房地产。

投资性房地产在用途、状态、目的等方面区别于作为生产经营场所的房地产和用于销售的房地产。随着我国房地产市场日益活跃，企业持有的房地产除了用作生产经营活动场所和对外销售之外，出现了将房地产用于赚取租金或增值收益的活动。就某些企业而言，投资性房地产属于日常经常性活动，形成的租金收入或转让增值收益确认为企业的主营业务收入，但对于大部分企业而言，是与经营性活动相关的其他经营活动，形成的租金收入或转让增值收益构成企业的其他业务收入。因此，需要将投资性房地产单独作为一项资产核算，与自用的厂房、办公楼等房地产和作为存货（已建完工商品房）的房地产加以区别。

房地产投资属于一种经营性活动。投资性房地产的主要形式是出租建筑物、出租土地使用权，这实质上属于一种让渡资产使用权行为。房地产租金就是让渡资产使用权取得的使用费收入，是企业为完成其经营目标所从事的经营性活动以及与之相关的其他活动形成的经济利益总流入。投资性房地产的另一种形式是持有并准备增值后转让的土地使用权，尽管其增值收益通常与市场供求、经济发展等因素相关，但目的是为了增值后转让以赚取增值收益，因此，投资性房地产属于一种经营活动。在我国实务中，持有并准备增值后转让的土地使用权这种情况较少。

我国企业会计准则规定，企业通常应当采用成本模式对投资性房地产进行后续计量，在满足特定条件的情况下，即有确凿证据表明其所有投资性房地产的公允价值能够持续可靠取得的，可以采用公允价值模式进行后续计量。

二、投资性房地产的范围

投资性房地产包括：已出租的土地使用权、持有并准备增值后转让的土地使用权、已出租的建筑物。

（一）已出租的土地使用权

已出租的土地使用权，是指企业通过出让或转让方式取得的、以租赁方式出租的土地使用权。企业取得的土地使用权通常包括在一级市场上以交纳土地出让金的方式取得的土地使用权，也包括在二级市场上接受其他单位转让的土地使用权。

例如，甲公司与乙公司签署了土地使用权租赁协议，甲公司以年租金 600 万元租赁使用乙公司拥有的 50 万平方米的土地使用权。那么，自租赁协议约定的租赁期开始日起，这项土地使用权属于乙公司的投资性房地产。对于以租赁方式租入土地使用权再转租给其他单位的，不能确认为投资性房地产。如上例，甲企业将租来的土地使用权又转租给丙企业，则这项土地使用权不能确认为甲企业的投资性房地产。

（二）持有并准备增值后转让的土地使用权

持有并准备增值后转让的土地使用权，是指企业取得的、准备增值后转让的土地使用权。这类土地使用权很可能给企业带来资本增值收益，符合投资性房地产的定义。例如，企业发生转产或厂址搬迁，部分土地使用权停止自用，企业管理当局（董事会或类似机构）作出书面决议明确继续持有这部分土地使用权，待其增值后转让以赚取增值收益。该土地使用权属于投资性房地产。

企业依法取得土地使用权后，应当按照国有土地有偿使用合同或建设用地批准书规定的期限动工开发建设。根据 1999 年 4 月 26 日国土资源部发布的《闲置土地处理办法》的规定，土地使用者依法取得土地使用权后，未经原批准用地的人民政府同意，超过规定的期限未动工开发建设的建设用地属于闲置土地，不属于持有并准备增值后转让的土地使用权，也就不属于投资性房地产。

（三）已出租的建筑物

已出租的建筑物是指企业拥有产权的、以租赁方式出租的建筑物，包括自行建造或开发活动完成后用于出租的建筑物以及正在建造或开发过程中将来用于出租的建筑物。

企业在判断和确认已出租的建筑物时，应注意以下三点。

1. 用于出租的建筑物必须是企业拥有产权的建筑物。企业以租赁方式租入再转租的建筑物不属于投资性房地产。例如，A 企业与 B 企业签订了一项租赁合同，B 企业将其持有产权的一栋办公楼出租给 A 企业，为期 5 年。A 企业一开始将该办公楼改装后用于自行经营健身场所。1 年后，由于亏损，A 企业将健身房转租给 C 公司，以赚取租金差价。这种情况下，对于 A 企业而言，由于没有产权，该栋楼不属于其投资性房地产。对于 B 企业来说，则属于其投资性房地产。

2. 已出租的建筑物是企业已经与其他方签订了租赁协议，约定以租赁方式出租的建筑物。

投资性房地产确认时点，一般应以租赁协议规定的租赁期开始日起，租出的建筑物才属于已出租的建筑物。

企业持有以备经营出租的空置建筑物或在建建筑物，如董事会或类似机构作出书面决议，明确表明将其用于经营出租且持有意图短期内不再发生变化的，即使尚未签订租赁协议，也应视为投资性房地产。空置建筑物是指企业新购入、自行建造或开发完工但尚未使用的建筑物，以及不再用于日常生产经营活动且经整理后达到可经营出租状态的建筑物。例如，甲企业在当地房地产交易中心通过竞拍取得一块土地的使用权。甲企业按照合同规定对这块土地进行了开发，并在这块土地上建造了一栋商铺，拟用于整体出租，但尚未开发完工。本例中，该尚未开发完工的商场不属于"空置建筑物"，不属于投资性房地产。

3. 企业将建筑物出租，按租赁协议向承租人提供的相关辅助服务在整个协议中不重大的，应当将该建筑物确认为投资性房地产。如甲企业在杭州市中心购买了一栋写字楼，共 5 层。其中第 1 层和第 2 层经营出租给中国银行作为分行，第 3 层经营出租给 A 公司作为餐饮服务，第 4 层以上全部经营出租给 B 公司作为办公用房。甲企业同时为整栋楼提供保安、清洁、维修等日常辅助服务。本例中，甲企业将写字楼出租，同时提供的辅助服务不重大。对于甲企业而言，这栋写字楼属于甲企业的投资性房地产。

此外，下列房地产不属于投资性房地产。

（1）自用房地产。自用房地产，是指为生产商品、提供劳务或者经营管理而持有的房地产。如企业生产经营用的厂房和办公楼属于固定资产；企业生产经营用的土地使用权属于无形资产。自用房地产的特征在于服务于企业自身的生产经营活动，其价值将随着房地产的使用而逐渐转移到企业的产品或服务中去，通过销售商品或提供服务为企业带来经济利益，在产生现金流量的过程中与企业持有的其他资产密切相关。例如，企业出租给本企业职工居住的宿舍，虽然也收取租金，但间接为企业自身的生产经营服务，因此具有自用房地产的性质。又如，企业拥有并自行经营的旅馆饭店，其经营目的是通过向客户提供客房服务取得服务收入，该业务不具有租赁性质，不属于投资性房地产；若将其拥有的旅馆饭店部分或全部出租，且出租的部分能够单独计量和出售的，出租的部分可以确认为投资性房地产。

（2）作为存货的房地产。作为存货的房地产通常是指房地产开发企业在正常经营过程中销售的或为销售而正在开发的商品房和土地。这部分房地产属于房地产开发企业的存货，其生产、销售构成企业的主营业务活动，产生的现金流量也与企业的其他资产密切相关。因此，具有存货性质的房地产不属于投资性房地产。

从事房地产经营开发的企业依法取得的、用于开发后出售的土地使用权，属于房地产开发企业的存货，即使房地产开发企业决定待增值后再转让其开发的土地，也不得将其确认为投资性房地产。

在实务中，存在某项房地产部分自用或作为存货出售、部分用于赚取租金或资本增值的情形。如某项投资性房地产不同用途的部分能够单独计量和出售的，应当分别确认为固定资产、无形资产、存货和投资性房地产。例如，甲房地产开发商建造了一栋商住两用楼盘，一层出租给一家大型超市，已签订租赁合同；其余楼层均为普通住宅，正在公开销售中。这种情况下，如果一层商铺能够单独计量和出售，应当确认为甲企业的投资性房地产，其余楼层为甲企业的存货，即开发产品。

值得注意的是，关联企业之间租赁房地产的，出租方应将出租的房地产确定为投资性房地产。但在编制合并报表时，应将其作为企业集团的自用房地产。

第二节　投资性房地产的确认和初始计量

一、投资性房地产的确认

（一）投资性房地产确认条件

投资性房地产与其他资产一样，只有在符合定义的前提下，同时满足下列条件的，才能予以确认：

（1）与该投资性房地产有关的经济利益很可能流入企业；

（2）该投资性房地产的成本能够可靠地计量。

（二）投资性房地产的确认时点

1. 用于出租的投资性房地产以租赁期开始日为确认日。对已出租的土地使用权、已出租的建筑物，其作为投资性房地产的确认时点一般为租赁期开始日，即土地使用权、建筑物进入出租状态、开始赚取租金的日期。

2. 持有以备经营出租的空置建筑物，以企业管理当局就该事项作出正式书面决议的日期。对企业持有以备经营出租的空置建筑物，董事会或类似机构作出书面决议，明确表明将其用于经营出租且持有的意图。短期内不再发生变化的，即使尚未签订租赁协议，也应视为投资性房地产。

3. 持有以备增值后转让的土地使用权以企业将自用土地使用权停止自用，准备增值后转让的日期为准。

二、投资性房地产的初始计量

企业取得投资性房地产时，应当按照取得时的实际成本进行初始计量。投资性房地产来源不同，其成本构成也不同。

（一）外购投资性房地产的初始计量

在采用成本模式计量下，外购的土地使用权和建筑物，按照取得时的实际成本进行初始计量，取得时的实际成本包括购买价款、相关税费和可直接归属于该资产的其他支出。企业购入的房地产，部分用于出租（或资本增值）、部分自用的，用于出租（或资本增值）的部分应当予以单独确认的，应按照不同部分的公允价值占公允价值总额的比例将成本在不同部分之间进行分配。

企业购入房地产，自用一段时间之后再改为出租或用于资本增值的，应当先将外购的房地产确认为固定资产或无形资产，自租赁期开始日或用于资本增值之日起，再从固定资产或无形资产转换为投资性房地产。

采用成本计量模式的企业，按购入时的实际成本，借记"投资性房地产"科目，贷记"银行存款"等科目。

采用公允价值计量模式的企业，应当在"投资性房地产"科目下设置"成本"和"公允价值变动"两个明细科目，按照外购的土地使用权和建筑物发生的实际成本（其实际成本的确定与采用成本模式计量的投资性房地产一致），记入"投资性房地产——成本"科目，贷记"银行存款"等科目。

【例9-1】2019年5月，天宇股份有限公司计划购入一栋写字楼用于对外出租。5月25日，天宇公司与乙企业签订了租赁合同，约定自写字楼购买日起将这栋写字楼出租给乙企业，为期3年。7月5日，天宇公司实际购入写字楼，支付价款3 000万元，增值税税率为9%。假设不考虑其他因素。

①天宇公司采用成本模式进行后续计量下：

借：投资性房地产——写字楼   30 000 000
        应交税费——应交增值税（进项税额）   2 700 000
          贷：银行存款   32 700 000

②天宇公司采用公允价值模式进行后续计量下：

借：投资性房地产——成本（写字楼）   30 000 000
        应交税费——应交增值税（进项税额）   2 700 000
          贷：银行存款   32 700 000

（二）自行建造投资性房地产的确认和初始计量

企业自行建造投资性房地产，其成本由建造该项资产达到预定可使用状态前发生的必要支出构成，包括土地开发费、建筑成本、安装成本、应予以资本化的借款费用、支付的其他费用和分摊的间接费用等。建造过程中发生的非正常性损失，直接计入当期损益，不计入建造成本。

企业自行建造的房地产，只有在自行建造或开发活动完成（即达到预定可使用状态）的同时开始对外出租或用于资本增值，才能将自行建造的房地产确认为投资性房地产。但是对企业持有以备经营出租的空置建筑物，企业董事会作出了正式书面决议，明确表明将其用于经营出租且持有意图短期内不再发生变化的，可视为投资性房地产。

企业自行建造房地产达到预定可使用状态后一段时间才对外出租或用于资本增值的，应当先将自行建造的房地产确认为固定资产或无形资产，自租赁期开始日或用于资本增值之日开始，从固定资产或无形资产转换为投资性房地产。

采用成本模式计量的，应按照确定的成本，借记"投资性房地产"科目，贷记"在建工程"或"开发成本"科目。采用公允价值模式计量的，应按照确定的成本，借记"投资性房地产——成本"科目，贷记"在建工程"或"开发成本"科目。

【例9-2】2018年1月，天宇股份有限公司从其他单位购入一块土地的使用权，并在这块土地上开始自行建造二栋厂房。2018年11月，天宇公司预计厂房即将完工，与B公司签订了出租合同，将其中的一栋厂房租给B公司使用。合同约定，该厂房于完工（达到预定可使用状态）时开始起租。2018年12月1日，二栋厂房同时完工（达到预定可使用状态）。该块土地使用权的成本为800万元；二栋厂房的实际造价均为2 000万元，能够单独出售。

①天宇公司采用成本计量模式下：

土地使用权中的对应部分同时转换为投资性房地产 = [800 × (2 000 ÷ 4 000)] = 400（万元）

借：投资性房地产——厂房 20 000 000
　　贷：在建工程 20 000 000
借：投资性房地产——土地使用权 4 000 000
　　贷：无形资产——土地使用权 4 000 000

②天宇公司采用公允价值计量模式下：

借：投资性房地产——厂房（成本） 20 000 000
　　贷：在建工程 20 000 000
借：投资性房地产——土地使用权（成本） 4 000 000
　　贷：无形资产——土地使用权 4 000 000

（三）以其他方式取得的投资性房地产

以其他方式取得的投资性房地产，原则上也是按其取得时的实际成本作为入账价值，符合其他相关准则规定的按照相应的准则规定予以确定。比如债务重组转入的投资性房地产就应按债务重组准则的规定来处理。

非投资性房地产转换为投资性房地产，实质上是因房地产用途发生改变而对房地产进行的重新分类。转换日通常为租赁期开始日。房地产转换的计量将在本章第四节"投资性房地产的转换"中进行介绍。

第三节　投资性房地产的后续计量

投资性房地产后续计量，包括两个方面的内容：一是投资性房地产初始入账价值确认后的计量；二是投资性房地产后续支出的计量。投资性房地产的后续计量通常应当采用成本模式，只有满足特定条件的情况下才可以采用公允价值模式。但是，同一企业只能采用一种模式对所有投资性房地产进行后续计量，不得同时采用两种计量模式。

一、投资性房地产的后续计量

（一）采用成本模式进行后续计量的投资性房地产

在成本模式下，企业应当按照固定资产或无形资产的有关规定，对投资性房地产进行后续计量，计提折旧或摊销；存在减值迹象的，还应当按照资产减值的有关规定进行处理。其核算步骤为：

（1）按期（月）计提折旧或摊销，借记"其他业务成本"等科目，贷记"投资性房地产累计折旧（摊销）"科目；

（2）取得的租金收入，借记"银行存款"等科目，贷记"其他业务收入"等科目；

（3）经减值测试后确定发生减值的，应当计提减值准备，借记"资产减值损失"科目，贷记"投资性房地产减值准备"科目。如果已经计提减值准备的投资性房地产的价值又得以恢复，不得转回。

【例9-3】2019年4月初，天宇股份有限公司从二级市场以拍卖方式取得一宗土地使用权，准备在该宗土地上建造两栋写字楼，支付土地使用权价款，取得的增值税专用发票注明价款为5 000万元，预计剩余使用年限为50年，净残值为零，采用直线法摊销。2019年4月，开始建造两栋写字楼。2019年11月与乙公司签订了租赁合同，将其中的一栋写字楼租赁给乙公司使用，租赁合同规定写字楼于达到预定可以使用状态时开始起租。2020年1月写字楼完工达到预定可以使用状态，两栋写字楼的实际造价均为2 000万元，均能够单独出售。假定天宇公司采用成本模式进行后续计量。租期为3年，月租金为50万元，按月收取，已开具增值税专用发票。投资性房地产采用直线法摊销，写字楼的预计使用年限为30年，不考虑净残值，假定转让土地使用权及不动产租赁服务的增值税税率均为9%。

天宇公司的账务处理如下。

①2019 年 4 月取得土地使用权。

借：无形资产——土地使用权　　　　　　　　　　　50 000 000

　　应交税费——应交增值税（进项税额）　　　　　 4 500 000

　　　贷：银行存款　　　　　　　　　　　　　　　　　　54 500 000

②2019 年摊销土地使用权。

借：管理费用（50 000 000/50×9/12）　　　　　　　 750 000

　　　贷：累计摊销　　　　　　　　　　　　　　　　　　　750 000

③2020 年初写字楼完工达到预定可以使用状态。

借：固定资产——写字楼　　　　　　　　　　　　　20 000 000

　　投资性房地产——写字楼　　　　　　　　　　　20 000 000

　　　贷：在建工程　　　　　　　　　　　　　　　　　　40 000 000

借：投资性房地产——已出租土地使用权（50 000 000/2）

　　　　　　　　　　　　　　　　　　　　　　　25 000 000

　　累计摊销（750 000/2）　　　　　　　　　　　　 375 000

　　　贷：无形资产——土地使用权　　　　　　　　　　25 000 000

　　　　　投资性房地产累计摊销　　　　　　　　　　　　375 000

④2020 年 1 月投资性房地产的相关账务处理如下。

借：其他业务成本（25 000 000/50×1/12）　　　　　　41 670

　　　贷：投资性房地产累计摊销　　　　　　　　　　　　 41 670

借：银行存款　　　　　　　　　　　　　　　　　　 545 000

　　　贷：其他业务收入　　　　　　　　　　　　　　　　500 000

　　　　　应交税费——应交增值税（销项税额）　　　　　 45 000

⑤2020 年 2 月投资性房地产的相关账务处理如下。

借：其他业务成本　　　　　　　　　　　　　　　　　97 230

　　　贷：投资性房地产累计折旧（20 000 000/30×1/12）　 55 560

　　　　　投资性房地产累计摊销（25 000 000/50×1/12）　 41 670

借：银行存款　　　　　　　　　　　　　　　　　　 545 000

　　　贷：其他业务收入　　　　　　　　　　　　　　　　500 000

　　　　　应交税费——应交增值税（销项税额）　　　　　 45 000

（二）采用公允价值模式进行后续计量的投资性房地产

企业有确凿证据表明其投资性房地产的公允价值能够持续可靠取得的，可以对投资性房地产采用公允价值模式进行后续计量。一旦选择公允价值模式，就应当对其所有投资性房地产采用公允价值模式进行后续计量，不得对一部分投资性房地产采用成本模式进行后续计量，对另一部分投资性房地产采用公允价值模式进行后续计量。

采用公允价值模式计量的投资性房地产，应当同时满足下列条件：

（1）投资性房地产所在地有活跃的房地产交易市场。所在地，通常指投资性房地产所在的城市。对于大中型城市，应当为投资性房地产所在的城区。

（2）企业能够从活跃的房地产交易市场上取得同类或类似房地产的市场价格及其他相关信息，从而对投资性房地产的公允价值作出合理的估计。

投资性房地产的公允价值是指市场参与者在计量日发生的有序交易中，出售一项资产所能收到或者转移一项负债所需支付的价格。确定投资性房地产的公允价值时，应当参照活跃市场上同类或类似房地产的现行市场价格（市场公开报价）；无法取得同类或类似房地产现行市场价格的，应当参照活跃市场上同类或类似房地产的最近交易价格，并考虑交易情况、交易日期、所在区域等因素，从而对投资性房地产的公允价值作出合理的估计；也可以基于预计未来获得的租金收益和相关现金流量的现值计量。"同类或类似"的房地产，对建筑物而言，是指所处地理位置和地理环境相同、性质相同、结构类型相同或相近、新旧程度相同或相近、可使用状况相同或相近的建筑物；对土地使用权而言，是指同一位置区域、所处地理环境相同或相近、可使用状况相同或相近的土地。

企业采用公允价值模式进行后续计量的，不对投资性房地产计提折旧或进行摊销，应当以资产负债表日投资性房地产的公允价值计量。

与交易性金融资产会计处理类似，投资性房地产在公允价值模式计量下，除设置"成本"明细科目外，还应设置"公允价值变动"明细科目，以反映公允价值变动对投资性房地产的影响。资产负债表日，投资性房地产的公允价值高于其账面余额的差额，调增投资性房地产的账面价值，借记"投资性房地产——公允价值变动"科目，同时公允价值变动计入当期损益，贷记"公允价值变动损益"科目；投资性房地产公允价值低于其账面余额的差额作相反的会计分录。

【例 9 - 4】2018 年 9 月，甲房地产开发企业与乙公司签订租赁协议，约定将甲公司新建造的一栋写字楼租赁给乙公司使用，租赁期为 2 年。2018 年 12 月 1 日该写字楼开始出租，写字楼的工程造价为 8 000 万元，公允价值也为相同金额。该写字楼所在区域有活跃的房地产交易市场，而且能够从房地产交易市场上取得同类房地产的市场报价，甲公司决定采用公允价值模式对该项出租的房地产进行后续计量。

在确定该投资性房地产的公允价值时，甲公司选取了该房地产所处地区相近、结构及用途相同的房地产，参照公司所在地房地产交易市场上的平均销售价格，结合周边市场信息和自有房地产的特点。2018 年 12 月 31 日，该写字楼的公允价值为 8 400 万元。

①2018 年 12 月 1 日出租写字楼。

借：投资性房地产——成本	80 000 000
贷：开发成本	80 000 000

②2018 年 12 月 31 日按照公允价值计量。

借：投资性房地产——公允价值变动	4 000 000
贷：公允价值变动损益	4 000 000

（三）投资性房地产后续计量模式的变更

同一企业只能采用一种模式对所有投资性房地产进行后续计量，不得同时采用两种计量模式。企业对投资性房地产的计量模式一经确定，不得随意变更。只有在房地产市场比较成熟、能够满足采用公允价值模式条件的情况下，才允许企业对投资性房地产从成本模式计量变更为公允价值模式计量。

成本模式转为公允价值模式的，应当作为会计政策变更处理，并按计量模式变更时公允价值与账面价值的差额调整期初留存收益。已采用公允价值模式计量的投资性房地产，不得从公允价值模式转为成本模式。

【例9－5】天宇股份有限公司有两项投资性房地产，一栋写字楼和一项土地使用权对外出租，采用成本模式进行后续计量。2019年2月1日，假设甲企业持有的投资性房地产满足采用公允价值模式条件，天宇公司决定采用公允价值模式进行后续计量。2019年2月1日，该写字楼的原价为10 000万元，已计提折旧3 000万元，账面价值为7 000万元，公允价值为8 000万元。土地使用权的成本为2 000万元，累计摊销100万元，公允价值为2 100万元。公司按净利润的10%计提盈余公积。假定除上述对外出租的写字楼外，天宇公司无其他的投资性房地产。不考虑所得税影响。

写字楼、土地使用权转为公允价值计量的账务处理如下。

借：投资性房地产——写字楼（成本）　　　　　　　　80 000 000
　　投资性房地产累计折旧　　　　　　　　　　　　　30 000 000
　　贷：投资性房地产——写字楼　　　　　　　　　　　　100 000 000
　　　　利润分配——未分配利润　　　　　　　　　　　　　9 000 000
　　　　盈余公积　　　　　　　　　　　　　　　　　　　1 000 000
借：投资性房地产——土地使用权（成本）　　　　　　21 000 000
　　投资性房地产累计摊销　　　　　　　　　　　　　　1 000 000
　　贷：投资性房地产——土地使用权　　　　　　　　　　20 000 000
　　　　利润分配——未分配利润　　　　　　　　　　　　　1 800 000
　　　　盈余公积　　　　　　　　　　　　　　　　　　　　200 000

二、与投资性房地产有关的后续支出

（一）投资性房地产后续支出处理原则

投资性房地产有关的后续支出，指的是已确认为投资性房地产的项目在持有期间发生的与投资性房地产使用效能直接相关的各种支出，如改建扩建支出、装潢装修支出、日常维修支出等。

投资性房地产后续支出与固定资产有关的后续支出处理原则类似，如果后续支出延长投资性房地产的使用寿命或明显改良了投资性房地产的使用效能，符合条件的，应予以资本化，将改扩建或装修支出等计入投资性房地产的成本。

如果后续支出只是维护或恢复投资性房地产原有的使用效能，流入企业的经济利益不会超过原先的估计，这样的支出不满足投资性房地产的确认条件，应当在发生时计入当期损益。例如，企业为了保持投资性房地产的正常使用效能而对其进行日常维护和修理的支出，应当将其费用化，计入当期损益。

（二）资本化的后续支出

与投资性房地产有关的后续支出，满足投资性房地产确认条件的，应当计入投资性房地产成本。

（1）将改扩建的投资性房地产的账面价值转入"投资性房地产——在建"明细科目。

（2）在建期间不计提折旧或摊销，采用公允价值后续计量模式的，在建期间不考虑公允价值的变动。

（3）改扩建工程或装修完工时，将"投资性房地产——在建"明细科目的账面余额转入"投资性房地产"科目。

【例9-6】2018年3月，天宇股份有限公司与乙公司的一项写字楼租赁合同即将到期，该写字楼按照成本模式进行后续计量，为了提高写字楼的租金收入，天宇公司决定在租赁期满后对写字楼进行改扩建，并与丙公司签订了租赁合同，约定自改扩建完工时将写字楼出租给丙公司。3月31日，与乙公司的租赁合同到期，写字楼随即进入改扩建工程，写字楼原价为10 000万元，已计提折旧2 000万元。12月15日，写字楼改扩建工程完工，共发生支出3 000万元，即日按照租赁合同出租给丙公司。改扩建支出属于资本化的后续支出。

天宇公司的账务处理如下。

①2018年3月31日，投资性房地产转入改扩建工程。

借：投资性房地产——在建　　　　　　　　　　　80 000 000
　　投资性房地产累计折旧　　　　　　　　　　　20 000 000
　　　贷：投资性房地产——写字楼　　　　　　　　　　100 000 000

②2018年改扩建工程。

借：投资性房地产——在建　　　　　　　　　　　30 000 000
　　　贷：银行存款　　　　　　　　　　　　　　　　30 000 000

③2018年12月15日，改扩建工程完工。

借：投资性房地产——写字楼　　　　　　　　　　110 000 000
　　　贷：投资性房地产——在建　　　　　　　　　　110 000 000

【例9-7】2018年3月，天宇股份有限公司与乙公司的一项写字楼租赁合同即将到期，该写字楼按照公允价值模式进行后续计量，为了提高写字楼的租金收入，天宇公司决定在租赁期满后对写字楼进行改扩建，并与丙公司签订了租赁合同，约定自改扩建完工时将写字楼出租给丙公司。3月31日，与乙公司的租赁合同到期，写字楼随即进入改扩建工程，当日"投资性房地产——成本"科目余额为 10 000 万元，"投资性房地产——公允价值变动"借方科目余额为 2 000 万元。12 月 10 日，写字楼改扩建工程完工，共发生支出 5 000 万元，即日按照租赁合同出租给丙公司。改扩建支出属于资本化的后续支出。

天宇公司的账务处理如下。

①2018 年 3 月 31 日，投资性房地产转入改扩建工程。

借：投资性房地产——在建　　　　　　　　　　120 000 000
　　贷：投资性房地产——成本　　　　　　　　　　100 000 000
　　　　　　　　　　——公允价值变动　　　　　　 20 000 000

②2018 年改扩建工程。

借：投资性房地产——在建　　　　　　　　　　 50 000 000
　　贷：银行存款等　　　　　　　　　　　　　　 50 000 000

③2018 年 12 月 10 日，改扩建工程完工。

借：投资性房地产——成本　　　　　　　　　　170 000 000
　　贷：投资性房地产——在建　　　　　　　　　170 000 000

（三）费用化的后续支出

与投资性房地产有关的后续支出，不满足投资性房地产确认条件的，应当在发生时计入当期损益。企业在发生投资性房地产费用化的后续支出时，借记"其他业务成本"等科目，贷记"银行存款"等科目。

【例 9 - 8】天宇股份有限公司对其一项投资性房地产进行日常维修，发生维修支出 30 000 元。

天宇公司账务处理如下。

借：其他业务成本　　　　　　　　　　　　　　 30 000
　　贷：银行存款等　　　　　　　　　　　　　　 30 000

第四节　投资性房地产的转换

房地产的转换是因房地产用途发生改变而对房地产进行的重新分类。这里所说的房地产转换是指房地产用途发生改变，而不是后续计量模式的转变，例如自用的办公楼改为出租，投资性房地产开始自用等。

企业必须有确凿证据表明房地产用途发生改变，才能将投资性房地产转换为非投资性房地产或者将非投资性房地产转换为投资性房地产。确凿证据包括两个方面：一是企业董事会或类似机构应当就改变房地产用途形成正式的书面决议；二是房地产因用途改变而发生实际状态上的改变，如从自用状态改为出租状态。

一、投资性房地产转换形式

房地产转换形式主要包括两大类：一是投资性房地产转为非投资性房地产；二是非投资性房地产转为投资性房地产。具体有下列五种形式：

（1）投资性房地产开始自用，相应地由投资性房地产转换为固定资产或无形资产。如企业将原来用于赚取租金或资本增值的房地产改为用于生产商品、提供劳务或者经营管理。

（2）房地产企业将用于出租的房地产重新开发用于对外销售，从投资性房地产转为存货。

（3）作为存货的房地产改为出租，即房地产开发企业将其持有的开发产品以租赁的方式出租，相应地由存货转换为投资性房地产。

（4）自用土地使用权停止自用，用于赚取租金或资本增值，相应地由无形资产转换为投资性房地产。

（5）自用建筑物停止自用，改为出租，相应地由固定资产转换为投资性房地产。

二、投资性房地产转换为非投资性房地产

投资性房地产转换为自用房地产，转换日是指房地产达到自用状态，企业开始将房地产用于生产商品、提供劳务或者经营管理的日期。

投资性房地产转换为存货，转换日为租赁期届满、企业董事会或类似机构作出书面决议明确表明将其重新开发用于对外销售的日期。

转换日是资产确认的时点。

（一）采用成本模式进行后续计量的转换

1. 投资性房地产转换为自用房地产。投资性房地产转换为自用房地产，例如，企业将出租的厂房收回，并用于生产本企业的产品。此时，投资性房地产相应地转换为固定资产或无形资产。

采用成本模式进行后续计量的投资性房地产转换为自用房地产，应当按该项投资性房地产在转换日的账面余额、累计折旧或摊销、减值准备等，分别转入"固定资产""累计折旧""固定资产减值准备"等科目；按投资性房地产的账面余额，借记"固定资产"或"无形资产"科目，贷记"投资性房地产"科目；按已计提的折旧或摊销，借记"投资性房地产累计折旧（摊销）"科目，贷记"累计折旧"或"累计摊销"科目；原已计提减值准备的，借记"投资性房地产减值准备"科目，贷记"固定资产减值准备"或"无形资产减值准备"科目。

【例 9－9】2018 年 8 月 1 日，天宇股份有限公司将出租在外的厂房收回，开始用于本企业生产商品。该项房地产账面价值为 3 600 万元，其中，原价 6 000

万元，累计已提折旧 2 400 万元。假设天宇公司采用成本计量模式。

天宇公司的账务处理如下。

```
借：固定资产                                    60 000 000
    投资性房地产累计折旧                          24 000 000
    贷：投资性房地产                                        60 000 000
        累计折旧                                          24 000 000
```

2. 投资性房地产转换为存货。房地产开发企业将用于出租的房地产用于对外销售的，从投资性房地产转换为存货。转换为存货时，应当按照该项房地产在转换日的账面价值，借记"开发产品"科目，按照已计提的折旧或摊销，借记"投资性房地产累计折旧（摊销）"科目，原已计提减值准备的，借记"投资性房地产减值准备"科目，按其账面余额，贷记"投资性房地产"科目。

（二）采用公允价值模式进行后续计量的转换

1. 投资性房地产转换为自用房地产。企业将采用公允价值模式计量的投资性房地产转换为自用房地产时，应当以其转换当日的公允价值作为自用房地产的账面价值，公允价值与原账面价值的差额计入当期损益。

转换日，按该项投资性房地产的公允价值，借记"固定资产"或"无形资产"科目，按该项投资性房地产的成本，贷记"投资性房地产——成本"科目，按该项投资性房地产的累计公允价值变动，贷记或借记"投资性房地产——公允价值变动"科目，按其差额，贷记或借记"公允价值变动损益"科目。

【例 9 – 10】2018 年 10 月 15 日，天宇股份有限公司因租赁期满，将出租的写字楼收回，开始作为办公楼用于本企业的行政管理。2018 年 10 月 15 日，该写字楼的公允价值为 3 500 万元。该项房地产在转换前采用公允价值模式计量，原账面价值为 3 200 万元，其中，成本为 3 000 万元，公允价值变动为增值 200 万元。

天宇公司账务处理如下。

```
借：固定资产                                    35 000 000
    贷：投资性房地产——成本                                  30 000 000
            ——公允价值变动                                2 000 000
        公允价值变动损益                                    3 000 000
```

2. 投资性房地产转换为存货。企业将采用公允价值模式计量的投资性房地产转换为存货时，应当以其转换当日的公允价值作为存货的账面价值，公允价值与原账面价值的差额计入当期损益。

转换日，按该项投资性房地产的公允价值，借记"开发产品"等科目，按该项投资性房地产的成本，贷记"投资性房地产——成本"科目；按该项投资性房地产的累计公允价值变动，贷记或借记"投资性房地产——公允价值变动"科目；按其差额，贷记或借记"公允价值变动损益"科目。

【例 9 – 11】甲房地产开发企业将其开发的部分写字楼用于对外租赁。2018

年 7 月 15 日，因租赁期满，甲企业将出租的写字楼收回，并作出书面决议，将该写字楼重新开发用于对外销售，即由投资性房地产转换为存货，当日的公允价值为 4 000 万元。该项房地产在转换前采用公允价值模式计量，原账面价值为 3 500 万元，其中，成本为 3 000 万元，公允价值增值为 500 万元。

甲企业的账务处理如下。

借：开发产品　　　　　　　　　　　　　　　　　　40 000 000
　　贷：投资性房地产——成本　　　　　　　　　　　30 000 000
　　　　　　　　——公允价值变动　　　　　　　　　　5 000 000
　　　　公允价值变动损益　　　　　　　　　　　　　　5 000 000

三、非投资性房地产转换为投资性房地产

作为存货的房地产改为出租，或者自用建筑物或土地使用权停止自用改为出租，转换日为租赁期开始日。租赁期开始日是指承租人有权行使其使用租赁资产权利的日期。转换日是确认资产的时点。

（一）采用成本模式进行后续计量的转换

1. 作为存货的房地产转换为投资性房地产。作为存货的房地产转换为投资性房地产，通常指房地产开发企业将其持有的开发产品以租赁的方式出租，存货相应地转换为投资性房地产。

采用成本模式进行后续计量的转换，转换后的投资性房地产入账价值以转换前的非投资性房地产的账面价值入账。

企业将作为存货的房地产转换为投资性房地产，应当按该项存货在转换日的账面价值，借记"投资性房地产"科目，原已计提跌价准备的，借记"存货跌价准备"科目，按其账面余额，贷记"开发产品"等科目。

【例 9-12】甲企业是从事房地产开发业务的企业，2019 年 2 月 10 日，甲企业与乙企业签订了租赁协议，将其开发的一栋写字楼出租给乙企业使用，租赁期开始日为 2019 年 2 月 15 日。2019 年 2 月 15 日，该写字楼的账面余额为 72 000 万元，未计提存货跌价准备。假设甲企业采用成本模式对其投资性房地产进行后续计量。

甲企业的账务处理如下。

借：投资性房地产——写字楼　　　　　　　　　　720 000 000
　　贷：开发产品　　　　　　　　　　　　　　　　720 000 000

2. 自用房地产转换为投资性房地产。企业将自用土地使用权或建筑物转换为以成本模式计量的投资性房地产时，应当按该项建筑物或土地使用权在转换日的原价、累计折旧、减值准备等，分别转入"投资性房地产""投资性房地产累计折旧（摊销）""投资性房地产减值准备"科目；按其账面余额，借记"投资性房地产"科目，贷记"固定资产"或"无形资产"科目；按已计提的折旧或

摊销，借记"累计摊销"或"累计折旧"科目，贷记"投资性房地产累计折旧（摊销）"科目；原已计提减值准备的，借记"固定资产减值准备"或"无形资产减值准备"科目，贷记"投资性房地产减值准备"科目。

【例9-13】天宇股份有限公司拥有一栋办公楼用于本企业办公。2018年7月2日，天宇公司与乙企业签订了租赁协议，将该栋办公楼整体出租给乙企业使用，租赁期开始日为2018年7月5日，为期5年。2018年7月5日，该栋办公楼的账面余额为4 700万元，已计提折旧700万元。假设该办公楼采用成本计量模式。

天宇公司的账务处理如下。

借：投资性房地产——写字楼　　　　　　　　　　　47 000 000
　　累计折旧　　　　　　　　　　　　　　　　　　　7 000 000
　　贷：固定资产　　　　　　　　　　　　　　　　　　　47 000 000
　　　　投资性房地产累计折旧　　　　　　　　　　　　　7 000 000

（二）采用公允价值进行后续计量的转换

非投资性房地产转换为以公允价值进行后续计量的投资性房地产，与前面的投资性房地产转换为非投资性房地产不同，投资性房地产转换为自用房地产或存货，转换日非投资性房地产以公允价值计量，公允价值与投资性房地产的账面价值形成的借、贷均计入当期损益，即"公允价值变动损益"。而自用房地产或存货转换为投资性房地产时，转换日的公允价值小于账面价值的，记入"公允价值变动损益"科目；转换日的公允价值大于账面价值的记入"其他综合收益"科目。当该项投资性房地产处置时，因转换计入其他综合收益的部分应转入当期损益。

1. 作为存货的房地产转换为投资性房地产。企业将作为存货的房地产转换为采用公允价值模式计量的投资性房地产，应当按该项房地产在转换日的公允价值入账，借记"投资性房地产——成本"科目，原已计提跌价准备的，借记"存货跌价准备"科目；按其账面余额，贷记"开发产品"等科目。同时，转换日的公允价值小于账面价值的，按其差额，借记"公允价值变动损益"科目；转换日的公允价值大于账面价值的，按其差额，贷记"其他综合收益"科目。当该项投资性房地产处置时，因转换计入其他综合收益的部分应转入当期损益。

【例9-14】2018年4月15日，甲房地产开发公司与乙企业签订了租赁协议，将其开发的一栋写字楼出租给乙企业。租赁开始日为2018年5月25日，当日，该写字楼的账面余额为76 000万元，公允价值为79 000万元。2018年12月31日，该项投资性房地产的公允价值为78 000万元。

甲企业账务处理如下。

①2018年5月25日：

借：投资性房地产——成本　　　　　　　　　　　790 000 000
　　贷：开发产品　　　　　　　　　　　　　　　　　　760 000 000

其他综合收益	30 000 000

②2018 年 12 月 31 日：

借：公允价值变动损益　　　　　　　　　　　　　　10 000 000

　　贷：投资性房地产——公允价值变动　　　　　　　　　10 000 000

2. 自用房地产转换为投资性房地产。企业将自用房地产转换为采用公允价值模式计量的投资性房地产，应当按该项土地使用权或建筑物在转换日的公允价值，借记"投资性房地产——成本"科目，按已计提的累计摊销或累计折旧，借记"累计摊销"或"累计折旧"科目；原已计提减值准备的，借记"无形资产减值准备""固定资产减值准备"科目；按其账面余额，贷记"固定资产"或"无形资产"科目。同时，转换日的公允价值小于账面价值的，按其差额，借记"公允价值变动损益"科目；转换日的公允价值大于账面价值的，按其差额，贷记"其他综合收益"科目。当该项投资性房地产处置时，因转换计入其他综合收益的部分应转入当期损益。

【例 9 – 15】2018 年 3 月，天宇股份有限公司打算搬迁至新建办公楼，由于原办公楼处于商业繁华地段，天宇公司准备将其出租，以赚取租金收入。2018 年 7 月 30 日，天宇公司完成了搬迁工作，原办公楼停止自用，并与乙企业签订了租赁协议，将其原办公楼租赁给乙企业使用，租赁期开始日为 2018 年 7 月 30 日，租赁期限为 5 年。2018 年 7 月 30 日，该办公楼原价为 75 000 万元，已提折旧 25 000 万元，公允价值为 45 000 万元。假设天宇公司对投资性房地产采用公允价值模式计量。

天宇公司的账务处理如下。

借：投资性房地产——成本　　　　　　　　　　　450 000 000

　　累计折旧　　　　　　　　　　　　　　　　　250 000 000

　　公允价值变动损益　　　　　　　　　　　　　　50 000 000

　　贷：固定资产　　　　　　　　　　　　　　　750 000 000

第五节　投资性房地产的处置

投资性房地产的处置，与固定资产和无形资产等情形相似，主要是投资性房地产的出售、报废、毁损，以及对外投资、非货币性资产交换、债务重组等原因转出的投资性房地产。当投资性房地产被处置或者永久退出使用且预计不能从其处置中取得经济利益时，应当终止确认该项投资性房地产。

采用不同模式计量的投资性房地产，其处置的会计处理也不同。

一、采用成本模式计量的投资性房地产的处置

企业出售、转让、报废投资性房地产或者发生投资性房地产毁损时，应当将

处置收入扣除其账面价值和相关税费后的金额计入当期损益。

处置投资性房地产时，应当按实际收到的金额，借记"银行存款"等科目，贷记"其他业务收入"科目；按该项投资性房地产的账面价值，借记"其他业务成本"科目，按其账面余额，贷记"投资性房地产"科目；按照已计提的折旧或摊销，借记"投资性房地产累计折旧（摊销）"科目，原已计提减值准备的，借记"投资性房地产减值准备"科目。

【例 9 - 16】天宇股份有限公司将其出租的一栋写字楼确认为投资性房地产，采用成本模式计量。租赁期届满后，天宇公司将该栋写字楼出售给乙公司，合同价款为 80 000 万元，乙公司已用银行存款付清。出售时，该栋写字楼的成本为 66 000 万元，已计提折旧 6 000 万元，假设增值税税率为 9%，假设不考虑其他相关税费。

天宇公司的账务处理如下。

借：银行存款　　　　　　　　　　　　　　　　872 000 000
　　贷：其他业务收入　　　　　　　　　　　　　　800 000 000
　　　　应交税费——应交增值税（销项税额）　　　72 000 000
借：其他业务成本　　　　　　　　　　　　　　600 000 000
　　投资性房地产累计折旧　　　　　　　　　　　60 000 000
　　贷：投资性房地产——写字楼　　　　　　　　　660 000 000

二、采用公允价值模式计量的投资性房地产的处置

企业处置采用公允价值模式计量的投资性房地产，应当按实际收到的金额，借记"银行存款"等科目，贷记"其他业务收入"科目；按该项投资性房地产的账面余额，借记"其他业务成本"科目；按其成本，贷记"投资性房地产——成本"科目，按其累计公允价值变动，贷记或借记"投资性房地产——公允价值变动"科目。同时结转投资性房地产累计公允价值变动。若存在原转换日计入其他综合收益的金额，也一并结转。

【例 9 - 17】A 企业为一家房地产开发企业，2018 年 3 月 10 日，A 企业与 B 企业签订了租赁协议，将其开发的一栋写字楼出租给 B 企业使用，租赁期开始日为 2018 年 4 月 17 日。2018 年 4 月 17 日，该写字楼的账面余额为 34 000 万元，公允价值为 36 000 万元。2018 年 12 月 31 日，该项投资性房地产的公允价值为 37 000 万元。2019 年 6 月租赁期届满，企业收回该项投资性房地产，并以 40 000 万元价格出售，出售价款及增值税已收讫。A 企业采用公允价值模式计量，假定增值税税率为 9%，不考虑其他相关税费。

A 企业的账务处理如下。

①2018 年 4 月 17 日，存货转换为投资性房地产。

借：投资性房地产——成本　　　　　　　　　　360 000 000
　　贷：开发产品　　　　　　　　　　　　　　　　340 000 000

	其他综合收益	20 000 000

②2018 年 12 月 31 日，公允价值变动。

借：投资性房地产——公允价值变动　　10 000 000

　　贷：公允价值变动损益　　10 000 000

③2019 年 6 月，出售投资性房地产。

借：银行存款　　436 000 000

　　贷：其他业务收入　　400 000 000

　　　　应交税费——应交增值税（销项税额）　　36 000 000

借：其他业务成本　　340 000 000

　　公允价值变动损益　　10 000 000

　　其他综合收益　　20 000 000

　　贷：投资性房地产——成本　　360 000 000

　　　　　　——公允价值变动　　10 000 000

第十章　资产减值

第一节　资产减值概述

一、资产减值的范围

资产减值，是指资产的可收回金额低于其账面价值。资产的实质是它能够为企业带来经济利益，如果资产不能够为企业带来经济利益或者带来的经济利益低于其账面价值，就不能确认为资产，或者不能再以原账面价值确认，否则不符合资产的定义，也不能反映资产的实际价值。因此，当资产发生了减值，企业应当确认资产减值损失，并计提资产减值准备。

企业的资产在发生减值时，都应当对所发生的减值损失及时地加以确认和计量。但本章涉及的资产属于企业非流动资产，是由《企业会计准则第 8 号——资产减值》所规范的，具体包括：

（1）对子公司、联营企业和合营企业的长期股权投资；

（2）采用成本模式进行后续计量的投资性房地产；

（3）固定资产；

（4）生产性生物资产；

（5）无形资产；

（6）商誉；

（7）探明石油天然气矿区权益和井及相关设施。

而其他资产则分别由相应的准则来规范。如存货、消耗性生物资产的减值分别适用《企业会计准则第 1 号——存货》和《企业会计准则第 5 号——生物资产》；递延所得税资产、融资租赁中出租人未担保余值等资产的减值，分别适用《企业会计准则第 18 号——所得税》和《企业会计准则第 21 号——租赁》；采用公允价值后续计量的投资性房地产和由《企业会计准则第 22 号——金融工具确认和计量》所规范的金融资产的减值，分别适用《企业会计准则第 3 号——投资性房地产》和《企业会计准则第 22 号——金融工具确认和计量》，这些资产减值的会计处理由相关章节阐述，本章不涉及有关内容。

二、资产减值的迹象与测试

企业应当在资产负债表日判断资产是否存在可能发生减值的迹象，通常只有资产存在可能发生减值的迹象时，才进行减值测试。

（一）资产减值迹象的判断

按我国《企业会计准则》（2006）的规定，企业在资产负债表日判断资产是否存在可能发生减值的迹象时，主要可从外部信息来源和内部信息来源两方面加以判断。

1. 从企业外部信息来源来看，资产可能发生减值迹象的情形有：

（1）如果出现了资产的市价在当期大幅度下跌，其跌幅明显高于因时间的推移或者正常使用而预计的下跌；

（2）企业经营所处的经济、技术或者法律等环境以及资产所处的市场在当期或者将在近期发生重大变化，从而对企业产生不利影响；

（3）市场利率或者其他市场投资报酬率在当期已经提高，从而影响企业计算资产预计未来现金流量现值的折现率，导致资产可收回金额大幅度降低；

（4）企业所有者权益（净资产）的账面价值远高于其市值等。

2. 从企业内部信息来源来看，资产可能发生减值迹象的情形有：

（1）如果有证据表明资产已经陈旧过时或者其实体已经损坏；

（2）资产已经或者将被闲置、终止使用或者计划提前处置；

（3）企业内部报告的证据表明资产的经济绩效已经低于或者将低于预期。如资产所创造的净现金流量或者实现的营业利润远远低于原来的预算或者预计金额、资产发生的营业损失远远高于原来的预算或者预计金额、资产在建造或者收购时所需的现金支出远远高于最初的预算、资产在经营或者维护中所需的现金支出远远高于最初的预算等。

企业应当根据实际情况来认定资产可能发生减值的迹象，上述列举的资产减值迹象并非是所有的减值迹象，如果企业资产可能发生减值的迹象，企业需要据此对资产进行减值测试。

（二）资产减值的测试

如果有确凿证据表明资产存在减值迹象的，应当进行减值测试，估计资产的可收回金额。资产存在减值迹象是资产是否需要进行减值测试的必要前提，但是以下资产除外。

（1）商誉和使用寿命不确定的无形资产。因企业合并所形成的商誉和使用寿命不确定的无形资产在后续计量中不再进行摊销，但是考虑到这两类资产的价值和产生的未来经济利益有较大的不确定性，对于这些资产，无论是否存在减值迹象，企业至少应当于每年年度终了进行减值测试。

（2）对于尚未达到可使用状态的无形资产，由于其价值通常具有较大的不确定性，也应当每年进行减值测试。

企业在判断资产减值迹象以决定是否需要估计资产可收回金额时，应当遵循重要性原则，因此，企业资产存在下列情况的，可以不估计其可收回金额。

①以前报告期间的计算结果表明，资产可收回金额远高于其账面价值之后又没有发生消除这一差异的交易或者事项的，企业在资产负债表日可以不需重新估计该资产的可收回金额。

②以前报告期间的计算与分析表明，资产可收回金额对于资产减值准则中所列示的一种或者多种减值迹象反应不敏感，在本报告期间又发生了这些减值迹象的，在资产负债表日企业可以不需因为上述减值迹象的出现而重新估计该资产的可收回金额。

企业资产存在减值迹象的，应当估计其可收回金额，然后将所估计的资产可收回金额与其账面价值相比较，以确定资产是否发生了减值，以及是否需要计提资产减值准备并确认相应的减值损失。

三、资产可收回金额的计量

（一）估计资产可收回金额的基本方法

资产可收回金额，是指资产的公允价值减去处置费用后的净额与资产预计未来现金流量的现值两者之间较高者。其中，资产的公允价值是指市场参与者在计量日发生的有序交易中，出售一项资产所能收到或者转移一项负债所需支付的价格；处置费用是指可以直接归属于资产处置的增量成本，包括与资产处置有关的法律费用、相关税费、搬运费以及为使资产达到可销售状态所发生的直接费用等，但是，财务费用和所得税费用等不包括在内。

估计资产的可收回金额，通常需要同时估计该资产的公允价值减去处置费用后的净额和资产预计未来现金流量的现值。但是，在下列情况下，可以有例外或者作特殊考虑。

（1）资产的公允价值减去处置费用后的净额与资产预计未来现金流量的现值，只要有一项超过了资产的账面价值，就表明资产没有发生减值，不需再估计另一项金额。

（2）没有确凿证据或者理由表明，资产预计未来现金流量现值显著高于其公允价值减去处置费用后的净额的，可以将资产的公允价值减去处置费用后的净额视为资产的可收回金额。

（3）资产的公允价值减去处置费用后的净额如果无法可靠估计的，应当以该资产预计未来现金流量的现值作为其可收回金额。

（二）资产的公允价值减去处置费用后的净额的估计

资产的公允价值减去处置费用后的净额，通常是指资产如果被出售或者处置时可以收回的净现金收入。企业在估计资产的公允价值减去处置费用后的净额时，应当按照下列顺序进行。

（1）根据公平交易中资产的销售协议价格减去可直接归属于该资产处置费用的金额确定资产的公允价值减去处置费用后的净额。这是估计资产的公允价值减去处置费用后的净额的最佳方法，企业应当优先采用这一方法。但是，在实务中，取得资产的销售协议价格并不容易，因此，需要采用其他方法估计资产的公允价值减去处置费用后的净额。

（2）资产不存在销售协议但存在活跃市场的情况下，应当根据该资产的市场价格减去处置费用后的金额确定。资产的市场价格通常应当按照资产的买方出价确定。若难以获得资产在估计日的买方出价的，在资产的交易日和估计日之间，有关经济、市场环境等没有发生重大变化的前提下，企业可以以资产最近的交易价格作为其公允价值减去处置费用后的净额的估计基础。

（3）在既不存在资产销售协议又不存在资产活跃市场的情况下，企业应当以可获取的最佳信息为基础，根据在资产负债表日如果处置资产的话，熟悉情况的交易双方自愿进行公平交易愿意提供的交易价格减去资产处置费用后的金额，估计资产的公允价值减去处置费用后的净额。在实务中，该金额可以参考同行业类似资产的最近交易价格或者结果进行估计。

（4）企业按照上述要求仍然无法可靠估计资产的公允价值减去处置费用后的净额的，只能以该资产预计未来现金流量的现值作为其可收回金额。

（三）资产预计未来现金流量的现值的估计

资产预计未来现金流量的现值，是指资产在持续使用过程中和最终处置时所产生的预计未来现金流量，选择恰当的折现率对其进行折现后的金额。

预计资产未来现金流量的现值，应综合考虑以下三个因素：资产的预计未来现金流量、资产的使用寿命、折现率。

1. 资产未来现金流量的预计。

（1）预计资产未来现金流量的基础。估计资产未来现金流量的现值，需要首先预计资产的未来现金流量，为此，企业管理层应当在合理和有依据的基础上对资产剩余使用寿命内整个经济状况进行最佳估计，并将资产未来现金流量的预计建立在经企业管理层批准的最近财务预算或者预测数据之上。但是，出于数据可靠性和便于操作等方面的考虑，建立在该预算或者预测基础上的预计现金流量最多涵盖 5 年，企业管理层如能证明更长的期间是合理的，可以涵盖更长的期间。

如果资产未来现金流量的预计还包括最近财务预算或者预测期之后的现金流量，企业应当以该预算或者预测期之后年份稳定的或者递减的增长率为基础进行估计。但是，企业管理层如能证明递增的增长率是合理的，可以以递增的增长率为基础进行估计。同时，所使用的增长率除了企业能够证明更高的增长率是合理的之外，不应当超过企业经营的产品、市场、所处的行业或者所在国家或者地区的长期平均增长率，或者该资产所处市场的长期平均增长率。在恰当、合理的情况下，该增长率可以是零或者负数。

由于经济环境的瞬息万变，资产的实际现金流量往往会与预计数有出入，而且预计资产未来现金流量时的假设也有可能发生变化，因此，企业管理层在每次预计资产未来现金流量时，应当首先分析以前期间现金流量预计数与现金流量实际数出现差异的情况，以评判当期现金流量预计所依据假设的合理性。通常情况下，企业管理层应当确保当期现金流量预计所依据的假设与前期实际结果相一致。

（2）资产预计未来现金流量应当包括的内容如下。

①资产持续使用过程中预计产生的现金流入。

②为实现资产持续使用过程中产生的现金流入所必需的预计现金流出（包括为使资产达到预定可使用状态所发生的现金流出）。

对于在建工程、开发过程中的无形资产等，企业在预计其未来现金流量时，就应当包括预期为使该类资产达到预定可使用状态（或者可销售状态）而发生的全部现金流出数。

③资产使用寿命结束时，处置资产所收到或者支付的净现金流量。该现金流量应当是在公平交易中，熟悉情况的交易双方自愿进行交易时，企业预期可从资产的处置中获取或者支付的金额减去预计处置费用后的金额。

（3）预计资产未来现金流量应当考虑的因素如下。

①以资产的当前状况为基础预计资产未来现金流量。企业资产在使用过程中有时会因为修理、改良、重组等原因而发生变化，因此，在预计资产未来现金流量时，企业应当以资产的当前状况为基础，不应当包括与将来可能会发生的、尚未作出承诺的重组事项或者与资产改良有关的预计未来现金流量。但如果将来为了维持资产正常运转、正常产出水平而发生的必要支出或资产维护支出，应包括在内。

②预计资产未来现金流量不应当包括筹资活动和所得税收付产生的现金流量。企业预计的资产未来现金流量，不应当包括筹资活动产生的现金流入或者流出以及与所得税收付有关的现金流量。其原因：一是所筹集资金的货币时间价值已经通过折现因素予以考虑；二是折现率要求是以税前基础计算确定的，因此，现金流量的预计也必须建立在税前基础之上，这样可以有效避免在资产未来现金流量现值的计算过程中可能出现的重复计算等问题，以保证现值计算的正确性。

③对通货膨胀因素的考虑应当和折现率相一致。企业在预计资产未来现金流量和折现率时，考虑因一般通货膨胀而导致物价上涨的因素，应当采用一致的基础。如果折现率考虑了因一般通货膨胀而导致的物价上涨影响因素，资产预计未来现金流量也应予以考虑；反之，如果折现率没有考虑因一般通货膨胀而导致的物价上涨影响因素，资产预计未来现金流量也应当剔除这一影响因素。总之，在考虑通货膨胀因素的问题上，资产未来现金流量的预计和折现率

的预计，应当保持一致。

④内部转移价格应当予以调整。在一些企业集团里，出于集团整体战略发展的考虑，某些资产生产的产品或者其他产出可能是供其集团内部其他企业使用或者对外销售的，所确定的交易价格或者结算价格基于内部转移价格，而内部转移价格很可能与市场交易价格不同，在这种情况下，为了如实测算企业资产的价值，就不应当简单地以内部转移价格为基础预计资产未来现金流量，而应当采用在公平交易中企业管理层能够达成的最佳未来价格估计数进行预计。

（4）预计资产未来现金流量的方法如下。

①传统法（单一法）。预计资产未来现金流量通常应当根据资产未来每期最有可能产生的现金流量进行预测。它使用的是单一的未来每期预计现金流量和单一的折现率计算资产未来现金流量的现值。

②期望现金流量法。如果影响资产未来现金流量的因素较多，不确定性较大，使用单一的现金流量可能并不能如实反映资产创造现金流量的实际情况。在这种情况下，采用期望现金流量法更为合理的，企业应当采用期望现金流量法预计资产未来现金流量。

期望现金流量法下，资产未来每期现金流量应当根据每期可能发生情况的概率及其相应的现金流量加权计算求得。

【例10-1】天宇股份有限公司拥有一项固定资产，该项固定资产剩余使用年限为3年，假定该固定资产生产的产品受市场行情变动影响较大，在产品行情好、一般和差三种可能情况下，其实现的现金流量有较大差异，有关该资产预计未来3年每年现金流量情况如表10-1所示。

表10-1　　　　　　　　各年现金流量概率分布及发生情况

	产品行情好 （30%的可能性）	产品行情一般 （60%的可能性）	产品行情差 （10%的可能性）
第1年	300	200	100
第2年	160	100	40
第3年	40	20	0

天宇公司该项资产每年现金流量计算如下：

第1年的预计现金流量（期望现金流量）= 300 × 30% + 200 × 60% + 100 × 10% = 220（万元）

第2年的预计现金流量（期望现金流量）= 160 × 30% + 100 × 60% + 40 × 10% = 112（万元）

第3年的预计现金流量（期望现金流量）= 40 × 30% + 20 × 60% + 0 × 10% = 24（万元）

如果资产未来现金流量的发生时间是不确定的，企业应当根据资产在每一种可能情况下的现值及其发生概率直接加权计算资产未来现金流量的现值。

2. 折现率的预计。折现率的确定，应当首先以该资产的市场利率为依据，如果该资产的市场利率无法从市场上获得，可以使用替代利率估计折现率。

替代利率可以根据企业加权平均资金成本、增量借款利率或者其他相关市场借款利率作适当调整后确定。调整时，应当考虑与资产预计现金流量有关的特定风险以及其他有关货币风险和价格风险等。

估计资产未来现金流量现值，通常应当使用单一的折现率。但是，如果资产未来现金流量的现值对未来不同期间的风险差异或者利率的期间结构反应敏感的，企业应当在未来各不同期间采用不同的折现率。

3. 资产未来现金流量现值的预计。由于资产使用寿命的预计与固定资产、无形资产的使用寿命预计方法相同，因此不再赘述。在预计了资产的未来现金流量和折现率后，资产未来现金流量的现值只需将该资产的预计未来现金流量按照预计的折现率在预计的资产使用寿命里加以折现即可确定。其一般计算公式如下：

$$资产未来现金流量的现值 PV = \sum \left[第 t 年预计资产未来现金流量 NCF_t \big/ (1 + 折现率 R)^t \right]$$

【例 10 - 2】某航空运输公司 2013 年末对一架运输飞机进行减值测试。该运输飞机原值为 100 000 万元，累计折旧 60 000 万元，2013 年末账面价值为 40 000 万元，预计尚可使用 5 年。该公司在计算其未来现金流量的现值确定可收回金额时，考虑了与该运输飞机资产有关的货币时间价值和特定风险因素后，确定 6% 为该资产的最低必要报酬率，并将其作为计算未来现金流量现值时使用的折现率。公司根据有关部门提供的该运输飞机历史营运记录、运输机性能状况和未来每年运量发展趋势，预计未来每年净现金流量如表 10 - 2 所示。

表 10 - 2 　　　　　　　　预计未来每年净现金流量 　　　　　　　单位：万元

项目	营运收入	上年营运收入产生应收账款将于本年收回	本年营运收入产生应收账款将于下年收回	以现金支付燃料费用	以现金支付职工薪酬	以现金支付机场安全费用、港口费用、日常维护费用等	估计处置时的收入
2014 年	10 000	0	200	1 300	400	600	0
2015 年	9 000	200	100	1 100	320	300	0
2016 年	8 400	100	120	920	340	620	0
2017 年	8 000	120	80	840	360	720	0
2018 年	6 000	80	0	600	240	400	530

复利现值系数如表 10 - 3 所示。

表 10 - 3	复利现值系数
年份	6% 的复利现值系数
1 年	0.9434
2 年	0.8900
3 年	0.8396
4 年	0.7921
5 年	0.7473

分别计算运输飞机预计每年未来净现金流量：

2014 年净现金流量 = 10 000 - 200 - 1 300 - 400 - 600 = 7 500 （万元）

2015 年净现金流量 = 9 000 + 200 - 100 - 1 100 - 320 - 300 = 7 380 （万元）

2016 年净现金流量 = 8 400 + 100 - 120 - 920 - 340 - 620 = 6 500 （万元）

2017 年净现金流量 = 8 000 + 120 - 80 - 840 - 360 - 720 = 6 120 （万元）

2018 年净现金流量 = 6 000 + 80 - 600 - 240 - 400 + 530 = 5 370 （万元）

运输飞机预计未来现金流量现值

= 7 500 × 0.9434 + 7 380 × 0.8900 + 6 500 × 0.8396 + 6 120 × 0.7921 + 5 370 × 0.7473

= 27 961.76 （万元）

（四）外币未来现金流量及其现值的预计

企业应当按照以下顺序确定资产未来现金流量的现值：

（1）以结算货币为基础预计其未来现金流量，并按该货币适用的折现率计算资产的现值；

（2）将该外币现值按计算资产未来现金流量现值当日的即期汇率进行折算，从而折现成按照记账本位币表示的资产未来现金流量的现值；

（3）在此基础上，比较资产公允价值减去处置费用后的净额以及资产的账面价值，以确定是否需要确认减值损失以及确认多少减值损失。

值得注意的是，在估计资产可收回金额时，原则上应当以单项资产为基础，如果企业难以对单项资产的可收回金额进行估计的，应当以该资产所属的资产组为基础确定资产组的可收回金额。

第二节　资产减值损失的确认与计量

一、资产减值损失确认与计量的一般原则

资产的可收回金额确定后，如果资产的可收回金额低于其账面价值，应当

将资产的账面价值减记至可收回金额，减记的金额确认为"资产减值损失"，计入当期损益；同时，应当根据不同的资产类别，分别设置"固定资产减值准备""在建工程减值准备""投资性房地产减值准备""无形资产减值准备""商誉减值准备""长期股权投资减值准备""生产性生物资产减值准备"等科目。

会计分录如下。

借：资产减值损失

　　贷：××资产减值准备

这样，企业当期确认的减值损失应当反映在其利润表中，而计提的资产减值准备应当作为相关资产的备抵项目，反映于资产负债表中，从而夯实企业资产价值，避免利润虚增，如实反映企业的财务状况和经营成果。

【例10-3】2018年12月31日，天宇股份有限公司发现2015年12月31日购入的一项利用专利的技术设备，由于类似的专利技术在市场上已经出现，此项设备可能减值。

①该专利技术的设备公允价值减去处置费用后的净额1 100 000元。

②如继续使用，尚可使用5年，未来5年的现金流量为250 000元、240 000元、230 000元、220 000元、210 000元，第5年使用寿命结束时预计处置带来现金流量为190 000元。

③采用折现率5%，假设2018年末账面原价4 000 000元，已经计提折旧1 000 000元，以前年度已计提减值准备250 000元。

利率为5%，期数1～5期的复利现值系数分别为：0.9524，0.9070，0.8638，0.8227，0.7835。

天宇公司的账务处理如下。

①计算未来现金流量现值，如表10-4所示。

表10-4　　　　　　　　　预计未来现金流量现值计算表

年份	预计未来现金流量（元）	折现率	折现系数	现值（元）
2019	250 000	5%	0.9524	238 100
2020	240 000	5%	0.9070	217 680
2021	230 000	5%	0.8638	198 674
2022	220 000	5%	0.8227	180 994
2023	400 000	5%	0.7835	313 400
合计	—	—	—	1 148 848

②资产预计未来现金流量现值为1 148 848元，公允价值减去处置费用后的净额为1 100 000元，取两者较高者为资产可收回金额，即1 148 848元。

③账面价值 = 账面原价 – 累计折旧 – 已计提资产减值 = 4 000 000 – 1 000 000 – 250 000 = 2 750 000（元）

比较账面价值和可收回金额，若可收回金额低于账面价值，则确认减值损失。

确认资产减值损失 = 2 750 000 – 1 148 848 = 1 601 152（元）

④账务处理。

借：资产减值损失 1 601 152

　　贷：固定资产减值准备 1 601 152

二、确认资产减值损失后的折旧或摊销的处理

资产减值损失确认后，减值资产的折旧或者摊销费用应当在未来期间作相应调整，以使该资产在剩余使用寿命内，系统地分摊调整后的资产账面价值（扣除预计净残值）。如固定资产计提了减值准备后，固定资产账面价值将根据计提的减值准备相应抵减，因此，固定资产在未来计提折旧时，应当以新的固定资产账面价值为基础计提每期折旧。

【例 10 – 4】天宇股份有限公司 2014 年 12 月购入一项固定资产，当日交付使用，原价为 3 150 万元，预计使用年限为 10 年，预计净残值为 150 万元。采用直线法计提折旧。2018 年年末，天宇公司对该项固定资产的减值测试表明，其可收回金额为 1 650 万元，预计使用年限不变。

2018 年末该项固定资产的账面价值 = 3 150 –（3 150 – 150）÷ 10 × 4 = 1 950（万元）

该项固定资产的可收回金额为 1 650 万元，小于该固定资产的账面价值 1 950 万元。

2018 年年末该项固定资产应计提的固定资产减值准备 = 1 950 – 1 650 = 300（万元）

计提固定资产减值准备后的固定资产的账面价值为 1 650 万元。

2019 年度该固定资产应计提的折旧额 =（1 650 – 150）÷ 6 = 250（万元）

三、已确认的减值损失的处理

资产减值损失一经确认，在以后会计期间不得转回。主要是考虑到固定资产、无形资产、商誉等资产发生减值后，一方面价值回升的可能性比较小，通常属于永久性减值；另一方面从会计信息稳健性要求考虑，为了避免确认资产重估增值和操纵利润。

企业在资产处置、出售、对外投资、以非货币性资产交换方式换出以及在债务重组中抵偿债务等，并符合资产终止确认条件的，企业应当将相关资产减值准备予以转销。

第三节　资产组的认定及减值处理

一、资产组的认定

资产组是企业可以认定的最小资产组合，其产生的现金流入应当基本上独立于其他资产或者资产组。资产组应当由创造现金流入相关的资产组成。

（一）资产组的定义

如果有迹象表明一项资产可能发生减值，企业应当以单项资产为基础估计其可收回金额。但是，在企业难以对单项资产的可收回金额进行估计的情况下，应当以该资产所属的资产组为基础确定资产组的可收回金额。

（二）认定资产组应当考虑的因素

（1）以资产组产生的主要现金流入是否独立于其他资产或者资产组的现金流入为依据。因此，资产组能否独立产生现金流入是认定资产组的最关键因素。比如 A 分厂能产生独立的现金流，则 A 分厂的设备就是一个独立的资产组；若 A 分厂生产的产品没有活跃的市场，只能出售给 B、C 分厂，A、B、C 分厂应作为一个资产组。

又比如，在偏远地方的矿山，要将矿产品运出来需要建设一些铁路或公路，这些铁路或公路属于矿山的资产，对这类资产进行减值测试时，必须与矿山结合在一起，形成一个资产组，对该资产组进行减值测试。

在资产组的认定中，企业几项资产的组合生产的产品（或者其他产出）存在活跃市场的，无论这些产品或者其他产出是用于对外出售还是仅供企业内部使用，均表明这几项资产的组合能够独立创造现金流入，在符合其他相关条件的情况下，应当将这些资产的组合认定为资产组。

（2）应当考虑企业管理层对生产经营活动的管理或监控方式（如是按照生产线、业务种类还是按照地区或者区域等）和对资产的持续使用或者处置。如企业管理层按生产线管理企业，则各生产线作为资产组；若管理层按区域管理企业，则各区域所用资产作为一个资产组。

（三）资产组认定后不得随意变更

资产组一经确定，各个会计期间应当保持一致，不得随意变更。但如果由于企业重组、变更资产用途等原因，导致资产组构成确需变更的，企业可以进行变更，企业管理层应当证明该变更是合理的，并在附注中说明。

二、资产组减值测试

资产组减值测试的原理和单项资产是一致的，即企业需要预计资产组的可收回金额和计算资产组的账面价值，并将两者进行比较，如果资产组的可收回金额低于其账面价值，表明资产组发生了减值损失，应当予以确认。

（一）确定资产组的可收回金额和账面价值

1. 资产组可收回金额的确定。资产组的可收回金额应当按照该资产组的公允价值减去处置费用后的净额与其预计未来现金流量的现值两者之间较高者确定。

2. 资产组账面价值的确定。资产组的账面价值包括可直接归属于资产组与可以合理和一致地分摊至资产组的资产账面价值，通常不应当包括已确认负债的账面价值，但如不考虑该负债金额就无法确认资产组可收回金额的除外。如资产组在处置时要求购买者承担一项负债（如环境恢复负债等），该负债金额已经确认并计入相关资产账面价值，而且企业只能取得包括上述资产和负债在内的单一公允价值减去处置费用后的净额的，为了比较资产组的账面价值和可收回金额，在确定资产组的账面价值及其预计未来现金流量的现值时，应当将已确认的负债金额从中扣除。

【例 10 - 5】MN 公司在某山区经营一座有色金属矿山，根据规定，公司在矿山完成开采后应当将该地区恢复原貌。恢复费用主要为山体表层复原费用（比如恢复植被等），因为山体表层必须在矿山开发前挖走。因此，企业在山体表层挖走后，就应当确认一项预计负债，并计入矿山成本，假定其金额为 1 000 万元。

2018 年 12 月 31 日，随着开采进展，公司发现矿山中的有色金属储量远低于预期，因此，公司对该矿山进行了减值测试。考虑到矿山的现金流量状况，整座矿山被认定为一个资产组。该资产组在 2018 年年末的账面价值为 2 000 万元（包括确认的恢复山体原貌的预计负债）。

矿山（资产组）如果于 2018 年 12 月 31 日对外出售，买方愿意出价 1 640 万元（包括恢复山体原貌成本，即已经扣减这一成本因素），预计处置费用为 40 万元，因此，该矿山的公允价值减去处置费用后的净额为 1 600 万元。

矿山的预计未来现金流量的现值为 2 400 万元，不包括恢复费用。

根据上述资料，为了比较资产组的账面价值和可收回金额，在确定资产组的账面价值及其预计未来现金流量的现值时，应当将已确认的负债金额从中扣除。

在本例中，资产组的公允价值减去处置费用后的净额为 1 600 万元，该金额已经考虑了恢复费用。该资产组预计未来现金流量的现值在考虑了恢复费用后为 1 400 万元（2 400 - 1 000）。因此，该资产组的可收回金额为 1 600 万元。资产组的账面价值在扣除了已确认的恢复原貌预计负债后的金额为 1 000 (2 000 – 1 000) 万元。这样，资产组的可收回金额大于其账面价值，所以，资产组没有发生减值，不必确认减值损失。

（二）资产组减值损失的会计处理

如果资产组的可收回金额小于其账面价值，说明资产组发生了减值，减值损失金额应当按照下列顺序进行分摊：

首先，抵减分摊至资产组中商誉的账面价值。

其次，根据资产组中除商誉之外的其他各项资产的账面价值所占比重，按比例抵减其他各项资产的账面价值。

抵减后的各资产的账面价值不得低于以下三者之中最高者：

①该资产的公允价值减去处置费用后的净额（如可确定的）；

②该资产预计未来现金流量的现值（如可确定的）；

③零。

经因上述原因而未能分摊的减值损失金额，按照相关资产组中其他各项资产的账面价值所占比重进行分摊。

【例 10 – 6】XYZ 公司有一条甲生产线，该生产线生产光学器材，由 A、B、C 三部机器构成，成本分别为 200 000 元、300 000 元、500 000 元。使用年限为 10 年，净残值为零，以年限平均法计提折旧。各机器均无法单独产生现金流量，但整条生产线构成完整的产销单位，属于一个资产组。2018 年甲生产线所生产的光学产品有替代产品上市，到年底，导致公司光学产品的销路锐减 40%，因此，对甲生产线进行减值测试。

2018 年 12 月 31 日，A、B、C 三部机器的账面价值分别为 100 000 元、150 000 元、250 000 元。估计 A 机器的公允价值减去处置费用后的净额为 75 000 元，B、C 机器都无法合理估计其公允价值减去处置费用后的净额以及未来现金流量的现值。

整条生产线预计尚可使用 5 年。经估计其未来 5 年的现金流量及其恰当的折现率后，得到该生产线预计未来现金流量的现值为 300 000 元。由于公司无法合理估计生产线的公允价值减去处置费用后的净额，公司以该生产线预计未来现金流量的现值为其可收回金额。

鉴于在 2018 年 12 月 31 日该生产线的账面价值为 500 000 元，而其可收回金额为 300 000 元，生产线的账面价值高于其可收回金额，则该生产线已经发生了减值，因此，公司应当确认减值损失 200 000 元，并将该减值损失分摊到构成生产线的 3 部机器中。由于 A 机器的公允价值减去处置费用后的净额为 75 000 元，因此，A 机器分摊了减值损失后的账面价值不应低于 75 000 元。具体分摊过程如表 10 – 5 所示。

表 10-5   资产组减值损失分摊表   单位：元

项　目	机器 A	机器 B	机器 C	整个生产线（资产组）
账面价值	100 000	150 000	250 000	500 000
可收回金额				300 000
减值损失				200 000
减值损失分摊比例	20%	30%	50%	
分摊减值损失	25 000	60 000	100 000	185 000
分摊后账面价值	75 000	90 000	150 000	
尚未分摊的减值损失				15 000
二次分摊比例		37.50%	62.50%	
二次分摊减值损失		5 625	9 375	15 000
二次分摊后应确认减值损失总额		65 625	109 375	200 000
二次分摊后账面价值	75 000	84 375	140 625	300 000

注：按照分摊比例，机器 A 应当分摊减值损失 40 000 元（200 000×20%），但由于机器 A 的公允价值减去处置费用后的净额为 75 000 元，因此，机器 A 最多只能确认减值损失 25 000 元（100 000 - 75 000），未能分摊的减值损失 15 000 元（40 000 - 25 000），应当在机器 B 和机器 C 之间进行再分摊。

根据上述计算和分摊结果，构成甲生产线的机器 A、机器 B 和机器 C 应当分别确认减值损失 25 000 元、65 625 元和 109 375 元，账务处理如下。

借：资产减值损失——机器 A   25 000
            ——机器 B   65 625
            ——机器 C   109 375
   贷：固定资产减值准备——机器 A   25 000
              ——机器 B   65 625
              ——机器 C   109 375

三、总部资产的减值测试

（一）相关概念

企业总部资产，包括企业集团或其事业部的办公楼、电子数据处理设备、研发中心等资产。

总部资产的显著特征，是难以脱离其他资产或者资产组产生独立的现金流入，而且其账面价值难以完全归属于某一资产组。总部资产一般难以单独进行减值测试，需要结合其他相关资产组或资产组组合进行。

资产组组合，是指由若干个资产组组成的最小资产组组合，包括资产组或者资产组组合，以及按合理方法分摊的总部资产部分。在分配总部资产和商誉的账面价值时，若无法分配到各个资产组，才需要采用资产组组合这个概念。

在资产负债表日，如果有迹象表明某项总部资产可能发生减值的，企业应当计算确定该总部资产所归属的资产组或者资产组组合的可收回金额，然后将其与相应的账面价值相比较，据以判断是否需要确认减值损失。

（二）总部资产的减值测试

企业对某一资产组进行减值测试时，应当先认定所有与该资产组相关的总部资产，再根据相关总部资产能否按照合理和一致的基础分摊至该资产组，按照下列情况分别处理。

（1）对于相关总部资产能够按照合理和一致的基础分摊至该资产组的部分，应当将该部分总部资产的账面价值分摊至该资产组，再据以比较该资产组的账面价值（包括已分摊的总部资产的账面价值部分）和可收回金额，并按照前述有关资产组减值测试的顺序和方法处理。

（2）对于相关总部资产中有部分资产难以按照合理和一致的基础分摊至该资产组的，应当按照下列步骤处理：

首先，在不考虑相关总部资产的情况下，估计和比较资产组的账面价值和可收回金额，并按照前述有关资产组减值测试的顺序和方法处理。

其次，认定由若干个资产组组成的最小的资产组组合，该资产组组合应当包括所测试的资产组与可以按照合理和一致的基础将该部分总部资产的账面价值分摊其上的部分。

最后，比较所认定的资产组组合的账面价值（包括已分摊的总部资产的账面价值部分）和可收回金额，并按照前述有关资产组减值测试的顺序和方法处理。

【例10－7】天宇股份有限公司拥有企业总部资产和三条独立生产线（A、B、C三条生产线），被认定为三个资产组。2018年末总部资产和三个资产组的账面价值分别为800万元、800万元、1 000万元和1 200万元。三条生产线的使用寿命分别为5年、10年和15年。

由于三条生产线所生产的产品市场竞争激烈，同类产品更为价廉物美，从而导致产品滞销，开工严重不足，产能大大过剩，使三条生产线出现减值的迹象并于期末进行减值测试。在减值测试过程中，一栋办公楼的账面价值可以在合理和一致的基础上分摊至各资产组，其分摊标准是以各资产组的账面价值和剩余使用寿命加权平均计算的账面价值作为分摊的依据。

经减值测试计算确定的三个资产组（A、B、C三条生产线）的可收回金额分别为920万元、960万元和1 160万元。

①计算总部资产和各资产组应计提的减值准备。

首先，将总部资产采用合理的方法分配至各资产组；其次，比较各资产组的可收回金额与账面价值；最后，将各资产组的资产减值额在总部资产和各资产组之间分配。计算过程如表10－6所示。

表 10 - 6　　　　　　　　　　总部资产和各资产组计提减值准备　　　　　　　　单位：万元

项目	A 生产线	B 生产线	C 生产线	合计
资产组账面价值	800	1 000	1 200	3 000
各资产组剩余使用寿命（年）	5	10	15	
各资产组按使用寿命计算的权重	1	2	3	
各资产组加权计算后的账面价值	800	2 000	3 600	6 400
总部资产分摊比例	12.5%	31.25%	56.25%	100%
总部资产账面价值分摊到各资产组的金额	100	250	450	800
包括分摊的总部资产账面价值部分的各资产组账面价值	900	1 250	1 650	3 800
可收回金额	920	960	1 160	3 040
应计提减值准备金额	0	290	490	780
各资产组减值额分配给总部资产的数额	0	290×250/1 250 = 58	490×450/1 650 = 133.64	191.64
资产组本身的减值数额	0	290×1 000/1 250 = 232	490×1 200/1 650 = 356.36	588.36

②有关会计分录如下。

借：资产减值损失　　　　　　　　　　　　　　　　　　7 800 000

　　贷：固定资产减值准备——总部资产（办公楼）　　　　1 916 400

　　　　　　　　　　　　——B 生产线　　　　　　　　2 320 000

　　　　　　　　　　　　——C 生产线　　　　　　　　3 563 600

第四节　商誉减值测试与会计处理

一、商誉减值测试的基本要求

（1）企业合并所形成的商誉，至少应当在每年年度终了时进行减值测试。

（2）商誉应当结合与其相关的资产组或者资产组组合进行减值测试。

（3）对于因企业合并形成的商誉的账面价值，应当自购买日起按照合理的方法分摊至相关资产组；难以分摊至相关资产组的，应当将其分摊至相关的资产组组合。

二、商誉减值测试的方法与会计处理

(一) 吸收合并下个别报表中商誉减值测试及减值损失确认的步骤

(1) 对不包含商誉的资产组或者资产组组合进行减值测试，计算可收回金额，并与相关账面价值相比较，确认相应的减值损失。

(2) 再对包含商誉的资产组或者资产组组合进行减值测试，比较这些相关资产组或者资产组组合的账面价值（包括所分摊的商誉的账面价值部分）与其可收回金额，如相关资产组或者资产组组合的可收回金额低于其账面价值的，应当确认相应的减值损失。

(3) 减值损失金额应当先抵减分摊至资产组或资产组组合中商誉的账面价值。再根据资产组或资产组组合中除商誉之外的其他各项资产的账面价值所占比重，按比例抵减其他各项资产的账面价值。相关减值损失的处理顺序和方法与资产组减值损失的处理顺序和方法相一致。抵减后各资产的账面价值不得低于以下三者之中最高者：

①该资产的公允价值减去处置费用后的净额（如可确定的）；

②该资产预计未来现金流量的现值（如可确定的）；

③零。

因上述原因而未能分摊的减值损失金额，按照相关资产组或者资产组组合中其他各项资产的账面价值所占比重进行分摊。

【例 10-8】甲公司有关商誉及其他资料如下：

①甲公司在 2017 年 12 月 1 日，以 3 200 万元的价格吸收合并了乙公司。在购买日，乙公司可辨认资产的公允价值为 5 000 万元，负债的公允价值为 2 000 万元，甲公司确认了商誉 200 万元。乙公司的全部资产划分为两条生产线——A 生产线（包括 X、Y、Z 三台设备）和 B 生产线（包括 S、T 两台设备），A 生产线的公允价值为 3 000 万元（其中：X 设备为 800 万元、Y 设备为 1 000 万元、Z 设备为 1 200 万元），B 生产线的公允价值为 2 000 万元（其中：S 设备为 600 万元、T 设备为 1 400 万元），甲公司在合并乙公司后，将两条生产线认定为两个资产组。两条生产线的各台设备预计尚可使用年限均为 5 年，预计净残值均为 0，采用直线法计提折旧。

②甲公司在购买日将商誉按照资产组的入账价值的比例分摊至资产组，即 A 资产组分摊的商誉价值为 120 万元，B 资产组分摊的商誉价值为 80 万元。

③2018 年，由于 A、B 生产线所生产的产品市场竞争激烈，导致生产的产品销路锐减，因此，甲公司于年末进行减值测试。

④2018 年末，甲公司无法合理估计 A、B 两条生产线公允价值减去处置费用后的净额，经估计 A、B 生产线未来 5 年现金流量及其折现率，计算确定的 A、B 生产线的现值分别为 2 000 万元和 1 640 万元。甲公司无法合理估计 X、Y、Z

和 S、T 的公允价值减去处置费用后的净额以及未来现金流量的现值。

首先，计算 A、B 资产组和各设备的账面价值。

A 资产组不包含商誉的账面价值 = 3 000 – 3 000/5 = 2 400（万元）

其中：X 设备的账面价值 = 800 – 800/5 = 640（万元）

Y 设备的账面价值 = 1 000 – 1 000/5 = 800（万元）

Z 设备的账面价值 = 1 200 – 1 200/5 = 960（万元）

B 资产组不包含商誉的账面价值 = 2 000 – 2 000/5 = 1 600（万元）

其中：S 设备的账面价值 = 600 – 600/5 = 480（万元）

T 设备的账面价值 = 1 400 – 1 400/5 = 1 120（万元）

其次，对不包含商誉的资产组进行减值测试，计算可收回金额和减值损失。

①A 资产组的可收回金额为 2 000 万元，小于其不包含商誉的账面价值 2 400 万元，应确认资产减值损失 400 万元。

②B 资产组的可收回金额为 1 640 万元，大于其不包含商誉的账面价值 1 600 万元，不确认减值损失。

最后，对包含商誉的资产组进行减值测试，计算可收回金额和减值损失。

①A 资产组包含商誉的账面价值 = 3 000 – 3 000/5 + 120 = 2 520（万元），A 资产组的可收回金额为 2 000 万元，A 资产组的可收回金额 2 000 万元小于其包含商誉的账面价值 2 520 万元，应确认资产减值损失 520 万元。

减值损失 520 万元应先抵减分摊到资产组的商誉的账面价值 120 万元，其余减值损失 400 万元再在 X、Y、Z 设备之间按账面价值的比例进行分摊。

X 设备分摊的减值损失 = 400 × 640/2 400 = 106.67（万元）

Y 设备应分摊的减值损失 = 400 × 800/2 400 = 133.33（万元）

Z 设备应分摊的减值损失 = 400 × 960/2 400 = 160（万元）

②B 资产组包含商誉的账面价值 = 2 000 – 2 000/5 + 80 = 1 680（万元）

B 资产组的可收回金额为 1 640 万元。

B 资产组的可收回金额 1 640 万元小于其包含商誉的账面价值 1 680 万元，应确认资产减值损失 40 万元。

抵减分摊到资产组的商誉的账面价值 40 万元，B 资产组未发生减值损失。

甲公司应编制的会计分录如下。

借：资产减值损失		1 600 000
贷：商誉减值准备		1 600 000
借：资产减值损失		4 000 000
贷：固定资产减值准备——X 设备		1 066 700
	——Y 设备	1 333 300
	——Z 设备	1 600 000

（二）控股合并下合并报表中商誉减值测试及减值损失确认的步骤

因控股合并所形成的商誉是母公司根据其在子公司所拥有的权益而确认的商

誉，子公司中归属于少数股东的商誉并没有在合并报表中予以确认。因此，在对与商誉相关的资产组或者资产组组合进行减值测试时：

首先，应当调整资产组（或者资产组组合）的账面价值。将归属于少数股东权益的商誉包括在内，然后根据调整后的资产组账面价值与其可收回金额进行比较，以确定资产组（包括商誉）是否发生了减值。

其次，商誉减值损失应当在母公司和少数股东权益之间进行分摊。包含商誉的资产组发生减值的，应先抵减商誉的账面价值，但由于根据上述方法计算的商誉减值损失包括了应由少数股东权益承担的部分，而少数股东权益拥有的商誉价值及其减值损失都不在合并财务报表中反映，合并财务报表只反映归属于母公司的减值损失，因此，应将商誉减值损失在可归属于母公司和少数股东权益之间按比例进行分摊，以确认归属于母公司的商誉减值损失。

【例 10-9】甲企业在 2018 年 1 月 1 日以 3 200 万元的价格收购了乙企业 80% 的股权。在收购日，乙企业可辨认资产的公允价值为 3 000 万元，没有负债和或有负债。因此，甲企业在其合并财务报表中确认商誉 800（3 200 - 3 000 × 80%）万元、乙企业可辨认净资产 3 000 万元和少数股东权益 600（3 000 × 20%）万元。

假定乙企业的所有资产被认定为一个资产组。由于该资产组包括商誉，因此，它至少应当于每年年度终了时进行减值测试。

在 2018 年末，甲企业确定该资产组的可收回金额为 2 000 万元，可辨认净资产的账面价值为 2 700 万元。由于乙企业作为一个单独的资产组的可收回金额 2 000 万元中，包括归属于少数股东权益在商誉价值中享有的部分。

因此，出于减值测试的目的，在与资产组的可收回金额进行比较之前，必须对资产组的账面价值进行调整，使其包括归属于少数股东权益的商誉价值 200 [（3 200/80% - 3 000）× 20%] 万元。

然后，再据以比较该资产组的账面价值和可收回金额，确定是否发生了减值损失。

其测试过程如表 10-7 所示。

表 10-7　　　　　　　　　　商誉减值测试过程　　　　　　　　　　单位：万元

2018 年末	商　誉	可辨认资产	合　计
账面价值	800	2 700	3 500
未确认的归属于少数股东权益的商誉价值	200	—	200
调整后的账面价值	1 000	2 700	3 700
可收回金额			2 000
减值损失			1 700

以上计算出的减值损失 1 700 万元应当首先冲减商誉的账面价值，其次再将剩余部分分摊至资产组中的其他资产。

在本例中，1 700 万元减值损失中有 1 000 万元应当属于商誉减值损失，其中，由于确认的商誉仅限于甲企业持有乙企业 80% 的股权部分，因此，甲企业只需要在合并财务报表中确认归属于甲企业的商誉减值损失，即 1 000 万元商誉减值损失的 80%，即 800 万元。剩余的 700（1 700 - 1 000）万元减值损失应当冲减乙企业可辨认资产的账面价值，作为乙企业可辨认资产的减值损失。减值损失的分摊过程如表 10 - 8 所示。

表 10 - 8　　　　　　　　　　商誉减值分摊表　　　　　　　　　　单位：万元

2018 年末	商　誉	可辨认资产	合　计
账面价值	800	2 700	3 500
确认的减值损失	(800)	(700)	(1 500)
确认减值损失后的账面价值		2 000	2 000

第十一章 负　　债

第一节　负债概述

一、负债的定义及其特征

负债是与资产相对应的一个会计要素，因而，各国会计准则对负债的定义是和资产的定义相关联的。美国财务会计准则委员会（FASB）于1980年发表的第3号财务会计概念公告《企业财务报表的要素》（SFAC No.3）中对负债的定义为："负债是特定的主体由于过去的交易或事项而产生的、现在承担的、将来向其他主体交付资产或提供劳务的义务，这种义务将导致企业未来经济利益的牺牲。"国际会计准则委员会（IASC/IASB）对负债的定义为："负债是由于过去的事项而发生的企业的现时义务，该义务的履行将会引起含有未来经济利益的企业资源的流出。"可见，IASC/IASB对负债的定义仍强调"含有未来经济利益的资源的流出"。

我国《企业会计准则——基本准则》（2006/2014）对负债的定义为："负债是指企业过去的交易或者事项形成的，预期会导致经济利益流出企业的现时义务。"该定义包括三层含义：第一，负债形成的原因，即负债是企业过去的交易、事项形成的；第二，负债的表现形式，即企业应承担现时的义务；第三，负债解除的结果，即企业清偿负债会导致未来经济利益的流出。

企业发生的经济业务在符合负债的定义，并同时满足以下条件时，才能确认为负债：（1）与该义务有关的经济利益很可能流出企业；（2）未来流出的经济利益的金额能够可靠地计量。

从负债的定义中可以看出，负债具有以下基本特征。

1. 负债是过去的交易或事项形成的。过去的交易或事项是指已经完成的经济业务，例如企业已经购买了机器设备，但是尚未付款，企业就有偿付设备价款的义务。

过去的交易或事项可能产生的负债有：企业采购材料后没有支付的应付账款、销售商品后应交而未交国家的税金、企业董事会宣告发放给投资者应付而未支付的股利或应付利润等。一般来说，负债只与已经发生的交易或事项相关，而与尚未发生的交易或事项无关。例如企业预期今年对公司普通股东支付股利，但还没有经过董事会决议通过，也即企业还没有形成对股东支付股利的义务，不能确认为企业承担的负债，因这项事项尚未发生，这种预期可能产生的负债不能成立。

2. 负债是企业承担的现时义务。负债必须是企业承担的现时义务，而不是未来的义务，是企业在现行条件下承担的义务。对于未来发生的交易或者事项形成的义务，不属于现时义务，不应当确认为负债。

企业承担的现时义务可以是法定义务，也可以是推定义务。法定义务是指根据合同规定或者法律法规规定的义务，法定义务具有强制性，受到国家法律的保护。如企业购买原材料形成的应付账款，向银行等金融机构借入的款项，企业按照税法规定应该缴纳的税款等，均属于法定义务。推定义务是指根据企业多年来的习惯做法、公开承诺或者公开宣布的政策导致企业将承担的责任，履行这些责任导致企业承担一定的负债。

3. 负债的清偿会导致未来经济利益流出企业。预期会导致经济利益流出企业是负债的本质特征，也就是说只有企业在履行经济义务时会导致经济利益流出企业，才符合负债的定义，如果不会导致经济利益流出企业，就不符合负债的定义。企业在清偿负债时，导致经济利益流出企业的形式有多种，包括现金的清偿、实物形式的偿还、提供劳务形式的偿还、负债转为资本等。

4. 负债能用货币进行可靠的计量或者合理的估计。通常情况下，债务的金额和支付时间是确定的，但有些债务如推定的义务，待付的金额存在着不确定性，企业需要根据历史经验并结合实际情况进行合理预计。例如，某企业对售出商品提供一定期限内的法定售后保修服务，预期将为售出商品提供的保修服务就属于推定义务，应当将其确认为一项负债。

二、负债的分类

负债可以根据不同的标志进行分类，其中最重要的分类标志是按照负债的偿还时间不同分为流动负债和非流动负债。偿还时间一般是按照一年或一个营业周期为标准。如果仅按照"一年"为标准而不考虑行业标准，可能过于武断，对于那些营业周期超过一年的行业，则会歪曲企业的财务状况。"营业周期"是指企业在正常生产经营过程中从购买原材料和劳务到通过销售商品或提供劳务收取价款取得现金的这一时间跨度。目前比较一致的办法是按照"一年或一个营业周期孰长"作为流动负债和非流动负债的划分标准。

将在一年或者超过一年的一个营业周期内偿还的流动负债包括短期借款、应付票据、应付账款、预收账款、应付职工薪酬、应交税费、应付股利、其他应付款、应付利息等；偿还期在一年或者超过一年的一个营业周期以上的非流动负债包括长期借款、应付债券、长期应付款等。负债的这种分类目的是区分负债的流动性，分析企业现金流出的时间、金额和不确定性，以便进一步评价企业的财务状况和偿债能力。不同的债权人有着不同的关注点：短期债权人关注的是企业在一年内或一个营业周期内必须偿还的负债有多少，同一周期内企业可用于偿还流动负债的流动资产有多少；而对于长期债权人则关注企业的长期获利能力和企业的资本结构。但是作为企业的投资者和管理者既要关注长期的获利能力，也要关注企业偿还短期债务的能力，以便降低企业的财务风险，减少企业破产的可能性。

负债还可按其偿还方式的不同分为货币性负债和非货币性负债。货币性负债是指企业需要以货币形式偿还的债务，如应交税费、应付职工薪酬等；非货币性负债是指企业需要以实物资产等其他非货币形式偿还的债务，如预收账款。这种分类便于企业对现金流量的安排。

第二节 流动负债的确认与计量

一、流动负债概述

（一）流动负债的概念和特征

流动负债是指将在一年或者超过一年的一个营业周期内偿还的债务。根据《企业会计准则第 30 号——财务报表列报》的规定，流动负债包括下列情形：

（1）预计在一个正常营业周期中清偿的负债，如企业购买商品形成的应付账款；

（2）主要为交易目的而持有的负债，如银行为近期赎回而发行的短期票据；

（3）自资产负债表日起一年内（含一年）到期应予以清偿的负债，如企业发行的一年内即将到期的应付债券；

（4）企业无权自主地将清偿推迟至资产负债表日后一年以上的负债，如企业购买商品时开出并承兑的商业票据。

流动负债除了偿还期限在一年或超过一年的一个营业周期内以外，另一个特征是为筹集生产经营活动所需资金而发生负债。具体包括：短期借款、以公允价值计量且变动计入当期损益的金融负债（交易性金融负债）、应付票据、应付账款、预收账款、应付职工薪酬、应交税费、应付利息、应付股利、其他应付款等。

（二）流动负债的确认

企业确认一项流动负债，除了要符合流动负债的定义外，还应当满足下列条件：（1）与该义务有关的经济利益很可能流出企业，即流动负债的清偿会导致企业资产的减少或者其他负债的增加，从而导致预期经济利益流出企业；（2）未来流出经济利益的金额能够可靠地计量。

流动负债按照金额确定与否可以分为以下四类：（1）金额确定的流动负债，指按照合同或法律规定，到期必需偿付，并有确定金额的流动负债，如短期借款、应付票据、应付账款、应付职工薪酬等；（2）偿付金额视经营情况而定的流动负债，如应付利润、应交所得税、应付股利等；（3）金额不确定但须估计的流动负债，指在会计期末无法估计，但确实是企业过去的经济业务引起的，并必须于未来某一确定日期偿付的流动负债，如产品质量担保负债（预计负债）等。

（三）流动负债的计量

流动负债的计量属性主要包括：（1）历史成本，按照承担现时义务而实际收到的款项或资产的金额，或者合同金额计量；（2）重置成本，按照现在偿付该债务所需支付的现金或者现金等价物的金额计量；（3）现值，按照未来某一时间需要偿还的未来现金流量的折现金额计量；（4）公允价值，是指在公平交易中，熟悉情况的交易双方自愿进行资产交换或者债务清偿的金额计量。在理论上，对于流动负债应以未来应偿付现金的贴现额进行计量。但在实际工作中，由于流动负债的偿还期比较短，为简化会计核算，流动负债按照实际发生额进行计量。

二、短期借款

短期借款是指企业向银行或其他金融机构等借入的期限在一年以下（含一年）的各种借款。企业因生产周转或季节性等原因出现暂时性资金不足，可向银行或其他金融机构申请贷款，以保证生产正常进行。

短期借款的会计核算包括取得短期借款、计提或支付利息、归还借款的会计业务处理，应设置"短期借款""应付利息"等相关账户。短期借款发生的利息费用一般计入当期损益。但短期借款利息支付的会计处理应根据利息支付的方式采取不同的会计处理：（1）如果银行对企业的短期借款按月计收利息，那么企业可在收到银行的计息通知或实际支付利息时，将利息费用直接计入当期损益；（2）如果银行对企业的短期借款按季（或按半年）计收利息，则应该采用预提的方法，按月提借款利息，计入当期损益；（3）如果短期借款的利息费用不大时，可在付息时一次计入当期损益。

下面举例说明短期借款借入、付息和归还的会计处理。

【例11-1】天宇股份有限公司因生产经营临时性需要，向银行申请并于10月1日取得一笔借款600 000元，期限为3个月，年利率为10%。企业按月计提利息费用，到期一次还本付息。企业应作会计分录如下。

①10月1日：

借：银行存款　　　　　　　　　　　　　　　　　600 000

　　贷：短期借款　　　　　　　　　　　　　　　　　　　600 000

②10 月 31 日，计提利息费用。

利息费用 = 600 000 × 10% ÷ 12 = 5 000（元）

借：财务费用　　　　　　　　　　　　　　　　　　 5 000

　　贷：应付利息　　　　　　　　　　　　　　　　　　 5 000

③11 月 30 日和 12 月 31 日，分别计提利息费用。编制的会计分录同上。

利息费用 = 600 000 × 10% ÷ 12 = 5 000（元）。

④12 月 31 日归还借款和支付利息时的账务处理如下。

借：短期借款　　　　　　　　　　　　　　　　　　 600 000

　　应付利息　　　　　　　　　　　　　　　　　　　 15 000

　　贷：银行存款　　　　　　　　　　　　　　　　　 615 000

三、以公允价值计量且其变动计入当期损益的金融负债

金融负债来源于金融合同，是企业负债的重要组成部分。

以公允价值计量且其变动计入当期损益的金融负债，包括交易性金融负债和直接指定为以公允价值计量且其变动计入当期损益的金融负债。

对于以公允价值计量且其变动计入当期损益的金融负债，应当按照公允价值进行初始计量和后续计量，将公允价值的变动直接计入当期损益，借记或贷记"公允价值变动损益"科目；相关交易费用应当在发生时直接计入当期损益。

金融负债的公允价值，一般应以市场交易价格为基础确定。交易费用，是指可直接归属于购买、发行或处置金融工具新增的外部费用，包括支付给代理机构、咨询公司、券商等的手续费和佣金及其他必要的支出。

企业对于以公允价值计量且其变动计入当期损益的金融负债，应当设置"交易性金融负债"科目进行核算。

【例 11 - 2】2018 年 10 月 1 日，天宇股份有限公司经批准公开发行 10 000 万元人民币短期融资债券，期限为 1 年，票面利率为 5%，每张面值为 100 元，每半年付息一次、到期一次还本。天宇公司将该短期融资债券指定为以公允价值计量且其变动计入当期损益的金融负债。该短期融资债券发行时产生的交易费用为 20 万元。2018 年年末，该短期融资债券的市场价格为每张 110 元（不含利息）。

天宇公司应作如下会计处理。

①10 月 1 日发行短期融资债券时：

借：银行存款　　　　　　　　　　　　　　　　　 99 800 000

　　投资收益——交易费用　　　　　　　　　　　　　 200 000

　　贷：交易性金融负债——成本　　　　　　　　 100 000 000

②2018 年年末：

借：投资收益　　　　　　　　　　　　　　　　　 1 250 000

　　贷：应付利息　　　　　　　　　　　　　　　　　 1 250 000

借：公允价值变动损益　　　　　　　　　　　　　 10 000 000

贷：交易性金融负债——公允价值变动   10 000 000

四、应付票据

应付票据是由出票人出票，委托付款人在指定日期无条件支付特定的金额给收款人或者持票人的票据。从理论上讲，应付票据应按未来现金流出的现值入账，但是由于票据到期日与出具日间隔较短，折现值与到期值相差不是很大，为了简化会计处理，在实际的会计工作中一般不按现值入账，而按照面值入账。

应付票据按是否带息分为带息应付票据和不带息应付票据，两者在账务处理方面有些差别。

1. 带息应付票据的会计处理。带息应付票据是指债务人在到期还款时，除了偿还面值外，还要偿还按面值和票面利率计算的利息，此时票据的到期值等于面值加利息。

对利息的处理可以采用两种方法：一种为按期计提利息，即期末按面值和票面利率计算每期利息，借记"财务费用"科目，贷记"应付票据"科目；另一种为支付利息时一次计入当期损益，即票据到期时按面值和票面利率计算全部利息，借记"财务费用"科目，贷记"银行存款"科目。在我国由于商业票据的期限较短，通常只在期末对尚未支付的应付票据计提利息，借记"财务费用"科目，贷记"应付票据"科目。

【例 11 – 3】天宇股份有限公司 12 月 1 日向海天公司购入材料一批，价值为 10 000 元，材料已验收入库，经双方协商，由天宇公司向海天公司出具一张商业汇票，面值为 10 000 元，票据月利率为 1%，期限为 3 个月，票据到期付款。假设不考虑增值税。

①12 月 1 日：

借：原材料   10 000

    贷：应付票据——海天公司   10 000

②12 月 31 日应计提利息：

借：财务费用   100

    贷：应付票据——海天公司   100

③票据到期：

借：应付票据——海天公司   10 100

    财务费用   200

    贷：银行存款   10 300

2. 不带息应付票据的会计处理。不带息应付票据，其面值就是票据到期时的应付金额。

如上例为不带息票据，其账务处理如下。

①12 月 1 日：

借：原材料   10 000

　　贷：应付票据——海天公司　　　　　　　　　　　　　　　　　10 000

②票据到期：

借：应付票据——海天公司　　　　　　　　　　　　　　10 000

　　贷：银行存款　　　　　　　　　　　　　　　　　　　　　10 000

五、应付账款

　　应付账款是指企业在购买材料、商品或接受劳务时，由于未及时付款而产生的负债。

　　应付账款的入账时间一般应以与所购买物资所有权有关的风险和报酬已经转移为标准。但在实际工作中往往以取得发票作为入账时间。如果在期末尚未收到发票账单，一般先暂估入账，下期初予以冲销，收到发票时再予以入账。

　　应付账款的入账金额按发票价格确定。但是如果购货条件包括在规定的期限内付款可以享受一定的现金折扣，会计上入账金额的确定有两种方法，即总价法和净价法。总价法是指按发票价格全额入账，实际付款时，如果享受现金折扣，少付的款额作为当期的财务费用冲减处理；净价法是按发票价格扣除最大现金折扣后的净额入账，实际付款时，如果超过享受现金折扣的付款期限而支付的超过账面价值的部分作为当期财务费用处理。我国会计准则要求采用总价法。

　　企业应设置"应付账款"账户，以核算应付账款的发生、偿还以及期末尚未偿还金额，同时按债权人不同设置明细账户。

　　【例 11 -4】天宇股份有限公司 3 月 1 日向红光公司购进材料一批，价款为10 000 元，材料已验收入库，款项尚未支付。4 月 10 日天宇公司以银行存款偿还该款项。其账务处理如下。

①购进材料。

借：原材料　　　　　　　　　　　　　　　　　　　　10 000

　　应交税费——应交增值税（进项税额）　　　　　　　1 300

　　贷：应付账款——红光公司　　　　　　　　　　　　　　11 300

②4 月 10 日偿还款项。

借：应付账款——红光公司　　　　　　　　　　　　　11 300

　　贷：银行存款　　　　　　　　　　　　　　　　　　　　11 300

　　【例 11 -5】天宇股份有限公司 8 月 12 日向海天公司购入材料一批，价款为30 000 元，材料已验收入库，款项尚未支付，付款条件为"2/10，n/30"，以总价法进行账务处理。

①购进材料。

借：原材料　　　　　　　　　　　　　　　　　　　　30 000

　　应交税费——应交增值税（进项税额）　　　　　　　3 900

　　贷：应付账款——海天公司　　　　　　　　　　　　　　33 900

②如果 8 月 20 日以银行存款支付：

借：应付账款——海天公司　　　　　　　　　　　　33 900
　　贷：财务费用　　　　　　　　　　　　　　　　　　　　600
　　　　银行存款　　　　　　　　　　　　　　　　　　　33 300
③如果 8 月 25 日以银行存款支付：
借：应付账款——海天公司　　　　　　　　　　　　33 900
　　贷：银行存款　　　　　　　　　　　　　　　　　　　33 900

六、应付职工薪酬

（一）职工薪酬的概念及内容

职工，是指与企业订立劳动合同的所有人员，含全职、兼职和临时职工；也包括虽未与企业订立劳动合同但由企业正式任命的人员，如董事会成员、监事会成员等。在企业的计划和控制下，虽未与企业订立劳动合同或未由其正式任命，但为其提供与职工类似服务的人员，也纳入职工范畴，如劳务用工合同人员。

职工薪酬，是指企业为获得职工提供的服务或解除劳动关系而给予的各种形式的报酬或补偿。职工薪酬包括短期薪酬、离职后福利、辞退福利和其他长期职工福利。企业提供给职工配偶、子女、受赡养人、已故员工遗属及其他受益人等的福利，也属于职工薪酬。

（1）短期薪酬，是指企业在职工提供相关服务的年度报告期间结束后十二个月内需要全部予以支付的职工薪酬，因解除与职工的劳动关系给予的补偿除外。短期薪酬主要包括：

①职工工资、奖金、津贴和补贴。

②职工福利费。

③医疗保险费、工伤保险费等社会保险费。

④住房公积金。

⑤工会经费和职工教育经费。

⑥短期带薪缺勤，是指职工虽然缺勤但企业仍向其支付报酬的安排，包括年休假、病假、婚假、产假、丧假、探亲假等。

⑦短期利润分享计划，是指因职工提供服务而与职工达成的基于利润或其他经营成果提供薪酬的协议。

⑧非货币性福利。

⑨其他短期薪酬，是指除上述薪酬以外的其他为获得职工提供的服务而给予的短期薪酬。

（2）离职后福利，是指企业为获得职工提供的服务而在职工退休或与企业解除劳动关系后，提供的各种形式的报酬和福利，如为职工缴纳的养老、失业保险。

（3）辞退福利，是指企业在职工劳动合同到期之前解除与职工的劳动关系，或者为鼓励职工自愿接受裁减而给予职工的补偿。

（4）其他长期职工福利，是指除短期薪酬、离职后福利、辞退福利之外所有的职工薪酬，包括长期带薪缺勤、长期残疾福利、长期利润分享计划等。

（二）应付职工薪酬的会计处理

1. 货币性短期薪酬。

（1）企业发生的职工工资、津贴和补贴等短期薪酬，应当根据职工提供服务情况和工资标准等计算计入职工薪酬的工资总额，并按照受益对象计入当期损益或相关资产成本，借记"生产成本""制造费用""管理费用"等科目，贷记"应付职工薪酬"科目。发放时，借记"应付职工薪酬"科目，贷记"银行存款"等科目。

（2）企业为职工缴纳的医疗保险费、工伤保险费等社会保险费和住房公积金，以及按规定提取的工会经费和职工教育经费，应当在职工为其提供服务的会计期间，根据规定的计提基础和计提比例计算确定相应的职工薪酬金额，并确认相关负债，按照受益对象计入当期损益或相关资产成本，借记"生产成本""制造费用""管理费用"等科目，贷记"应付职工薪酬"科目。

【例 11 - 6】2018 年 8 月，天宇股份有限公司应付职工工资 165 000 元，根据公司所在地政府规定，天宇公司应当按照职工工资总额的 10% 和 8% 计提并缴存医疗保险费和住房公积金；分别按照职工工资总额的 2% 和 1.5% 计提工会经费和职工教育经费。具体如表 11 - 1 所示。

表 11 - 1 天宇公司职工薪酬明细表

2018 年 8 月 单位：元

部门	工资总额	医疗保险 （10%）	住房公积金 （8%）	工会经费 （2%）	职工教育经费 （1.5%）	合计
基本生产车间	80 000	8 000	6 400	1 600	1 200	97 200
车间管理部门	10 000	1 000	800	200	150	12 150
行政管理部门	50 000	5 000	4 000	1 000	750	60 750
销售部门	25 000	2 500	2000	500	375	30 375
合计	165 000	16 500	13 200	3 300	2 475	200 475

天宇公司在月末会计处理如下。

借：生产成本 97 200

制造费用 12 150

管理费用 60 750

销售费用 30 375

贷：应付职工薪酬——工资 165 000

——医疗保险费 16 500

——住房公积金 13 200

——工会经费	3 300
——职工教育经费	2 475

2. 短期带薪缺勤。带薪缺勤根据其性质及其职工享有的权利，分为累积带薪缺勤和非累积带薪缺勤两类，企业应当对累积带薪缺勤和非累积带薪缺勤分别进行会计处理。如果带薪缺勤属于长期带薪缺勤的，企业应当作为其他长期职工福利处理。

（1）累积带薪缺勤的会计处理。累积带薪缺勤，是指带薪权利可以结转下期的带薪缺勤，本期尚未用完的带薪缺勤权利可以在未来期间使用。企业应当在职工提供了服务从而增加了其未来享有的带薪缺勤权利时，确认与累积带薪缺勤相关的职工薪酬，并以累积未行使权利而增加的预期支付金额计量。

有些累积带薪缺勤在职工离开企业时，对于未行使的权利，职工有权获得现金支付。职工在离开企业时能够获得现金支付的，企业应当确认企业必须支付的、职工全部累积未使用权利的金额。企业应当根据资产负债表日因累积未使用权利而导致的预期支付的追加金额，作为累积带薪缺勤费用进行预计。

【例 11 - 7】天宇股份有限公司共有 1 000 名职工，从 2018 年 1 月 1 日起，该公司实行累积带薪缺勤制度。该制度规定，每个职工每年可享受 5 个工作日带薪年休假，未使用的年休假只能向后结转一个日历年度，超过 1 年未使用的权利作废；职工休年休假时，首先使用当年可享受的权利，不足部分再从上年结转的带薪年休假中扣除；职工离开公司时，对未使用的累积带薪年休假无权获得现金支付。

2018 年 12 月 31 日，每个职工当年平均未使用带薪年休假为 2 天。天宇公司预计 2019 年有 950 名职工将享受不超过 5 天的带薪年休假，剩余 50 名职工每人将平均享受 6.5 天年休假，假定这 50 名职工全部为总部管理人员，该公司平均每名职工每个工作日工资为 500 元。

分析：公司在 2018 年 12 月 31 日应当预计由于职工累积未使用的带薪年休假权利而导致预期将支付的工资负债，即为 75 天（50 × 1.5 天）的年休假工资金额 37 500 元（75 × 500），并作如下会计处理。

借：管理费用	37 500
贷：应付职工薪酬——累积带薪缺勤	37 500

假定 2019 年 12 月 31 日，上述 50 名部门经理中有 40 名享受了 6.5 天病假，并随同正常工资以银行存款支付。另有 10 名只享受了 5 天病假，由于该公司的带薪缺勤制度规定，未使用的权利只能结转一年，超过 1 年未使用的权利将作废。

2019 年，天宇公司应做如下会计处理。

借：应付职工薪酬——累积带薪缺勤（40 × 1.5 天 × 500）	30 000
贷：银行存款	30 000
借：应付职工薪酬——累积带薪缺勤（10 × 1.5 天 × 500）	7 500
贷：管理费用	7 500

假定天宇公司的带薪缺勤制度规定，职工累积未使用的带薪缺勤权利可以无限期结转，且可以于职工离开企业时以现金支付。天宇公司 1 000 名职工中，50名为总部各部门经理，100 名为总部各部门职员，800 名为直接生产工人，50 名工人正在建造一幢自用办公楼。

则天宇公司在 2018 年 12 月 31 日应当预计由于职工累积未使用的带薪年休假权利而导致的全部金额，即相当于 2 000 天（1 000×2 天）的带薪年休假工资1 000 000（2 000×500）元，并做如下会计处理。

借：管理费用（150×2 天×500） 150 000

生产成本（800×2 天×500） 800 000

在建工程（50×2 天×500） 50 000

贷：应付职工薪酬——累积带薪缺勤 1 000 000

（2）非累积带薪缺勤的会计处理。非累积带薪缺勤，是指带薪权利不能结转下期的带薪缺勤，本期尚未用完的带薪缺勤权利将予以取消，并且职工离开企业时也无权获得现金支付。我国企业职工休婚假、产假、丧假、探亲假、病假期间的工资通常属于非累积带薪缺勤。由于职工提供服务本身不能增加其能够享受的福利金额，企业在职工未缺勤时不应当计提相关费用和负债。企业应当在职工实际发生缺勤的会计期间确认与非累积带薪缺勤相关的职工薪酬。企业确认职工享有的与非累积带薪缺勤权利相关的薪酬，视同职工出勤确认的当期损益或相关资产成本。通常情况下，与非累积带薪缺勤相关的职工薪酬已经包括在企业每期向职工发放的工资等薪酬中，因此，不必额外作相应的账务处理。

3. 短期利润分享计划。企业制定有短期利润分享计划的，如规定当职工完成业绩指标，或者在企业工作了特定期限后，能够享有按照企业净利润的一定比例计算的薪酬，企业应当按照准则的规定，进行有关会计处理。

短期利润分享计划同时满足下列条件的，企业应当确认相关的应付职工薪酬，并计入当期损益或相关资产成本：企业因过去事项导致现在具有支付职工薪酬的法定义务或推定义务；因利润分享计划所产生的应付职工薪酬义务金额能够可靠估计。

属于下列三种情形之一的，视为义务金额能够可靠估计：

①在财务报告批准报出之前企业已确定应支付的薪酬金额；

②该短期利润分享计划的正式条款中包括确定薪酬金额的方式；

③过去的惯例为企业确定推定义务金额提供了明显证据。

企业在计量利润分享计划产生的应付职工薪酬时，应当反映职工因离职而没有得到利润分享计划支付的可能性。

如果企业预期在职工为其提供相关服务的年度报告期间结束后 12 个月内，不需要全部支付利润分享计划产生的应付职工薪酬，该利润分享计划应当适用本准则其他长期职工福利的有关规定。

企业根据经营业绩或职工贡献等情况提取的奖金，属于奖金计划，应当比照短期利润分享计划进行处理。

【例11-8】天宇股份有限公司于2018年初制订和实施了一项短期利润分享计划，以对公司管理层进行激励。该计划规定，公司全年的净利润指标为2 000万元，如果在公司管理层的努力下完成的净利润超过2 000万元，公司管理层将可以分享超过2 000万元净利润部分的10%作为额外报酬。假定至2018年12月31日，天宇公司全年实际完成净利润2 600万元。假定不考虑离职等其他因素，则天宇公司管理层按照利润分享计划可以分享利润60万元〔(2 600-2 000)×10%〕作为其额外的薪酬。

天宇公司2018年12月31日的相关会计处理如下。

借：管理费用　　　　　　　　　　　　　　　　　600 000
　　贷：应付职工薪酬——利润分享计划　　　　　　　　600 000

4. 非货币性福利。企业向职工提供非货币性福利的，应当按以下情况分别处理。

（1）以自产产品或外购商品发放给职工作为福利。企业以其生产的产品作为非货币性福利提供给职工的，应当按照该产品的公允价值和相关税费确认为负债，计入"应付职工薪酬——非货币性福利"，同时，根据职工提供服务的受益对象将其计入资产成本或当期损益；实际发放时，结转应付职工薪酬，同时确认商品销售收入，并结转成本。

【例11-9】天宇股份有限公司决定以自产的产品作为福利发放给职工，该批产品的生产成本为600 000元，售价为800 000元，天宇公司适用的增值税税率为13%；假定公司共有职工100名，其中，直接参加生产的职工80名，车间管理人员5名，总部管理人员15名。

产品的公允价值及相关税费合计=800 000×1.13=904 000（元）
计入生产成本的非货币性福利=904 000×80/100=723 200（元）
计入制造费用的非货币性福利=904 000×5/100=45 200（元）
计入管理费用的非货币性福利=904 000×15/100=135 600（元）

①天宇公司确认该非货币性福利，应作如下会计处理。

借：生产成本　　　　　　　　　　　　　　　　　723 200
　　制造费用　　　　　　　　　　　　　　　　　 45 200
　　管理费用　　　　　　　　　　　　　　　　　135 600
　　贷：应付职工薪酬——非货币性福利　　　　　　　904 000

②实际发放非货币性福利时，确认产品销售收入和结转销售成本。

借：应付职工薪酬——非货币性福利　　　　　　　904 000
　　贷：主营业务收入　　　　　　　　　　　　　　　800 000
　　　　应交税费——应交增值税（销项税额）　　　　104 000

借：主营业务成本　　　　　　　　　　　　　　　600 000
　　贷：库存商品　　　　　　　　　　　　　　　　　600 000

【例11-10】承〔例11-9〕，如果天宇股份有限公司以外购商品作为福利发放给每位职工。该商品不含税价格为2 000元，已取得增值税专用发票，公司以银行存款支付了购买商品的价款和增值税进项税额。100 名职工中 80 名为直接参加生产的职工，5 名为车间管理人员，15 名为总部管理人员。

决定发放时：

借：生产成本（80×2 000×1.13）　　　　　　　　　180 800

　　制造费用（5×2 000×1.13）　　　　　　　　　　 11 300

　　管理费用（15×2 000×1.13）　　　　　　　　　　33 900

　　　贷：应付职工薪酬　　　　　　　　　　　　　　　　　226 000

购买时：

借：存货　　　　　　　　　　　　　　　　　　　　200 000

　　应交税费——应交增值税（进项税额）　　　　　 26 000

　　　贷：银行存款　　　　　　　　　　　　　　　　　　　226 000

借：应付职工薪酬　　　　　　　　　　　　　　　　226 000

　　　贷：存货　　　　　　　　　　　　　　　　　　　　　200 000

　　　　　应交税费——应交增值税（进项税额转出）　　　 26 000

（2）将拥有的房屋等固定资产无偿提供给职工使用。企业将拥有的房屋、汽车等固定资产无偿提供给职工使用的，应当根据受益对象，将每期固定资产应计提的折旧额计入相关资产成本或当期损益，同时确认应付职工薪酬，即借记"管理费用"等科目，贷记"应付职工薪酬——非货币性福利"科目。期末计提固定资产折旧时，结转应付职工薪酬，即借记"应付职工薪酬——非货币性福利"科目，贷记"累计折旧"科目。难以认定受益对象的，直接计入当期损益，并确认应付职工薪酬。

【例 11–11】天宇股份有限公司为其高级管理人员每人提供一辆小轿车免费使用，假定每辆轿车每月计提折旧 2 500 元；该公司共有高级管理人员 15 名。

①天宇公司每月确认该非货币性福利时，应作如下会计处理。

借：管理费用　　　　　　　　　　　　　　　　　　37 500

　　　贷：应付职工薪酬——非货币性福利　　　　　　　　　 37 500

②月末，计提汽车折旧。

借：应付职工薪酬——非货币性福利　　　　　　　　37 500

　　　贷：累计折旧　　　　　　　　　　　　　　　　　　　 37 500

（3）租赁住房等资产无偿提供给职工使用。企业租赁住房等资产供职工无偿使用的，应当根据受益对象，将每期应付的租金计入相关资产成本或当期损益，并确认应付职工薪酬。实际支付租金时，结转应付职工薪酬。

【例 11–12】2018 年，天宇股份有限公司为部门经理提供自建单位宿舍免费使用，同时为高级管理人员每人租赁一套住房。公司部门经理 20 名，为每人提供一间单位宿舍免费使用，假定每间单位宿舍每月计提折旧 1 000 元；该公司共有高级管理人员 15 名，公司为其每人租赁一套月租金为 5 000 元的公寓。

天宇公司每月确认该非货币性福利时，应作如下会计处理。

借：管理费用　　　　　　　　　　　　　　　　　　20 000

贷：应付职工薪酬——非货币性福利		20 000
借：应付职工薪酬——非货币性福利	20 000	
贷：累计折旧		20 000
借：管理费用	75 000	
贷：应付职工薪酬——非货币性福利		75 000
借：应付职工薪酬——非货币性福利	75 000	
贷：其他应付款		75 000

（4）向职工提供企业支付了补贴的商品或服务。企业有时以低于企业取得资产或服务成本的价格向职工提供资产或服务，比如以低于成本的价格向职工出售住房、以低于企业支付的价格向职工提供医疗保健服务。以提供包含补贴的住房为例，企业在出售住房等资产时，应当将出售价款与成本的差额（即相当于企业补贴的金额）按不同情况分别处理。

第一，如果出售住房的合同或协议中规定了职工在购得住房后至少应当提供服务的年限，且如果职工提前离开则应退回部分差价，企业应当将该项差额作为长期待摊费用处理，并在合同或协议规定的服务年限内平均摊销，根据受益对象分别计入相关资产成本或当期损益。

【例 11 – 13】2018 年 12 月，甲房地产开发企业与 8 名高级管理人员分别签订商品房销售合同。合同约定，甲公司将自行开发的 8 套房屋以每套 500 万元的优惠价格销售给 8 名高级管理人员；高级管理人员自取得房屋所有权后必须在甲公司工作 5 年，如果在工作未满 5 年的情况下离职，需根据服务期限补交款项。2019 年 6 月 25 日，甲公司收到 8 名高级管理人员支付的款项 4 000 万元。2019 年 6 月 30 日，甲公司与 8 名高级管理人员办理完毕上述房屋的产权过户手续。上述房屋成本为每套 400 万元，市场价格为每套 600 万元。甲公司会计处理如下。

甲公司出售住房时：

借：银行存款	40 000 000	
长期待摊费用	8 000 000	
贷：主营业务收入		48 000 000
借：主营业务成本	32 000 000	
贷：开发产品		32 000 000

出售住房后，每年公司应当按照直线法在 5 年内摊销长期待摊费用。

2019 年摊销的分录为：

借：管理费用	800 000	
贷：应付职工薪酬		800 000
借：应付职工薪酬	800 000	
贷：长期待摊费用		800 000

第二，如果出售住房的合同或协议中未规定职工在购得住房后必须服务的年限，企业应当将该项差额直接计入出售住房当期相关资产成本或当期损益。

【例 11 –14】承〖例 11 –13〗，如果高级管理人员自取得房屋所有权后没有规定在甲公司工作年限，甲公司会计处理如下。

借：银行存款　　　　　　　　　　　　　　　　40 000 000
　　管理费用　　　　　　　　　　　　　　　　　8 000 000
　　贷：主营业务收入　　　　　　　　　　　　　　　48 000 000
借：主营业务成本　　　　　　　　　　　　　　32 000 000
　　贷：开发产品　　　　　　　　　　　　　　　　　32 000 000

5. 离职后福利。离职后福利是指企业为获得职工提供的服务而在职工退休或与企业解除劳动关系后，提供的各种形式的报酬和福利，包括退休福利（如养老金）及其他离职后福利（如离职后人寿保险和离职后医疗保障）。企业应当在职工为其提供服务的会计期间对离职后福利进行确认和计量。

离职后福利计划，是指企业与职工就离职后福利达成的协议，或者企业为向职工提供离职后福利制定的规章或办法等。企业应当按照承担的风险和义务情况，将离职后福利计划分类为设定提存计划和设定受益计划两种类型。

（1）设定提存计划的确认和计量。设定提存计划，是指企业向单独主体（如基金等）缴存固定费用后，不再承担进一步支付义务的离职后福利计划（如职工缴纳的养老、失业保险）。

设定提存计划的会计处理比较简单，因为企业在每一期间的义务取决于该期间将要提存的金额。对于设定提存计划，企业应当根据在资产负债表日为换取职工在会计期间提供的服务而应向单独主体缴存的提存金，确认为职工薪酬负债，并计入当期损益或相关资产成本。

【例 11 –15】天宇股份有限公司根据所在地政府规定，按照职工工资总额的 12% 计提基本养老保险费，缴存当地社会保险经办机构。2018 年 8 月，天宇公司职工工资总额为 165 000 元，计提基本养老保险费的会计处理如下。

借：生产成本（80 000 ×12%）　　　　　　　　9 600
　　制造费用（10 000 ×12%）　　　　　　　　1 200
　　管理费用（50 000 ×12%）　　　　　　　　6 000
　　销售费用（25 000 ×12%）　　　　　　　　3 000
　　贷：应付职工薪酬——设定提存计划　　　　　　19 800

【例 11 –16】天宇股份有限公司为高级管理人员设立了一项企业年金：每月该企业按照每个高级管理人员工资的 5% 向独立于企业的年金基金缴存企业年金，年金基金将其计入该高级管理人员个人账户并负责资金的运作。该高级管理人员退休时可以一次性获得其个人账户的累积额，包括公司历年来的缴存额以及相应的投资收益。公司除了按照约定向年金基金缴存之外不再负有其他义务，既不享有缴存资金产生的收益，也不承担投资风险。因此，该福利计划为设定提存计划。2018 年，按照计划安排，该企业向年金基金缴存的金额为 2 000 元。会计处理如下。

借：管理费用　　　　　　　　　　　　　　　　2 000

    贷：应付职工薪酬   2 000
   借：应付职工薪酬   2 000
    贷：银行存款   2 000

  （2）设定受益计划的确认和计量。设定受益计划，是指除设定提存计划以外的离职后福利计划。与设定提存计划的区分取决于计划的主要条款和条件所包含的经济实质。

  在设定提存计划下，企业的义务以企业应向独立主体缴存的提存金金额为限，职工未来所能取得的离职后福利金额取决于向独立主体支付的提存金金额，以及提存金所产生的投资回报，从而精算风险和投资风险实质上要由职工来承担。

  在设定受益计划下，企业的义务是为现在及以前的职工提供约定的福利，并且精算风险和投资风险实质上由企业来承担。因此，如果精算或者投资的实际结果比预期差，则企业的义务可能会增加。

  当企业通过以下方式负有法定义务时，该计划就是一项设定受益计划：

  ①计划福利公式不仅仅与提存金金额相关，且要求企业在资产不足以满足该公式的福利时提供进一步的提存金；

  ②通过计划间接地或直接地对提存金的特定回报作出担保。

  设定受益计划可能是不注入资金的，或者可能全部或部分地企业（有时由其职工）向法律上独立于报告主体的企业或者基金以缴纳提存金形式注入资金，并由其向职工支付福利。到期时已注资福利的支付不仅取决于基金的财务状况和投资业绩，而且取决于企业补偿基金资产短缺的能力和意愿。企业实质上承担着与计划相关的精算风险和投资风险。因此，设定受益计划所确认的费用并不一定是本期应付的提存金金额。企业如果存在一项或多项设定受益计划的，对于每一项计划应当分别进行会计处理。

  设定受益计划核算涉及四个步骤：

  步骤一，确定设定受益计划义务的现值和当期服务成本。

  步骤二，确定设定受益计划净负债或净资产。

  设定受益计划存在资产的，企业应当将设定受益计划义务的现值减去设定受益计划资产公允价值所形成的赤字或盈余确认为一项设定受益计划净负债或净资产。

  设定受益计划存在盈余的，企业应当以设定受益计划的盈余和资产上限两项的孰低者计量设定受益计划净资产。其中，资产上限，是指企业可从设定受益计划退款或减少未来对设定受益计划缴存资金而获得的经济利益的现值。

  计划资产包括长期职工福利基金持有的资产以及符合条件的保险单，不包括企业应付但未付给基金的提存金以及由企业发行并由基金持有的任何不可转换的金融工具。

  步骤三，确定应当计入当期损益的金额。

  报告期末，企业应当在损益中确认的设定受益计划产生的职工薪酬成本包括服务成本、设定受益净负债或净资产的利息净额。服务成本包括当期服务成本、过去服务成本和结算利得或损失。

步骤四，确定应当计入其他综合收益的金额。

企业应当将重新计量设定受益计划净负债或净资产所产生的变动计入其他综合收益，并且在后续会计期间不允许转回至损益，但企业可以在权益范围内转移这些在其他综合收益中确认的金额。重新计量设定受益计划净负债或净资产所产生的变动主要包括精算利得或损失等。

6. 辞退福利。辞退福利，是指企业在职工劳动合同到期之前解除与职工的劳动关系，或者为鼓励职工自愿接受裁减而给予职工的补偿。由于导致义务产生的事项是终止雇佣而不是为获得职工的服务，企业应当将辞退福利作为单独一类职工薪酬进行会计处理。

辞退福利包括两种情况：

一是职工没有选择权的辞退福利。即在职工劳动合同尚未到期前，不论职工本人是否愿意，企业决定解除与职工的劳动关系而给予的补偿。

二是职工有选择权的辞退福利。即在职工劳动合同尚未到期前，为鼓励职工自愿接受裁减而给予的补偿，职工有权利选择继续在职或接受补偿离职。

企业应当按照辞退计划条款的规定，合理预计并确认辞退福利产生的职工薪酬负债，并具体考虑下列情况：

（1）对于职工没有选择权的辞退计划，企业应当根据计划条款规定拟解除劳动关系的职工数量、每一位职位的辞退补偿等确认职工薪酬负债，借记"管理费用"科目，贷记"应付职工薪酬——辞退福利"科目。

（2）对于自愿接受裁减建议的辞退计划，由于接受裁减的职工数量不确定，企业应当根据《企业会计准则第13号——或有事项》规定，预计将会接受裁减建议的职工数量，根据预计的职工数量和每一位职位的辞退补偿等确认职工薪酬负债，借记"管理费用"科目，贷记"应付职工薪酬——辞退福利"科目。

（3）对于辞退福利预期在其确认的年度报告期间期末后12个月内完全支付的辞退福利，企业应当适用短期薪酬的相关规定。

（4）对于辞退福利预期在年度报告期间期末后12个月内不能完全支付的辞退福利，企业应当适用关于其他长期职工福利的相关规定，即实质性辞退工作在一年内实施完毕但补偿款项超过一年支付的辞退计划，企业应当选择恰当的折现率，以折现后的金额计量应计入当期损益的辞退福利金额。

七、应交税费

应交税费是指企业在生产经营过程中根据税法的规定应向国家交纳的各种税金。这些应交税费在尚未缴纳之前，形成企业的一种负债。

税金按其征税对象不同，分为流转税、所得税和其他税种。流转税是对从事商品生产、销售以及提供劳务的企业，按营业收入计算征收的税金，包括增值税、消费税；企业所得税是对企业按所得税法计算的应纳税所得额征收的税金；其他税种是除流转税、所得税以外的税种，包括城市维护建设税、土地增值税、房产税、车船使用税、资源税、印花税等。

企业应交税费应设置"应交税费"账户，以用来核算应交税费的应交、实交以及期末未交的税额，同时需按税种的不同设置明细账户进行明细核算。但印花税、耕地占用税、契税、车辆购置税不通过应交税费科目核算。

（一）增值税

增值税是以商品（含货物、加工修理修配劳务、服务、无形资产或不动产，以下统称商品）在流转过程中产生的增值额作为计税依据而征收的一种流转税。应纳增值税的计算采用税款抵扣制，即根据本期销售商品的销售额，按规定的税率计算应纳税款（销项税额），扣除本期购入商品已纳增值税款（进项税额），余额即为纳税人实际应缴纳的增值税款。

增值税的纳税人按其经营规模及会计核算是否健全划分为一般纳税企业和小规模纳税企业。下面分别说明一般纳税企业和小规模纳税企业增值税的核算。

1. 一般纳税企业。

（1）应纳增值税的计算。

$$应纳增值税 = 本期销项税额 - 本期进项税额$$
$$本期销项税额 = 本期销售额 \times 增值税税率$$

本期销售额为不含增值税的销售额，在增值税发票上销售额和增值税以价和税分别反映。如果销售额为含税销售额，在计算本期销项税额时，必须将含税销售额还原成不含税的销售额。

$$不含税销售额 = 含税销售额 \div (1 + 增值税税率)$$

（2）科目设置。一般纳税人应当在"应交税费"科目下设置"应交增值税""未交增值税""预交增值税"等明细科目进行核算。

"应交税费——应交增值税"明细科目下设置"进项税额""已交税金""转出未交增值税""销项税额""出口退税""进项税额转出""转出多交增值税"等专栏。其中：

①"进项税额"专栏，记录一般纳税人购进货物、加工修理修配劳务、服务、无形资产或不动产而支付或负担的、准予从当期销项税额中抵扣的增值税税额；

②"已交税金"专栏，记录一般纳税人当月已交纳的应交增值税税额；

③"转出未交增值税"和"转出多交增值税"专栏，分别记录一般纳税人月度终了转出当月应交未交或多交的增值税税额；

④"销项税额"专栏，记录一般纳税人销售货物、加工修理修配劳务、服务、无形资产或不动产应收取的增值税税额；

⑤"出口退税"专栏，记录一般纳税人出口货物、加工修理修配劳务、服务、无形资产按规定退回的增值税税额；

⑥"进项税额转出"专栏，记录一般纳税人购进货物、加工修理修配劳务、服务、无形资产或不动产等发生非正常损失以及其他原因而不应从销项税额中抵扣、按规定转出的进项税额。

"未交增值税"明细科目，核算一般纳税人月度终了从"应交增值税"或"预交增值税"明细科目转入当月应交未交、多交或预缴的增值税税额，以及当月交纳以前期间未交的增值税税额。

"预交增值税"明细科目，核算一般纳税人转让不动产、提供不动产租赁服务、提供建筑服务、采用预收款方式销售自行开发的房地产项目等，以及其他按现行增值税制度规定应预缴的增值税税额。

（3）会计处理。

第一，一般购销业务会计处理。

【例 11 – 17】天宇股份有限公司为一般纳税企业，购入材料一批，增值税专用发票上注明价款为 30 000 元，增值税税额为 3 900 元，货款尚未支付，材料已验收入库。

企业在材料验收入库，并取得增值税专用发票时的会计处理如下。

借：原材料 30 000
　　应交税费——应交增值税（进项税额） 3 900
　　　贷：应付账款 33 900

【例 11 – 18】天宇股份有限公司销售商品一批，不含税的价款为 1 000 000 元，增值税税额为 130 000 元，货款已收到并存入银行。

借：银行存款 1 130 000
　　贷：主营业务收入 1 000 000
　　　应交税费——应交增值税（销项税额） 130 000

纳税人进口货物的，按照组成计税价格和规定的税率计算应纳税额。组成计税价格和应纳税额计算公式为：

$$组成计税价格 = 关税完税价格 + 关税 + 消费税$$
$$应纳税额 = 组成计税价格 \times 税率$$

【例 11 – 19】天宇公司为增值税一般纳税人，本期从房地产开发企业购入不动产作为行政办公场所，按固定资产核算。天宇公司为购置该项不动产共支付价款和相关税费 8 000 万元，其中含增值税 330 万元。

取得不动产时：

借：固定资产 76 700 000
　　应交税费——应交增值税（进项税额） 3 300 000
　　　贷：银行存款 80 000 000

第二，视同销售业务的会计处理。按照增值税暂行条例，对于企业将自产、委托加工或购买的货物分配给股东或投资者；将自产、委托加工的货物用于集体福利或个人消费等行为，视同销售货物，需计算交纳增值税。对于税法上某些视同销售的行为，如以自产产品对外投资，从会计角度看属于非货币性资产交换。因此，会计核算遵照非货币性资产交换准则进行会计处理。但是，无论会计上如何处理，只要税法规定需要交纳增值税的，应当计算交纳增值税销项税额，并记入"应交税费——应交增值税"科目中的"销项税额"专栏。

视同销售业务计算增值税时销售额根据实际情况按照下列方式确定：按当月同类货物的平均销售价格确定；按最近时期同类货物的平均销售价格确定；按组成计税价格确定，组成计税价格的计算公式为：

$$组成计税价格 = 成本(1 + 成本利润率)$$

【例 11 – 20】 天宇股份有限公司为增值税一般纳税企业，本期以自产产品对乙公司投资，双方协议按产品的售价作价。该产品的成本为 200 万元，假设售价和计税价格均为 220 万元。该产品的增值税税率为 13%。假如该笔交易符合非货币性资产交换准则规定的按公允价值计量的条件，乙公司收到投入的产品作为原材料使用。

天宇公司的会计处理如下。

借：长期股权投资　　　　　　　　　　　　　　2 486 000
　　贷：主营业务收入　　　　　　　　　　　　2 200 000
　　　　应交税费——应交增值税（销项税额）　　286 000
借：主营业务成本　　　　　　　　　　　　　　2 000 000
　　贷：库存商品　　　　　　　　　　　　　　2 000 000
乙公司账务处理如下。
借：原材料　　　　　　　　　　　　　　　　　2 200 000
　　应交税费——应交增值税（进项税额）　　　　286 000
　　贷：实收资本　　　　　　　　　　　　　　2 486 000

第三，进项税额不予抵扣及抵扣情况发生变化的会计处理。按照增值税有关规定，一般纳税人购进货物、加工修理修配劳务、服务、无形资产或不动产，用于简易计税方法计税项目、免征增值税项目、集体福利或个人消费等，其进项税额不得从销项税额中抵扣的，应当计入相关成本费用，不通过"应交税费——应交增值税（进项税额）"科目核算。

因发生非正常损失或改变用途等，导致原已计入进项税额但按现行增值税制度规定不得从销项税额中抵扣的，应当将进项税额转出，借记"待处理财产损溢""应付职工薪酬"等科目，贷记"应交税费——应交增值税（进项税额转出）"科目。如果一般纳税人购进时已全额抵扣进项税额的货物或服务等转用于不动产在建工程的，其已抵扣进项税额的 40% 部分应于转用当期转出，借记"应交税费——待抵扣进项税额"，贷记"应交税费——应交增值税（进项税额转出）"科目。

【例 11 – 21】天宇股份有限公司为增值税一般纳税人，本期购入一批材料，增值税专用发票上注明的增值税税额为 15.6 万元，材料价款为 120 万元。材料已入库，货款已经支付。材料入库后，该企业将该批材料全部用于办公楼工程建设项目。

天宇公司作如下会计处理。

①材料入库时：

借：原材料 1 200 000

应交税费——应交增值税（进项税额） 156 000

贷：银行存款 1 356 000

②工程领用材料时：

借：在建工程 1200 000

贷：原材料 1 200 000

【例 11 – 22】天宇股份有限公司本月购进的一批材料因火灾损失了 500 000 元，该材料购进时的进项税额为 65 000 元。查明原因并经过批准，应由保险公司赔偿损失 200 000 元。

①天宇公司发生材料损失时，会计处理如下。

借：待处理财产损溢 565 000

贷：原材料 500 000

应交税费——应交增值税（进项税额转出） 65 000

②天宇公司查明原因并批准处理后，会计处理如下。

借：其他应收款 200 000

营业外支出 365 000

贷：待处理财产损溢 565 000

第四，转出多交增值税和未交增值税的会计处理。为了分别反映增值税一般纳税人欠交增值税款和待抵扣增值税的情况，确保企业及时足额上交增值税，避免出现企业用以前月份欠交增值税抵扣以后月份未抵扣的增值税的情况，企业应在"应交税费"科目下设置"未交增值税"明细科目，核算企业月份终了从"应交税费——应交增值税"科目转入的当月未交或多交的增值税；同时，在"应交税费——应交增值税"科目下设置"转出未交增值税"和"转出多交增值税"专栏。

月份终了，企业计算出当月应交未交的增值税，借记"应交税费——应交增值税（转出未交增值税）"科目，贷记"应交税费——未交增值税"科目；当月多交的增值税，借记"应交税费——未交增值税"科目，贷记"应交税费——应交增值税（转出多交增值税）"科目。

第五，交纳增值税的会计处理。企业当月交纳当月的增值税，通过"应交税费——应交增值税（已交税金）"科目核算，借记"应交税费——应交增值税（已交税金）"科目，贷记"银行存款"科目；当月交纳以前各期未交的增值税，通过"应交税费——未交增值税"科目，借记"应交税费——未交增值税"科目，贷记"银行存款"科目。

企业预交增值税，借记"应交税费——预交增值税"科目，贷记"银行存款"科目。月末，企业应将"预交增值税"明细科目余额转入"未交增值税"明细科目，借记"应交税费——未交增值税"科目，贷记"应交税费——预交增值税"科目。

【例 11 – 23】 天宇股份有限公司 8 月末计算本月欠交增值税为 50 000 元。9 月缴纳上月欠交税款 50 000 元，同时缴纳当月的增值税 25 000 元。

8 月末，公司转出未交的增值税的账务处理如下。

借：应交税费——应交增值税（转出未交增值税）　　50 000
　　贷：应交税费——未交增值税　　　　　　　　　　　　　50 000

9 月缴纳上月欠交税款的账务处理如下。

借：应交税费——未交增值税　　　　　　　　　　　50 000
　　贷：银行存款　　　　　　　　　　　　　　　　　　　　50 000

9 月缴纳当月增值税的账务处理如下。

借：应交税费——应交增值税（已交税金）　　　　　250 000
　　贷：银行存款　　　　　　　　　　　　　　　　　　　250 000

第六，增值税税控系统专用设备和技术维护费用抵减增值税税额的会计处理。按增值税有关规定，初次购买增值税税控系统专用设备支付的费用以及缴纳的技术维护费允许在增值税应纳税额中全额抵减。企业购入增值税税控系统专用设备，按实际支付或应付的金额，借记"固定资产"科目，贷记"银行存款""应付账款"等科目。按规定抵减的增值税应纳税额，借记"应交税费——应交增值税（减免税款）"科目，贷记"管理费用"科目。

企业发生技术维护费，按实际支付或应付的金额，借记"管理费用"等科目，贷记"银行存款"等科目。按规定抵减的增值税应纳税额，借记"应交税费——应交增值税（减免税款）"科目，贷记"管理费用"等科目。

2. 小规模纳税企业。小规模纳税人是指年销售额在规定标准以下，并且会计核算不健全，不能按规定报送有关税务资料的增值税纳税人。我国于 2018 年 5 月 1 日统一增值税小规模纳税人标准为年应征增值税销售额 500 万元及以下。小规模纳税人企业只需设置"应交税费——应交增值税"明细账户，不需要在"应交增值税"明细账户内设置专栏。其会计处理具有以下特点。

（1）小规模纳税人企业购入的货物无论是否具有增值税专用发票，其支付的增值税税额均不计入进项税额，不得由销项税额抵扣，应计入购入货物的成本。

（2）其他企业从小规模纳税人企业购入货物或接受劳务支付的增值税税额，如果不能取得增值税专用发票，也不能作为进项税额进行抵扣，而应计入购入货物或应税劳务的成本。

（3）小规模纳税企业销售货物或接受应税劳务，实行简易办法计算应纳税额，按照销售额的一定比例计算，公式为：

$$应纳增值税 = 不含税销售额 × 征收率$$
$$不含税销售额 = 含税销售额 ÷ (1 + 征收率)$$

【例 11−24】 某公司核定为小规模纳税人企业，其购进一批材料，按照增值税专用发票上记载的原材料价款为 100 万元，支付的增值税税额为 13 万元，企业开出承兑的商业汇票，材料已经验收入库。同时企业本期销售一批产品，销售价格总额为 90 万元（含税），假定符合收入确认条件，货款尚未收到。假定该公司增值税适用征收率为 3%。

①企业购进材料。

借：原材料　　　　　　　　　　　　　　　　　　　1 130 000

　　贷：应付票据　　　　　　　　　　　　　　　　　　1 130 000

②企业销售货物。

不含税销售价格 = 90 ÷ (1 + 3%) = 87.3786（万元）

应交增值税 = 87.3786 × 3% = 2.6214（万元）

借：应收账款　　　　　　　　　　　　　　　　　　900 000

　　贷：主营业务收入　　　　　　　　　　　　　　　　873 786

　　　　应交税费——应交增值税　　　　　　　　　　　26 214

（二）消费税

为了正确引导消费方向，国家在普遍征收增值税的基础上，选择部分消费品再征收一道消费税，其目的是通过税收，调节消费品的利润水平。征收消费税的消费品包括：烟、酒及酒精、化妆品、护发护肤品、贵重首饰及珠宝玉石、鞭炮和烟火、汽油、柴油、汽车轮胎、摩托车、小汽车等。

消费税的征收方法采取从价定率和从量定额两种方法。实行从价定率计征的应纳税额的税基为销售额，如果销售额中未扣除增值税，在计算消费税时，按公式"应税消费品的销售额 = 含增值税的销售额 ÷ (1 + 增值税税率或征收率)"换算为不含增值税税款的销售额。

实行从量定额办法计征的应纳税额的销售数量是指应税消费品的数量；属于销售应税消费品的，为应税消费品的销售数量；属于自产自用应税消费品的，为应税消费品的移送使用数量；属于委托加工的应税消费品的，为纳税人收回的应税消费品数量；进口的应税消费品，为海关核定的应税消费品进口征税数量。

1. 消费税的计算。消费税的计算采取从价定率和从量定额两种方法。

（1）实行从价定率征收的应税消费品：

$$应纳税额 = 销售额 × 适用税率$$

（2）实行从量定额征收的应税消费品：

$$应纳税额 = 单位税额 × 销售量$$

2. 科目设置及会计处理。在"应交税费"账户下设置"应交消费税"明细账户，用来核算消费税的应交、已交和期末未交数。

具体账务处理如下。

（1）销售应税消费品。销售应税消费品时，按应交消费税额借记"税金及附加"账户，贷记"应交税费——应交消费税"账户。

【例11-25】天宇股份有限公司销售一批消费品，增值税专用发票注明价格为60 000元，增值税为7 800元，消费税税率为10%，款项已收到并存入银行。

产品销售时的账务处理如下。

借：银行存款 　　　　　　　　　　　　　　　　67 800
　　贷：主营业务收入　　　　　　　　　　　　　　60 000
　　　　应交税费——应交增值税（销项税额）　　　 7 800

计算应交消费税：

应纳消费税 = 60 000 × 10% = 6 000（元）

借：税金及附加　　　　　　　　　　　　　　　　 6 000
　　贷：应交税费——应交消费税　　　　　　　　　 6 000

（2）视同销售应税消费品。企业将应税消费品用于在建工程、非生产机构等其他方面，按规定应交纳的消费税，应计入有关的成本。例如，企业以应税消费品用于在建工程项目，应交的消费税计入在建工程成本。

【例11-26】天宇股份有限公司为增值税一般纳税人。建造一条生产线领用了本公司生产的应税消费品，该产品实际成本为700 000元，计税价格为800 000元。适用的增值税税率为13%，适用的消费税税率为10%。

天宇公司领用该批应税消费品时，应作如下会计分录。

借：在建工程　　　　　　　　　　　　　　　　780 000
　　贷：库存商品　　　　　　　　　　　　　　　700 000
　　　　应交税费——应交消费税　　　　　　　　 80 000

【例11-27】天宇股份有限公司将自产的应税消费品对外投资，双方协商按成本定价，该批产品的成本为170 000元，计税价格为200 000元，增值税税率为13%，消费税税率为10%。

公司对外投资账务处理如下。

借：长期股权投资　　　　　　　　　　　　　　226 000
　　贷：主营业务收入　　　　　　　　　　　　　200 000
　　　　应交税费——应交增值税（销项税额）　　 26 000

借：税金及附加　　　　　　　　　　　　　　　 20 000
　　贷：应交税费——应交消费税　　　　　　　　 20 000

借：主营业务成本　　　　　　　　　　　　　　170 000
　　贷：库存商品　　　　　　　　　　　　　　　170 000

（3）委托加工的应税消费品。按税法规定一般由受托方向委托方交货时代扣代缴消费税。委托方所纳税款，根据委托加工收回后的应税消费品用途不同分为两种情况：一种是委托方收回后用于继续加工应税消费品的，其所纳税款可以在继续加工后的应税消费品的应纳消费税额中抵扣；另一种是委托方收回后直接用于销售，其所纳税款计入委托加工的应税消费品的成本，在销售时，不再交纳消费税。

【例 11 - 28】天宇股份有限公司委托外单位加工应税消费品，材料成本为50 000 元，加工费为10 000 元（不含增值税），增值税为 1 300 元，代收消费税为 1 000 元。

如果委托加工收回后继续加工，账务处理如下。

①发出材料。

借：委托加工物资 50 000
　　贷：原材料 50 000

②支付加工费、增值税和消费税的账务处理如下。

借：委托加工物资 10 000
　　应交税费——应交增值税（进项税额） 1 300
　　应交税费——应交消费税 1 000
　　　贷：银行存款 12 300

③收回委托加工材料。

借：原材料 60 000
　　贷：委托加工物资 60 000

如果委托加工收回后直接出售，账务处理如下。

①发出材料。

借：委托加工物资 50 000
　　贷：原材料 50 000

②支付加工费、增值税和消费税。

借：委托加工物资 11 000
　　应交税费——应交增值税（进项税额） 1 300
　　　贷：银行存款 12 300

③收回委托加工材料。

借：库存商品 61 000
　　贷：委托加工物资 61 000

（4）进口的应税消费品。进口的应税消费品，按照组成计税价格计算纳税。实行从价定率计算纳税的组成计税价格计算公式为：

组成计税价格 =（关税完税价格 + 关税）÷（1 - 消费税比例税率）

实行复合计税办法计算纳税的组成计税价格计算公式为：

组成计税价格 =（关税完税价格 + 关税 + 进口数量 × 消费税定额税率）
÷（1 - 消费税比例税率）

需要交纳消费税的进口消费品，其交纳的消费税应计入该进口消费品的成本，借记"固定资产""材料采购"等科目，贷记"银行存款"等科目。

（三）其他应交税费

1. 资源税。资源税是国家对我国境内开采矿产品及生产盐的单位和个人征收的一种税。资源税按照应税产品的课税数量和规定的单位税额计算，计算公式为：

$$应纳税额 = 课税数量 \times 单位税额$$

企业按规定应交的资源税在"应交税费——应交资源税"科目核算。企业销售产品或自产自用产品按规定应缴的资源税，借记"税金及附加""生产成本"或"制造费用"等科目，贷记"应交税费——应交资源税"科目。企业外购液体盐加工固体盐的，所购入的液体盐交纳的资源税可以抵扣。按照所允许抵扣的资源税，借记"应交税费——应交资源税"科目，按外购价款扣除允许抵扣的资源税后的余额，借记"材料采购"科目，按应支付的全部价款，贷记"银行存款""应付账款"等科目；企业实际缴纳资源税时，借记"应交税费——应交资源税"科目，贷记"银行存款"科目。

2. 土地增值税。土地增值税是对转让国有土地使用权、地上建筑物及其附着物并取得收入的单位和个人，按照转让房地产所取得的增值额和规定的税率征收的一种税。这里的增值额是指转让房地产所取得的收入减除规定扣除项目金额后的余额。企业转让房地产所取得的收入，包括货币收入、实物收入和其他收入。计算土地增值额的主要扣除项目有：（1）取得土地使用权所支付的金额；（2）开发土地的成本、费用；（3）新建房屋及配套设施的成本、费用，或者旧房及建筑物的评估价格；（4）与转让房地产有关的税金。

土地增值税通过"应交税费——应交土地增值税"科目核算。兼营房地产业务的企业，应由当期收入负担的土地增值税，借记"税金及附加"，贷记"应交税费——应交土地增值税"科目。转让国有土地使用权与其地上建筑物及其附着物一并在"固定资产"或"在建工程"科目核算的，转让时应交纳的土地增值税，借记"固定资产清理""在建工程"科目，贷记"应交税费——应交土地增值税"科目。企业实际交纳土地增值税时，借记"应交税费——应交土地增值税"科目，贷记"银行存款"科目。

3. 房产税、土地使用税、车船税和印花税。房产税是对在城市、县城、建制镇和工矿区征收的、由产权保有人交纳的一种税。房产税按照房产原值一次扣除10%～30%后的余额计算缴纳。没有房产原值作为依据的，由房产所在地税务机关参考同类房产核定；房产出租的，以房产租金额收入为房产税的计税依据。

土地使用税是国家为了合理利用城镇土地，调节土地级差收入，提高土地使用效益，加强土地管理而开征的一种税，以纳税人实际占用的土地面积为计税依据，依照规定税额计算征收。

车船税由拥有并且使用车船的单位和个人交纳，是按照规定的计税依据和年税额标准计算征收的一种财产税。从 2007 年 7 月 1 日开始，单位和个人在投保交强险时交纳车船税。

企业按规定计算应交的房产税、土地使用税、车船税时，借记"税金及附加"科目，贷记"应交税费——应交房产税（或土地使用税、车船税）"科目；实际交纳时，借记"应交税费——应交房产税（或土地使用税、车船税）"科目，贷记"银行存款"科目。

印花税是对书立、领受购销合同等凭证行为征收的税款，实行由纳税人根据规定自行计算应纳税额，购买并一次贴足印花税票的交纳方法。由于企业交纳的印花税，是由纳税人根据规定自行计算应纳税额以购买并一次贴足印花税票的方法交纳的税款，企业交纳的印花税，不会发生应付未付税款的情况，不需要预计应纳税金额，同时也不存在与税务机关结算或清算的问题。因此，企业交纳的印花税不需要通过"应交税费"科目核算，于购买印花税票时，直接借记"税金及附加"科目，贷记"银行存款"科目。

4. 城市维护建设税。城市维护建设税是为了加强城市的维护建设、扩大和稳定城市维护建设资金的来源而开征的一个税种。缴纳增值税、消费税的单位和个人应当以本期实际缴纳的增值税、消费税为计税依据，计算本期应交城市维护建设税的金额。在会计核算时，企业按规定计算出的城市维护建设税，借记"税金及附加"等科目，贷记"应交税费——应交城市维护建设税"科目。实际交纳时，借记"应交税费——应交城市维护建设税"科目，贷记"银行存款"科目。

5. 耕地占用税。耕地占用税是国家为了利用土地资源，加强土地管理，保护农用耕地而征收的一种税。耕地占用税以实际占用的耕地面积计税，按照规定税额一次征收。企业交纳的耕地占用税，不需要通过"应交税费"科目核算。企业按规定计算交纳耕地占用税时，借记"在建工程"科目，贷记"银行存款"科目。

第三节　非流动负债的确认和计量

一、非流动负债的特点及其分类

（一）非流动负债的特点

非流动负债是指偿还期在 1 年或者超过 1 年的一个营业周期以上的债务。企业举借非流动负债，主要是为了购置大型机器设备、扩建厂房等扩大生产经营规模的需要。企业举借非流动负债与增发股票进行股权融资相比，具有下列优点。

（1）可以保持对企业的控制权和稳定公司股票的价格。增发股票会稀释原有股东的持股比例，分散股权；而且增发股票还会使每股收益额下降，从而导致股票价格下跌。而公司的债权人不能参与公司的经营管理，不享有公司重大决策的表决权，也即非流动负债融资可以保持对公司的控制权。

（2）举借非流动负债支付的利息具有抵税作用。因为利息费用可以在税前扣除，而股利只能在税后支付。

（3）可以为股东带来更大的经济利益。因为非流动负债的利息支出是固定的，而且可以税前扣除，只要投资报酬率大于非流动负债的利息率，举借非流动负债扩大企业的生产经营，就可以为股东带来剩余收益，增加股东的利益。

但是举借非流动负债也有不足之处：因为固定的利息费用可能增大企业的财务风险。一旦企业经营状况不好，不能及时偿还本金和利息，债权人就有权向法院申诉，强迫企业支付，甚至迫使债务人破产。

（二）非流动负债的种类

（1）非流动负债按筹措的方式不同，可分为长期借款、应付债券和长期应付款。长期借款是指企业向银行或其他金融机构借入的偿还期在1年以上的各种借款。应付债券是指企业为筹措长期资金而发行的1年期以上的债券。长期应付款是企业除长期借款和应付债券以外的长期应付款项，主要包括应付融资租入固定资产的租赁费和以分期付款方式购入的固定资产、无形资产等发生的应付款项。按金融工具的确认与计量准则，这些非流动负债均分类至以摊余成本计量的金融负债。

（2）非流动负债按偿还的方式不同，可分为定期偿还的非流动负债和分期偿还的非流动负债。

二、长期借款

企业借入各种长期借款时，按实际收到的款项，借记"银行存款"科目，贷记"长期借款——本金"科目；按借贷双方之间的差额，借记"长期借款——利息调整"科目。

在资产负债表日，企业应按长期借款的摊余成本和实际利率计算确定长期借款的利息费用，借记"在建工程""财务费用"等科目，按借款本金和合同利率计算确定的应付未付利息，贷记"应付利息"科目，按其差额，贷记"长期借款——利息调整"科目。

企业归还长期借款，按归还的本金，借记"长期借款——本金"科目，按转销的利息调整金额，贷记"长期借款——利息调整"科目，按实际归还的款项，贷记"银行存款"科目，按借贷双方之间的差额，借记"在建工程""财务费用"等科目。

如果实际利率与合同利率相差很小，则长期借款按本金（未来金额）入账。

三、一般应付债券

(一) 债券的定义及其分类

债券是指公司为筹集长期资金，按照法定程序向社会公众发行的，约定在一定日期或分期偿还本金，并按期支付利息的一种书面凭证。企业发行债券必须以有关的合同和法律条文等债券契约为依据，以明确债权人和债务人的权利和义务，这些契约条款包括：票面额、利率、到期日、利息支付方式、收回债券的条件、作为抵押的财产等条款。

债券可以按照不同的标准进行分类：

（1）按有无担保可分为有担保债券和信用债券。担保债券，是指以特定的资产作为担保物发行的债券；信用债券，是指无特定的资产作为担保物，完全凭借发行人的信誉而发行的债券。担保债券的风险较低，利率相对也低；信用债券风险较大，利率相应也较高。

（2）按是否记名可分为记名债券和无记名债券。记名债券，是指公司发行这种债券时，将债券持有人的姓名记载于债券票面上，并在公司债权人的名册中登记；无记名债券，是指公司发行的债券票面上不记载债券持有人的姓名。

对债券持有人来说，记名债券比无记名债券安全。发行人在支付本金和利息时，记名债券按登记的债券持有人支付，而无记名债券按持券人支付。所以记名债券转让时，必须在发行人那里办理过户手续，否则无法领取本金和利息。而对于无记名债券，债券在谁手里谁就可持券领取本金和利息。

（3）按还本方式不同可分为一次还本债券和分期还本债券。一次还本债券，是指本金于到期日一次偿还的债券；分期还本债券，是指本金分期偿还的债券。

（4）按特殊偿还方式分为可转换债券、可赎回债券及以商品偿付的债券。可转换债券，是指债券持有人在持有一定时期后可按照规定的比率转换为公司股票的债券；可赎回债券，是指发行债券的公司有权在债券到期日前，按特定的价格将其从债券持有人手中直接赎回的债券；以商品偿付的债券是指到期时以一定数量的某种商品来偿付的债券。

(二) 债券发行价格的确定及其发行时的会计处理

债券发行价格由实际发行时的市场利率决定。由于债券准备发行与债券实际发行有很长的时间间隔，两个时点的市场利率不一定相同，即按准备发行债券时的市场利率确定的票面利率与实际发行时的市场利率可能有差异。

如果票面利率高于市场利率，则债券溢价发行（高于面值发行）。溢价是对债券持有人以后各期多得利息的预先收回，因此对于债券溢价要在整个债券存续期内进行摊销，以逐渐冲减以后各期多支付的利息费用。

如果票面利率等于市场利率，则债券平价发行（面值发行）。如果票面利率低于市场利率，则债券折价发行（低于面值发行）；折价是对债券持有人以后各期少得利息的预先补偿，因此也应在整个债券存续期内进行摊销，以逐渐调整以后各期少支付的利息费用。

债券发行价格的计算公式为：

$$p = \frac{M}{(1+i)^n} + \sum_{t=1}^{n} \frac{M \times r}{(1+i)^t}$$

其中，P是债券发行价格；M是债券的票面额；i是市场利率；r是票面利率；t是付息期数；n是债券期限。

债券发行会计核算涉及三个科目："应付债券——面值"科目，该科目核算债券票面价值的增减情况；"应付债券——利息调整"科目，该科目核算债券溢价或折价的形成和摊销情况；"应付债券——应计利息"科目，该科目核算债券利息的计提和支付情况。"应付债券——面值"科目的余额加上"应付债券——利息调整"科目的余额即为债券的实际价值或账面价值。

发行债券发生的手续费、佣金，计入负债的初始入账金额，体现在利息调整明细科目中。

1. 面值发行的会计处理。

【例 11 – 29】天宇股份有限公司 2018 年 1 月 1 日发行 3 年期债券 1 000 份，每份面值 1 000 元，票面利率为 8%，每年 6 月 30 日和 12 月 31 日各付息一次，发行时的市场利率为 8%，发行收入存入银行。

发行价格 = 1 000 000 × (P/F,4%,6) + 1 000 000 × 4% × (P/A,4%,6)

　　　　　= 1 000 000 × 0.7903 + 40 000 × 5.2421 = 1 000 000（元）

发行时的账务处理如下。

借：银行存款　　　　　　　　　　　　　　　　1 000 000

　　贷：应付债券——面值　　　　　　　　　　　　　　1 000 000

2. 溢价发行债券的会计处理。

假定天宇公司发行债券的票面利率为 10%，则：

发行价格 = 1 000 000 × (P/F,4%,6) + 1 000 000 × 5% × (P/A,4%,6)

　　　　　= 1 000 000 × 0.7903 + 1 000 000 × 10% ÷ 2 × 5.2421

　　　　　= 1 052 405（元）

发行时的账务处理如下。

借：银行存款　　　　　　　　　　　　　　　　1 052 405

　　贷：应付债券——面值　　　　　　　　　　　　　　1 000 000

　　　　　——利息调整　　　　　　　　　　　　　　　52 405

3. 折价发行债券的会计处理。

假定天宇公司发行债券的票面利率为 6%，其他条件不变。则：

发行价格 = 1 000 000 × (P/F,4%,6) + 1 000 000 × 3% × (P/A,4%,6)

　　　　　= 1 000 000 × 0.7903 + 30 000 × 5.2421 = 947 563（元）

发行时的账务处理如下。

借：银行存款　　　　　　　　　　　　　　　　947 563
　　应付债券——利息调整　　　　　　　　　　　52 437
　　贷：应付债券——债券面值　　　　　　　　　　　　1 000 000

（三）债券存续期间的会计处理

1. 面值发行存续期间的会计处理。

（1）到期一次还本付息的核算。到期一次还本付息债券的利息费用按照应支付的利息，借记"财务费用"或"在建工程"科目，贷记"应付债券——应计利息"科目。到期实际支付本金和利息时，借记"应付债券——面值""应付债券——应计利息"科目，贷记"银行存款"科目。

（2）分期付息的核算。分期付息债券每期计提利息费用时，借记"财务费用"或"在建工程"科目，贷记"应付利息"科目。到期实际支付利息时，借记"应付利息"科目，贷记"银行存款"科目。

2. 溢价或折价发行，每期利息费用的确认。

如果债券溢价发行，每期应承担的利息费用为：

$$利息费用 = 应支付的利息 - 溢价摊销$$

如果是折价发行，每期应承担的利息费用为：

$$利息费用 = 应支付的利息 + 折价摊销$$

债券的溢价或折价采用实际利率法摊销。实际利率法是以债券发行时的市场利率乘以应付债券的摊余成本，计算债券各期的实际利息费用，实际利息费用与应支付利息的差额为各期溢价、折价摊销额。

$$溢价摊销额 = 应支付的利息 - 当期利息费用$$
$$折价摊销额 = 当期利息费用 - 应支付的利息$$

其中：　　$$当期利息费用 = 债券各期摊余成本 × 实际利率$$

〖例11-29〗中，天宇公司溢价发行债券，溢价按实际利率法进行摊销，如表11-2所示。

表11-2　　　　　　　实际利息计算表（实际利率法）　　　　　　单位：元

付息日期	应付利息 (1) = 面值×5%	财务费用 (2) = (4)×4%	利息调整摊销 (3) = (1) - (2)	期末摊余成本 (4) = (4) - (3)
2018年1月1日				1 052 405
2018年6月30日	50 000	42 096.20	7 903.8	1 044 501.2
2018年12月31日	50 000	41 780.05	8 219.95	1 036 281.25
2019年6月30日	50 000	41 451.25	8 548.75	1 027 732.50

续表

付息日期	应付利息 (1) = 面值 ×5%	财务费用 (2) = (4) ×4%	利息调整摊销 (3) = (1) - (2)	期末摊余成本 (4) = (4) - (3)
2019 年 12 月 31 日	50 000	41 109.3	8 890.7	1 018 841.80
2020 年 6 月 30 日	50 000	40 753.67	9 246.33	1 009 595.47
2020 年 12 月 31 日	50 000	40 404.53	9 595.47	1 000 000
合计	300 000	247 595	52 405	

具体账务处理如下。

①2018 年 6 月 30 日：

借：财务费用   42 096.20

    应付债券——利息调整   7 903.80

    贷：应付利息   50 000

②2018 年 12 月 31 日：

借：财务费用   41 780.05

    应付债券——利息调整   8 219.95

    贷：应付利息   50 000

③2019 年 6 月 30 日：

借：财务费用   41 451.25

    应付债券——利息调整   8 548.75

    贷：应付利息   50 000

④2019 年 12 月 31 日：

借：财务费用   41 109.3

    应付债券——利息调整   8 890.7

    贷：应付利息   50 000

⑤2020 年 6 月 30 日：

借：财务费用   40 753.67

    应付债券——利息调整   9 246.33

    贷：应付利息   50 000

⑥2020 年 12 月 31 日：

借：财务费用   40 404.53

    应付债券——利息调整   9 595.47

    贷：应付利息   50 000

⑦债券到期偿还：

借：应付债券——债券面值   1 000 000

    贷：银行存款   1 000 000

四、可转换公司债券

可转换公司债券是指在约定的期间内，可以按规定的价格或比例转换为发行企业股票的债券。我国发行可转换公司债券采取记名式无纸化发行方式。企业发行可转换公司债券在"应付债券"科目下设置"可转换公司债券"明细科目核算。

企业发行可转换公司债券，应当在初始确认时将其包含的负债成分和权益成分进行分拆，将负债成分确认为应付债券，将权益成分确认为其他权益工具。在进行分拆时：

（1）应先对负债成分的未来现金流量进行折现，确定负债成分的初始确认金额；

（2）再按整体的发行价格总额扣除负债成分初始确认金额后的金额确定权益成分的初始确认金额；

（3）发行可转换公司债券发生的交易费用，应当在负债成分和权益成分之间按照各自的相对公允价值进行分摊；

（4）企业应按实际收到的款项，借记"银行存款"等科目，按可转换公司债券包含的负债成分面值，贷记"应付债券——可转换公司债券（面值）"科目，按权益成分的公允价值，贷记"其他权益工具"科目，按借贷双方之间的差额，借记或贷记"应付债券——可转换公司债券（利息调整）"科目。

对于可转换公司债券的负债成分，在转换为股份前，其会计处理与一般公司债券相同。

可转换公司债券持有人行使转换权利时，将其持有的债券转换为股票，按可转换公司债券的余额，借记"应付债券——可转换公司债券（面值、利息调整）"科目，按其权益成分的金额，借记"其他权益工具"科目，按每股面值和转换的股数计算的股票面值总额，贷记"股本"科目，按其差额，贷记"资本公积——股本溢价"科目。

【例 11-30】经相关部门批准，天宇股份有限公司于 2018 年 1 月 1 日按面值发行分期付息、到期一次还本的可转换公司债券 200 000 万元，另支付发行费用 3 000 万元，实际募集资金已存入银行专户。

可转换公司债券的期限为 3 年，票面年利率为 2%，利息自发行之日起每年年末支付一次。发行 1 年后可转换为公司普通股股票，初始转股价为每股 10 元。发行时二级市场上与之类似的不附带转换权的债券市场利率为 6%。

2018 年 12 月 31 日，公司支付 2018 年度可转换公司债券利息。2019 年 7 月 1 日，由于公司股票价格涨幅较大，全体债券持有人将其持有的可转换公司债券全部转换为普通股股票。在当期付息前转股的，利息仍可支付，转股时需要计提当期实际利息费用。按债券面值及初始转股价格计算转股数量。

天宇公司的相关会计处理如下。

①计算发行日的负债成分和权益成分的公允价值。

负债成分的公允价值 $= 200\ 000 \times 2\% \times (P/A,6\%,3) + 200\ 000 \times (P/F,6\%,3)$
$$= 200\ 000 \times 2\% \times 2.6730 + 200\ 000 \times 0.8396 = 178\ 612（万元）$$

权益成分的公允价值 $=$ 发行价格 $-$ 负债成分的公允价值
$$= 200\ 000 - 178\ 612 = 21\ 388（万元）$$

②分摊发行费用。

负债成分应分摊的发行费用 $= 3\ 000 \times 178\ 612/200\ 000 = 2\ 679.18（万元）$

权益成分应分摊的发行费用 $= 3\ 000 \times 21\ 388/200\ 000 = 320.82（万元）$

③2018年1月1日发行可转换公司债券时的会计分录如下（单位：万元，下同）。

借：银行存款　　　　　　　　　　　　　　　　　　　197 000
　　应付债券——可转换公司债券（利息调整）　　　　24 067.18
　　　贷：应付债券——可转换公司债券（面值）　　　　　　　200 000
　　　　　其他权益工具（21 388 – 320.82）　　　　　　　　21 067.18

④计算2018年1月1日债券的实际利率r。

利率为6%的现值 $= 178\ 612（万元）$

利率为r%的现值 $= 200\ 000 - 24\ 067.18 = 175\ 932.82（万元）$

利率为7%的现值 $= 200\ 000 \times 2\% \times (P/A,7\%,3) + 200\ 000 \times (P/F,7\%,3)$
$$= 173\ 757.2（万元）$$

用内插法计算：

$(6\% - r)/(6\% - 7\%) = (178\ 612 - 175\ 932.82)/(178\ 612 - 173\ 757.2)$

$r = 6.55\%$

⑤2018年末确认利息的会计分录如下。

利息费用 $= 175\ 932.82 \times 6.55\% = 11\ 523.60（万元）$

应付利息 $= 200\ 000 \times 2\% = 4\ 000（万元）$

利息调整摊销额 $= 11\ 523.60 - 4\ 000 = 7\ 523.60（万元）$

借：财务费用　　　　　　　　　　　　　　　　　　　11 523.60
　　　贷：应付利息　　　　　　　　　　　　　　　　　　　　4 000
　　　　　应付债券——可转换公司债券（利息调整）　　　　7 523.60

借：应付利息　　　　　　　　　　　　　　　　　　　4 000
　　　贷：银行存款　　　　　　　　　　　　　　　　　　　　4 000

⑥2019年7月1日确认利息的会计分录如下。

利息费用 $= (175\ 932.82 + 7\ 523.60) \times 6.55\%/2 = 6\ 008.20（万元）$

应付利息 $= 200\ 000 \times 2\%/2 = 2\ 000（万元）$

利息调整摊销额 $= 6\ 008.20 - 2\ 000 = 4\ 008.20（万元）$

借：财务费用　　　　　　　　　　　　　　　　　　　6 008.20
　　　贷：应付利息　　　　　　　　　　　　　　　　　　　　2 000
　　　　　应付债券——可转换公司债券（利息调整）　　　　4 008.20

⑦2019年7月1日转股时的会计分录如下。

转股数 = 200 000 ÷ 10 = 20 000（万股）

借：应付债券——可转换公司债券（面值）　　　　　　200 000

　其他权益工具　　　　　　　　　　　　　　　　21 067.18

　　贷：应付债券——可转换公司债券（利息调整）　　12 535.38

　　　股本　　　　　　　　　　　　　　　　　　20 000

　　　资本公积——股本溢价　　　　　　　　　　188 531.80

五、长期应付款

长期应付款，是指企业除长期借款和应付债券以外的其他各种长期应付款项，如以分期付款方式购入资产发生的应付款项等。

企业购买资产有可能延期支付有关价款，如果延期支付的购买价款超过正常信用条件，实质上具有融资性质的，所购资产的成本应当以延期支付购买价款的现值为基础确定。实际支付的价款与购买价款的现值之间的差额，应当在信用期间内采用实际利率法进行摊销，计入相关资产成本或当期损益。具体来说，企业购入资产超过正常信用条件延期付款实质上具有融资性质时，应按购买价款的现值，借记"固定资产""在建工程"等科目，按应支付的价款总额，贷记"长期应付款"科目，按其差额，借记"未确认融资费用"科目。

第四节　或有事项

一、或有事项的概念及特征

或有事项，是指过去的交易或者事项形成的，其结果须由某些未来事项的发生或不发生才能决定的不确定事项。常见的或有事项包括：未决诉讼或未决仲裁、债务担保、产品质量保证（含产品安全保证）、亏损合同、重组义务、承诺、环境污染整治等。

或有事项具有下列特征。

（1）或有事项是因过去的交易或事项形成的一种状况。或有事项作为一种不确定的事项，是因企业过去的交易或者事项形成的。因过去的交易或者事项形成，是指或有事项的现存状况是过去交易或者事项引起的客观存在。

（2）或有事项具有不确定性。或有事项的不确定性包括：一是或有事项的结果是否发生具有不确定性，比如产品质量担保责任是否发生，在产品销售时，对产品是否发生质量问题不能完全确定；二是或有事项发生的金额和具体时间具有不确定性。产品质量出现问题，将要赔偿的金额和具体的时间是不能确定的。

（3）或有事项的结果只能由未来不确定事项的发生或不发生才能确定。例如银行借款担保责任是否发生取决于被担保方是否到期偿还银行的借款，只有到期被担保方不能履行还款的责任，担保责任才能发生。

（4）影响或有事项结果的不确定因素不能由企业控制。

二、或有负债

或有负债，是指过去的交易或事项形成的潜在义务，其存在须通过未来不确定事项的发生或不发生予以证实；或过去的交易或事项形成的现时义务，履行该义务不是很可能导致经济利益流出企业或该义务的金额不能可靠计量。

或有负债涉及两类义务：一类是潜在义务，是指结果取决于不确定未来事项的可能义务，也就是说，潜在义务最终是否转变为现时义务，由某些未来不确定事项的发生或不发生才能决定；另一类是现时义务，是指企业在现行条件下已承担的义务，该现时义务的履行不是很可能导致经济利益流出企业，或者该现时义务的金额不能可靠地计量。

三、或有资产

或有资产，是指过去的交易或者事项形成的潜在资产，其存在须通过未来不确定事项的发生或不发生予以证实。或有资产作为一种潜在资产，其结果具有较大的不确定性，只有随着经济情况的变化，通过某些未来不确定事项的发生或不发生才能证实其是否会形成企业真正的资产。

或有负债和或有资产不符合负债或资产的定义和确认条件，企业不应当确认或有负债和或有资产，而应当进行相应的披露。

四、预计负债

（一）预计负债的确认

与或有事项有关的义务在同时符合以下三个条件时应确认为负债，作为预计负债进行确认和计量：

（1）该义务是企业承担的现时义务。即与或有事项相关的义务是在企业当前条件下已承担的义务，企业没有其他现实的选择，只能履行该现时义务。

（2）履行该义务很可能导致经济利益流出企业。即履行与或有事项相关的现时义务时，导致经济利益流出企业的可能性超过50%，但尚未达到基本确定的程度。

不确定性事项发生的可能性可以分为基本确定、很可能、可能和极小可能四种。各种不确定性事项对应的概率如表11-3所示。

表 11 – 3 不确定性事项对应的概率

结果的可能	对应的概率
基本确定	大于 95%
很可能	大于 50%，但小于或等于 95%
可能	大于 5%，但小于或等于 50%
极小可能	大于 0%，但小于或等于 5%

因或有事项而确认的预计负债必须是该现时义务导致经济利益流出企业的可能性超过 50%，但尚未达到基本确定的程度。

（3）该义务的金额能够可靠地计量。即与或有事项相关的现时义务的金额能够合理地估计。由于或有事项具有不确定性，因或有事项产生的现时义务的金额也具有不确定性，需要估计。要对或有事项确认一项负债，相关现时义务的金额应当能够可靠估计。只有在其金额能够可靠地估计，并同时满足其他两个条件时，企业才能加以确认。

（二）预计负债的计量

当或有事项有关的义务符合负债的确认条件时，应当将其确认为预计负债，预计负债应当按照履行相关义务所需支出的最佳估计数进行初始计量。最佳估计数的确定应当按以下情况分别处理：

（1）如果所需支出存在一个连续范围，且该范围内各种结果发生的可能性相同的，最佳估计数应当按照该范围内的中间值确定。

（2）或有事项涉及单个项目的，按照最可能发生金额确定。

（3）或有事项涉及多个项目的，按照各种可能结果及相关概率计算确定。

（三）预期可获得补偿的处理

企业清偿预计负债所需支出全部或部分预期由第三方补偿的，补偿金额只有在基本确定能够收到时才能作为资产单独确认。根据资产和负债不能随意抵销的原则，预期可获得的补偿在基本确定能够收到时应当确认为一项资产，而不能作为预计负债的扣减。确认的补偿金额不应超过预计负债的账面价值。

（四）预计负债账面价值的复核

企业应当在资产负债表日对预计负债的账面价值进行复核。有确凿证据表明该账面价值不能真实反映当前最佳估计数的，应当按照当前最佳估计数对该账面价值进行调整。

（五）预计负债的列报

在资产负债表中，因或有事项而确认的负债（预计负债）应与其他负债项目区别开来，单独反映。如果企业因多项或有事项确认了预计负债，在资产负债表上一般只需通过"预计负债"项目进行总括反映，同时，为了使会计报表使用者获得充分、详细的有关或有事项的信息，企业应在会计报表附注中披露以下内容：

（1）预计负债的种类、形成的原因以及经济利益流出不确定性的说明；

（2）各类预计负债的期初、期末余额和本期变动情况；

（3）与预计负债有关的预期补偿金额和本期已确认的预期补偿金额。

五、或有事项会计的具体应用

（一）未决诉讼或未决仲裁

（1）企业在前期资产负债表日，依据当时实际情况和所掌握的证据合理确认预计负债后，应当将当期实际发生的诉讼损失金额与已计提的相关预计负债之间的差额，直接计入或冲减当期营业外支出。

【例 11 - 31】2018 年 11 月 20 日，天宇股份有限公司因侵犯 B 企业的专利权被 B 企业起诉，要求赔偿 100 万元，至 12 月 31 日法院尚未判决。天宇公司的法律顾问估计，该侵权事实成立，诉讼败诉的可能性为 90%，如败诉，赔偿金额估计为 60 万元。同时，天宇公司预计应承担的诉讼费为 2 万元。天宇公司在年末确认预计负债。

借：管理费用   20 000

  营业外支出   600 000

  贷：预计负债——未决诉讼   620 000

假定 2019 年 2 月 7 日法院作出判决，天宇公司支付赔偿 70 万元且不再上诉，赔偿金已经支付。

借：预计负债   620 000

  营业外支出   80 000

  贷：银行存款   700 000

假定 2019 年 2 月 7 日法院作出判决，天宇公司支付赔偿 60 万元且不再上诉，赔偿金已经支付。

借：预计负债   620 000

  贷：银行存款   600 000

    营业外支出   20 000

（2）企业在前期资产负债表日，依据当时实际情况和所掌握的证据原本应当能够合理估计诉讼损失，但企业所作的估计却与当时的事实严重不符（如未合理预计损失或不恰当地多计或少计损失），应当按照重大前期差错更正的方法进行处理。

（3）企业在前期资产负债表日，依据当时实际情况和所掌握的证据，确实无法合理预计诉讼损失，因而未确认预计负债，则在该项损失实际发生的当期，直接计入当期营业外支出。

（4）资产负债表日后至财务报告批准报出日之间发生的需要调整或说明的未决诉讼，按照《企业会计准则第 29 号——资产负债表日后事项》的有关规定进行处理。

（二）债务担保

【例 11 - 32】 2018 年 10 月 20 日，天宇股份有限公司为丙公司一笔 2 000 万元的银行借款提供担保。2019 年 10 月 20 日银行借款到期，丙公司未能及时偿还债务，贷款银行向法院起诉，天宇公司因提供担保而成为第二被告。截至 2019 年 12 月 31 日，法院尚未对上述案件作出判决。天宇公司的法律顾问认为，公司承担还款 600 万元的概率为 40%，承担还款 800 万元的概率为 60%。

年末，天宇公司会计处理如下。

借：营业外支出　　　　　　　　　　　　　　　　　8 000 000

　　贷：预计负债——未决诉讼　　　　　　　　　　　　　8 000 000

同时在报表附注披露：由于本公司为丙公司一笔 2 000 万元的银行借款提供担保，丙公司未能及时偿还债务，贷款银行向法院起诉，本公司因此成为第二被告。为此，本公司于 2019 年 12 月 31 日确认了一项预计负债 8 000 000 元。

（三）产品质量保证

【例 11 - 33】 天宇股份有限公司 2018 年销售甲产品 1 000 万元。公司产品销售保证条款规定：产品在出售后一年内，如果发生质量问题，公司免费维修。按照以往经验，不发生质量问题的可能性为 80%，无须支付维修费；发生较小质量问题的可能性为 15%，发生较小质量问题后发生的维修费为销售收入的 2%；发生较大质量问题的可能性为 4%，发生较大质量问题后发生的维修费为销售收入的 10%；发生严重质量问题的可能性为 1%，发生严重质量问题后发生的维修费为销售收入的 20%。

2018 年 12 月 31 日天宇公司应计提的产品质量保证金

$= 1\,000 \times 2\% \times 15\% + 1\,000 \times 4\% \times 10\% + 1\,000 \times 1\% \times 20\% = 9$（万元）。

账务处理如下。

借：销售费用　　　　　　　　　　　　　　　　　　90 000

　　贷：预计负债——产品质量保证　　　　　　　　　　90 000

假定天宇公司 2019 年实际发生已销商品的修理费用为 20 000 元，其中，原材料支出 15 000 元，人工成本 5 000 元。天宇公司实际发生产品质量保证费用时的会计处理如下。

借：预计负债——产品质量保证　　　　　　　　　　　20 000

　　贷：原材料　　　　　　　　　　　　　　　　　　　15 000

　　　　应付职工薪酬　　　　　　　　　　　　　　　　　5 000

需要注意的是：

（1）如果发现保证费用的实际发生额与预计数相差较大，应及时对预计比例进行调整；

（2）如果企业针对特定批次产品确认预计负债，则在保修期结束时，应将"预计负债——产品质量保证"余额冲销，不留余额；

（3）已对其确认预计负债的产品，如企业不再生产了，应在相应的产品质量保证期满后，将"预计负债——产品质量保证"余额冲销，不留余额。

（四）待执行合同变为亏损合同

待执行合同是指合同各方尚未履行任何合同义务，或部分地履行了同等义务的合同。

亏损合同，是指履行合同义务不可避免发生的成本超过预期经济利益的合同。亏损合同产生的义务满足预计负债确认条件的，应当确认为预计负债。

1. 对亏损合同进行会计处理的原则。对亏损合同进行会计处理，需要遵循以下两点原则：

（1）如果与亏损合同相关的义务不需支付任何补偿即可撤销，企业通常就不存在现时义务，不应确认预计负债；如果与亏损合同相关的义务不可撤销，企业就存在了现时义务，同时满足该义务很可能导致经济利益流出企业且金额能够可靠地计量的，应当确认预计负债。

（2）待执行合同变为亏损合同时，合同存在标的资产的，应当对标的资产进行减值测试并按规定确认减值损失，在这种情况下，企业通常不需确认预计负债，如果预计亏损超过该减值损失，应将超过部分确认为预计负债；合同不存在标的资产的，亏损合同相关义务满足预计负债确认条件时，应当确认预计负债。

2. 金额的确定。按履行该合同的成本与未能履行该合同而发生的补偿或处罚两者之中较低者确定。

【例11－34】2018年12月1日，天宇股份有限公司与乙公司签订一项不可撤销的产品销售合同，合同规定：天宇公司于3个月后提交乙公司一批产品，合同价格（不含增值税税额）为500万元，如天宇公司违约，将支付违约金100万元。至2018年年末，天宇公司为生产该产品已发生成本20万元，因原材料价格上涨，天宇公司预计生产该产品的总成本为580万元。不考虑其他因素。

分析：

执行合同的损失 = 580 - 500 = 80（万元）

不执行合同的损失 = 100（万元）

故选择执行合同。

2018年12月31日天宇公司因该合同确认的预计负债 = 80 - 20 = 60（万元）

借：资产减值损失	200 000	
贷：存货跌价准备		200 000
借：营业外支出	600 000	

贷：预计负债　　　　　　　　　　　　　　　　　　　　　600 000

【例 11 - 35】2018 年 12 月，天宇股份有限公司与甲公司签订一份不可撤销合同，约定在 2019 年 2 月以每件 0.5 万元的价格向甲公司销售 1 000 件 A 产品；甲公司应预付定金 200 万元，若天宇公司违约，将双倍返还定金。天宇公司 2018 年将收到的定金 200 万元存入银行。

2018 年 12 月 31 日，天宇公司的库存中没有 A 产品及生产该产品所需原材料。因原材料价格大幅上涨，天宇公司预计每件 A 产品的生产成本为 0.8 万元。

分析：

天宇公司每件预计成本为 0.8 万元，每件售价为 0.5 万元，待执行合同变为亏损合同。合同因其不存在标的资产，故应确认预计负债。

执行合同损失 = (0.8 - 0.5) × 1 000 = 300（万元）

不执行合同支付违约金损失 = 400 - 200 = 200（万元）

选择不执行合同。

借：营业外支出　　　　　　　　　　　　　　　　　　　2 000 000

　　贷：预计负债　　　　　　　　　　　　　　　　　　　2 000 000

【例 11 - 36】天宇股份有限公司 2018 年 1 月 8 日与某外贸公司签订了一项产品销售合同，约定在 2018 年 3 月 16 日以每件产品 150 元的价格向外贸公司提供 20 000 件 A 产品，若不能按期交货，天宇公司需要交纳 400 000 元的违约金。这批产品在签订合同时尚未开始生产，但企业开始筹备原材料以生产这批产品时，原材料价格突然上涨，预计生产每件产品的成本升至 168 元。

分析：

天宇公司生产产品的成本为每件 168 元，而售价为每件 150 元，每销售 1 件产品亏损 18 元，共计损失 360 000 元。因此，这项销售合同是一项亏损合同。如果撤销合同，天宇公司需要交纳 400 000 元的违约金，天宇公司应当选择履行合同。

①由于该合同变为亏损合同时不存在标的资产，按照履行合同造成的损失与违约金两者中的较低者确认一项预计负债。

借：营业外支出　　　　　　　　　　　　　　　　　　　360 000

　　贷：预计负债　　　　　　　　　　　　　　　　　　　360 000

②待相关产品生产完成后，将已确认的预计负债冲减产品成本。

借：预计负债　　　　　　　　　　　　　　　　　　　　360 000

　　贷：库存商品　　　　　　　　　　　　　　　　　　　360 000

六、或有事项的列报

（一）预计负债的列报

确认的预计负债，在资产负债表中通过"预计负债"项目进行反映。而对应的费用支出，在利润表"管理费用""销售费用""营业外支出"项目中反映。

同时，还应在报表附注中披露。

（二）或有负债披露

或有负债无论作为潜在义务还是现时义务，均不符合负债的确认条件，因而不予确认。但是，除非或有负债极小可能导致经济利益流出企业，否则企业应当在附注中披露有关信息，具体包括：

（1）或有负债的种类及其形成原因，包括已贴现商业承兑汇票、未决诉讼、未决仲裁、对外提供担保等形成的或有负债。

（2）经济利益流出不确定性的说明。

（3）或有负债预计产生的财务影响，以及获得补偿的可能性；无法预计的，应当说明原因。

在涉及未决诉讼、未决仲裁的情况下，按相关规定披露全部或部分信息预期对企业造成重大不利影响的，企业无须披露这些信息，但应当披露该未决诉讼、未决仲裁的性质，以及没有披露这些信息的事实和原因。

（三）或有资产披露

企业通常不应当披露或有资产。但或有资产很可能会给企业带来经济利益的，应当披露其形成的原因、预计产生的财务影响等。

第五节　借款费用

一、借款费用的内容

借款费用，是指企业因借款而发生的利息及其他相关成本，包括借款利息、折价或溢价的摊销、辅助费用以及因外币借款而发生的汇兑差额等。对于企业发行股票进行股权融资所发生的费用不属于借款费用，但承租人根据租赁会计准则所确认的融资租赁发生的融资费用属于借款费用。

（1）因借款发生的利息，包括企业向银行等金融机构借入资金发生的利息、发行债券发生的利息等。

（2）因借款发生的折价或溢价摊销，主要是指发行债券等发生的折价或溢价按照直线法或实际利率法每年进行的摊销额，折价或溢价摊销实质是对票面利息的调整。

（3）因外币借款而发生的汇兑差额，是指由于汇率变动导致市场汇率与账面汇率出现差异，从而对外币借款本金及其利息的记账本位币金额所产生的影响金额。

（4）因借款而发生的辅助费用，是指企业在借款过程中发生的诸如手续费、佣金、印刷费等费用，这些费用是因借款而发生的，是借款费用的构成部分。

二、借款费用资本化的条件

（一）符合资本化条件的资产的确定

借款费用的确认主要是解决哪些借款费用应该资本化，计入相关资产的成本，哪些借款费用应该费用化，计入当期损益。根据借款费用准则，对于企业发生的借款费用，可直接归属于符合资本化条件的资产的购建或者生产的，应当予以资本化，计入相关资产成本；对于其他借款费用，应当在发生时根据其发生额确认为费用，计入当期损益。符合资本化条件的资产，是指需要经过相当长时间的购建或者生产活动才能达到预定可使用或者可销售状态的固定资产、投资性房地产和存货等资产。符合资本化条件的存货，主要包括房地产开发企业开发的用于对外出售的房地产开发产品、企业制造的用于对外出售的大型机械设备等，这类存货通常需要经过相当长时间的建造或者生产过程，才能达到预定可销售状态。其中，"相当长时间"应当是指为资产购建或者生产所必要的时间，通常为 1 年以上（含 1 年）。

在实务中，如果由于人为或者故意等非正常因素导致资产的购建或者生产时间相当长的，该资产不属于符合资本化条件的资产。购入即可使用的资产，或购入后需要安装但安装时间较短的资产，均不属于符合资本化的资产。例如：甲企业向银行借款借入资金分别用于生产 A 产品和 B 产品，A 产品的生产时间较短，为 15 天；B 产品属于大型发电设备，生产时间较长，为 1 年零 6 个月。在本例中，A 产品的时间较短，不符合需要经过相当长时间的生产才能达到预定可使用状态的资产，因此，为 A 产品的生产而借入的资金所发生的借款费用不应计入 A 产品的生产成本。B 产品的生产时间比较长，属于需要经过相当长时间的生产才能达到预定可销售状态的资产，因此，符合资本化的条件，有关借款费用应该资本化，计入 B 产品的成本中。

（二）借款费用资本化期间的确定

1. 开始资本化的时点。借款费用开始资本化必须同时满足以下三个条件：

（1）资产支出已经发生。资产支出包括为购建或者生产符合资本化条件的资产而以支付现金、转移非现金资产或者承担带息债务形式发生的支出。支付现金是指用货币资金支付符合资本化条件的资产的购建或者生产支出；转移非现金资产是指企业将自己的非现金资产直接用于符合资本化条件的资产的购建或者生产；承担带息债务是指企业为了购建或者生产符合资本化条件的资产所需用物资等而承担的带息应付款项。

（2）借款费用已经发生。借款费用已经发生是指企业已经发生了因购建或者生产符合资本化条件的资产而专门借入款项的借款费用或者所占用的一般借款的借款费用。

（3）为使资产达到预定可使用或者可销售状态所必要的购建或者生产活动已经开始。为使资产达到预定可使用或者可销售状态所必要的购建或者生产活动已经开始是指符合资本化条件的资产的实体建造或者生产工作已经开始，例如主体设备的安装、厂房的实际开工建造等。

2. 暂停资本化的时间。符合资本化条件的资产在购建或者生产过程中发生非正常中断，且中断时间连续超过 3 个月的，应当暂停借款费用的资本化。在中断期间发生的借款费用应当确认为费用，计入当期损益，直至资产的购建或者生产活动重新开始。如果中断是所购建或者生产的资产达到预定可使用或者可销售状态必要的程序，借款费用的资本化应当继续进行。非生产中断，通常是指由于企业管理决策上的原因或其他不可预见的原因等所导致的中断。比如，企业因与施工方发生了质量纠纷，或者工程、生产用料没有及时供应，或者资金周转发生了困难，或者施工、生产发生了安全事故，或者发生了与资产购建、生产有关的劳动纠纷等原因，导致资产购建或者生产活动发生了中断，均属于非生产中断。对于正常中断是指因购建或者生产符合资本化条件的资产达到预定可使用或者可销售状态所必要的程序，或者事先可预见的不可抗力因素导致的中断。例如，一些建造工程建造到一定阶段必须暂停下来进行质量或安全检查，检查通过后才可继续下一个阶段的建造工作。某些地区的工程在建造过程中，由于可预见的不可抗力因素（如雨季、冰冻季节等原因）导致施工出现停顿，也属于正常中断。

【例 11 - 37】天宇股份有限公司为建造办公大楼于 2018 年 1 月 1 日向农业银行借款 500 万元，借期为 2 年，同日开工兴建，2 月 1 日支付工程款 200 万元；从 5 月 1 日至 8 月 31 日工程因纠纷停工；9 月 1 日重新开始，于 2018 年 12 月 31 日达到预定可使用状态。

资本化起点为 2018 年 2 月 1 日，终点为 12 月 31 日。暂停资本化期间为 5、6、7、8 四个月，暂停资本化期间的借款费用计入当期损益。

3. 停止资本化的时点。购建或者生产符合资本化条件的资产达到预定可使用或者可销售状态时，借款费用应当停止资本化。在符合资本化条件的资产达到预定可使用或者可销售状态之后所发生的借款费用，应当在发生时根据其发生额确认为费用，计入当期损益。

三、借款费用资本化金额的确定

（一）借款利息资本化金额的确定

1. 专门借款利息资本化金额的确定。我国会计准则规定，在资本化期间内，每一会计期间为购建或生产符合资本化条件的资产而借入的专门借款，应当以专门借款当期实际发生的利息费用，减去将尚未动用的借款资金存入银行取得的利息收入或进行暂时性投资取得的投资收益后的金额确定资本化的金额。专门借款是指为购建或者生产符合资本化条件的资产而专门借入的款项。

专门借款的利息资本化金额

＝专门借款发生的利息费用 – 尚未动用专门借款存入银行的利息收入等

2. 一般借款利息资本化金额的确定。我国会计准则规定，为购建或生产符合资产化条件的资产而占用了一般借款，企业应当根据累计资产超过专门借款部分的资产支出加权平均数乘以所占用一般借款的资本化率，计算确定一般借款应予资本化的利息金额，即一般借款的借款费用资本化金额的确定应与资产支出相挂钩。

一般借款利息费用资本化金额＝累计资产支出超过专门借款部分的资产支出加权平均数

×所占用一般借款的资本化率

其中：

所占用一般借款的资本化率＝所占用一般借款加权平均利率

＝所占用一般借款当期实际发生的利息之和

÷所占用一般借款本金加权平均数

对于一笔一般借款，资本化率为该项借款的利率。

其中：

所占用一般借款本金加权平均数 ＝ $\sum$ (所占用每笔一般借款本金

×每笔一般借款在当期所占用的天数 / 当期天数)

【例 11 – 38】天宇股份有限公司于 2018 年 1 月 1 日开始动工兴建一栋办公楼，工期预计为 1 年零 6 个月，工程采用出包的方式，分别于 2018 年 1 月 1 日、2018 年 7 月 1 日和 2019 年 1 月 1 日支付工程进度款。公司为建造该办公楼于 2018 年 1 月 1 日专门借款 2 000 万元，期限为 3 年，年利率为 6%。另外，在 2018 年 7 月 1 日又专门借款 4 000 万元，期限为 5 年，利率为 7%。借款利息按年支付。同时公司把闲置的资金均用于固定收益的债券短期投资，该短期投资的月收益率为 0.5%。

该办公楼于 2019 年 6 月 30 日完工，并达到预定可使用状态。有关支出如表 11 – 4 所示。

表 11 –4　　　　　　　　　　工程支出明细　　　　　　　　　单位：万元

日期	每期资产支出金额	累计资产支出金额	闲置借款资金用于短期投资金额
2018 年 1 月 1 日	1 500	1 500	500
2018 年 7 月 1 日	2 500	4 000	2 000
2019 年 1 月 1 日	1 500	5 500	500
总计	5 500	—	3 000

天宇股份有限公司使用专门借款用于建造办公楼，工程支出没有超过专门借款的金额，因此，公司2018年、2019年为建造办公楼应予资本化的利息金额计算如下：

①确定借款费用资本化的期间为2018年1月1日至2019年6月30日。

②在资本化期间发生的利息金额：

2018年专门借款发生的利息 $= 2\,000 \times 6\% + 4\,000 \times 7\% \times 6/12 = 260$（万元）

2019年1月1日至6月30日专门借款发生的利息

$= 2\,000 \times 6\% \times 6/12 + 4\,000 \times 7\% \times 6/12 = 200$（万元）

③资本化期间利用闲置的专门借款进行短期投资取得的收益：

2018年闲置的专门借款投资收益 $= 500 \times 0.5\% \times 6 + 2\,000 \times 0.5\% \times 6$

$$= 75 （万元）$$

2019年闲置的专门借款投资收益 $= 500 \times 0.5\% \times 6 = 15$（万元）

④在资本化期间内，每一会计期间为购建或生产符合资本化条件的资产而借入的专门借款，应当以专门借款当期实际发生的利息费用，减去将尚未动用的借款资金存入银行取得的利息收入或进行暂时性投资取得的投资收益后的金额确定资本化的金额。则：

2018年利息资本化的金额 $= 260 - 75 = 185$（万元）

2019年利息资本化的金额 $= 200 - 15 = 185$（万元）

2018年12月31日账务处理如下。

借：在建工程	1 850 000
银行存款	750 000
贷：应付利息	260 000

2019年6月30日账务处理如下。

借：在建工程	1 850 000
银行存款	150 000
贷：应付利息	200 000

【例11-39】天宇股份有限公司于2018年1月1日从建行借入三年期借款1 000万元用于生产线工程建设，年利率为8%，利息按年支付。其他有关资料如下：

①工程于2018年1月1日开工，天宇公司于2018年1月1日支付给建筑承包商乙公司300万元。2018年1月1日至3月末，该借款闲置的资金取得的存款利息收入为4万元。

②2018年4月1日工程因纠纷停工，直到7月1日继续施工。第二季度取得的该笔借款闲置资金存款利息收入为4万元。

③2018年7月1日又支付工程款400万元。第三季度公司用该借款的闲置资金300万元购入交易性证券，获得投资收益9万元，已存入银行。

④2018年10月1日，公司从工商银行借入流动资金借款500万元，借期为1年，年利率为6%。利息按季度支付。10月1日公司支付工程进度款500万元，工程占用了该笔流动资金。

⑤至 2018 年年末该工程尚未完工。

分析：

①判断专门借款的资本化期间：

2018 年资本化期间为 2018 年 1 月 1 日至 12 月 31 日，但 4 月 1 日至 6 月 30 日应暂停资本化。

②按季度计算 2018 年利息资本化金额及账务处理。

a. 第一季度：

专门借款利息 = 1 000 × 8% / 4 = 20（万元）

利息资本化金额 = 利息费用 - 闲置资金取得的利息收入 = 20 - 4 = 16（万元）

借：在建工程——生产线	160 000	
银行存款	40 000	
贷：应付利息		200 000

b. 第二季度，这一期间应该暂停资本化，因为建造工程发生了非生产性中断，即将利息费用计入当期损益。

专门借款利息 = 1 000 × 8% / 4 = 20（万元）

计入财务费用的金额 = 20 - 4 = 16（万元）

借：财务费用	160 000	
银行存款	40 000	
贷：应付利息		200 000

c. 第三季度，这一期间工程恢复施工，借款费用应该资本化。

专门借款利息 = 1 000 × 8% / 4 = 20（万元）

利息资本化金额 = 20 - 9 = 11（万元）

借：在建工程——生产线	110 000	
银行存款	90 000	
贷：应付利息		200 000

d. 第四季度：

专门借款利息 = 1 000 × 8% / 4 = 20（万元），应全部资本化。

从 10 月 1 日开始，该工程累计支出已达 1 200 万元，超过专门借款的 200 万元，占用了一般借款，应将超过部分占用一般借款的借款费用资本化。

季度资本化率 = 6% / 4 = 1.5%

一般借款利息资本化金额 = 200 × 1.5% = 3（万元）

第四季度账务处理如下。

专门借款利息费用的账务处理：

| 借：在建工程——生产线 | 200 000 | |
| 贷：应付利息 | | 200 000 |

一般借款利息费用的账务处理：

| 借：在建工程——生产线 | 30 000 | |
| 财务费用 | 45 000 | |

贷：银行存款（5 000 000×6%/4） 　　　　　　　　　　　75 000

（二）辅助费用资本化金额的确定

辅助费用是企业为了安排借款而发生的必要费用，包括借款手续费（如发行债券手续费）、佣金等，是借款费用的有机组成部分。

企业发生的专门借款辅助费用，在所购建或者生产的符合资本化条件的资产达到预定可使用或者可销售状态之前发生的，应当在发生时根据其发生额予以资本化；在所购建或者生产的符合资本化条件的资产达到预定可使用或者可销售状态之后发生的，应当在发生时根据其发生额确认为费用，计入当期损益。

（三）外币专门借款汇兑差额资本化金额的确定

当企业为购建或者生产符合资本化条件的资产所借入的专门借款为外币借款时，由于企业取得外币借款日、使用外币借款日和会计结算日往往并不一致，而外汇汇率又在随时发生变化，因此，外币借款会产生汇兑差额。相应地，在借款费用资本化期间内，为购建固定资产而专门借入的外币借款所产生的汇兑差额，是购建固定资产的一项代价，应当予以资本化，计入固定资产成本。出于简化核算的考虑，在资本化期间内，外币专门借款本金及其利息的汇兑差额，应当予以资本化，计入符合资本化条件的资产的成本。而除外币专门借款之外的其他外币借款本金及其利息所产生的汇兑差额应当作为财务费用，计入当期损益。

第六节　债务重组

一、债务重组定义

债务重组是指在债务人发生财务困难的情况下，债权人按照其与债务人达成的协议或法院的裁定作出让步的事项。在市场经济条件下，激烈的市场竞争，债务人可能由于经营管理不善等原因，陷入财务困境，以致到期不能清偿债务，由此债权人与债务人常常产生纠纷。解决债务纠纷通常有两种途径：一种是迫使债务人破产，以破产财产清偿债务；另一种是债务重组，即双方通过协商，以债务重组的方式，债权人对债务人作出让步，减轻债务负担，帮助债务人渡过难关。

二、债务重组的方式

1. 以资产清偿债务。以资产清偿债务，是指债务人转让其资产给债权人以清偿债务的债务重组方式。债务人通常用于偿债的资产主要有：现金、存货、金融资产、固定资产、无形资产等。这里的现金，是指货币资金，即库存现金、银行存款和其他货币资金，在债务重组的情况下，以现金清偿债务，通常是指以低于债务的账面价值的现金清偿债务，如果以等量的现金偿还所欠债务，则不属于本章所指的债务重组。

2. 将债务转为资本。将债务转为资本，是指债务人将债务转为资本，同时债权人将债权转为股权的债务重组方式。债务转为资本时，对股份有限公司而言为将债务转为股本；对其他企业而言，是将债务转为实收资本。债务转为资本的结果是，债务人因此而增加股本（或实收资本），债权人因此而增加股权。但债务人根据转换协议，将应付可转换公司债券转为资本的，则属于正常情况下的债务转资本，不能作为债务重组处理。

3. 修改其他债务条件。修改其他债务条件，是指修改不包括上述第一、第二种情形在内的债务条件进行债务重组的方式，如减少债务本金、降低利率、免去应付未付的利息等。

4. 以上三种方式的组合。以上三种方式的组合，是指采用以上三种方法共同清偿债务的债务重组形式。例如，以转让资产清偿某项债务的一部分，另一部分债务通过修改其他债务条件进行债务重组。主要包括以下可能的方式：

（1）债务的一部分以资产清偿，另一部分则转为资本；

（2）债务的一部分以资产清偿，另一部分则修改其他债务条件；

（3）债务的一部分转为资本，另一部分则修改其他债务条件；

（4）债务的一部分以资产清偿，另一部分转为资本，还有一部分则修改其他债务条件。

三、债务重组的会计处理

（一）以资产清偿债务的会计处理

1. 以现金清偿债务。

（1）债务人的会计处理。以现金清偿债务的，债务人应当将重组债务的账面价值与实际支付现金之间的差额确认为债务重组利得，作为营业外收入，计入当期损益。

（2）债权人的会计处理。债权人应当将重组债权的账面余额与收到的现金之间的差额，计入当期损益；债权人已对债权计提减值准备的，应当先将该差额冲减减值准备，减值准备不足以冲减的部分，计入当期损益。

【例 11 - 40】天宇股份有限公司欠乙公司应付账款 200 000 元，于 2018 年 3 月 21 日到期。乙公司对天宇公司欠款已计提坏账准备 30 000 元。因天宇公司财务困难，经双方协商，达成重组协议：天宇公司以转账支票一张，金额为 150 000 元，于 2018 年 3 月 21 日偿还所欠乙公司全部债务。

天宇公司（债务人）：

①计算债务重组利得。

应付账款账面余额	200 000
减：支付的现金	150 000
债务重组利得	50 000

②账务处理。

借：应付账款——乙公司	200 000	
贷：银行存款		150 000
营业外收入——债务重组利得		50 000

乙公司（债权人）：

①计算债务重组损失。

债权账面余额	200 000
减：收到的现金	150 000
差额	50 000
减：已经计提的坏账准备	30 000
债务重组损失	20 000

②账务处理。

借：银行存款	150 000	
坏账准备	30 000	
营业外支出——债务重组损失	20 000	
贷：应收账款——天宇公司		200 000

上例中，若天宇公司用 180 000 元银行存款偿还所欠乙公司债务，其他条件不变。账务处理如下。

天宇公司（债务人）。

①计算债务重组利得。

应付账款账面余额	200 000
减：支付的现金	180 000
债务重组利得	20 000

②账务处理。

借：应付账款——乙公司	200 000	
贷：银行存款		180 000
营业外收入——债务重组利得		20 000

乙公司（债权人）：

①计算债务重组损失。

债权账面余额	200 000
减：收到的现金	180 000
减：已计提的坏账准备	30 000
差额：冲减信用减值损失	10 000

②账务处理。

借：银行存款	180 000

坏账准备	30 000
贷：应收账款——天宇公司	200 000
信用减值损失	10 000

2. 以非现金资产清偿债务。

（1）债务人的会计处理。以非现金资产清偿债务的，债务人应当将重组债务的账面价值与转让的非现金资产公允价值之间的差额确认为债务重组利得，作为营业外收入，计入当期损益。转让的非现金资产公允价值与其账面价值之间的差额，计入当期损益。债务人在转让非现金资产的过程中发生的一些税费，如资产评估费、运杂费等，直接计入转让资产损益。

（2）债权人的会计处理。债务人以非现金资产清偿某项债务的，债权人应当对受让的非现金资产按其公允价值入账，重组债权的账面余额与受让的非现金资产的公允价值之间的差额，确认为债务重组损失，作为营业外支出，计入当期损益。重组债权已经计提减值准备的，应当先将上述差额冲减已计提的减值准备，冲减后仍有损失的，计入营业外支出（债务重组损失）；冲减后减值准备仍有余额的，应予转回并抵减当期信用减值损失。

【例 11－41】2018 年 12 月 1 日，天宇股份有限公司从乙公司购入原材料一批，价款为 100 000 元，增值税为 16 000 元，代垫运杂费为 4 000 元。双方商定于 2019 年 2 月 5 日结清货款。乙公司于当年年末已计提坏账准备 10 000 元。2019 年 2 月 5 日，天宇公司因财务困难，与乙公司达成重组协议：天宇公司以一台设备偿还全部债务，设备原价为 150 000 元，已经计提折旧 30 000 元，公允价值 100 000 元。乙公司将受让的设备作为固定资产管理。

天宇公司（债务人）：

①计算固定资产清理损益和债务重组利得：

债务账面价值＝120 000（元）

转让设备的公允价值＝100 000（元）

获得的债务重组收益＝120 000－100 000＝20 000（元）

获得的资产转让收益＝转让设备的公允价值－转让设备的账面价值

＝100 000－（150 000－30 000）＝－20 000（元）

②将固定资产净值转入固定资产清理。

借：固定资产清理	120 000
累计折旧	30 000
贷：固定资产	150 000

③确认债务重组利得和资产损益。

借：应付账款——乙公司	120 000
资产处置损益	20 000
贷：固定资产清理	120 000
营业外收入——债务重组利得	20 000

乙公司（债权人）：

①计算乙公司债务重组损失。

债权账面余额	120 000
减：受让资产公允价值	100 000
差额	20 000
减：已经计提的坏账准备	10 000
债务重组损失	10 000

②账务处理。

借：固定资产　　　　　　　　　　　　　　　　100 000
　　坏账准备　　　　　　　　　　　　　　　　　10 000
　　营业外支出——债务重组损失　　　　　　　　10 000
　　　贷：应收账款——天宇公司　　　　　　　　　　120 000

需要注意的是，以非现金资产抵偿债务时，如果涉及增值税，应以增值税专用发票上记载的增值税税额作为进项税额或者销项税额入账。债务人应将债务账面价值扣除商品、材料等物资的公允价值和增值税后的差额计入当期损益；债权人应将债权账面价值扣除商品、材料等物资的公允价值和增值税后的差额计入当期损益。

【例 11-42】2019 年 8 月 1 日，天宇股份有限公司欠 B 公司货款 300 000 元到期。天宇公司因财务困难，无法如数偿还欠款，经与 B 公司协商，达成重组协议：天宇公司将甲产品一批，成本为 200 000 元，公允价值为 250 000 元，偿还所欠 B 公司全部债务。同时，天宇公司按公允价值开出增值税专用发票一张，增值税税率为 13%，增值税税额为 32 500 元。B 公司已计提坏账准备 20 000 元。

天宇公司（债务人）：

①计算债务重组利得。

应付账款的账面余额	300 000
减：所转让商品的公允价值	250 000
增值税销项税额	32 500
债务重组利得	17 500

②账务处理。

借：应付账款——B 公司　　　　　　　　　　300 000
　　贷：主营业务收入　　　　　　　　　　　　　250 000
　　　　应交税费——应交增值税（销项税额）　　 32 500
　　　　营业外收入——债务重组利得　　　　　　 17 500
借：主营业务成本　　　　　　　　　　　　　200 000
　　贷：库存商品　　　　　　　　　　　　　　　200 000

B 公司（债权人）：

①计算债务重组损失。

应收账款的账面余额	300 000
减：受让商品的公允价值	250 000

增值税进项税额	32 500
减：已经计提的坏账准备	20 000
差额：冲减信用减值损失	2 500

②账务处理。

借：库存商品	250 000	
应交税费——应交增值税（进项税额）	32 500	
坏账准备	20 000	
贷：应收账款——天宇公司		300 000
信用减值损失		2 500

〖例 11 - 42〗中，假设甲产品成本与公允价值相等，均为 200 000 元，其他条件不变。

天宇公司（债务人）：

①计算债务重组利得。

应付账款的账面余额	300 000
减：所转让商品的公允价值	200 000
增值税销项税额	26 000
债务重组利得	74 000

②账务处理。

借：应付账款——B 公司	300 000	
贷：主营业务收入		200 000
应交税费——应交增值税（销项税额）		26 000
营业外收入——债务重组利得		74 000
借：主营业务成本	200 000	
贷：库存商品		200 000

B 公司（债权人）：

①计算债务重组损失。

应收账款的账面余额	300 000
减：受让商品的公允价值	200 000
增值税进项税额	26 000
差额	74 000
减：已经计提的坏账准备	20 000
债务重组损失	54 000

②账务处理。

借：库存商品	200 000	
应交税费——应交增值税（进项税额）	26 000	
坏账准备	20 000	
营业外支出——债务重组损失	54 000	
贷：应收账款		300 000

【例 11 - 43】天宇股份有限公司于 2018 年 2 月 5 日销售给乙公司一批产品，价值 500 000 元（包括应收取的增值税税额），乙公司于 2018 年 2 月 5 日开出 6 个月承兑的商业汇票。乙公司于 2018 年 12 月 31 日尚未支付货款。由于乙公司财务发生困难，短期内不能支付货款。经协商，天宇公司同意乙公司以其所拥有并作为以公允价值计量且公允价值变动计入当期损益的某公司股票抵偿债务。乙公司该股票的账面价值为 450 000 元（假定该资产账面公允价值变动额为零），当日的公允价值为 400 000 元。假定天宇公司为该项应收账款提取了坏账准备 50 000 元。用于抵债的股票于当日即办理相关转让手续，天宇公司将取得的股票作为以公允价值计量且公允价值变动计入当期损益的金融资产处理。债务重组前天宇公司已将该项应收票据转入应收账款；乙公司已将应付票据转入应付账款。假定不考虑与商业汇票或者应付款项有关的利息。

乙公司的账务处理：

①计算债务重组利得。

应付账款的账面余额	500 000
减：股票的公允价值	400 000
债务重组利得	100 000

②计算转让股票损益。

股票的公允价值	400 000
减：股票的账面价值	450 000
转让股票损益	- 50 000

③应作会计分录如下。

借：应付账款	500 000	
投资收益	50 000	
贷：交易性金融资产		450 000
营业外收入——债务重组利得		100 000

天宇公司的账务处理：

①计算债务重组损失。

应收账款账面余额	500 000
减：受让股票的公允价值	400 000
差额	100 000
减：已计提坏账准备	50 000
债务重组损失	50 000

②应作会计分录如下。

借：交易性金融资产	400 000	
营业外支出——债务重组损失	50 000	
坏账准备	50 000	
贷：应收账款		500 000

（二）将债务转为资本的会计处理

1. 债务人的会计处理。债务人应将债权人因放弃债权而享有股份的面值总额确认为股本；股份的公允价值总额与股本之间的差额确认为资本公积。重组债务的账面价值与股份的公允价值总额之间的差额确认为债务重组利得，计入当期损益。债务人为非股份有限公司时，债务人应将债权人因放弃债权而享有的股权份额确认为实收资本；股权的公允价值与实收资本之间的差额确认为资本公积。

2. 债权人的会计处理。债务人将债务转为资本，在这种方式下，债权人应将重组债权的账面余额与因放弃债权而享有的股权的公允价值之间的差额，先冲减已提取的减值准备，减值准备不足冲减的部分，或未提取减值准备的，将该差额确认为债务重组损失。同时，债权人应将因放弃债权而享有的股权按公允价值计量。

【例 11 - 44】2018 年 2 月 1 日，天宇股份有限公司销售 A 产品一批给乙公司。同时收到乙公司签发并承兑的一张面值为 20 万元、年利率为 8%、期限为 6 个月的到期还本付息的票据。8 月 1 日，乙公司发生财务困难，无法兑现票据，经双方协商，天宇公司同意乙公司用其普通股抵偿该项票据。假设普通股的面值为 1 元，乙公司以 2 万股抵偿该项债务，股票市价为 8 元/股。同时，假定 8 月 1 日，乙公司办妥有关增资手续。天宇公司享有股份为乙公司总股份的 0.1%，并将其作为以公允价值计量且其变动计入其他综合收益的金融资产。

乙公司：

①计算应计入资本公积的金额。

股票的公允价值	160 000
减：股票的面值	20 000
应计入资本公积	140 000

②计算债务重组利得。

债务的账面价值	208 000
减：股票的公允价值	160 000
债务重组利得	48 000

③账务处理。

借：应付票据	208 000	
贷：股本		20 000
资本公积——股本溢价		140 000
营业外收入——债务重组利得		48 000

天宇公司：

①计算债务重组损失。

债权的账面价值	208 000
减：股票的公允价值	160 000
债务重组损失	48 000

②账务处理。

借：其他权益工具投资/长期股权投资——乙公司　　160 000

　　营业外支出——债务重组损失　　　　　　　　　48 000

　　贷：应收票据　　　　　　　　　　　　　　　　　　　208 000

（三）修改债务条件的会计处理

1. 不附或有条件的债务重组。不附或有条件的债务重组，是指在债务重组中不存在或有应付（或应收）金额，该或有条件需要根据未来某种事项出现而发生的应付（或应收）金额，并且该未来事项的出现具有不确定性。

（1）债务人的会计处理。不附或有条件的债务重组，债务人应将修改其他债务条件后债务的公允价值作为重组后债务的入账价值。重组债务的账面价值与重组后债务的入账价值之间的差额计入当期损益。

（2）债权人的会计处理。修改后的债务条款不涉及或有应收金额，则债权人应当将修改其他债务条件后债权的公允价值作为重组后债权的账面价值，重组债权的账面余额与重组后债权账面价值之间的差额确认为债务重组损失，计入当期损益。如果债权人已对该项债权计提了减值准备，应当首先冲减已计提的减值准备，减值准备不足以冲减的部分，作为债务重组损失，计入营业外支出。

【例11－45】天宇股份有限公司和乙公司均为一般纳税企业。2018年10月5日，天宇公司向乙公司销售甲产品一批，价款为500 000元，增值税为80 000元。双方商定于2018年11月5日结算货款。由于乙公司财务困难，直到2018年12月31日，仍然无法偿还货款。天宇公司已计提坏账准备58 500元。2019年3月5日，经双方协商，达成重组协议：天宇公司豁免乙公司80 000元货款，其余500 000元欠款应于2020年12月31日全部偿还。

乙公司：

①计算债务重组利得。

应付账款的账面余额	580 000
减：重组后债务的公允价值	500 000
债务重组利得	80 000

②账务处理。

借：应付账款——天宇公司　　　　　　　580 000

　　贷：应付账款——债务重组　　　　　　　　500 000

　　　　营业外收入——债务重组利得　　　　　 80 000

天宇公司：

①计算债务重组损失。

应收账款的账面余额	580 000
减：重组后债权的公允价值	500 000
差额	80 000
减：已经计提的减值准备	58 500

债务重组损失   21 500

②账务处理。

借：应收账款——债务重组   500 000

　　坏账准备——应收账款   58 500

　　营业外支出——债务重组损失   21 500

　　贷：应收账款——乙公司   580 000

2. 附或有条件的债务重组。附或有条件的债务重组，是指在债务重组协议中附或有应付条件的重组。或有应付金额，是指依未来某种事项出现而发生的支出。未来事项的出现具有不确定性。

（1）债务人的会计处理。以修改其他债务条件进行的债务重组，修改后的债务条款如涉及或有应付金额，且该或有应付金额符合或有事项中有关预计负债确认条件的，债务人应当将该或有应付金额确认为预计负债。重组债务的账面价值与重组后债务的入账价值和预计负债金额之和的差额，作为债务重组利得，计入营业外收入。

（2）债权人的会计处理。以修改其他债务条件进行债务重组，修改后的债务条款中涉及或有应收金额的，不应当确认或有应收金额，不得将其计入重组后债权的账面价值。或有应收金额，是指需要根据未来某种事项出现而发生的应收金额，而且该未来事项的出现具有不确定性。或有应收金额属于或有资产，或有资产不予确认。只有在或有应收金额实际发生时，才计入当期损益。

【例 11 - 46】2014 年 6 月 30 日，甲公司从某商业银行取得年利率为 10%、3 年期的贷款 1 000 000 元。因甲公司发生财务困难，各年贷款利息均未偿还，经与银行协商，于 2016 年 12 月 31 日进行债务重组。银行同意：将债务延期至 2020 年 12 月 31 日，利率降至 7%，免除积欠利息 250 000 元，本金减至 800 000 元，利息按年支付，但附有一个条件，即：债务重组后，如甲公司自第二年起有盈利，则利率恢复至 10%，若无盈利，利率仍维持 7%。假定实际利率等于名义利率。债务重组协议于 2016 年 12 月 31 日签订。贷款银行已对该项贷款计提了 30 000 元的贷款损失。

甲公司的账务处理如下。

①2016 年 12 月 31 日：

借：长期借款   1 250 000

　　贷：长期借款——债务重组   800 000

　　　　预计负债   72 000

　　　　营业外收入——债务重组利得   378 000

②2017 年 12 月 31 日支付利息时：

借：财务费用   56 000

　　贷：银行存款（800 000 ×7%）   56 000

③2018 年 12 月 31 日，假设甲公司自债务重组后的第二年起盈利，应按 10% 的利率支付利息，则需支付利息 80 000 元（800 000 ×10%），其中含或有应付金额 24 000 元。

借：财务费用   56 000

  预计负债   24 000

   贷：银行存款   80 000

④2019 年 12 月 31 日，按 10% 的利率支付利息，则支付利息 80 000 元，其中含或有应付金额 24 000 元。

借：财务费用   56 000

  预计负债   24 000

   贷：银行存款   80 000

⑤2020 年 12 月 31 日支付最后一次利息 80 000 元和本金 800 000 元时：

借：长期借款——债务重组   800 000

  财务费用   56 000

  预计负债   24 000

   贷：银行存款   880 000

⑥假设甲公司自债务重组后的第二年起仍没有盈利，2018 年 12 月 31 日和 2019 年 12 月 31 日支付利息时：

借：财务费用   56 000

   贷：银行存款   56 000

⑦2020 年 12 月 31 日，支付最后一次利息 56 000 元和本金 800 000 元时：

借：长期借款——债务重组   800 000

  财务费用   56 000

   贷：银行存款   856 000

借：预计负债   72 000

   贷：营业外收入   72 000

（四）混合重组方式的会计处理

债务重组以现金清偿债务、非现金资产清偿债务、债务转为资本、修改其他债务条件等方式的组合进行的，债务人应当依次以支付的现金、转让的非现金资产公允价值、债权人享有股份的公允价值冲减重组债务的账面价值。债权人应当依次以收到的现金、接受的非现金资产公允价值、债权人享有股份的公允价值冲减重组债权的账面余额。

【例 11 - 47】2018 年 2 月 8 日，甲公司应付乙公司票据面额为 200 000 元，票面利率为 10%。由于甲公司资金周转发生困难，于 2018 年 8 月 8 日双方进行债务重组。乙公司同意甲公司支付 50 000 元现金，同时以转让一项专利权来清偿该项债务，余款不再偿付。该项专利权的原值为 160 000 元，累计摊销 10 000 元，计提的减值准备 10 000 元，转让专利权应支付的税费为 900 元，该专利权的公允价值为 120 000 元。乙公司未对该项债权计提坏账准备。

①甲公司的会计处理。

重组债务的账面价值 = 200 000 × (1 + 10% ÷ 2) = 210 000（元）

处置无形资产损失 =（160 000 – 10 000 – 10 000）+ 900 – 120 000
$$= 20\ 900\ （元）$$

债务重组利得 =（210 000 – 50 000）– 120 000 = 40 000（元）

借：应付票据　　　　　　　　　　　　　　　210 000
　　累计摊销　　　　　　　　　　　　　　　10 000
　　无形资产减值准备　　　　　　　　　　　10 000
　　资产处置损益　　　　　　　　　　　　　20 900
　　贷：银行存款　　　　　　　　　　　　　　　　50 000
　　　　无形资产　　　　　　　　　　　　　　　 160 000
　　　　应交税费　　　　　　　　　　　　　　　　　 900
　　　　营业外收入——债务重组利得　　　　　　　 40 000

②乙公司的会计处理。

债务重组损失 =（210 000 – 50 000）– 120 000 = 40 000（元）

借：银行存款　　　　　　　　　　　　　　　50 000
　　无形资产　　　　　　　　　　　　　　 120 000
　　营业外支出——债务重组损失　　　　　　40 000
　　贷：应收票据　　　　　　　　　　　　　　　 210 000

第七节　现金结算的股份支付

一、股份支付概述

（一）股份支付的概念

股份支付，是指企业为获取职工和其他方提供服务而授予权益工具或者承担以权益工具为基础确定的负债的交易，是"以股份为基础的支付"的简称。企业向其雇员支付期权等作为薪酬或奖励措施的行为，是目前具有代表性的股份支付交易，我国已有越来越多的企业对职工实行期权激励计划。

（二）股份支付的特征

根据股份支付的定义，股份支付具有以下特征。

1. 股份支付是企业与职工或其他方之间发生的交易。以股份为基础的支付可能发生在企业与股东之间，合并交易中的合并方与被合并方之间或者企业与其职工之间。但是，只有发生在企业与其职工或向企业提供服务的其他方之间的交易，才可能符合股份支付的定义。

2. 股份支付是以获取职工或其他方服务为目的的交易。企业股份支付目的是获取其职工或其他方提供的服务（费用）或取得这些服务的权利（资产）。

3. 股份支付交易的对价或其定价与企业自身权益工具未来的价值密切相关。股份支付交易与企业同其职工间其他类型交易的最大不同，是交易对价或其定价与企业自身权益工具未来的价值密切相关。在股份支付中，企业要么向职工支付其自身权益工具，要么向职工支付一笔现金，而其金额高低取决于结算时企业自身权益工具的公允价值。对价的特殊性可以说是股份支付定义中最突出的特征。企业自身权益工具包括会计主体本身、母公司和同集团的其他会计主体的权益工具。

二、股份支付的环节和类型

（一）股份支付的主要环节

典型的股份支付通常涉及四个主要环节：授予、可行权、行权和出售。与此四个环节相对应的日期，分别称为授予日、可行权日、行权日和出售日。

1. 授予日。授予日，是指股份支付协议获得批准的日期。当企业与职工或其他方就股份支付的协议条款和条件已达成一致，该协议才会获得股东大会或类似机构的批准。这里的"达成一致"是指，在双方对该计划或协议内容充分形成一致理解的基础上，均接受其条款和条件。如果按照相关法规的规定，在提交股东大会或类似机构之前存在必要程序或要求，则应履行该程序或满足该要求。

2. 可行权日。可行权日，是指可行权条件得到满足，职工或其他方具有从企业取得权益工具或现金权利的日期。有的股份支付协议是一次性可行权，有的则是分批可行权。从授予日至可行权日的时段，是可行权条件得到满足的期间，因而称为"等待期"，又称"行权限制期"。

3. 行权日。行权日，是指职工和其他方行使权利、获取现金或权益工具的日期。行权是按期权的约定价格实际购买股票，一般是在可行权日之后至期权到期日之前的可选择时段内行权。

4. 出售日。出售日，是指股票的持有人将行使期权所取得的期权股票出售的日期。在我国，用于期权激励的股份支付协议，应在行权日与出售日之间设立禁售期，其中国有控股上市公司的禁售期不得低于两年。

（二）股份支付的主要类型

按照股份支付的方式和工具类型，股份支付主要可划分为两大类、四小类。

1. 以权益结算的股份支付。以权益结算的股份支付，是指企业为获取服务而以股份或其他权益工具作为对价进行结算的交易。这类股份支付又有两种最常用的工具。

（1）限制性股票，即职工或其他方按照股份支付协议规定的条款和条件，从企业获得一定数量的本企业股票。企业授予职工一定数量的股票，在一个确定的等待期内或在满足特定业绩指标之前，职工出售股票要受到持续服务期限条款或业绩条件的限制。

（2）股票期权，即企业授予职工或其他方在未来一定期限内以预先确定的价格和条件购买本企业一定数量股票的权利。

2. 以现金结算的股份支付。以现金结算的股份支付，是指企业为获取服务而承担的以股份或其他权益工具为基础计算的交付现金或其他资产的义务的交易。以现金结算的股份支付最常用的工具有两类：模拟股票和现金股票增值权。

现金股票增值权和模拟股票，是用现金支付模拟的股权激励机制，即与股票挂钩，但用现金支付。除不需实际行权和持有股票之外，现金股票增值权的运作原理与股票期权是一样的，都是一种增值权形式的与股票价值挂钩的薪酬工具。除不需实际授予股票和持有股票之外，模拟股票的运作原理与限制性股票是一样的。

三、现金结算的股份支付的确认和计量原则

对以现金结算的股份支付，企业应当在等待期内的每个资产负债表日，以对可行权情况的最佳估计为基础，按照企业承担负债的公允价值，将当期取得的服务计入相关资产成本或当期费用，同时计入负债，并在结算前的每个资产负债表日和结算日对负债的公允价值重新计量，将其变动计入损益。对于现金结算的股份支付，企业在可行权日之后不再确认成本费用，负债（应付职工薪酬）公允价值的变动应当计入当期损益（公允价值变动损益）。

具体会计处理如下。

1. 授予日。

（1）立即可行权的股份支付，在授予日按授予日企业承担负债的公允价值计量。

借：管理费用等
　　贷：应付职工薪酬

（2）除了立即可行权的股份支付外，在授予日均不进行会计处理。

2. 在等待期内的每个资产负债表日。按每个资产负债表日公允价值为基础计量；同时企业应当根据最新取得的可行权职工人数变动等后续信息做出最佳估计，修正预计可行权的权益工具数量。业绩条件为非市场条件的，如果后续信息表明需要调整对可行权情况的估计的，应对前期估计进行修改，使在可行权日，最终预计可行权权益工具的数量与实际可行权工具的数量一致。

计算截至当期累计应确认的成本费用金额，再减去前期累计已确认金额，作为当期应确认的成本费用金额。对于附有市场条件的股份支付，只要职工满足了其他所有非市场条件，企业就应当确认已取得的服务。会计处理如下。

借：管理费用等
　　贷：应付职工薪酬

3. 可行权日之后。对于现金结算的股份支付，企业在可行权日之后不再确认成本费用，负债（应付职工薪酬）公允价值的变动应当计入当期损益（公允价值变动损益）。会计处理如下。

借：公允价值变动损益
　　贷：应付职工薪酬
4. 行权日。会计处理如下。
借：应付职工薪酬
　　贷：银行存款

【例 11－48】 天宇股份有限公司有关现金结算的股份支付资料如下：

①2016 年 1 月 1 日，天宇公司为其 120 名销售人员每人授予 10 万份现金股票增值权，这些人员从 2016 年 1 月 1 日起必须在该公司连续服务 3 年，同时三年的产品销售数量分别达到 1 000 万台、1 200 万台、1 500 万台，即可自 2018 年 12 月 31 日起根据天宇公司股价的增长幅度获得现金，该增值权应在 2020 年 12 月 31 日之前行使完毕。

②2016 年 12 月 31 日，每份现金股票增值权的公允价值为 12 元。本年有 20 名管理人员离开公司，公司估计还将有 15 名管理人员离开。2016 年实际销售数量为 1 050 万台。

③2017 年 12 月 31 日，每份现金股票增值权的公允价值为 15 元。本年又有 10 名管理人员离开公司，公司估计还将有 8 名管理人员离开。2017 年实际销售数量为 1 300 万台。

④2018 年 12 月 31 日，有 50 人行使股票增值权取得了现金，每份增值权现金支出额为 16 元。2018 年 12 月 31 日每份现金股票增值权的公允价值为 18 元。本年又有 3 名管理人员离开。2018 年实际销售数量为 1 550 万台。

⑤2019 年 12 月 31 日，有 27 人行使了股票增值权取得了现金，每份增值权现金支出额为 20 元。2019 年 12 月 31 日每份现金股票增值权的公允价值为 21 元。

⑥2020 年 12 月 31 日，剩余 10 人全部行使了股票增值权取得了现金，每份增值权现金支出额为 25 元。

［分析］

可行权条件：连续服务 3 年为服务期限条件，三年的销售数量为非市场业绩条件。

天宇公司会计处理如下。

①2016 年 1 月 1 日：授予日不进行处理。

②2016 年 12 月 31 日：

"应付职工薪酬"科目发生额 $= (120-20-15) \times 10 \times 12 \times 1/3$
$$= 3\,400（万元）$$

借：销售费用　　　　　　　　　　　　　　　34 000 000
　　贷：应付职工薪酬　　　　　　　　　　　　　　34 000 000

③2017 年 12 月 31 日：

"应付职工薪酬"科目余额 $= (120-20-10-8) \times 10 \times 15 \times 2/3$
$$= 8\,200（万元）$$

"应付职工薪酬"科目发生额 $= 8\,200 - 3\,400 = 4\,800（万元）$

借：销售费用   48 000 000

  贷：应付职工薪酬   48 000 000

④2018 年 12 月 31 日：

a. 行权时会计分录。

借：应付职工薪酬（50×10×16）   80 000 000

  贷：银行存款   80 000 000

b. 确认费用及会计分录。

"应付职工薪酬"科目余额 $= (120-20-10-3-50) \times 10 \times 18 \times 3/3$

$= 6\ 660$（万元）

"应付职工薪酬"科目发生额 $= 6\ 660 - 8\ 200 + 8\ 000 = 6\ 460$（万元）

借：销售费用   64 600 000

  贷：应付职工薪酬   64 600 000

⑤2019 年 12 月 31 日：

a. 行权时会计分录。

借：应付职工薪酬（27×10×20）   54 000 000

  贷：银行存款   54 000 000

b. 确认公允价值变动损益及会计分录。

"应付职工薪酬"科目余额 $= (120-33-50-27) \times 10 \times 21 = 2\ 100$（万元）

"应付职工薪酬"科目发生额 $= 2\ 100 - 6\ 660 + 5\ 400 = 840$（万元）

借：公允价值变动损益   8 400 000

  贷：应付职工薪酬   8 400 000

⑥2020 年 12 月 31 日：

a. 行权时会计分录。

借：应付职工薪酬（10×10×25）   25 000 000

  贷：银行存款   25 000 000

b. 确认公允价值变动损益及会计分录。

"应付职工薪酬"科目余额 $= 0$

"应付职工薪酬"科目发生额 $= 0 - 2\ 100 + 2\ 500 = 400$（万元）

借：公允价值变动损益   4 000 000

  贷：应付职工薪酬   4 000 000

第十二章　所有者权益

第一节　所有者权益概述

一、所有者权益的概念及其特征

我国《企业会计准则——基本准则》（2006/2014）对所有者权益的定义为：所有者权益是指企业资产扣除负债后由所有者享有的剩余权益。从定义中可以看出所有者权益具有如下特征。

（1）所有者权益是企业投资人对企业净资产的所有权，它受总资产和总负债变动的影响而发生增减变动；

（2）所有者权益包含所有者以其出资额的比例分享企业利润，同时也必须以其出资额承担企业的经营风险；

（3）所有者权益还意味着所有者有法定的管理企业和委托他人管理企业的权利。

企业的所有者和债权人均是企业资金的提供者，因而所有者权益和负债（债权人权益）均是对企业资产的要求权，但两者之间又存在着明显的区别。主要表现在以下四个方面。

（1）所有者权益在企业经营期内可供企业长期、持续地使用，企业不必向投资人返还资本金。而负债则须按期返还给债权人，成为企业的负担。

（2）企业所有者凭其对企业投入的资本，享受税后分配利润的权利。所有者权益是企业分配税后净利润的主要依据，而债权人除按规定取得利息外，无权分配企业的盈利。

（3）企业所有者有权行使企业的经营管理权，或者授权管理人员行使经营管理权。但债权人并没有经营管理权。

（4）企业所有者对企业的债务和亏损负有无限的责任或有限的责任，而债权人对企业的其他债务不发生关系，一般也不承担企业的亏损。

二、所有者权益理论的几种观点

(一) 所有权理论

所有权理论认为，会计主体与其终极所有者是一个完整且不可分割的整体。公司由一些特定的人或群体拥有，公司的所有权由独资者、合伙人或一群股东享有。公司的资产属于这些所有者，公司的负债也由所有者承担，资产与负债之差代表终极所有者投放在公司的净权益。公司获得的收入和发生的费用将增减所有者的净权益。可见，所有权理论强调的是终极财产权。

所有权理论所依据的会计基本恒等式为"资产 – 负债 = 所有者权益"，它突出体现了确认、计量和报告所有者权益是财务会计的核心目标，因此，所有权理论又称"所有者权益中心论"。此外，按照所有权理论，企业无论是在持续经营中还是停业清算时，其净资产的所有权和其他权益均应归属于所有者。因此，会计主体没有必要强调资本保全，应当答应其终极所有者按照自己的意愿决定是否抽回资本。

所有权理论与现代会计的主体假设是格格不入的，它认为把会计主体的交易、事项与其终极所有者截然分开，是没有实质意义的，即会计主体与其终极所有者的分离是形式上的，两者的统一才是实质。

由于所有权理论强调的是终极财产权，它特别适用于非法人企业，特别是独资企业，因为在这种组织形式中，企业的所有者和管理者通常是一种个人关系，企业各期净收益是直接加入所有者的资本账户，在这种情况下，所有权理论占有支配地位。

(二) 主体理论

主体理论也称实体理论，是围绕会计主体而展开的理论。该理论认为，企业是独立于所有者而存在的经济实体。这一理论的会计等式为"资产 = 负债 + 所有者权益"，即资产是债权人和所有者提供给经营实体的权利，债权人和所有者都是权益持有人，企业从所有者那里获得的资本和从债权人那里获得的资本在其作用上没有本质的区别，因而应将所有者和债权人视为同等的投资者。利润是经营实体的所得，而不是权益持有人的所得，因此，企业赚取的收益是企业自身的财产，支付债务利息和分配股利均属于企业利润（收益）的分配，同理，企业支付所得税减少了企业的利润，也是对企业利润的一种分配。企业净收益不被视为直接属于股东的权益，企业净收益可以用于发放股东的股利，也可以用于扩大投资，只有投资价值的增加和股利的发放才是股东的个人利益。

由此可见，主体理论与会计主体假设是相吻合的，将债权人与所有者都视为同等重要的权益持有者。主体理论非常强调"资本保全"，不允许所有者在会计主体存续期间"抽回"资本，以免侵害债权人的权益。主体理论由于强调法人财产权，特别适用现代公司制企业，包括有限责任公司和股份有限公司。

（三）剩余权益理论

剩余权益理论的观点介于所有权理论和主体理论之间。剩余权益理论认为，股东与其他权益持有者一样拥有权益，然而并不强调股东的所有者性质。在这种理论指导下，会计等式所反映的权益关系为：资产－特定权益＝剩余权益。特定权益包括债权人权益、优先股权益，剩余权益仅指普通股权益。剩余权益的持有者对公司的存在是至关重要的，他们是公司风险的最大承担者，公司大量的资本也由他们提供。

剩余权益理论的主要目的是为普通股股东进行投资决策提供更有价值的会计信息。在持续经营的股份有限公司里，普通股的现行价值主要取决于未来的股利；而未来的股利，又取决于未来的现金流入减去特定契约的义务、向特定权益持有人的付款以及对公司再投资所需之后的剩余额。对一家公司的投资价值的趋势往往可以通过以现行价值为基础而计量的剩余权益价值来衡量。

现代会计体系以主体理论为主导，兼容所有权理论的观点处理权益问题。如现行会计准则要求股东承担有限债务责任的同时，要披露普通股每股收益（包括基本每股收益和稀释每股收益），这是剩余权益理论在我国企业会计实务中的体现。

（四）企业理论

企业的概念比主体更宽，主体视企业为一个主要为权益持有人的利益从事经营的独立经济实体，而企业理论视企业为一个为许多利害相关的群体利益从事经营的社会机构。除了债权人和所有者之外，广义的群体包括：职工、客户、税收和管制等政府部门，以及一般公众。因而，企业理论的广泛范围被认为是一种会计的社会责任观。

企业理论适用于现代大型企业，因为这些企业必须考虑它们的活动对各种群体和整个社会带来的影响。从会计的角度来看，这意味着财务报告的责任范围不仅限于所有者和债权人，还包括许多其他群体和广大公众。利用会计信息，职工，特别是通过工会组织，可以提出增加工资或福利的要求，客户和管制部门可以关心价格变动的公允性，而政府可以了解产品价格变动对国家一般经济状况的影响。

三、所有者权益的分类

所有者权益根据其核算的内容和要求，可分为实收资本（或股本）、其他权益工具、资本公积、其他综合收益、盈余公积和未分配利润等。

1. 实收资本（或股本）。实收资本（或股本）是指所有者投入企业的资本部分。在股份有限公司中，构成企业注册资本的金额，称为股本；在非股份有限公司中，构成企业注册资本的金额，称为实收资本。

2. 其他权益工具。企业发行的除普通股（作为实收资本或股本）以外，按照金融负债和权益工具区分原则分类（如可转换公司债权）形成的权益工具。

3. 资本公积。资本公积是指企业收到的投资者超出其在企业注册资本（或股本）中所占份额的投资，包括资本溢价和股本溢价。

4. 其他综合收益。其他综合收益是指企业根据其他会计准则规定未在当期损益中确认的各项利得和损失，包括以下两类。

（1）以后会计期间不能重分类进损益的其他综合收益项目，主要包括：

①重新计量设定受益计划净负债或净资产导致的变动。

②按照权益法核算因被投资单位重新计量设定受益计划净负债或净资产变动导致的权益变动，投资企业按持股比例计算确认的该部分其他综合收益项目。

③在初始确认时，企业可以将非交易性权益工具指定为以公允价值计量且其变动计入其他综合收益的金融资产，且指定后不得撤销，即当该类非交易性权益工具终止确认时原计入其他综合收益的公允价值变动损益不得重分类进损益。

④企业自身信用风险公允价值变动，企业指定为以公允价值计量且其变动计入当期损益的金融负债，由企业自身信用风险变动引起的公允价值变动而计入其他综合收益的金额。

（2）以后会计期间在满足规定条件时将重分类进损益的其他综合收益项目，主要包括：

①采用权益法核算的长期股权投资，按照被投资单位实现其他综合收益以及持股比例计算应享有或分担的金额。

②其他债权投资公允价值变动计入其他综合收益的金额。

③企业将一项以公允价值计量且其变动计入其他综合收益的金融资产重分类为以摊余成本计量的金融资产，或重分类为以公允价值计量且其变动计入当期损益的金融资产时，之前计入其他综合收益的累计利得或损失从其他综合收益中转出的金额。

④其他债权投资信用减值准备，即企业按照《企业会计准则第22号——金融工具确认和计量》（2017）第十八条分类为以公允价值计量且其变动计入其他综合收益的金融资产的损失准备。

⑤现金流量套期储备，即企业套期工具产生的利得或损失中属于套期有效的部分。

⑥非投资性房地产转换为采用公允价值模式计量的投资性房地产时，转换日的公允价值大于账面价值的金额，计入其他综合收益。

⑦外币财务报表折算差额。

5. 留存收益。留存收益是企业历年实现的净利润留存于企业的部分，主要包括累计已计提的盈余公积和未分配利润。其中，盈余公积是企业从净利润中提取的公积金，包括法定盈余公积和任意盈余公积；未分配利润是企业留待以后年度分配的利润，如果未分配利润出现负数，即表示年末的未弥补亏损，应由以后年度的利润或盈余公积来弥补。

第二节 实收资本和其他权益工具

一、实收资本的会计处理

投入资本是指所有者在企业注册资本范围内实际投入的资本，是出资人作为资本实际投入企业的资金数额。我国对设立公司实行注册资本制度，要求企业的实收资本（或股本）与其注册资本相一致，投资者投入的资本只有按投资者占被投资企业实收资本（或股本）比例计算的部分，才作为实收资本（或股本）。

股东可以用货币出资，也可以用实物、知识产权、土地使用权等可以用货币估价并可以依法转让的非货币财产作价出资，但是，法律、行政法规规定不得作为出资的财产除外。对作为出资的非货币财产应当评估作价，不得高估或者低估作价。

企业收到投资者投入的货币资金，应以实际收到的金额登记入账；企业收到投资者投入的非货币性资产，应以投资双方合同、协议约定的价值入账。

为反映企业收到投资者投入资本的经济业务，企业应当设置"实收资本"会计科目；对于股份有限公司，应当设置"股本"会计科目。

（一）实收资本增加的会计处理

1. 所有者投入。有限责任公司在创立时，由于各投资者按照合同、协议或公司章程投入企业的资本全部作为企业的注册资本，因此，会计上应全部记入"实收资本"科目。在企业增资时，如有新投资者加入，当新加入的投资者缴纳的出资额大于按约定比例计算的其在注册资本中所占的份额部分，记入"资本公积——资本溢价"科目。企业在收到原材料、固定资产和无形资产等非货币性资产投入资本时，应根据双方协议约定的价值（公允价值），作为收到的非货币性资产的入账价值，同时，根据投资者投入资本在注册资本中所占份额，贷记"实收资本"科目，两者之间的差额，贷记"资本公积——资本溢价"科目。

【例 12 – 1】甲企业是由 A、B、C 三个投资者各出资 50 万元成立的。两年后 D 投资者愿出资 70 万元拥有该企业 25% 的所有权。企业收到 D 投资者投资时作如下会计处理。

借：银行存款   700 000
    贷：实收资本——D 投资者   500 000
        资本公积——资本溢价   200 000

【例 12 - 2】乙有限责任公司收到 B 公司按合同出资的非现金资产，包括一台设备和一项专利权。双方协议确认的设备价值（公允价值）为 130 万元，专利权价值（公允价值）为 30 万元，固定资产已达到可使用状态。B 公司投入的资本在注册资本中所占的份额为 150 万元。乙公司作如下会计分录。

借：固定资产　　　　　　　　　　　　　　　　　　　　1 300 000
　　无形资产　　　　　　　　　　　　　　　　　　　　　 300 000
　　贷：实收资本——B 公司　　　　　　　　　　　　　　　　 1 500 000
　　　　资本公积——资本溢价　　　　　　　　　　　　　　　　 100 000

股份有限公司最显著的特点是将企业的全部资本划分为等额股份，并通过发行股票的方式来筹集资本，股东以其所认购股份对公司承担有限责任。股票的面值与股份总数的乘积为股本，股本应等于企业的注册资本。为了直观地反映这一指标，在会计处理上，股份有限公司应设置"股本"科目。

"股本"科目核算股东投入股份有限公司的股本，企业应将核定的股本总额、股份总数、每股面值作备查记录。为提供企业股份的构成情况，企业可在"股本"科目下按股东单位或姓名设置明细账。企业的股本应在核定的股本总额范围内发行股票取得。值得注意的是，企业发行股票取得的收入与股本总额往往不一致，公司发行股票取得的收入大于股本总额的，为溢价发行；小于股本总额的，为折价发行；等于股本总额的，为面值发行。在溢价发行股票的情况下，企业应将相当于股票面值的部分记入"股本"科目，其余部分在扣除发行手续费、佣金等发行费用后记入"资本公积——股本溢价"科目。

【例 12 - 3】天宇股份有限公司发行普通股 6 000 万股，每股面值为 1 元，发行价格为 10 元/股。股款已经全部收到，并假定发行过程中冻结货币资金的存款利息刚好等于发行费用。天宇公司发行股票时应进行如下会计处理。

收到的投入资本金额 = 60 000 000 × 10 = 600 000 000（元）
计入股本的金额 = 60 000 000 × 1 = 60 000 000（元）

借：银行存款　　　　　　　　　　　　　　　　　　　600 000 000
　　贷：股本　　　　　　　　　　　　　　　　　　　　 60 000 000
　　　　资本公积——股本溢价　　　　　　　　　　　　　540 000 000

2. 将资本公积转为实收资本或股本。除投资者投入资本使公司的实收资本（或股本）增加外，企业还可以通过将资本公积转增资本的方式增加企业的实收资本（或股本）。

企业将资本公积转为实收资本或者股本时，应借记"资本公积——资本溢价"或"资本公积——股本溢价"科目，贷记"实收资本"或"股本"科目。需要注意的是，资本公积属所有者权益，应按原投资者所持股份同比例增加各股东的股权。

会计处理如下。

借：资本公积——资本溢价（或股本溢价）
　　贷：实收资本（股本）

3. 将盈余公积转为实收资本或股本。企业将盈余公积转为实收资本或股本时，应借记"盈余公积"科目，贷记"实收资本"或"股本"科目。盈余公积属所有者权益，应按原投资者所持股份同比例增加各股东的股权。

会计处理如下。

借：盈余公积

　　贷：实收资本（股本）

4. 股份有限公司发放股票股利。股份有限公司采用发放股票股利实现增资的，在发放股票股利时，按照股东原来持有的股数分配，如股东所持股份按比例分配的股利不足 1 股时，应采用恰当的方法处理。例如，股东会决议按股票面额的 10% 发放股票股利时（假定新股发行价格及面额与原股相同），对于所持股票不足 10 股的股东，将会发生不能领取 1 股的情况。在这种情况下，有两种方法可供选择：一是将不足 1 股的股票股利改为现金股利，用现金支付；二是由股东相互转让，凑为整股。股东大会批准的利润分配方案中分配的股票股利，应在办理增资手续后，借记"利润分配"科目，贷记"股本"科目。

会计处理如下。

借：利润分配

　　贷：股本

5. 可转换公司债券持有人行使转换权利。可转换公司债券持有人行使转换权利，将其持有的债券转换为股票，按可转换公司债券的余额，借记"应付债券——可转换公司债券（面值、利息调整）"科目，按其权益成分的金额，借记"其他权益工具"科目，按股票面值和转换的股数计算股票面值总额，贷记"股本"科目，按其差额，贷记"资本公积——股本溢价"科目。

6. 企业将重组债务转为资本。企业将重组债务转为资本的，应按重组债务的账面余额，借记"应付账款"等科目，按债权人放弃债权而享有本企业股份的面值总额，贷记"实收资本"或"股本"科目，按股份的公允价值总额与相应的实收资本或股本之间的差额，贷记或借记"资本公积——资本溢价"或"资本公积——股本溢价"科目，按其差额，贷记"营业外收入——债务重组利得"科目。

7. 以权益结算的股份行权。以权益结算的股份支付换取职工或其他方提供服务的，应在行权日根据实际行权情况确定的金额，借记"资本公积——其他资本公积"科目，按应计入股本的金额，贷记"股本"科目，按其差额，贷记"资本公积——股本溢价"科目。

（二）实收资本减少的会计处理

企业减资的原因大体有两种：一是资本过剩；二是企业发生重大亏损而需要减少实收资本。企业因资本过剩而减少注册资本的，一般要返还投资款。

有限责任公司和一般企业返还投资款的会计处理比较简单，按法定程序报经批准减少注册资本时，借记"实收资本"科目，贷记"银行存款"等科目。

股份有限公司由于采用发行股票的方式筹集股本，发还股款时，则要回购发行的股票，发行股票的价格与股票面值可能不同，回购股票的价格也可能与发行价格不同，会计处理较为复杂。股份有限公司因减少注册资本而回购本公司股份时，应按实际支付的金额，借记"库存股"科目，贷记"银行存款"等科目。注销库存股时，应按股票面值和注销股数计算的股票面值总额，借记"股本"科目，按注销库存股的账面余额，贷记"库存股"科目，按其差额，冲减股票发行时原记入资本公积的溢价部分，借记"资本公积——股本溢价"科目，回购价格超过上述冲减"股本"及"资本公积——股本溢价"科目的部分，应依次借记"盈余公积""利润分配——未分配利润"等科目；如回购价格低于回购股份所对应的股本，所注销库存股的账面余额与所冲减股本的差额作为增加股本溢价处理，按回购股份所对应的股本面值，借记"股本"科目，按注销库存股的账面余额，贷记"库存股"科目，按其差额，贷记"资本公积——股本溢价"科目。

【例 12-4】天宇股份有限公司 2018 年 12 月 31 日的股份数为 8 000 000 股，面值为 1 元，资本公积（股本溢价）为 2 000 000 元，盈余公积为 3 000 000 元，未分配利润为 6 000 000 元。经股东大会批准，天宇公司以现金回购本公司股票 1 000 000 股并注销。假定不考虑其他因素。

①如果天宇公司按每股 3 元回购股票：

借：库存股	3 000 000
贷：银行存款	3 000 000

注销本公司股票时：

借：股本	1 000 000
资本公积——股本溢价	2 000 000
贷：库存股	3 000 000

②如果天宇公司按每股 5 元回购股票：

借：库存股	5 000 000
贷：银行存款	5 000 000

注销本公司股票时：

借：股本	1 000 000
资本公积——股本溢价	2 000 000
盈余公积	2 000 000
贷：库存股	5 000 000

③如果天宇公司按每股 0.5 元回购股票：

借：库存股	500 000
贷：银行存款	500 000

注销本公司股票时：

借：股本	1 000 000
贷：库存股	500 000
资本公积——股本溢价	500 000

二、其他权益工具的会计处理

企业发行的除普通股（作为实收资本或股本）以外，按照金融负债和权益工具区分原则分类为权益工具的其他权益工具。

在所有者权益类科目中增设"其他权益工具"科目，核算企业发行的除普通股以外的归类为权益工具的各种金融工具。

1. 发行方的账务处理。

（1）发行方发行的金融工具归类为权益工具的，应按实际收到的金额，借记"银行存款"等科目，贷记"其他权益工具——优先股、永续债等"科目。

分类为权益工具的金融工具，在存续期间分派股利（含分类为权益工具的工具所产生的利息，下同）的，作为利润分配处理。发行方应根据经批准的股利分配方案，按应分配给金融工具持有者的股利金额，借记"利润分配——应付优先股股利、应付永续债利息等"科目，贷记"应付股利——优先股股利、永续债利息等"科目。

（2）发行的金融工具为复合金融工具的，应按实际收到的金额，借记"银行存款"等科目，按金融工具的面值，贷记"应付债券——优先股、永续债（面值）等"科目，按负债成分的公允价值与金融工具面值之间的差额，借记或贷记"应付债券——优先股、永续债等（利息调整）"科目，按实际收到的金额扣除负债成分的公允价值后的金额，贷记"其他权益工具——优先股、永续债等"科目。

发行复合金融工具发生的交易费用，应当在负债成分和权益成分之间按照各自占总发行价款的比例进行分摊。与多项交易相关的共同交易费用，应当在合理的基础上，采用与其他类似交易一致的方法，在各项交易之间进行分摊。

（3）由于发行的金融工具原合同条款约定的条件或事项随着时间的推移或经济环境的改变而发生变化，导致原归类为权益工具的金融工具重分类为金融负债的，应当于重分类日，按该工具的账面价值，借记"其他权益工具——优先股、永续债等"科目，按该工具的面值，贷记"应付债券——优先股、永续债等（面值）"科目，按该工具的公允价值与面值之间的差额，借记或贷记"应付债券——优先股、永续债等（利息调整）"科目，按该工具的公允价值与账面价值的差额，贷记或借记"资本公积——资本溢价（或股本溢价）"科目，如资本公积不够冲减的，依次冲减盈余公积和未分配利润。发行方以重分类日计算的实际利率作为应付债券后续计量利息调整等的基础。

因发行的金融工具原合同条款约定的条件或事项随着时间的推移或经济环境的改变而发生变化，导致原归类为金融负债的金融工具重分类为权益工具的，应于重分类日，按金融负债的面值，借记"应付债券——优先股、永续债等（面值）"科目，按利息调整余额，借记或贷记"应付债券——优先股、永续债等（利息调整）"科目，按金融负债的账面价值，贷记"其他权益工具——优先股、永续债等"科目。

（4）发行方按合同条款约定赎回所发行的除普通股以外的分类为权益工具的金融工具，按赎回价格，借记"库存股——其他权益工具"科目，贷记"银行存款"等科目；注销所购回的金融工具，按该工具对应的其他权益工具的账面价值，借记"其他权益工具"科目，按该工具的赎回价格，贷记"库存股——其他权益工具"科目，按其差额，借记或贷记"资本公积——资本溢价（或股本溢价）"科目，如资本公积不够冲减的，依次冲减盈余公积和未分配利润。

（5）发行方按合同条款约定将发行的除普通股以外的金融工具转换为普通股的，按该工具对应的金融负债或其他权益工具的账面价值，借记"应付债券""其他权益工具"等科目，按普通股的面值，贷记"实收资本（或股本）"科目，按其差额，贷记"资本公积——资本溢价（或股本溢价）"科目（如转股时金融工具的账面价值不足转换为 1 股普通股而以现金或其他金融资产支付的，还需按支付的现金或其他金融资产的金额，贷记"银行存款"等科目）。

2. 投资方的账务处理。投资方购买发行方发行的金融工具，应当按照金融工具确认和计量准则及本规定进行分类和计量。

如果投资方因持有发行方发行的金融工具而对发行方拥有控制、共同控制或重大影响的，按照《企业会计准则第 2 号——长期股权投资》和《企业会计准则第 20 号——企业合并》进行确认和计量；投资方需编制合并财务报表的，按照《企业会计准则第 33 号——合并财务报表》的规定编制合并财务报表。

第三节　资本公积和其他综合收益

一、资本公积的会计处理

随着企业的发展，企业的净资产总额将逐步超过实收资本（或股本）总额。新加入的投资者投入资本的金额往往会高出其在企业注册资本所占的份额，其超出的部分，作为"资本公积"进行确认。"资本公积"科目应分别按"资本溢价""股本溢价""其他资本公积"等科目进行明细核算。

（一）资本溢价

一般企业在创立时，出资者认缴的出资额全部记入"实收资本"科目。有新的投资者加入时，为了维护原有所有者的权益，新加入的投资者的出资额，并不一定全部作为实收资本处理。这是因为，企业创立时，从投入资金到取得投资回报，需要经过企业筹建、试运营、开辟产品市场等过程，在这个过程中资本利润率很低且具有风险性。而企业正常生产经营后，资本利润率要高于企业初创阶段，这是以初创时必要的垫付资本带来的，企业创办者为此付出了代价。因此，相同数量的投资，由于出资时间不同，其对企业的影响程度不同，带给投资者的权力也不同，所以新加入的投资者要付出大于原有投资者的出资额，才能取得与投资者相同的投资比例。此外，原投资者投入的资本在企业经营过程中实现利润的一部分，形成了企业的留存收益，而留存收益属于投资者权益。新加入的投资者如与原投资者共享这部分留存收益，也要求其付出大于原有投资者的出资额，才能取得与原有投资者相同的投资比例。新加入的投资者投入的资本中按其投资比例计算的出资额部分，应记入"实收资本"科目，大于部分应记入"资本公积——资本溢价"科目。

（二）股本溢价

股份有限公司是以发行股票的方式筹集股本，股票是企业签发的证明股东按其所持股份享有权利和承担义务的书面证明。我国规定，实收股本总额应与注册资本相等，因此，股份有限公司在按面值发行股票的情况下，企业发行股票取得的收入，应全部记入"股本"科目；在采用溢价发行股票的情况下，企业发行股票取得的收入，相当于股票面值部分记入"股本"科目，超出股票面值的溢价收入记入"资本公积——股本溢价"科目。值得注意的是，委托证券商代理发行股票而支付的手续费、佣金等，应从溢价发行收入中扣除，企业应按扣除手续费、佣金后的数额记入"资本公积——股本溢价"科目。

同一控制下控股合并形成的长期股权投资，应在合并日按取得被合并方所有者权益账面价值的份额，借记"长期股权投资"科目，按支付的合并对价的账面价值，贷记有关资产等科目，按其差额，贷记"资本公积——股本溢价"科目；为借方差额的，借记"资本公积——股本溢价"科目，资本公积（股本溢价）不足冲减的，借记"盈余公积""利润分配——未分配利润"科目。

（三）其他资本公积

其他资本公积，是指除资本溢价（或股本溢价）项目以外所形成的资本公积。

1. 以权益结算的股份支付。以权益结算的股份支付换取职工或其他方提供服务的，应在等待期内的每一个资产负债表日，按照授予日权益工具的公允价值计算确定的金额。

借：管理费用
　　贷：资本公积——其他资本公积

在行权日，应按实际行权的权益工具数量计算确定的金额。

借：资本公积——其他资本公积
　　贷：股本
　　　　资本公积——股本溢价

2. 采用权益法核算的长期股权投资。长期股权投资采用权益法核算的，在持股比例不变的情况下，被投资单位除净损益、其他综合收益以及利润分配以外的所有者权益的其他变动，投资方应按所持股权比例计算应享有的份额，调整长期股权投资的账面价值，同时计入资本公积（其他资本公积）。投资方在处置长期股权投资时，应当将原计入资本公积（其他资本公积）的相关金额转入投资收益。

（四）资本公积转增资本

按照《公司法》的规定，法定公积金（资本公积和盈余公积）作为资本时，所留存的该项公积金不得少于转增前公司注册资本的 25%。经股东大会或类似机构决议，用资本公积转增资本时，应冲减资本公积，同时按照转增前的实收资本（或股本）的结构或比例，将转增的金额记入"实收资本"（或"股本"）科目各所有者的明细分类账。

二、其他综合收益的会计处理

其他综合收益，是指企业根据会计准则规定未在当期损益中确认的各项利得和损失。其内容包括下列两类。

1. 以后会计期间不能重分类进损益的其他综合收益项目，主要包括：

（1）重新计量设定受益计划净负债或净资产导致的变动。根据《企业会计准则第 9 号——职工薪酬》，有设定受益计划形式离职后福利的企业应当将重新计量设定受益计划净负债或净资产导致的变动计入其他综合收益，并且在后续会计期间不允许转回至损益。

（2）按照权益法核算的在被投资单位不能重分类进损益的其他综合收益变动中所享有的份额。按照权益法核算因被投资单位重新计量设定受益计划净负债或净资产变动导致的权益变动，投资企业按持股比例计算确认的该部分其他综合收益项目。

在初始确认时，企业可以将非交易性权益工具指定为以公允价值计量且其变动计入其他综合收益的金融资产，该指定一经做出，不得撤销，即当该类非交易性权益工具终止确认时原计入其他综合收益的公允价值变动损益不得重分类进损益（转入留存收益）。

2. 以后会计期间在满足规定条件时将重分类进损益的其他综合收益项目，主要包括：

（1）符合《企业会计准则第 22 号——金融工具确认和计量》的规定，同时符合以下两个条件的金融资产应当分类为以公允价值计量且其变动计入其他综合收益：①企业管理该金融资产的业务模式既以收取合同现金流量为目标又以出售该金融资产为目标；②该金融资产的合同条款规定，在特定日期产生的现金流量，仅为对本金和以未偿付本金金额为基础的利息的支付。如公允价值上升，借记"其他债权投资"科目，贷记"其他综合收益"科目。当该类金融资产终止确认时，之前计入其他综合收益的累计利得或损失应当从其他综合收益中转出，计入当期损益，会计处理时、借记"其他综合收益"科目，贷记"投资收益"科目。

（2）按照《企业会计准则第 22 号——金融工具确认和计量》的规定，对金融资产重分类按规定可以将原计入其他综合收益的利得或损失转入当期损益的部分。如将债权投资重分类为其他债权投资时，借记"其他债权投资""债权投资减值准备"科目，贷记"债权投资——成本""债权投资——利息调整""债权投资——应计利息""其他综合收益"科目。

（3）采用权益法的长期股权投资。投资方取得长期股权投资后，应当按照应享有或应分担的被投资单位其他综合收益的份额，确认其他综合收益，同时调整长期股权投资的账面价值。其会计处理为：借记（或贷记）"长期股权投资——其他综合收益"科目，贷记（或借记）"其他综合收益"科目，待处置股权投资时，将原计入其他综合收益的金额转入当期损益。

（4）企业将作为存货或自用房地产转换为采用公允价值模式计量的投资性房地产。企业将作为存货的房地产转换为采用公允价值模式计量的投资性房地产时，应当按该项房地产在转换日的公允价值，借记"投资性房地产——成本"科目，原已计提跌价准备的，借记"存货跌价准备"科目，按其账面余额，贷记"开发产品"等科目；同时，转换日的公允价值小于账面价值的，按其差额，借记"公允价值变动损益"科目，转换日的公允价值大于账面价值的，按其差额，贷记"其他综合收益"科目。

企业将自用的建筑物等转换为采用公允价值模式计量的投资性房地产时，应当按该项房地产在转换日的公允价值，借记"投资性房地产——成本"科目，原已计提减值准备的，借记"固定资产减值准备"科目，按已计提的累计折旧等，借记"累计折旧"等科目，按其账面余额，贷记"固定资产"等科目；同时，转换日的公允价值小于账面价值的，按其差额，借记"公允价值变动损益"科目，转换日的公允价值大于账面价值的，按其差额，贷记"其他综合收益"科目。

待该项投资性房地产处置时，因转换计入其他综合收益的部分应转入当期损益，借记"其他综合收益"科目，贷记"其他业务收入"科目。

第四节　留存收益

留存收益是指企业在历年生产经营活动中取得净利润的留存额。留存收益主要由盈余公积和未分配利润两部分组成。

一、盈余公积

（一）盈余公积的提取

盈余公积是企业按照规定从净利润中提取的各种积累资金。公司制企业的盈余公积分为法定盈余公积和任意盈余公积，两者的区别在于其各自计提的依据不同，前者以国家法律或行政规章为依据提取，后者则由企业自行决定提取。

在我国，公司制企业的法定盈余公积按本年税后利润 10% 的比例提取，当法定盈余公积累计额达到公司注册资本的 50% 以上时，可以不再提取。在计算提取法定盈余公积的基数时，不应包括企业年初未分配利润，因为年初未分配利润是公司以前年度实现的利润。

公司从税后利润中提取法定盈余公积后，经股东会或者股东大会决议，还可以从税后利润中提取任意公积金，提取的比例由公司自行决定。非公司制企业经类似权力机构批准，也可提取任意盈余公积。

（二）盈余公积的用途

企业提取的盈余公积主要可以用于以下两个方面。

（1）弥补亏损。企业发生的亏损，应在以后年度自行弥补。弥补亏损的渠道主要有三条：

一是用以后年度税前利润弥补。按照现行制度规定，企业发生亏损时，可以用以后五年内实现的税前利润弥补，即税前利润弥补亏损的期间为五年。

二是用以后年度税后利润弥补。企业发生的亏损经过五年期间未弥补足额的，尚未弥补的亏损应用所得税后的利润弥补。

三是以盈余公积弥补亏损。企业以提取的盈余公积弥补亏损时，应当由公司董事会提议，并经股东大会批准。

（2）转增资本。企业必须经股东大会决议批准，才能将盈余公积转增资本。在将盈余公积转增资本时，应注意按股东原有持股比例进行结转。按照《公司法》的规定，法定公积金（资本公积和盈余公积）转为资本时，所留存的该项公积金不得少于转增前公司注册资本的 25%。

经股东大会或类似机构决议，企业用盈余公积转增资本，借记"盈余公积"科目，贷记"实收资本"或"股本"科目。经股东大会决议，用盈余公积派送新股，按派送新股计算的金额，借记"盈余公积"科目，按股票面值和派送新股总数计算的股票面值总额，贷记"股本"科目。

企业提取的盈余公积，无论是用于弥补亏损，还是用于转增资本，只不过是在企业所有者权益内部作结构上的调整，并不引起企业所有者权益总额的变动。

（三）盈余公积的确认和计量

为核算盈余公积的形成及使用情况，企业应设置"盈余公积"科目，并分别设置"法定盈余公积""任意盈余公积"明细科目进行明细核算。企业提取法定盈余公积和任意盈余公积时，分别借记"利润分配——提取法定盈余公积""利润分配——提取任意盈余公积"科目，同时分别贷记"盈余公积——法定盈余公积""盈余公积——任意盈余公积"科目。

企业用法定盈余公积或任意盈余公积弥补亏损或转增资本时，分别借记"盈余公积——法定盈余公积""盈余公积——任意盈余公积"科目,同时分别贷记"利润分配——盈余公积补亏""实收资本"或"股本"等科目。经股东大会决议,用法定盈余公积或任意盈余公积派送新股,按派送新股计算的金额,分别借记"盈余公积——法定盈余公积""盈余公积——任意盈余公积"科目,同时按股票面值和派送新股总数计算的股票面值总额,贷记"股本"科目。

二、未分配利润

未分配利润是企业留待以后年度进行分配的结存利润,是企业所有者权益的组成部分。由于未分配利润属于未指定用途的结存利润,因此,企业对于未分配利润的使用分配有较大的自主权。从数量上来讲,未分配利润是期初未分配利润,加上本期实现的净利润,减去提取的各种盈余公积和分配利润后的余额。在会计处理上,未分配利润是通过"利润分配"科目进行核算的。

(一) 分配股利或利润的会计处理

为反映企业的利润分配过程,"利润分配"科目应当分别设置"提取法定盈余公积""提取任意盈余公积""应付现金股利或利润""转作股本的股利""盈余公积补亏""未分配利润"等明细科目进行核算。

企业向股东或投资者分配现金股利或利润,需经股东大会或类似机构决议,根据决议分配给股东或投资者的现金股利或利润时,应借记"利润分配——应付现金股利或利润"科目,贷记"应付股利"科目;待实际向股东或投资者分配现金股利或利润时,借记"应付股利"科目,贷记"银行存款"科目。

经股东大会或类似机构决议,分配给股东的股票股利,应在办理增资手续后,借记"利润分配——转作股本的股利"科目,贷记"股本"科目。

(二) 期末结转的会计处理

企业在期末结转利润时,应将各损益类科目的金额转入"本年利润"科目,结平各损益类科目。结转后"本年利润"如果出现贷方余额,则表示当期实现了净利润;如果出现借方余额,则表示当期发生了净亏损。

在年度终了,企业应将本年收入和支出相抵后结出的本年实现的净利润或净亏损,自"本年利润"科目转入"利润分配——未分配利润"科目,借记"本年利润"科目,贷记"利润分配——未分配利润"科目,为净亏损的做相反的会计分录。同时,将"利润分配"科目所属的其他明细科目的余额,转入"未分配利润"明细科目。结转后,"未分配利润"明细科目如果出现贷方余额,就表示企业当期未分配利润的金额;如果出现借方余额,则表示企业当期出现未弥补亏损的金额。应当注意的是,"利润分配"科目只是一个过渡性科目,在期末结转之后其所属的其他明细科目应无余额。

（三）弥补亏损的会计处理

企业当年发生的亏损，应当自"本年利润"科目转入"利润分配——未分配利润"科目，即借记"利润分配——未分配利润"科目，贷记"本年利润"科目，结转后"利润分配"科目的借方余额，即为未弥补亏损的数额。

由于未弥补亏损形成的时间长短不同等原因，以前年度未弥补亏损有的可以以当年实现的税前利润弥补，有的则须用税后利润弥补。企业5年内出现的以前年度未弥补亏损，可以当年实现的税前利润弥补；而在5年前出现的以前年度亏损，则须用税后利润弥补。例如，2010年发生的亏损，用2011～2015年的税前利润来弥补，即使2011～2015年某些年有亏损，也不能向后顺延，如果2010年的亏损在2016年还没有弥补完，就要用2016年的税后利润来弥补。

以当年实现的利润弥补以前年度结转的未弥补亏损，不需要进行专门的账务处理。企业应将当年实现的利润自"本年利润"科目，转入"利润分配——未分配利润"科目的贷方，其贷方发生额与"利润分配——未分配利润"的借方余额自然抵补。无论是以税前利润还是以税后利润弥补亏损，其会计处理方法均相同，只是两者在计算交纳所得税时的处理不同。在以税前利润弥补亏损的情况下，其弥补的数额可以抵减当期企业应纳税所得额，而以税后利润弥补的数额，则不能作为纳税所得扣除处理。

【例12－5】丙公司2012年发生亏损1 000 000元。在年度终了时，公司应当结转本年发生的亏损，编制如下会计分录。

借：利润分配——未分配利润　　　　　　　　　　　　　1 000 000
　　贷：本年利润　　　　　　　　　　　　　　　　　　　　　1 000 000

假设2013～2017年，公司每年均实现利润180 000元。按照现行制度规定，公司在发生亏损以后的五年内可以税前利润弥补亏损，在2013～2017年年度终了时，公司应作如下会计处理。

借：本年利润　　　　　　　　　　　　　　　　　　　　180 000
　　贷：利润分配——未分配利润　　　　　　　　　　　　　　180 000

2017年"利润分配——未分配利润"科目期末借方余额100 000元，即至2018年未弥补亏损100 000元。假设公司2018年实现税前利润400 000元，按现行制度规定，只能用税后利润弥补以前年度亏损。在2018年年度终了时，公司首先应当按照当年实现的税前利润计算交纳当年应负担的所得税，其次再将当期扣除计算交纳的所得税后的净利润，转入利润分配账户。在本例中，假设适用的所得税税率为25%，在2018年年度计算交纳所得税时，其纳税所得额为400 000元，当年应交纳的所得税 =400 000×25% =100 000（元）。

丙公司应作如下会计处理。

①计算交纳所得税。

借：所得税费用　　　　　　　　　　　　　　　　　　　100 000
　　贷：应交税金——应交所得税　　　　　　　　　　　　　　100 000

借：本年利润   100 000

    贷：所得税费用   100 000

②结转本年利润，弥补以前年度未弥补亏损。

借：本年利润   300 000

    贷：利润分配——未分配利润   300 000

③上述核算的结果是，该企业 2018 年"利润分配——未分配利润"科目的期末贷方余额为 200 000 元（-100 000 + 300 000）。具体如表 12-1 所示。

表 12-1   利润分配——未分配利润账户   单位：元

2012 年末：未弥补亏损 1 000 000	
	2013 年：税前利润 180 000
	2014 年：税前利润 180 000
	2015 年：税前利润 180 000
	2016 年：税前利润 180 000
	2017 年：税前利润 180 000
	2018 年：税后利润 300 000
	2018 年末：未分配利润 200 000

本例中，未弥补亏损确认的递延所得税资产，应按《企业会计准则第 18 号——所得税》的规定处理。

【例 12-6】天宇股份有限公司的股本为 10 000 000 元，每股面值 1 元。2018 年年初未分配利润为贷方 6 000 000 元，2018 年实现净利润 8 000 000 元。

假定公司按照 2018 年实现净利润的 10% 提取法定盈余公积，5% 提取任意盈余公积，同时向股东按每股 0.2 元派发现金股利，按每 10 股送 3 股的比例派发股票股利。2019 年 3 月 15 日，公司以银行存款支付了全部现金股利，新增股本也已经办理完股权登记和相关增资手续。天宇公司的账务处理如下。

①2018 年年度终了时，企业结转本年实现的净利润。

借：本年利润   8 000 000

    贷：利润分配——未分配利润   8 000 000

②提取法定盈余公积和任意盈余公积。

借：利润分配——提取法定盈余公积   800 000

          ——提取任意盈余公积   400 000

    贷：盈余公积——法定盈余公积   800 000

            ——任意盈余公积   400 000

③结转"利润分配"的明细科目。

借：利润分配——未分配利润   1 200 000

    贷：利润分配——提取法定盈余公积   800 000

            ——提取任意盈余公积   400 000

天宇公司 2018 年年底"利润分配——未分配利润"科目的余额为：

6 000 000 + 8 000 000 - 1 200 000 = 12 800 000（元）

④发放现金股利：

10 000 000 × 0.2 = 2 000 000（元）

借：利润分配——应付现金股利　　　　　　　　　　　2 000 000

　　贷：应付股利　　　　　　　　　　　　　　　　　　　　2 000 000

2019 年 3 月 15 日，发放现金股利：

借：应付股利　　　　　　　　　　　　　　　　　　　2 000 000

　　贷：银行存款　　　　　　　　　　　　　　　　　　　　2 000 000

⑤2019 年 3 月 15 日，发放股票股利：

10 000 000 × 1 × 30% = 3 000 000（元）

借：利润分配——转作股本的股利　　　　　　　　　　3 000 000

　　贷：股本　　　　　　　　　　　　　　　　　　　　　　3 000 000

第五节　权益结算的股份支付

一、权益结算的股份支付的确认和计量原则

企业权益结算的股份支付的确认与计量，应区分股份支付是用于换取职工服务，还是用于换取其他方服务进行判断。

1. 换取职工服务的股份支付的确认和计量。对于换取职工服务的股份支付，企业应以股份支付所授予的权益工具的公允价值计量。在等待期内的每个资产负债表日，以对可行权权益工具数量的最佳估计为基础，按照权益工具在授予日的公允价值，将当期取得的服务计入相关资产成本或当期费用，同时计入资本公积中的其他资本公积。

对于授予后立即可行权的换取职工提供服务的权益结算的股份支付，企业应在授予日按照权益工具的公允价值，将取得的服务计入相关资产成本或当期费用，同时计入资本公积中的股本溢价。

2. 换取其他方服务的股份支付的确认和计量原则。对于换取其他方服务的股份支付，企业应当以股份支付所换取的服务的公允价值计量。企业应当按照其他方服务在取得日的公允价值，将取得的服务计入相关资产成本或费用。

如果其他方服务的公允价值不能可靠计量，但权益工具的公允价值能够可靠计量时，企业应当按照权益工具在服务取得日的公允价值，将取得的服务计入相关资产成本或费用。

3. 权益工具公允价值无法可靠确定时的处理。在极少数情况下，授予权益工具的公允价值无法可靠计量，企业应在获取服务的时点、后续的每个资产负债

表日和结算日，以内在价值计量该权益工具，内在价值的变动应计入当期损益。同时，企业应以最终可行权或实际行权的权益工具数量为基础，确认取得服务的金额。内在价值是指交易对方有权认购或取得的股份的公允价值，与其按照股份支付协议应当支付的价格间的差额。

二、权益工具公允价值的确定

股份支付中权益工具的公允价值的确定，应当以市场价格为基础。在股份和股票期权没有活跃交易市场的情况下，应当考虑估值技术。通常情况下，企业应当按照《企业会计准则第22号——金融工具确认和计量》的有关规定确定权益工具的公允价值，并根据股份支付协议条款的条件进行调整。

1. 股份。对于授予职工的股份，企业应按照其股份的市场价格计量。如果其股份未公开交易，应考虑其条款和条件估计其市场价格。

2. 股票期权。对于授予职工的股票期权，因其通常受到一些不同于交易期权的条款和条件的限制，因而在许多情况下难以获得其市场价格。如果不存在条款和条件相似的交易期权，就应通过期权定价模型来估计所授予的期权的公允价值。在选择适用的期权定价模型时，企业应考虑熟悉情况和自愿的市场参与者将会考虑的因素。所有适用于估计授予职工期权的定价模型至少应考虑以下因素：（1）期权的行权价格；（2）期权期限；（3）基础股份的现行价格；（4）股价的预计波动率；（5）股份的预计股利；（6）期权期限内的无风险利率。

三、权益结算股份支付的处理

1. 授予日。除了立即可行权的股份支付外，权益结算的股份支付还是现金结算的股份支付，企业在授予日均不做会计处理。

2. 等待期内每个资产负债表日。企业应当在等待期内的每个资产负债表日，将取得职工或其他方提供的服务计入成本费用，同时确认所有者权益或负债。对于附有市场条件的股份支付，只要职工满足了其他所有非市场条件，企业就应当确认已取得的服务。

在等待期内，业绩条件为非市场条件的，如果后续信息表明需要调整对可行权情况的估计的，应对前期估计进行修改。

在等待期内每个资产负债表日，企业应将取得的职工提供的服务计入成本费用；计入成本费用的金额应当按照权益工具的公允价值计量。

权益结算涉及职工的股份支付，应当按照授予日权益工具的公允价值计入成本费用和资本公积（其他资本公积），不确认其后续公允价值变动。

对于授予的存在活跃市场的期权等权益工具，应当按照活跃市场中的报价确定其公允价值。对于授予的不存在活跃市场的期权等权益工具，应当采用期权定价模型等估值技术确定其公允价值。

在等待期内每个资产负债表日，企业应当根据最新取得的可行权职工人数变动等后续信息作出最佳估计，修正预计可行权的权益工具数量。在可行权日，最终预计可行权权益工具的数量应当与实际可行权工具的数量一致。

根据上述权益工具的公允价值和预计可行权的权益工具数量，计算截至当期累计应确认的成本费用金额，再减去前期累计已确认金额，作为当期应确认的成本费用金额。

3. 可行权日之后。对于权益结算的股份支付，在可行权日之后不再对已确认的成本费用和所有者权益总额进行调整。企业应在行权日根据行权情况，确认"股本"和"资本公积——股本溢价"科目，同时结转等待期内确认的"资本公积——其他资本公积"科目。

4. 回购股份进行职工期权激励。企业以回购股份形式奖励本企业职工的，属于权益结算的股份支付。企业回购股份时，应按回购股份的全部支出作为库存股处理，同时进行备查登记。按照《企业会计准则第11号——股份支付》对职工权益结算股份支付的规定，企业应当在等待期内每个资产负债表日按照权益工具在授予日的公允价值，将取得的职工服务计入成本费用，同时增加"资本公积——其他资本公积"。

在职工行权购买本企业股份时，企业应转销交付职工的库存股成本和等待期内的"资本公积——其他资本公积"累计金额，同时，按照其差额调整"资本公积——股本溢价"。

【例12－7】2016年1月1日，天宇股份有限公司向其200名管理人员每人授予100股股票期权，这些职员从2016年1月1日起在该公司连续服务3年，即可以5元/股购买100股公司股票，从而获益。公司估计该期权在授予日的公允价值为18元。

第一年有20名职员离开公司，估计三年中离开职员的比例将达到20%；第二年又有10名职员离开公司，公司将估计的职员离开比例修正为15%；第三年又有15名职员离开。

①费用和资本公积计算过程如表12－2所示。

表12－2　　　　　　　　　　费用和资本公积计算过程　　　　　　　　　单位：元

年份	计　算	当期费用	累计费用
2016	$200 \times 100 \times (1-20\%) \times 18 \times 1/3$	96 000	96 000
2017	$200 \times 100 \times (1-15\%) \times 18 \times 2/3 - 96\,000$	108 000	204 000
2018	$155 \times 100 \times 18 - 204\,000$	75 000	279 000

②账务处理。

a. 2016年1月1日：授予日不做会计处理。

b. 2016年12月31日：

借：管理费用　　　　　　　　　　　　　　　　　　　96 000

  贷：资本公积——其他资本公积　　　　　　　　　　　　　96 000

c. 2017 年 12 月 31 日：

借：管理费用　　　　　　　　　　　　　　　108 000

　　贷：资本公积——其他资本公积　　　　　　　　　　　108 000

d. 2018 年 12 月 31 日：

借：管理费用　　　　　　　　　　　　　　　75 000

　　贷：资本公积——其他资本公积　　　　　　　　　　　75 000

e. 假设全部 155 名职员都在 2019 年 12 月 31 日行权，股份面值为 1 元。

借：银行存款　　　　　　　　　　　　　　　77 500

　　资本公积——其他资本公积　　　　　　　279 000

　　贷：股本　　　　　　　　　　　　　　　　　　　　　15 500

　　　　资本公积——股本溢价　　　　　　　　　　　　　341 000

第十三章 收　入

第一节　收入概述

一、收入的定义

作为财务报表的一大基本要素，收入的定义历来为会计界所关注，各国会计准则对收入也都作了定义。

FASB 于 1985 年在《财务报表要素》中给收入的定义是："收入是指一个主体在持续的、主要的或核心的业务中，因销售或生产商品、提供劳务或进行其他活动而形成的现金流入，或其他资产的增加，或负债的清偿（或兼而有之）"。该定义从两个方面对收入进行了界定：一是收入来源于持续的、主要的或核心的业务，这些活动分为销售或生产商品、提供劳务以及其他业务；二是收入的表现形式有各种资产或资源的流入、资产的增加、负债的清偿。这个定义具有一定的权威性，对其他国家准则制定机构的影响比较大。

IASC 在 1993 年发布了修订后的 IAS18《收入》，对收入作了如下定义："收入是指企业在一定的期间内由正常经营活动所产生的经济利益的总流入。该流入仅指引起权益增加的部分，而不包括企业投资者出资引起的部分。"与美国财务会计准则委员会关于收入的定义比较，国际会计准则委员会对收入的定义要简单些，只是概括地指出收入的来源是企业在一定的期间内，由正常经营活动所产生的经济利益的总流入，其实质是权益的增加。

英国在 1970 年的第四号报告书中指出："收入是从一个企业改变其业主权益的经营活动中产生的资产增加或负债减少的总额"。这种观点认为，收入是企业在经营过程中产生的现金（或其他资产）流量，它应通过销售商品和提供劳务而实现。ASB 在《财务报告原则公告》中，使用了"利得"概念，认为利得是指业主出资以外的所有者权益的增长。APB 的利得定义与 FASB 和 IASC 的收入定义比较显得更加宽泛，既没有明确地说明收入的来源，也没有给出收入的表现形式。

总体上，对收入的定义有两种表述：一种是将收入（revenue）规定于持续的、主要的或核心的业务中，而不包括非持续经营的、非主要的收入（利得），如 FASB 的定义；另一种是将利得包括到收入中，与收入共同组成企业的收益（income），如 IASC 的定义。

我国《企业会计准则第 14 号——收入》中对收入作的定义为："收入是指企业在日常活动中形成的、会导致所有者权益增加的、与所有者投入资本无关的经济利益的总流入。"该定义强调收入要来自"日常活动"，即企业为完成其经营目标所从事的经常性活动以及与之相关的其他活动。如制造企业销售半成品和产成品、商品流通企业销售商品、租赁企业出租固定资产、商业银行提供贷款、广告商提供广告策划服务、安装公司提供安装服务、保险公司签发保单、软件企业为客户开发软件等，均属于企业为完成其经营目标所从事的经常性活动，其产生的经济利益构成收入；工业企业出售原材料、对外投资等是属于与经常性活动相关的其他活动，其产生的经济利益也构成收入；企业报废固定资产、接受捐赠等，不属于企业为完成其经营目标所从事的经常性活动，也不属于与经常性活动相关的其他活动，其产生的经济利益不构成收入，应作为利得。我国实务中将利得称为营业外收入。

二、收入的特征

从收入的定义中，我们不难发现收入具有以下特征。

1. 收入是企业日常活动形成的经济利益流入。虽然收入与利得都构成收益，但收入有别于利得。收入是由企业日常经营活动形成的，这种经营活动在企业中具有大量、重复发生的特点；而利得是企业非日常活动形成的，与企业管理当局经营没有直接关系的现金或资源的流入。如企业报废固定资产所获得的高于账面成本的收益，只能作为利得。因为，企业购置固定资产的目的是用于经营管理，企业不可能经常报废固定资产；又如企业接受捐赠，也属于利得，这种活动导致的资源流入与企业管理当局的经营没有直接关系，也不能期望这种利得经常发生。

2. 收入表现为资产的增加或负债的减少，或者两者兼而有之。收入的实现通常表现为资产的增加，如在销售商品或提供劳务并取得收入的同时，银行存款、应收账款或合同资产将增加；有时也表现为负债的减少，如企业转让商品收到的预收款，在提供了商品或劳务并取得收入的同时，合同负债将得以抵偿。

3. 收入必然导致所有者权益的增加，这是收入的根本特征。根据"资产 = 负债 + 所有者权益"的会计恒等式，在其他要素不变的情况下，因为收入无论表现为资产的增加还是负债的减少，或两者兼而有之，最终必然导致所有者权益的增加。

三、收入的分类

收入有不同的分类，可以按其表现形式划分，也可以按其与企业生产经营活动的关系划分。实际中，人们更注重按收入是否与企业生产经营活动相关来划分。

根据收入与企业生产经营活动的关系，收入可分为营业收入和营业外收入。

（1）营业收入是企业在一定会计期间由从事经常性活动实现的收入，如工业企业制造并销售产品、商业企业销售商品等实现的收入。

（2）营业外收入是与企业的主要生产经营活动没有直接关系的、偶发性的非经常性收入，如固定资产报废收入、债务重组收益、捐赠收入等。营业收入与营业外收入都是现金流入的来源，最终都会导致企业净资产的增加。

根据营业收入在经营业务中所占的比重，可以分为主营业务收入和其他业务收入。主营业务收入是指企业通过主要经营业务所取得的收入，不同行业的企业其主营业务的内容也不同，工业制造企业以销售产成品、半成品和提供工业性劳务等所取得的收入为主营业务收入，商品流通企业以销售商品所取得的收入为主营业务收入，旅游服务企业以门票收入、客房收入、餐饮收入、商业银行对外贷款为主营业务收入等。总之，主营业务收入经常发生，并在收入中占有较大的比重。其他业务收入是指企业通过主要经营业务以外的其他经营业务取得的收入，如销售原材料、转让技术使用权、出租包装物等取得的收入。其他业务收入不经常发生，并在企业营业收入中所占的比重较小。企业的主营业务收入，通过"主营业务收入""利息收入"等科目进行核算；企业的其他业务收入，通过"其他业务收入"科目核算。

第二节 收入的确认和计量

一、收入确认和计量的基本方法

《企业会计准则第 14 号——收入》（2017）规范了收入确认和计量的步骤：第一步，识别与客户订立的合同；第二步，识别合同中的单项履约义务；第三步，确定交易价格；第四步，将交易价格分摊至各单项履约义务；第五步，履行各单项履约义务时确认收入。其中，第一步、第二步和第五步主要与收入的确认有关，第三步和第四步主要与收入的计量有关。

（一）识别与客户订立的合同

合同，是指双方或多方之间订立有法律约束力的权利义务的协议，包括书面形式、口头形式以及其他可验证的形式（如隐含于商业惯例或企业以往的习惯做法中等）。

1. 收入确认的原则。企业应当在履行了合同中的履约义务，即在客户取得相关商品控制权时确认收入。取得相关商品控制权，是指能够主导该商品的使用并从中获得几乎全部的经济利益，也包括有能力阻止其他方主导该商品的使用并从中获得经济利益。取得商品控制权包括以下三个要素：

一是能力，即客户必须拥有现时权利，能够主导该商品的使用并从中获得几乎全部经济利益。如果客户只能在未来的某一期间主导该商品的使用并从中获益，则表明其尚未取得该商品的控制权。

二是主导该商品的使用。客户有能力主导该商品的使用，是指客户有权使用该商品，或者能够允许或阻止其他方使用该商品。

三是能够获得几乎全部的经济利益。商品的经济利益，是指该商品的潜在现金流量，既包括现金流入的增加，也包括现金流出的减少。客户可以通过很多方式直接或间接地获得商品的经济利益，例如使用、消耗、出售或持有该商品、使用该商品提升其他资产的价值，以及将该商品用于清偿债务、支付费用或抵押等。

2. 收入确认的前提条件。企业与客户之间的合同同时满足下列条件的，应当在客户取得相关商品控制权时确认收入：

（1）合同各方已批准该合同并承诺将履行各自义务。

（2）该合同明确了合同各方与所转让的商品（或提供的服务，以下简称转让的商品）相关的权利和义务。

（3）该合同有明确的与所转让的商品相关的支付条款。

（4）该合同具有商业实质，即履行该合同将改变企业未来现金流量的风险、时间分布或金额。

（5）企业因向客户转让商品而有权取得的对价很可能收回。

企业在进行上述判断时，应注意以下三点：

一是，合同约定的权利和义务是否具有法律约束力，需要根据企业所处的法律环境和实务操作进行判断。不同的企业可能采取不同的方式和流程与客户订立合同，同一企业在与客户订立合同时，对于不同类别的客户以及不同性质的商品也可能采取不同的方式和流程。

二是，合同具有商业实质，是指履行该合同将改变企业未来现金流量的风险、时间分布或金额。关于商业实质，应按照非货币性资产交换中有关商业实质说明进行判断。

三是，企业在评估其因向客户转让商品而有权取得的对价是否很可能收回时，仅应考虑客户到期时支付对价的能力和意图（即客户的信用风险）。企业在进行判断时，应当考虑是否存在价格折让。存在价格折让的，应当在估计交易价格时进行考虑。企业预期很可能无法收回全部合同对价时，应当判断其原因是客户的信用风险还是企业向客户提供了价格折让所致。

【例 13-1】天宇股份有限公司与 A 公司签订合同，向其销售一组生产线用于生产甲商品。合同价款为 500 万元。该生产线的成本为 300 万元，A 公司在合同开始日即取得了该生产线的控制权。根据合同约定，A 公司在合同开始日向天宇公司支付了首期付款 30 万元，并就剩余价款与天宇公司签订了不附追索权的长期融资协议，其余价款以甲商品生产所得利润偿还，如果 A 公司违约，天宇公司将收回该生产线，但不能向 A 公司索取进一步的赔偿。目前市场上甲商品销售趋于饱和，且 A 公司并不具有生产销售甲商品的特别优势。

A 公司计划以该生产线产生的收益偿还天宇公司的欠款，天宇公司也未对该笔欠款设定任何担保。如果 A 公司违约，天宇公司无法保障能全部收回合同所注明的对价，因此，天宇公司对 A 公司还款的能力和意图存在疑虑，认为该合同不满足合同价款很可能收回的条件，基于该合同所受到的价款不能确认为一项收入，天宇公司应当将收到的 30 万元确认为一项负债。

对于在合同开始日即满足上述收入确认条件的合同，企业在后续期间无须对其进行重新评估，除非有迹象表明相关事实和情况发生重大变化；对于不满足上述收入确认条件的合同，企业应当在后续期间对其进行持续评估，以判断其能否满足这些条件。通常情况下，合同开始日，是指合同开始赋予合同各方具有法律约束力的权利和义务的日期，即合同生效日。

对于不能同时满足上述收入确认的五个条件的合同，企业只有在不再负有向客户转让商品的剩余义务（例如，合同已完成或取消），且已向客户收取的对价（包括全部或部分对价）无须退回时，才能将已收取的对价确认为收入；否则，应当将已收取的对价作为负债进行会计处理。

需要说明的是，没有商业实质的非货币性资产交换，无论何时，均不应确认收入。从事相同业务经营的企业之间，为便于向客户或潜在客户销售而进行的非货币性资产交换（例如，两家石油公司之间相互交换石油，以便及时满足各自不同地点客户的需求），不应确认收入。

3. 合同合并。企业与客户间虽然在形式上签订了多份合同，但多份合同之间订立时间、目的、标的等方面较为相近，可以考虑作为一份合同进行处理：

（1）该两份或多份合同基于同一商业目的而订立并构成一揽子交易，如一份合同在不考虑另一份合同的对价的情况下将会发生亏损；

（2）该两份或多份合同中的一份合同的对价金额取决于其他合同的定价或履行情况；

（3）该两份或多份合同中所承诺的商品（或每份合同中所承诺的部分商品）构成单项履约义务。

4. 合同变更。合同变更，是指经合同各方同意对原合同范围或价格作出的变更。企业应当区分下列三种情形对合同变更分别进行会计处理：

（1）合同变更部分作为单独合同进行会计处理的情形。合同变更增加了可明确区分的商品及合同价款，且新增合同价款反映了新增商品单独售价的，应当将该合同变更部分作为一份单独的合同进行会计处理。

【例 13-2】2018 年 1 月 1 日，天宇股份有限公司与 B 公司签订合同，约定向 B 公司销售商品 50 万件，每件单价 18 元，该批商品将于 3 个月内完成交付。至 2018 年 2 月 23 日，天宇公司交付 30 万件商品后，双方对合同进行了修订，约定天宇公司向 B 公司额外销售 25 万件产品，每件产品单价 15 元（该价格反映了合同变更时该产品的单独售价，该商品当时的市场售价为每件 15 元）。

分析：由于合同变更所增加的额外商品 25 万件，事实上构成了一项单独合同，合同增加了可明确区分的 25 万件商品，且该商品的售价反映了单独售价。天宇公司应对原有的 50 万件商品，于转移控制权时确认每件 18 元的销售收入；对于额外增加的 25 万件商品，于转移控制权时确认每件 15 元的销售收入。

（2）合同变更作为原合同终止及新合同订立进行会计处理的情形。合同变更增加可明确区分商品和合同价款，但增加合同售价不能反映新增商品的单独售价的，不属于上述第（1）种情形，应当视为原合同终止，同时，将原合同未履约部分与合同变更部分合并为新合同进行会计处理。新合同的交易价格应当考虑原合同未执行部分价格和新增合同部分价格综合确定。

【例 13-3】2018 年 1 月 1 日，天宇股份有限公司与 B 公司签订合同，约定向 B 公司销售商品 50 万件，每件单价 18 元，该批商品将于 3 个月内完成交付。至 2018 年 2 月 23 日，天宇公司转让 30 万件商品后，双方对合同进行了修订，约定天宇公司向 B 公司额外销售 25 万件产品，每件单价 15 元（该价格不能反映了合同变更时该产品的单独售价，该商品当时的市场售价为每件 16 元）。同时，由于 B 公司发现天宇公司已转让的 30 万件商品存在瑕疵，要求天宇公司对已转让的商品提供每件 5 元的销售折让以弥补损失。

分析：由于合同变更所增加的额外商品 25 万件的销售价格（15 元）与市场销售价格（16 元）不相符，该价格不能反映合同变更时该产品的单独售价，应当认为是原合同终值，将合同未履行部分与变更部分作为一项新合同进行处理。原已移交的商品于转移控制权时按照 540 万元（30×18）确认销售收入，在发生折让时应冲减销售收入 150 万元（30×5）；原合同下未履约的部分商品总量 20 万件与增加的额外商品 25 万件，重新计算加权平均单价 16.33 元〔18×20+15×25）/45〕，于转移控制权时确认收入。

（3）合同变更部分作为原合同的组成部分进行会计处理的情形。合同变更不属于上述第（1）种情形，且在合同变更日已转让商品与未转让商品之间不可明确区分的，应当将该合同变更部分作为原合同的组成部分，在合同变更日重新计算履约进度，并调整当期收入和相应成本等。

【例 13-4】2018 年 1 月 15 日，乙建筑公司和客户签订了一项总金额为 1 000 万元的固定造价合同，在客户自有土地上建造一幢办公楼，预计合同总成本为 700 万元。假定该建造服务属于在某一时段内履行的履约义务，并根据累计发生的合同成本占合同预计总成本的比例确定履约进度。

截至 2018 年年末，乙公司累计已发生成本 420 万元，履约进度为 60%（420 万元/700 万元）。因此，乙公司在 2018 年确认收入 600 万元（1 000 万元×60%）。

2019 年年初，合同双方同意更改该办公楼屋顶的设计，合同价格和预计总成本因此而分别增加 200 万元和 120 万元。

分析：由于合同变更后拟提供的剩余服务与在合同变更日或之前已提供的服务不可明确区分（即该合同仍为单项履约义务），因此，乙公司应当将合同变更作为原合同的组成部分进行会计处理。合同变更后的交易价格为 1 200 万元

（1 000万元＋200万元），乙公司重新估计的履约进度为51.2％［420万元/
（700万元＋120万元）］，乙公司在合同变更日应额外确认收入14.4万元
（51.2％×1 200万元－600万元）。

如果在合同变更日未转让商品为上述第（2）和第（3）种情形的组合，企
业应当按照上述第（2）或（3）种情形中更为恰当的一种方式对合同变更后
尚未转让（或部分未转让）商品进行会计处理。

（二）识别合同中的单项履约义务

合同开始日，企业应当对合同进行评估，识别该合同所包含的各单项履约义
务，并确定各单项履约义务是在某一时段内履行，还是在某一时点履行，并在履
行了各单项履约义务时分别确认收入。履约义务，是指合同中企业向客户转让可
明确区分商品的承诺。企业应当将下列向客户转让商品的承诺作为单项履约
义务。

1. 企业向客户转让可明确区分商品（或者商品的组合）的承诺。企业向客
户承诺的商品同时满足下列条件的，应当作为可明确区分商品：

一是客户能够从该商品本身或者从该商品与其他易于获得的资源一起使用中
受益，即该商品能够明确区分。需要特别指出的是，在评估某项商品是否能够明
确区分时，应当基于该商品自身的特征，而与客户可能使用该商品的方式无关。
因此，企业无须考虑合同中可能存在的阻止客户从其他来源取得相关资源的限制
性条款。

二是企业向客户转让该商品的承诺与合同中其他承诺可单独区分，即转让该
商品的承诺在合同中是可明确区分的。表明客户能够从某项商品本身或者将其与
其他易于获得的资源一起使用获益的因素有很多，例如企业通常会单独销售该商
品等。

企业确定了商品本身能够明确区分后，还应当在合同层面继续评估转让该商
品的承诺是否与合同中其他承诺彼此之间可明确区分。

下列情形通常表明企业向客户转让该商品的承诺与合同中的其他承诺不可明
确区分：

一是企业需提供重大的服务以将该商品与合同中承诺的其他商品进行整合，
形成合同约定的某个或某些组合产出转让给客户。例如，建造服务合同中所提供
的砖头、钢筋、水泥等，应当与建造服务合并作为一项组合产出确认为一项履约
义务。

二是该商品将对合同中承诺的其他商品予以重大修改或定制。例如，企业承
诺向客户提供其开发的一款现有软件，并提供安装服务，虽然该软件无须更新或
技术支持也可直接使用，但是企业在安装过程中需要在该软件现有基础上对其进
行定制化的重大修改，以使其能够与客户现有的信息系统相兼容。此时，转让软
件的承诺与提供定制化重大修改的承诺在合同层面是不可明确区分的。

三是该商品与合同中承诺的其他商品具有高度关联性。也就是说，合同中承

诺的每一单项商品，均受到合同中其他商品的重大影响。例如，企业承诺为客户设计一种新产品并负责生产 10 个样品，企业在生产和测试样品的过程中需要对产品的设计进行不断的修正，导致已生产的样品均可能需要进行不同程度的返工。此时，企业提供的设计服务和生产样品的服务是不断交替反复进行的，两者高度关联，因此，在合同层面是不可明确区分的。

需要说明的是，企业向客户销售商品时，往往约定企业需要将商品运送至客户指定的地点。通常情况下，商品控制权转移给客户之前发生的运输活动不构成单项履约义务；相反，商品控制权转移给客户之后发生的运输活动可能表明企业向客户提供了一项运输服务，企业应当考虑该项服务是否构成单项履约义务。

2. 企业向客户转让一系列实质相同且转让模式相同的、可明确区分商品的承诺。企业应当将实质相同且转让模式相同的一系列商品作为单项履约义务，即使这些商品可明确区分。例如，企业与客户签订为期一年的保洁服务合同，承诺每天为客户提供保洁服务。本例中，企业每天所提供的服务都是可明确区分且实质相同的，并且，根据控制权转移的判断标准，每天的服务都属于在某一时段内履行的履约义务。因此，企业应当将每天提供的保洁服务合并在一起作为单项履约义务进行会计处理。

企业为履行合同而应开展的初始活动，通常不构成履约义务，除非该活动向客户转让了承诺的商品。

（三）确定交易价格

交易价格，是指企业因向客户转让商品而预期有权收取的对价金额。企业代第三方收取的款项（例如增值税）以及企业预期将退还给客户的款项，应当作为负债进行会计处理，不应计入交易价格。

合同标价并不一定代表交易价格，企业应当根据合同条款，并结合以往的习惯做法等确定交易价格。企业应当考虑到交易的实质，判断交易价格的金额。

1. 可变对价。企业与客户的合同中约定的对价金额可能会因折扣、价格折让、返利、退款、奖励积分、激励措施、业绩奖金、索赔、或有事项等因素而变化。合同中存在可变对价时，企业应当采用合理的方法估计可变对价的最佳估计数，并且对于同一类合同或同一事项，应当采用同一方法进行估计。包含可变对价的交易价格，应当不超过在相关不确定性消除时，累计已确认的收入极可能不会发生重大转回的金额。其中，"极可能"发生的概率应远高于"很可能（即，可能性超过 50%）"，但不要求达到"基本确定（即，可能性超过 95%）"。企业在评估是否极可能不会发生重大转回时，应当同时考虑收入转回的可能性及其比重。

【例 13-5】2017 年 12 月 30 日，天宇公司与客户华联公司签订合同，转让某一专利技术，合同约定的对价为固定对价 300 万元以及 2018 年销售收入的 5% 的可变对价。根据华联公司产品的情况以及目前的市场供求情况，天宇公司估计华联公司的 2018 年销售收入为 7 000 万～9 000 万元，据此确定可变对价 400 万元。基于这一事实，天宇公司认为，在不确定性因素消除时（即确定华联公司

2018 年销售量时），按合同确定的收入极可能不会发生重大转回，据此，华联公司确定销售收入 700 万元。

每一资产负债表日，企业应当重新估计应计入交易价格的可变对价金额，包括重新评估将估计的可变对价计入交易价格是否受到限制，以如实反映报告期末存在的情况以及报告期内发生的情况变化。

2. 合同中存在的重大融资成分。当合同中约定的付款时间导致交易价格包含重大融资利益时，合同中即包含了重大融资成分。例如企业以赊销的方式销售商品，或者要求客户支付预付款等。合同中存在重大融资成分的，企业应当按照假定客户在取得商品控制权时即以现金支付的应付金额（即现销价格）确定交易价格，并考虑融资收益的分摊确认。

3. 非现金对价。非现金对价是指企业与客户商定的对价以实物资产、无形资产、股权、客户提供的广告服务等形式支付。客户支付非现金对价的，通常情况下，企业应当按照非现金对价在合同开始日的公允价值确定交易价格。非现金对价公允价值不能合理估计的，企业应当参照其承诺向客户转让商品的单独售价间接确定交易价格。

非现金对价的公允价值因对价形式以外的原因而发生变动的，应当作为可变对价，按照与计入交易价格的可变对价金额的限制条件相关的规定进行处理。

4. 应付客户对价。企业存在应付客户对价的，应当将该应付对价冲减交易价格，但应付客户对价是为了自客户取得其他可明确区分商品的除外。

企业应付客户对价是为了向客户取得其他可明确区分商品的，应当采用与企业其他采购相一致的方式确认所购买的商品。企业应付客户对价超过向客户取得可明确区分商品公允价值的，超过金额应当冲减交易价格。

向客户取得的可明确区分商品公允价值不能合理估计的，企业应当将应付客户对价全额冲减交易价格。在将应付客户对价冲减交易价格处理时，企业应当在确认相关收入与支付（或承诺支付）客户对价两者孰晚的时点冲减当期收入。

（四）将交易价格分摊至各单项履约义务

当合同中包含两项或多项履约义务时，企业应当在合同开始日，按照各单项履约义务所承诺商品的单独售价的比例，将交易价格分摊到各履约义务，并在履约义务完成时确认相应收入。企业不能因合同开始日之后单独售价的变动而重新分摊交易价格。

1. 确认单独售价。单独售价是指企业在类似交易中（环境或客户对象）向客户收取的对价金额，不存在类似交易的，企业应当综合衡量相关信息，采用市场调整法、成本加成法、余值法等合理估计单独售价。

（1）市场调整法是指企业根据某商品或类似商品的市场售价，进行适当调整的方法。

（2）成本加成法是指企业在商品成本的基础上，增加合理毛利后确定的单独售价。

（3）余值法是指企业一项合同中涉及多项商品的，可以用合同交易的价格减去其他可观察商品的单独售价之后的余值，用以确认商品的单独售价的方法。该方法仅限于在售价波动剧烈、未单独销售商品等无法使用前述两种方法确定单独售价的情形。

2. 分摊合同折扣。合同折扣，是指合同中各单项履约义务所承诺商品的单独售价之和高于合同交易价格的余额。对于合同折扣，企业应当在各单项履约义务之间按比例分摊。有确凿证据表明合同折扣仅与合同中一项或多项（而非全部）履约义务相关的，企业应当将该合同折扣分摊至相关一项或多项履约义务。

3. 分摊可变对价。企业应当将合同中包含的可变对价，分摊到与之相关的履约义务或商品对价中。可变对价与整个合同相关的，应当在整个合同之间，按照单独履约义务的单独售价分摊；可变对价仅与合同中的某部分履约义务有关的，应当分摊到这一部分履约义务；合同对价也可能仅与某一单项履约义务的一系列可明确区分商品有关的，则应当在多项商品中分摊。

4. 交易价格的后续变动。交易价格发生后续变动的，企业应当按照在合同开始日所采用的基础将该后续变动金额分摊至合同中的履约义务。企业不得因合同开始日之后单独售价的变动而重新分摊交易价格。合同变更之后发生可变对价后续变动的，企业应当区分下列三种情形分别进行会计处理。

（1）合同变更部分作为一项单独合同进行处理的，企业应当判断可变对价后续变动与哪一项合同相关，并按照分摊可变对价的相关规定进行会计处理。

（2）合同变更属于将原合同视为终止，将原合同未履行部分与新增部分作为新合同进行处理的，而且可变对价后续变动与合同变更前所承诺可变对价相关的，企业应当首先将可变对价后续变动额在原合同开始日确定的单独售价为基础进行分摊，然后再将分摊至合同变更日尚未履行履约义务的该可变对价后续变动额以新合同开始日确定的基础进行二次分摊。

（3）合同变更之后发生除上述第（1）和第（2）种情形以外的可变对价后续变动的，企业应当将该可变对价后续变动额分摊至合同变更日尚未履行（或部分未履行）的履约义务。

【例13-6】2018年9月1日，天宇股份有限公司与乙公司签订合同，向其销售A产品和B产品。A产品和B产品均为可明确区分商品，其单独售价相同，且均属于在某一时点履行的履约义务。合同约定，A产品和B产品分别于2018年11月1日和2019年3月31日交付给乙公司。合同约定的对价包括1 000元的固定对价和估计金额为200元的可变对价。假定天宇公司将200元的可变对价计入交易价格，满足有关将可变对价金额计入交易价格的限制条件。因此，该合同的交易价格为1 200元。假定上述价格均不包含增值税。

天宇公司认为，该可变对价不能明确区分与某项履约义务有关，因此，可变对价应当在A产品和B产品之间进行分配，按照单独售价的比例，A、B产品应当确认的单独售价均为600元。

2018年11月1日，天宇公司将A产品交付给乙公司，并确认A产品的销售收入为 600 万元。

2018 年 12 月 1 日，双方对合同范围进行了变更，乙公司向天宇股份公司额外采购 C 产品，合同价格增加 300 元，C 产品与 A、B 两种产品可明确区分，但该增加的价格不能反映 C 产品的单独售价。C 产品的单独售价与 A 产品和 B 产品相同。C 产品将于 2019 年 6 月 30 日交付给乙公司。天宇公司认为，该合同变更应当属于合同变更的第二种情形，故将原合同未执行部分（即 B 产品）和合同新增部分（C 产品）合并作为一个新合同处理，新合同包含 800 元（500 + 300）固定对价和 100 元的可变对价，应当按照 B、C 产品的单独售价进行分摊，由此确认 B 产品的售价为 450 元。

2018 年 12 月 31 日，企业预计有权收取的可变对价的估计金额由 200 元变更为 240 元，该金额符合计入交易价格的条件。因此，合同的交易价格增加了 40 元，且天宇公司认为该增加额与合同变更前已承诺的可变对价相关，因此应首先将该增加额分摊给 A 产品和 B 产品，之后再将分摊给 B 产品的部分在 B 产品和 C 产品形成的新合同中进行二次分摊。

在本例中，由于 A、B 和 C 产品的单独售价相同，在将 40 元的可变时价后续变动分摊至 A 产品和 B 产品时，各自分摊的金额为 20 元。由于天宇股份公司已经转让了 A 产品，在交易价格发生变动的当期即应将分摊至 A 产品的 20 元确认为收入。之后，天宇公司将分摊至 B 产品的 20 元平均分摊至 B 产品和 C 产品，即各自分摊的金额为 10 元，经过上述分摊后，B 产品和 C 产品的交易价格金额均为 460 元（450 + 10）。因此，天宇公司分别在 B 产品和 C 产品控制权转移时确认收入 460 元。

（五）履行每一单项履约义务时确认收入

企业应当在履行了合同中的履约义务，且客户取得相关商品控制权时确认收入。

企业应当根据实际情况，首先判断履约义务是否满足在某一时段内履行的条件，如不满足，则该履约义务属于在某一时点履行的履约义务。

对于在某一时段内履行的履约义务，企业应选取恰当的方法来确定履约进度；对于在某一时点履行的履约义务，企业应当综合分析控制权转移的迹象，判断其转移时点。

满足下列条件之一的，属于在某一时段内履行的履约义务，相关收入应当在该履约义务履行的期间内确认：

（1）客户在企业履约的同时即取得并消耗企业履约所带来的经济利益。企业在履约过程中是持续地向客户转移该服务的控制权的，该履约义务属于在某一时段内履行的履约义务，企业应当在提供该服务的期间内确认收入。

（2）客户能够控制企业履约过程中在建的商品。企业在履约过程中创建的商品包括在产品、在建工程、尚未完成的研发项目、正在进行的服务等，如果客户在企业创建该商品的过程中就能够控制这些商品，应当认为企业提供该商品的履约义务属于在某一时段内履行的履约义务。

（3）企业履约过程中所产出的商品具有不可替代用途，且该企业在整个合同期间内有权就累计至今已完成的履约部分收取款项。在判断商品是否具有不可替代用途时，企业既应当考虑合同限制，也应当考虑实际可行性限制，但无须考虑合同被终止的可能性。

二、合同成本

（一）合同履约成本

企业为履行合同可能会发生各种成本。企业在确认收入的同时应当对这些成本进行分析，区分是否应当归属于存货、固定资产、无形资产等，或者应当作为合同履约成本确认为一项资产。合同履约成本作为资产确认一般应当满足下列三个条件：

（1）该成本与一份当前或预期取得的合同直接相关，包括直接人工（如，支付给直接为客户提供所承诺服务的人员的工资、奖金等）、直接材料（如，为履行合同耗用的原材料、辅助材料、构配件、零件、半成品的成本和周转材料的摊销及租赁费用等）、制造费用（或类似费用，如组织和管理相关生产、施工、服务等活动发生的费用，包括管理人员的职工薪酬、劳动保护费、固定资产折旧费及修理费、物料消耗、取暖费、水电费、办公费、差旅费、财产保险费、工程保修费、排污费、临时设施摊销费等）、明确由客户承担的成本以及仅因该合同而发生的其他成本（如，支付给分包商的成本、机械使用费、设计和技术援助费用、施工现场二次搬运费、生产工具和用具使用费、检验试验费、工程定位复测费、场地清理费等）。

（2）该成本增加了企业未来用于履行（或持续履行）履约义务的资源。

（3）该成本预期能够收回。

下列支出不应计入合同履约成本，而应将其计入当期损益：

一是管理费用，除非这些费用明确由客户承担。

二是非正常消耗的直接材料、直接人工和制造费用（或类似费用），这些支出为履行合同发生，但未反映在合同价格中。

三是与履约义务中已履行（包括已全部履行或部分履行）部分相关的支出，即该支出与企业过去的履约活动相关。

四是无法在尚未履行的与已履行（或已部分履行）的履约义务之间区分的相关支出。

（二）合同取得成本

企业为取得合同发生的增量成本预期能够收回的，应当作为合同取得成本确认为一项资产。

增量成本，是指企业不取得合同就不会发生的成本，例如销售佣金等。为简化实务操作，该资产摊销期限不超过一年的，可以在发生时计入当期损益。企业为取得合同发生的、除预期能够收回的增量成本之外的其他支出，例如，无论是否取得合同均会发生的差旅费、投标费、为准备投标资料发生的相关费用等，应当在发生时计入当期损益，除非这些支出明确由客户承担。

（三）与合同履约成本和合同取得成本有关的摊销和减值

1. 摊销。对于确认为资产的合同履约成本和合同取得成本，企业应当采用与该资产相关的商品收入确认相同的基础（即在履约义务履行的时点或按照履约义务的履约进度）进行摊销，计入当期损益。

2. 减值。合同履约成本和合同取得成本的账面价值高于下列两项的差额的，超出部分应当计提减值准备，并确认为资产减值损失：

（1）企业因转让与该资产相关的商品预期能够取得的剩余对价；

（2）为转让该相关商品估计将要发生的成本，主要包括直接人工、直接材料、制造费用（或类似费用）、明确由客户承担的成本以及仅因该合同而发生的其他成本（例如，支付给分包商的成本）等。

以前期间减值的因素之后发生变化，使得上列两项的差额高于该资产账面价值的，应当转回原已计提的资产减值准备，并计入当期损益，但转回后的资产账面价值不应超过假定不计提减值准备情况下该资产在转回日的账面价值。

在确定合同履约成本和合同取得成本的减值损失时，企业应当首先确定其他与合同有关的存货、固定资产等资产减值损失；然后，按照上述资产减值要求确定合同履约成本和合同取得成本的减值损失。

三、收入确认和计量的一般会计处理

通过收入的五步法模型，可以将企业和客户所订立的多重合同、可变对价等复杂合同进行相关收入的确认和计量。在实务操作中，企业可以视合同具体情况，灵活运用五步法模型，重点关注企业履约义务完成的时点或进度等。

（一）在某一时段内履行的履约义务

对于在某一时段内履行的履约义务，企业应当在该段时间内按照履约进度确认收入，履约进度不能合理确定的除外。资产负债表日，企业应当根据合同总收入中对应履约进度来确定累计应确认的收入金额，以合同总成本对应履约进度来确认累计应确认的成本金额。具体公式如下：

资产负债表日累计应确认收入＝合同总收入×资产负债表日履约进度

本期应确认收入＝资产负债表日累计应确认收入－上期累计确认收入

资产负债表日累计应确认成本＝合同总成本×资产负债表日履约进度

本期应确认成本 = 资产负债表日累计确认成本 - 上期累计确认成本

企业应当考虑商品的性质，根据控制权转移情况，采用产出法或投入法确定恰当的履约进度。

1. 产出法。产出法主要是根据已转移给客户的商品对于客户的价值确定履约进度，主要包括按照实际测量的完工进度、评估已实现的结果、已达到的里程碑、时间进度、已完工或交付的产品等确定履约进度的方法。企业在评估是否采用产出法确定履约进度时，应当考虑所选择的产出指标是否能够如实地反映向客户转移商品的进度。

【例13-7】天宇股份有限公司与新业公司签订合同，为该客户提供商业咨询服务，服务期限为3年，从2017年10月1日到2020年9月30日，对新业公司所需要的市场信息、成本决策等提供咨询，合同价格为600万元，从2017年10月1日起，每年支付200万元服务费。天宇公司认为，公司在履行约定过程中，是持续向客户提供服务的，在企业履约的同时，客户已经消耗了企业履约所带来的经济利益，因此，本次合同所提供的咨询服务符合某一时段内履行的履约义务，按照时间进度确定履约进度，并于每年的12月31日确定收入。假定不考虑相关税费。

①2017年10月1日，收到合同价款。

借：银行存款　　　　　　　　　　　　　　　　2 000 000
　　贷：合同负债　　　　　　　　　　　　　　　　　2 000 000

②2017年12月31日，确定收入。

应确认收入 $= 6\,000\,000 \times \dfrac{3}{3 \times 12} = 500\,000$（元）

借：合同负债　　　　　　　　　　　　　　　　500 000
　　贷：主营业务收入　　　　　　　　　　　　　　　500 000

③2018年10月1日，收到合同价款。

借：银行存款　　　　　　　　　　　　　　　　2 000 000
　　贷：合同负债　　　　　　　　　　　　　　　　　2 000 000

④2018年12月31日，确定收入。

应确认收入 $= 6\,000\,000 \times \dfrac{15}{3 \times 12} - 500\,000 = 2\,000\,000$（元）

借：合同负债　　　　　　　　　　　　　　　　2 000 000
　　贷：主营业务收入　　　　　　　　　　　　　　　2 000 000

⑤2019年10月1日，收到合同价款。

借：银行存款　　　　　　　　　　　　　　　　2 000 000
　　贷：合同负债　　　　　　　　　　　　　　　　　2 000 000

⑥2019年12月31日，确定收入。

应确认收入 $= 6\,000\,000 \times \dfrac{27}{3 \times 12} - 500\,000 - 2\,000\,000 = 2\,000\,000$（元）

借：合同负债　　　　　　　　　　　　　　　　　2 000 000

　　贷：主营业务收入　　　　　　　　　　　　　2 000 000

⑦2020 年 9 月 30 日，确定收入。

应确认收入 = 6 000 000 - 500 000 - 2 000 000 - 2 000 000 = 1 500 000（元）

借：合同负债　　　　　　　　　　　　　　　　　1 500 000

　　贷：主营业务收入　　　　　　　　　　　　　1 500 000

2. 投入法。投入法主要是根据企业履行履约义务的投入确定履约进度，主要包括以投入的材料数量、花费的人工工时或机器工时、发生的成本和时间进度等投入指标确定履约进度。实务中，企业通常按照累计实际发生的成本占预计总成本的比例（即成本法）确定履约进度，累计实际发生的成本包括企业向客户转移商品过程中所发生的直接成本和间接成本，如直接人工、直接材料、分包成本以及其他与合同相关的成本。由于企业的投入与向客户转移商品的控制权之间未必存在直接的对应关系，因此，企业在采用成本法确定履约进度时，可能需要对已发生的成本进行适当调整，具体如下所述：

（1）已发生的成本并未反映企业履行其履约义务的进度，如因企业生产效率低下等原因而导致的非正常消耗，包括非正常消耗的直接材料、直接人工及制造费用等，除非企业和客户在订立合同时已经预见会发生这些成本并将其包括在合同价款中。

（2）已发生的成本与企业履行其履约义务的进度不成比例。当企业在合同开始日就能够预期将满足下列所有条件时，企业在采用成本法时不应包括该商品的成本，而是应当按照其成本金额确认收入：一是该商品不构成单项履约义务；二是客户先取得该商品的控制权，之后才接受与之相关的服务；三是该商品的成本占预计总成本的比重较大；四是企业自第三方采购该商品，且未深入参与其设计和制造，对于包含该商品的履约义务而言，企业是主要责任人。

【例 13 - 8】2019 年 1 月 1 日，甲建筑公司与乙公司签订一项建造工程合同，根据双方合同，该工程的造价为 6 300 万元，工程期限为 1 年半，甲公司负责工程的施工及全面管理，乙公司按照第三方工程监理公司确认的工程完工量，每半年与甲公司结算一次；预计 2020 年 6 月 30 日竣工；预计可能发生的总成本为 4 000 万元。假定该建造工程整体构成单项履约义务，并属于在某一时段履行的履约义务，甲公司采用成本法确定履约进度，增值税税率为 9%，不考虑其他相关因素。

2019 年 6 月 30 日，工程累计实际发生成本为 1 500 万元，甲公司与乙公司结算合同价款 2 500 万元，甲公司实际收到价款 2 000 万元；2019 年 12 月 31 日，工程累计实际发生成本为 3 000 万元，甲公司与乙公司结算合同价款 1 100 万元，甲公司实际收到价款 1 000 万元；2020 年 6 月 30 日，工程累计实际发生成本为 4 100 万元，乙公司与甲公司结算了合同竣工价款 2 700 万元，并支付剩余工程款 3 300 万元。上述价款均不含增值税税额。假定甲公司与乙公司结算时即发生增值税纳税义务，乙公司在实际支付工程价款的同时支付其对应的增值税款。甲公司的账务处理如下。

① 2019 年 1 月 1 日 ~ 6 月 30 日实际发生工程成本时：

借：合同履约成本　　　　　　　　　　　　　　　15 000 000
　　贷：原材料、应付职工薪酬等　　　　　　　　　　　15 000 000

② 2019 年 6 月 30 日：

履约进度 = 15 000 000 ÷ 40 000 000 = 37.5%

合同收入 = 63 000 000 × 37.5% = 23 625 000（元）

借：合同结算——收入结转　　　　　　　　　　　23 625 000
　　贷：主营业务收入　　　　　　　　　　　　　　　23 625 000

借：主营业务成本　　　　　　　　　　　　　　　15 000 000
　　贷：合同履约成本　　　　　　　　　　　　　　　15 000 000

借：应收账款　　　　　　　　　　　　　　　　　27 250 000
　　贷：合同结算——价款结算　　　　　　　　　　　25 000 000
　　　　应交税费——应交增值税（销项税额）　　　　　2 250 000

借：银行存款　　　　　　　　　　　　　　　　　22 000 000
　　贷：应收账款　　　　　　　　　　　　　　　　　22 000 000

当日，"合同结算"科目的余额为贷方 137.5 万元（2 500 - 2 362.5），表明甲公司已经与客户结算但尚未履行履约义务的金额为 137.5 万元，由于甲公司预计该部分履约义务将在 2019 年内完成，因此，应在资产负债表中作为合同负债列示。

③ 2019 年 7 月 1 日 ~ 12 月 31 日实际发生工程成本时：

借：合同履约成本　　　　　　　　　　　　　　　15 000 000
　　贷：原材料、应付职工薪酬等　　　　　　　　　　　15 000 000

④ 2019 年 12 月 31 日：

履约进度 = 30 000 000 ÷ 40 000 000 = 75%

合同收入 = 63 000 000 × 75% - 23 625 000 = 23 625 000（元）

借：合同结算——收入结转　　　　　　　　　　　23 625 000
　　贷：主营业务收入　　　　　　　　　　　　　　　23 650 000

借：主营业务成本　　　　　　　　　　　　　　　15 000 000
　　贷：合同履约成本　　　　　　　　　　　　　　　15 000 000

借：应收账款　　　　　　　　　　　　　　　　　11 990 000
　　贷：合同结算——价款结算　　　　　　　　　　　11 000 000
　　　　应交税费——应交增值税（销项税额）　　　　　　990 000

借：银行存款　　　　　　　　　　　　　　　　　10 000 000
　　贷：应收账款　　　　　　　　　　　　　　　　　10 000 000

当日，"合同结算"科目的余额为借方 1 125 万元（2 362.5 - 1 100 - 137.5），表明甲公司已经履行履约义务但尚未与客户结算的金额为 1 125 万元，由于该部分金额将在 2020 年内结算，因此，应在资产负债表中作为合同资产列示。

⑤2020年1月1日～6月30日实际发生工程成本时：

借：合同履约成本　　　　　　　　　　　　　11 000 000

　　贷：原材料、应付职工薪酬等　　　　　　　　　　11 000 000

⑥2020年6月30日，由于当日该工程已竣工决算，其履约进度为100%：

合同收入 = 63 000 000 - 23 625 000 - 23 625 000 = 15 750 000（元）

借：合同结算——收入结转　　　　　　　　　15 750 000

　　贷：主营业务收入　　　　　　　　　　　　　　　15 750 000

借：主营业务成本　　　　　　　　　　　　　10 000 000

　　贷：合同履约成本　　　　　　　　　　　　　　　10 000 000

借：应收账款　　　　　　　　　　　　　　　29 430 000

　　贷：合同结算——价款结算　　　　　　　　　　　27 000 000

　　　　应交税费——应交增值税（销项税额）　　　　 2 430 000

借：银行存款　　　　　　　　　　　　　　　36 300 000

　　贷：应收账款　　　　　　　　　　　　　　　　　36 300 000

当日，"合同结算"科目的余额为零（1 125 + 1 575 - 2 700）。

【例13-9】2018年10月，天宇股份有限公司与客户签订合同，为客户装修一栋办公楼并安装一部电梯，合同总金额为100万元，工程签订后，客户预付40%的工程款，其余款项于验收电梯和验收办公楼时各支付30%。天宇股份有限公司预计的合同总成本为80万元，其中包括电梯的采购成本30万元。

2018年12月，天宇公司将电梯运达施工现场并经过客户验收，客户已取得对电梯的控制权，但是根据装修进度，预计到2019年2月才会安装该电梯。截至2018年12月，天宇公司累计发生成本40万元，其中包括支付给电梯供应商的采购成本30万元以及人工等相关成本5万元、装修过程中发生的材料成本5万元。2019年11月，装修合同完成，本年实际发生装修成本40万元，包括装修领用材料20万元，职工薪酬15万元，设备折旧3万元，以银行存款支付的其他费用2万元。装修过程中，天宇公司如期收到了客户支付的款项，假定不考虑其他税费。

该合同中，假定该装修服务（包括安装电梯）构成单项履约义务，由于客户可以控制正在建设中的办公楼，因此，该义务属于在某一时段内履行的履约义务；天宇公司估计向客户提供的服务而有权收取的对价很可能收回，采用成本法确定履约进度。

①2018年10月，预收40%的合同价款。

借：银行存款　　　　　　　　　　　　　　　400 000

　　贷：合同负债　　　　　　　　　　　　　　　　　400 000

②支付2018年实际发生的装修成本等。

借：合同履约成本　　　　　　　　　　　　　400 000

　　贷：银行存款　　　　　　　　　　　　　　　　　300 000

　　　　应付职工薪酬　　　　　　　　　　　　　　　 50 000

原材料   50 000

③交付电梯并预收 30% 的货款。

借：银行存款   300 000

  贷：合同负债   300 000

④2018 年 12 月 31 日，确认收入并结转成本。

本例中，截至 2018 年 12 月 31 日，天宇公司发生成本 40 万元（包括电梯采购成本 30 万元以及因采购电梯发生的运输和人工等相关成本 5 万元），天宇公司认为其已发生的成本和履约进度不成比例，因此需要对履约进度的计算作出调整，将电梯的采购成本排除在已发生成本和预计总成本之外。在该合同中，该电梯不构成单项履约义务，其成本相对于预计总成本而言是重大的，天宇公司是主要责任人，但是未参与该电梯的设计和制造，客户先取得了电梯的控制权，随后才接受与之相关的安装服务，因此，天宇公司在客户取得该电梯控制权时，按照该电梯采购成本的金额确认转让电梯产生的收入。

因此，2018 年 12 月，该合同的履约进度为（40 − 30）/（80 − 30）＝20%，应确认的收入和成本金额分别为 44 万元 [（100 − 30）× 20% ＋30] 和 40 万元 [（80 − 30）×20% ＋30]。

借：合同负债   440 000

  贷：主营业务收入   440 000

借：主营业务成本   400 000

  贷：合同履约成本   400 000

⑤支付 2019 年发生的装修成本。

借：合同履约成本   400 000

  贷：银行存款   20 000

    应付职工薪酬   150 000

    原材料   200 000

    累计折旧   30 000

⑥2019 年 11 月，办公楼完成验收预收 30% 的货款。

借：银行存款   300 000

  贷：合同负债   300 000

确认收入并结转成本。

借：合同负债（1 000 000 − 440 000） 560 000

  贷：主营业务收入   560 000

借：主营业务成本（800 000 − 400 000） 400 000

  贷：合同履约成本   400 000

（二）在某一时点履行的履约义务

当一项履约义务不属于在某一时段内履行的履约义务时，应当属于在某一时点履行的履约义务。对于在某一时点履行的履约义务，企业应当在客户取得相关商品控制权的时点确认收入。在判断客户是否已取得商品控制权时，企业应当考虑下列迹象：

（1）企业就该商品享有现时收款权利，即客户就该商品负有现时付款义务。

（2）企业已将该商品的法定所有权转移给客户，即客户已拥有该商品的法定所有权。

（3）企业已将该商品实物转移给客户，即客户已实物占有该商品。

（4）企业已将该商品所有权上的主要风险和报酬转移给客户，即客户已取得该商品所有权上的主要风险和报酬。

（5）客户已接受该商品。

（6）其他表明客户已取得商品控制权的迹象。

需要强调的是，在上述迹象中，并没有哪一个或哪几个迹象是决定性的，企业应当根据合同条款和交易实质进行分析，综合判断其是否以及何时将商品的控制权转移给客户，从而确定收入确认的时点。此外，企业应当从客户的角度进行评估，而不应当仅考虑企业自身的看法。

【例13－10】天宇股份有限公司委托乙公司销售商品100件，协议价为1 000元/件，成本为600元/件。代销协议约定，乙企业在取得代销商品后，无论是否能够卖出、是否获利，均与天宇公司无关。这批商品已经发出，货款尚未收到，天宇公司开出的增值税专用发票上注明的增值税税额为13 000元。

本例中，天宇公司采用视同买断方式委托乙公司代销商品，因此，发出商品时的账务处理如下。

借：应收账款　　　　　　　　　　　　　　　　　　　113 000

　　贷：主营业务收入　　　　　　　　　　　　　　　　　100 000

　　　　应交税费——应交增值税（销项税额）　　　　　　13 000

借：主营业务成本　　　　　　　　　　　　　　　　　　60 000

　　贷：库存商品　　　　　　　　　　　　　　　　　　　60 000

【例13－11】天宇股份有限公司委托新业公司销售商品100件，商品已经发出，每件成本为50元。合同约定新业公司应按每件80元对外销售，天宇公司按合同售价的8%向新业公司支付手续费。新业公司不承担包销责任，没有售出的商品将退回给天宇公司。新业公司对外实际销售80件，开出的增值税专用发票上注明的销售价款为6 400元，增值税税额为832元，款项已经收到。天宇公司收到新业公司开具的代销清单时，向新业公司开具一张相同金额的增值税专用发票。天宇公司和新业公司均为增值税一般纳税人，销售商品适用的增值税税率均为13%。假定天宇公司发出商品时纳税义务尚未发生，手续费增值税税率为6%，不考虑其他因素。

①天宇公司的账务处理如下。

a. 发出商品时：

借：发出商品　　　　　　　　　　　　　　　　　　　　5 000

　　贷：库存商品　　　　　　　　　　　　　　　　　　　 5 000

b. 收到代销清单时，同时发生增值税纳税义务。

借：应收账款   7 232

    贷：主营业务收入   6 400

        应交税费——应交增值税（销项税额）   832

借：主营业务成本   4 000

    贷：发出商品   4 000

借：销售费用   512

    应交税费——应交增值税（进项税额）   30.72

    贷：应收账款   542.72

c. 收到 B 公司支付的货款时：

借：银行存款   6 689.28

    贷：应收账款   6 689.28

②新业公司的账务处理如下。

a. 收到商品时：

借：受托代销商品   8 000

    贷：受托代销商品款   8 000

b. 对外销售时：

借：银行存款   7 232

    贷：受托代销商品   6 400

        应交税费——应交增值税（销项税额）   832

c. 收到天宇公司开具的增值税专用发票时：

借：受托代销商品款   6 400

    应交税费——应交增值税（进项税额）   832

    贷：应付账款   7 232

d. 支付货款并计算代销手续费时：

借：应付账款   7 232

    贷：银行存款   6 689.28

      其他业务收入   512

      应交税费——应交增值税（销项税额）   30.72

第三节　特定交易的会计处理

一、销售商品涉及销售折扣、折让和退回的处理

企业销售商品时，有时还会附有一些折扣条件，售出的商品也会因质量不符等原因而出现退货。当企业发生销售折扣、折让以及销售退回时，将会对收入的确认产生一定的影响。

（一）销售折扣

销售折扣包括商业折扣和现金折扣。

商业折扣，是指企业为促进商品销售而在商品标价上给予的价格扣除。商业折扣是销售方的一种促销手段，目的是鼓励购货方多购商品，通常根据购货方不同的购货数量而给予不同的折扣比率。商品标价扣除商业折扣后的金额为双方的实际交易价格，即发票价格。可见，商业折扣发生在销售环节，是在交易成立之前予以扣除的，企业按照扣除商业折扣后的发票金额确认商品销售收入。因此，商业折扣不会对销售业务的会计记录带来影响。

【例 13-12】天宇股份有限公司某商品的标价为每件 100 元。乙公司一次购买该商品 2 000 件，根据规定的折扣条件，可得到 20% 的商业折扣，增值税税率为 13%。

发票价格 = 2 000 × 100 × （1 - 20%） = 160 000 （元）

销项税额 = 160 000 × 13% = 20 800 （元）

天宇公司根据发票金额及其他有关单据，账务处理如下。

借：应收账款——乙公司　　　　　　　　　　　　　180 800

　　贷：主营业务收入　　　　　　　　　　　　　　　　160 000

　　　　应交税费——应交增值税（销项税额）　　　　　20 800

现金折扣，是指销货方为鼓励购货方在赊销期限内提前付款而提供的债务扣除。现金折扣的目的是鼓励债务人尽早付款，通常用一个简单的分式表示。如一笔赊销期限为 30 天的商品交易，销货方规定的现金折扣条件为在交易后 10 天内付款，可得到 2% 的现金折扣，超过 10 天但在 20 天内付款，可得到 1% 的现金折扣，超过 20 天付款则须按发票金额付款，则该现金折扣条件可表示为 2/10，1/20，n/30。

商品销售在附有现金折扣的条件下，由于应收账款的未来收现金额是不确定的，可能是全部的发票金额，也可能是发票金额扣除现金折扣后的净额，要视购货单位能否在折扣期限内付款而定。从理财的角度出发，购货单位应尽可能利用销货方提供的现金折扣，但因现金流量的限制又未必都能得到现金折扣，因此，现金折扣下销售的会计处理将面临两种选择：

一是按发票金额对应收账款及销售收入计价入账，这种会计处理方法称为总价法。在总价法下，如果购货方能够在折扣期限内付款，销售方将现金折扣作为财务费用处理。我国企业会计准则规定，企业在销售时不考虑现金折扣，现金折扣在实际发生时确认为当期费用，即我国现金折扣的会计处理采用了总价法。

二是按发票金额扣除最大现金折扣后的净额对应收账款及销售收入计价入账，这种会计处理方法称为净价法。如果购货方未能在折扣期限内付款，销货方应将购货方丧失的现金折扣作为冲减财务费用处理。

【例 13-13】天宇股份有限公司在 2019 年 8 月 1 日向乙公司销售一批商品，开出的增值税专用发票上注明的销售价款为 10 000 元，增值税税额为 1 300 元。

为及早收回货款，天宇公司和乙公司约定的现金折扣条件为 2/10，1/20，n/30。假定计算现金折扣时不考虑增值税税额。

①天宇公司采用总价法的账务处理如下。

a. 8 月 1 日销售实现时，按销售总价确认收入。

借：应收账款	11 300
贷：主营业务收入	10 000
应交税费——应交增值税（销项税额）	1 300

b. 如果乙公司在 8 月 9 日付清货款，则按销售总价 10 000 元的 2% 享受现金折扣 200 元（10 000×2%），实际付款 11 100 元（11 300－200）。

借：银行存款	11 100
财务费用	200
贷：应收账款	11 300

c. 如果乙公司在 8 月 18 日付清货款，则按销售总价 10 000 元的 1% 享受现金折扣 100 元（10 000×1%），实际付款 11 200 元（11 300－100）。

借：银行存款	11 200
财务费用	100
贷：应收账款	11 300

d. 如果乙公司在 8 月底才付清货款：

| 借：银行存款 | 11 300 |
| 贷：应收账款 | 11 300 |

②天宇公司采用净价法的账务处理如下。

a. 8 月 1 日销售实现时：

销售净价 = 10 000×（1－2%）=9 800（元）

借：应收账款	11 100
贷：主营业务收入	9 800
应交税费——应交增值税（销项税额）	1 300

b. 如果乙公司在 8 月 9 日付清货款：

| 借：银行存款 | 11 100 |
| 贷：应收账款 | 11 100 |

c. 如果乙公司在 8 月 18 日付清货款：

借：银行存款	11 200
贷：应收账款	11 100
财务费用	100

d. 如果乙公司在 8 月底才付清货款：

借：银行存款	11 300
贷：应收账款	11 100
财务费用	200

（二）销售折让

销售折让，是指企业因售出商品的质量不合格等原因而在售价上给予的减让。

企业已确认销售收入的售出商品发生销售折让的，通常应当在发生时冲减当期销售商品收入；已确认收入的销售折让属于资产负债表日后事项的，应当按照有关资产负债表日后事项的相关规定进行处理。

【例13-14】天宇股份有限公司向乙公司销售一批商品，开出的增值税专用发票上注明的销售价款为500 000元，增值税税额为65 000元。乙公司在验收过程中发现商品质量不合格，要求在价格上给予5%的折让。假定天宇公司已确认销售收入，款项尚未收到，发生的销售折让允许扣减当期增值税税额。

天宇公司的账务处理如下。

①销售实现时：

借：应收账款   565 000
　　贷：主营业务收入   500 000
　　　　应交税费——应交增值税（销项税额）   65 000

②发生销售折让时：

借：主营业务收入   25 000
　　应交税费——应交增值税（销项税额）   3 250
　　贷：应收账款   28 250

③实际收到款项时：

借：银行存款   536 750
　　贷：应收账款   536 750

（三）销售退回

销售退回，是指企业售出的商品由于质量、品种不符合要求等原因而发生的退货。企业发生的销售退回应根据不同情况分别进行会计处理。

（1）对于已确认收入的售出商品发生退回的，企业应在发生时冲减当期销售商品收入，同时冲减当期销售商品成本。如该项销售退回已发生现金折扣的，应同时调整相关财务费用的金额；如该项销售退回允许扣减增值税税额的，应同时调整"应交税费——应交增值税（销项税额）"科目的相应金额。

【例13-15】天宇股份有限公司在2019年12月18日向乙公司销售一批商品，开出的增值税专用发票上注明的销售价款为50 000元，增值税税额为6 500元。该批商品成本为26 000元。为及早收回货款，天宇公司和乙公司约定的现金折扣条件为2/10，1/20，n/30。乙公司在2019年12月27日支付货款。2020年4月5日，该批商品因质量问题被乙公司退回，天宇公司当日支付有关款项。假定计算现金折扣时不考虑增值税，销售退回不属于资产负债表日后事项。

天宇公司的账务处理如下。

①2019 年 12 月 18 日销售实现时，按销售总价确认收入。

借：应收账款 56 500

　　贷：主营业务收入 50 000

　　　　应交税费——应交增值税（销项税额） 6 500

借：主营业务成本 26 000

　　贷：库存商品 26 000

②在 2019 年 12 月 27 日收到货款时，按销售总价 50 000 元的 2% 享受现金折扣 1 000 元（50 000×2%），实际收款 55 500 元（56 500 – 1 000）。

借：银行存款 55 500

　　财务费用 1 000

　　贷：应收账款 56 500

③2020 年 4 月 5 日发生销售退回时：

借：主营业务收入 50 000

　　应交税费——应交增值税（销项税额） 6 500

　　贷：银行存款 55 500

　　　　财务费用 1 000

借：库存商品 26 000

　　贷：主营业务成本 26 000

（2）对于附有销售退回条款的销售，企业应当在客户取得相关商品控制权时，按应向客户转让商品而预期有权收取的对价金额（即不包含预期因销售退回将退还的金额）确认收入，按照预期因销售退回将退还的金额确认负债；同时，按照预期将退回商品转让时的账面价值，扣除收回该商品预计发生的成本（包括退回商品的价值减损）后的余额，确认为一项资产，按照所转让商品转让时的账面价值，扣除上述资产成本的净额结转成本。

每一资产负债表日，企业应当重新估计未来销售退回情况，如有变化，应当作为会计估计变更进行会计处理。

【例 13 – 16】天宇股份有限公司是一家健身器材销售公司，为增值税一般纳税人。2019 年 6 月 1 日，天宇公司向乙公司销售 5 000 件健身器材，单位销售价格为 500 元，单位成本为 400 元，开出的增值税专用发票上注明的销售价款为 2 500 000 元，增值税税额为 325 000 元，收到款项存入银行。协议约定，乙公司在 7 月 31 日之前有权退还健身器材。假定天宇公司根据过去的经验，估计该批健身器材退货率约为 20%，在不确定性消除时，80% 已确认的累计收入金额（2 000 000 元）极可能不会发生重大转回；健身器材发出时纳税义务已经发生；实际发生销售退回时取得税务机关开具的红字增值税专用发票。6 月 30 日估计该批健身器材退货率约 15%，7 月 31 日发生销售退回，实际退货量为 400 件，同时支付款项。假定不考虑其他因素。

天宇公司的账务处理如下。

①6 月 1 日，估计退货 20%，发出健身器材时：

借：银行存款　　　　　　　　　　　　　　　2 825 000
　　贷：主营业务收入（500×5 000×80%）　　　　2 000 000
　　　　预计负债——应付退货款（500×5 000×20%）　500 000
　　　　应交税费——应交增值税（销项税额）（500×5 000×13%）
　　　　　　　　　　　　　　　　　　　　　　325 000
借：主营业务成本（400×5 000×80%）　　　　1 600 000
　　应收退货成本（400×5 000×20%）　　　　　400 000
　　贷：库存商品　　　　　　　　　　　　　　2 000 000

②6月30日，调整退货比率时：

借：预计负债——应付退货款［500×5 000×（20%－15%）］
　　　　　　　　　　　　　　　　　　　　　　125 000
　　　贷：主营业务收入　　　　　　　　　　　　125 000
借：主营业务成本　　　　　　　　　　　　　　100 000
　　贷：应收退货成本［400×5 000×（20%－15%）］　100 000

③7月31日实际销售退回400件时：

借：库存商品　　　　　　　　　　　　　　　　160 000
　　预计负债——应付退货款　　　　　　　　　　375 000
　　应交税费——应交增值税（销项税额）　　　　　26 000
　　主营业务成本　　　　　　　　　　　　　　140 000
　　贷：银行存款　　　　　　　　　　　　　　226 000
　　　　应收退货成本　　　　　　　　　　　　300 000
　　　　主营业务收入　　　　　　　　　　　　175 000

【例13－17】2019年7月1日，天宇股份有限公司向乙公司销售200件A产品，单位销售价格为120元，单位成本为100元，开出的增值税专用发票上注明的销售价款为24 000元，增值税税额为3 120元。协议约定，乙公司应于8月1日前付款，并在12月31日之前有权退还A产品。由于A产品是最新推出的产品，天宇公司尚无有关该产品退货率的历史数据，也没有其他可以参考的市场信息。A产品发出时纳税义务已经发生，实际发生销售退回时取得税务机关开具的红字增值税专用发票。

分析：乙公司有退货权，但天宇公司缺乏有关退货情况的历史数据，考虑将可变对价计入交易价格的限制要求，在合同开始日不能将可变对价计入交易价格，因此，天宇公司在A产品控制权转移时确认的收入为0。其应当在退货期满后，根据实际退货情况，按照预期有权收取的对价金额确定交易价格。

天宇公司的账务处理如下。

①7月1日发出商品时：

借：应收账款　　　　　　　　　　　　　　　　3 120
　　贷：应交税费——应交增值税（销项税额）　　　3 120
借：应收退货成本　　　　　　　　　　　　　　20 000

	贷：库存商品	20 000

②8月1日收到货款时：

	借：银行存款	27 120
	贷：应收账款	3 120
	合同负债	24 000

③如果12月31日退货期满时没有退货：

	借：合同负债	24 000
	贷：主营业务收入	24 000
	借：主营业务成本	20 000
	贷：应收退货成本	20 000

④如果12月31日退货期满时，退货10件：

实际销售数量 = 200 - 10 = 190（件）

收入 = 190 × 120 = 22 800（元）

成本 = 190 × 100 = 19 000（元）

退回商品的收入 = 10 × 120 = 1 200（元）

退销项税 = 1 200 × 13% = 156（元）

	借：合同负债	24 000
	应交税费——应交增值税（销项税额）	156
	贷：主营业务收入	22 800
	银行存款	1 356
	借：主营业务成本	19 000
	库存商品	1 000
	贷：应收退货成本	20 000

（3）已确认收入的售出商品发生的销售退回发生在资产负债表日后期间的，属于资产负债表日后事项，应当按照有关资产负债表日后事项的相关规定进行会计处理。

二、合同中存在重大融资成分的销售

某些情况下，合同或协议规定销售商品需要延期收取价款，即商品已经交付，货款分期收款。如果延期收取的货款具有融资性质，其实质是企业向购货方提供免息的信贷，在符合收入确认条件时，企业应按照假定客户在取得商品控制权时即以现金支付的应付金额（即现销价格）确定收入金额。

合同中存在重大融资成分的，企业在确定该重大融资成分的金额时，应使用将合同对价的名义金额折现为商品现销价格的折现率。该折现率一经确定，不得因后续市场利率或客户信用风险等情况的变化而变更。

企业确定的交易价格与合同承诺的对价金额之间的差额，应当在合同期间内采用实际利率法摊销。

【例 13 – 18】2020 年 1 月 1 日，天宇股份有限公司采用分期收款方式向甲公司销售大型设备一套，合同约定销售价格为 10 000 万元，分 5 次于每年 12 月 31 日等额收取。该大型设备成本为 7 600 万元。在现销方式下，该大型设备的销售价格为 8 000 万元。假定收到货款时开出增值税专用发票。

本例中，天宇公司应当确认的销售商品收入金额为 8 000 万元。

根据公式"未来五年收款额的现值 = 现销方式下应收款项金额"，可以得出：

$2\ 000 \times P/A(r,5) = 8\ 000$（万元）

可在多次测试的基础上，用插值法计算折现率。

当 r = 7% 时，$2\ 000 \times 4.1002 = 8\ 200.4$（万元）

当 r = 8% 时，$2\ 000 \times 3.9927 = 7\ 985.4$（万元）

因此，7% < r < 8%。用插值法计算如下：

现值	利率
8 200.4	7%
8 000	r
7 985.4	8%

$$\frac{8\ 200.4 - 8\ 000}{8\ 200.4 - 7\ 985.4} = \frac{7\% - r}{7\% - 8\%}$$

r = 7.93%

每期摊销计入财务费用的金额如表 13 – 1 所示。

表 13 – 1　　　　　　　　　　财务费用和已收本金计算表　　　　　　　　　　单位：万元

时间	未收本金 (1) = (1) − (4)	财务费用 (2) = (1) × 7.93%	收现总额 (3)	已收本金 (4) = (3) − (2)
2020 年 1 月 1 日	8 000			
2020 年 12 月 31 日	8 000	634.40	2 000	1 365.60
2021 年 12 月 31 日	6 634.40	526.11	2 000	1 473.89
2022 年 12 月 31 日	5 160.51	409.23	2 000	1 590.77
2023 年 12 月 31 日	3 569.74	283.08	2 000	1 716.92
2024 年 12 月 31 日	1 852.82	147.18 *	2 000	1 852.82
总 额		2 000	8 000	8 000

注：* 尾数调整。

根据表 13 – 1 的计算结果，天宇公司各期的会计分录如下。

①销售成立时，用现销价格确认收入。

借：长期应收款　　　　　　　　　　　　　　　　113 000 000

　　贷：主营业务收入　　　　　　　　　　　　　　 80 000 000

　　　　未实现融资收益　　　　　　　　　　　　　 20 000 000

　　　　应交税费——待转销项税额　　　　　　　　 13 000 000

借：主营业务成本　　　　　　　　　　　　　　　　 76 000 000

  贷：库存商品 76 000 000

 ②2020 年 12 月 31 日收取货款。

  借：银行存款（113 000 000/5） 22 600 000

   应交税费——待转销项税额（20 000 000 × 13%） 2 600 000

    贷：长期应收款 22 600 000

     应交税费——应交增值税（销项税额） 2 600 000

摊销未实现融资收益。

  借：未实现融资收益 6 344 000

   贷：财务费用 6 344 000

 ③2021 年 12 月 31 日收取货款。

  借：银行存款 22 600 000

   应交税费——待转销项税额 2 600 000

    贷：长期应收款 22 600 000

     应交税费——应交增值税（销项税额） 2 600 000

摊销未实现融资收益。

  借：未实现融资收益 5 261 100

   贷：财务费用 5 261 100

 ④2022 年 12 月 31 日收取货款。

  借：银行存款 22 600 000

   应交税费——待转销项税额 2 600 000

    贷：长期应收款 22 600 000

     应交税费——应交增值税（销项税额） 2 600 000

摊销未实现融资收益。

  借：未实现融资收益 4 092 300

   贷：财务费用 4 092 300

 ⑤2023 年 12 月 31 日收取货款。

  借：银行存款 22 600 000

   应交税费——待转销项税额 2 600 000

    贷：长期应收款 22 600 000

     应交税费——应交增值税（销项税额） 2 600 000

摊销未实现融资收益。

  借：未实现融资收益 2 830 800

   贷：财务费用 2 830 800

 ⑥2024 年 12 月 31 日收取货款。

  借：银行存款 22 600 000

   应交税费——待转销项税额 2 600 000

    贷：长期应收款 22 600 000

     应交税费——应交增值税（销项税额） 2 600 000

摊销未实现融资收益。

借：未实现融资收益 1 471 800

　　贷：财务费用 1 471 800

【例13-19】2018年1月1日，天宇股份有限公司与乙公司签订合同，向其销售一批产品。合同约定，该批产品将于2年之后交货。合同中包含两种可供选择的付款方式，即乙公司可以在2年后交付产品时支付449.44万元，或者在合同签订时支付400万元。乙公司选择在合同签订时支付货款。该批产品的控制权在交货时转移。天宇公司于2018年1月1日收到乙公司支付的货款。上述价格均不包含增值税，且假定不考虑相关税费影响。

按照上述两种付款方式计算的内含利率为6%。

分析：考虑到乙公司付款时间和产品交付时间之间的间隔以及现行市场利率水平，天宇公司认为该合同包含重大融资成分，在确定交易价格时，应当对合同承诺的对价金额进行调整，以反映该重大融资成分的影响。假定该融资费用不符合借款费用资本化的要求。

天宇公司的账务处理如下：

① 2018年1月1日收到货款时：

借：银行存款 4 000 000

　　未确认融资费用 494 400

　　　贷：合同负债 4 494 400

②2018年12月31日确认融资成分的影响。

借：财务费用（4 000 000×6%） 240 000

　　贷：未确认融资费用 240 000

③ 2019年12月31日交付产品。

借：财务费用（4 240 000×6%） 254 400

　　贷：未确认融资费用 254 400

借：合同负债 4 494 400

　　贷：主营业务收入 4 494 400

为简化实务操作，如果在合同开始日，企业预计客户取得商品控制权与客户支付价款间隔不超过一年的，可以不考虑合同中存在的重大融资成分。

三、附有质量保证条款的销售

企业在向客户销售商品时，根据合同约定、法律规定或本企业以往的习惯做法等，可能会为所销售的商品提供质量保证，这些质量保证的性质可能因行业或者客户而不同。其中，有一些质量保证是为了向客户保证所销售的商品符合既定标准，即保证类质量保证；而另一些质量保证则是在向客户保证所销售的商品符合既定标准之外提供了一项单独的服务，即服务类质量保证。

企业应当对其所提供的质量保证的性质进行分析，对于客户能够选择单独购买质量保证的，表明该质量保证构成单项履约义务；对于客户虽然不能选择单独购买质量保证，但是，如果该质量保证在向客户保证所销售的商品符合既定标准之外提供了一项单独服务的，也应当作为单项履约义务。作为单项履约义务的质量保证应当按收入准则规定进行会计处理，并将部分交易价格分摊至该项履约义务。对于不能作为单项履约义务的质量保证，企业应当按照或有事项进行会计处理。

企业在评估一项质量保证是否在向客户保证所销售的商品符合既定标准之外提供了一项单独的服务时，应当考虑的因素包括：

（1）该质量保证是否为法定要求。当法律要求企业提供质量保证时，该法律规定通常表明企业承诺提供的质量保证不是单项履约义务，这是因为，这些法律规定通常是为了保护客户，以免其购买到瑕疵或缺陷商品，而并非为客户提供一项单独的服务。

（2）质量保证期限。企业提供质量保证的期限越长，越有可能表明企业向客户提供了保证商品符合既定标准之外的服务。因此，企业承诺提供的质量保证越有可能构成单项履约义务。

（3）企业承诺履行任务的性质。如果企业必须履行某些特定的任务以保证所销售的商品符合既定标准（例如，企业负责运输被客户退回的瑕疵商品），则这些特定的任务可能不构成单项履约义务。

企业提供的质量保证同时包含保证类质量保证和服务类质量保证的，应当分别对其进行会计处理；无法合理区分的，应当将这两类质量保证一起作为单项履约义务按照本准则进行会计处理。

当企业销售的商品对客户造成损害或损失时，如果相关法律法规要求企业需要对此进行赔偿，该法定要求不会产生单项履约义务。如果企业承诺，当企业向客户销售的商品由于专利权、版权、商标或其他侵权等原因被索赔而对客户造成损失时，向客户赔偿该损失，该承诺也不会产生单项履约义务。企业应按照或有事项对上述义务进行会计处理。

【例13-20】天宇股份有限公司是电脑制造商和销售商，与乙公司签订了销售一批电脑的合同，合同约定：电脑销售价款为360万元，同时提供"延长保修"服务，即从法定质保90天到期之后的三年内该企业将对任何损坏的部件进行保修或更换。该批电脑和"延长保修"服务各自的单独售价分别为320万元和40万元。该批电脑的成本为144万元。而且基于其自身经验，天宇公司估计维修在法定型质保（服务类质保）的90天保修期内出现损坏的部件将花费2万元。假设不考虑相关税费。

天宇公司的会计处理如下。

①销售商品确认收入。

借：银行存款	3 600 000	
贷：主营业务收入		3 200 000
合同负债（服务类质保）		400 000

借：主营业务成本   144

  贷：库存商品   144

②预计保修费用。

借：销售费用   2

  贷：预计负债（保证类质保）   2

天宇公司确认的延保服务收费40万元应当在延保期间根据延保服务进度确认为收入。

四、主要责任人和代理人

当企业向客户销售商品涉及其他方参与其中时，应确定其自身在该交易中的身份是主要责任人还是代理人。主要责任人应按已收或应收对价总额确认收入；代理人应按预期有权收取的佣金或手续费的金额确认收入。

（一）主要责任人或代理人的判断原则

在判断是主要责任人还是代理人时，应根据其履约义务的性质确定。企业承诺自行向客户提供特定商品的，其身份是主要责任人；企业承诺安排他人提供特定商品的，即为他人提供协助的，其身份是代理人。

在确定企业承诺的性质时，应首先识别向客户提供的特定商品。这里的特定商品，是指向客户提供的可明确区分的商品或可明确区分的一揽子商品，根据前述可明确区分的商品的内容，该特定的商品也包括享有由其他方提供的商品的权利。

然后，企业应当评估特定商品在转让给客户之前，企业是否控制该商品。企业在将特定商品转让给客户之前控制该商品的，表明企业的承诺是自行向客户提供该商品，或委托另一方（包括分包商）代其提供该商品，因此，企业为主要责任人；相反，企业在特定商品转让给客户之前不控制该商品的，表明企业的承诺是安排他人向客户提供该商品，是为他人提供协助，因此，企业为代理人。当企业仅仅是在特定商品的法定所有权转移给客户之前，暂时性地获得该商品的法定所有权时，并不意味着企业一定控制了该商品。

（二）企业作为主要责任人的情况

当存在第三方参与企业向客户提供商品时，企业向客户转让特定商品之前能够控制该商品的，应当作为主要责任人。企业作为主要责任人的情形包括：

1. 企业自该第三方取得商品或其他资产控制权后，再转让给客户，此时，企业应当考虑该权利是仅在转让给客户时才产生，还是在转让给客户之前就已经存在，企业是否一直能够主导其使用。如果该权利在转让给客户之前并不存在，表明企业实质上并不能在该权利转让给客户之前控制该权利。

【例13-21】甲公司是一家旅行社，从航空公司购买了一定数量的折扣机票，并对外销售。甲公司向旅客销售机票时，可自行决定机票的价格，未售出的机票不能退还给航空公司。

本例中，甲公司向客户提供的特定商品或服务为机票，该机票代表了客户可以乘坐特定航班（即享受航空公司提供的飞行服务）的权利。甲公司在确定特定客户之前已经预先从航空公司购买了机票，因此，该权利在转让给客户之前已经存在。甲公司从航空公司购入机票之后，可以自行决定该机票的用途，即是否用于对外销售，以何等价格以及向哪些客户销售等，甲公司有能力主导该机票的使用并且能够获得其几乎全部的经济利益。因此，甲公司在将机票销售给客户之前，能够控制该机票，甲公司在向旅客销售机票的交易中的身份是主要责任人。

【例 13 – 22】甲公司经营某购物网站，在该网站购物的消费者可以明确获知在该网站上销售的商品均为其他零售商直接销售的商品，这些零售商负责发货以及售后服务等。甲公司与零售商签订的合同约定，该网站所售商品的采购、定价、发货以及售后服务等均由零售商自行负责，甲公司仅负责协助零售商和消费者结算货款，并按照每笔交易的实际销售额收取 5% 的佣金。

本例中，甲公司经营的购物网站是一个购物平台，零售商可以在该平台发布所销售商品的信息，消费者可以从该平台购买零售商销售的商品。消费者在该网站购物时，向其提供的特定商品为零售商在网站上销售的商品，除此之外，甲公司并未提供任何其他的商品。这些特定商品在转移给消费者之前，甲公司没有能力主导这些商品的使用，甲公司的履约义务是安排零售商向消费者提供相关商品，而非自行提供这些商品，因此，甲公司在该交易中的身份是代理人。

2. 企业能够主导该第三方代表本企业向客户提供服务，说明企业在相关服务提供给客户之前能够控制该相关服务。

【例 13 – 23】甲公司与乙公司签订合同，为其写字楼提供保洁服务，并商定了服务范围及其价格。甲公司每月按照约定的价格向乙公司开具发票，乙公司按照约定的日期向甲公司付款。双方签订合同后，甲公司委托服务提供商丙公司代表其为乙公司提供该保洁服务，与其签订了合同。甲公司和丙公司商定了服务价格，双方签订的合同付款条款大致上与甲公司和乙公司约定的付款条款一致。当丙公司按照与甲公司的合同约定提供了服务时，无论乙公司是否向甲公司付款，甲公司都必须向丙公司付款。乙公司无权主导丙公司提供未经甲公司同意的服务。

本例中，甲公司向乙公司提供的特定服务是写字楼的保洁服务，除此之外，甲公司并没有向乙公司承诺任何其他的商品。根据甲公司与丙公司签订的合同，甲公司能够主导丙公司所提供的服务，包括要求丙公司代表甲公司向乙公司提供保洁服务，相当于甲公司利用其自身资源履行了该合同。乙公司无权主导丙公司提供未经甲公司同意的服务。因此，甲公司在丙公司向乙公司提供保洁服务之前控制了该服务，甲公司在该交易中的身份为主要责任人。

3. 企业自该第三方取得商品控制权后，通过提供重大的服务将该商品与其他商品整合成合同约定的某组合产出转让给客户，此时，企业承诺提供的特定商品就是合同约定的组合产出，企业应首先获得为生产该组合产出所需要的投入的控制权，然后才能够将这些投入加工整合为合同约定的组合产出。

【例13-24】天宇股份有限公司与乙公司签订合同，向其销售一台特种设备，并商定了该设备的具体规格和销售价格，天宇公司负责按照约定的规格设计该设备，并按双方商定的销售价格向乙公司开具发票。该特种设备的设计和制造高度相关。为履行该合同，天宇公司与其供应商丙公司签订合同，委托丙公司按照其设计方案制造该设备，并安排丙公司直接向乙公司交付设备。丙公司将设备交付给乙公司后，天宇公司按与丙公司约定的价格向丙公司支付制造设备的对价；丙公司负责设备质量问题，天宇公司负责设备由于设计原因引致的问题。

本例中，天宇公司向乙公司提供的特定商品是其设计的专用设备。虽然天宇公司将设备的制造工作分包给丙公司进行，但是，天宇公司认为该设备的设计和制造高度相关，不能明确区分，应当作为单项履约义务。由于天宇公司负责该合同的整体管理，如果在设备制造过程中发现需要对设备规格作出任何调整，天宇公司需要负责制定相关的修订方案，通知丙公司进行相关调整，并确保任何调整均符合修订后的规格要求。天宇公司主导了丙公司的制造服务，并通过必需的重大整合服务，将其整合作为向乙公司转让的组合产出（专用设备）的一部分，在该专用设备转让给客户前控制了该专用设备。因此，天宇公司在该交易中的身份为主要责任人。

企业在判断其在向客户转让特定商品之前是否已经拥有对该商品的控制权时，不应仅局限于合同的法律形式，而应当综合考虑所有相关事实和情况进行判断，这些事实和情况包括：

（1）企业承担向客户转让商品的主要责任。

（2）企业在转让商品之前或之后承担了该商品的存货风险。

（3）企业有权自主决定所交易商品的价格。

（4）其他相关事实和情况。

需要强调的是，企业在判断其是主要责任人还是代理人时，应当以该企业在特定商品转让给客户之前是否能够控制这些商品为原则。上述相关事实和情况不能凌驾于控制权的判断之上，也不构成一项单独或额外的评估，而只是帮助企业在难以评估特定商品转让给客户之前是否能够控制这些商品的情况下进行相关判断。此外，这些事实和情况并无权重之分，也不能被孤立地用于支持某一结论。企业应当根据相关商品的性质、合同条款的约定以及其他具体情况，综合进行判断。

五、附有客户额外购买选择权的销售

额外购买选择权的情况包括销售激励、客户奖励积分、未来购买商品的折扣券以及合同续约选择权等。对于附有客户额外购买选择权的销售，企业应当评估该选择权是否向客户提供了一项重大权利。企业提供重大权利的，应当作为单项履约义务，按照收入确认和计量中有关交易价格分摊的要求将交易价格分摊至该履约义务，在客户未来行使购买选择权取得相关商品控制权时，或者该选择权失效时，确认相应的收入。客户额外购买选择权的单独售价无法直接观察的，企业应当综合考虑客户行使和不行使该选择权所能获得的折扣的差异、客户行使该选择权的可能性等全部相关信息后，予以合理估计。

客户虽然有额外购买商品选择权，但客户行使该选择权购买商品时的价格反映了这些商品单独售价的，不应被视为企业向该客户提供了一项重大权利。

【例 13 - 25】 2018 年 1 月 1 日，天宇股份有限公司开始推行一项奖励积分计划。根据该计划，客户在天宇公司每消费 10 元可获得 1 个积分，每个积分从次月开始在购物时可以抵减 1 元。截至 2018 年 1 月 31 日，客户共消费 100 000 元，可获得 10 000 个积分，根据历史经验，天宇公司估计该积分的兑换率为 95%。假定上述金额均不包含增值税等的影响。

分析：天宇股份有限公司认为其授予客户的积分为客户提供了一项重大权利，应当作为一项单独的履约义务。客户购买商品的单独售价合计为 100 000 元，考虑积分的兑换率，天宇股份有限公司估计积分的单独售价为 9 500 元（1 元 × 10 000 个积分 × 95%）。天宇公司按照商品和积分单独售价的相对比例对交易价格进行分摊，具体如下：

分摊至商品的交易价格 = [100 000 ÷ (100 000 + 9 500)] × 100 000

= 91 324（元）

分摊至积分的交易价格 = [9 500 ÷ (100 000 + 9 500)] × 100 000

= 8 676（元）

因此，天宇公司应当在商品的控制权转移时确认收入 91 324 元，同时确认合同负债 8 676 元。

借：银行存款   100 000

    贷：主营业务收入   91 324

        合同负债   8 676

截至 2018 年 12 月 31 日，客户共兑换了 4 500 个积分，天宇公司对该积分的兑换率进行了重新估计，仍然预计客户总共将会兑换 9 500 个积分。因此，天宇公司以客户兑换的积分数占预期将兑换的积分总数的比例为基础确认收入。

积分应当确认的收入 = 4 500 ÷ 9 500 × 8 676 = 4 110（元）；

剩余未兑换的积分 = 8 676 - 4 110 = 4 566（元），仍然作为合同负债。

借：合同负债   4 110

    贷：主营业务收入   4 110

截至 2019 年 12 月 31 日，客户累计兑换了 8 500 个积分。天宇公司对该积分的兑换率进行了重新估计，预计客户总共将会兑换 9 700 个积分。

积分应当确认的收入 = 8 500 ÷ 9 700 × 8 676 - 4 110 = 3 493（元）；

借：合同负债   3 493

贷：主营业务收入 3 493

剩余未兑换的积分 = 8 676 − 4 110 − 3 493 = 1 073（元），仍然作为合同负债。

六、授予知识产权许可

企业向客户授予的知识产权，常见的包括软件和技术、影视和音乐等的版权、特许经营权以及专利权、商标权和其他版权等。企业向客户授予知识产权许可的，应当评估该知识产权许可是否构成单项履约义务。对于构成单项履约义务的，应当进一步确定其是在某一时段内履行履约义务还是在某一时点履行履约义务的。

同时满足下列条件时，应作为在某一时段内履行的履约义务确认相关收入；否则，应当作为在某一时点履行的履约义务确认相关收入：

（1）合同要求或客户能够合理预期企业将从事对该项知识产权有重大影响的活动。

（2）该活动对客户将产生有利或不利影响。

（3）该活动不会导致向客户转让商品。

企业向客户授予知识产权许可，符合在某一时段内履行的履约义务的，应当将合同对价在某一时段内按照履约进度确认收入。但约定按客户实际销售或使用情况收取特许权使用费的，应当在下列两项孰晚的时点确认收入：

（1）客户后续销售或使用行为实际发生。

（2）企业履行相关履约义务。

【例13-26】天宇股份有限公司旗下拥有一家著名的足球俱乐部。2018年1月1日，天宇公司授权乙公司在其设计生产的服装、帽子、水杯以及毛巾等产品上使用天宇公司球队的名称和图标，授权期间为2年。合同约定，天宇公司收取的合同对价由两部分组成：一是200万元固定金额的使用费；二是按照乙公司销售上述商品所取得销售额的5%计算的提成。乙公司预期天宇公司会继续参加当地顶级联赛，并取得优异的成绩。假定不考虑相关税费。

分析：该合同仅包括一项履约义务，即授予使用权许可，天宇公司继续参加比赛并取得优异成绩等活动是该许可的组成部分，而并未向客户转让任何可明确区分的商品或服务。由于乙公司能够合理预期天宇公司将继续参加比赛，天宇公司的成绩将会对其品牌（包括名称和图标等）的价值产生重大影响，而该品牌价值可能会进一步影响乙公司产品的销量，天宇公司从事的上述活动并未向乙公司转让任何可明确区分的商品，因此，天宇公司授予的该使用权许可，属于在某一时段内（2年）履行的履约义务。天宇公司收取的200万元固定金额的使用费应当在2年内平均确认收入，按照乙公司销售相关商品所取得销售额的5%计算的提成应当在乙公司的销售实际完成时（孰晚）确认收入。

①2018年1月1日，收取合同固定对价。

借：银行存款 2 000 000

贷：合同负债 2 000 000

②2018 年 12 月 31 日，乙企业实现销售收入 4 000 万元。天宇公司收取可变对价并确认收入，其中固定对价 100 万元（2 000 000/2），可变对价 200 万元（4 000×5%）。

借：合同负债   1 000 000
    银行存款   2 000 000
    贷：主营业务收入   3 000 000

③2019 年 12 月 31 日，乙企业实现销售收入 3 500 万元。天宇公司收取可变对价并确认收入，其中固定对价 100 万元，可变对价 175 万元（3 500×5%）。

借：合同负债   1 000 000
    银行存款   1 750 000
    贷：主营业务收入   2 750 000

七、售后回购

售后回购，是指企业销售商品的同时承诺或有权选择日后再将该商品（包括相同或几乎相同的商品，或以该商品作为组成部分的商品）购回的销售方式。

企业应根据回购价格与原售价的关系，将售后回购分为租赁交易和融资交易；同时对于企业负有应客户要求回购商品义务的，企业应当根据客户是否具有行使该要求权的重大经济动因这一经济实质，辨别是将其作为租赁或融资交易处理，还是将其作为附有销售退回条款的销售交易处理。

（一）企业因存在与客户的远期安排而负有回购义务或企业享有回购权利的

企业因存在与客户的远期安排而负有回购义务或企业享有回购权利的，表明客户在销售时点并未取得相关商品控制权，企业应当作为租赁交易或融资交易进行相应的会计处理。其中：

（1）回购价格低于原售价的，应当视为租赁交易，按照《企业会计准则第 21 号——租赁》的相关规定进行会计处理。

【例 13-27】天宇股份有限公司向乙公司销售一台设备，销售价格为 200 万元，同时双方约定两年之后，天宇公司将以 120 万元的价格回购该设备。假定不考虑货币时间价值等其他因素影响。

分析：根据合同有关天宇公司在两年后回购该设备的确定，乙公司并未取得该设备的控制权。不考虑货币时间价值等影响，该交易的实质是乙公司支付了 80 万元（200-120）的对价取得了该设备 2 年的使用权。因此，天宇公司应当将该交易作为租赁交易进行会计处理。

（2）回购价格不低于原售价的，应当视为融资交易，在收到客户款项时确认金融负债，并将该款项和回购价格的差额在回购期间内确认为利息费用等。

【例 13-28】天宇股份有限公司于 2019 年 6 月 1 日，向乙公司销售一批商品，开出的增值税专用发票上注明的销售价款为 500 万元，增值税税额为 65 万元。该批商品成本为 420 万元；商品已经发出，款项已经收到。协议约定，天宇公司应于 10 月 30 日将所售商品购回，回购价为 600 万元（不含增值税税额）。

天宇公司的账务处理如下。

①2019 年 6 月 1 日发出商品。

借：银行存款 5 650 000
　　贷：其他应付款 5 000 000
　　　　应交税费——应交增值税（销项税额） 650 000

②6 月末确认利息。

由于回购期间为 5 个月，货币时间价值影响不大，采用直线法计提利息费用，每月计提利息费用为 20 万元（100÷5）。

借：财务费用 200 000
　　贷：其他应付款 200 000

③10 月 30 日购回商品时，收到的增值税专用发票上注明的商品价格为 600 万元，增值税税额为 78 万元。

借：其他应付款 6 000 000
　　应交税费——应交增值税（进项税额） 780 000
　　贷：银行存款 6 780 000

（二）企业负有应客户要求回购商品义务的

应当在合同开始日评估客户是否具有行使该要求权的重大经济动因。客户具有行使该要求权重大经济动因的（即客户行使该要求权的可能性很大），企业应当将售后回购作为租赁交易或融资交易；否则，企业应当将其作为附有销售退回条款的销售交易，进行会计处理。

【例 13 - 29】天宇股份有限公司向乙公司销售其生产的一台设备，销售价格为 2 000 万元，双方约定，乙公司在 5 年后有权要求天宇公司以 1 500 万元的价格回购该设备。天宇公司预计该设备在回购时的市场价值将远低于 1 500 万元。

分析：假定不考虑时间价值的影响，天宇公司的回购价格低于原售价，但远高于该设备在回购时的市场价值，天宇公司判断乙公司有重大的经济动因行使其权利要求天宇公司回购该设备。因此，天宇公司应当将该交易作为租赁交易进行会计处理。

八、客户未行使的权利

企业向客户预收销售商品款项的，应当首先将该款项确认为负债，待履行了相关履约义务时再转为收入。当企业预收款项无需退回，且客户可能会放弃其全部或部分合同权利时，例如，放弃储值卡的使用等，企业预期将有权获得与客户所放弃的合同权利相关的金额的，应当按照客户行使合同权利的模式按比例将上述金额确认为收入；否则，企业只有在客户要求其履行剩余履约义务的可能性极低时，才能将上述负债的相关余额转为收入。

如果有相关法律规定，企业所收取的与客户未行使权利相关的款项须转交给其他方的（例如，法律规定无人认领的财产需上交政府），企业不应将其确认为收入。

【例 13 – 30】 天宇股份有限公司主要经营连锁美容店。2018 年，天宇公司向客户销售了 1 000 张储值卡，每张卡的面值为 1 万元，总额为 1 000 万元。客户可在天宇公司经营的任何一家门店使用该储值卡进行消费。根据历史经验，天宇公司预期客户购买的储值卡中将有大约相当于储值卡面值金额10%（即 100 万元）的部分不会被消费。截至 2018 年 12 月 31 日，客户使用该储值卡消费的金额为 600 万元。天宇公司为增值税一般纳税人，收取货款即发生增值税纳税义务。假定天宇公司适用的增值税税率为6%。

天宇公司的相关账务处理如下（单位：万元）。

①销售储值卡。

借：银行存款　　　　　　　　　　　　　　　　　　　　　　1 000
　　贷：合同负债（1 000/1. 06）　　　　　　　　　　　　　　943. 40
　　　　应交税费——应交增值税（销项税额）　　　　　　　　56. 60

②根据储值卡的消费金额确认收入。

$$[600 + 100 \times (600 \div 900)] \div (1 + 6\%) = 628. 93（万元）$$

借：合同负债　　　　　　　　　　　　　　　　　　　　　　628. 93
　　贷：主营业务收入　　　　　　　　　　　　　　　　　　　628. 93

九、无需退回的初始费

企业在合同开始（或接近合同开始）日向客户收取的无需退回的初始费（如俱乐部的入会费等）应当计入交易价格。

该初始费与向客户转让已承诺的商品相关，并且该商品构成单项履约义务的，企业应当在转让该商品时，按照分摊至该商品的交易价格确认收入；该初始费与向客户转让已承诺的商品相关，但该商品不构成单项履约义务的，企业应当在包含该商品的单项履约义务履行时，按照分摊至该单项履约义务的交易价格确认收入。

该初始费与向客户转让已承诺的商品不相关的，该初始费应当作为未来将转让商品的预收款，在未来转让该商品时确认为收入。

企业收取了无需退回的初始费，为履行合同应开展初始活动，但这些活动本身并没有向客户转让已承诺的商品的，例如，企业为履行会员健身合同开展了一些行政管理性质的准备工作，该初始费与未来将转让的已承诺商品相关，应当在未来转让该商品时确认为收入，企业在确定履约进度时不应考虑这些初始活动；企业为该初始活动发生的支出应当按照合同成本部分的要求确认为一项资产或计入当期损益。

【例13-31】甲公司经营一家会员制健身俱乐部。甲公司与客户签订了为期2年的合同，客户入会之后可以随时在该俱乐部健身。除俱乐部的年费2 000元之外，甲公司还向客户收取了50元的入会费，用于补偿俱乐部为客户进行注册登记、准备会籍资料以及制作会员卡等初始活动所花费的成本。甲公司收取的入会费和年费均无需返还。

分析：甲公司承诺的服务是向客户提供健身服务，而甲公司为会员入会所进行的初始活动并未向客户提供其所承诺的服务，而只是一些内部行政管理性质的工作。因此，甲公司虽然为补偿这些初始活动向客户收取了50元入会费，但是该入会费实质上是客户为健身服务所支付的对价的一部分，故应当作为健身服务的预收款，与收取的年费一起在2年内分摊确认为收入。

第十四章　费用与利润

第一节　费　用

一、费用的定义及其特征

会计界对费用的认识存在较大的分歧，从不同会计组织对费用的界定可以看出，费用有广义和狭义之分。

国际会计准则委员会（IASC/IASB）在《编报财务报表的框架》提出的五大要素中，与广义收入要素相对应的是广义的费用要素。把费用定义为："会计期间内经济利益的减少，其形式表现为因资产流出、资产消耗或是发生负债而引起的权益减少，但不包括与所有者分配有关的类似事项。"该定义将所有导致企业经济利益减少的情况都被列作费用，无论是与经营活动有关还是与经营活动无关，费用既包括在企业日常活动中发生的费用，又包括了损失。

美国财务会计准则委员会（FASB）在 SFAC No.6《财务报表要素》中将费用定义为："一个主体在某一期间由于交付或生产商品、提供劳务或从事构成该主体不断进行的主要经营活动的其他业务而发生的现金流出或其他资产的耗用或债务的承担（或两者兼而有之）。"可以看出，FASB 的费用定义是一个狭义的概念，非主要经营活动的耗费或资源的流出作为损失，费用和损失是两个独立的要素。

我国在《企业会计准则——基本准则》（2006/2014）中把费用定义为："企业在日常活动中发生的、会导致所有者权益减少的、与向所有者分配利润无关的经济利益的总流出"。该定义是狭义的费用，即费用只能在日常经营活动中形成。

根据我国费用的定义，费用具有以下三种特征。

1. 费用是企业在日常活动中形成的。费用是企业在日常活动中发生的经济利益的流出，而不是从偶发的交易或事项中发生的经济利益的流出，这是区分费用与损失的关键所在。为了获取日常活动的收入，企业必须发生相应的费用，日常活动的界定与收入定义中涉及的日常活动的界定相一致。因日常活动所产生的费用通常包括营业成本、税金及附加、期间费用等，它们的发生可以从取得的营业收入中得到补偿。

2. 费用会导致企业经济利益的总流出。经济利益总流出的表现形式包括现金或者现金等价物的流出，存货、固定资产和无形资产等的流出或者消耗等。虽然企业向所有者分配利润也会导致经济利益的流出，而该经济利益的流出显然属于所有者权益的抵减项目，应当将其排除在费用的定义之外。

3. 费用最终会导致所有者权益的减少。企业的收入会导致经济利益流入企业，使所有者权益增加，而费用作为对收入的抵减，会导致经济利益流出企业，使所有者权益减少。一般地，企业的支出会引起所有者权益的减少，但是有两类支出不归入费用。一类是企业偿债性支出，如企业以银行存款偿付一项债务，对所有者权益没有影响，因此，不形成费用；另一类是向所有者分配利润或股利，这一现金流出属于最终利润的分配，也不形成费用。

二、支出与费用、成本、资产

费用、成本和资产皆因资金支出而起，因此，支出、费用、成本、资产是很容易混淆的概念，为了更好地把握费用概念，有必要对其进行区分。

（一）支出与费用、资产

支出是指企业的资源因耗用或偿付等而减少，它可以是现金支出，也可以是非现金支出。从支出的目的来看，可以分为四类。为取得另一项资产而发生的资本性支出，如为购买固定资产的支出；为清偿债务而发生的偿债性支出，如为偿还到期的银行借款而支出银行存款；为取得本期收入而发生的收益性支出，如为本期取得商品销售收入而发生的商品销售成本、销售费用支出；为向所有者分配利润而发生的分配性支出。

在会计上，只有那些在企业生产经营活动中为取得本期营业收入而发生的收益性支出才是费用。因此，费用是日常活动中的经济利益的流出，是计入当期损益的日常支出。由于资本性支出使几个会计期间受益，在发生的当期应形成资产，在未来的受益期间内分期转作费用。资产属于资本化的支出，是能产生未来经济利益的资源，一项支出的经济效益不仅及于当期，而且还及于未来，则应该计入资产，一项支出的经济效益只是及于当期，则应该计入费用。

（二）费用与成本

费用与成本既有区别也有联系。我国《企业会计制度》指出："成本，是指企业为生产产品、提供劳务等发生的各项耗费。"从定义中可以看出，成本与费用虽然都是支付或耗费的各项资产，但是成本并不等于费用。成本一般是针对具体的对象而言的，是按一定的对象所归集的支付或耗费，是与企业特定资产或劳务相关的。比如，为生产产品的耗费计入该产品的成本，为建造一项固定资产的耗费计入该固定资产的成本。而费用是相对于收入而言的，是与特定期间相关的，即发生的支付或耗费按期间归集，并与当期收入相配比时，才成为当期的费用。因此，费用与一定的期间相联系，而成本与一定的成本计算对象相联系。当期的费用不属于成本，如企业在一定期间发生的、不能直接归属或按照合理的方法归属于某种产品的管理费用、销售费用和财务费用，则是期间费用，不构成产品的成本。反之，当期的成本也不一定是当期的费用，如产品的生产成本在生产产品的报告期内不能确认为费用，而只有在销售产品的报告期内才能确认为费用。

费用与成本之间也有紧密联系，成本可以转化为费用。成本转化为费用须通过"资产化"及耗费过程，如在制造业企业的生产过程中，企业将材料用于产品的生产，材料转化为产品的生产成本，产品完工则由生产成本转化为存货（资产），将产品出售则转化为产品销售成本（费用）。又如企业为某项设备发生的支出归集为固定资产的采购成本，将设备交付使用后形成一项固定资产（资产），如果设备交付管理部门使用，则每期将固定资产的损耗部分通过折旧方式计入各期的管理费用（费用）；如果设备用于产品生产，则将各期计提的折旧费计入产品成本，构成已售产品的销售成本（费用），从当期收入中补偿，固定资产剩余的价值仍作为资产，在将来将一次或逐渐转入费用，从未来收入中补偿。必须强调的是：费用不可能转化为成本。

成本是能够归属于某一个成本对象的支出，比如产品成本和服务成本。成本随着成本对象的收入确认而进入当期利润，成本对象的收入尚未形成时，成本包含在成本对象的资产价值中。

西方财务管理理论对成本与费用的区分的表述更为直接。成本是有效的成本（unexpired cost），是可以计入库存（当作资产）的成本（inventorial cost），而费用是失效的成本（expired cost），当然也是不应计入库存并构成资产的成本。

三、费用的分类

企业发生的各项费用根据其性质，可以按照不同的标准进行分类。其中最基本的是按照费用的经济用途分类。以我国制造业企业为例，费用按经济用途可以分为营业成本、期间费用等。

（一）营业成本

营业成本是与营业收入直接相关的，是企业已销商品的生产成本、已提供劳务的劳务成本以及其他销售和经营的成本，包括主营业务成本和其他业务成本。

按成本会计学，已销产品的生产成本按计入成本的方式分为直接费用和间接费用。直接费用是指费用的发生与某种产品的生产有着直接的关系，在计算产品成本时，可直接计入该种产品成本的费用，包括直接用于某种产品生产的原料、主要材料以及生产该种产品的生产工人的薪酬等。间接费用是指企业生产单位为组织和管理生产所发生的各种费用，包括企业各生产单位为了组织和管理生产而发生的管理人员的薪酬、折旧费、办公费、水电费、机物料损耗等。这些费用由于与多种产品的生产有关，所以在发生时不能直接计入产品成本，需要通过"制造费用"科目进行归集，月终再采用一定的方法在各成本计算对象间进行分配，计入各成本计算对象的成本中。可见，企业在一定期间发生的生产费用，直接费用按照成本计算对象直接归入生产成本，间接费用则通过分配计入各成本计算对象，直接费用和间接费用总和则构成一定期间产品的生产成本。完工产品的生产成本，通过产品销售转入已售产品的营业成本，从营业收入中补偿。

（二）期间费用

期间费用是指某一期间发生的，与产品生产没有直接联系，不能直接或间接归入产品成本，而应从当期损益中扣除的各项费用，包括管理费用、销售费用和财务费用。期间费用是企业当期费用的重要组成部分。

1. 管理费用。管理费用是指企业为组织和管理企业生产经营所发生的费用，包括企业在筹建期间内发生的开办费、董事会和行政管理部门在企业的经营管理中发生的或者应由企业统一负担的公司经费（包括行政管理部门职工薪酬、物料消耗、周转材料摊销、办公费和差旅费等）、工会经费、董事会费（包括董事会成员津贴、会议费和差旅费等）、聘请中介机构费、咨询费（含顾问费）、诉讼费、业务招待费、技术转让费、矿产资源补偿费、研究费用、排污费等。企业生产车间（部门）和行政管理部门等发生的固定资产修理费用，不符合固定资产确认条件的，也应计入管理费用。

2. 销售费用。销售费用是指企业在销售商品过程中发生的各项费用以及为销售本企业商品而专设的销售机构（含销售网点、售后服务网点等）的经营费用。企业在销售商品和材料、提供劳务的过程中发生的各种费用，包括企业在销售商品过程中发生的保险费、包装费、展览费和广告费、商品维修费、预计产品质量保证损失、运输费、装卸费等。企业为销售商品而专设的销售机构（含销售网点、售后服务网点等）的经营费用，包括该销售机构职工薪酬、业务费、折旧费等，发生的固定资产修理费用，不符合固定资产确认条件的，也应计入销售费用。

3. 财务费用。财务费用是指企业为筹集生产经营所需资金等而发生的筹资费用，包括利息净支出（减利息收入）、汇兑损益以及相关的手续费、企业发生的现金折扣以及筹集生产经营资金发生的其他费用等。其中，利息净支出指企业短期借款利息、长期借款利息、应付票据利息、票据贴现利息、应付债券利息等利息支出减去银行存款等利息收入后的净额；汇兑损益是企业因向银行结汇或购入外汇而产生的银行买入、卖出价与记账汇率之间的差额，以及月度终了各种外币账户的外币期末余额，按照期末汇率折合的记账本位币金额与账面记账本位币金额之间的差额等；相关手续费是指发行债券所需支付的手续费、开出汇票的银行手续费等；现金折扣包括企业发生的现金折扣或收到的现金折扣；其他财务费用如融资租入固定资产发生的融资租赁费用等。值得注意的是，并不是企业所发生的借款利息都计入财务费用，根据我国企业会计准则的规定，企业发生的借款费用，可直接归属于符合资本化条件的资产的构建或生产的，应当予以资本化，计入相关资产成本。

（三）税金及附加

反映企业经营业务应负担的消费税、城市维护建设税、资源税、土地增值税、房产税、土地使用税、车船税和印花税等。企业在计算当期经营活动发生的这些税费时，应将其计入税金及附加，形成一项费用，抵减当期的营业收入。

（四）资产减值损失

资产减值损失是因资产的账面价值高于其可收回金额而形成的损失。企业在资产负债表日，对应收账款、存货、长期股权投资、债权投资、固定资产、无形资产以及除特别规定外的其他资产进行减值测试，如果判断资产的可收回金额低于其账面价值，计提资产减值准备的同时确认相应的资产减值损失，作为企业经营形成的一项费用，抵减当期的营业收入。

（五）信用减值损失

信用减值损失是某些金融资产预计客户违约将产生信用风险而形成的损失。企业在资产负债表日，根据客户信用风险的评估结果，对应收账款、应收票据、其他应收款、债权投资等计提减值准备，同时确认相应的信用减值损失，作为企业经营形成的一项费用，抵减当期的营业收入。

（六）公允价值变动损益

企业会计准则引入了公允价值计量属性，对公允价值计量且变动计入当期损益的金融资产、公允价值计量且变动计入当期损益的金融负债、采用公允价值模式计量的投资性房地产及衍生工具、套期保值业务等采用公允价值进行计量，期末因公允价值变动形成的利得或损失计入该项当期损益。值得注意的是，企业期末形成的公允价值变动损益是未实现的利得或损失，在其相应的资产处置或负债清偿之后，该项未实现的利得或损失应转入已实现损益。

费用除了按经济用途分类外，还可以按其和收入存在的配比关系分为以下三类。（1）直接配比，将与具体收入有直接因果联系的费用，与相应的收入直接配合以确定利润，如将直接材料、直接人工直接计入该完工产品的成本，或将销货成本直接归为所实现销货收入的费用；（2）间接配比，是由多个对象共同耗用的费用，按一定的比例分配到各个具体的对象中，如制造费用；（3）期间配比，即费用不与任何产品或劳务有直接的因果联系，只与一定的期间相联系，与该期间的收入配比，如销售费用、管理费用、财务费用等。此外，费用按经济内容可分为外购材料、外购燃料、外购动力、职工薪酬、折旧费、利息支出、税金及其他支出；费用按其同产量之间的关系分为固定费用和变动费用。

四、费用的确认

长期的会计实践认为，由于费用与收入存在因果关系，费用的确认要与收入的确认配合在一起进行，因而费用的确认应以权责发生制和配比为基础。

1. 权责发生制。权责发生制规定了具体在什么时间上确认费用，按照权责发生制，凡是当期已经发生或应当负担的费用，不论款项是否收付，都应作为当期的费用；凡是不属于当期的费用，即使款项已在当期支付，也不应当作为当期的费用。即费用的确认按照企业在当期是否发生承担该项费用的义务为标准，而不应该按照是否发生现金支出为标准。我国《企业会计准则——基本准则》规定了费用如何确认及确认的时间：费用只有在经济利益很可能流出从而导致企业资产减少或者负债增加、且经济利益的流出额能够可靠计量时才能予以确认；企业为生产产品、提供劳务等发生的可归属于产品成本、劳务成本等的费用，应当在确认产品销售收入、劳务收入等时，将已销售产品、已提供劳务的成本等计入当期损益；企业发生的支出不产生经济利益的，或者即使能够产生经济利益但不符合或者不再符合资产确认条件的，应当在发生时确认为费用，计入当期损益；企业发生的交易或者事项导致其承担了一项负债而又不确认为一项资产的，应当在发生时确认为费用，计入当期损益。

2. 费用与收入配比。费用与收入配比的基本含义在于，当收入已经实现时，某些资产（如物料用品）已被消耗，或已被出售（如商品），以及劳务已经提供（如专设的销售部门人员提供的劳务），已被耗用的这些资产和劳务的成本，应当在确认有关收入的期间予以确认。如果收入要到未来期间实现，相应的费用应递延到未来的实际受益期间。因此，是按照费用与收入的关联关系来确认费用的实现的。

费用以权责发生制和配比为确认基础，同时影响到资产负债表和利润表，关系到会计信息的可靠性，因此一直以来受到人们的关注和质疑，这主要集中在两个方面。一是在权责发生制和配比下，一些企业已支出但不能全部确认于本期费用的项目，如长期待摊费用，其未摊销的余额反映于资产负债表，导致在性质上不是资产的递延项目进入资产负债表，从某种程度上降低了资产负债表的有用性；二是摊配过程中主观因素过多，也使得会计信息的客观性大打折扣，而且也为管理当局人为操纵利润提供了便利。

五、费用的计量及会计处理

由于实际成本代表了企业获得资产或劳务时的交换价值，具有可验证性，而费用一般被视为资产价值的减少，因此，费用的计量标准通常是实际成本。

以制造业企业为例，企业生产经营过程的每一个环节都会发生种类繁多、性质不同的费用，这些费用的发生与现金支出在时间上有时是不一致的，一般有三种情况。现金支出与费用同时发生，如用现金支付的管理部门的办公费和水电费等；费用发生在先，如计提的借款利息、计提的产品保证费用等；费用发生在后，如取得固定资产后，计提固定资产折旧。

企业发生各种费用时，应设置"主营业务成本""其他业务成本""税金及附加""管理费用""销售费用""财务费用""资产减值损失""信用减值损失"等科目进行核算。以下以天宇股份有限公司8月份部分经济业务为例，具体说明费用的计量和会计处理。

【例14-1】公司为宣传新产品发生广告费120 000元，已用银行存款支付。

借：销售费用——广告费 　　　　　　　　　　120 000
　　贷：银行存款 　　　　　　　　　　　　　　　　120 000

【例14-2】公司所属的销售公司本月发生费用270 000元，其中，销售人员薪酬100 000元，用银行存款支付新产品的广告费120 000元，销售公司办公设备折旧费50 000元。

借：销售费用 　　　　　　　　　　　　　270 000
　　贷：应付职工薪酬 　　　　　　　　　　　　　100 000
　　　　累计折旧 　　　　　　　　　　　　　　　50 000
　　　　银行存款 　　　　　　　　　　　　　　　120 000

【例14-3】公司行政部门本月共发生费用350 000元，其中：行政人员薪酬250 000元，行政部门办公设备折旧费60 000元，报销行政人员差旅费10 000元（假定报销人均未预借差旅费），报销业务招待费20 000元，用银行存款支付办公、水电费10 000元。

借：管理费用 　　　　　　　　　　　　　350 000
　　贷：应付职工薪酬 　　　　　　　　　　　　　250 000
　　　　累计折旧 　　　　　　　　　　　　　　　60 000
　　　　库存现金 　　　　　　　　　　　　　　　30 000
　　　　银行存款 　　　　　　　　　　　　　　　10 000

【例14-4】公司本月生产车间发生设备大修理费用85 000元，以银行存款支付；行政管理部门发生设备日常修理费5 000元，以现金支付。以上修理费均不满足资本化确认条件。编制会计分录如下：

借：管理费用 　　　　　　　　　　　　　90 000
　　贷：银行存款 　　　　　　　　　　　　　　　85 000
　　　　库存现金 　　　　　　　　　　　　　　　5 000

【例14-5】公司于年初向银行借入生产经营用短期借款500 000元，期限6个月，年利率6%，该借款本金到期一次归还，利息按月计提，按季支付。

月末应计提利息 = 500 000 × 6% ÷ 12 = 2 500（元）

借：财务费用 　　　　　　　　　　　　　2 500
　　贷：应付利息 　　　　　　　　　　　　　　　2 500

【例14-6】本月公司向长江公司租用一栋大楼，用于行政办公。租期为2年，一次性支付租金240 000元。

借：长期待摊费用 240 000

　　贷：银行存款 240 000

本月末摊销：

借：管理费用 10 000

　　贷：长期待摊费用 10 000

【例 14 - 7】月末，公司对一辆货运汽车进行检查时发现，该货运汽车因市场环境变化可能发生减值。经测算该货运汽车的可收回金额为 100 000 元，其账面价值为 128 000 元。

借：资产减值损失 28 000

　　贷：固定资产减值准备 28 000

【例 14 - 8】本月初，公司购入 A 公司的股票 10 000 股作为交易性金融资产，每股价格 12 元。月末，该股票价格下跌到 10.5 元。

借：公允价值变动损益 15 000

　　贷：交易性金融资产——公允价值变动 15 000

第二节　利　　润

一、利润的概念

利润是指企业在一定会计期间的经营成果，亦称为收益或损益。长期以来，利润是考核企业管理层业绩的一项重要指标，也是财务报告使用者进行决策时的重要依据。通常情况下，如果企业实现了利润，表明业绩得到了提升，企业的所有者权益将增加；反之，如果企业发生了亏损（即利润为负数），表明业绩下滑，企业的所有者权益将减少。正因如此，利润一直成为人们关注的话题。目前，无论是理论界还是实务界，应如何确定利润仍未达成一致的观点。

（一）经济利润

较早提出利润（收益）概念的是古典经济学家亚当·斯密。1776 年，他在《国富论》中将利润定义为"财富的增加""那部分不侵蚀资本的可予消费的数额"。1890 年，艾·马歇尔在《经济学原理》中，将亚当·斯密的"财富的增加"这一收益观引入企业，提出了区分"实体资本"和"增值收益"的经济学收益思想。20 世纪初，欧文·费雪进一步发展了收益理论，他在《资本与收益的性质》中，从收益的表现形式上分析了收益的概念，提出了三种不同形态的收益。（1）精神收益——精神上获得的满足；（2）货币收益——增加资产的货币价值；（3）实际收益——物质财富的增加。他还进一步指出，收益是补偿资本成本之后的一种增量。1946 年，英国经济学家 J. R. 希克斯在《价值与资本》

中，把收益概念发展成为一般性的经济收益概念。他认为，收益是在期末和期初企业资本没有变化的情况下，企业在本期可以消费的最大金额。

可以看出，经济利润是建立在资本保持概念基础上的。所谓资本保持是指在资本保持或成本得以补偿之后，多余部分才能确认为企业的利润。资本保持又分为实物资本保持和货币资本保持。经济学家主张应当维护实物资本即企业的实际生产能力，在实物资本保持概念下，企业在生产经营过程中所发生的费用必须以重置成本而不是历史成本来计量，在企业已消耗的实物资产未得到重置前，不能确认企业的利润。在货币资本保持概念下，利润是原始资本投入的货币资本得到保持的基础上，一定时期内的净资产的增加额。现行会计通常坚持货币资本保持概念，美国财务会计准则委员会在"财务会计概念公告"第 5 辑中指出："货币资本保持是传统的观点，也是现行财务报表中的资本保持概念。"

可以看出，经济利润确定的利润是企业的实际利润，而不是名义上的利润，利润的计量从属于资产的计价，是通过重置成本或现行成本来计量一定时期内资产的净增量，并以此作为当期利润，它是建立在"资产负债观"基础上的，但通过重置成本或现行成本来计量资产在实际操作中存在较大难度。这一利润概念对会计利润特别是资本保全理论产生了巨大影响。

（二）会计利润

会计利润采用的是"收入费用观"，即利润是指来自企业期间交易的已实现收入和相应费用之间的差额。所确定的利润具有以下三个特点。

（1）会计利润建立在会计分期假设的基础上，代表一定期间的经营成果。它是按权责发生制来划分属于本期的收入和费用，依据配比进行收入和费用的计量的，即是本期实现的收入和其相关费用相配比的结果，与本期收入不相关的成本，应作为资产结转为以后期间的费用。

（2）会计利润是按历史成本来计量费用的。由于企业的资产是按历史成本计价的，因而费用是已耗用资产的历史成本。这种计量方法具有可验证性的优点，有助于反映企业实际投入的资源及其耗用情况，从而有助于反映企业管理当局对受托资源应负的经营管理责任。

（3）会计利润符合谨慎性这一会计信息质量要求。即收入只有在实现后才予以确认，所以反映的利润是企业已实现的利润，而不反映未实现的利润。相对于经济利润来说，会计利润更具有客观性，因此，得到了广泛接受。1968 年，美国的鲍尔和布朗通过实证研究证实了会计利润具有信息含量。

"收入费用观"下确定的会计利润究竟应包含哪些内容，也是一个颇有争议的问题，其关键在于是否将非常损益项目及前期损益调整项目计入本期会计利润。对此，存在两种不同的观点，即本期营业观和损益满计观。

1. 本期营业观。"本期营业观"认为，利润仅包括本期由经营活动所产生的各项成果，也即仅反映本期经营性的业务成果，以前年度损益调整项目以及不属于经营活动的收支项目不列入利润表中反映。"本期营业观"强调公司当期的经营情况，突出反映公司的核心盈利能力，认为只有当期决策可控的事项才应该被包括在收益中。理由有两点。（1）大部分财务报告使用者只看净利润，以此来评价当期业绩和预测未来业绩；（2）非经常项目，如自然灾害造成的损失、意外收入等并非属于管理当局决策的产物，也是管理当局无法加以控制的，不能用来评价企业的经营管理水平，同样，前期损益调整项目也不应列入本期收益。如果这些项目反映在利润表中，报表使用者会被误导。因此，利润的计算必须特别强调当期和营业这两个方面，只有本期的营业活动取得的成果，才能反映企业的经营绩效，而且盈利信息具有持续性。

2. 全面收益观。收益观的产生和发展与企业所处经济环境的变化、人们对企业收益信息的需求有着密切的关系。

（1）20世纪70年代以后，企业的经营活动日趋复杂，企业合并、债务重组等交易或事项不断出现。随着科学技术日新月异，信息技术、商誉等已成为企业的重要财富，是决定企业盈利能力的主要因素。而传统的收益确定模式以历史成本为计量属性，将一些为企业创造经济利益的资产排除在财务报表之外，并且企业资产因市场价格发生变化而引起的未实现收益也无法确认。

（2）企业从事金融活动也日益普遍，各种金融工具纷至沓来，由于金融工具尤其是衍生金融工具，带来巨大利润的同时也蕴含着极大的风险。因此，在传统的收益模式下，它们无法在财务报告内得到反映，或者在财务报告内反映的账面价值也仅仅是历史成本。比如证券投资价格上涨、资产价格变化产生的利得以及汇率变动形成的折算差额等，根据实现原则，都无法在利润表中及时得到确认。

（3）20世纪70年代以来，西方各国都发生了不同程度的通货膨胀，当通货膨胀成为经济常态时，物价变动导致的企业资产的持有利得不能被确认。

（4）随着资本市场的快速发展，会计目标已经从受托责任观向决策有用观转变，只是追求可靠性、可验证性，显然已经满足不了信息使用者的客观需求。鉴于历史成本和传统会计收益理论存在的缺陷，人们从决策有用观出发，当相关性与可靠性之间发生矛盾时，宁愿"牺牲一点可验证性而增加相关性"。

在这种背景下，以历史成本、收入费用配比及稳健性为核心的传统收益确定模式不确认未实现的价值增值，其不可克服的缺陷已日益显现出来。

（1）传统会计利润体现的经营成果观，只反映已经实现的收益，排斥其他未实现的价值增值，使当期利润报告不够全面，没有全面地反映企业各项活动所带来的经济成果。

（2）价值增值产生时期不予报告，而要推迟到实现时期再予报告，将会导致收益确定的时间误差，即价值增值发生在某一会计期间而收益报告却在另一个会计期间。收益的计算不考虑未实现增值，导致出售资产所获得的收益与相关成本进行错误的配比以及价值变动与收益报告期间完全分离。

（3）对已经发生的价值增值不予报告，还为管理当局操作利润提供了空间。管理当局可以通过选择利得和损失实现的时间和金额来控制报告期间的利润。

一方面是历史成本计量属性、传统会计收益实现原则带来的问题；另一方面是经济发展的需要以及财务报告信息使用者的强烈要求，公允价值、全面收益的引入已成为一种必然的趋势。西方国家自 20 世纪 80 年代起就开始在财务会计准则中，提出公允价值等计量属性，并提出全面收益概念。

1980 年 12 月，美国财务会计准则委员会（FASB）在第 3 号财务会计概念公告中首次提出了全面收益（comprehensive income）概念，并将其定义为：企业在报告期内除去业主投资和分派业主款以外的交易、事项和情况所产生的一切权益（净资产）的变动。1996 年 FASB 发布《报告全面收益征求意见稿》，并于 1997 年正式颁布准则《报告全面收益》（FAS130），将全面收益分为净收益和其他全面收益，其特点是保留传统净收益的概念和构成，同时解决那些绕过利润表而直接在资产负债表中列示的权益变动项目上。1998 年 6 月，FASB 发布了第 133 号财务会计准则《衍生工具和套期保值活动的会计处理》，要求计量符合资产和负债定义的资产和金融负债，运用公允价值计量，并在当期损益或其他全面收益中确认有关用来避险的衍生工具的公允价值变化或现金流量的变化，包括对预期的以外币标价的交易进行避险的衍生工具的利得或损失。2000 年 2 月，FASB 又发布了第 7 号财务会计概念公告《在会计计量中应用现金流量信息与现值》，提出了指导现值使用的一般原则，为在初始确认时运用未来现金流量计量提供了一个框架。

20 世纪 90 年代以来，国际会计准则委员会及英、法、澳等国家纷纷颁布实施了业绩报告准则，引入公允价值计量属性，要求报告综合收益。

1991 年，英国民间组织发表一份《财务报告的未来模式》研究报告，指出现行会计实务中某些财富的变动，如持有和转让非流动资产的利得和损失并不能在利润表中得到反映，主张在传统利润表外增加一张"利得表"，两者共同揭示报告主体财富的全部变动。在此推动下，1992 年 10 月，英国会计准则委员会（ASB）发布了第三号财务会计准则（FRS3）《报告财务业绩》，规定企业编制"全部已实现利得和损失表"，它和损益表一同表述报告主体的全部财务业绩。

1997 年，FASB 正式公布了第 130 号财务会计准则《报告全面收益》。全面收益包括净收益和其他全面收益。其中，净收益仍由利润表提供，只反映已确认及已实现的收入（利得）和费用（损失）；其他全面收益涵盖那些已确认但未实现、平时不计入利润表而在资产负债表部分表述的项目，包括外币折算调整项目和可销售证券的利得和损失。

1999 年 3 月，IASC 颁布了《国际会计准则第 39 号——金融工具：确认和计量》，要求将金融工具在财务报表中加以确认、计量和报告。IASC 改组为国际会计准则理事会（IASB），由 IASB 与英国会计准则委员会合作研究涉及企业与所有者以外的其他各方之间的交易或事项所引起的资产和负债的变化如何在财务报告中列报的问题，借鉴英美国家的经验，IASB 提出业绩呈报的革新要求。

2007 年，IASB 正式引入"综合收益"概念。

2011 年，IASB 在《国际会计准则第 1 号——财务报表列报》中对综合收益定义为"指某期由于交易和其他事项而产生的，不是由于所有者以其所有者身份进行的交易所产生的权益变动"。

从收益理论的发展过程可以看出，全面收益观念的提出无疑借鉴了经济学上的收益观，由经济学收益观到会计学收益观再发展到全面收益理论，正是人类在对收益及其计量的认知过程中必经的否定之否定的过程。同时不难看出，西方各国关于全面收益理论的研究思路是一致的，即采用"资产负债观"代替传统的"收入费用观"来确认收益，解决了当前会计计量和报告中存在的一些难题，将报告期内企业与所有者以外的其他各方之间的交易或事项所引起的净资产的变动额全部纳入财务报表中。将全面收益引入财务报告体系中，充分披露新业务、新事项的出现对企业的影响，全面地反映企业各项活动所带来的经济成果，比净收益更能帮助会计信息使用者准确、及时预测企业的未来现金流，也增进了财务报表关于企业财务业绩信息的完整性和相关性。

但是，从另一个角度来看，将所有的利得和损失项目均纳入企业的收益之中，也会引起一些混乱。全面收益中包含了非经常性损益项目，具有偶然性的特点，这些不常见的或偶发性的利得或损失，会降低会计信息的预测功能；在全面收益中，包含了许多管理层不可控的因素带来的收益项目，以此为标准评价管理者业绩则有失公允；在全面收益观下，由于将特定期间内除股权交易外的所有带来股东权益变化的项目均纳入了净收益，一些公司便利用非经常性项目进行盈余管理，夸大企业盈利额。

我国全面收益观的发展如下。

我国《企业会计准则——基本准则》（2006/2014）对利润要素的定义是："利润是指企业在一定会计期间的经营成果，利润包括收入减去费用后的净额、直接计入当期利润的利得和损失等。直接计入当期利润的利得和损失，是指应当计入当期损益、会导致所有者权益发生增减变动的、与所有者投入资本或者向所有者分配利润无关的利得或者损失。利润金额取决于收入和费用、直接计入当期利润的利得和损失金额的计量。"从定义中可以看出，将利得与损失的确认一分为二：直接计入当期利润的利得、损失，该项目列入利润表；直接计入所有者权益的利得、损失，该项目列入资产负债表及所有者权益变动表。虽然我国没有运用全面收益概念，但从企业会计准则（2006/2014）中，已经看到全面收益未来的运用趋势，表现在《企业会计准则第22号——金融工具确认和计量》《企业会计准则第24号——套期保值》《企业会计准则第37号——金融工具列报》等，要求计量符合资产和负债定义的金融资产和金融负债时运用公允价值计量，并在当期损益或其他综合收益中确认有关用来避险的衍生工具公允价值的变化或现金流量的变化。《企业会计准则30号——财务报表列报》第二条规定：企业应当提供所有者权益变动表，这标志着我国财务报告向全面收益观改进迈出了一步，即增加除净利润以外的全面收益项目，将直接计入所有者权益的利得和损失（其他综合收益）在所有者权益变动表中报告。

2009年，财政部颁布了《关于印发企业会计准则解释第3号的通知》，规定企业应当在利润表"每股收益"项下增列"其他综合收益"项目与"综合收益总额"项目，将综合收益分为净利润和其他综合收益，即直接计入所有者权益的利得和损失不仅在资产负债表、所有者权益变动表中列示，同时已出现在利润表中。

2014 年，财政部在修订的《企业会计准则第 30 号——财务报表列报》中对综合收益进行了定义。综合收益，是指企业在某一期间除与所有者以其所有者身份进行的交易之外的其他交易或事项所引起的所有者权益变动。综合收益总额项目反映净利润和其他综合收益扣除所得税影响后的净额相加后的合计金额。其他综合收益，是指企业根据其他会计准则规定未在当期损益中确认的各项利得和损失。其他综合收益项目应当根据其他相关会计准则的规定分为下列两类列报。第一类是以后会计期间不能重分类进损益的其他综合收益项目，主要包括重新计量设定受益计划净负债或净资产导致的变动、按照权益法核算的在被投资单位以后会计期间不能重分类进损益的其他综合收益中所享有的份额等；第二是以后会计期间在满足规定条件时将重分类进损益的其他综合收益项目，主要包括按照权益法核算的在被投资单位以后会计期间在满足规定条件时将重分类进损益的其他综合收益中所享有的份额等。可见，修订后的《企业会计准则第 30 号——财务报表列报》（2014）对利润表披露的信息作了重大调整，在全面收益报告方面迈出了实质性的一步，增强了利润表信息的相关性。2018 年，财政部颁布了《关于修订印发 2018 年度一般企业财务报表格式的通知》，明确利润表中增加"其他权益工具投资公允价值变动""企业自身信用风险公允价值变动""其他债权投资公允价值变动""金融资产重分类计入其他综合收益的金额""其他债权投资信用减值准备""现金流量套期储备"项目形成的其他综合收益。

利得和损失的构成如图 14 – 1 所示。

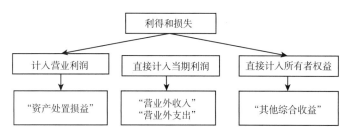

图 14 – 1　利得和损失的构成

二、利润的构成

在我国，利润包括收入减去费用后的净额、直接计入当期利润的利得和损失等。其中，收入减去费用后的净额反映的是企业日常活动的业绩，直接计入当期利润的利得和损失反映的是企业非日常活动的业绩。在利润表中，由营业利润、利润总额、净利润等构成。利润相关计算公式如下。

1. 营业利润，即：

$$营业利润 = 营业收入 - 营业成本 - 税金及附加 - 销售费用 - 管理费用 - 研发费用$$
$$- 财务费用 - 资产减值损失 - 信用减值损失 + 其他收益 \pm 投资收益$$
$$\pm 净敞口套期收益 \pm 公允价值变动收益 \pm 资产处置收益$$

其中：

营业收入是指企业经营业务所实现的收入总额，包括主营业务收入和其他业务收入。

营业成本是指企业经营业务所发生的实际成本总额，包括主营业务成本和其他业务成本。

研发费用是企业进行研究与开发过程中发生的费用化支出。

资产减值损失是指企业计提各项资产减值准备所形成的损失，该项目在计算营业利润时扣除，这样做的目的是警示企业应该审慎计提减值，否则将导致企业核心利润的减少。

信用减值损失是企业按照《企业会计准则第 22 号——金融工具确认和计量》（2017）的要求计提的各项金融工具减值准备所形成的预期信用损失。

其他收益是企业计入其他收益的政府补助等。

净敞口套期收益是企业净敞口套期下被套期项目累计公允价值变动转入当期损益的金额或现金流量套期储备转入当期损益的金额。

公允价值变动收益（或损失）是指企业交易性金融资产（或负债）、直接指定为以公允价值计量且其变动计入当期损益的金融资产（或负债）和以公允模式进行后续计量的投资性房地产等公允价值变动形成的应计入当期损益的利得（或损失）。

资产处置收益是企业出售划分为持有待售的非流动资产（金融工具、长期股权投资和投资性房地产除外）或处置组时确认的处置利得或损失，以及处置未划分为持有待售的固定资产、在建工程、生产性生物资产及无形资产而产生的处置利得或损失。债务重组中因处置非流动资产产生的利得或损失和非货币性资产交换产生的利得或损失也包括在本项目内。

2. 利润总额，即：

$$利润总额 = 营业利润 + 营业外收入 - 营业外支出$$

3. 净利润，即：

$$净利润 = 利润总额 - 所得税费用$$

其中，所得税费用是指企业确认的应从当期利润总额中扣除的所得税费用。

三、营业外收支及会计处理

（一）营业外收入

营业外收入是企业发生的与日常活动无直接关系的各项利得，主要包括以下七个方面。

（1）非流动资产毁损报废的利得，是指对自然灾害等发生毁损、已丧失使用功能而报废的非流动资产进行清理所产生的收益。

（2）债务重组利得，是指重组债务的账面价值超过清偿债务的现金、非现金资产的公允价值、所转股份的公允价值，或者重组后债务账面价值之间差额所形成的利得。

（3）盘盈利得，是指企业对于现金等资产清查盘点中盘盈的资产，报经批准后形成的利得。

（4）捐赠利得，是指企业接受外部现金或非现金资产捐赠产生的利得。

（5）罚没利得，是指企业收取的滞纳金、违约金以及其他形式的罚款所形成的利得。

（6）无法支付的应付款项，是指由于债权单位撤销或其他原因而无法支付，按规定程序报经批准后转入当期损益的应付账款形成的利得。

（7）政府补助，是指企业从政府无偿取得、与日常活动无关的货币性资产或非货币性资产形成的利得。

（二）营业外支出

营业外支出是指企业发生的与日常活动无直接关系的各项损失。主要包括：非流动资产毁损报废损失、债务重组损失、公益性、捐赠支出、非常损失、盘亏损失等。

（1）非流动资产毁损报废损失，是指对自然灾害等发生毁损、已丧失使用功能而报废的非流动资产进行清理所产生的损失。

（2）债务重组损失，是指重组债权的账面余额超过受让资产的公允价值、所转股份的公允价值，或者重组后债权的账面价值之间的差额所形成的损失。

（3）公益性捐赠支出，是指企业对外进行公益性捐赠发生的支出。

（4）非常损失，是指企业对于因客观因素（如自然灾害等）造成的损失，在扣除保险公司赔偿后计入当期损益的净损失。

（5）盘亏损失，是指企业在财产清查中发现盘亏的资产，报经批准后计入营业外支出的损失。

（6）罚款支出，是指企业由于违反合同、违法经营以及拖欠税款等而支付的违约金、罚款、滞纳金等支出。

四、政府补助及会计处理

（一）政府补助及其特征

政府补助是指企业从政府无偿取得货币性资产或非货币性资产，包括政府对企业的无偿拨款、税收返还、财政贴息，以及无偿给予非货币性资产等。通常情况下，直接减征、免征、增加计税抵扣额、抵免部分税额等不属于政府补助。

政府补助的特征有两个：一是政府补助来源于政府的经济资源；二是政府补助是无偿的。

（二）政府补助的分类

我国《企业会计准则第 16 号——政府补助》规定，政府补助划分为与资产相关的政府补助和与收益相关的政府补助。这两类政府补助给企业带来经济利益或者弥补相关成本或费用的形式不同，从而在具体会计处理上存在差别。

与资产相关的政府补助，是指企业取得的、用于购建或以其他方式形成长期资产的政府补助。通常情况下，相关补助文件会要求企业将补助资金用于取得长期资产。长期资产将在较长的期间内给企业带来经济利益，因此，相应的政府补助的受益期也较长。

与收益相关的政府补助，是指除与资产相关的政府补助之外的政府补助。此类补助主要是用于补偿企业已发生或即将发生的相关成本费用或损失，受益期相对较短，通常在满足补助所附条件时计入当期损益或冲减相关成本。

（三）政府补助的会计处理

政府补助同时满足下列条件的，才能予以确认。一是企业能够满足政府补助所附条件；二是企业能够收到政府补助。

政府补助为货币性资产的，应当按照收到或应收的金额计量。政府补助为非货币性资产的，应当按照公允价值计量；公允价值不能可靠取得的，按照名义金额计量。

政府补助有总额法和净额法。总额法是在确认政府补助时，将其全额一次或分次确认为收益，而不是作为相关资产账面价值或者成本费用等的扣减。净额法是将政府补助确认为对相关资产账面价值或者所补偿成本费用等的扣减。

通常情况下，对同类或类似政府补助业务只能选用一种方法，同时，企业对该业务应当一贯地运用该方法，不得随意变更。

与企业日常活动相关的政府补助，应计入其他收益或冲减相关成本费用。与企业日常活动无关的政府补助，应计入营业外收入或冲减相关损失。

1. 与收益相关的政府补助。与收益相关的政府补助，分以下情况进行会计处理。

用于补偿企业已发生的相关成本费用或损失的，直接计入当期损益或冲减相关成本。

用于补偿企业以后期间的相关成本费用或损失的，确认为递延收益，并在确认相关成本费用或损失的期间，计入当期损益或冲减相关成本。

对与收益相关的政府补助，企业可以选择采用总额法或净额法进行会计处理。选择总额法的，应当计入其他收益或营业外收入；选择净额法的，应当冲减相关成本费用或营业外支出。

【例 14 - 9】天宇公司 2018 年 10 月遭受重大自然灾害，并于 2018 年 12 月 16 日收到了政府补助资金 150 万元，用于弥补其遭受自然灾害的损失。

2018 年 12 月 16 日，天宇公司实际收到补助资金，对该补助以总额法进行会计处理。

借：银行存款　　　　　　　　　　　　　　　　　1 500 000
　　贷：营业外收入　　　　　　　　　　　　　　　　　　　1 500 000

【例 14 - 10】某公司销售其自主开发的软件，按国家有关规定，该软件产品适用增值税即征即退政策，按 16% 的税率征收增值税后，对其增值税实际税负超过 3% 的部分，实行即征即退。公司于 2018 年 8 月进行纳税申报时，对归属于 7 月的增值税即征即退提交退税申请，经主管税务机关审核后的退税额为 17 万元。

分析：该软件企业即征即退增值税与企业日常销售密切相关，属于与企业的日常活动相关的政府补助。公司申请退税并确定了增值税退税额，账务处理如下：

借：其他应收款　　　　　　　　　　　　　　　　　170 000
　　贷：其他收益　　　　　　　　　　　　　　　　　　　　170 000

【例 14 - 11】天宇公司于 2017 年 3 月 15 日与其所在地地方政府签订合作协议，根据协议约定，当地政府将向甲企业提供 500 万元奖励资金，用于企业的人才激励和人才引进奖励，天宇公司必须按年向当地政府报送详细的资金使用计划并按规定用途使用资金。协议同时还约定，天宇公司自获得奖励起 10 年内注册地址不得迁离本地区，否则政府有权追回奖励资金。天宇公司于 2017 年 4 月 10 日收到 500 万元补助资金，分别在 2017 年 12 月、2018 年 12 月、2019 年 12 月使用了 200 万元、150 万元和 150 万元，用于发放给总裁级高管年度奖金。不考虑相关税费等其他因素。

分析：如果客观情况表明，天宇公司在未来 10 年内离开该地区的可能性很小，则在收到补助资金时应记入"递延收益"科目，实际按规定用途使用补助资金时，再计入当期损益。

假设天宇公司以净额法对该补助进行会计处理。

①2017 年 4 月 10 日，公司收到补助资金：

借：银行存款　　　　　　　　　　　　　　　　　5 000 000
　　贷：递延收益　　　　　　　　　　　　　　　　　　　5 000 000

②2017 年 12 月、2018 年 12 月、2019 年 12 月，公司将补助资金用于发放高管奖金时：

a. 2017 年 12 月：

借：递延收益　　　　　　　　　　　　　　　　　2 000 000
　　贷：管理费用　　　　　　　　　　　　　　　　　　　2 000 000

b. 2018 年 12 月：

借：递延收益　　　　　　　　　　　　　　　　　1 500 000
　　贷：管理费用　　　　　　　　　　　　　　　　　　　1 500 000

c. 2019 年 12 月：

借：递延收益　　　　　　　　　　　　　　　　　　1 500 000

　　贷：管理费用　　　　　　　　　　　　　　　　　　　　1 500 000

如果天宇公司按总额法对该政府补助进行会计处理，则应当在确认相关管理费用的期间，借记"递延收益"科目，贷记"其他收益"科目。

如果天宇公司在取得补助资金时，暂时无法确定能否满足政府补助所附条件（即在未来 10 年内注册地址不得迁离本地区），则应当将收到的补助资金先记入"其他应付款"科目，待客观情况表明其能够满足政府补助所附条件后，再转入"递延收益"科目。

2. 与资产相关的政府补助。与资产相关的政府补助，企业通常先收到补助资金，再按照政府要求将补助资金用于购建固定资产或无形资产等长期资产。

企业在取得与资产相关的政府补助时，采用总额法或净额法进行会计处理。

总额法下，企业在取得与资产相关的政府补助时，应按补助资金的金额借记"银行存款"等科目，贷记"递延收益"科目，然后在相关资产使用寿命内按合理、系统的方法分期计入损益，借记"递延收益"科目，贷记"其他收益"或"营业外收入"科目。

如果企业先取得与资产相关的政府补助，再确认所购建的长期资产，总额法下应当在开始对相关资产计提折旧或进行摊销时按照合理、系统的方法将递延收益分期计入当期收益；如果相关长期资产投入使用后企业再取得与资产相关的政府补助，总额法下应当在相关资产的剩余使用寿命内按照合理、系统的方法将递延收益分期计入当期收益。

相关资产在使用寿命结束时或结束前被处置（出售、报废、转让、发生毁损等），尚未分配的相关递延收益余额应当转入资产处置当期的损益，不再予以递延。

净额法下，企业在取得政府补助时应按照补助资金的金额冲减相关资产的账面价值。如果企业先取得与资产相关的政府补助，再确认所购建的长期资产，净额法下应将取得的政府补助先确认为递延收益，在相关资产达到预定可使用状态或预定用途时将递延收益冲减资产账面价值；如果相关长期资产投入使用后企业再取得与资产相关的政府补助，净额法下应当在取得补助时冲减相关资产的账面价值，并按照冲减后的账面价值和相关资产的剩余使用寿命计提折旧或进行摊销。

企业在收到非货币性资产的政府补助时，应当借记有关资产科目，贷记"递延收益"科目，然后在相关资产使用寿命内按合理、系统的方法分期计入损益，借记"递延收益"科目，贷记"其他收益"或"营业外收入"科目。对以名义金额计量的政府补助，在取得时计入当期损益。

【例 14 - 12】按照国家有关政策，企业购置环保设备可以申请补贴以补偿其环保支出。2018 年 1 月，天宇公司向政府有关部门提交了 420 万元的补助申请，作为对其购置环保设备的补贴。2018 年 3 月 15 日，天宇公司收到了财政补贴款 420

万元。2018 年 4 月 20 日，天宇公司购入不需安装的环保设备一台，实际成本为 480 万元，使用寿命 10 年，采用直线法计提折旧（不考虑净残值）。2026 年 4 月，天宇公司的这台设备发生毁损而报废。本例中不考虑相关税费等其他因素。

如果天宇公司按总额法对该补助进行会计处理。

①2018 年 3 月 15 日实际收到财政拨款，确认递延收益：

借：银行存款   4 200 000

  贷：递延收益   4 200 000

②2018 年 4 月 20 日购入设备：

借：固定资产   4 800 000

  贷：银行存款   4 800 000

③自 2018 年 5 月起，每个资产负债表日（月末）计提折旧，同时分摊递延收益。

a. 计提折旧（假设该设备用于污染物排放测试，折旧费用计入制造费用）：

借：制造费用   40 000

  贷：累计折旧   40 000

b. 分摊递延收益：

借：递延收益   35 000

  贷：其他收益   35 000

c. 2026 年 4 月设备毁损，同时转销递延收益余额：

借：固定资产清理   960 000

  累计折旧   3 840 000

  贷：固定资产   4 800 000

借：递延收益   840 000

  贷：固定资产清理   840 000

借：营业外支出   120 000

  贷：固定资产清理   120 000

如果天宇公司按净额法对该补助进行会计处理。

①2018 年 3 月 15 日实际收到财政拨款，确认递延收益：

借：银行存款   4 200 000

  贷：递延收益   4 200 000

②2018 年 4 月 20 日购入设备：

借：固定资产   4 800 000

  贷：银行存款   4 800 000

借：递延收益   4 200 000

  贷：固定资产   4 200 000

③自 2018 年 5 月起每个资产负债表日（月末）计提折旧：

借：制造费用   5 000

  贷：累计折旧   5 000

④2026 年 4 月设备毁损：

借：固定资产清理　　　　　　　　　　　　　　　120 000
　　累计折旧　　　　　　　　　　　　　　　　　　480 000
　　　贷：固定资产　　　　　　　　　　　　　　　　　　　600 000
借：营业外支出　　　　　　　　　　　　　　　　120 000
　　　贷：固定资产清理　　　　　　　　　　　　　　　　　120 000

五、利润的结转及会计处理

　　企业应设置"本年利润"科目，核算企业当期实现的净利润（或发生的净亏损）。会计期末，企业应将各损益类科目的余额转入"本年利润"科目。即将收益类科目的余额转入"本年利润"科目的贷方，借记"主营业务收入""其他业务收入""其他收益""营业外收入"等科目，贷记"本年利润"科目；将费用类科目的余额转入"本年利润"科目的借方，借记"本年利润"科目，贷记"主营业务成本""其他业务成本""税金及附加""销售费用""管理费用""研发费用""财务费用""资产减值损失""信用减值损失""营业外支出""所得税费用"等科目。"公允价值变动损益""净敞口套期收益""投资收益""资产处置收益"科目如为净收益，借记"公允价值变动损益""净敞口套期收益""投资收益""资产处置收益"科目，贷记"本年利润"科目；如为净损失，借记"本年利润"科目，贷记"公允价值变动损益""净敞口套期收益""投资收益""资产处置收益"科目。期末结转后，"本年利润"科目如为贷方余额，为当期实现的净利润；如为借方余额，为当期发生的净亏损。

　　年度终了，企业应将本年收入、利得和费用、损失相抵后结出的本年实现的净利润，转入"利润分配"科目。借记"本年利润"科目，贷记"利润分配——未分配利润"科目，如为净亏损，作相反的会计分录。结转后"本年利润"科目应无余额。

　　为了简化核算，企业在中期期末可以不进行上述利润结转，年内各期实现的利润直接通过利润表计算，年度终了时，再将各损益类科目全年累计余额一次转入"本年利润"科目。

　　【例 14 - 13】天宇股份有限公司 2018 年取得主营业务收入 8 000 000 元，其他业务收入 500 000 元，公允价值变动净收益 50 000 元，投资净收益 400 000 元，营业外收入 20 000 元，资产处置收益 160 000 元；发生主营业务成本 6 000 000 元，其他业务成本 300 000 元，税金及附加 80 000 元，销售费用 600 000 元，管理费用 780 000 元，研发费用 100 000 元，财务费用 220 000 元，资产减值损失 150 000 元，营业外支出 240 000 元；本年度的所得税费用为 150 000 元。假定天宇公司年末一次结转利润。

　　天宇公司结转利润的会计处理如下。

　　①2018 年 12 月 31 日，将损益类科目年末余额结转入"本年利润"科目：

借：主营业务收入   8 000 000

  其他业务收入   500 000

  公允价值变动损益   50 000

  投资收益   400 000

  营业外收入   20 000

  资产处置收益   160 000

  贷：本年利润   9 130 000

借：本年利润   8 620 000

  贷：主营业务成本   6 000 000

   其他业务成本   300 000

   税金及附加   80 000

   销售费用   600 000

   管理费用   780 000

   管理费用——研发费用   100 000

   财务费用   220 000

   资产减值损失   150 000

   营业外支出   240 000

   所得税费用   150 000

②将"本年利润"科目年末余额 510 000 元（9 130 000－8 620 000）转入"利润分配——未分配利润"科目：

借：本年利润   510 000

  贷：利润分配——未分配利润   510 000

六、利润分配

企业当年实现的净利润应该按照以下顺序进行分配。

（1）提取法定盈余公积，是指企业根据有关法律的规定，按照净利润的10%提取的盈余公积。法定盈余公积累计金额已达到注册资本的50%时，可以不再提取。

（2）应付优先股股利，是指企业按照利润分配方案分配给优先股股东的现金股利。

（3）提取任意盈余公积，是指企业根据股东大会决议提取的盈余公积。

（4）应付普通股股利，是指企业按照利润分配方案分配给普通股股东的现金股利。

（5）转作资本（或股本）的普通股股利，是指企业按照利润分配方案以分派股票股利的形式转作股本的股利，也包括非股份有限公司以利润转增的资本。

企业应设置"利润分配"科目，核算企业利润的分配（或亏损的弥补）以及历年积存的未分配利润（或未弥补亏损）。"利润分配"科目的贷方反映年末从"本年利润"科目转入的本年净利润以及年初未分配利润数额；借方反映按规定提取的法定盈余公积、向投资者分配的利润数额以及年末从"本年利润"科目转入的本年亏损数额。该科目年末余额，反映企业年末未分配利润（或未弥补的亏损）。

"利润分配"科目下应分别设置"提取法定盈余公积""提取任意盈余公积""应付现金股利（或利润）""转作股本的股利""盈余公积补亏"和"未分配利润"等明细科目进行明细核算。

企业按有关法律规定提取的法定盈余公积，借记"利润分配——提取法定盈余公积"科目，贷记"盈余公积——法定盈余公积"科目；根据股东大会或类似机构决议提取的盈余公积，借记"利润分配——提取任意盈余公积"科目，贷记"盈余公积——任意盈余公积"科目；分配给股东的现金股利，借记"利润分配——应付现金股利（或利润）"科目，贷记"应付股利"科目；分配给股东的股票股利，在办理增资手续后，借记"利润分配——转作股本的股利"科目，贷记"股本"或"实收资本"科目，如有差额，贷记"资本公积——股本溢价（或资本溢价）"科目。企业用盈余公积弥补亏损时，借记"盈余公积——法定盈余公积（或任意盈余公积）"科目，贷记"利润分配——盈余公积补亏"科目。

年度终了，企业应将"利润分配"科目下所属其他明细科目的余额转入"未分配利润"明细科目。结转后，除"未分配利润"明细科目外，其他明细科目应无余额。

【例 14 – 14】天宇股份有限公司 2018 年度实现净利润 450 000 元，按实现净利润的 10% 提取法定盈余公积，按实现净利润的 10% 提取任意盈余公积，向股东分派现金股利 200 000 元，分派股票股利 120 000 股，股票面值为 1 元。假设无年初未分配利润。

①提取法定盈余公积：

借：利润分配——提取法定盈余公积　　　　　　　　　　　45 000
　　　　　　——提取任意盈余公积　　　　　　　　　　　45 000
　　贷：盈余公积——法定盈余公积　　　　　　　　　　　　　45 000
　　　　　　——任意盈余公积　　　　　　　　　　　　　　　45 000

②分派现金股利：

借：利润分配——应付现金股利　　　　　　　　　　　　200 000
　　贷：应付股利　　　　　　　　　　　　　　　　　　　　200 000

③分派股票股利：

借：利润分配——转作股本的股利　　　　　　　　　　　120 000
　　贷：股本　　　　　　　　　　　　　　　　　　　　　120 000

④结转"利润分配"其他明细科目余额：

借：盈余公积——未分配利润　　　　　　　　　　　　　410 000
　　贷：利润分配——提取法定盈余公积　　　　　　　　　　　45 000

——提取任意盈余公积	45 000
——应付现金股利	200 000
——转作股本的股利	120 000

结过结转后，"利润分配——未分配利润"科目有贷方余额 40 000 元。

第三节 所 得 税

一、所得税会计概述

财务会计与所得税税法属于两个不同的范畴，它们分别遵循不同的规范并有着不同的目的。财务会计是以财务会计准则为指导，旨在向财务会计信息使用者提供反映企业财务状况、经营成果、现金流量等有助于决策的信息，收入和费用的确认以权责发生制为基础，要求提供的会计信息具有可靠性、相关性和可比性。而所得税税法旨在根据国家的有关法律规定，以经济合理、公平税负为原则，确定一定时期内企业应缴纳的所得税税额。由此，财务会计计算的会计利润与所得税税法计算的应纳税所得额之间必然存在差异。

（一）会计利润与应纳税所得额之间的差异

会计利润与应纳税所得额是两个不同领域内的概念，会计利润属于财务会计核算的范畴；应纳税所得额属于税收的范畴。会计利润是企业根据会计准则或制度的规定，通过财务会计程序确认的税前收益。计算会计利润的目的是向财务报表使用者提供关于企业经营成果的会计信息，为其经济决策提供可靠的依据；应纳税所得额是根据国家所得税法的规定计算确定的收益，是以一定期间应税收入扣减税法允许扣除的项目后计算的，其目的是为企业进行纳税申报和国家税收机关核定企业应纳税额提供依据。

会计利润与应纳税所得额是两个既有联系又有区别的概念。企业按照会计准则或制度的规定核算形成的会计利润，是计算应纳税所得额的基础。在会计利润的基础上，通过纳税调整，确定应纳税所得额，是企业在实际工作中调整会计准则或制度与税法对收入和费用不同规定的一种方法。由于会计利润与应纳税所得额的确定依据和目的不同，因此，两者之间又存在着很大的差异，这种差异按其性质可以分为永久性差异和暂时性差异。

1. 永久性差异。永久性差异是指某一会计期间，由于会计准则和所得税法在确认收入、费用或损失时的口径不同所产生的税前会计利润与应纳税所得额之间的差异。会计利润是企业依据会计准则计算的一定期间取得的收入减去所发生的各项费用后的余额；应纳税所得额是企业依据所得税法计算的一定期间内取得的收入减去准予扣除项目后的余额，会计准则与所得税法对收入和费用的确认在计算口径上各不相同，产生了永久性差异。例如，企业收到购买国债的利息收入，会计核算作为投资收益计入利润总额，而所得税法规定不属于应税收入；还有企业违法经营的罚款和被没收财物的损失、支付的各项税收的滞纳金以及各种非公益性捐赠支出，会计核算作为营业外支出计入利润总额，但税法上不允许在所得税前扣除。永久性差异的特点是在本期发生，不会在以后各期转回。因此，永久性差异只影响当期的应纳税所得额，不会影响以后各期纳税额，在计算当期应交所得税时，需将其调整应纳税所得额。

2. 暂时性差异。暂时性差异是指资产、负债的账面价值与其计税基础不同产生的差异，该差异将影响未来期间的应纳税所得额，即在以后年度当财务报表上列示的资产收回时或者列示的负债偿还时，会产生应税利润或可抵扣税额。如会计与所得税法对固定资产的折旧方法、折旧年限以及减值准备计提等规定不同，使固定资产的账面价值与其计税基础之间产生差异，又如会计对交易性金融资产按公允价值计量且其变动计入当期损益，而所得税法不确认公允价值变动损益，使交易性金融资产的账面价值与计税基础产生差异。从理论上说，暂时性差异由于收入项目和费用项目计入应税利润和计入会计利润在时间上不一致而产生的，该差异发生在某一时期，但在下一期或若干时期内可以转回。

（二）所得税的会计处理方法

如何处理所得税历来是会计界关心及有争议的问题，纵观国内外所得税会计的发展历程，所得税会计处理方法主要有应付税款法、递延法、利润表债务法和资产负债表债务法。

1944 年，美国会计师协会的会计程序委员会（CAP）发布了第 23 号公告，提出了永久性差异和时间性差异的概念。1953 年发布的会计研究公告第 43 号和 1958 年发布的第 44 号公告将"当期计列法"（应付税款法）作为所得税会计处理方法。应付税款法是将本期税前会计利润与应纳税所得额之间产生的差异均在当期确认所得税费用的一种方法。应付税款法下应纳税所得额的计算公式为：

$$应纳税所得额 = 会计利润 \pm 永久性差异 \pm 时间性差异$$

在此方法下，某一特定会计期间的所得税费用与应交所得税相等。可见，应付税款法以收付实现制为基础，即本期应交所得税金额全部计入本期利润表的所得税费用中，利润表所得税费用与收入不配比。

1967 年，美国会计原则委员会（APB）发布了第 11 号意见书，取消了"当期计列法"（应付税款法），要求采用递延所得税法来核算所得税，目的是将所得税费用和当年相关收入相配比。与应付税款法相比，递延法不再简单地把本期应交所得税金额全部计入本期所得税费用，而将本期时间性差异产生的所得税影响额计入递延所得税借项或递延所得税贷项。可见，递延法本质上以权责发生制为基础，强调收入与费用的配比。但是，当税率变动或开征新税时，对递延税款的账面余额不作调整。国际会计准则制定的第 12 号国际会计准则《所得税会计》

（1979）也要求主体采用纳税影响会计法（包括递延法）处理所得税会计。

1989 年，国际会计准则委员会（IASC）发布了《所得税会计征求意见稿》（ED33），建议采用利润表债务法进行所得税会计处理。与递延法一样，利润表债务法以收入、费用的配比为中心，以利润表为基础，将时间性差异对未来所得税的影响计入递延税款，当税率变化时，按现行税率调整递延税款余额。该方法体现了权责发生制的计量基础，注重利润表的当期所得税费用。但由于过于注重利润表的当期所得税费用与收入的配比，而资产负债表的"递延税款"只是倒轧数，不能真正意义上从资产和负债的定义出发真实反映会计主体的资产和负债。因此，已被 FASB、IASC 和我国新准则淘汰。

1986 年，美国财务会计准则委员会发布了《所得税会计征求意见稿》，建议采用资产负债表法对所得税进行核算。1987 年，发布第 96 号财务会计准则公告《所得税的会计处理》，率先提出了暂时性差异概念，将所得税会计的方法转向资产负债表债务法，这种方法强调，资产负债表上所确认的项目，都会导致企业未来经济利益的流入或流出。1996 年，国际会计准则委员会也重新颁布了修订后的《国际会计准则第 12 号——所得税》，用暂时性差异概念取代了时间性差异概念，确立了资产负债表债务法在所得税会计中的重要地位。

我国《企业会计准则第 18 号——所得税》（2006）规定，企业应用资产负债表债务法进行所得税会计处理。

1. 资产负债表债务法的理论基础。资产负债表债务法以资产负债观为理论起点，以资产负债表为基础，注重资产负债的真实反映，侧重暂时性差异。从资产负债角度考虑，资产的账面价值代表的是某项资产在持续持有及最终处置的一定期间内为企业带来未来经济利益的总额，而其计税基础代表的是该期间内按照税法规定就该项资产可以税前扣除的总额。资产的账面价值小于其计税基础的，表明该项资产于未来期间产生的经济利益流入低于按照税法规定允许税前扣除的金额，产生可抵减未来期间应纳税所得额的因素，减少未来期间以应交所得税的方式流出企业的经济利益，应确认为递延所得税资产。反之，一项资产的账面价值大于其计税基础的，两者之间的差额会增加企业于未来期间应纳税所得额及应交所得税，对企业形成经济利益流出的义务，应确认为递延所得税负债。

具体在核算时，资产负债表债务法是通过比较资产负债表上每一资产与负债项目的会计账面价值与计税基础之间的暂时性差异（应纳税暂时性差异和可抵扣暂时性差异），按预计转回年度的所得税税率计算其相应的递延所得税负债或递延所得税资产，并在此基础上倒轧出利润表中的当期所得税费用。其计算公式为：

当期所得税费用 = 当期应交所得税 +（期末递延所得税负债 – 期初递延所得税负债）
– （期末递延所得税资产 – 期初递延所得税资产）

在所得税税率发生变动时，要随即调整已经形成的递延所得税资产和递延所得税负债。

2. 资产负债表法的基本核算程序。企业一般应于每一资产负债表日进行所得税的核算。因企业合并等特殊交易或事项发生时，在确认因交易或事项取得的资产、负债时即应确认相关的所得税影响。企业进行所得税核算一般应遵循以下程序。

（1）确定产生暂时性差异的项目；

（2）确定资产或负债的账面价值及计税基础；

（3）计算暂时性差异的期末余额；

（4）计算"递延所得税负债""递延所得税资产"科目的期末余额；

（5）计算"递延所得税负债""递延所得税资产"科目的发生额；

（6）所得税费用＝当期所得税费用＋递延所得税费用（或－递延所得税收益）。

3. 会计科目的设置。所得税费用的会计处理，涉及的会计科目有以下四个。

（1）"所得税费用"科目，核算企业确认的应从当期利润总额中扣除的所得税费用，可按"当期所得税费用""递延所得税费用"进行明细核算。借方反映当期所得税费用及确认递延所得税负债时确认的递延所得税费用、转回递延所得税资产时转回的递延所得税费用，贷方反映当期结转的所得税费用及确认递延所得税资产时确认的递延所得税费用、转回递延所得税负债时转回的递延所得税费用。本账户结转后期末无余额。

（2）"递延所得税资产"科目，核算企业确认的可抵扣暂时性差异产生的递延所得税资产，以及根据税法规定可用以后年度税前利润弥补的亏损和税款抵减产生的所得税资产。借方反映确认的各类递延所得税资产，贷方反映当企业确认递延所得税资产的可抵扣暂时性差异情况发生回转时转回的所得税影响额以及税率变动或开征新税调整的递延所得税资产，余额反映尚未转回的递延所得税资产。

（3）"递延所得税负债"科目，核算企业由于应纳税暂时性差异确认的递延所得税负债。贷方反映确认的各类递延所得税负债，借方反映当企业确认递延所得税负债的应纳税暂时性差异情况发生回转时转回的所得税影响额以及税率变动或开征新税调整的递延所得税负债，余额反映尚未转回的递延所得税负债。

（4）"应交税费——应交所得税"科目，核算企业应上交的所得税。贷方反映企业按税法规定的应纳税所得额和所得税税率计算的应缴纳的当期所得税，借方反映已缴纳的所得税，余额反映尚未缴纳的所得税。

二、账面价值和计税基础

（一）资产的账面价值和计税基础

资产的账面价值是指资产科目的账面余额减去相应备抵科目后的净额，如固定资产科目余额减去累计折旧、固定资产减值准备科目后的净额为账面价值。资产账面价值是财务会计的范畴。

资产的计税基础是指企业收回资产账面价值过程中，计算应纳税所得额时按照税法规定可以自应税经济利益中抵扣的金额，即某一项资产在未来期间计税时按照税法规定可以税前扣除的金额。

由于财务会计与所得税法是经济领域的两个不同分支，会计确定的某项资产账面价值与所得税法确定的计税基础是不同的，以下举例说明部分资产项目计税基础的确定。

1. 交易性金融资产。按照《企业会计准则第22号——金融工具确认和计量》的规定，对于划分为以公允价值计量且其变动计入当期损益的金融资产，按照公允价值进行计量，公允价值的变动一方面记入"公允价值变动损益"科目，计入利润表；另一方面调整"交易性金融资产"科目，该金融资产于某一会计期末的账面价值为其公允价值。而税法规定，企业以公允价值计量的金融资产在持有期间其公允价值的变动不计入应纳税所得额，在实际处置或结算时，处置取得的价款扣除其历史成本后的差额应计入处置或结算期间的应纳税所得额，即以公允价值计量的金融资产在持有期间市价的波动在计税时不予考虑，其计税基础为其取得成本，从而造成在公允价值变动的情况下，对以公允价值计量的金融资产账面价值与计税基础之间的差异。

【例14-15】2018年11月26日，天宇股份有限公司从证券市场取得一项投资，支付价款860万元，将其划分为以公允价值计量且其变动计入当期损益的金融资产（交易性金融资产）核算。2018年12月31日，该投资的市价为890万元。

该交易性金融资产在2018年资产负债表日的账面价值为890万元。因税法规定以公允价值计量的金融资产在持有期间公允价值的变动不计入应纳税所得额，其在2018年资产负债表日的计税基础应为取得成本860万元。

2. 固定资产。以各种方式取得的固定资产，初始确认时按照会计准则规定确定的入账价值基本上是被税法认可的，即取得时其账面价值一般等于计税基础。

固定资产在持有期间进行后续计量时，由于会计与税法就折旧方法、折旧年限以及固定资产减值准备的提取等处理的不同，可能造成固定资产的账面价值与其计税基础不一致。

（1）折旧。折旧因素包括折旧方法、折旧年限等，财务会计与所得税法规定的不同，可能导致固定资产账面价值与其计税基础的差异。

企业应当根据与固定资产有关的经济利益的预期消耗方式，合理选择折旧方法，如可以按年限平均法计提折旧，也可以按照双倍余额递减法、年数总和法等计提折旧。税法中除某些按照规定可以加速折旧的情况外，可以税前扣除的是按照年限平均法计提的折旧；在折旧年限方面，税法就每一类固定资产的最低折旧年限作出了规定，而会计准则规定企业可以根据固定资产的性质和使用情况合理确定折旧年限，因折旧年限的不同，产生固定资产账面价值与计税基础之间的差异。

（2）计提固定资产减值准备。税法规定企业计提的资产减值准备在发生实质性损失前不允许税前扣除，造成固定资产的账面价值与计税基础的差异。

【例 14 - 16】天宇股份有限公司于 2016 年 12 月 5 日取得某项固定资产，原价为 800 万元，使用年限为 10 年，会计上采用年限平均法计提折旧，净残值为零。税法规定该类固定资产采用加速折旧法计提折旧，该企业在计税时采用双倍余额递减法计提折旧，净残值为零。2018 年 12 月 31 日，企业估计该项固定资产的可收回金额为 580 万元。

2018 年 12 月 31 日，该项固定资产的账面余额 = 800 - 80 × 2 = 640（万元），该账面余额大于其可收回金额 580 万元，两者之间的差额应计提 60 万元的固定资产减值准备。

2018 年 12 月 31 日，该项固定资产的账面价值 = 800 - 80 × 2 - 60 = 580（万元），其计税基础 = 800 - 800 × 20% - 640 × 20% = 512（万元）。

3. 无形资产。企业从外部取得的无形资产，初始确认时按照会计准则规定确定的入账价值与按照税法规定确定的计税基础之间一般不存在差异，差异主要产生于内部研究开发形成的无形资产以及无形资产的后续计量。

（1）内部研究开发形成的无形资产。企业会计准则规定，内部研究开发形成无形资产的入账价值为开发阶段符合资本化条件以后至达到预定用途前发生的支出；而税法规定，自行开发的无形资产，以开发过程中该资产符合资本化条件后至达到预定用途前发生的支出为计税基础。另外，对于研究开发费用的加计扣除，税法中规定企业为开发新技术、新产品、新工艺发生的研究开发费用，未形成无形资产计入当期损益的，在按照规定据实扣除的基础上，按照研究开发费用的 50% 加计扣除；形成无形资产的，按照无形资产成本的 150% 摊销。

2018 年 9 月，为进一步激励企业加大研发投入，支持科技创新，财政部、税务总局、科技部就提高企业研究开发费用税前加计扣除比例联合发文：企业开展研发活动中实际发生的研发费用，未形成无形资产计入当期损益的，在按规定据实扣除的基础上，2018 年 1 月 1 日~2020 年 12 月 31 日，再按照实际发生额的 75% 在税前加计扣除；形成无形资产的，在上述期间按照无形资产成本的 175% 在税前摊销。

如无形资产的确认不是产生于企业合并交易，同时在（初始）确认时既不影响会计利润也不影响应纳税所得额，则按照所得税准则的规定，不确认有关暂时性差异的所得税影响。

（2）无形资产的后续计量。无形资产的后续计量包括无形资产的摊销及计提减值准备。会计准则规定，企业应根据无形资产的使用寿命情况，区分为使用寿命有限的无形资产与使用寿命不确定的无形资产。对于使用寿命不确定的无形资产，不要求摊销，但持有期间每年应进行减值测试。而税法规定，企业取得的无形资产成本（外购商誉除外），应在一定期限内摊销。由此，对于使用寿命不确定的无形资产，会计处理时计提减值准备，但计税时按照税法规定确定的摊销额允许税前扣除，使无形资产账面价值与计税基础产生差异。

【例14-17】天宇股份有限公司自2017年1月1日起自行研究开发了一项新专利技术。适用的所得税税率为25%。公司2017年与2018年实现利润总额均为10 000万元。税法规定，研究开发支出未形成无形资产计入当期损益的，按照研究开发费用的75%加计扣除；形成无形资产的，按照无形资产成本的175%摊销。

①2017年研发支出为1 500万元，其中费用化的支出为500万元，资本化支出为1 000万元。至2017年年末尚未达到预定可使用状态。所得税会计处理如下。

2017年年末：

研发支出账面价值=1 000（万元）

研发支出计税基础=1 000×175%=1 750（万元）

可抵扣暂时性差异=750（万元）

自行研发的无形资产确认时，既不影响应纳税所得额也不影响会计利润，故不确认相关的递延所得税资产。

2017年年末应交所得税=（10 000－500×75%）×25%=2 406.25（万元）

②2018年又发生资本化支出为1 400万元，2018年7月1日该项专利技术获得成功并取得专利权。公司预计该项专利权的使用年限为10年，采用直线法进行摊销，均与税法规定相同。所得税会计处理如下。

2018年年末：

无形资产账面价值=2 400－2 400/10×6/12=2 400－120=2 280（万元）

无形资产计税基础=2 400×175%－2 400×175%/10×6/12=3 990（万元）

累计可抵扣暂时性差异=3 990－2 280=1 710（万元）

自行研发的无形资产确认时，既不影响应纳税所得额也不影响会计利润，故不确认相关的递延所得税资产。

2018年年末应交所得税=（10 000＋2 400/10×6/12－2 400×175%/10×6/12）×25%=2 477.5（万元）

【例14-18】天宇股份有限公司取得一项无形资产，取得成本为1 000万元。年末，根据各方面情况判断，公司无法合理预计其使用期限，将其作为使用寿命不确定的无形资产，对该项无形资产进行减值测试并计提该项无形资产的减值准备200万元。企业在计税时，对该项无形资产按照10年的期限采用直线法摊销，摊销金额允许税前扣除。

会计上将该项无形资产作为使用寿命不确定的无形资产，计提减值准备后，年末账面价值为800万元。该项无形资产的计税基础为900万元（成本1 000－按照税法规定可予税前扣除的摊销额100）。

4. 其他债权投资和其他权益工具投资。对于以公允价值计量且其变动计入其他综合收益的金融资产（其他债权投资）以及指定以公允价值计量且其变动计入其他综合收益的非交易性权益工具（其他权益工具投资），某一会计期末的账面价值为该时点的公允价值。而税法规定，企业以公允价值计量的金融资产、金融负债以及投资性房地产等，持有期间公允价值的变动不计入应纳税所得额，在实际处置时，处置取得的价款扣除以历史成本为基础确定的处置成本后的差额应计入应纳税所得额，因此账面价值与计税基础之间会存在差异。

【例 14 – 19】天宇股份有限公司持有的一项以公允价值计量且其变动计入其他综合收益的金融资产，成本为 100 万元，会计期末，其公允价值为 120 万元，该企业适用的所得税税率为 25%。除该事项外，该企业不存在其他会计与税收法规之间的差异。假定递延所得税负债无期初余额。

会计期末，确认 20 万元的公允价值变动：

借：其他债权投资   200 000

    贷：其他综合收益   200 000

其他债权投资年末账面价值为 120 万元，该项其他债权投资的计税基础为 100 万元，形成应纳税暂时性差异 20 万元，确认应纳税暂时性差异形成的递延所得税负债和其他综合收益：

借：其他综合收益   50 000

    贷：递延所得税负债   50 000

5. 投资性房地产。投资性房地产的后续计量有成本模式和公允价值模式。在投资性房地产成本模式计量下，会计和税法的差异主要集中在计提折旧、进行摊销以及计提资产减值准备方面。在公允价值的模式下，投资性房地产的公允价值为其账面价值，公允价值和原账面价值之间的差额应计入当期损益。税法规定投资性房地产计税基础为取得成本扣除按照税法规定允许税前扣除的折旧额后的金额，使投资性房地产账面价值与计税基础产生差异。

【例 14 – 20】天宇股份有限公司适用的所得税税率为 25%，假定税法规定的折旧方法、折旧年限及净残值与会计规定相同。同时，税法规定资产在持有期间公允价值的变动不计入应纳税所得额，待处置时一并计算确定应计入应纳税所得额的金额。

①2017 年 1 月 1 日该公司将其自用房屋用于对外出租，并采用公允价值对该投资性房地产进行后续计量。该房屋的成本为 5 000 万元，预计使用年限为 20 年。转为投资性房地产之前，已使用 4 年，按年限平均法计提折旧，预计净残值为零。2017 年 1 月 1 日账面价值为 4 000 万元（5 000 – 5 000/20 × 4），转换日公允价值为 5 000 万元，转换日产生其他综合收益为 1 000 万元。2017 年 12 月 31 日的公允价值为 6 000 万元。

分析：

账面价值 = 6 000（万元）

计税基础 = 5 000 – 5 000 ÷ 20 × 5 = 3 750（万元）

应纳税暂时性差异 = 6 000 – 3 750 = 2 250（万元）

2017 年年末"递延所得税负债"余额 = 2 250 × 25% = 562.5（万元）

2017 年年末"递延所得税负债"发生额 = 562.5 – 0 = 562.5（万元）

②该项投资性房地产在 2018 年 12 月 31 日的公允价值为 5 600 万元。

账面价值 = 5 600（万元）

计税基础 = 5 000 - 5 000 ÷ 20 × 6 = 3 500（万元）

应纳税暂时性差异累计余额 = 2 100（万元）

2018 年年末"递延所得税负债"余额 = 2 100 × 25% = 525（万元）

2018 年年末"递延所得税负债"发生额 = 525 - 562.5 = -37.5（万元）

6. 长期股权投资。会计上长期股权投资可以采用成本法或权益法进行核算。如果长期股权投资采用权益法核算的，则在持有过程中随着应享有被投资单位净资产的变化，其账面价值与计税基础会产生暂时性差异。

如果企业拟长期持有该项投资，则：

（1）因初始投资成本的调整产生的暂时性差异预计未来期间不会转回，对未来期间没有所得税影响，不确认递延所得税。

（2）因确认投资损益产生的暂时性差异，如果在未来期间逐期分回现金股利或利润时免税，也不存在对未来期间的所得税影响，不确认递延所得税。

（3）因确认应享有被投资单位其他权益变动而产生的暂时性差异，在长期持有的情况下预计未来期间也不会转回，不确认递延所得税。

如果改变持有意图拟将长期股权投资对外出售，则：

按照税法规定，企业在转让或者处置投资资产时，投资资产的成本准予扣除。在持有意图由长期持有转变为拟近期出售的情况下，因长期股权投资账面价值与计税基础不同产生的有关暂时性差异，均应确认相关的所得税影响。

7. 其他计提了资产减值准备的各项资产。有些资产如应收款项、存货等计提减值准备后的账面价值会随之下降，而税法规定资产在发生实质性损失之前，不允许税前扣除，即其计税基础不会因减值准备的提取而变化，造成在计提资产减值准备以后，资产的账面价值与计税基础之间的差异。

【例 14 - 21】天宇股份有限公司 2018 年 12 月 31 日应收账款余额为 500 万元，该公司期末对应收账款计提了 50 万元的坏账准备。税法规定，不符合国务院财政税务主管部门规定的各项资产减值准备不允许税前扣除。假定该公司应收账款及坏账准备的期初余额均为零。

该项应收账款在 2018 年资产负债表日的账面价值为 450 万元（500 - 50），因有关的坏账准备不允许税前扣除，其计税基础为 500 万元。

【例 14 - 22】天宇股份有限公司 2018 年购入库存商品成本为 400 万元，因市场环境发生了变化，2018 年资产负债表日估计该库存商品的可变现净值为 360 万元。假定该库存商品在 2018 年的期初余额为零。

该库存商品期末可变现净值低于成本，应计提的存货跌价准备 40 万元。计提该存货跌价准备后，该项原材料的账面价值为 360 万元。

该库存商品的计税基础不会因存货跌价准备的提取而发生变化，其计税基础为 400 万元不变。

（二）负债的账面价值和计税基础

负债的计税基础是指负债的账面价值减去未来期间计算应纳税所得额时按照税法规定可予抵扣的金额。用计算公式表示为：

负债的计税基础＝账面价值－未来期间按照税法规定可予税前扣除的金额

通常情况下，负债的确认与偿还一般不会影响企业的损益，也不会影响其应纳税所得额，未来期间计算应纳税所得额时按照税法规定可予抵扣的金额为零，计税基础等于账面价值。但是，某些情况下，负债的确认可能会影响企业的损益，进而影响不同期间的应纳税所得额，使得其计税基础与账面价值之间产生差额。

1. 预收账款。企业会计确认以权责发生制为基础，在收到客户预付的款项时，对于不符合收入确认条件的，会计上不确认收入而将其确认为负债。税法中对于收入的确认原则一般与会计规定相同，即会计上未确认收入时，计税时一般亦不计入应纳税所得额，该部分经济利益在未来期间计税时可予税前扣除的金额为零，计税基础等于账面价值。

但是在某些情况下，因不符合会计准则规定的收入确认条件，会计上未确认为收入，按照税法则规定应计入当期应纳税所得额。这样，会计确认为预收款项，税法上该预收账款的计税基础为零，两种产生了差异。

【例 14 – 23】天宇股份有限公司年末收到一笔合同预付款，金额为 1 200 万元，作为预收账款核算。按照适用税法规定，该款项应计入当期应纳税所得额计算交纳所得税。

资产负债表日该预收账款的账面价值为 1 200 万元。

计税基础＝账面价值 1 200 万元－未来期间计算应纳税所得额时按照税法规定可予抵扣金额 1 200 万元＝0

形成可抵扣暂时性差异 1200 万元。

2. 应付职工薪酬。会计准则规定，企业为获得职工提供的服务给予的各种形式的报酬以及其他相关支出均应作为企业的成本费用，在未支付之前确认为负债。税法中对于合理的职工薪酬基本允许税前扣除，但税法中如果规定了税前扣除标准的，按照会计准则规定计入成本费用支出的金额超过规定标准部分，应进行纳税调整。因超过部分在发生当期不允许税前扣除，在以后期间也不允许税前扣除，即该部分差额对未来期间计税不产生影响，所产生应付职工薪酬负债的账面价值等于计税基础。

【例 14 – 24】天宇股份有限公司 2018 年度税前会计利润为 1 000 万元，所得税税率为 25%。

①天宇公司全年应付职工薪酬为 285 万元，其中：工资薪金为 200 万元，职工福利费为 30 万元，工会经费为 5 万元，因现金结算股份支付确认管理费用 50 万元；假定天宇公司全年无其他纳税调整因素。

②税法规定，企业发生的合理的工资薪金支出准予据实扣除；企业发生的职工福利费支出，不超过工资、薪金总额14%的部分准予扣除；企业拨缴的工会经费，不超过工资、薪金总额2%的部分准予扣除；与股份支付有关确认的费用于实际支付时可税前抵扣。

分析：

①应纳税所得额 = 1 000 + 职工福利费（30 - 200 × 14%）+ 工会经费（5 - 200 × 2%）+ 股份支付确认管理费用50万元 = 1 000 + （30 - 28）+ （5 - 4）+ 50 = 1 053（万元）

②当期应交所得税额 = 1 053 × 25% = 263.25（万元）

③负债账面价值 = 285（万元）

负债计税基础 = 285 - 50 = 235（万元）

形成可抵扣暂时性差异 = 50（万元）

借：所得税费用   2507 500

　　递延所得税资产   125 000

　　贷：应交税费——应交所得税   2 632 500

3. 预计负债。或有事项准则规定，与或有事项相关的义务同时满足下列条件的，应确认为预计负债。（1）该义务是企业承担的现时义务；（2）履行该义务很可能导致经济利益流出企业；（3）该义务的金额能够可靠地计量。企业对于产品质量担保、未决诉讼、附有销售退回条件的商品销售，企业根据以往经验能够合理估计退货可能性并确认与退货相关预计负债，同时确认为费用或损失。税法规定，与销售产品相关的支出应于发生时税前扣除。因该类事项产生的预计负债在期末的计税基础为其账面价值与未来期间可税前扣除的金额之间的差额，即为零。

但是，某些情况下，因有些事项确认的预计负债，税法规定其支出无论是否实际发生均不允许税前扣除，即未来期间按照税法规定可予抵扣的金额为零，其账面价值等于计税基础。

【例14-25】天宇股份有限公司在2018年销售产品6 000万元，销售产品时承诺提供3年的保修服务，根据以往的经验，公司于年末计提了一项产品质量担保费用60万元，同时确认一项预计负债，当年度未发生任何保修支出。假定按照税法规定，与产品售后服务相关的费用在实际发生时允许税前扣除。

该项预计负债在资产负债表日的账面价值为60万元。

计税基础 = 账面价值 - 未来期间计算应纳税所得额时按照税法规定可予抵扣的金额 = 60万元 - 60万元 = 0

【例14-26】天宇股份有限公司的所得税税率为25%。2018年12月31日涉及一项诉讼案件，公司估计败诉的可能性为60%，如败诉，估计赔偿金额很可能为100万元。假定天宇公司税前会计利润为1 000万元。不考虑其他纳税调整。

分析：假定涉及一项担保诉讼，税法规定担保涉及诉讼不得税前扣除。

负债账面价值 = 100（万元）

负债计税基础 = 100 - 0 = 100（万元）

无暂时性差异，该差异是永久性差异。

应交所得税 = （1 000 + 100）× 25% = 275（万元）

会计处理：

借：所得税费用   2 750 000

  贷：应交税费——应交所得税   2 750 000

假定涉及一项违反合同的诉讼案件，税法规定违反合同的诉讼实际发生时可以税前扣除。

负债账面价值 = 100（万元）

负债计税基础 = 100 − 100 = 0（万元）

可抵扣暂时性差异 = 100（万元）

2018 年年末"递延所得税资产"发生额 = 25（万元）

借：所得税费用   2500 000

  递延所得税资产   250 000

  贷：应交税费——应交所得税   2 750 000

4. 交易性金融负债。

【例 14 – 27】2018 年 10 月 2 日，天宇股份有限公司发行 5 万张人民币短期融资券，期限为 1 年，票面利率为 6%，每张面值为 100 元，到期一次还本付息。天宇公司将该短期融资券指定为以公允价值计量且其变动计入当期损益的金融负债。年末该短期融资券的市场价格每张 95 元（不含利息）。假定天宇公司适用的所得税税率为 25%。

①2018 年 10 月 2 日发行短期融资券：

借：银行存款   5 000 000

  贷：交易性金融负债——成本   5 000 000

②2018 年 12 月 31 日：

借：交易性金融负债——公允价值变动   250 000

  贷：公允价值变动损益   250 000

借：投资收益   75 000

  贷：应付利息   75 000

③所得税处理：

负债的账面价值 = 5 000 000 − 250 000 = 4 750 000（元）

负债的计税基础 = 5 000 000（元）

应纳税暂时性差异 = 250 000（元）

递延所得税负债 = 250 000 × 25% = 62 500（元）

5. 递延收益。由政府补助形成的递延收益，税法规定有两种情况。

（1）如果政府补助为应税收入，收到时应计入当期应纳税所得额，则资产负债表日该递延收益的计税基础为 0，属于可抵扣暂时性差异。

【例 14 – 28】2018 年某公司取得当地财政部门拨款 200 万元，用于资助公司2018 年 7 月开始进行的一项研发项目的前期研究，预计将发生研究支出 200 万元。项目自 2018 年 7 月开始启动，至年末累计发生研究支出 150 万元。税法规定，该政府补助应计入当年应纳税所得额。公司对该交易的会计处理如下：

借：银行存款   2 000 000

  贷：递延收益   2 000 000

借：递延收益   1 500 000

  贷：其他收益   1 500 000

递延收益的账面价值 = 200 - 150 = 50（万元）

递延收益的计税基础 = 500 - 500 = 0

可抵扣暂时性差异 = 50（万元）

（2）如果政府补助为免税收入，则并影响当期应纳税所得额，未来期间会计上确认为收益时，也同样不作为应纳税所得额，因此，不会产生递延所得税影响。

【例 14 - 29】2018 年天宇公司取得当地财政部门拨款 200 万元，用于资助公司 2018 年 7 月开始进行的一项研发项目的前期研究，预计将发生研究支出 200 万元。项目自 2018 年 7 月开始启动，至年末累计发生研究支出 150 万元。税法规定，该政府补助免征企业所得税。该交易事项的会计处理如下：

借：银行存款   2 000 000

  贷：递延收益   2 000 000

借：递延收益   1 500 000

  贷：其他收益   1 500 000

递延收益的账面价值 = 200 - 150 = 50（万元）

递延收益的计税基础 = 50 - 0 = 50

不产生暂时性差异，但是产生永久性差异，即其他收益 50 万元需要纳税调整减少。

6. 其他负债。其他负债如企业应交的罚款和滞纳金等，在尚未支付之前按照会计规定确认为费用，同时作为负债反映。税法规定，企业因违反国家有关法律法规支付的罚款和滞纳金不能税前扣除，即该部分费用无论是在发生当期还是在以后期间均不允许税前扣除，其计税基础为账面价值减去未来期间计税时可予税前扣除的金额零之间的差额，即计税基础等于账面价值，不产生暂时性差异。

【例 14 - 30】天宇股份有限公司因违反有关环保法规的规定，被环保部门处以 80 万元的罚款。税法规定，企业因违反国家有关法律法规支付的罚款和滞纳金，计算应纳税所得额时不允许税前扣除。至资产负债表日，该项罚款尚未支付。

应支付罚款产生的负债账面价值为 80 万元。

该项负债的计税基础 = 账面价值 80 万元 - 未来期间计算应纳税所得额时按照税法规定可予抵扣的金额 0 = 80 万元

暂时性差异 0，该差异为永久性差异。

三、应纳税暂时性差异和可抵扣暂时性差异

暂时性差异是指资产、负债的账面价值与其计税基础不同产生的差额，可见，对暂时性差异的定义是从资产负债表的角度出发的。其成因是一项资产或一项负债的计税基础和其在资产负债表中的账面价值之间形成差额，这种差异随时间推移将会消除。该项差异在未来收回资产或清偿负债的期间内，会使应纳税所得额增加或减少并导致未来期间应交所得税的增加或减少，形成企业的递延所得税负债或递延所得税资产。值得一提的是，永久性差异是在利润表的角度形成的，从资产负债表的角度，不会产生资产、负债的账面价值及其计税基础的差异，因此，不形成暂时性差异，也不产生递延所得税资产或递延所得税负债。但是，永久性差异对当期所得税产生影响，应在计算当期所得税时调整应纳税所得额。例如，应付职工薪酬负债、企业应交的罚款和滞纳金、企业应收国债利息等，其账面价值等于计税基础，不产生暂时性差异，是永久性差异。

根据暂时性差异对未来期间应纳税所得额的影响，可分为应纳税暂时性差异和可抵扣暂时性差异。

(一) 应纳税暂时性差异

应纳税暂时性差异是指在确定未来收回资产或清偿负债期间的应纳税所得额时，将导致产生应税金额的暂时性差异，即在未来期间不考虑该事项影响的应纳税所得额的基础上，由于该暂时性差异的转回，会进一步增加转回期间的应纳税所得额和应交所得税金额，在其产生当期应当确认相关的递延所得税负债。

在以下情况下，将产生应纳税暂时性。

(1) 资产的账面价值大于其计税基础。资产的账面价值代表的是企业在持续使用或最终出售该项资产时将取得的经济利益的总额，而计税基础代表的是资产在未来期间可予税前扣除的总金额。资产的账面价值大于其计税基础，该项资产未来期间产生的经济利益不能全部税前抵扣，两者之间的差额需要交税，产生应纳税暂时性差异。例如，一项资产的账面价值为 200 万元，计税基础如果为 120 万元，两者之间的差额会造成未来期间应纳税所得额和应交所得税的增加，即形成应纳税暂时性差异为 80 万元，在其产生当期，应确认相关的递延所得税负债。

(2) 负债的账面价值小于其计税基础。负债的账面价值为企业预计在未来期间清偿该项负债时的经济利益流出，而其计税基础代表的是账面价值在扣除税法规定未来期间允许税前扣除的金额之后的差额。负债的账面价值与其计税基础不同产生的暂时性差异，实质上是税法规定就该项负债在未来期间可以税前扣除的金额（即与该项负债相关的费用支出在未来期间可予税前扣除的金额）。负债产生的暂时性差异计算方式为：

负债产生的暂时性差异 = 账面价值 − 计税基础

        = 账面价值 − （账面价值 − 未来期间计税时按照税法

           规定可予税前扣除的金额）

        = 未来期间计税时按照税法规定可予税前扣除的金额

  负债的账面价值小于其计税基础，则意味着就该项负债在未来期间可以税前抵扣的金额为负数，即应在未来期间应纳税所得额的基础上调增，增加未来期间的应纳税所得额和应交所得税金额，产生应纳税暂时性差异。例如，一项负债的账面价值为 120 万元，计税基础如为 200 万元，两者之间的差额 80 万元会造成未来期间应纳税所得额和应交所得税的增加，即形成应纳税暂时性差异 80 万元，在其产生当期，应确认相关的递延所得税负债。

（二）可抵扣暂时性差异

  可抵扣暂时性差异是指在确定未来收回资产或清偿负债期间的应纳税所得额时，将导致产生可抵扣金额的暂时性差异。该差异在未来期间转回时会减少转回期间的应纳税所得额，减少未来期间的应交所得税。

  在以下两种情况下，将产生应纳税暂时性。

  （1）资产的账面价值小于其计税基础。当资产的账面价值小于其计税基础时，从经济含义来看，资产在未来期间产生的经济利益少，按照税法规定允许税前扣除的金额多，则账面价值与计税基础之间的差额，可以减少企业在未来期间的应纳税所得额并减少应交所得税，符合有关条件时，应当确认相关的递延所得税资产。例如，一项资产的账面价值为 100 万元，计税基础为 180 万元，则企业在未来期间就该项资产可以在其自身取得经济利益的基础上多扣除 80 万元。从整体来看，未来期间应纳税所得额会减少，应交所得税也会减少，形成可抵扣暂时性差异。

  （2）负债的账面价值大于其计税基础。当负债的账面价值大于其计税基础时，负债产生的暂时性差异实质上是税法规定就该项负债可以在未来期间税前扣除的金额。即：

负债产生的暂时性差异 = 账面价值 − 计税基础

        = 账面价值 − （账面价值 − 未来期间计税时按照税法

           规定可予税前扣除的金额）

        = 未来期间计税时按照税法规定可予税前扣除的金额

  一项负债的账面价值大于其计税基础，意味着未来期间按照税法规定与负债相关的全部或部分支出可以自未来应税经济利益中扣除，减少未来期间的应纳税所得额和应交所得税。例如，企业对将发生的产品保修费用在销售当期确认预计负债 100 万元，税法规定有关费用支出只有在实际发生时才能够税前扣除，其计税基础为 0，该项负债的账面价值大于计税基础，形成可抵扣暂时性差异 100 万元。则企业确认预计负债 100 万元的当期销售费用不允许税前扣除，但在以后期间有关费用实际发生时允许税前扣除，使得未来期间的应纳税所得额和应缴所得税减少，产生可抵扣暂时性差异。

（三）特殊项目产生的暂时性差异

1. 未作为资产、负债确认的项目产生的暂时性差异。某些交易或事项发生以后，因为不符合资产、负债确认条件而未体现为资产负债表中的资产或负债，但按照税法规定能够确定其计税基础的，应确定其计税基础，这样，账面价值零与计税基础之间的差异也构成暂时性差异。如企业发生的符合条件的广告费和业务宣传费支出，所得税法规定，除另有规定外，不超过当年销售收入 15% 的部分准予扣除；超过部分准予在以后纳税年度结转扣除。这类费用在发生时按照会计准则规定即计入当期损益，不形成资产负债表中的资产，但按照税法规定可以确定其计税基础的，两者之间的差异也形成暂时性差异。

2. 可抵扣亏损及税款抵减产生的暂时性差异。对于发生的亏损，税法允许企业向后递延弥补 5 年，虽不是因资产、负债的账面价值与计税基础不同产生的，但与可抵扣暂时性差异具有同样的作用，均能够减少未来期间的应纳税所得额，进而减少未来期间的应交所得税，会计处理上视同可抵扣暂时性差异，符合条件的情况下，应确认与其相关的递延所得税资产。

四、递延所得税负债及递延所得税资产的确认

企业在计算确定了应纳税暂时性差异与可抵扣暂时性差异后，应当确认相关的递延所得税负债以及递延所得税资产。

（一）递延所得税负债的确认

企业在确认递延所得税负债时，应遵循以下原则。

（1）除所得税准则中明确规定可不确认递延所得税负债的情况以外，企业对于所有的应纳税暂时性差异均应确认相关的递延所得税负债。除与直接计入所有者权益的交易或事项以及企业合并中取得资产、负债相关的以外，在确认递延所得税负债的同时，应增加利润表中的所得税费用。

借：所得税费用
　　贷：递延所得税负债

（2）不确认递延所得税负债的特殊情况。有些情况下，虽然资产、负债的账面价值与其计税基础不同，产生了应纳税暂时性差异，但出于各方面考虑，所得税准则中规定不确认相应的递延所得税负债，主要包括以下三点。

①商誉的初始确认。非同一控制下的企业合并中，企业合并成本大于合并中取得的被购买方可辨认净资产公允价值份额的差额，按照会计准则规定应确认为商誉。因会计与税收的划分标准不同，会计上作为非同一控制下的企业合并，但如果按照税法规定计税时作为免税合并的情况下，商誉的计税基础为零，其账面

价值与计税基础形成应纳税暂时性差异，准则中规定不确认与其相关的递延所得税负债。

②除企业合并以外的其他交易或事项中，如果该项交易或事项发生时既不影响会计利润，也不影响应纳税所得额，则所产生的资产、负债的初始确认金额与其计税基础不同，形成应纳税暂时性差异的，交易或事项发生时不确认相应的递延所得税负债。

③与子公司、联营企业、合营企业投资等相关的应纳税暂时性差异，一般应确认相应的递延所得税负债，但同时满足以下两个条件的除外：一是投资企业能够控制暂时性差异转回的时间；二是该暂时性差异在可预见的未来很可能不会转回。

对于采用权益法核算的长期股权投资，其账面价值与计税基础产生的有关暂时性差异是否应确认相关的所得税影响，应当考虑该项投资的持有意图。

①对于采用权益法核算的长期股权投资，如果企业拟长期持有，则因初始投资成本的调整产生的暂时性差异预计未来期间不会转回，对未来期间没有所得税影响；因确认投资损益产生的暂时性差异，如果在未来期间逐期分回现金股利或利润时免税，也不存在对未来期间的所得税影响；因确认应享有被投资单位其他权益变动而产生的暂时性差异，在长期持有的情况下预计未来期间也不会转回。因此，在准备长期持有的情况下，对于采用权益法核算的长期股权投资账面价值与计税基础之间的差异，投资企业一般不确认相关的所得税影响。

②对于采用权益法核算的长期股权投资，如果投资企业改变持有意图拟对外出售的情况下，按照税法规定，企业在转让或者处置投资资产时，投资资产的成本准予扣除。在持有意图由长期持有转变为拟近期出售的情况下，因长期股权投资的账面价值与计税基础不同产生的有关暂时性差异，均应确认相关的所得税影响。

（二）递延所得税资产的确认

1. 确认的一般原则。递延所得税资产产生于可抵扣暂时性差异。确认递延所得税资产应以未来期间可能取得的应纳税所得额为限。在可抵扣暂时性差异转回的未来期间内，企业无法产生足够的应纳税所得额用以利用可抵扣暂时性差异的影响，使得与可抵扣暂时性差异相关的经济利益无法实现的，不应确认递延所得税资产；企业有明确的证据表明其于可抵扣暂时性差异转回的未来期间能够产生足够的应纳税所得额，进而利用可抵扣暂时性差异的，则应以可能取得的应纳税所得额为限，确认相关的递延所得税资产。在确认递延所得税资产的同时，应冲减利润表中的所得税费用，即借记"递延所得税资产"科目和贷记"所得税费用"科目。

在判断企业于可抵扣暂时性差异转回的未来期间是否能够产生足够的应纳税所得额时，应考虑企业在未来期间通过正常的生产经营活动能够实现的应纳税所得额以及以前期间产生的应纳税暂时性差异在未来期间转回时将增加的应纳税所得额。

（1）对与子公司、联营企业、合营企业的投资相关的可抵扣暂时性差异，同时满足以下两个条件的，应当确认相关的递延所得税资产。一是暂时性差异在可预见的未来很可能转回；二是未来很可能获得用来抵扣可抵扣暂时性差异的应纳税所得额。

（2）对于按照税法规定可以结转以后年度的未弥补亏损和税款抵减，应视同可抵扣暂时性差异处理。

按照税法规定，企业发生亏损后允许向后递延弥补 5 年。虽不是因资产、负债的账面价值与计税基础不同产生的，但与可抵扣暂时性差异具有同样的作用，均能够减少未来期间的应纳税所得额，进而减少未来期间的应交所得税，会计处理上视同可抵扣暂时性差异。所得税准则规定："企业对于能够结转以后年度的可抵扣亏损和税款抵减，应当以很可能获得用来抵扣可抵扣亏损和税款抵减的未来应纳税所得额为限，确认相应的递延所得税资产。"

【例 14 - 31】 假定某公司所得税率为 25%，2014 年发生亏损 200 万元，预计未来 5 年有足够的应纳税所得额。2015 ～ 2018 年分别实现利润 50 万元、60 万元、80 万元、100 万元。假设没有其他纳税调整事项。

①2014 年末：

借：递延所得税资产（2 000 000 × 25%）	500 000	
贷：所得税费用——递延所得税费用		500 000

②2015 年末：

借：所得税费用——递延所得税费用	125 000	
贷：递延所得税资产（500 000 × 25%）		125 000

③2016 年末：

借：所得税费用——递延所得税费用	150 000	
贷：递延所得税资产（600 000 × 25%）		150 000

④2017 年末：

借：所得税费用——当期所得税费用	200 000	
贷：递延所得税资产（800 000 × 25%）		200 000

⑤2018 年末：

借：所得税费用——递延所得税费用	25 000	
贷：递延所得税资产（100 000 × 25%）		25 000
借：所得税费用——当期所得税费用	225 000	
贷：应交税费——应交所得税（900 000 × 25%）		225 000

2. 不确认递延所得税资产的情况。某些情况下，企业发生的某项交易或事项不属于企业合并，并且交易发生时既不影响会计利润也不影响应纳税所得额，且该项交易中产生的资产、负债的初始确认金额与其计税基础不同，产生可抵扣暂时性差异的，所得税准则中规定在交易或事项发生时不确认相应的递延所得税资产。

如天宇股份有限公司当期发生的研究开发支出形成无形资产的成本为600万元，即期末无形资产的账面价值为600万元。按照税法规定所形成的无形资产在未来期间可予税前扣除的金额为1 050万元，其计税基础为1 050万元。但形成的可抵扣暂时性差异450万元不确认递延所得税资产。因为该项无形资产并非产生于企业合并，同时在初始确认时既不影响会计利润也不影响应纳税所得额，如果确认为一项递延所得税资产，则违背了"历史成本"计量属性。

又如，对融资租入固定资产入账价值的确认，会计准则规定应当按租赁开始日租赁资产公允价值与最低租赁付款额现值两者中较低者以及相关的初始直接费用作为租入资产的入账价值，而税法规定以租赁协议或合同确定的价款加上运输费、途中保险费等的金额计价。取得融资租入固定资产时，对两者之间产生的暂时性差异，不确认递延所得税资产。

（三）其他特殊交易或事项中涉及的递延所得税的确认

1. 未作为资产、负债确认的项目产生的暂时性差异。某些交易或事项发生以后，因为不符合资产、负债确认条件而未体现为资产负债表中的资产或负债，但按照税法规定能够确定其计税基础的，其账面价值零与计税基础之间的差异也构成暂时性差异。如企业发生的符合条件的广告费和业务宣传费支出，除另有规定外，不超过当年销售收入15%的部分准予扣除；超过部分准予在以后纳税年度结转扣除。该类费用在发生时按照会计准则规定即计入当期损益，不形成资产负债表中的资产，但按照税法规定可以确定其计税基础的，两者之间的差异也形成暂时性差异。

【例14 - 32】 天宇股份有限公司2018年发生了1 700万元广告费支出，发生时已作为销售费用计入当期损益。税法规定，该类支出不超过当年销售收入15%的部分允许当期税前扣除，超过部分允许向以后年度结转税前扣除。公司2018年实现销售收入10 000万元。不考虑其他纳税调整。2018年天宇公司实现利润1 000万元。

假定款项已经支付：

资产账面价值 = 0

资产计税基础 = 1 700 - 10 000 × 15% = 200（万元）

可抵扣暂时性差异 = 200（万元）

假定款项尚未支付：

负债账面价值 = 1 700

负债计税基础 = 10 000 × 15% = 1 500（万元）

可抵扣暂时性差异 = 200（万元）

所得税会计处理如下：

2018年年末"递延所得税资产"余额 = 200 × 25% = 50（万元）

2018年应交所得税 = （1 000 + 200）× 25% = 300（万元）

借：所得税费用　　　　　　　　　　　　　　　　　2 500 000

递延所得税资产	500 000
贷：应交税费——应交所得税	3 000 000

2. 计入其他综合收益的交易或事项产生的递延所得税。特定的交易或事项按照会计准则规定应计入其他综合收益的，由该交易或事项产生的递延所得税资产或递延所得税负债及其变化也应计入其他综合收益，不构成所得税费用。

【例 14 - 33】天宇股份有限公司适用的所得税税率为 25%，各年税前会计利润为 1 000 万元。有关业务如下。

①2017 年 11 月 20 日，公司自公开市场取得一项债权投资，作为以公允价值计量且公允价值的变动计入其他综合收益的金融资产，支付价款为 100 万元，2017 年 12 月 31 日，该投资的公允价值为 110 万元。假定 2017 年期初暂时性差异余额为零，不考虑其他因素。该其他综合收益产生时无须作纳税调整，待相关资产终止确认时再作纳税调整。

2017 年 12 月 31 日：

账面价值 = 110（万元）

计税基础 = 100（万元）

应纳税暂时性差异 = 10（万元）

年末"递延所得税负债"余额 = 10 × 25% = 2.5（万元）

应交所得税 = 1 000 × 25% = 250（万元）

借：所得税费用	2 500 000
贷：应交税费——应交所得税	2 500 000
借：其他综合收益	25 000
贷：递延所得税负债	25 000

②2018 年 12 月 31 日，该投资的公允价值为 80 万元。

账面价值 = 80（万元）

计税基础 = 100（万元）

累计可抵扣暂时性差异 = 20（万元）

"递延所得税资产"余额 = 20 × 25% = 5（万元）

"递延所得税资产"发生额 = 5 - 0 = 5（万元）

"递延所得税负债"发生额 = 0 - 2.5 = - 2.5（万元）

其他综合收益 = 7.5（万元）

应交所得税 = 1 000 × 25% = 250（万元）

所得税费用 = 250（万元）

借：所得税费用	2 500 000
递延所得税负债	25 000
递延所得税资产	50 000
贷：其他综合收益	75 000
应交税费——应交所得税	2 500 000

五、所得税费用的确认与计量

(一) 当期所得税

当期所得税是指企业按照税法规定计算确定的，针对当期发生的交易和事项，应交纳给税务部门的所得税金额，即当期应交所得税。

企业在确定当期应交所得税时，对于当期发生的交易或事项，会计处理与税法处理不同的（包括永久性差异、暂时性差异），应在会计利润的基础上，按照税法的规定进行调整，计算出当期应纳税所得额，按照应纳税所得额与适用所得税税率计算确定当期应交所得税。一般情况下，应纳税所得额可在会计利润的基础上，考虑会计与税收法规之间的差异，按照以下公式计算确定：

应纳税所得额 = 会计利润 + 按会计准则规定计入利润但税法不允许税前扣除的费用
± 计入利润的费用与按税法规定可予税前抵扣的金额之间的差额
± 计入利润的收入与按税法规定应计入应纳税所得的收入之间的差额
− 税法规定的不征税收入 ± 其他需要调整的因素

当期(应交)所得税 = 当期应纳税所得额 × 所得税税率

【例 14 – 34】 天宇股份有限公司 2018 年税前会计利润为 500 万元，所得税率为 25%。本年会计利润中包括本期收到的国债利息收入为 10 万元，超过标准计税工资支付的工资为 50 万元。公司 2017 年 12 月购入一项固定资产，原价为 100 万元，使用年限为 10 年，不考虑残值，企业采用直线法计提折旧，按照税法规定可采用双倍余额递减法计提折旧。期末交易性金融资产的公允价值为 60 万元，成本为 80 万元。

会计利润	5 000 000
永久性差异	
减：国债利息收入	（100 000）
加：超标准计税工资	500 000
暂时性差异	
减：应纳税暂时性差异	（100 000）
加：可抵扣暂时性差异	200 000
应纳税所得额	5 500 000

当期应交所得税 = 5 500 000 × 25% = 1 375 000（万元）

会计处理如下：

借：所得税费用	1 350 000	
递延所得税资产	50 000	
贷：应交税费——应交所得税		1 375 000
递延所得税负债		25 000

（二）递延所得税

递延所得税是指按照所得税准则规定当期应予确认的递延所得税资产和递延所得税负债金额，即递延所得税资产及递延所得税负债当期发生额的综合结果，但不包括计入所有者权益的交易或事项的所得税影响。用公式表示，即：

$$递延所得税 =（递延所得税负债期末余额 - 递延所得税负债期初余额）$$
$$- （递延所得税资产期末余额 - 递延所得税资产期初余额）$$

一般情况下，企业确认递延所得税资产和递延所得税负债产生的递延所得税，计入所得税费用，但以下两种情况除外。

（1）特定的交易或事项按照会计准则规定应计入所有者权益的，由该交易或事项产生的递延所得税资产或递延所得税负债及其变化也应计入所有者权益（其他综合收益），不构成利润表中的项目（所得税费用——递延所得税费用）。

（2）企业合并中取得的资产、负债，其账面价值与计税基础不同，应确认相关递延所得税的，该递延所得税的确认影响合并中产生的商誉或是计入当期损益的金额，不影响所得税费用。

（三）所得税费用

在资产负债表债务法下，所得税费用由当期所得税费用和递延所得税费用构成，计算确定了当期所得税及递延所得税以后，利润表中应予确认的所得税费用为两者之和，即：

$$所得税费用 = 当期所得税 + 递延所得税$$

【例 14 - 35】天宇股份有限公司 2013 年 12 月 1 日购入设备一台，原值 156 万元，净残值 6 万元。税法规定采用年限平均法，折旧年限 5 年。会计采用年数总和法，折旧年限 5 年。假定税前会计利润各年均为 1 000 万元，没有其他纳税调整事项。所得税税率为 25%。

比较固定资产的各年账面价值与计税基础，计算暂时性差异及递延所得税，如表 14 - 1 所示。

表 14 - 1　　　　　　　　　资产、负债的账面价值与计税基础比较

年份	账面价值（万元）	计税基础（万元）	可抵扣暂时性差异期末数	税率（%）	递延所得税资产期末余额（万元）	递延所得税资产发生额（万元）
2014	106	126	20	25	20 × 25% = 5	5 - 0 = 5
2015	66	96	30	25	30 × 25% = 7.5	7.5 - 5 = 2.5
2016	36	66	30	25	30 × 25% = 7.5	7.5 - 7.5 = 0
2017	16	36	20	25	20 × 25% = 5	5 - 7.5 = - 2.5
2018	6	6	0	25	0	0 - 5 = - 5

各年所得税的会计处理如下。

2014 年：

应交所得税 = (10 000 000 + 200 000) × 25% = 2 550 000

借：所得税费用	2 500 000
递延所得税资产	50 000
贷：应交税费——应交所得税	2 550 000

2015 年：

应交所得税 = [10 000 000 + (300 000 − 200 000)] × 25% = 2 525 000

借：所得税费用	2 525 000
贷：应交税费——应交所得税	2 525 000
借：递延所得税资产	25 000
贷：所得税费用	25 000

2016 年：

应交所得税 = [10 000 000 + (300 000 − 300 000)] × 25% = 2 500 000

借：所得税费用	2 500 000
贷：应交税费——应交所得税	2 500 000

2017 年：

应交所得税 = [10 000 000 + (200 000 − 300 000)] × 25% = 2 475 000

借：所得税费用——当期所得税费用	2 475 000
——递延所得税费用	25 000
贷：应交税费——应交所得税	2475 000
递延所得税资产	25 000

2018 年：

应交所得税 = [10 000 000 + (0 − 200 000)] × 25% = 2 450 000

借：所得税费用——当期所得税费用	2 450 000
——递延所得税费用	50 000
贷：应交税费——应交所得税	2 450 000
递延所得税资产	50 000

【例 14 – 36】天宇股份有限公司 2018 年度利润表中利润总额为 500 万元，该公司适用的所得税税率为 25%。递延所得税资产及递延所得税负债不存在期初余额。本年度会计处理与税法不一致的事项有以下六种。

①2017 年 12 月购入的一项固定资产，原价为 100 万元，使用年限为 10 年，净残值为 0，会计上按直线法计提折旧，税法按双倍余额递减法计提折旧。假定税法规定的使用年限及净残值与会计规定相同。

②向关联企业捐赠现金 50 万元。假定按照税法规定，企业向关联方的捐赠不允许税前扣除。

③当期取得作为交易性金融资产核算的股票投资成本为 50 万元，年末公允价值为 47 万元。税法规定，以公允价值计量的金融资产持有期间市价变动不计

入应纳税所得额。

④企业拥有一项使用年限不确定的无形资产为 100 万元，税法允许按不短于 10 年的期限摊销。

⑤对本年销售的新产品承诺实行法定保修服务，本年计提预计负债为 20 万元，本年未发生实际修理费。

⑥本期收到国债利息收入为 5 万元。

分析：

①2018 年当期应交所得税：

应纳税所得额 = 500 − 5 + 50 − 20 + 23 = 548（万元）

应交所得税 = 548 × 25% = 137（万元）

②2018 年递延所得税：

递延所得税资产 = 23 × 25% = 5.75（万元）

递延所得税负债 = 20 × 25% = 5（万元）

③利润表中应确认的所得税费用：

所得税费用 = 137 + 5 − 5.75 = 136.25（万元），确认所得税费用的账务处理如下：

借：所得税费用   1 362 500

    递延所得税资产   57 500

    贷：应交税费——应交所得税   1 370 000

        递延所得税负债   50 000

该公司 2018 年资产负债表相关项目及计税基础如表 14 − 2 所示。

表 14 − 2   2018 年资产负债表相关项目及计税基础分析   单位：万元

项目	账面价值	计税基础	暂时性差异	
			应纳税暂时性差异	可抵扣暂时性差异
固定资产	90	80	10	
交易性金融资产	47	50		3
无形资产	100	90	10	
预计负债	20	0		20
合计			20	23

【例 14 − 37】 沿用〖例 14 − 36〗中有关资料，假设天宇股份有限公司 2019 年度利润表中利润总额为 250 万元，该公司适用的所得税税率为 25%。本年度会计处理与税法不一致的事项有以下八点。

①2017 年 12 月购入的一项固定资产，原价 100 万元，使用年限为 10 年，净残值为 0，会计上按直线法计提折旧，税法按双倍余额递减法计提折旧。本年计提减值准备为 40 万元。假定税法规定的使用年限及净残值与会计规定相同。

②本期收到国债利息收入为 5 万元。

③期末交易性金融资产的公允价值为 55 万元，成本为 50 万元。

④期末其他债权投资的公允价值为 24 万元，成本为 20 万元。

⑤企业拥有一项使用年限不确定的无形资产为 100 万元，税法允许按不短于 10 年的期限摊销。

⑥本期继续销售上述新产品，并承诺实行法定保修服务，本年计提预计负债为 10 万元，本年发生实际修理费为 3 万元。

⑦因延期缴纳税金，支付滞纳金为 1 万元。

⑧本期实际支付工资为 150 万元，标准计税工资为 130 万元。

分析：

该公司 2019 年资产负债表相关项目及计税基础分析如表 14 – 3 所示。

表 14 – 3   **2019 年资产负债表相关项目及计税基础分析**   单位：万元

项目	账面价值	计税基础	暂时性差异（期末）	
			应纳税暂时性差异	可抵扣暂时性差异
交易性金融资产	55	50	5	
其他债权投资	24	20	4	
固定资产	40	64		24
无形资产	100	80	20	
预计负债	27	0		27
合计			29	51

（1）2019 年当期应交所得税

应纳税所得额 = 250 - 国债 5 + 工资 20 + 滞纳金 1 - 交易性 8 + 固定资产 34 - 无形资产 10 + 预计负债 7 = 289（万元）

应交所得税 = 289 × 25% = 72.25（万元）

（2）递延所得税：

①期末递延所得税负债   （29 × 25%）7.25

期初递延所得税负债   5

递延所得税负债增加   2.25

②期末递延所得税资产   （51 × 25%）12.75

期初递延所得税资产   5.75

递延所得税资产增加   7

递延所得税 = 7 - 2.25 = 4.75（万元）

（3）利润表中应确认的所得税费用。

所得税费用 = 72.25 - 4.75 - 1 = 66.5（万元），确认所得税费用的账务处理如下：

借：所得税费用   665 000

递延所得税资产	70 000
其他综合收益	10 000
贷：应交税费——应交所得税	722 500
递延所得税负债	22 500

六、所得税的列报

企业对所得税的核算结果，除利润表中列示的所得税费用以外，在资产负债表中形成的应交税费（应交所得税）以及递延所得税资产和递延所得税负债应当遵循准则规定列报。其中，递延所得税资产和递延所得税负债一般应当分别作为非流动资产和非流动负债在资产负债表中列示，所得税费用应当在利润表中单独列示，同时还应在附注中披露与所得税有关的信息。

第十五章　财务报告

第一节　财务报告概述

一、财务报告及其构成

财务会计作为人造的信息系统，由确认、计量、记录和报告四个基本程序组成。通过初次确认、计量、记录，进入报告，必须进行再确认，即解决财务报告提供什么信息、如何提供信息的问题。而为谁提供信息、提供什么信息，这涉及财务报告编制的目的。

在决策有用观下，财务报告的目的是提供决策有用的信息，而对决策有用的信息主要是关于企业经营业绩、资源状况及现金流量的信息。美国财务会计准则委员会（FASB）在第 1 辑概念公告《企业编制财务报告的目的》（1978）中，确定了财务报告编制的目的。（1）财务报告应当提供现在的和潜在的投资者、债权人以及其他使用者作出合理的投资、信贷以及类似决策有用的信息。（2）财务报告应当提供有助于现在和潜在的投资者、债权人以及其他使用者评估来自股利或利息及其来自销售、偿付、到期证券或借款等获得的实得收入和预期现金收入的金额、时间分布和不确定性的信息。（3）财务报告能够提供关于企业的经济资源、对这些资源的要求权，以及使这些资源及要求权发生变动的交易、事项和情况影响的信息。（4）财务报告应提供关于企业如何获得并花费现金的信息；关于企业举债和偿还债款的信息；关于资本交易的信息；关于可能影响企业的变现能力或偿债能力的信息。（5）财务报告应提供关于企业管理当局在使用业主委托给他的资源时怎样履行它对业主的受托责任的信息。（6）财务报告应提供对企业经理和董事们在按照业主利益进行决策时有用的信息。

国际会计准则委员会（ISAC）在《国际会计准则第 1 号——财务报表的列报》中提出：财务报表的目的是提供有助于广大使用者进行经济决策的有关企业财务状况、经营成果和现金流量的信息。财务报表还反映企业管理部门对受托资源保管工作的结果。

英国会计准则委员会（ASB，1991）在发布的《财务报表的目的》中认为，编制财务报告的目的是向利用财务报告进行决策的报表使用者提供关于财务状况、经营业绩和偿债能力的有用信息。

我国《企业会计准则第 30 号——财务报表列报》（2014）中对财务报表进行了描述："财务报表是对企业财务状况、经营成果和现金流量的结构性表述"，而在《企业会计准则——基本准则》中指出："财务报告的目标是向财务会计报告使用者提供与企业财务状况、经营成果和现金流量等有关的会计信息，反映企业管理层受托责任履行情况，有助于财务会计报告使用者作出经济决策。财务会计报告使用者包括投资者、债权人、政府及其有关部门和社会公众等。"

从以上财务报告目标可以看出：

1. 财务报告的使用者包括现在的投资者和债权人、潜在的投资者和债权人、经营管理者、政府及其有关部门和社会公众等。

2. 财务报告提供的信息主要为了决策有用及反映受托责任。因此，财务报告的信息应该符合决策所需要的信息质量要求，分别为可靠性、相关性和可比性。虽然财务报告确认的是过去已经发生的信息，但是所提供的信息应具有预测价值，在保证可靠性下，要根据某个项目是否具有相关性来确定它应否列入报表。

3. 财务报告提供的信息应包括以下四点内容。

（1）企业的财务状况，此信息有助于预测企业的财务能力。

（2）企业的经营业绩，是评价企业获利能力，对所控制的经济资源的利用程度，并预测未来可能产生的现金流量的重要资料。

（3）企业的现金流量，此信息有助于了解企业在一定期间内的经营活动、投资活动和筹资活动对现金流量影响的全貌，了解企业取得现金和现金等价物的方式以及现金流出的合理性等财务信息。

（4）其他相关信息，如所有者权益增减变动情况、分部信息等。

财务报告，是指企业对外提供的反映企业某一特定日期的财务状况和某一会计期间的经营成果、现金流量等会计信息的文件，是依据会计准则的规定，按照财务报告使用者的信息需求编制而成的。财务报告的内容包括财务报表、报表附注以及其他财务报告，它们构成财务报告体系。

二、财务报告提供信息的方式

美国第 5 号概念公告对财务报告提供的信息作了如下分类。第一、第二类信息是确认和计量于财务报表中的基本信息，包括财务报表的注释；第三类信息为属于公认会计准则规范范围内的附注信息和补充资料；第四类信息是其他手段提供的信息；第五类是公司自愿提供和披露的其他信息，这类信息有利于信息使用者更客观、全面地分析和评价公司的状况和业绩。前四类信息是遵循会计准则和 SEC 的相关制度规范并要求公司强制提供和披露的信息。

《国际会计准则第 1 号——财务报表的列报》（IASI）中提出，企业在财务报表之外可以披露管理层提供的财务评述，评述可能描述和解释企业财务业绩和财务状况的主要特征及其面临的主要不确定事项。另外，企业还可以在财务报表之外提供环境报告和增值表等附表，从而更加有助于使用者进行经济决策。

我国《企业会计准则第30号——财务报表列报》（2014）要求，一套完整的财务报表至少应当包括"四表一注"，即资产负债表、利润表、现金流量表、所有者权益变动表以及附注，并且这些组成部分在列报上具有同等的重要程度，企业不得强调某张报表或某些报表（或附注）较其他报表（或附注）更为重要。

1. 财务报表。财务报表是根据公认会计原则或制度，以表格形式概括反映企业财务状况、现金流量及经营业绩等信息的书面文件。通常，关于资产、负债、收入、费用和财务报表其他项目及其计量的最有用信息（即相关性与可靠性最佳组合的信息）必须确认于财务报表。因此，财务报表是财务报告的核心，是企业向外部传递会计信息的主要手段。

2. 财务报表附注。财务报表主要是以货币的形式反映企业特定日期的财务状况和一定期间的经营成果、现金流量及所有者权益变动等会计信息。由于财务报表本身的局限性，使财务报表所提供的信息受到一定的限制，企业很多信息无法用货币形式来计量，这些信息则要由财务报表附注来提供。以报表附注形式揭示的信息，如对在资产负债表、利润表、现金流量表和所有者权益变动表等报表中列示项目的文字描述或明细资料，以及未能在这些报表中列示项目的说明等，是对确认于财务报表上的会计信息的补充或解释，以便帮助使用者理解和使用报表信息。

3. 其他财务报告。其他财务报告可以补充财务报表和报表附注提供的信息，其编制可以不受会计准则的约束，提供的相关信息既包括货币性的定量信息，又包括非货币性的定性信息；既包括历史性信息，又包括预测性信息。根据现行国际惯例，其他财务报告包括补充资料和财务报表的其他手段，如管理当局的分析与讨论预测报告、物价变动影响报告和社会责任报告等。

把符合可定义性、可计量性、可靠性和相关性的项目作为资产、负债、收入、费用等正式加以记录并列入某一主体财务报表的过程就是确认和计量。确认和计量包括用文字及数字描述一个项目，其数额包括在财务报表上的各个合计数之中。而财务报表附注及其他财务报告包括了某些相关的但不符合全部确认标准的信息，将其反映在一个企业的报表附注或其他财务报告中称之为披露。

财务报告、财务报表、报表附注和其他财务报告之间的关系，可用图15-1表示。

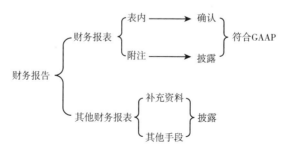

图15-1 财务报告、财务报表、附注和其他财务报告的关系

三、财务报告的分类

综上所述，财务报告包括财务报表和其他财务报告，而这里的分类只是对财务报表的分类。财务报表可以按照不同的标准进行分类。

1. 按财务报告编报期间不同的分类。按财务报告编报期间的不同，可以分为中期财务报告和年度财务报告。中期财务报告是以短于一个完整会计年度的报告期间为基础编制的，包括月报、季报和半年报等。中期财务报告至少应当包括资产负债表、利润表、现金流量表和附注。其中，中期资产负债表、利润表、现金流量表应当是完整报表，其格式和内容应与上年度财务报表相一致。

2. 按财务报表编报主体不同的分类。按财务报表编报主体的不同，可以分为个别财务报表和合并财务报表。个别财务报表是由企业在自身会计核算基础上对账簿记录进行加工而编制的财务报表，它主要用以反映企业自身的财务状况、经营成果和现金流量情况。合并财务报表是以母公司和子公司组成的企业集团为会计主体，根据母公司和所属子公司的财务报表，由母公司编制的综合反映企业集团财务状况、经营成果及现金流量的财务报表。

四、财务报告列报的基本要求

财务报告列报主要是指财务报表的列报，即交易或事项在财务报表中的列示和在附注中的披露。"列示"通常是指反映在资产负债表、利润表、现金流量表和所有者权益变动表等报表中的信息，"披露"通常是指反映在附注中的信息。

1. 依据会计准则确认和计量的结果编制财务报表。企业应当根据实际发生的交易和事项，遵循《企业会计准则——基本准则》、各项具体会计准则及解释的规定进行确认和计量，并在此基础上编制财务报表。企业应当在附注中对这一情况作出声明，只有遵循了企业会计准则的所有规定时，财务报表才应当被称为"遵循了企业会计准则"。同时，企业采用的不恰当的会计政策，不得通过在附注中披露等其他形式予以更正，企业应当对交易和事项进行正确的确认和计量。

2. 列报基础为持续经营。持续经营是会计的基本前提，也是会计确认、计量及编制财务报表的基础。在编制财务报表的过程中，企业管理层应当全面评估企业的持续经营能力。

企业管理层在对企业持续经营能力进行评估时，应当利用其所有可获得的信息，评估涵盖的期间应包括企业自资产负债表日起至少 12 个月，评估需要考虑的因素包括宏观政策风险、市场经营风险、企业目前或长期的盈利能力、偿债能力、财务弹性以及企业管理层改变经营政策的意向等。评价结果表明对持续经营能力产生重大怀疑的，企业应当在附注中披露导致对持续经营能力产生重大怀疑的影响因素以及企业拟采取的改善措施。

企业在评估持续经营能力时应当结合考虑企业的具体情况。通常情况下，如果企业过去每年都有可观的净利润，并且易于获取所需的财务资源，则对持续经营能力的评估易于判断，这表明企业以持续经营为基础编制财务报表是合理的，而无须进行详细的分析。反之，如果企业过去多年有亏损的记录等情况，则需要通过考虑更加广泛的相关因素来作出评价，比如，目前和预期未来的获利能力、债务清偿计划、替代融资的潜在来源等。

企业如果存在以下情况之一，则通常表明其处于非持续经营状态。（1）企业已在当期进行清算或停止营业；（2）企业已经正式决定在下一个会计期间进行清算或停止营业；（3）企业已确定在当期或下一个会计期间没有其他可供选择的方案而将被迫进行清算或停止营业。企业处于非持续经营状态时，应当采用清算价值等其他基础编制财务报表，比如，破产企业的资产采用可变现净值计量、负债按照其预计的结算金额计量等。在非持续经营情况下，企业应当在附注中声明财务报表未以持续经营为基础列报、披露未以持续经营为基础的原因以及财务报表的编制基础。

3. 权责发生制。除现金流量表按收付实现制编制外，企业应当按照权责发生制编制其他财务报表。

4. 列报的一致性。可比性是会计信息的一项重要质量要求，目的是使同一企业不同期间和同一期间不同企业的财务报表相互可比。为此，财务报表项目的列报应当在各个会计期间保持一致，不得随意变更。这一要求不仅针对财务报表中的项目名称，还包括财务报表项目的分类、排列顺序等方面。

在下列情况下，企业可以变更财务报表项目的列报。（1）会计准则要求改变财务报表项目的列报；（2）企业经营业务的性质发生重大变化或对企业经营影响较大的交易或事项发生后，变更财务报表项目的列报能够提供更可靠、更相关的会计信息。企业变更财务报表项目列报的，应当根据本准则的有关规定提供列报的比较信息。

5. 依据重要性单独或汇总列报项目。关于项目在财务报表中是单独列报还是汇总列报，应当依据重要性原则来判断。总的原则是，如果某项目单个看不具有重要性，则可将其与其他项目汇总列报；如具有重要性，则应当单独列报。企业应当遵循如下规定。

（1）性质或功能不同的项目，一般应当在财务报表中单独列报，但是不具有重要性的项目可以汇总列报。比如，存货和固定资产在性质上和功能上都有本质差别，必须分别在资产负债表上单独列报。

（2）性质或功能类似的项目，一般可以汇总列报，但是对其具有重要性的类别应该单独列报。比如，原材料、低值易耗品等项目在性质上类似，均通过生产过程形成企业的产品存货，因此，可以汇总列报，汇总之后的类别统称为"存货"，在资产负债表上单独列报。

（3）项目单独列报的原则不仅适用于报表，还适用于附注。某些项目的重要性程度不足以在资产负债表、利润表、现金流量表或所有者权益变动表中单独列示，但对附注却具有重要性，在这种情况下应当在附注中单独披露。比如，对某制造业企业而言，原材料、在产品、库存商品等项目的重要性程度不足以在资产负债表上单独列示，因此，在资产负债表上汇总列示，但是鉴于其对该制造业企业的重要性，应当在附注中单独披露。

（4）在财务报表中单独列报的项目，企业应当单独列报。

重要性是判断财务报表项目是否单独列报的重要标准。重要性是指在合理预期下，如果财务报表某项目的省略或错报会影响使用者据此作出经济决策的，则该项目就具有重要性。企业在进行重要性判断时，应根据所处环境，从项目的性质和金额大小两个方面予以判断。

一方面，应当考虑该项目的性质是否属于企业日常活动、是否显著影响企业的财务状况、经营成果和现金流量等因素；另一方面，判断项目金额大小的重要性，应当通过单项金额占资产总额、负债总额、所有者权益总额、营业收入总额、营业成本总额、净利润、综合收益总额等直接相关或所属报表单列项目金额的比重加以确定。企业对于各个项目的重要性判断标准一经确定，不得随意变更。

6. 财务报表项目金额间的相互抵销。财务报表项目应当以总额列报，资产和负债、收入和费用、直接计入当期利润的利得项目和损失项目的金额不能相互抵销，即不得以净额列报，但企业会计准则另有规定的除外。比如，企业欠客户的应付款不得与其他客户欠本企业的应收款相抵销，否则就掩盖了交易的实质。再如，收入和费用反映了企业投入和产出之间的关系，是企业经营成果的两个方面，为了更好地反映经济交易的实质、考核企业经营管理水平以及预测企业未来现金流量，收入和费用不得相互抵销。

以下三种情况不属于抵销。

（1）一组类似交易形成的利得和损失以净额列示的，不属于抵销。例如，汇兑损益应当以净额列报，为交易目的而持有的金融工具形成的利得和损失应当以净额列报。但是，如果相关的利得和损失具有重要性，则应当单独列报。

（2）资产或负债项目按扣除备抵项目后的净额列示，不属于抵销。例如，资产计提的减值准备，实质上意味着资产的价值确实发生了减损，资产项目应当按扣除减值准备后的净额列示，这样才反映了资产当时的真实价值。

（3）非日常活动产生的利得和损失，以同一交易形成的收益扣减相关费用后的净额列示更能反映交易实质的，不属于抵销。非日常活动并非企业主要的业务，非日常活动产生的损益以收入扣减费用后的净额列示，更能有利于报表使用者的理解。例如，非流动资产处置形成的利得或损失，应当按处置收入扣除该资产的账面金额和相关销售费用后的净额列报。

7. 比较信息的列报。企业在列报当期财务报表时，至少应当提供所有列报项目上一个可比会计期间的比较数据，以及与理解当期财务报表相关的说明，目的是向报表使用者提供对比数据，提高信息在会计期间的可比性。列报比较信息的这一要求适用于财务报表的所有组成部分，既适用于四张报表，也适用于附注。

通常情况下，企业列报所有列报项目上一个可比会计期间的比较数据，至少包括两期各报表及相关附注。

8. 财务报表表首的列报要求。财务报表通常与其他信息（如企业年度报告等）一起公布，企业应当将按照企业会计准则编制的财务报告与一起公布的同一文件中的其他信息相区分。

企业在财务报表的显著位置（通常是表首部分）应当至少披露下列基本信息。

（1）编报企业的名称。如企业名称在所属当期发生了变更的，还应明确标明。

（2）对资产负债表而言，应当披露资产负债表日；对利润表、现金流量表、所有者权益变动表而言，应当披露报表涵盖的会计期间。

（3）货币名称和单位。按照我国企业会计准则的规定，企业应当以人民币作为记账本位币列报，并标明金额单位，如人民币元、人民币万元等。

（4）财务报表是合并财务报表的，应当予以标明。

9. 报告期间。企业至少应当编制年度财务报表。根据《中华人民共和国会计法》的规定，会计年度自公历 1 月 1 日起至 12 月 31 日止。在编制年度财务报表时，可能存在年度财务报表涵盖的期间短于一年的情况，比如，企业在年度中间（如 3 月 1 日）开始设立等，在这种情况下，企业应当披露年度财务报表的实际涵盖期间及其短于一年的原因，并说明由此引起财务报表项目与比较数据不具可比性这一事实。

第二节　资产负债表

一、资产负债表概述

（一）资产负债表的概念及作用

资产负债表是指反映企业在某一特定日期财务状况的会计报表。所谓财务状况是指企业的资产、负债和所有者权益的构成情况以及资产、负债和所有者权益内部的结构。它反映了企业在某一特定日期所拥有或控制的经济资源、所承担的现时义务和所有者对净资产的要求权。

资产负债表的作用主要表现在以下五个方面。

1. 反映企业拥有和控制的经济资源及其分布情况。资产是企业拥有和控制的经济资源，资产负债表把企业的资产分为流动资产和非流动资产各项目，使用者通过资产负债表可以一目了然地了解企业在某一特定日期所拥有的资产总量及其结构，有利于分析企业的资产规模、质量和分布等，资产规模表现了企业竞争的潜在能力，资产分布可以发现企业资源的布局是否合理，资源配置是否有效。

2. 反映企业的资金来源及资本结构。企业的资金来源主要有两方面。一是债权人提供的资金；二是所有者的投资，两者共同构成企业的权益总额。虽然债权人与所有者均是企业资金的提供者，但是债权人对企业的资产有优先受偿的权利，而企业所有者则享有剩余权益，因而是风险资本的提供者。

资本结构是指在企业的资金来源中负债和所有者权益的相对比例。资产负债表把企业的资金来源分为负债和所有者权益两大类，负债与所有者权益的相对比例反映债权人与所有者的相对风险，负债比例越大，债权人的风险越高；将负债按偿还时间分为流动负债和非流动负债，负债的结构反映资金来源的渠道、财务风险或企业利用财务杠杆的能力；所有者权益则表示企业投资者实际的投资规模，反映所有者所拥有的权益，可据以判断资本保值、增值的情况以及对负债的保障程度。

3. 反映企业的流动性及偿债能力。所谓流动性，又称变现能力，是指资产转换为现金或负债偿还所需时间的长短。企业的偿债能力是指以其资产偿付债务的能力，偿债能力分为短期偿债能力和长期偿债能力，短期偿债能力主要体现为企业资产和负债的流动性上。资产转换为现金或负债偿还所需时间越短，表明企业的流动性越强，偿债能力也就越强。在资产负债表资产项目中，交易性金融资产的流动性一般较应收款项强；应收款项的流动性又较存货项目强，因为通常应收款项能在更短的时间内转换成现金，而存货转换成现金的速度相对较慢。对债权人来说，企业是否有足够的资金偿还到期的债务是非常重要的。短期债权人关注的是企业资产的变现能力，变现能力越强，短期偿债能力就越强；长期债权人也关心企业资产的变现能力，因为如果企业资产的变现能力弱，短期偿债能力过弱，就有可能在长期债务到期前就破产了，这样对于长期债权人是不利的；企业所有者也要评价和预测企业资产的变现能力及偿债能力，偿债能力越低，企业越有可能破产，投资者就越没有得到投资回报的保障，越有可能收不回投资。

资产负债表的资产按流动性排列为流动资产与非流动资产，负债排列为流动负债与非流动负债，本身虽未直接反映出偿债能力，但通过将流动资产与流动负债的比较，计算出流动比率，将速动资产与流动负债进行比较，计算出速动比率等，可以表明企业的变现能力、偿债能力和资金周转能力。企业的长期偿债能力主要指企业以全部资产清偿全部负债的能力。一般认为，资产越多，负债越少，其长期偿债能力越强；反之，若资不抵债，则企业缺乏长期偿债能力。资不抵债往往由企业长期亏损、蚀耗资产引起，还可能因为举债过多所致。所以企业的长期偿债能力一方面取决于它的获利能力；另一方面取决于它的资本结构。资产负债表按资产、负债和所有者权益三大会计要素分类，列示了重要项目，可据以评价、预测企业的长期偿债能力，为管理部门和债权人信贷决策提供重要的依据。

4. 反映企业的财务弹性。财务弹性指企业采取有效行动改变现金流量的数量和时间，以应付不可预见的变化的能力，包括进攻性适应能力和防御性适应能力。所谓进攻性适应能力是指企业有能力和财力去抓住突如其来的获利机会；防御性适应能力指企业在经营危机中生存下来的能力。企业财务弹性越好，表明企业适应环境变化的能力越强，失败的风险就越低。

财务弹性与企业的变现能力有关，主要来自：资产的流动性；从经营中产生现金流入的能力；向投资者和债权人筹措资金和调度资金的能力；在不影响正常经营的前提下变卖现有资产取得现金的能力。资产负债表虽然未直接提供企业财务弹性的信息，但可以通过表中所展示的资源分布情形及对资源的要求权，分析企业的财务弹性，如企业资产分布和负债比例、资本结构等。

5. 反映企业的经营绩效。企业的经营绩效主要反映在获利能力上，从绝对指标来看，获利能力主要体现为税前利润总额和净利润，但从相对指标看，企业获利能力主要体现为资产报酬率和投资报酬率等指标。税前利润和净利润等绝对指标来自利润表，而反映经营业绩的相对指标离不开资产负债表提供的信息。将资产负债表和利润表的信息结合起来，更有助于全面分析、评价及预测企业的经营业绩。

（二）资产负债表的局限性

由于会计确认、计量技术的局限，以及基于成本小于效益等考虑，使资产负债表具有一定的局限性。

1. 资产项目计价方法不统一，缺乏可比性。以历史成本为主，多种计量属性并存的计价方法，使资产负债表上有的项目以历史成本列示，有的项目以可变现净值列示，有的项目则以公允价值列示，计价方法不一致。表现在以下两方面。首先，同一项目下相同资产或负债的计价方法有可能不同，如某些存货按照成本计价，而另一些存货由于可变现净值低于成本，按照可变现净值进行计价；其次，不同项目的计价方法也会不同。由于资产负债表中的资产项目的计价方法不同，使计算的合计数缺乏一致的基础，影响会计信息的可比性。

2. 某些资产或负债不能在报表中得到应有的反映。货币计量是财务会计的基本前提，会计信息主要是能用货币表述的信息。因此，资产负债表中仅包括能加以数量化并以货币表达的经济资源，许多有价值但无法用货币计量的重要经济资源和义务的信息均被排除在外，如企业的人力资源（包括人数、知识结构和工作态度）、良好的公共关系、企业所承担的社会责任等，这些都是企业极有价值的资源，对决策均具有影响力，对企业获利能力的评估也是有用的，此类信息因无法客观地用货币加以计量，所以都不能在资产负债表中加以反映，使得资产负债表的功能受到限制。

3. 资产负债表的信息包含了诸多主观判断及估计数。由于财务会计核算是以一定的假设为前提的，再加上权责发生制、公允价值、谨慎性的运用及备选方案的选择，资产负债表中部分项目的计价，需要依赖会计人员的主观判断及估计，因此，资产负债表所提供会计信息质量的高低，依赖于会计人员估计及专业判断的准确性。面临不确定性因素，估计的数据难免带有主观性，使会计信息的可靠性受到质疑。例如，各项资产减值准备的计提、固定资产折旧方法的选择和计提、无形资产的摊销、预计负债的计提等，分别基于对可收回金额、计提比例、固定资产使用年限和无形资产摊销期限等因素的估计。另外，不同的会计人员会作出不同的判断，也会得出资产和负债的不同结果。

(三) 资产负债表的列报

资产和负债应当按照流动性分为流动资产和非流动资产、流动负债和非流动负债列示。流动性，通常按资产的变现或耗用时间长短或者负债的偿还时间长短来确定，企业应先列报流动性强的资产或负债，再列报流动性弱的资产或负债。

二、资产负债表的列报格式

资产负债表各项目在表中的排列方法不同，形成了不同的格式。资产负债表通常有两种格式。一是按资产、负债与所有者权益的顺序自上而下逐项列示，此为报告式资产负债表；二是资产、负债与所有者权益分左右方并列，此为账户式资产负债表。

1. 报告式资产负债表。报告式资产负债表将资产、负债、所有者权益项目采用垂直分列的形式进行编报，具体又有两种形式，分别是："资产 = 权益"等式和"资产 – 负债 = 所有者权益"等式。如表 15 – 1 所示。

表 15 – 1 　　　　　　　　　　不同的报告式资产负债表

年 　 月 　 日

金额单位：

"资产 = 权益"式	"资产 – 负债 = 所有者权益"式
资产	资产
⋮	⋮
资产合计	资产合计
权益	
负债	负债
⋮	⋮
负债合计	负债合计
所有者权益	所有者权益
⋮	⋮
所有者权益合计	
权益合计	所有者权益合计

报告式资产负债表的优点是便于编制比较资产负债表，即在一张报表中，除列出本期的财务状况外，可增设几个栏目，分别列示过去几期的财务状况。其缺点是资产和权益间的衡等关系并不一目了然。

2. 账户式资产负债表。账户式资产负债表是按照"T"型账户的形式设计资产负债表，将资产列在报表左方（借方），负债及所有者权益列在报表右方（贷方），左（借）右（贷）两方总额相等。如表 15 - 2 所示。

表 15 - 2 　　　　　　　　　　　　　账户式资产负债表

年　　　月　　　日　　　　　　　　　　　金额单位：

资　　产	权　　益
	负债
	负债合计
	所有者权益
	所有者权益合计
资产合计	负债及所有者权益合计

账户式资产负债表的优点是资产和权益间的衡等关系一目了然，易于反映资产、负债和所有者权益之间的内在关系。

3. 我国现行资产负债表格式。按照我国财务报表列报准则的规定，资产负债表采用账户式结构，左方列报资产，按资产的流动性排列；右方列报负债和所有者权益，负债按清偿时间的先后顺序排列，所有者权益则按实收资本、资本公积和盈余公积等顺序排列。账户式资产负债表反映了资产、负债、所有者权益之间的内在关系，即"资产 = 负债 + 所有者权益"。

为了让使用者通过比较不同时点资产负债表的数据，掌握企业财务状况的变动情况及发展趋势，企业需要提供比较资产负债表。因此，资产负债表还就各项目再分为"年初余额"和"期末余额"两栏分别填列。企业年末资产负债表的具体格式如表 15 - 3 所示。

表 15 - 3 　　　　　　　　　　　　　资产负债表 　　　　　　　　　　　会企 01 表

编制单位：天宇股份有限公司　　　　　2018 年 12 月 31 日　　　　　　　　单位：万元

资　　产	期末余额	年初余额	负债和所有者权益	期末余额	年初余额
流动资产：			流动负债：		
货币资金	81.5131		短期借款	5	
交易性金融资产	0		交易性金融负债	0	
衍生金融资产	0		衍生金融负债	0	

续表

资　产	期末余额	年初余额	负债和所有者权益	期末余额	年初余额
应收票据及应收账款	66.42		应付票据及应付账款	105.38	
预付款项	10		预收款项	0	
其他应收款	0.5		合同负债		
存货	248.47		应付职工薪酬	18	
合同资产	0		应交税费	22.6731	
持有待售资产	0		其他应付款	8.221585	
一年内到期的非流动资产	0		持有待售负债	0	
其他流动资产	10		一年内到期的非流动负债	0	
流动资产合计	416.9031		其他流动负债	0	
非流动资产：			流动负债合计	159.274685	
债权投资	0		非流动负债：		
其他债权投资	0		长期借款	114.8	
长期应收款	0		应付债券	0	
长期股权投资	26.2		其中：优先股	0	
其他权益工具投资	0		永续债	0	
其他非流动金融资产	0		长期应付款	0	
投资性房地产	0		预计负债	0	
固定资产	220.1		递延收益	0	
在建工程	72.8		递延所得税负债	0	
生产性生物资产	0		其他非流动负债	0	
油气资产	0		非流动负债合计	114.8	
无形资产	54		负债合计	274.074685	
开发支出	0		所有者权益：		
商誉	0		实收资本（或股本）	500	
长期待摊费用	0		其他权益工具	0	
递延所得税资产	0.75		其中：优先股	0	
其他非流动资产	18.8		永续债	0	
非流动资产合计	392.65		资本公积	0	
			减：库存股	0	
			其他综合收益	1.2	
			盈余公积	12.47704	
			未分配利润	21.801375	
			所有者权益合计	535.478415	
资产总计	809.5531		负债和所有者权益总计	809.5531	

三、资产负债表的列报方法

（一）资产负债表"期末余额"栏的填列方法

资产负债表中的不同项目所需数据的来源不同，各项目的填列方法也不同，有的项目直接根据总账账户的期末余额填列，有的项目根据总账账户期末余额计算填列，有的项目根据明细账余额分析或计算填列，有的项目根据总账账户和明细账账户余额分析计算填列，还有的项目根据有关账户余额减去其备抵账户余额后的净额填列以及综合运用上述方法分析填列等。

（1）"货币资金"项目，应根据"库存现金""银行存款""其他货币资金"三个总分类科目的期末余额的合计数填列。

（2）"交易性金融资产"项目，反映资产负债表日企业分类为以公允价值计量且其变动计入当期损益的金融资产，以及企业持有的直接指定为以公允价值计量且其变动计入当期损益的金融资产的期末账面价值。该项目应根据"交易性金融资产"科目的相关明细科目期末余额分析填列。自资产负债表日起超过一年到期且预期持有超过一年的以公允价值计量且其变动计入当期损益的非流动金融资产的期末账面价值，在"其他非流动金融资产"行项目反映。

（3）"衍生金融资产"项目，反映企业衍生金融工具（如金融期权、期货、远期合约、利率掉期以及货币掉期等）形成资产的期末账面价值。该项目应根据"衍生金融资产"科目的相关明细科目期末余额分析填列。

（4）"应收票据及应收账款"项目，反映企业因销售商品、提供服务等经营活动应收取的款项，以及收到的商业汇票，包括银行承兑汇票和商业承兑汇票。该项目应根据"应收票据"和"应收账款"科目的期末余额，减去"坏账准备"科目中相关坏账准备期末余额后的金额填列。

（5）"预付款项"项目，应根据"预付账款"和"应付账款"账户所属各明细账户的期末借方余额合计数，减去"坏账准备"账户中有关预付款项计提的坏账准备期末余额后的金额填列。

（6）"其他应收款"项目，应根据"应收利息""应收股利"和"其他应收款"科目的期末余额合计数，减去"坏账准备"科目中相关坏账准备期末余额后的金额填列。

（7）"存货"项目，应根据"材料采购""原材料""库存商品""周转材料""委托加工物资""生产成本""受托代销商品""受托代销商品款"等账户的期末余额合计，减去"存货跌价准备"账户期末余额后的金额填列。材料采用计划成本核算，以及库存商品采用计划成本核算或售价核算的企业，还应按加或减材料成本差异、商品进销差价后的金额填列。此外，按照《企业会计准则第14 号——收入》（2017）的相关规定确认为资产的合同履约成本，应当根据"合同履约成本"科目初始确认时摊销期限未超过一年或一个正常营业周期的，也在

"存货"项目中填列，已计提减值准备的，应减去"合同履约成本减值准备"科目中相关的期末余额后的金额填列。

（8）"合同资产"和"合同负债"项目，应分别根据"合同资产"科目、"合同负债"科目的相关明细科目期末余额分析填列，同一合同下的合同资产和合同负债应当以净额列示，其中净额为借方余额的，应当根据其流动性在"合同资产"或"其他非流动资产"项目中填列，已计提减值准备的，还应减去"合同资产减值准备"科目中相关的期末余额后的金额填列；其中净额为贷方余额的，应当根据其流动性在"合同负债"或"其他非流动负债"项目中填列。

（9）"持有待售资产"项目，反映资产负债表日划分为持有待售类别的非流动资产及划分为持有待售类别的处置组中的流动资产和非流动资产的期末账面价值。该项目应根据"持有待售资产"科目的期末余额，减去"持有待售资产减值准备"科目的期末余额后的金额填列。

（10）"一年内到期的非流动资产"项目反映企业非流动资产项目中在一年内到期的金额，包括一年内到期的债权投资、长期待摊费用和一年内可收回的长期应收款，应根据上述科目分析计算后填列。

（11）"其他流动资产""其他流动负债"项目，应根据有关总账科目及有关科目的明细科目期末余额分析填列。

（12）"债权投资"项目，反映资产负债表日企业以摊余成本计量的长期债权投资的期末账面价值，应根据"债权投资"科目的相关明细科目期末余额，减去"债权投资减值准备"科目中相关减值准备的期末余额后的金额分析填列。自资产负债表日起一年内到期的长期债权投资的期末账面价值，在"一年内到期的非流动资产"行项目反映。企业购入的以摊余成本计量的一年内到期的债权投资的期末账面价值，在"其他流动资产"行项目反映。

（13）"其他债权投资"项目，反映资产负债表日企业分类为以公允价值计量且其变动计入其他综合收益的长期债权投资的期末账面价值，应根据"其他债权投资"科目的相关明细科目期末余额分析填列。企业购入的以公允价值计量且其变动计入其他综合收益的一年内到期的债权投资的期末账面价值，在"其他流动资产"项目反映。

（14）"长期应收款"项目，反映企业长期应收款净额，根据"长期应收款"期末余额，减去一年内到期的部分、"未确认融资收益"账户期末余额、"坏账准备"账户中按长期应收款计提的坏账损失后的金额填列。

（15）"长期股权投资"项目，应根据"长期股权投资"账户的期末余额减去"长期股权投资减值准备"账户期末余额后填列。

（16）"其他权益工具投资"项目，反映资产负债表日企业指定为以公允价值计量且其变动计入其他综合收益的非交易性权益工具投资的期末账面价值，应根据"其他权益工具投资"科目的期末余额填列。

（17）"投资性房地产"项目，应根据"投资性房地产"科目的期末余额扣减相应的累计折旧（摊销）填列，已计提减值准备的，还应扣减相应的减值准备，采用公允价值计量的上述资产，应根据相关科目的期末余额填列。

（18）"固定资产"项目，反映资产负债表日企业固定资产的期末账面价值和企业尚未清理完毕的固定资产清理净损益，应根据"固定资产"科目的期末余额，减去"累计折旧"和"固定资产减值准备"科目的期末余额后的金额，以及"固定资产清理"科目的期末余额填列。

（19）"在建工程"项目，反映资产负债表日企业尚未达到预定可使用状态的在建工程的期末账面价值和企业为在建工程准备的各种物资的期末账面价值，应根据"在建工程"科目的期末余额，减去"在建工程减值准备"科目的期末余额后的金额，以及"工程物资"科目的期末余额，减去"工程物资减值准备"科目的期末余额后的金额填列。

（20）"无形资产"项目，应根据"无形资产"科目的期末余额扣减相应的累计摊销填列，已计提减值准备的，还应扣减相应的减值准备。

（21）"开发支出"项目，应根据"研发支出"科目中所属的"资本化支出"明细科目期末余额填列。

（22）"商誉"项目，反映企业商誉的价值，应根据"商誉"账户期末余额填列。

（23）"长期待摊费用"项目，应根据"长期待摊费用"账户的期末余额减去将于一年内（含一年）摊销的数额后的金额填列。

（24）"递延所得税资产"项目，反映企业应可抵扣暂时性差异形成的递延所得税资产，应根据"递延所得税资产"科目期末余额填列。

（25）"其他非流动资产""其他非流动负债"项目，应根据有关科目的期末余额减去将于一年内（含一年）收回数后的金额填列；"其他非流动负债"项目，应根据有关科目的期末余额减去将于一年内（含一年）到期偿还数后的金额填列。

（26）"短期借款"项目，反映企业借入尚未归还的1年期以下（含一年）的借款，应根据"短期借款"科目的期末余额填列。

（27）"交易性金融负债"项目，反映资产负债表日企业承担的交易性金融负债，以及企业持有的直接指定为以公允价值计量且其变动计入当期损益的金融负债的期末账面价值，应根据"交易性金融负债"科目的相关明细科目期末余额填列。

（28）"衍生金融负债"项目，反映企业衍生金融工具（如金融期权、期货、远期合约、利率掉期以及货币掉期等）形成负债的期末账面价值，应根据"衍生金融负债"科目的相关明细科目期末余额分析填列。

（29）"应付票据及应付账款"项目，反映资产负债表日企业因购买材料、商品和接受服务等经营活动应支付的款项，以及开出、承兑的商业汇票，包括银行承兑汇票和商业承兑汇票，应根据"应付票据"科目的期末余额，以及"应付账款"和"预付账款"科目所属的相关明细科目的期末贷方余额合计数填列。

（30）"预收款项"项目，反映企业按合同规定预收的款项，应根据"预收账款"和"应收账款"账户所属各明细账户的期末贷方余额合计填列。

（31）"应付职工薪酬"项目，反映企业应付未付的工资和社会保险费等职工薪酬，应根据"应付职工薪酬"科目的明细科目期末余额分析填列。

（32）"应交税费"项目，反映企业期末未交、多交或未抵扣的各种税金，应根据"应交税费"科目的期末贷方余额填列。

（33）"其他应付款"项目，应根据"应付利息""应付股利"和"其他应付款"科目的期末余额合计数填列。

（34）"持有待售负债"项目，反映资产负债表日处置组中与划分为持有待售类别的资产直接相关的负债的期末账面价值，应根据"持有待售负债"科目的期末余额填列。

（35）"一年内到期的非流动负债"项目，应根据有关非流动资产或非流动负债项目的明细账户余额分析填列。

（36）"长期借款"项目，应根据"长期借款"总分类科目余额扣除"长期借款"所属明细科目中将于一年内到期且企业不能自主地将清偿义务展期的长期借款后的金额计算填列。其中将于一年内到期且企业不能自主地将清偿义务展期的长期借款记入"一年内到期的非流动负债"项目。

（37）"应付债券"项目，应根据"应付债券"科目的明细科目余额分析填列。

（38）"长期应付款"项目，反映资产负债表日企业除长期借款和应付债券以外的其他各种长期应付款项的期末账面价值，应根据"长期应付款"科目的期末余额，减去相关的"未确认融资费用"科目的期末余额后的金额，以及"专项应付款"科目的期末余额填列。

（39）"预计负债"项目，应根据"预计负债"科目的明细科目期末余额填列。

（40）"递延收益"项目，反映企业应在以后期间计入当期损益或冲减相关成本的政府补助，应根据"递延收益"科目的期末余额填列。

（41）"递延所得税负债"项目，反映企业应纳税暂时性差异形成的递延所得税负债，应根据"递延所得税负债"账户期末余额填列。

（42）"实收资本（或股本）"项目，反映企业各投资者实际投入的资本（或股本）总额，应根据"实收资本（或股本）"科目的期末余额填列。

（43）"其他权益工具"项目，应根据"其他权益工具"科目的期末余额填列（一般指优先股和永续债）。

（44）"资本公积"项目，反映企业资本公积的期末余额，应根据"资本公积"科目的期末余额填列。

（45）"其他综合收益"项目，应根据"其他综合收益"科目的期末余额填列。

（46）"盈余公积"项目，反映企业盈余公积的期末余额，应根据"盈余公积"科目的期末余额填列。

（47）"未分配利润"项目，反映企业尚未分配的利润，应根据"本年利润"科目和"利润分配"科目的余额计算填列。未弥补的亏损在本项目内以"－"号填列。

（二）资产负债表"期初余额"栏的填列方法

资产负债表中的"期初余额"栏通常根据上年末有关项目的期末余额填列。如果企业上年度资产负债表规定的项目名称和内容与本年度不一致，应当对上年年末资产负债表相关项目的名称和数字按照本年度的规定进行调整，填入"期初余额"栏。

四、资产负债表编制示例

【例15－1】天宇股份有限公司为增值税一般纳税企业，增值税税率为16%，适用的所得税税率为25%。2018年12月31日的科目余额表如表15－4所示。假设天宇股份有限公司2018年度除计提固定资产减值准备导致固定资产账面价值与其计税基础存在可抵扣暂时性差异外，其他资产和负债项目的账面价值均等于其计税基础。假定天宇公司未来很可能获得足够的应纳税所得额用来抵扣可抵扣暂时性差异。

表15－4　　　　　　2018 年 12 月 31 日 科目余额表　　　　单位：万元

科目名称	借方余额	科目名称	贷方余额
库存现金	0.2	短期借款	5
银行存款	80.5831	应付票据	10
其他货币资金	0.73	应付账款	95.38
交易性金融资产	0	其他应付款	5
应收票据	6.6	应付职工薪酬	18
应收账款	60	应交税费	22.6731
坏账准备	－0.18	应付利息	0
预付账款	10	应付股利	3.221585
其他应收款	0.5	递延所得税负债	0
材料采购	27.5	递延收益	0
原材料	4.5	长期借款	114.8
周转材料	3.805	股本	500
库存商品	212.24	资本公积	0
材料成本差异	0.425	其他综合收益	1.2
其他流动资产	10	盈余公积	12.47704
其他债权投资	0	利润分配（未分配利润）	21.801375

续表

科目名称	借方余额	科目名称	贷方余额
债权投资	0		
长期股权投资	26.2		0
固定资产	240.1		0
累计折旧	-17		0
固定资产减值准备	-3		0
工程物资	30		0
在建工程	42.8		0
无形资产	60		0
累计摊销	-6		0
递延所得税资产	0.75		0
其他长期资产	18.8		0
合　　计	809.5531	合　　计	809.5531

根据上述资料，编制天宇股份有限公司 2018 年 12 月 31 日的资产负债表，如表 15 - 3 所示。

第三节　利　润　表

一、利润表概述

(一) 利润表的概念及作用

利润表又称收益表、损益表，是反映企业在一定会计期间经营成果的会计报表。利润是企业一定期间所得扣除所耗后的剩余，是一张动态报表。

对利润的概念，至今尚未形成统一的认识，比较流行的利润计量方法有两种。一是根据资产负债表来确定企业的利润，即资产负债观；二是根据利润表来确定企业的利润，即收入费用观。我国会计实务确定利润的依据是收入费用观。

利润表的主要作用表现在以下五个方面。

1. 能够反映企业的经营成果和获利能力。经营成果是一个绝对值指标，是由一定期间的收入和一定期间的费用配比的结果，体现着企业资本增值或财富增长的规模。利润表直接揭示了企业一定期间经营成果形成的信息。通过利润表可以反映企业一定会计期间的收入实现情况，如实现的营业收入有多少、实现的投资收益有多少、实现的营业外收入有多少，也可以反映一定会计期间的费用耗费情况，如耗费的营业成本有多少、营业税费有多少、销售费用、管理费用、财务费用各有多少、营业外支出有多少，还可以反映企业生产经营活动的成果，即净利润的实现情况，据以判断资本保值、增值情况等。

获利能力是一个相对值指标，是企业运用一定的经济资源获取经营成果的能力。虽然利润表未直接反映获利能力的信息，但通过利润表和其他财务报表资料计算可得。将利润表中的信息与资产负债表中的信息相结合，可以分析企业获利能力，如将净利润与资产总额进行比较，可计算出资产收益率；将净利润与净资产进行比较，可计算出净资产收益率等。这些信息反映了企业的盈利能力和水平，便于财务报表使用者据以作出经济决策。

2. 有利于考核与评价企业经营者的业绩。利润表反映了企业生产经营过程中投入与产出对比的结果，也具体反映了构成利润的营业收入、营业成本以及期间费用等要素，通过比较分析利润的增减变化，可以寻求其根本原因，以便在价格、品种、成本、费用以及其他方面找出差距，改善经营管理、提高业绩水平，为企业内部管理层的经营决策提供依据。

另外，利润体现了企业在生产、经营、理财、投资等各项经营活动中的管理效率和效益，通过比较企业前后期的经营成果及其变动情况，比较企业与同行业企业的经营成果，可以考核企业管理人员的经营业绩，以便作出正确的奖罚决策。

3. 可以据以分析企业未来利润的发展趋势。利润的发展趋势信息无论是对管理当局还是对投资者的决策，都是至关重要的。通过多期利润表比较同一企业不同时期、不同企业同一时期的指标，可以分析企业各项业务的收入、费用、利润的变动规律，了解企业的获利水平，预测企业未来利润的发展趋势，据此决定是否投资，是否追加投资以及是否改变投资方向。

4. 有助于评估企业取得未来现金流量的风险。财务报表使用者所关注的是各种预期的现金来源、金额、时间及其不确定性，这些预期的现金流量与企业的获利能力具有密切联系。通过利润表各项收入和费用项目的结构和互相之间的关系，可以评估企业未来现金流量的风险和不确定性。如当期营业收入在利润中的比重越大，说明以后各期企业获取未来现金流量的风险就越小；反之，则说明企业获取未来现金流量的不稳定性增加，风险加大。

5. 有助于评价企业的偿债能力。利润表本身并不能直接提供偿债能力的信息，但企业的偿债能力不仅取决于资产的流动性和权益结构，也取决于企业的获利能力。获利能力不强，企业资产的流动性和权益结构必将逐步恶化，最终危及企业的偿债能力，陷入资不抵债的困境。通过比较、分析利润表的有关信息，可以间接评价、预测企业的偿债能力，尤其是长期偿债能力，并揭示偿债能力的变化趋势，进而作出决策。

（二）利润表的局限性

由于利润表的编制受各种因素的影响，所提供的收入、费用及利润都带有较大的主观性，从而使得利润表的作用受到限制。

（1）会计是按收入实现原则确认损益的，对很多未实现的资产持有损益，由于并未实现，会计不予确认。同时，会计确认遵循可计量性，对于不可计量的项目，会计无法确认，也无法在利润表中列示。

（2）由于企业会计准则对一些收入或费用项目的计量提供了多种可供选择的方法，企业可以采用不同的会计方法，如存货计价可按先进先出法、加权平均法、个别计价法，固定资产折旧可按平均年限法、工作量法、年数总和法及双倍余额递减法。同一会计事项采用不同的会计方法，这样在同等条件下，不同的企业计算出来的利润会有所不同。

（3）许多费用必须采用估计数，如坏账损失、产品售后服务费用、折旧年限及残值等，这些损益项目的计量由于受市场环境因素及主观因素的影响，会造成费用的高估或低估。如对资产减值的估计，在缺乏可参考的市场价格时，必须依靠人为的主观判断，不同的会计人员在同一资产减值额度判断上会出现差异。

（4）目前，利润表多半按功能性分类，例如，营业成本、销售费用、管理费用等，而非按活动水准分类，例如，固定费用、变动费用，按功能性分类不利于预测未来利润及现金流量。

二、利润表的列报格式和列报方法

（一）利润表的列报格式

目前世界各国通用的利润表格式有单步式利润表和多步式利润表两种。

1. 单步式利润表。单步式利润表是将当期所有的收入合计相加，将当期所有的费用合计相加，用收入合计减去费用合计得出当期损益。单步式利润表编制方式简单，易于理解。但单步式利润表只是对企业的各种收入和费用作了简单归类，没有区分成本、费用与收入的配比层次，许多有意义的信息无法反映出来，不能满足报表使用者对会计信息的需要。"单步式利润表"的格式如表 15 - 5 所示。

表 15 - 5　　　　　　　　　　　　利润表

××年度　　　　　　　　　　　　　　　　单位：元

项　　目	本期金额	上期金额
一、收入		
营业收入		
投资收益		
营业外收入		
收入合计		
二、费用		
营业成本		
税金及附加		
销售费用		

续表

项　　目	本期金额	上期金额
管理费用		
财务费用		
资产减值损失		
营业外支出		
所得税费用		
费用合计		
三、净利润		

2. 多步式利润表。多步式利润表的当期净利润，是经过多步计算确定的，即将不同性质的收入和费用进行归类，区分成本、费用与收入的配比层次，分别计算营业利润、利润总额和净利润。

第一步，计算营业利润。

营业利润 = 营业收入 − 营业成本 − 税金及附加 − 销售费用 − 管理费用
　　　　　 − 研发费用 − 财务费用 − 资产减值损失 − 信用减值损失
　　　　　 + 其他收益 ± 公允价值变动收益
　　　　　 ± 净敞口套期收益 ± 投资收益 ± 资产处置收益

第二步，计算利润总额。

利润总额 = 营业利润 + 营业外收入 − 营业外支出

第三步，计算净利润。

净利润 = 利润总额 − 所得税费用

我国采用的就是多步式结构，多步式利润表弥补了单步式利润表的不足，能清楚地反映出企业的利润形成步骤，揭示企业净利润各构成要素之间的内在联系，能满足报表使用者对会计信息的需要。

我国《企业会计准则第 30 号——财务报表列报》规定，企业需要提供比较利润表，使报表使用者通过比较不同期间利润的实现情况，判断企业经营成果的未来发展趋势。因此，年度利润表还就各项目再分为"本期金额"和"上期金额"两栏分别填列。我国利润表的具体格式如表 15 −6 所示。

表 15 −6　　　　　　　　　　利　润　表　　　　　　　　　　会企 02 表

编制单位：天宇股份有限公司　　　　　　　　2018 年　　　　　　　　　　单位：万元

项　　目	本期金额	上期金额（略）
一、营业收入	125	
减：营业成本	75	

续表

项　目	本期金额	上期金额（略）
税金及附加	0.2	
销售费用	2	
研发费用	5.5	
管理费用	10.21	
财务费用	4.15	
其中：利息费用	4.5	
利息收入	0.35	
资产减值损失	3.09	
信用减值损失	0	
加：其他收益	0	
投资收益（损失以"－"号填列）	3.15	
其中：对联营企业和合营企业的投资收益	0	
净敞口套期收益（损失以"－"号填列）	0	
公允价值变动收益（损失以"－"号填列）	0	
资产处置收益（损失以"－"号填列）	0	
二、营业利润（亏损以"－"号填列）	28	
加：营业外收入	5	
减：营业外支出	1.97	
三、利润总额（亏损总额以"－"号填列）	31.03	
减：所得税费用	8.53	
四、净利润（净亏损以"－"号填列）	22.5	
（一）持续经营净利润（净亏损以"－"号填列）	22.5	
（二）终止经营净利润（净亏损以"－"号填列）	0	
五、其他综合收益的税后净额	1.2	
（一）不能重分类进损益的其他综合收益	0	
1. 重新计量设定受益计划变动额	0	
2. 权益法下不能重分类转损益的其他综合收益	0	
3. 其他权益工具投资公允价值变动	0	
4. 企业自身信用风险公允价值变动	0	
……		
（二）将重分类进损益的其他综合收益	1.2	
1. 权益法下可转损益的其他综合收益	1.2	
2. 其他债权投资公允价值变动	0	
3. 金融资产重分类计入其他综合收益的金额	0	
4. 其他债权投资信用减值准备	0	

续表

项 目	本期金额	上期金额（略）
5. 现金流量套期储备	0	
6. 外币财务报表折算差额	0	
……		
六、综合收益总额	23.7	
七、每股收益：		
（一）基本每股收益	（略）	
（二）稀释每股收益	（略）	

（二）利润表的列报方法

企业应当根据损益类科目和所有者权益类有关科目的发生额填列利润表"本年金额"栏，具体包括如下五种情况。

1. 损益类项目的列报方法。

（1）"营业收入"项目，由主营业务收入和其他业务收入组成，反映企业经营主要业务和其他业务所确认的收入总额。本项目应根据"主营业务收入"和"其他业务收入"科目的发生额分析填列。

（2）"营业成本"项目，由主营业务成本和其他业务成本组成，反映企业经营主要业务和其他业务所发生的成本总额。本项目应根据"主营业务成本""其他业务成本"科目的发生额分析填列。

（3）"税金及附加"项目，反映企业经营业务应负担的消费税、城市维护建设税、资源税、教育费附加及房产税、土地使用税、车船税、印花税等。本项目应根据"税金及附加"科目的发生额分析填列。

（4）"销售费用"项目，反映企业在销售商品过程中发生的广告费、包装费等费用以及企业专设的销售机构发生的各项费用。本项目应根据"销售费用"科目的发生额分析填列。

（5）"管理费用"项目，反映企业为组织和管理生产经营而发生的管理费用。本项目应根据"管理费用"科目的发生额分析填列。

（6）"研发费用"项目，反映企业进行研究与开发过程中发生的费用化支出。本项目应根据"管理费用"科目下的"研发费用"明细科目的发生额分析填列。

（7）"财务费用"项目，反映企业为筹集生产经营所需资金而发生的筹资费用。本项目应根据"财务费用"科目的发生额分析填列。"其中：利息费用"项目，反映企业为筹集生产经营所需资金等而发生的应予费用化的利息支出，应根据"财务费用"科目的相关明细科目的发生额分析填列；"利息收入"项目，反映企业确认的利息收入，应根据"财务费用"科目的相关明细科目的发生额分析填列。

（8）"资产减值损失"项目，反映企业各项资产发生的减值损失。本项目应根据"资产减值损失"科目的发生额分析填列。

（9）"信用减值损失"项目，反映企业按照《企业会计准则第 22 号——金融工具确认和计量》（2017）的要求计提的各项金融工具减值准备所形成的预期信用损失。本项目应根据"信用减值损失"科目的发生额分析填列。

（10）"其他收益"项目，反映计入其他收益的政府补助等。本项目应根据"其他收益"科目的发生额分析填列。

（11）"投资收益"项目，反映企业以各种方式对外投资所取得的收益。本项目应根据"投资收益"科目的发生额分析填列；如为投资损失，本项目以"－"号填列。

（12）"净敞口套期收益"项目，反映净敞口套期下被套期项目累计公允价值变动转入当期损益的金额或现金流量套期储备转入当期损益的金额。本项目应根据"净敞口套期损益"科目的发 生额分析填列；如为套期损失，以"－"号填列。

（13）"公允价值变动损益"项目，反映企业应当计入当期损益的资产或负债公允价值变动损益。本项目应根据"公允价值变动损益"科目的发生额分析填列，如为净损失，本项目以"－"号填列。

（14）"资产处置收益"行项目，反映企业出售划分为持有待售的非流动资产（金融工具、长期股权投资和投资性房地产除外）或处置组（子公司和业务除外）时确认的处置利得或损失，以及处置未划分为持有待售的固定资产、在建工程、生产性生物资产及无形资产而产生的处置利得或损失。债务重组中因处置非流动资产产生的利得或损失和非货币性资产交换中换出非流动资产产生的利得或损失也包括在本项目内。本项目应根据"资产处置损益"科目的发生额分析填列；如为处置损失，以"－"号填列。

（15）"营业利润"项目，反映企业经营活动实现的利润。本项目通过对以上项目计算填列，如为亏损，本项目以"－"号填列。

（16）"营业外收入"项目，反映企业发生的除营业利润以外的收益，主要包括债务重组利得、与企业日常活动无关的政府补助、盘盈利得、捐赠利得等。本项目应根据"营业外收入"科目的发生额分析填列。

（17）"营业外支出"项目，反映企业发生的除营业利润以外的支出，主要包括债务重组损失、公益性捐赠支出、非常损失、盘亏损失、非流动资产毁损报废损失等。本项目应根据"营业外支出"科目的发生额分析填列。

（18）"利润总额"项目，反映企业当期实现的全部利润。本项目通过计算填列，如为亏损，本项目以"－"号填列。

（19）"所得税费用"项目，反映企业应从当期利润总额中扣除的所得税费用。本项目应根据"所得税费用"科目的发生额分析填列。

（20）"净利润"项目，反映企业当期实现的税后利润。如为净亏损，以"－"号填列。

（21）"（一）持续经营净利润"和"（二）终止经营净利润"项目，分别反映净利润中与持续经营相关的净利润和与终止经营相关的净利润；如为净亏损，以"－"号填列。两个项目应按照《企业会计准则第42号——持有待售的非流动资产、处置组和终止经营》的相关规定分别列报。

2. 其他综合收益的列报方法。其他综合收益是指企业根据会计准则规定未在当期损益中确认的各项利得和损失。其他综合收益项目分为下列两类列报。

（1）"不能重分类进损益的其他综合收益"项目，包括以下四种。

① "重新计量设定受益计划变动额"项目，反映企业重新计量设定受益计划净负债或净资产的变动额。本项目应根据"其他综合收益"科目的相关明细科目的发生额分析填列。

② "权益法下不能重分类转损益的其他综合收益"项目，反映企业长期股权投资在权益法下对被投资单位不能重分类进损益的其他综合收益中享有的份额。本项目应根据"其他综合收益"科目的相关明细科目的发生额分析填列。

③ "其他权益工具投资公允价值变动"项目，反映企业指定为以公允价值计量且其变动计入其他综合收益的非交易性权益工具投资发生的公允价值变动。本项目应根据"其他综合收益"科目的相关明细科目的发生额分析填列。

④ "企业自身信用风险公允价值变动"项目，反映企业指定为以公允价值计量且其变动计入当期损益的金融负债，由企业自身信用风险变动引起的公允价值变动而计入其他综合收益的金额。本项目应根据"其他综合收益"科目的相关明细科目的发生额分析填列。

（2）"将重分类进损益的其他综合收益"项目，包括以下六种。

① "权益法下可转损益的其他综合收益"项目，反映企业长期股权投资在权益法下对被投资单位以后将重分类进损益的其他综合收益中享有的份额。本项目应根据"其他综合收益"科目的相关明细科目的发生额分析填列。

② "其他债权投资公允价值变动"项目，反映企业分类为以公允价值计量且其变动计入其他综合收益的债权投资发生的公允价值变动。企业将一项以公允价值计量且其变动计入其他综合收益的金融资产重分类为以摊余成本计量的金融资产，或重分类为以公允价值计量且其变动计入当期损益的金融资产时，之前计入其他综合收益的累计利得或损失从其他综合收益中转出的金额作为该项目的减项。本项目应根据"其他综合收益"科目下的相关明细科目的发生额分析填列。

③ "金融资产重分类计入其他综合收益的金额"项目，反映企业将一项以摊余成本计量的金融资产重分类为以公允价值计量且其变动计入其他综合收益的金融资产时，计入其他综合收益的原账面价值与公允价值之间的差额。本项目应根据"其他综合收益"科目下的相关明细科目的发生额分析填列。

④ "其他债权投资信用减值准备"项目，反映企业按照《企业会计准则第22号——金融工具确认和计量》（2017）第十八条分类为以公允价值计量且其变动计入其他综合收益的金融资产的损失准备。本项目应根据"其他综合收益"科

目下的"信用减值准备"明细科目的发生额分析填列。

⑤"现金流量套期储备"项目，反映企业套期工具产生的利得或损失中属于套期有效的部分。本项目应根据"其他综合收益"科目下的"套期储备"明细科目的发生额分析填列。

⑥"外币财务报表折算差额"项目，反映企业对境外经营的财务报表进行折算时，产生的外币财务报表折算差额。本项目应根据"其他综合收益"科目下的相关明细科目的发生额分析填列。

3. "综合收益总额"项目的列报方法。"综合收益总额"项目反映企业净利润与其他综合收益的税后净额的合计金额。

4. 每股收益的列报方法。

（1）"基本每股收益"项目，反映了企业当期平均每股普通股所获得的收益，即目前股本结构下的盈利水平，是衡量普通股持有者获得报酬水平的重要指标。该指标按照归属于普通股股东的当期净利润除以发行在外普通股的加权平均数计算确定。计算基本每股收益时，分子为归属于普通股股东的当期净利润，即企业当期实现的可供普通股股东分配的净利润或应由普通股股东分担的净亏损金额。发生亏损的企业，每股收益以负数列示。分母为当期发行在外普通股的加权平均数（期初发行在外普通股股数＋当期新发行普通股股数×已发行时间÷报告期时间－当期回购普通股股数×已回购时间÷报告期时间），即期初发行在外普通股股数根据当期新发行或回购的普通股股数与相应时间权数的乘积进行调整后的股数。其中，作为权数的已发行时间、报告期时间和已回购时间通常按天数计算，在不影响计算结果合理性的前提下，也可以采用简化的计算方法，如按月数计算。公司库存股不属于发行在外的普通股，且无权参与利润分配，应当在计算分母时扣除。

例如，某公司2018年以前发行在外的普通股为10 000万股；3月1日新发行普通股4 500万股；12月1日回购普通股1 500万股，以备将来奖励职工之用。该公司当年度实现净利润为2 452.5万元。

基本每股收益＝归属于普通股股东的当期净利润÷发行在外普通股的加权平均数

发行在外普通股加权平均数＝期初发行在外普通股股数＋当期新发行普通股股数×已发行时间÷报告期时间－当期回购普通股股数×已回购时间÷报告期时间＝10 000×12/12＋4 500×10/12－1 500×1/12＝13 625（万股）

基本每股收益＝2 452.5÷13 625＝0.18（元/股）

（2）"稀释每股收益"项目，企业存在稀释性潜在普通股的，应当分别调整归属于普通股股东的当期净利润和发行在外普通股的加权平均数，并据以计算稀释每股收益。在实践中，上市公司常存在一些潜在的可能转化成上市公司股权的工具，如可转换债券、认股权、股票期权等，这些工具有可能在将来转化成普通股而减少上市公司的每股收益。相对于基本每股收益，稀释每股收益充分考虑了潜在普通股对每股收益的稀释作用，以反映企业在未来股本结构下的资本盈利水平。该指标按照归属于普通股股东的当期净利润除以假定稀释性潜在普通股转换为已发行普通股的前提下普通股股数的加权平均数计算确定。计算稀释每股收益时，应对基本每股收益的分子和分母进行调整。就分子而言，当期可归属于普通股股东的净利润，应根据下列事项的税后影响进行调整：①当期已确认为费用的稀释性潜在普通股的利息；②稀释性潜在普通股转换时将产生的收益或费用。这里主要是指可转换公司债券。就分母而言，普通股加权平均股数为在计算基本每股收益时的股份加权平均数加上全部具稀释性潜在普通股转换成普通股时将发行的普通股的加权平均数量。以前发行的具稀释性潜在普通股应视为已在当期期初转换为普通股，本期发行的潜在普通股应视为在发行日转换成普通股。稀释性潜在普通股，是指假设当期转换为普通股会减少每股收益的潜在普通股。

例如，某上市公司 2018 年归属于普通股股东的净利润为 29 000 万元，期初发行在外普通股股数 20 000 万股，年内普通股股数未发生变化。2018 年 1 月 1 日，公司按面值发行 60 000 万元的三年期可转换公司债券，债券每张面值 100 元，票面固定年利率为 2%，利息自发行之日起每年支付一次，即每年 12 月 31 日为付息日。该批可转换公司债券自发行结束后 12 个月以后即可转换为公司股票，即转股期为发行 12 个月后至债券到期日止的期间。转股价格为每股 10 元，即每 100 元债券可转换为 10 股面值为 1 元的普通股。债券利息不符合资本化条件，直接计入当期损益，所得税税率为 25%。

假设不考虑可转换公司债券在负债和权益成分的分拆，且债券票面利率等于实际利率。2018 年度每股收益计算如下：

基本每股收益 = 29 000 ÷ 20 000 = 1.45（元/股）

$$稀释每股收益 = 归属于普通股股东的当期净利润 \div$$
$$假定稀释性潜在普通股转换为已发行$$
$$普通股的前提下普通股股数的加权平均数$$

假设转换所增加的净利润（分子调整）= 60 000 × 2% × (1 − 25%)
= 900（万元）

假设转换所增加的普通股股数（分母调整）= 60 000/10 = 6 000（万股）

稀释每股收益 = (29 000 + 900) ÷ (20 000 + 6 000) = 1.15（元/股）

5. 上期金额栏的列报方法。利润表中"上期金额"栏内各项数字，应根据上年该期利润表"本期金额"栏内所列数字填列。如果上年该期利润表规定的各个项目的名称和内容同本期不相一致，应对上年该期利润表各项目的名称和数字按本期的规定进行调整，填入"上期金额"栏。

三、利润表编制示例

【例 15 - 2】天宇股份有限公司 2018 年度有关损益类科目本年累计发生净额如表 15 - 7 所示，2018 年"其他综合收益""财务费用"明细科目如表 15 - 8 所示。

表 15 - 7　　　　　2018 年度天宇股份有限公司损益类科目累计发生净额　　　单位：万元

科目名称	借方发生额	贷方发生额
主营业务收入		125
主营业务成本	75	
税金及附加	0.2	
销售费用	2	
管理费用	15.71	
财务费用	4.15	
资产减值损失	3.09	
投资收益		3.15
营业外收入		5
营业外支出	1.97	
所得税费用	8.53	

表 15 - 8　　　　　2018 年"其他综合收益""财务费用"明细科目　　　单位：万元

明细科目名称	借方发生额	贷方发生额
权益法下可转损益的其他综合收益		1.2
利息费用	4.5	
利息收入		0.35
研发费用	5.5	

根据上述资料，编制天宇股份有限公司 2018 年度利润表，如表 15 - 6 所示。

四、全面收益报告

1. 全面收益报告在国外的发展情况。全面收益报告的产生源于西方国家。20 世纪 80 年代起，各国财务会计准则就不断要求对传统的金融工具用公允价值计量，而对衍生金融工具这类待履行的合约，由于在签约时尚未有实际交易产生，因此，一直是在表外加以披露。但是随着衍生金融工具风险的加剧，传统财务报表却无法对衍生金融工具的价值及其变化加以反映，因此，人们呼吁改进财务报告，将衍生金融工具由表外纳入表内。1998 年美国 SFAS 133《衍生金融工具和套期活动的会计处理》和国际会计准则委员会 IAS 39《金融工具：确认和计量》的相继颁布，要求将衍生金融工具在财务报表中加以确认、计量和报告。除了金融工具采用公允价值计量外，部分长期资产也开始采用公允价值计量。公允价值计量属性的使用带来了一个新问题，即公允价值变动产生的利得和损失该如何报告。由于传统的收益是以实现或可实现为确认标准的，而公允价值变动产生的利得和损失尚未实际发生，因而一般都绕过收益表直接进入资产负债表的所有者权益部分。这样，既影响了财务业绩信息的明晰性，又不符合损益满计观。为此，自 20 世纪 90 年代开始，国际会计准则委员会及英、美、法、澳大利亚、新西兰等国的会计准则制定机构纷纷要求报告全面收益。

1991 年英国民间组织发表一份《财务报告的未来模式》研究报告，指出现行会计实务中某些财富的变动，如持有和转让非流动资产的利得和损失并不能在损益表中得到反映，主张在传统收益表外增加一个"利得表"，两者共同揭示报告主体财富的全部变动。1992 年 10 月英国会计准则委员会（ASB）正式公布了财务报告准则第 3 号（FRS3）《报告财务业绩》，该准则规定一个企业的财务业绩由"损益表"和"全部已确认利得和损失表"共同表述。1995 年 ASB 又发布《财务报告的原则公告》征求意见稿，提出将"损益表"和"全部已实现利得和损失表"两表合一，统称为"财务业绩报表"，进而继续开辟了收益报告改革的新思路。

1996 年，美国财务会计准则委员会（FASB）发布《报告全面收益征求意见稿》，并于 1997 年正式颁布准则《报告全面收益》（FAS130），它将全面收益分为净收益和其他全面收益，其特点是保留传统净收益的概念和构成，而把主要任务放在解决那些绕过利润表而直接在资产负债表中列示的权益变动项目上。至于全面收益的列报，可以采用"双表式"，即在传统收益表外，另出具"全面收益表"；也可以采用"单表式"，即把传统收益和全面收益合成一体，称为"收益与全面收益表"。2007 年 10 月，FASB 与国际会计准则理事会（IASB）发布了联合研究成果，要求企业只能采用一表法或二表法报告全面收益。2008 年 10 月 1 日，FASB 与 IASB 发布了关于修改 IASI（2007 年版）的讨论稿《财务报表的初步意见》，要求企业只允许使用一表法报告企业的收益状况。2010 年 5 月，FASB 发布的《关于全面收益的征求意见稿》中又决定了企业采用一表法或二表法。

国际会计准则委员会（IASC）在很大程度上借鉴了英、美两国对全面收益报告的经验，1997 年 8 月，发布了修订后的（IAS1）《财务报表的表达》，考虑到全部利得和损失对于评估报告主体财务状况的重要性，要求引入新的主要报表列示利得和损失。IASC 提出单独的"已确认利得和损失表"和"权益变动表"两种表式对此加以列示。IASC 改组后，国际会计准则理事会（IASB）积极推行收益报告的革新，于 2002 年年初启动报告收益项目"全面收益报告"。2007 年 10 月，IASB 对《财务报表列报》重新修改并颁布了新的《国际会计准则第一号——财务报表列报》，在该准则中规定企业只能采用一表法或二表法报告综合收益；要求列报"所有的非因所有者的资本交易而导致的权益变动"，同时对某一会计期间的综合收益作出界定，指出它不仅包括该期间的损益，还包括该期间确认的其他综合收益。2008 年 IASB 发布了《财务报表列报的初步观点》，在该讨论稿中要求企业只能在综合收益表这一报表中列报全面收益。2011 年 6 月，IASB 又正式发布《对〈国际会计准则第 1 号——财务报表列报〉的修改——其他综合收益项目的列报》，进一步规范了其他综合收益的列报项目类型及后续重分类情况。

2018 年 3 月，IASB 发布的新 CF 中，对于收入与费用"在损益表还是其他综合收益中列报"与"后续是否转回损益表（重分类问题）"，新 CF 提出两大原则。一是所有收入和费用均应包含在损益表中，但如果将收入和费用剔出损益表而纳入其他综合收益，能够使损益表提供的信息更相关或更能如实反映主体当期的财务业绩，国际会计准则理事会将要求或允许这种列报；二是能否对纳入其他综合收益中的收入和费用进行转回，取决于其能否使当期损益表的结果提供更相关的信息，或更能如实反映财务业绩。若是，转回则为 IASB 所允许，否则被禁止。可见，收入和费用的列报取决于它们对损益表信息质量的作用，从而与相关性、如实反映紧密相关。

从世界各国会计实践情况来看，全面收益报告归纳起来有三种格式。（1）一表法，即将传统"损益表"和"全面收益表"合二为一，形成"综合收益表"，将全部的业绩项目同样对待；（2）二表法，即除收益表外，另增加"全面收益表"，作为对传统损益表的补充；（3）业主权益变动表法，即在业主权益变动表中通过"累积的其他全面收益"项目报告其他全面收益。不论是一表法、二表法还是业主权益变动表法，其改革的目标都是要求报告更加全面和有用的财务业绩信息，以满足广大使用者投资、信贷以及其他决策的需要。三种报告模式都突破了实现原则的约束，扩大了财务业绩报告的内容，把那些绕过利润表在资产负债表权益部分确认的未实现利得和损失集中起来，以反映企业当期取得的全部财务业绩，便于报表使用者的决策。

2. 我国对全面收益报告的探索。我国现行会计实务中，以实现原则确认收入，净利润仍是衡量企业业绩的主要指标。然而，随着市场经济的快速发展及资本市场的不断完善，投资者将逐渐成为会计信息重要的使用者，财务报告的目标越来越倾向于决策有用观。在这种经济背景下，我国企业会计准则（2006）引入了公允价值计量属性，在金融工具、投资性房地产、非共同控制下的企业合并、债务重组和非货币性资产交换等方面采用了公允价值计量。同样，如何确认和报告公允价值变动产生的利得和损失，是我国企业会计准则必须要解决的问题。对于公允价值变动产生利得和损失的确认，《企业会计准则第 22 号——金融工具确认和计量》《企业会计准则第 24 号——套期保值》《企业会计准则第 37 号——金融工具列报》都要求对符合资产和负债定义的金融资产和金融负债用公允价值计量；对于公允价值变动产生利得和损失的报告，《企业会计准则 30 号——财务报表列报》规定：企业应当提供所有者权益变动表，分别列示当期损益、直接计入所有者权益的利得和损失，以及与所有者的资本交易导致的所有者权益的变动。这标志着全面收益理论在我国会计准则中得到了体现，我国财务报告向全面收益观改进迈出了一大步。改进后的财务报告采用在传统利润表中增加"其他综合收益""综合收益总额"项目，同时增加所有者权益变动表，所有者权益变动表从传统收益表的净利润开始，增加除净利润以外的其他综合收益项目，即直接计入所有者权益的利得和损失。可见，我国在 2006 年准则的制定中，对条件成熟的全面收益项目的确认和计量作了具体规定，并对财务报告进行了改进，结合国内的具体情况，企业的业绩报告由利润表和所有者权益变动表两张报表组成。

2014 年 1 月，财政部修订了《企业会计准则第 30 号——财务报表列报》，对综合收益、其他综合收益作了定义并将其列入利润表，指出其他综合收益项目应当根据其他相关会计准则的规定分为下列两类列报。（1）以后会计期间不能重分类进损益的其他综合收益项目，主要包括重新计量设定受益计划净负债或净资产导致的变动、按照权益法核算的在被投资单位以后会计期间不能重分类进损益的其他综合收益中所享有的份额等；（2）以后会计期间在满足规定条件时将重分类进损益的其他综合收益项目，主要包括按照权益法核算的在被投资单位以后会计期间在满足规定条件时将重分类进损益的其他综合收益中所享有的份额、其他债权投资公允价值变动形成的利得或损失、债权投资重分类为其他债权投资形成的利得或损失、现金流量套期工具产生的利得或损失中属于有效套期的部分、外币财务报表折算差额等。在利润表中净利润后列示"其他综合收益的税后净额"（不能重分类进损益的其他综合收益、将重分类进损益的其他综合收益），与净利润共同构成"综合收益总额"。

2017 年，财政部进一步修订了《企业会计准则第 22 号——金融工具确认和计量》《企业会计准则第 23 号——金融资产转移》《企业会计准则第 24 号——套期会计》《企业会计准则第 37 号——金融工具列报》和《企业会计准则第 14号——收入》，并自 2018 年 1 月 1 日起分阶段实施，同时对一般企业财务报表格式进行了修订。利润表中"其他综合收益"的内容在原有五项的基础上又增加了"其他权益工具投资公允价值变动""企业自身信用风险公允价值变动""其他债权投资公允价值变动""金融资产重分类计入其他综合收益的金额""其他债权投资信用减值准备"等内容，由"净利润"与"其他综合收益的税后净额"构成了综合收益总额（全面收益），可见我国利润表对全面收益的报告与国际会计正趋于一致。

第四节　现金流量表

一、现金流量表概述

（一）现金流量表的发展过程

现金流量表的前身是"资金流量表"，1862 年在英国产生，第二年又在美国出现，此表主要用于记录银行存款、现金等变化情况。之后，资金流量表在美国得到较为迅速的发展，到 20 世纪初，资金流量表已经发展成四种不同的基础，分别用来揭示现金、流动资产、营运资金及某一期间全部财务活动的资金流量。此后，反映营运资金流量的资金流量表成为主要形式。但是，这种报表属于自愿报告，报告的名称以及报告的方式都没有统一规定。

1961 年，美国注册会计师协会（AICPA）认识到资金流量表的重要性，在其第 2 号会计研究公告中，正式要求企业提供"现金流量分析和资金表"，并须经 CPA 的审计。1963 年，美国会计原则委员会（APB）公布了第 3 号意见书，建议企业提供"资金来源与运用表"。

1971 年，美国会计原则委员会（APB）发布了第 19 号意见书《报告财务状况变动》，取代原第 3 号意见书。第 19 号意见书强调了企业融资、投资活动及财务状况变动信息的重要性，要求企业在编制资产负债表和损益表的同时，应编制资金流量表，并且将资金流量表命名为"财务状况变动表"。

1977 年，国际会计准则委员会（IASC）颁布了第 7 号国际会计准则公告《财务状况变动表》，将其作为财务报表的一个必须组成部分。

20 世纪 80 年代以前的财务状况变动表的编制基础主要是营运资金变动，揭示一定期间内营运资金的来源和运用情况及其净变动结果。随着经济环境的变化，人们开始强调现金的重要性，财务状况变动表的编制基础由营运资金向现金及现金等价物转变。1985 年，美国财务会计准则委员会（FASB）发布了第 5 号财务会计概念公告，建议在一套财务报表中应包括现金流量表。1987 年，FASB 发布了第 95 号财务会计准则公告《现金流量表》，要求从 1988 年 7 月 15 日起现金流量表取代财务状况变动表。

1989 年，国际会计准则委员会（IASC）发布了 IAS7《现金流量表》，取代 1977 年公布的 IAS7《财务状况变动表》，1992 年，IASC 又对第 7 号国际准则进行了修订，并于 1994 年 1 月 1 日起生效。

此后，一些国家和地区也相继公布了现金流量表，如英国 ASB 也于 1991 年发布了《财务报告准则第 1 号——现金流量表》。

财政部在 1992 年发布的《企业会计准则》规定，企业应编制财务状况变动表或现金流量表。1998 年又发布了《企业会计准则——现金流量表》，要求企业从 1998 年 1 月 1 日起改为编报现金流量表，该准则在 2001 年进行了修订，2006 年 2 月 15 日，财政部发布了《企业会计准则第 31 号——现金流量表》。

（二）现金流量表的概念及作用

现金流量表，是指反映企业在一定会计期间现金和现金等价物流入和流出的报表。现金流量表按照收付实现制编制，将权责发生制下的盈利信息调整为收付实现制下的现金流量信息，使信息使用者了解企业净利润的质量以及现金流量的影响因素，以更好地评价企业的支付能力、偿债能力和周转能力，为其决策提供依据。具体而言，现金流量表的作用主要表现在以下三点。

1. 现金流量表提供现金流量的信息，有助于信息使用者对企业整体财务状况作出客观评价。资产负债表反映了企业某一特定时点的资产、负债和所有者权益的余额，说明的是某一特定时点资产和权益变动的结果，并不能反映其变动的过程及原因。而利润表是以权责发生制为基础编制的，反映了某一特定期间企业的经营成果，所提供的净利润同企业所取得的净现金流入并不吻合，对于一些影响了资产负债表变化而没有影响利润表变化的现金流动项目，利润表没有进行反映；虽然利润表提供了经营活动的利润以及投资活动的收益和筹资活动的费用，却无法反映经营活动的现金流入和现金流出，无法反映投资活动和筹资活动引起的现金流动过程。现金流量表揭示了各个项目现金流入和现金流出的情况，反映了企业净利润与净现金流量的差异及其原因，结合资产负债表和利润表，共同反映企业的财务状况（资产负债表）、经营成果（利润表）和财务状况变化（现金流量表）的完整信息，从而使信息使用者能够综合地对企业的财务状况、经营业绩作出客观评价。

2. 现金流量表有助于信息使用者评价企业的偿债能力和股利支付能力。支付能力和偿债能力是保证企业能否生存和发展的一个关键因素，企业只有及时偿还到期的债务、持续稳定地支付股利，才能吸引资金、扩大规模。现金是流动性最强的资产，可以直接用于偿债和支付，因此，评估企业是否具有支付能力，最直接有效的方法是分析现金流量。虽然根据资产负债表进行流动比率和速动比率的分析，可以揭示企业的短期偿债能力，结合资产负债表和利润表可以分析企业的长期偿债能力以及未来股利支付能力，但良好的负债比率和净利润并不代表着企业企业真正的付现能力，而现金流量表直接体现了企业的支付能力。值得一提的是，现金流量表的现金分别来自经营活动、投资活动和筹资活动，但筹资活动债务本金的偿还最终仍取决经营活动的净现金流入。因此，现金流量表中经营活动净现金流入本质上代表了企业自我创造现金的能力和支付能力，经营活动的净现金流入占现金总来源的比例越高，企业的财务基础越稳固，偿债能力和支付能力才越强。

3. 现金流量表可以用来分析企业未来获取现金的能力。会计目标是为信息使用者提供决策有用的信息，而决策是面向未来的。现金流量表中的经营活动产生的现金流量，代表企业运用其经济资源创造现金流量的能力；投资活动产生的现金流量，代表企业运用投资资金产生现金流量的能力；筹资活动产生的现金流量，代表企业筹资获得现金流量的能力。通过现金流量表可以揭示企业过去的现金流入和现金流出及现金净流量变动的原因，分析来自经营活动的净利润和现金净流量之间、投资和融资活动与现金净流量之间的关系，来预测企业未来通过经营活动、投资活动和筹资活动获取现金的能力。此外，现金流量表除了披露经营活动的现金流量、投资及筹资活动的现金流量外，在全部资金概念下，还披露与现金无关的投资及筹资活动，这对信息使用者评估企业未来的现金流量同样具有重要意义。

（三）现金流量表的编制基础

现金及现金等价物是现金流量表的编表基础，是一个广义的现金概念。我国《企业会计准则第 31 号——现金流量表》（2006）分别对现金和现金等价物作了规范。

现金，是指企业库存现金以及可以随时用于支付的存款。这里的"现金"，除了库存现金外，还包括企业可以随时动用的存款，即以"银行存款"科目核算的存入金融企业的资金以及"其他货币资金"科目核算的外埠存款、银行汇票存款、银行本票存款、信用证存款、信用卡存款和存出投资款等其他货币资金。但是，如果存在金融企业的款项中有不能随时用于支付的存款，如不能随时支取的定期存款，则这部分存款不应作为"现金"，应该作为"投资"。

现金等价物是指企业持有的期限短、流动性强、易于转换为已知金额现金、价值变动风险很小的投资。可见，一项投资，要作为现金等价物，一般应具备以下条件。

（1）期限短。一般指购买日起3个月或更短的时间内到期。

（2）流动性强。即企业在需要现金的时候随时可以变现，满足企业支付的需要。

（3）易于转换为已知金额现金。

（4）价值变动风险很小。

第（3）和第（4）这两个条件是紧密联系在一起的，即这种投资应该很容易转化为金额固定或基本确定的现金，而无须担心价值的变化。例如，企业购买的可在证券市场上流通的3个月到期的短期债券投资，属于现金等价物，但短期投资于股票，即使持有期在3个月内，也不能列入现金等价物的范围，因为股票价格的波动性不符合"易于转换为已知金额现金"及"价值变动风险很小"这两个前提条件。

现金等价物虽然不是现金，但其支付能力与现金的差别不大，可视为现金。在会计实务中，企业应当根据经营特点等具体情况，确定现金等价物的范围，一经确定不得随意变更，如果发生变更，应按照会计政策的变更处理。

（四）现金流量及其分类

1. 现金流量及其影响因素。现金流量，是指现金和现金等价物的流入和流出。影响现金流量的因素主要是企业的经营业务，但不是所有的业务都对现金流量有影响，企业的经营业务与现金流量的关系有以下三类。

（1）现金各项目之间的增减变动，包括现金形式的转换和现金与现金等价物之间的流动，这类业务不会影响现金流量的增减变动。因为这种流动属于现金流量表所指的"现金"内部的流动。如企业从银行提取现金，是企业货币资金存放形式的转换，并没有流出企业，不构成企业的现金流量。

（2）非现金项目之间的增减变动，这类业务也不会影响现金流量的增减变动，其账务处理的借方和贷方都与现金无关。

（3）现金项目与非现金项目之间的增减变动，这类业务影响现金流量的增减变动，其账务处理的借方和贷方中，一方是现金；另一方为非现金。

因此，现金流量表主要反映上述的第三类业务（即现金项目与非现金项目之间的增减变动）对现金流量净额的影响。

2. 现金流量的分类。从国外情况来看，国际会计准则委员会和美国、澳大利亚等国都将现金流量分为经营活动、投资活动和筹资活动三大类，英国则划分为经营活动、投资收益和融资成本、纳税、资本性支出和金融投资、购买和处置、支付的权益性股利、流动资源管理、筹资活动等八类。我国借鉴了国际上多数国家和国际会计准则的做法，将现金流量分为经营活动现金流量、投资活动现金流量和筹资活动现金流量三大类。

（1）经营活动产生的现金流量。经营活动是指企业投资活动和筹资活动以外的所有交易和事项。各类企业由于行业特点不同，对经营活动的认定存在一定差异。对于工商企业而言，经营活动主要包括销售商品、提供劳务、购买商品、接受劳务、支付税费等。对于商业银行而言，经营活动主要包括吸收存款、发放贷款、同业存放、同业拆借等。对于保险公司而言，经营活动主要包括原保险业务和再保险业务等。对于证券公司而言，经营活动主要包括自营证券、代理承销证券、代理兑付证券、代理买卖证券等。

与企业经营活动相关的现金流量就是经营活动产生的现金流量。

（2）投资活动产生的现金流量。投资活动是指企业长期资产的购建和不包括在现金等价物范围内的投资及其处置活动。长期资产是指固定资产、无形资产、在建工程、其他资产等持有期限在一年或一个营业周期以上的资产。这里的投资活动，既包括实物资产投资，又包括金融资产投资。之所以将"包括在现金等价物范围内的投资"排除在外，是因为已经将包括在现金等价物范围内的投资视同现金。不同企业由于行业特点不同，对投资活动的认定也存在差异。例如，交易性金融资产所产生的现金流量，对于工商业企业而言，属于投资活动现金流量，而对于证券公司而言，属于经营活动现金流量。

与企业投资活动相关的现金流量就是投资活动产生的现金流量。

（3）筹资活动产生的现金流量。筹资活动是指导致企业资本及债务规模和构成发生变化的活动。这里所说的资本，既包括实收资本（股本），又包括资本溢价（股本溢价）；这里所说的债务，指对外举债，包括向银行借款、发行债券以及偿还债务等。通常情况下，应付账款、应付票据等商业应付款等属于经营活动，不属于筹资活动。

与企业筹资活动相关的现金流量就是筹资活动产生的现金流量。

此外，对于企业日常活动之外的、不经常发生的特殊项目，如自然灾害损失、保险赔款、捐赠等，应当归并到相关类别中，并单独反映。比如，对于自然灾害损失和保险赔款，如果能够确指属于流动资产损失，应当列入经营活动产生的现金流量；属于固定资产损失，应当列入投资活动产生的现金流量。如果不能确指的话，则可以列入经营活动现金流量。捐赠收入和支出，可以列入经营活动。

此外，还要注意到外币现金流量的列示问题。我国现金流量表准则对涉及外币业务的企业作了规定：外币现金流量以及境外子公司的现金流量，应当采用现金流量发生日的即期汇率或按照系统合理的方法确定的、与现金流量发生日即期汇率近似的汇率计算。同时，现金发生日至现金流量表日之间发生的汇率变动对现金的影响额应当作为调节项目，在现金流量表中单独列报为"汇率变动对现金及现金等价物的影响"。

（五）现金流量表的结构

我国现金流量表由主表与附表（补充资料）两部分组成。主表部分采用收付实现制的编制基础，要求企业采用直接法反映经营活动的现金流量，同时揭示企业投资活动与筹资活动的现金流量；补充资料部分要求采用间接法，计算并反映经营活动现金流量以及不涉及现金的投资和筹资活动。现金流量表主表及补充资料的具体结构如表 15 - 9、表 15 - 10 所示。

表 15 - 9　　　　　　　　　　　现金流量表　　　　　　　　　　　会企 03 表

编制单位：天宇股份有限公司　　　　　　　　2018 年　　　　　　　　　　单位：万元

项　　目	本期金额	上期金额（略）
一、经营活动产生的现金流量：		
销售商品、提供劳务收到的现金	131.25	
收到的税费返还	0	
收到其他与经营活动有关的现金	0	
经营活动现金流入小计	131.25	
购买商品、接受劳务支付的现金	39.2266	
支付给职工以及为职工支付的现金	30	
支付的各项税费	17.4703	
支付其他与经营活动有关的现金	8	
经营活动现金流出小计	94.6969	
经营活动产生的现金流量净额	36.5531	
二、投资活动产生的现金流量：		
收回投资收到的现金	1.65	
取得投资收益收到的现金	3	
处置固定资产、无形资产和其他长期资产收回的现金净额	30.03	
处置子公司及其他营业单位收到的现金净额	0	
收到其他与投资活动有关的现金	0	
投资活动现金流入小计	34.68	
购建固定资产、无形资产和其他长期资产支付的现金	60.1	
投资支付的现金	0	
取得子公司及其他营业单位支付的现金净额	0	
支付其他与投资活动有关的现金	0	
投资活动现金流出小计	60.1	
投资活动产生的现金流量净额	- 25.42	
三、筹资活动产生的现金流量：		
吸收投资收到的现金	0	
取得借款收到的现金	56	
收到其他与筹资活动有关的现金	0	
筹资活动现金流入小计	56	
偿还债务支付的现金	125	
分配股利、利润或偿付利息支付的现金	1.25	
支付其他与筹资活动有关的现金	0	
筹资活动现金流出小计	126.25	
筹资活动产生的现金流量净额	- 70.25	

续表

项　目	本期金额	上期金额（略）
四、汇率变动对现金及现金等价物的影响	0	
五、现金及现金等价物净增加额	− 59.1169	
加：期初现金及现金等价物余额	140.63	
六、期末现金及现金等价物余额	81.5131	

表 15 – 10　　　　　　　　　　　现金流量表补充资料

补充资料	本期金额	上期金额（略）
1. 将净利润调节为经营活动现金流量：		
净利润	22.5	
加：资产减值准备	3.09	
固定资产折旧、油气资产折耗、生产性生物资产折旧	10	
无形资产摊销	6	
长期待摊费用摊销	0	
处置固定资产、无形资产和其他长期资产的损失（收益以"－"号填列）	− 0.5	
固定资产报废损失（收益以"－"号填列）	1.97	
公允价值变动损失（收益以"－"号填列）	0	
财务费用（收益以"－"号填列）	1.15	
投资损失（收益以"－"号填列）	− 3.15	
递延所得税资产减少（增加以"－"号填列）	− 0.75	
递延所得税负债增加（减少以"－"号填列）	0	
存货的减少（增加以"－"号填列）	9.53	
经营性应收项目的减少（增加以"－"号填列）	− 12	
经营性应付项目的增加（减少以"－"号填列）	3.2131	
其他	0	
经营活动产生的现金流量净额	36.5531	
2. 不涉及现金收支的重大投资和筹资活动：		
债务转为资本	0	
一年内到期的可转换公司债券	0	
融资租入固定资产	0	
3. 现金及现金等价物净变动情况：		
现金的期末余额	81.5131	
减：现金的期初余额	140.63	
加：现金等价物的期末余额	0	
减：现金等价物的期初余额	0	
现金及现金等价物净增加额	− 59.1169	

二、现金流量表的编制方法

(一) 直接法和间接法

编制现金流量表时，列报经营活动现金流量的方法有两种。一种是直接法；另一种是间接法。

直接法，是指按现金收入和现金支出的主要类别直接反映企业经营活动产生的现金流量。如直接列报"销售商品、提供劳务收到的现金""购买商品、接受劳务支付的现金"等项目。在直接法下，一般是以利润表中的营业收入为起算点，调节与经营活动有关的项目的增减变动，然后计算出经营活动产生的现金流量。

间接法，是指以利润为起点，调整不涉及现金的收入、费用、营业外收支等有关项目，剔除投资活动、筹资活动对现金流量的影响，据此计算出经营活动产生的现金流量。在间接法下，将净利润调节为经营活动现金流量，实际上是将按权责发生制确定的净利润调整为现金净流入，并剔除投资活动和筹资活动对现金流量的影响。

采用直接法编报的现金流量表，便于分析企业经营活动产生的现金流量的来源和用途，预测企业现金流量的未来前景；采用间接法编报现金流量表，便于将净利润与经营活动产生的现金流量净额进行比较，了解净利润与经营活动产生的现金流量差异的原因。从现金流量的角度分析净利润的质量。

(二) 工作底稿法或"T"型账户法

在具体编制现金流量表时，可以采用工作底稿法或"T"型账户法，也可以根据有关科目记录分析填列，这些方法均属于技术上的辅助方法。

1. 工作底稿法。采用工作底稿法编制现金流量表，是以工作底稿为手段，以资产负债表和利润表数据为基础对每一项目进行分析并编制调整分录，从而编制现金流量表。工作底稿法程序分为五步。

第一步，将资产负债表的期初数和期末数过入工作底稿的期初数栏和期末数栏。

第二步，对当期业务进行分析并编制调整分录。编制调整分录时，要以利润表项目为基础，从"营业收入"开始，结合资产负债表项目逐一进行分析。在调整分录中，有关现金和现金等价物的事项，并不直接借记或贷记现金，而是分别记入"经营活动产生的现金流量""投资活动产生现金流量""筹资活动产生的现金流量"有关项目，借记表示现金流入，贷记表示现金流出。

第三步，将调整分录过入工作底稿中的相应部分。

第四步，核对调整分录，借方、贷方合计数均已经相等，资产负债表项目期初数加减调整分录中的借贷金额以后，也等于期末数。

第五步，根据工作底稿中的现金流量表项目部分编制正式的现金流量表。

2. "T"型账户法。采用"T"型账户法编制现金流量表，是以"T"型账户为手段，以资产负债表和利润表数据为基础，对每一项目进行分析并编制调整分录，从而编制现金流量表。"T"型账户法的程序分为五步。

第一步，为所有的非现金项目（包括资产负债表项目和利润表项目）分别开设"T"型账户，并将各自的期末期初变动数过入各该账户。如果项目的期末数大于期初数，则将差额过入和项目余额相同的方向；反之，过入相反的方向。

第二步，开设一个大的"现金及现金等价物""T"型账户，每边分为经营活动、投资活动和筹资活动三个部分，左边记现金流入，右边记现金流出。与其他账户一样，过入期末期初变动数。

第三步，以利润表项目为基础，结合资产负债表分析每一个非现金项目的增减变动，并据此编制调整分录。

第四步，将调整分录过入各"T"型账户，并进行核对，该账户借贷相抵后的余额与原先过入的期末期初变动数应当一致。

第五步，根据大的"现金及现金等价物""T"型账户编制正式的现金流量表。

现金及现金等价物"T"型账户的格式如表 15 – 11 所示。

表 15 – 11　　　　　　　　　　　现金及现金等价物

经营活动现金收入：		经营活动现金支出：	
1. 销售商品收到的现金		1. 购买商品支付的现金	
⋮		⋮	
	小计		小计
投资活动现金收入：		投资活动现金支出：	
1. 收回投资所收到的现金		1. 购建固定资产所支付的现金	
⋮		⋮	
	小计		小计
筹资活动现金流入：		筹资活动现金支出：	
1. 借款所收到的现金		1. 偿还债务所支付的现金	
⋮		⋮	
	小计		小计
现金流入合计		现金流出合计	
现金流量净额			

三、现金流量表各项目的内容及填列方法

编制现金流量表的过程是将权责发生制下的会计资料转换为收付实现制表示的现金流动。由于企业编制的资产负债表、利润表和所有者权益变动表及有关账户记录资料反映的会计信息都是以权责发生制为基础记录并报告的，所以现金流

量表的编制必然是以资产负债表、利润表和所有者权益变动表及有关资料为依据。

直接法编制现金流量表主表项目，实际上是从利润表的营业收入、营业成本项目为起点，通过调整有关资产负债表项目，分别调整与经营活动有关的流动资产和流动负债的增减变动，将权责发生制确认的本期各项收支调整为以收付实现制为基础的经营活动现金流量，即以实际现金收支表述各项经营活动现金流量。

（一）经营活动现金流量项目的内容及填列方法

1. "销售商品、提供劳务收到的现金"项目。"销售商品、提供劳务收到的现金"项目，反映企业销售商品、提供劳务实际收到的现金，包括销售收入和应向购买者收取的增值税销项税额，具体包括本期销售商品、提供劳务收到的现金，以及前期销售、提供劳务本期收到的现金和本期预收的账款，减去本期销售本期退回的商品和前期销售本期退回商品支付的现金。企业销售材料和代购代销业务收到的现金，也在本项目反映。

本项目计算填列时，应考虑营业收入的发生额、应收账款的增减变动、应收票据的增减变动、预收账款的增减变动、核销坏账引起的应收账款的减少以及收回以前年度核销的坏账、销售退回、应交增值税销项税额的发生额等。

"销售商品、提供劳务收到的现金"项目的填列方法有根据账户记录的发生额资料填列和根据财务报表的项目资料填列两种思路：

（1）根据有关账户记录的发生额资料填列的计算公式：

销售商品、提供劳务收到的现金

= 营业收入 + 应交税费（销项税额）+ 应收账款贷方发生额（本期减少额）

　+ 应收票据贷方发生额（本期减少额）+ 预收账款贷方发生额（本期增加额）

　− 应收账款借方发生额（本期增加额）− 应收票据借方发生额（本期增加额）

　− 预收账款借方发生额（本期减少额）− 本期核销（发生）的坏账损失

　+ 本期收回前期核销的坏账损失 − 实际发生的现金折扣

　− 应收票据贴现息 − 非现金资产抵债减少的应收账款、应收票据

　− 应交税费（销项税额）中含有视同销售产生的销项税额

（2）根据财务报表的项目资料填列的计算公式：

销售商品、提供劳务收到的现金

= 营业收入 + 应交税费（销项税额）+ 应收账款（期初账面净额 − 期末账面净额）

　+ 应收票据（期初余额 − 期末余额）+ 预收账款（期末余额 − 期初余额）

　− 本期计提的坏账准备 − 实际发生的现金折扣

　− 应收票据贴现息 − 非现金资产抵债减少的应收账款、应收票据

　− 应交税费（销项税额）中含有视同销售产生的销项税额

【例 15 - 3】某公司 2018 年利润表上列示的营业收入为 120 万元，增值税销项税额为 20.4 万元，2018 年 12 月 31 日资产负债表有关项目如表 15 - 12 所示。

表 15 - 12　　　　　　　　2018 年 12 月 31 日资产负债表有关项目　　　　　单位：万元

资产	年末数	年初数	负债和所有者权益	年末数	年初数
应收票据	6.6	24.6	预收账款	0	0
应收账款	59.82	29.91			

其他有关资料如下。

①采用备抵法核算坏账损失，坏账准备期初余额为 0.09 万元，坏账准备期末余额为 0.18 万元；

②将本期承兑汇票到银行办理贴现时，贴现息为 2 万元。

销售商品、提供劳务收到的现金 = 120 + 20.4 + （24.6 - 6.6）+ （29.91 - 59.82）+ （0.09 - 0.18）- 2 = 126.4（万元）

2. "收到的税费返还"项目。"收到的税费返还"项目，反映企业收到返还的各种税费，如收到的增值税、消费税、所得税、关税及教育费附加返还等。本项目可以根据"库存现金""银行存款""税金及附加""营业外收入"等科目的记录分析填列。

3. "收到的其他与经营活动有关的现金"项目。"收到的其他与经营活动有关的现金"项目，反映企业除上述各项目外，收到的其他与经营活动有关的现金，如罚款收入、租赁固定资产收到的现金、投资性房地产收到的租金收入、流动资产损失中由个人赔偿的现金收入、除税费返还外的其他政府补助收入等。本项目可以根据"库存现金""银行存款""管理费用""销售费用"等科目的记录分析填列。

4. "购买商品、接受劳务支付的现金"项目。"购买商品、接受劳务支付的现金"项目，反映企业购买材料、商品、接受劳务实际支付的现金，包括本期购买商品、接受劳务支付现金（包括增值税进项税额），以及本期支付前期购入商品、接受劳务的未付款项和本期预付款项，减去本期发生的购货退回收到的现金。本项目计算填列时，应考虑营业成本、存货增减变动、应交增值税（进项税额）的发生额、应付账款增减变动、应付票据增减变动、预付账款增减变动以及购货退回收到的现金等。

根据财务报表项目的资料计算如下：

购买商品、接受劳务支付的现金

= 营业成本 + 增值税进项税额 + 存货(期末余额 - 期初余额)

　+ 应付账款(期初余额 - 期末余额) + 应付票据(期初余额 - 期末余额)

　+ 预付账款(期末余额 - 期初余额) - 当期列入生产成本、制造费用的职工薪酬

　- 当期列入生产成本、制造费用的折旧费和固定资产修理费

　- 以非现金和非存货资产清偿债务减少的应付账款和应付票据

【例 15-4】 某公司 2018 年度财务报表的项目资料如表 15-13 所示。

表 15-13　　　　　　　　　**2018 年度财务报表的项目资料**　　　　　　单位：万元

资产	年末数	年初数	负债和所有者权益	年末数	年初数
预付账款	90	80	应付账款	120	100
存货	80	100	应付票据	20	40

其他有关资料如下：主营业务成本 4 000 万元；应交税费——应交增值税（进项税额）600 万元。用固定资产偿还应付账款 10 万元，生产成本中直接工资项目含有本期发生的生产工人工资费用 100 万元，本期制造费用发生额为 60 万元（其中消耗的物料为 5 万元），工程项目领用的本企业产品 10 万元。

购买商品、接受劳务支付的现金 =（4 000 + 600）+（100 - 120）+（40 - 20）+（90 - 80）+（80 - 100）- 10 - 100 -（60 - 5）+ 10 = 4 435（万元）

5. "支付给职工以及为职工支付的现金"项目。"支付给职工以及为职工支付的现金"项目，反映企业实际支付给职工以及为职工支付的现金，包括本期实际支付给职工的工资、奖金、各种津贴和补贴等，以及为职工支付的其他费用。不包括支付给在建工程人员的工资。支付的在建工程人员的工资，在"购建固定资产、无形资产和其他长期资产所支付的现金"项目中反映。

企业为职工支付的医疗、养老、失业、工伤、生育等社会保险基金、补充养老保险、住房公积金，企业为职工交纳的商业保险金，因解除与职工劳动关系给予的补偿，现金结算的股份支付，以及企业支付给职工或为职工支付的其他福利费用等，应按职工的工作性质和服务对象，分别在"支付给职工以及为职工支付的现金"项目和"购建固定资产、无形资产和其他长期资产所支付的现金"项目中反映。企业支付给离退休人员的各项费用，包括支付的统筹退休金以及未参加统筹的退休人员的费用，在"支付的其他与经营活动有关的现金"项目中反映。本项目可以根据"库存现金""银行存款""应付职工薪酬"等科目的记录分析填列。

支付给职工以及为职工支付的现金
　　= 生产成本、制造费用、管理费用和销售费用中的应付职工薪酬等费用
　　　+ 应付职工薪酬（年初余额 - 期末余额）
　　　- 应付职工薪酬（在建工程）（期初余额 - 期末余额）

【例 15-5】 某公司 2018 年度应付职工薪酬有关资料如表 15-14 所示。

表 15-14　　　　　　　　　　**2018 年度应付职工薪酬**　　　　　　　　单位：万元

项　　目		年初数	本期分配或计提数	期末数
应付职工薪酬	生产工人工资	10	100	8
	车间管理人员工资	4	50	3
	行政管理人员工资	6	80	4.5
	在建工程人员工资	2	30	1.5

另外，本期用银行存款支付离退休人员工资 50 万元。假定应付职工薪酬本期减少数均以银行存款支付，不考虑其他事项。

①支付给职工以及为职工支付的现金 = (100 + 50 + 80) + (10 + 4 + 6) − (8 + 3 + 4.5) = 23.45（万元）

②支付的其他与经营活动有关的现金 = 50（万元）

③购建固定资产、无形资产和其他长期资产所支付的现金 = 2 + 30 − 1.5 = 30.5（万元）

6. "支付的各项税费"项目。"支付的各项税费"项目，反映企业按规定支付的各种税费，包括本期发生并支付的税费，以及本期支付以前各期发生的税费和预交的税金，如支付的教育费附加、印花税、房产税、土地增值税、车船使用税、增值税、所得税等。不包括本期退回的增值税、所得税，本期退回的增值税、所得税在"收到的税费返还"项目反映。

本项目可以根据"应交税费""库存现金""银行存款"等科目的记录分析填列。

支付的各项税费 = 当期所得税费用 + 税金及附加 + 管理费用中涉及的税费
+ 应交税费（应交增值税——已交税金）
+ 除增值税外的应交税费（期初余额 − 期末余额）

【例 15 − 6】某公司 2018 年利润表中的所得税费用为 50 万元（均为当期应交所得税产生的所得税费用）；"应交税费——应交所得税"科目年初数为 2 万元，年末数为 1 万元。假定不考虑其他税费。

支付的各项税费 = 2 + 50 − 1 = 51（万元）

7. "支付的其他与经营活动有关的现金"项目。"支付的其他与经营活动有关的现金"项目，反映企业除上述各项外，支付的其他与经营活动有关的现金流出，如罚款支出、支付的差旅费、业务招待费、保险费、租赁支付的现金、离退休人员的薪酬支出等。本项目可以根据有关科目的记录分析填列。

（二）投资活动现金流量项目的内容及填列方法

1. "收回投资收到的现金"项目。"收回投资收到的现金"项目，反映企业出售、转让或到期收回除现金等价物以外的交易性金融资产、债权投资、其他债权投资、长期股权投资、投资性房地产而收到的现金，以及收回债权性投资本金而收到的现金。债权性投资收回的利息、不包括在本项目中，应在"取得投资收益所收到的现金"项目反映。本项目可根据"交易性金融资产""债权投资""其他债权投资""长期股权投资""投资性房地产""库存现金""银行存款"等科目的记录分析填列。

2. "取得投资收益所收到的现金"项目。"取得投资收益所收到的现金"项目，反映企业因股权投资而分得的现金股利、因债券投资而取得的利息收入，以及从子公司、联营企业和合营企业分回利润收到的现金。本项目不包括收到的股票股利。本项目根据"应收利息""应收股利""投资收益""银行存款""库存现金"等科目的记录分析填列。

【例15－7】某公司本期发生有关投资业务如下：处置一项成本为100万元的交易性金融资产，其公允价值变动损益为20万元，售价为150万元；作为交易性金融资产的股票，持有期内收到现金股利为80万元；作为交易性金融资产的债券，持有期内收到利息为50万元；到期收回债权投资，面值为100万元，3年期，利率3%，一次还本付息；处置采用权益法长期股权投资，成本为500万元，售价为400万元。

收回投资收到的现金 ＝150 ＋100 ＋400 ＝650（万元）

取得投资收益所收到的现金 ＝80 ＋50 ＋100 ×3% ×3 ＝139（万元）

3. "处置固定资产、无形资产和其他长期资产所收回的现金净额"项目。"处置固定资产、无形资产和其他长期资产所收回的现金净额"项目，反映企业出售固定资产、无形资产及其他长期资产所取得的现金，减去为处置这些资产支付的相关费用后的净额。另外，由于自然灾害等原因所造成的固定资产等长期资产报废、毁损而收到的保险赔款收入，也在本项目中反映。本项目根据"固定资产清理""银行存款"等科目的记录分析填列。

【例15－8】某公司以银行存款400万元购置一台设备，当日即投入使用。同时，对一台管理用设备进行清理，该设备账面原价120万元，已计提折旧80万元，已计提减值准备20万元；以银行存款支付清理费用2万元，收到变价收入13万元，该设备已清理完毕。

购建固定资产、无形资产和其他长期资产支付的现金 ＝400（万元）

处置固定资产、无形资产和其他长期资产收回的现金净额 ＝13.2 ＝11（万元）

4. "处置子公司及其他营业单位收到的现金净额"项目。"处置子公司及其他营业单位收到的现金净额"项目，反映企业处置子公司及其他营业单位所取得的现金，减去子公司或其他营业单位持有的现金和现金等价物以及相关处置费用后的净额。本项目根据有关科目的记录分析填列。

5. "收到的其他与投资活动有关的现金"项目。"收到的其他与投资活动有关的现金"项目，反映企业除上述各项目外，收到的其他与投资活动有关的现金。其他与投资活动有关的现金，如果价值较大的，应单列项目反映。本项目根据有关科目的记录分析填列。

【例15－9】某公司2018年发生下列业务：

(1) 处置交易性金融资产，账面价值为1 200万元（其中成本为1 000万元，公允价值变动增加200万元），售价1 500万元，款项已经收到。

(2) 处置其他权益工具投资，账面价值为1 500万元（其中成本为1 600万元，公允价值变动减少100万元），售价1 800万元，款项已经收到。

(3) 到期收回债权投资，面值为1 000万元，3年期，利率3%，一次还本付息。

(4) 处置对甲公司的长期股权投资，持股比例为40%，采用权益法，成本为 5 000 万元，售价 4 000 万元；款项已经收到。

（5）处置对乙公司的长期股权投资，持股比例为 80%，采用成本法，成本为 6 000 万元，售价 7 000 万元；款项已经收到。

（6）整体处置非法人营业 A 单位，售价 1 000 万元，该营业单位持有的现金 100 万元；款项已经收到。

（7）整体处置非法人营业 B 单位，售价 3 000 万元，该营业单位持有的现金 3 100 万元；款项已经收到。

（8）持有期内收到现金股利 800 万元，款项已经收到。

（9）持有期内收到利息 500 万元；款项已经收到。

分析：

"收回投资收到的现金"项目 =（1）1 500 +（2）1 800 +（3）1 000 +（4）4 000 = 8 300（万元）。

"取得投资收益所收到的现金"项目 =（3）1 000 × 3% × 3 +（8）800 +（9）500 = 1 390（万元）。

"处置子公司及其他营业单位收到的现金净额"=（5）7 000 +（6）（1 000 – 100）= 7 900（万元）。

"支付其他与投资活动有关的现金"项目 =（7）3 100 – 3 000 = 100（万元）。

6."购建固定资产、无形资产和其他长期资产所支付的现金"项目。"购建固定资产、无形资产和其他长期资产所支付的现金"项目，反映企业购买、建造固定资产、取得无形资产和其他长期资产支付的现金。但是，本项目不包括为购建固定资产而发生的借款利息资本化的部分以及融资租入固定资产支付的租赁费。为购建固定资产而发生的借款利息资本化的部分，在"分配股利、利润或偿付利息所支付的现金"项目中反映；融资租入固定资产所支付的租赁费，在"支付的其他与筹资活动有关的现金"项目中反映，企业以分期付款方式购建的固定资产、无形资产，以及融资租入固定资产，各期支付的现金均在"支付其他与筹资活动有关的现金"项目中反映。本项目应根据"固定资产""在建工程""工程物资""无形资产""银行存款""库存现金"等科目的记录分析填列。

【例 15 – 10】某公司 2018 年发生下列业务：

（1）购买固定资产价款为 500 万元，款项已付；

（2）购买工程物资价款为 100 万元，款项已付；

（3）支付工程人员薪酬 60 万元；

（4）预付工程价款 800 万元；

（5）长期借款资本化利息 789 万元、费用化利息 70 万元，本年已支付；

（6）支付购买专利权的价款 600 万元。

分析：

"购建固定资产、无形资产和其他长期资产而支付的现金"=（1）500 +（2）100 +（3）60 +（4）800 +（6）600 = 2 060（万元）。

资本化的长期借款利息 789 万元、费用化利息 70 万元，虽本年已支付，但不在本项目中反映，而在筹资活动现金流量中"分配股利、利润或偿付利息支付的现金"中反映。

7. "投资支付的现金"项目。"投资支付的现金"项目，反映企业进行权益性投资和债权性投资所支付的现金，包括企业取得的除现金等价物以外的交易性金融资产、债权投资、其他债权投资、长期股权投资而支付的现金，以及支付的佣金、手续费等交易费用。

企业购买股票或债券时，实际支付的价款中包含的已宣告但尚未领取的现金股利或已到付息期但尚未领取的债券利息，应在"支付的其他与投资活动有关的现金"项目中反映；企业收回购买股票和债券时支付的已宣告但尚未领取的现金股利或已到付息期但尚未领取的债券的利息，在"收到的其他与投资活动有关的现金"项目中反映。本项目根据"交易性金融资产""债权投资""其他债权投资""长期股权投资""投资性房地产""银行存款""库存现金"等科目的记录分析填列。

【例15－11】某公司2018年发生下列业务：

（1）支付购买股票价款为1 000万元，划分为交易性金融资产；

（2）支付购买股票价款为2 000万元，划分为交易性金融资产；

（3）支付购买债券价款为3 100万元，划分为债权投资，面值为3 000万元；

（4）支付价款为4 010万元（其中包含以宣告但尚未发放的现金股利10万元），取得乙公司30%表决权资本，后续计量采用权益法核算；

（5）支付价款为10 000万元，取得对丙公司100%表决权资本，形成同一控制下吸收合并，原该丙公司持有现金4 000万元；

（6）支付价款为20 000万元，取得对丁公司100%表决权资本，形成非同一控制下吸收合并，原该丁公司持有现金21 000万元；

（7）支付价款为30 000万元，取得戊公司80%表决权资本，形成非同一控制下控股合并，后续计量采用成本法核算。

分析：

"投资支付的现金"项目 = （1）1 000 + （2）2 000 + （3）3 100 + （4）（4 010 － 10） = 10 100（万元）

取得子公司及其他营业单位支付的现金净额 = （5）（10 000 － 4 000） + （7）30 000 = 36 000（万元）

收到其他与投资活动有关的现金 = （6）21 000 － 20 000 = 1 000（万元）

支付其他与投资活动有关的现金 = （4）10（万元）

8. "取得子公司及其他营业单位支付的现金净额"项目。"取得子公司及其他营业单位支付的现金净额"项目，反映企业取得子公司及其他营业单位购买出价中以现金支付的部分，减去子公司及其他营业单位持有的现金和现金等价物后的净额。本项目根据有关科目的记录分析填列。

9. "支付的其他与投资活动有关的现金"项目。"支付的其他与投资活动有关的现金"项目，反映企业除上述各项目外，支付的其他与投资活动有关的现金。其他与投资活动有关的现金，如果价值较大的，应单列项目反映。在"处置固定资产、无形资产和其他长期资产而收到的现金净额"中如果为负数，则在本项目中反映。本项目根据有关科目的记录分析填列。

（三）筹资活动现金流量项目的内容及填列方法

1. "吸收投资所收到的现金"项目。"吸收投资所收到的现金"项目，反映企业以发行股票、债券等方式筹集资金实际收到的款项净额（发行收入减去支付的佣金等发行费用后的净额）。以发行股票、债券方式筹集资金由企业直接支付的审计、咨询等费用，在"支付的其他与筹资活动有关的现金"项目中反映，不在本项目中反映。本项目可以根据"股本"（或"实收资本"）、"资本公积""银行存款""库存现金"等科目的记录分析填列。

如某公司 2018 年对外公开募集股份 1 000 万股，每股 1 元，发行价每股 1.1 元，代理发行的证券公司为其支付的各种费用，共计 15 万元。公司已收到全部发行价款。则"吸收投资收到的现金" = 1 000 × 1.1 – 15 = 1 085（万元）

2. "借款所收到的现金"项目。"借款所收到的现金"项目，反映企业因举借各种短期借款、长期借款所收到的现金。本项目根据"短期借款""长期借款""交易性金融负债""应付债券""银行存款""库存现金"等科目的记录分析填列。

3. "收到的其他与筹资活动有关的现金"项目。"收到的其他与筹资活动有关的现金"项目，反映企业除上述各项目外，收到的其他与筹资活动有关的现金。其他与筹资活动有关的现金，如果价值较大的，应单列项目反映。本项目根据有关科目的记录分析填列。

4. "偿还债务所支付的现金"项目。"偿还债务所支付的现金"项目，反映企业以现金偿还债务的本金，包括归还的借款本金、偿付到期债券的本金所支付的现金。本项目根据"应付债券""短期借款""长期借款""交易性金融负债""库存现金""银行存款"科目的记录分析填列。

【例 15 – 12】某公司"短期借款"账户年初余额为 120 万元，年末余额为 140 万元；"长期借款"账户年初余额为 360 万元，年末余额为 840 万元。当年借入短期借款 240 万元，借入长期借款 460 万元，长期借款年末余额中包括确认的 20 万元长期借款利息费用。除上述资料外，债权债务的增减变动均以货币资金结算。

借款收到的现金 = 240 + 460 = 700（万元）

偿还债务支付的现金 = (120 + 240 – 140) + [360 + 460 – (840 – 20)] = 220（万元）

5. "分配股利、利润或偿付利息所支付的现金"项目。"分配股利、利润或偿付利息所支付的现金"项目，反映企业实际支付的现金股利、支付给其他投资单位的利润或以现金支付的债券利息、借款利息。本项目根据"应付股利""应付利息""利润分配""财务费用""在建工程""库存现金""银行存款"科目的记录分析填列。

【例15 –13】某公司本期偿还短期借款本金 90 万元，支付利息 0.3 万元，已计提利息费用 0.2 万元；偿还长期借款本金 500 万元，支付利息 6.6 万元，其中资本化利息费用 6 万元；支付到期一次还本付息的应付债券面值 100 万元，3 年期，利率 11%；支付现金股利 123 万元。

偿还债务所支付的现金 = 90 + 500 + 100　 = 690（万元）

分配股利、利润或偿付利息所支付的现金 = 0.3 + 6.6 + 33 + 123 = 162.9（万元）

6. "支付的其他与筹资活动有关的现金"项目。"支付的其他与筹资活动有关的现金"项目，反映企业除上述各项目外，支付的其他与筹资活动有关的现金。如以发行股票、债券等方式筹集资金而由企业直接支付的审计、咨询等费用、以分期付款方式构建固定资产以后各期支付的现金、融资租赁支付的现金等。其他与筹资活动有关的现金，如果价值较大的，应单列项目反映。本项目根据有关科目的记录分析填列。

四、现金流量表补充资料

现金流量表补充资料又称现金流量表附注。我国现金流量表准则要求企业在附注中披露的信息有三部分内容。(1) 将净利润调节为经营活动现金流量；(2) 不涉及现金收支的重大投资和筹资活动；(3) 现金及现金等价物净变动情况。

(一) 将净利润调节为经营活动现金流量

"将净利润调节为经营活动现金流量"是以间接法编制的经营活动的现金流量。间接法，是指以本期净利润为起点，通过调整不涉及现金的收入、费用、营业外收支以及经营性应收应付等项目的增减变动，调整不属于经营活动的现金收支项目，据此计算并列报经营活动产生的现金流量的方法。现金流量表补充资料采用间接法反映经营活动产生的现金流量情况，是对现金流量表中采用直接法反映的经营活动现金流量进行核对和补充说明。

采用间接法将净利润调节为经营活动现金流量时，需要对四大类项目进行调整。(1) 实际没有支付现金的费用；(2) 实际没有收到现金的收益；(3) 不属于经营活动的损益；(4) 经营性应收应付项目的增减变动。其调整思路如下：

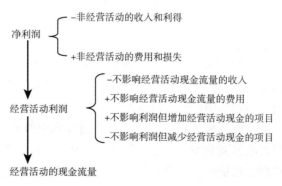

有些利润表项目影响了现金流量，但并不是与经营活动相关的。例如，企业发生的财务费用属于与企业筹资活动有关的费用，投资收益虽然可能带来现金流量，但是属于投资活动的范畴，因此，应将非经营活动项目从净利润中剔除，这些项目包括非经营活动的收入和得及非经营活动的费用和损失。其中，非经营活动的收入和利得涉及的有：投资收益、财务收益、非流动资产处置收益、固定资产报废收益及投资性房地产、生产性生物资产有关的公允价值变动收益等；非经营活动的费用和损失涉及的有：投资损失、财务费用、非流动资产处置损失、固定资产报废损失及投资性房地产、生产性生物资产有关的公允价值变动损失等。

利润表上有些收入、费用项目是按照权责发生制进行确认的，它们的确认增加了利润，但实际上并没有影响现金流量，因此，应将不涉及现金流量的项目从利润中剔除，这些项目包括不影响经营活动现金流量的收入及不影响经营活动现金流量的费用。其中，不影响经营活动现金流量的收入有：冲销已计提的资产减值准备、递延所得税资产的增加或递延所得税负债的减少等；不影响经营活动现金流量费用有：计提的资产减值准备、计提的固定资产折旧、油气资产折耗、生产性生物资产折旧、无形资产的摊销、长期待摊费用的摊销、递延所得税资产的减少或递延所得税负债的增加等。

此外，有些交易或事项虽然与利润无关，但属于经营活动，因此，应将不影响利润但增加经营活动现金的项目调整增加，将不影响利润但减少经营活动现金的项目调整减少。这些项目包括经营性应收项目的增加或减少（应收账款、应收票据、预付账款、长期应收款、其他应收款等），经营性应付项目的增加或减少（应付账款、应付票据、预收账款、长期应付款、其他应付款、应付职工薪酬、应交税费、应付利息等）。

将净利润调节为经营活动现金流量的具体内容如下。

（1）资产减值准备。该项目包括坏账准备、存货跌价准备、投资性房地产减值准备、长期股权投资减值准备、债权投资减值准备、固定资产减值准备、在建工程减值准备、工程物资减值准备、生物性资产减值准备、无形资产减值准备、商誉减值准备等。企业计提的资产减值准备，计入了当期损益，抵减了当期利润，但没有发生现金流出，因此，在将净利润调节为经营活动现金流量时，应加回到净利润中。本项目可根据"资产减值损失"科目的记录分析填列。

（2）固定资产折旧、油气资产折耗、生产性生物资产折旧。企业计提的固定资产折旧，分别计入了管理费用和制造费用，计入管理费用的折旧费作为期间费用在计算利润时从中扣除，没有发生现金流出，在将净利润调节为经营活动现金流量时，应加回到净利润中。计入制造费用中的已经变现的部分，在计算利润时通过销售成本扣除，没有发生现金流出；计入制造费用中的没有变现的部分，不涉及现金，也不影响当期利润。由于在调节存货时，已经从中扣除，在将净利润调节为经营活动现金流量时，应加回到净利润中。同样，油气资产折耗、生产性生物资产折旧，也需要加回到净利润中。本项目可根据"累计折旧""累计折耗""生产性生物资产折旧"科目的贷方发生额分析填列。

（3）无形资产摊销和长期待摊费用摊销。企业对使用寿命有限的无形资产摊销时，计入了管理费用或制造费用，长期待摊费用摊销时，计入了管理费用、销售费用或制造费用。计入管理费用、销售费用和计入制造费用中已经变现的部分，在计算利润时通过销售成本扣除，没有发生现金流出；计入制造费用中的没有变现的部分，不涉及现金，也不影响当期利润。由于在调节存货时，已经从中扣除，在将净利润调节为经营活动现金流量时，应加回到净利润中。这两个项目可根据"累计摊销""长期待摊费用"科目的贷方发生额分析填列。

（4）处置固定资产、无形资产和其他长期资产的损失（减：收益）。企业处置固定资产、无形资产和其他长期资产，属于投资活动产生的损益，不属于经营活动产生的损益，但其计入了当期净利润，所以在将净利润调节为经营活动现金流量时，需要予以剔除。如为损失，在将净利润调节为经营活动现金流量时，应当加回；如为收益，在将净利润调节为经营活动现金流量时，应当减去。该项目可根据"资产处置损益"等科目所属有关明细科目的记录分析填列，如为净收益，以"-"号填列。

（5）固定资产报废损失。企业发生的固定资产报废损益，属于投资活动产生的损益，不属于经营活动产生的损益，但其计入了当期净利润，所以在将净利润调节为经营活动现金流量时，需要予以剔除。同样，投资性房地产报废、毁损而产生的损益，也需要予以剔除。如为净损失，在将净利润调节为经营活动现金流量时，应当加回；如为净收益，在将净利润调节为经营活动现金流量时，应当减去。该项目可根据"营业外支出"和"营业外收入"科目所属有关明细科目的记录分析填列。

（6）公允价值变动损失。公允价值变动损失是企业以公允价值计量且其变动计入当期损益的交易性金融资产或金融负债、衍生工具、套期等业务中公允价值变动形成的计入当期损益的利得或损失。这些发生的公允价值变动损益，通常与企业的投资活动或筹资活动有关，而且并不影响企业的现金流量。所以在将净利润调节为经营活动现金流量时，需要予以剔除。该项目可根据"公允价值变动损益"科目的发生额分析填列。如为损失，在将净利润调节为经营活动现金流量时，应当加回；如为收益，在将净利润调节为经营活动现金流量时，应当减去。

（7）财务费用。企业发生的财务费用分别归属于经营活动、投资活动和筹资活动，如企业赊销商品发生的现金折扣、应收票据的贴现利息、支付给银行的承兑手续费等产生的财务费用属于经营活动；企业支付的借款利息和债券利息产生的财务费用则属于筹资活动。在将净利润调节为经营活动现金流量时，应将属于投资活动和筹资活动的财务费用从利润中剔除。本项目可根据"财务费用"科目的本期借方发生额分析填列；如为收益，以"-"号填列。

（8）投资损失（减：收益）。企业发生的投资损益，属于投资活动产生的损益，不属于经营活动产生的损益，所以在将净利润调节为经营活动现金流量时，需要予以剔除。如为净损失，在将净利润调节为经营活动现金流量时，应当加回；如为净收益，在将净利润调节为经营活动现金流量时，应当减去。本项目可根据利润表"投资收益"项目的数字填列；如为投资收益，以"－"号填列。

（9）递延所得税资产减少（减：增加）。如果递延所得税资产减少使计入所得税费用的金额大于当期应交的所得税金额，其差额并没有发生现金流出，但在计算净利润时已经扣除，在将净利润调节为经营活动现金流量时，应当加回；如果递延所得税资产增加使计入所得税费用的金额小于当期应交的所得税金额，其差额并没有发生现金流入，但在计算净利润时已经包括在内，在将净利润调节为经营活动现金流量时，应当减去。本项目可根据资产负债表"递延所得税资产"项目的期初、期末余额分析填列。

（10）递延所得税负债增加（减：减少）。如果递延所得税负债增加使计入所得税费用的金额大于当期应交的所得税金额，其差额并没有发生现金流出，但在计算净利润时已经扣除，在将净利润调节为经营活动现金流量时，应当加回；如果递延所得税负债减少使计入所得税费用的金额小于当期应交的所得税金额，其差额并没有发生现金流入，但在计算净利润时已经包括在内，在将净利润调节为经营活动现金流量时，应当减去。本项目可根据资产负债表"递延所得税负债"项目的期初、期末余额分析填列。

（11）存货的减少（减：增加）。一定会计期间期末存货比期初存货减少，说明本期生产经营过程耗用的存货有一部分是期初的存货，耗用这部分存货并没有发生现金流出，但在计算净利润时已经扣除，因此，在将净利润调节为经营活动现金流量时，应当加回。相反，期末存货比期初存货增加，说明本期购入的存货除耗用外，还剩余了部分，这部分存货也发生了现金流出，但在计算净利润时没有包括在内，因此，在将净利润调节为经营活动现金流量时，应当减去。本项目可根据资产负债表"存货"项目期初、期末余额的差额填列；期末余额大于期初余额的差额，以"－"号填列。另外，如果存货的增减变动不是由经营活动引起的，如接受投资、捐赠增加的存货，用于在建工程、对外投资减少的存货等，不应包括在此项目中。

（12）经营性应收项目的减少（减：增加）。如果经营性应收项目的期末余额小于期初余额，说明本期收回的现金大于本期确认的销售收入，因此，在将净利润调节为经营活动现金流量时，应当加回。反之，如果经营性应收项目的期末余额大于期初余额，说明本期确认的销售收入中有一部分没有收回现金，但在计算净利润时已将这部分销售收入计入，因此，在将净利润调节为经营活动现金流量时，应当减去。本项目可根据资产负债表"应收账款""应收票据""其他应收款"等项目的期初、期末余额分析填列，如期末余额大于期初余额，以"－"号填列。

（13）经营性应付项目的增加（减：减少）。如果经营性应付项目的期末余额大于期初余额，表明本期购入的存货中有一部分没有支付现金，但已通过销售成本计入净利润，在将净利润调节为经营活动现金流量时，应当加回；相反，如果经营性应付项目的期末余额小于期初余额，表明本期支付的现金大于利润表中所确认的销售成本，在将净利润调节为经营活动现金流量时，应当减去。本项目可根据资产负债表"应付账款""应付票据""应付职工薪酬""应交税费""其他应付款"等项目的期初、期末余额分析填列；期末余额小于期初余额的，以"－"号填列。但是，非经营性形成的应付利息、应付股利以及应付职工薪酬中支付给在建工程人员的部分不包括在此项目中。

（二）不涉及现金收支的重大投资和筹资活动

不涉及现金收支的重大投资和筹资活动，反映企业一定期间内影响资产或负债但不影响现金收支的投资和筹资活动的信息。这些投资和筹资活动虽然不涉及现金收支，但对以后各期的现金流量有重大影响。如融资租入固定资产，记入"长期应付款"，当期并不支付租金，但以后各期要支付现金，从而在一定期间内形成了一项固定的现金支出。现金流量表附注披露的不涉及现金收支的重大投资和筹资活动主要有三种。（1）债务转为资本；（2）一年内到期的可转换公司债券；（3）融资租入固定资产。

（三）现金及现金等价物净变动情况

通过现金及现金等价物净变动情况的计算，用以检验用直接法编制的现金流量净额是否准确，可根据现金、现金等价物的期末余额、期初余额分析填列。

虽然直接法和间接法计算的起点不同，但得出的经营活动产生的现金流量净额是相同的。比起间接法，直接法列示了各期现金流入的来源和现金流出的用途，更能体现现金流量表的目的，提供的现金流量信息更充分；另外，直接法还反映了企业从经营活动中产生足够的现金来偿付其债务的能力、进行再投资的能力和支付股利的能力，揭示了企业现金流量与经营活动的内在联系。正是直接法有这些优点，国际会计准则及美国会计准则均鼓励采用直接法，同时允许间接法；澳大利亚、日本只允许采用直接法；加拿大、英国、中国香港地区则两者方法都允许。在使用直接法时，美国、澳大利亚、加拿大、英国、中国香港地区都要求同时披露间接法表示的经营活动现金流量。我国《企业会计准则第31号——现金流量表》要求："企业应当采用直接法列示经营活动产生的现金流量"，同时规定："企业应当在附注中披露将净利润调节为经营活动现金流量的信息。"

五、现金流量表编制示例

【例15-14】沿用〖例15-1〗和〖例15-2〗的资料，天宇股份有限公司其他相关资料如下。

1. 资产负债表有关项目的明细资料。

（1）本期收回交易性股票投资本金为 15 000 元、公允价值变动为 1 000 元，同时实现投资收益为 500 元。

（2）存货中生产成本、制造费用的组成：职工薪酬为 324 900 元，折旧费为 80 000 元。

（3）应交税费的组成：本期增值税进项税额为 42 466 元，增值税销项税额为 212 500 元，已交增值税为 100 000 元；应交所得税期末余额为 20 097 元，应交所得税期初余额为 0；应交税费期末数中应由在建工程负担的部分为 100 000 元。

（4）应付职工薪酬的期初数无应付在建工程人员的部分，本期支付在建工程人员职工薪酬为 200 000 元。应付职工薪酬的期末数中应付在建工程人员的部分为 28 000 元。

（5）应付利息均为短期借款利息，其中本期计提利息为 11 500 元，支付利息为 12 500 元。

（6）本期用现金购买固定资产为 101 000 元，购买工程物资为 300 000 元。

（7）本期用现金偿还短期借款为 250 000 元，偿还一年内到期的长期借款为 1 000 000 元；借入长期借款为 560 000 元。

2．2018 年度利润表有关项目的明细资料。

（1）管理费用的组成：职工薪酬为 17 100 元，无形资产摊销为 60 000 元，折旧费为 20 000 元，支付其他费用为 60 000 元。

（2）财务费用的组成：计提借款利息为 11 500 元，支付应收票据（银行承兑汇票）贴现利息为 30 000 元。

（3）资产减值损失的组成：计提坏账准备为 900 元，计提固定资产减值准备为 30 000 元。上年年末坏账准备余额为 900 元。

（4）投资收益的组成：收到股息收入为 30 000 元，与本金一起收回的交易性股票投资收益为 500 元，自公允价值变动损益结转投资收益为 1 000 元。

（5）营业外收入的组成：报废固定资产净收益为 50 000 元（固定资产原价为 400 000 元，累计折旧为 150 000 元，收到报废收入为 300 000 元）。假定不考虑其他有关的税费。

（6）营业外支出的组成：报废固定资产净损失为 19 700 元（固定资产原价为 200 000 元，累计折旧为 180 000 元，支付清理费用为 500 元，收到残值收入为 800 元）。

（7）所得税费用的组成：当期所得税费用为 92 800 元，递延所得税收益为 7 500 元。

除上述项目外，利润表中的销售费用 20 000 元至期末已经支付。

根据以上资料，采用分析填列的方法，编制天宇股份有限公司 2018 年度的现金流量表。

1. 天宇股份有限公司 2018 年度现金流量表各项目金额。

（1）销售商品、提供劳务收到的现金

＝主营业务收入＋应交税费（应交增值税——销项税额）

　　＋（应收账款年初余额－应收账款期末余额）

　　＋（应收票据年初余额－应收票据期末余额）

　　－当期计提的坏账准备－票据贴现的利息

＝125＋21.25＋（29.91－59.82）＋（24.6－6.6）－0.09－3＝131.25（万元）

（2）购买商品、接受劳务支付的现金

＝主营业务成本＋应交税费（应交增值税——进项税额）

　　－（存货年初余额－存货期末余额）

　　＋（应付账款年初余额－应付账款期末余额）

　　＋（应付票据年初余额－应付票据期末余额）

　　＋（预付账款期末余额－预付账款年初余额）

　　－当期列入生产成本、制造费用的职工薪酬

　　－当期列入生产成本、制造费用的折旧费和固定资产修理费

＝75＋4.2466－（258－248.47）＋（95.38－95.38）＋（20－10）＋（10－10）－32.49－8

＝39.2266（万元）

（3）支付给职工以及为职工支付的现金

＝生产成本、制造费用、管理费用中职工薪酬

　　＋（应付职工薪酬年初余额－应付职工薪酬期末余额）

　　－［应付职工薪酬(在建工程)年初余额－应付职工薪酬(在建工程)期末余额］

＝32.49＋1.71＋（11－18）－（0－2.8）＝30（万元）

（4）支付的各项税费

＝当期所得税费用＋税金及附加＋应交税费（应交增值税——已交税金）

　　－（应交所得税期末余额－应交所得税期初余额）

＝9.28＋0.2＋10－（2.0097－0）＝17.4703（万元）

（5）支付其他与经营活动有关的现金

＝其他管理费用＋销售费用＝6＋2＝8（万元）

（6）收回投资收到的现金

＝交易性金融资产贷方发生额＋与交易性金融资产一起收回的投资收益

＝1.6＋0.05＝1.65（万元）

（7）取得投资收益收到的现金＝收到的股息收入＝3（万元）

（8）处置固定资产收回的现金净额＝30＋（0.08－0.05）＝30.03（万元）

（9）购建固定资产支付的现金

＝用现金购买的固定资产、工程物资＋支付给在建工程人员的薪酬

＝10.1＋30＋20＝60.1（万元）

（10）取得借款收到的现金＝56（万元）

（11）偿还债务支付的现金＝25＋100＝125（万元）

（12）偿付利息支付的现金 = 1.25（万元）

2. 将净利润调节为经营活动现金流量各项目计算分析。

（1）资产减值准备 = 0.09 + 3 = 3.09（万元）

（2）固定资产折旧 = 2 + 8 = 10（万元）

（3）无形资产摊销 = 6（万元）

（4）处置固定资产、无形资产和其他长期资产的损失（减：收益）= −5（万元）

（5）固定资产报废损失 = 1.97（万元）

（6）财务费用 = 1.15（万元）

（7）投资损失（减：收益）= −3.15（万元）

（8）递延所得税资产减少 = 0 − 0.75 = −0.75（万元）

（9）存货的减少 = 258 − 248.47 = 9.53（万元）

（10）经营性应收项目的减少

= （24.6 − 6.6）+（29.91 + 0.09 − 59.82 − 0.18）= −12（万元）

（11）经营性应付项目的增加

= （10 − 20）+（95.38 − 95.38）+ [（18 − 2.8）− 11] + [（22.6731 − 10）− 3.66] = 3.2131（万元）

3. 根据上述数据，编制现金流量表（见表 15 − 9）及其补充资料（见表 15 − 10）。

第五节　所有者权益变动表

一、所有者权益变动表概述

所有者权益变动表是指反映构成所有者权益各组成部分当期增减变动情况的报表。所有者权益变动表应当全面反映一定时期所有者权益变动的情况，不仅包括所有者权益总量的增减变动，还包括所有者权益增减变动的重要结构性信息，让报表使用者准确理解所有者权益增减变动的根源。

所有者权益变动表中，综合收益和与所有者的资本交易导致的所有者权益的变动，应当分别列示。企业应当单独列示反映下列信息的项目：（1）综合收益总额；（2）会计政策变更和前期差错更正的累积影响金额；（3）所有者投入和减少的资本；（4）利润分配；（5）所有者权益内部结转；（6）所有者权益各组成部分的期初和期末余额情况。

二、所有者权益变动表的列报

（一）所有者权益变动表的列报格式

1. 以矩阵的形式列报。为了清楚地表明构成所有者权益的各组成部分当期的增减变动情况，所有者权益变动表应当以矩阵的形式列示。一方面，列示导致所有者权益变动的交易或事项，按所有者权益变动的来源对一定时期所有者权益变动情况进行全面反映；另一方面，按照所有者权益各组成部分（包括实收资本、其他权益工具、资本公积、其他综合收益、盈余公积、未分配利润等）及其总额列示相关交易或事项对所有者权益的影响。

2. 列示所有者权益变动的比较信息。根据准则的规定，企业需要提供比较所有者权益变动表，所有者权益变动表还就各项目再分为"本年金额"和"上年金额"两栏分别填列。所有者权益变动表的具体格式如表 15 - 16 所示。

（二）所有者权益变动表各项目的内容及填列方法

1. "上年年末余额"项目。本项目应根据上年资产负债表中"实收资本（或股本）""其他权益工具""资本公积""其他综合收益""盈余公积""未分配利润"等项目的年末余额填列。

2. "会计政策变更"和"前期差错更正"项目。本项目应根据"盈余公积""利润分配""以前年度损益调整"等科目的发生额分析填列，并在"上年年末余额"的基础上调整得出"本年年初金额"项目。

3. "本年增减变动金额"项目。本项目反映各类事项对所有者权益各个组成部分的影响。

（1）"综合收益总额"项目，反映企业当年的综合收益总额，应根据当年利润表中"其他综合收益的税后净额"和"净利润"项目填列，并对应列在"其他综合收益"和"未分配利润"栏。

（2）"所有者投入和减少资本"项目，反映企业当年所有者投入的资本和减少的资本。

①"所有者投入的普通股"项目，反映企业接受投资者投入形成的股本和资本公积，应根据"股本""资本公积"等科目的发生额分析填列，并对应列在"股本"和"资本公积"栏。

②"其他权益工具持有者投入资本"项目，反映企业接受优先股、永续债投资形成的所有者权益，对应列在"其他权益工具（优先股、永续债、其他）"栏。

③"股份支付计入所有者权益的金额"项目，反映企业处于等待期中的权益结算的股份支付当年计入资本公积的金额，应根据"资本公积"科目所属的"其他资本公积"二级科目的发生额分析填列，并对应列在"资本公积"栏。

（3）"利润分配"下各项目，反映当年对所有者（或股东）分配的利润（或股利）金额和按照规定提取的盈余公积金额，并对应列在"未分配利润"和"盈余公积"栏。

①"提取盈余公积"项目，反映企业按照规定提取的盈余公积，应根据"盈余公积""利润分配"科目的发生额分析填列。

②"对所有者（或股东）的分配"项目，反映对所有者（或股东）分配的利

润（或股利）金额，应根据"利润分配"科目的发生额分析填列。

（4）"所有者权益内部结转"下各项目，反映不影响当年所有者权益总额的所有者权益各组成部分之间当年的增减变动，包括资本公积转增资本（或股本）、盈余公积转增资本（或股本）、盈余公积弥补亏损等。

①"资本公积转增资本（或股本）"项目，反映企业以资本公积转增资本或股本的金额，应根据"实收资本""资本公积"等科目的发生额分析填列。

②"盈余公积转增资本（或股本）"项目，反映企业以盈余公积转增资本或股本的金额，应根据"实收资本""盈余公积"等科目的发生额分析填列。

③"盈余公积弥补亏损"项目，反映企业以盈余公积弥补亏损的金额，应根据"盈余公积""利润分配"等科目的发生额分析填列。

④"设定收益计划变动额结转留存收益"项目，反映企业重新计量设定受益计划净负债或净资产的变动额，之前计入其他综合收益的累计利得或损失从其他综合收益中转入留存收益的金额。本项目应根据"其他综合收益"科目的相关明细科目的发生额分析填列。

⑤"其他综合收益结转留存收益"项目，主要反映企业指定为以公允价值计量且其变动计入其他综合收益的非交易性权益工具投资终止确认时，之前计入其他综合收益的累计利得或损失从其他综合收益中转入留存收益的金额；企业指定为以公允价值计量且其变动计入当期损益的金融负债终止确认时，之前由企业自身信用风险变动引起而计入其他综合收益的累计利得或损失从其他综合收益中转入留存收益的金额等。本项目应根据"其他综合收益"科目的相关明细科目的发生额分析填列。

对于所有者权益变动表"上年金额"栏内各项数字的填列，应根据上年度所有者权益变动表"本年金额"栏内所列数字填列。如果上年度所有者权益变动表规定的各个项目的名称和内容同本年度不相一致，应对上年度所有者权益变动表各项目的名称和数字按本年度的规定进行调整，填入所有者权益变动表"上年金额"栏内。

所有者权益变动表"本年金额"栏内各项数字一般应根据"实收资本（或股本）""其他权益工具""资本公积""其他综合收益""盈余公积""利润分配""以前年度损益调整"科目的发生额分析填列。

三、所有者权益变动表编制示例

【例 15 – 15】 沿用〖例 15 – 1〗、〖例 15 – 2〗和〖例 15 – 14〗的资料，天宇股份有限公司其他相关资料为：提取盈余公积为 2.47704 万元，向投资者分配现金股利为 3.221585 万元。

根据上述资料，编制天宇股份有限公司 2018 年度的所有者权益变动表，如表 15 – 15 所示。

表 15－15

所有者权益变动表

2018 年度

编制单位：天宇股份有限公司

会企 04 表
单位：万元

项　目	本年金额										上年金额
	实收资本（或股本）	其他权益工具			资本公积	减：库存股	其他综合收益	盈余公积	未分配利润	所有者权益合计	（略）
		优先股	永续债	其他							
一、上年末余额	500		0		0	0	0	10	5	515	
加：会计政策变更											
前期差错更正											
其他											
二、本年初余额	500		0		0	0	0	10	5	515	
三、本年增减变动金额（减少以"－"号填列）											
（一）综合收益总额							1.2		22.5	23.7	
（二）所有者投入和减少资本											
1. 所有者投入的普通股											
2. 其他权益工具持有者投入资本											
3. 股份支付计入所有者权益的金额											
4. 其他											
（三）利润分配											
1. 提取盈余公积								2.47704	－2.47704	0	
2. 对所有者的分配									－3.221585	－3.221585	
3. 其他											
（四）所有者权益内部结转											

续表

项 目	本年金额										上年金额
	实收资本（或股本）	其他权益工具			资本公积	减：库存股	其他综合收益	盈余公积	未分配利润	所有者权益合计	（略）
		优先股	永续债	其他							
1. 资本公积转增资本（或股本）											
2. 盈余公积转增资本（或股本）											
3. 盈余公积弥补亏损											
4. 设定收益计划变动额结转留存收益											
5. 其他综合收益结转留存收益											
四、本年末余额	500		0		0	0	1.2	12.47704	21.801375	535.478415	

第六节　财务报表附注

一、财务报表附注概述

（一）财务报表附注及作用

为了便于财务报表使用者理解财务报表的内容，应对财务报表的编制基础、编制依据、编制方法及主要项目等作进一步解释。附注是对在资产负债表、利润表、现金流量表和所有者权益变动表等报表中列示项目的文字描述或明细资料，以及对未能在报表中列示项目的补充说明，有助于财务报表使用者理解和使用会计信息。

列入财务报表表内的项目都必须符合会计要素的定义和一系列确认与计量的标准，因此，财务报表所反映的会计信息受到了一定的限制，只能提供定量的会计信息。财务报表附注是财务报告不可或缺的组成部分，通过对财务报表本身无法或难以充分表述的内容和项目进行补充说明与详细解释，可以增进报表信息的可理解性，提高报表信息的可比性和突出财务报表信息的重要性。

（二）财务报表附注的形式

财务报表附注的形式多种多样，主要有旁注、底注和补充报表等形式。

1. 旁注。旁注是指在财务报表的有关项目旁直接用括号加注说明。旁注是最简单的报表注释方法，如果报表上有关项目的名称或金额受到限制或需简要补充时，可以直接用括号加注说明，如发行在外股份数与面值、存货的计价方法等。为了保持报表项目的简明扼要、清晰明了，旁注只适用个别需简单补充的信息项目。

2. 底注。底注也称脚注或尾注，是指在财务报表后面用一定文字和数字所作的补充说明。相对于旁注，底注的内容更加详细、具体，既可以提供一些必需披露又难用数字反映的定性信息，也可以补充列示比表内更加详细的定量信息等。由于底注比较灵活，因此，是财务报表附注的主要形式。

3. 补充报表。有些无法列入报表主体中的详细数据、预测分析资料可用单独的补充报表说明，如固定资产折旧，由于固定资产种类繁多，每类的原值、累计折旧和账面净值各不相同，为了保证主表信息的清晰明了，详细资料可通过补充报表报告。

二、附注的主要内容

附注是对资产负债表、利润表、现金流量表和所有者权益变动表等报表中列示项目的文字描述或明细资料，以及对未能在这些报表中列示项目的说明等。附注应当按照如下顺序披露有关内容。

（一）企业的基本情况

（二）财务报表的编制基础

（三）遵循企业会计准则的声明

（四）重要会计政策和会计估计

1. 重要会计政策的说明。

（1）财务报表项目的计量基础。会计计量基础包括历史成本、重置成本、可变现净值、现值和公允价值，这直接显著影响报表使用者的分析，这项披露要求便于使用者了解企业财务报表中的项目是按何种计量基础予以计量的，如存货是按成本还是可变现净值计量等。

（2）会计政策的确定依据。主要是指企业在运用会计政策过程中所作的对报表中确认的项目金额最具影响的判断。例如，企业如何判断持有的金融资产是持有至到期的投资而不是交易性投资。这些判断对在报表中确认的项目金额具有重要影响。因此，这项披露要求有助于使用者理解企业选择和运用会计政策的背景，增加财务报表的可理解性。

2. 重要会计估计的说明。企业应当披露会计估计中所采用的关键假设和不确定因素的确定依据，这些关键假设和不确定因素在下一会计期间内很可能导致资产、负债账面价值进行重大调整。在确定报表中确认的资产和负债的账面金额过程中，企业有时需要对不确定的未来事项在资产负债表日对这些资产和负债的影响加以估计。例如，固定资产可收回金额的计算需要根据其公允价值减去处置费用后的净额与预计未来现金流量的现值两者之间的较高者确定，在计算资产预计未来现金流量的现值时需要对未来现金流量进行预测，并选择适当的折现率，应当在附注中披露未来现金流量预测所采用的假设及其依据、所选择的折现率为什么是合理的等。这些假设的变动对这些资产和负债项目金额的确定影响很大，有可能会在下一个会计年度内作出重大调整。因此，强调这一披露要求，有助于提高财务报表的可理解性。

（五）会计政策和会计估计变更以及差错更正的说明

具体包括：会计政策变更的性质、内容和原因；当期和各个列报前期财务报表中受影响的项目名称和调整金额；会计政策变更无法进行追溯调整的事实和原因以及开始应用变更后的会计政策的时点、具体应用情况；会计估计变更的影响数不能确定事实和原因；前期差错的性质；各个列报前期财务报表中受影响的项目名称和更正金额；前期差错无法进行追溯重述的事实和原因以及对前期差错开始进行更正的时点、具体更正情况。

（六）重要报表项目的说明

企业应当以文字和数字描述相结合并尽可能以列表形式披露重要报表项目的构成或当期增减变动情况，且报表重要项目的明细金额合计，应当与报表项目金额相衔接。

（七）其他需要说明的重要事项

主要包括：或有和承诺事项、资产负债表日后非调整事项、关联方关系及其交易等有关信息的披露。

三、分部报告

分部报告，是指以企业的经营分部和地区分部为主体编制的提供分部信息的财务报告。分部报告是跨行业、跨地区经营的企业按其确定的企业内部组成部分编报的有关各组成部分收入、费用、利润、资产、负债等信息的财务报告。

（一）经营分部的认定

经营分部，是指企业内同时满足下列条件的组成部分：（1）该组成部分能够在日常活动中产生收入、发生费用；（2）企业管理层能够定期评价该组成部分的经营成果，以决定向其配置资源、评价其业绩；（3）企业能够取得该组成部分的财务状况、经营成果和现金流量等有关会计信息。

企业应当以内部组织结构、管理要求、内部报告制度为依据确定经营分部。经济特征不相似的经营分部，应当分别确定为不同的经营分部。企业存在相似经济特征的两个或多个经营分部。例如，具有相近的长期财务业绩，包括具有相近的长期平均毛利率、资金回报率、未来现金流量等；确定经营分部考虑的因素类似等，在同时满足下列条件时，可以合并为一个经营分部。

（1）各单项产品或劳务的性质，包括产品或劳务的规格、型号、最终用途等。通常情况下，产品和劳务的性质相同或相似的，其风险、报酬率及其成长率可能较为接近，一般可以将其划分到同一经营分部中。对于性质完全不同的产品或劳务，不应当将其划分到同一经营分部中。

（2）生产过程的性质，包括采用劳动密集或资本密集方式组织生产、使用相同或相似设备和原材料、采用委托生产或加工方式等。对于其生产过程的性质相同或相似的，可以将其划分为一个经营分部，如按资本密集型和劳动密集型划分经营部门。对于资本密集型的部门而言，其占用的设备较为先进，占用的固定资产较多，相应所负担的折旧费也较多，其经营成本受资产折旧费用影响较大，受技术进步因素的影响也较大；而对于劳动密集型部门而言，其使用的劳动力较多，相对而言，劳动力的成本即人工费用的影响较大，其经营成果受人工成本的高低影响较大。

（3）产品或劳务的客户类型，包括大宗客户、零散客户等。对于购买产品或接受劳务的同一类型的客户，如果其销售条件基本相同，例如，相同或相似的销售价格、销售折扣，相同或相似的售后服务，因而具有相同或相似的风险和报酬，而不同的客户，其销售条件不尽相同，由此可能导致其具有不同的风险和报酬。

（4）销售产品或提供劳务的方式，包括批发、零售、自产自销、委托销售、承包等。企业销售产品或提供劳务的方式不同，其承受的风险和报酬也不相同。例如，在赊销方式下，可以扩大销售规模，但发生的收账费用较大，并且发生应收账款坏账的风险也很大；而在现销方式下，则不存在应收账款的坏账问题，不会发生收账费用，但销售规模的扩大有限。

（5）生产产品或提供劳务受法律、行政法规的影响，包括经营范围或交易定价机制等。企业生产产品或提供劳务总是处于一定的经济法律环境之下，其所处的环境必然对其经营活动产生影响。对在不同法律环境下生产的产品或提供的劳务进行分类，进而向会计信息使用者提供不同法律环境下产品生产或劳务提供的信息，有利于会计信息使用者对企业未来的发展走向作出判断和预测；对相同或相似法律环境下的产品生产或劳务提供进行归类，以提供其经营活动所生成的信息，同样有利于明晰地反映该类产品生产和劳务提供的会计信息。

（二）报告分部的确定

企业在确定报告分部时，应当遵循相应的确定标准，同时还应当考虑不同会计期间分部信息的可比性和一贯性。

1. 重要性标准的判断。企业应当以经营分部为基础确定报告分部。经营分部满足下列条件之一的，应当确定为报告分部。

（1）该分部的分部收入占所有分部收入合计的10%或以上。

分部收入，是指可归属于分部的对外交易收入和对其他分部交易收入。分部收入主要由可归属于分部的对外交易收入构成，通常为营业收入。可以归属分部的收入来源于两个渠道：一是可以直接归属于分部的收入，即直接由分部的业务交易而产生；二是可以间接归属于分部的收入，即将企业交易产生的收入在相关分部之间进行分配，按属于某分部的收入金额确认为分部收入。

（2）该分部的分部利润（亏损）的绝对额，占所有盈利分部利润合计额或者所有亏损分部亏损合计额的绝对额两者中较大者的10%或以上。

分部利润（亏损），是指分部收入减去分部费用后的余额。不属于分部收入和分部费用的项目，在计算分部利润（亏损）时不得作为考虑的因素。

分部费用，是指可归属于分部的对外交易费用和对其他分部交易费用。

（3）该分部的分部资产占所有分部资产合计额的10%或以上。

分部资产，是指分部经营活动使用的可归属于该分部的资产，不包括递延所得税资产。

2. 低于10%重要性标准的选择。经营分部未满足上述10%重要性标准的，可以按照下列规定确定报告分部。

（1）企业管理层认为披露该经营分部信息对会计信息使用者有用的，可以将其确定为报告分部。在这种情况下，无论该经营分部是否满足10%的重要性标准，企业可以直接将其指定为报告分部。

（2）将该经营分部与一个或一个以上的具有相似经济特征、满足经营分部合并条件的其他经营分部合并，作为一个报告分部。对经营分部10%的重要性测试可能会导致企业存在大量未满足10%数量临界线的经营分部，在这种情况下，如果企业没有直接将这些经营分部指定为报告分部，可以将一个或一个以上具有相似经济特征、满足经营分部合并条件的一个以上的经营分部合并成一个报告分部。

（3）不将该经营分部直接指定为报告分部，也不将该经营分部与其他未作为报告分部的经营分部合并为一个报告分部的，企业在披露分部信息时，应当将该经营分部的信息与其他组成部分的信息合并，作为其他项目单独披露。

3. 报告分部75%的标准。企业的经营分部达到规定的10%重要性标准认定为报告分部后，确定为报告分部的经营分部的对外交易收入合计额占合并总收入或企业总收入的比重应当达到75%的比例。如果未达到75%的标准，企业必须增加报告分部的数量，将其他未作为报告分部的经营分部纳入报告分部的范围，直到该比重达到75%。此时，其他未作为报告分部的经营分部很可能未满足前述规定的10%重要性标准，但为了使报告分部的对外交易收入合计额占合并总收入或企业总收入的总体比重能够达到75%的比例要求，也应当将其确定为报告分部。

4. 报告分部的数量。企业确定的报告分部数量如果太多，提供的分部信息可能变得非常烦琐，不利于会计信息使用者理解和使用。因此，报告分部的数量通常不应当超过10个。

5. 为提供可比信息确定报告分部。对于某一经营分部，在上期可能满足报告分部的确定条件从而确定为报告分部，但本期可能并不满足报告分部的确定条件。此时，如果企业认为该经营分部仍然重要，单独披露该经营分部的信息能够更有助于会计信息使用者了解企业的整体情况，则不需考虑该经营分部的重要性标准，仍应当将该经营分部确定为本期的报告分部。

对于某一经营分部，在本期可能满足报告分部的确定条件从而确定为报告分部，但上期可能并不满足报告分部的确定条件未确定为报告分部。此时，出于比较目的提供的以前会计期间的分部信息应当重述，以将该经营分部反映为一个报告分部，即使其不满足确定为报告分部的条件。

（三）分部信息的披露

企业披露的分部信息，应当有助于会计信息使用者评价企业所从事经营活动的性质和财务影响以及经营所处的经济环境。企业应当在附注中披露报告分部的下列信息。

1. 描述性信息。

（1）确定报告分部考虑的因素。

（2）报告分部的产品和劳务的类型。

2. 每一报告分部的利润（亏损）总额相关信息。该信息包括利润（亏损）总额组成项目及计量的相关会计政策信息。

3. 每一报告分部的资产总额、负债总额相关信息。该信息包括资产总额组成项目的信息，以及有关资产、负债计量相关的会计政策。分部负债，是指分部经营活动形成的可归属于该分部的负债，不包括递延所得税负债。

4. 除上述已经作为报告分部信息组成部分的披露内容外，企业还应当披露下列信息。

（1）每一产品和劳务或每一类似产品和劳务的对外交易收入；（2）企业取得的来自本国的对外交易收入总额，以及企业从其他国家取得的对外交易收入总额；（3）企业取得的位于本国的非流动资产（不包括金融资产、独立账户资产、递延所得税资产）总额，以及企业位于其他国家的非流动资产（不包括金融资产、独立账户资产、递延所得税资产）总额；（4）企业对主要客户的依赖程度。企业与某一外部客户交易收入占合并总收入或企业总收入的10%或以上，应当披露这一事实，以及来自该外部客户的总收入和相关报告分部的特征。

5. 报告分部信息总额与企业信息总额的衔接。报告分部收入总额应当与企业收入总额相衔接；报告分部利润（亏损）总额应当与企业利润（亏损）总额相衔接；报告分部资产总额应当与企业资产总额相衔接；报告分部负债总额应当与企业负债总额相衔接。

6. 比较信息。企业在披露分部信息时，为可比起见，应当提供前期的比较数据。

四、关联方披露

关联方一般指有关联的各方，关联方关系是指有关联的各方之间存在的内在联系。一方控制、共同控制另一方或对另一方施加重大影响，以及两方或两方以上同受一方控制、共同控制或重大影响的，构成关联方。

（一）关联方关系的认定

从一个企业的角度出发，与其存在关联方关系的各方包括以下10种情况。

（1）该企业的母公司，不仅包括直接或间接地控制该企业的其他企业，也包括能够对该企业实施直接或间接控制的单位等。

①某一个企业直接控制一个或多个企业。例如，母公司控制一个或若干个子公司，则母公司与子公司之间即为关联方关系。

②某一个企业通过一个或若干个中间企业间接控制一个或多个企业。例如，母公司通过其子公司，间接控制子公司的子公司，表明母公司与其子公司的子公司存在关联方关系。

③某一个企业直接通过一个或若干中间企业间接地控制一个或多个企业。

（2）与该企业的子公司，包括直接或间接地被该企业控制的其他企业，也包括直接或间接地被该企业控制的企业、单位、基金等特殊目的实体。

（3）与该企业受同一母公司控制的其他企业。因为两个或多个企业有相同的母公司，对它们都具有控制能力，即两个或多个企业如果有相同的母公司，它们的财务和经营政策都由相同的母公司决定，各个被投资企业之间由于受相同母公司的控制，可能为自身利益而进行的交易受到某种限制。因此，关联方披露准则规定，与该企业受同一母公司控制的两个或多个企业之间构成关联方关系。

（4）与对该企业实施共同控制的投资方。这里的共同控制包括直接的共同控制和间接的共同控制。需要强调的是，对企业实施直接或间接共同控制的投资方与该企业之间是关联方关系，但这些投资方之间并不能仅因为共同控制了同一家企业而视为存在关联方关系。

（5）对该企业施加重大影响的投资方。这里的重大影响包括直接的重大影响和间接的重大影响。对企业实施重大影响的投资方与该企业之间是关联方关系，但这些投资方之间并不能仅因为对同一家企业具有重大影响而视为存在关联方关系。

（6）该企业的合营企业。合营企业，指按照合同规定经营活动由投资双方或若干方共同控制的企业。合营企业的主要特点在于投资各方均不能对被投资企业的财务和经营政策单独作出决策，必须由投资各方共同作出决策。因此，合营企业是以共同控制为前提的，两方或多方共同控制某一企业时，该企业则为投资者的合营企业。

（7）该企业的联营企业。联营企业，指投资方对其具有重大影响，但不是投资者的子公司或合营企业的企业。联营企业和重大影响是相联系的，如果投资者能对被投资企业施加重大影响，则该被投资企业视为投资者的联营企业。

（8）该企业的主要投资者个人及与其关系密切的家庭成员。主要投资者个人，是指能够控制、共同控制一个企业或者对一个企业施加重大影响的个人投资者。

（9）该企业或其母公司的关键管理人员及与其关系密切的家庭成员。关键管理人员包括董事长、董事、董事会秘书、总经理、总会计师、财务总监等。

（10）该企业主要投资者个人、关键管理人员或与其关系密切的家庭成员控制、共同控制的其他企业。

与主要投资者个人或关键管理人员关系密切的家庭成员，例如父母、配偶、兄弟、姐妹和子女等。对于这类关联方，应当根据主要投资者个人、关键管理人员或与其关系密切的家庭成员对两家企业的实际影响力具体分析判断。

（二）不构成关联方关系的情况

（1）与该企业发生日常往来的资金提供者、公用事业部门、政府部门和机构，以及与该企业发生大量交易而存在经济依存关系的单个客户、供应商、特许商、经销商和代理商之间，不构成关联方关系。

（2）与该企业共同控制合营企业的合营者之间，通常不构成关联方关系。

（3）仅仅同受国家控制而不存在其他关联方关系的企业，不构成关联方关系。

（4）受同一方重大影响的企业之间不构成关联方。例如，同一投资者的两家联营企业之间不构成关联方关系；仅拥有同一位关键管理人员的两家企业之间不构成关联方。

（三）关联方交易的类型

存在关联方关系的情况下，关联方之间发生的交易为关联方交易，关联方的交易类型主要有以下 11 种。

（1）购买或销售商品。购买或销售商品是关联方交易较常见的交易事项。

（2）购买或销售除商品以外的其他资产。

（3）提供或接受劳务。

（4）担保。

（5）提供资金（贷款或股权投资）。

（6）租赁。

（7）代理。

（8）研究与开发项目的转移。

（9）许可协议。

（10）代表企业或由企业代表另一方进行债务结算。

（11）关键管理人员薪酬。

（四）关联方的披露

（1）企业无论是否发生关联方交易，均应当在附注中披露与该企业之间存在直接控制关系的母公司和子公司有关的信息：

①母公司和子公司的名称。

②母公司和子公司的业务性质、注册地、注册资本（或实收资本、股本）及其变化。

③母公司对该企业或者该企业对子公司的持股比例和表决权比例。

（2）企业与关联方发生关联方交易的，应当在附注中披露该关联方关系的性质、交易类型及交易要素。

关联方关系的性质，是指关联方与该企业的关系，即关联方是该企业的子公司、合营企业、联营企业等；交易类型通常包括购买或销售商品、购买或销售商品以外的其他资产、提供或接受劳务、担保、提供资金（贷款或股权投资）、租赁、代理、研究与开发项目的转移、许可协议、代表企业或由企业代表另一方进行债务结算等；交易要素至少应当包括：交易的金额；未结算项目的金额、条款和条件，以及有关提供或取得担保的信息；未结算应收项目坏账准备金额；定价政策。

（3）对外提供合并财务报表的，对于已经包括在合并范围内各企业之间的交易不予披露。

合并财务报表是将集团作为一个整体来反映与其有关的财务信息，在合并财务报表中，企业集团作为一个整体看待，企业集团内的交易已不属于交易，并且已经在编制合并财务报表时予以抵销。因此，关联方披露准则规定对外提供合并财务报表的，除了应按上述（1）（2）的要求进行披露外，对于已经包括在合并范围内并已抵销的各企业之间的交易不予披露。

第十六章 会计调整

第一节 会计政策及其变更

会计变更是企业因特定环境变化而寻求更有利或更合理的结果所出现的现象，是指企业改变原来采用的会计政策和会计估计。因而会计变更包括会计政策变更和会计估计变更等情况。

可比性要求企业会计处理方法前后各期应当一致，不得随意变更，否则，不同时期会计报表所反映的财务信息就无法比较。可是坚持可比性并不等于前后各期的会计方法不能变更，如确有必要变更，应当将变更的情况、变更的原因及其对企业财务状况和经营成果的影响在财务报告中说明。从理论上来说，会计变更的目的是为了更好地反映企业在新情况下的经营实质，提高会计信息的有用性，便于财务报告使用者更恰当地理解企业的财务状况、经营成果和现金流量等会计信息。但会计变更也会影响会计信息的可比性，即使在会计变更不影响企业现金流量的情况下，仍可能会对企业利润产生重大影响，因此，应当合理记录和反映会计变更对会计信息的影响。

会计变更可分为国家会计制度、会计准则的变化和企业自身的主动性会计变更两类。国家会计制度及会计准则变化的系统影响往往具有普遍性、强制性，企业必须遵照执行；企业的主动性会计变更应该是为能提供更可靠、更相关的会计信息，但也有可能有企业利用会计变更进行盈余管理。

对会计变更的会计处理，世界上多数国家和地区都发布了相关的准则。如美国会计原则委员会于 1971 年 7 月发布了《会计原则委员会意见书第 22 号——会计变更》、1972 年发布了《会计原则委员会意见书第 22 号——会计政策揭示》；国际会计准则理事会于 2004 年修订的《国际会计准则第 8 号——会计政策、会计估计变更和差错》；我国对会计变更的规范为《企业会计准则第 28 号——会计政策、会计估计变更和差错更正》。

一、会计政策

按《国际会计准则第 8 号——会计政策、会计估计变更和差错》的定义，会计政策是指会计主体编制财务报表时所采用的特定原则、基础、惯例、规则和做法。国际会计准则所使用的"基础"并不是通常所讲的"权责发生制""收付实现制"等类似的核算基础，而是英国、中国香港地区等会计准则中所讲的、体现会计原则的"会计方法"。大多数国家，如美国、日本，都倾向于采用"会计原则""会计方法"等词，英国则采用"会计基础"一词。

我国《企业会计准则第 28 号——会计政策、会计估计变更和差错更正》(2006) 把会计政策定义为：会计政策是指企业在会计核算过程中所采用的原则、基础和会计处理方法。原则，是指按照企业会计准则规定的、适合于企业会计要素确认过程中所采用的具体会计原则。基础，是指为了将会计原则应用于交易或者事项而采用的基础，主要是计量基础（即计量属性），包括历史成本、重置成本、可变现净值、现值和公允价值等。会计处理方法，是指企业在会计核算中按照法律、行政法规或者国家统一的会计制度等规定采用或者选择的、适合于本企业的具体会计处理方法。

企业会计政策的选择和运用具有以下两个特点。

1. 企业应在国家统一的会计准则规定的会计政策范围内选择适用的会计政策。在我国，国家允许企业采用的会计政策通常由国家统一的会计准则规定，企业必须在国家统一的会计准则所允许选用的会计政策中进行选择，不得超出允许范围。一般情况下企业会在允许范围内选择最恰当的会计政策反映其经营成果和财务状况。例如，《企业会计准则第 1 号——存货》准则规定："企业应当采用先进先出法、加权平均法或者个别计价法确定发出存货的实际成本。"企业因此不能选择后进先出法，而只能在允许范围内选择适用的具体会计处理方法，进行会计核算。会计政策的选择应考虑谨慎、实质重于形式、重要性三个方面，结合企业自身情况，选择最恰当的会计政策来反映财务状况和经营成果。

2. 企业所采用的会计政策应前后各期保持一致。企业所采用的会计政策是企业进行会计核算的基础，会计政策涉及会计原则、会计基础和具体的会计处理方法，它们应前后各期保持一致。

会计政策中所指的会计原则是指某一类会计业务所应遵循的特定原则，而非所有会计原则。统一的、不可选择的，以及企业必须遵循的可靠性、及时性、实质重于形式等属于会计信息质量要求，不属于会计政策的特定原则。

会计基础，是指会计确认基础和会计计量基础。会计确认基础有权责发生制和收付实现制，在我国，企业应当采用权责发生制作为会计确认基础。企业在对会计要素进行计量时的计量基础包括历史成本、重置成本、可变现净值、现值、公允价值等，企业应按规定选择使用。

企业所采用的会计政策是企业进行会计核算的基础，应前后各期保持一致，不得随意变更。因为会计信息使用者需要将各期会计信息进行比较，以判断企业的财务状况、经营成果和现金流量的趋势。

不同的会计政策对企业将会产生不同的经济后果。会计政策选择的经济后果是指企业会计报告将影响企业、投资者、债权人、社会公众等信息使用者的决策行为，受影响的决策行为反过来又会影响其他相关者的利益。也就是说，不同的会计政策选择将会产生不同的会计信息，从而影响不同利益集团的利益。因此，《企业会计准则》规定："企业应当在其会计报表附注中披露重要会计政策的说明，包括财务报表项目的计量基础和会计政策的确定依据等。"

企业应当披露的重要会计政策主要有以下 11 个。

（1）发出存货成本的计量，如企业发出存货成本的计量是采用先进先出法，还是采用其他计量方法。

（2）长期股权投资的后续计量，如企业对被投资单位的长期股权投资是采用成本法，还是采用权益法核算。

（3）投资性房地产的后续计量，如企业对投资性房地产的后续计量是采用成本模式，还是公允价值模式。

（4）固定资产的初始计量，如企业取得的固定资产初始成本以购买价款，还是以购买价款的现值为基础进行计量。

（5）生物资产的初始计量，如企业为取得生物资产而产生的借款费用，应当予以资本化，还是计入当期损益。

（6）无形资产的确认，如企业内部研发项目在开发阶段的支出确认为无形资产，还是计入当期损益。

（7）非货币性资产交换的计量，如非货币性资产交换以换出资产的公允价值作为确定换入资产成本的基础，还是以换出资产的账面价值作为确定换入资产成本的基础。

（8）收入的确认，如收入确认所采用的会计原则（相关商品控制权的转移）。

（9）合同收入与费用的确认，如企业确认建造合同的合同收入和合同费用时履约进度是采用投入法还是产出法。

（10）借款费用的处理，如借款费用采用资本化，还是采用费用化。

（11）合并政策，如编制合并财务报表所采纳的原则。

二、会计政策变更

会计政策变更，是指企业对相同的交易或事项由原来采用的会计政策改用另一会计政策的行为。如改变存货的计价方法，改变固定资产的折旧方法等。强调会计信息的可比性，并不是说会计政策不能变更，变更会计政策，也并不意味着以前期间的会计政策是错误的，而是因为情况发生了变化，或者掌握了新的信息，积累了更多的经验，使得变更会计政策能更好地反映企业的财务状况、经营成果和现金流量。因而符合变更条件时，应改变原采用的会计政策，并在附注中加以说明。如果以前期间会计政策的运用是错误的，则属于差错，应按前期差错更正的规定进行处理。

《国际会计准则第 8 号——会计政策、会计估计变更和差错》认为，仅当某项变更满足下列条件之一时，会计主体才可以变更会计政策。

（1）准则或解释公告要求变更。

（2）改变更能使财务报表提供有关交易、其他事项或事件对主体财务状况、财务业绩或现金流量影响的更可靠和更相关的信息。

我国《企业会计准则第 28 号——会计政策、会计估计变更和差错更正》规定，当符合下列条件之一时，企业应改变原采用的会计政策。

（1）法律、行政法规或者国家统一的会计制度、会计准则等要求变更。这种情况是指，按照法律、行政法规以及国家统一的会计制度的规定，要求企业采用新的会计政策。

（2）会计政策变更能够提供更可靠、更相关的会计信息。这种情况是指，由于经济环境、客观情况的改变，使企业原来采用的会计政策所提供的会计信息，已不能恰当地反映企业的财务状况、经营成果和现金流量等情况。在这种情况下，应改变原有会计政策，按新的会计政策进行核算，以便对外提供更可靠、更相关的会计信息。对会计政策的变更，企业仍应经股东大会（或股东会）或董事会，或类似机构批准。如无充分、合理的证据表明会计政策变更的合理性，或者未经股东大会（或股东会）或董事会，或类似机构批准擅自变更会计政策的，或者连续、反复地自行变更会计政策的，视为滥用会计政策，按照重大会计差错更正的方法进行处理。

上市公司的会计政策目录及变更会计政策后重新制定的会计政策目录，除应当按照信息披露的要求对外公布外，还应当报公司上市地交易所备案，未报公司上市地交易所备案的，视为滥用会计政策，按照重大会计差错更正的方法进行处理。

以下两种情形不属于《企业会计准则》所定义的会计政策变更。

（1）本期发生的交易或事项与以前相比具有本质差别，而采用新的会计政策。

（2）对初次发生的或不重要的交易或事项采用新的会计政策。

如企业以往低值易耗品采用一次转销法，在领用时一次计入成本、费用，现改用五五摊销法进行会计处理。由于低值易耗品在企业生产经营中所占比例不大，属于不重要事项，其核算方法的改变对损益的影响不大，因而此改变不属于会计政策变更，不用进行追溯调整。对不重要的交易不采取追溯调整，符合成本效益原则。

三、会计政策变更与会计估计变更的划分

企业应当以变更事项的会计确认、计量基础和列报项目是否发生变更作为判断该变更是会计政策变更，还是会计估计变更的划分基础。

（1）以会计确认是否发生变更作为判断基础。资产、负债、所有者权益、收入、费用和利润等 6 项会计要素的确认标准是会计处理的首要环节。如按照准则研发的无形资产在开发阶段的支出符合资本化时要确认为无形资产，而旧准则都是确认为当期损益的。

（2）以计量基础是否发生变更作为判断基础。历史成本、重置成本、可变现净值、现值和公允价值等 5 项会计计量属性，是会计处理的计量基础。如旧准则下的短期投资，采用成本与市价孰低法计量，按照新准则作为交易性金融资产核算，按照公允价值计量，计量基础发生了变化，属于会计政策变更。

（3）以列报项目是否发生变更作为判断基础。一般地，对列报项目的指定或选择是会计政策，其相应的变更是会计政策变更。如某商业企业在前期将商品采购费用列入当期损益，当期根据《企业会计准则第 1 号——存货》的规定，将采购费用列入存货成本。因为列报项目发生变化，所以该变更是会计政策变更。

（4）根据会计确认、计量基础和列报项目所选择的，以及为取得与资产负债表项目有关的金额或数值（如预计使用寿命、净残值等）所采用的处理方法，不是会计政策，而是会计估计，其相应的变更是会计估计变更。

四、会计政策变更的会计处理

会计政策变更的会计处理方法有：追溯调整法和未来适用法。目前，国际上对追溯调整法的会计处理主要有以下两种情况。

（1）追溯调整，同时重新表述比较财务表。在这种方法下，新会计政策应从这些项目发生日起运用，以前期间的财务报表应重新表述，以反映新会计政策的影响；比较财务报表中最早期间呈报的留存收益的期初余额应进行调整，以反映在此之前的期间会计政策的变更的累计影响数。赞成采用该追溯调整法的人认为，以前期间会计政策变更的累计影响数不应由当年承担，所以不应包括在当年的净利润中。对以前年度的财务报表按新政策进行追溯调整，并重编相应的财务报表，这样才能使会计政策变更前后各期的财务报表具有可比性。

（2）追溯调整，不调整比较财务报表，但提供模拟会计信息。在这种方法下，新会计政策应从这些项目发生之日起开始运用；以前期间会计政策变更的累积影响应在会计政策变更发生的期间进行调整。对会计政策的累积影响数有两种处理方法：一是作为变更当期净利润的一个项目；二是作为期初留存收益的调整项目，如 1992 年的《国际会计准则地 8 号——当期净损益、重大差错和会计政策变更》的备选处理法和《美国会计原则意见书 20 号》的规定就体现了这种处理方法。赞成这种追溯调整法的人认为，重新表述以前期间的财务报表可能会削弱公众对财务报表的信心，而且可能使财务报表的使用者发生混淆。另外，虽然会计政策变更以后期间的财务报表与以前期间的财务报表可能不完全可比，但通过披露新会计政策对以前期间所产生的影响，可在一定程度上获得可比性。

可见，会计政策变更会计处理的核心问题是：是否计算会计政策变更的累积影响数；累积影响数是计入期初留存收益，还是计入变更当期净利润；是否重编以前期间的财务报表。

我国《企业会计准则第 28 号——会计政策、会计估计变更和差错更正》规定：当对前期追溯采用会计政策不切实可行时，区分两种情况解决。

（1）如果确定会计政策变更对列报的某一期或某几期的特定期间比较信息的影响不切实可行时，企业应当在"追溯调整法"切实可行的最早期间（也可能是变更当期）的期初，将新的会计政策运用于资产和负债的账面金额，并对该期每一受影响的权益组成部分的期初余额进行相应的调整。

（2）如果在变更当期期初确定所有期间采用新的会计政策的累积影响不切实可行时，企业应当自最早的切实可行日调整比较信息，采用未来适用法运用新的会计政策。

《国际会计准则第8号——会计政策、会计估计的变更和差错》对"不切实可行性"进行了定义："不切实可行性是指如果主体在做出所有合理努力后仍然无法采用某项规定，那么即可认为采用该项规定是不切实可行的。""不切实可行性"是在发生会计政策变更或更正重大差错的情况下，豁免适用追溯调整法和追溯重述法以及相关披露要求的唯一标准。《国际会计准则第8号》阐述了在对前一期或前几期的比较信息进行追溯调整和追溯重述的过程中可能出现不切实可行的情况。比如，前期数据可能没有按照某种方式收集，结果是难以追溯采用一项新的会计政策或追溯重述一项前期差错，此种情况就属于"不切实可行"。

（一）追溯调整法

追溯调整法，是指对某项交易或事项变更会计政策，视同该项交易或事项初次发生时即采用变更后的会计政策，并以此对财务报表相关项目进行调整的方法。

追溯调整法的运用通常由以下四步构成。

1. 计算会计政策变更的累积影响数。会计政策变更累积影响数，是指按照变更后的会计政策对以前各期追溯计算的该列报前期最早期初留存收益应有金额与现有金额之间的差额。应有金额是假设相关交易或事项在初次发生时即采用新的会计政策，而得出的列报前期最早期初留存收益应有金额，现有金额是指变更会计政策当年年初的留存收益金额。

留存收益包括当年和以前年度的未分配利润和按照相关法律规定提取并累积的盈余公积。调整期初留存收益是指对期初未分配利润和盈余公积两个项目的调整，不需要考虑由于以前期间净利润的变化对分派的现金股利的影响。

会计政策变更的累积影响数，通常可以通过以下步骤计算获得。

①根据新的会计政策重新计算受影响的前期交易或事项；

②计算两种会计政策下的差异；

③计算差异的所得税影响金额；

④确定前期中每一期的税后差异；

⑤计算会计政策变更的累积影响数。

2. 进行相关的账务处理。即将累计影响数及相关项目记录到变更年度中，一般无须通过"以前年度损益调整"科目核算，而是直接通过"利润分配——未分配利润"科目核算。

3. 调整报表相关项目。企业在会计政策变更当年，应当调整资产负债表年初留存收益，以及利润表和所有者权益变动表上年数栏有关项目。

4. 报表附注说明。

【例 16 - 1】天宇股份有限公司为上市公司，已从 2007 年开始执行《企业会计准则》。公司按净利润的 10% 计提盈余公积。所得税税率为 25%。

2014 年 12 月公司外购一写字楼，支付价款为 50 000 万元，预计使用年限为 50 年，净残值为零，采用直线法计提折旧。同日将该写字楼租赁给 B 公司使用。2018 年以前，天宇公司对投资性房地产一直采用成本模式进行后续计量。由于房地产交易市场成熟，具备了采用公允价值模式计量的条件，2018 年 1 月 1 日，公司董事会决定将投资性房地产后续计量模式从成本模式转换为公允价值模式。

税法规定：投资性房地产作为固定资产处理，折旧年限为 50 年，净残值为零，采用直线法计提折旧，公允价值变动损益不得计入应纳税所得额。

该项投资性房地产各年公允价值如表 16 - 1 所示。

表 16 - 1　　　　　　　　　　各年公允价值　　　　　　　　　　单位：万元

时间	公允价值
2014 年年末	50 000
2015 年年末	55 000
2016 年年末	58 000
2017 年年末	60 500

分析：

投资性房地产由成本模式转为公允价值模式，属于会计政策变更，应进行追溯调整。

投资性房地产账面价值 = 60 500（万元）

投资性房地产计税基础 = 50 000 - 50 000/50 × 3 = 47 000（万元）

应纳税暂时性差异 = 13 500（万元）

递延所得税负债 = 13 500 × 25% = 3 375（万元）

（1）计算累积影响数如表 16 - 2 所示。

表 16 - 2　　　　　　　　　　累积影响数　　　　　　　　　　单位：万元

时间	按原会计政策确认的损益	按新会计政策确认的损益	税前差异	所得税影响（税率 25%）	税后差异
2014 年末	0	0	0	0	0
2015 年末	- 50 000/50 = - 1 000	55 000 - 50 000 = 5 000	6 000	1 500	4 500
2016 年末	- 1 000	58 000 - 55 000 = 3 000	4 000	1 000	3 000
2017 年末	- 1 000	60 500 - 5 8000 = 2 500	3 500	875	2 625
合计	- 3 000	10 500	13 500	3 375	10 125

（2）编制相关的会计分录。

借：投资性房地产——成本　　　　　　　　　　　　50 000

　　　　　　——公允价值变动　　　　　　　　　　10 500

　　投资性房地产累计折旧　　　　　　　　　　　　 3 000

　　贷：投资性房地产　　　　　　　　　　　　　　　　50 000

　　　　利润分配——未分配利润　　　　　　　　　　　13 500

借：利润分配——未分配利润　　　　　　　　　　　 3 375

　　贷：递延所得税负债　　　　　　　　　　　　　　　 3 375

借：利润分配——未分配利润　　　　　　　　　　 1 012.5

　　贷：盈余公积（10 125 × 10%）　　　　　　　　　　1 012.5

未分配利润 = 13 500 − 3 375 − 1 012.5 = 9 112.5（万元）

（3）报表调整。

天宇公司在编制 2018 年度的财务报表时，应调整资产负债表的年初数（见表 16-3）、利润表的上年数（见表 16-4）、所有者权益变动表的上年数（见表 16-4、表 16-5）也应作相应调整。2018 年 12 月 31 日资产负债表的期末数栏、所有者权益变动表的未分配利润项目上年数栏应以调整后的数字为基础编制。

表 16-3　　　　　　　　　　　资产负债表

2018 年 12 月 31 日　　　　　　　　　　单位：万元

资产	年初数	负债及所有者权益	年初数
投资性房地产	+13 500	递延所得税负债	+3 375
……		盈余公积	+1 012.5
		未分配利润	+9 112.5
资产合计	+13 500	负债及所有者权益	+13 500

2018 年度利润表应调整的上年数则是仅指 2017 年的年度利润要进行调整，与 2016 年无关。2017 年的营业成本为 −1 000 万元，公允价值变动损益为 +2 500 万元，营业利润为 +3 500 万元，所得税费用为 +875 万元，净利润为 +2 625 万元。

表 16-4　　　　　　　　　　　利润表

2018 年　　　　　　　　　　单位：万元

项　目	上年数
一、营业收入	
减：营业成本	−1 000
……	
加：公允价值变动损益	+2 500

续表

项 目	上年数
二、营业利润	+3 500
……	
三、利润总额	+3 500
减：所得税费用	+875
四、净利润	+2 625
……	

表 16 - 5　　　　　　　　　　所有者权益变动表

2018 年　　　　　　　　　　　　　　　　　　　　单位：万元

项 目	本年金额			上年金额		
	盈余公积	未分配利润	所有者权益合计	盈余公积	未分配利润	所有者权益合计
一、上年年末余额						
加：会计政策变更	+262.5	+2 362.5	+2 625	+300	+2 700	+3 000
前期差错更正						
其他						
二、本年年初余额						

（4）附注说明。

（二）未来适用法

未来适用法，是指将变更后的会计政策应用于变更日及以后发生的交易或者事项，或者在会计估计变更当期和未来期间确认会计估计变更影响数的方法。

在未来适用法下，不需要计算会计政策变更产生的累积影响数，也无须重编以前年度的财务报表。企业会计账簿记录及财务报表上反映的金额，变更之日仍保留原有的金额，不因会计政策变更而改变以前年度的既定结果，并在现有金额的基础上再按新的会计政策进行核算。

企业难以对某项变更区分为会计政策变更或会计估计变更的，应当将其作为会计估计变更处理。

五、会计政策变更的会计处理方法的选择

（1）企业依据法律、行政法规或者国家统一的会计制度等要求变更会计政策的情况。

①国家发布相关会计处理办法的，按照国家发布的相关规定执行；

②国家没有发布相关会计处理办法的，应当采用追溯调整法处理。

（2）会计政策变更能够提供更可靠、更相关的会计信息的，应当采用追溯调整法处理，将会计政策变更累积影响数调整列报前期最早期初留存收益，其他相关项目的期初余额和列报前期披露的其他比较数据也应当一并调整，但确定该项会计政策变更累积影响数不切实可行的除外。

（3）确定会计政策变更对列报前期影响数不切实可行的，应当从可追溯调整的最早期间期初开始应用变更后的会计政策。在当期期初确定会计政策变更对以前各期累积影响数不切实可行的，应当采用未来适用法处理。其中，不切实可行，是指企业在采取所有合理的方法后，仍然不能获得采用某项规定所必需的相关信息，而导致无法采用该项规定，则该项规定在此时是不切实可行的。

六、会计政策变更在附注中的披露

对于会计政策变更，除按规定进行会计处理外，还需在会计报表附注中披露以下事项。

（1）会计政策变更的性质、内容和原因；

（2）当期和各个列报前期财务报表中受影响的项目名称和调整金额；

（3）无法进行追溯调整的，说明该事实和原因以及开始应用变更后的会计政策的时点、具体应用情况。

第二节　会计估计及其变更

一、会计估计的概念

会计估计是指企业对其结果不确定的交易或事项以最近可利用的信息为基础所作的判断。由于企业经营活动中不确定性因素的影响，某些会计报表项目不能精确计量，而只能按估计值予以入账和披露。进行会计估计是经济活动中不可避免的，也是会计核算中必不可少的部分。

会计估计具有以下特点。

1. 会计估计的存在是由于经济活动中内在的不确定性因素的影响造成的。在会计核算中，企业总是力求保持会计核算的准确性，但有些交易或事项本身具有不确定性，因而需要根据经验作出估计，同时，采用权责发生制编制会计报表，也使会计核算有必要充分估计未来交易或事项的影响。可以说，在会计核算和信息披露过程中，会计估计是不可避免的。如企业按备抵法计提坏账准备时，需要根据债务单位的财务状况、经营成果、现金流量，以及经验等具体情况作出估计；固定资产的折旧年限、预计净残值也是根据固定资产的消耗方式、性能、技术发展等情况作出的估计。

2. 会计估计应当依据最近可利用的信息或资料为基础进行判断。由于时间的推移和环境的变化，进行会计估计的基础可能会发生变化。因此，企业在进行会计估计时，通常应根据当时的情况和经验，以最近可利用的信息或资料为基础进行判断，使会计估计尽可能地接近现实实际。

3. 合理的会计估计不会削弱会计核算的可靠性。企业为了定期、及时地提供有用的会计信息，将延续不断的经营活动划分为一定的期间，并在权责发生制的基础上对企业的财务状况和经营成果进行定期确认和计量。在确认和计量过程中，不得不对许多尚在延续中且结果不确定的交易或事项予以估计入账。但是，这些估计并不是随意的，而是根据当时所掌握的信息、资料以及一定证据和经验进行判断所作出的最佳合理估计，在此前提下进行的会计估计不会削弱会计核算的可靠性。为保证会计信息的可靠性，必须合理地进行会计估计。

通常情况下，下列 10 种属于会计估计。

（1）存货可变现净值的确定，非流动资产可收回金额的确定；

（2）公允价值的确定；

（3）固定资产的使用寿命、预计净残值和折旧方法；

（4）使用寿命有限的无形资产的预计使用寿命、残值、摊销方法；

（5）职工薪酬金额的确定；

（6）预计负债金额的确定；

（7）收入金额的确定、履约进度的确定；

（8）一般借款资本化金额的确定；

（9）应纳税暂时性差异和可抵扣暂时性差异的确定；

（10）与金融工具相关的摊余成本的确定、金融资产减值损失的确定。

二、会计估计变更的概念

对于什么是会计估计的变更，美国《会计原则委员会意见书第 20 号——会计变更》规定：会计估计可能由于新的交易发生以及更多的经验或信息的获得而变更。

《国际会计准则第 8 号——会计政策、会计估计变更和差错》指出：会计估计变更，指对资产或负债账面金额或资产的期间消耗金额的调整，这种调整源自对资产和负债当前状态以及对与其相关的预期未来收益和义务的评估。会计估计变更的原因是新信息和新进展的出现，因而不是差错的更正。

我国《企业会计准则第 28 号——会计政策、会计估计变更和差错更正》对会计估计变更的定义为：会计估计变更是指由于资产和负债的当前状况及预期未来经济利益和义务发生了变化，从而对资产或负债的账面价值或者资产的定期消耗金额进行调整。

可见，企业发生会计估计变更的原因主要是由于资产和负债的当前状况及预期未来经济利益和义务发生了变化。

三、会计估计变更的会计处理

对于会计估计变更的会计处理，国际会计准则和美国会计准则都认为会计估计变更的影响应在变更发生的当期或未来期间进行确认，即采用未来适用法。具体地说，会计估计变更只对变更日以后发生的交易或事项采用新的会计估计进行会计处理，不需要计算会计估计产生的累积影响，也不需要重新编制以前期间的财务报表。会计估计变更如果影响变更当期的损益，则在变更当期进行处理；如果影响变更当期和未来期间的损益，则在变更当期和未来期间进行处理。

对于会计估计变更，我国企业会计准则采用未来适用法，即在会计估计变更当期及以后期间，采用新的会计估计，不改变以前期间的会计估计，不需要计算变更产生的累积影响数，不调整以前期间的报告结果，这与国际会计惯例是一致的。具体有以下三种情况：

（1）如果会计估计的变更仅影响变更当期，有关估计变更的影响数应于当期确认。例如，企业原按照应收账款余额的10%计提坏账准备，由于不能收回的应收账款比例已达20%，企业改按20%提取坏账准备，这类会计估计变更，只影响变更当期，因此，应于当期确认。

（2）如果会计估计的变更既影响变更当期又影响未来期间，有关估计变更的影响数应于当期和以后各期确认。例如，固定资产折旧年限或预计净残值的估计发生变更，将影响当期和以后各期的折旧费用，应于变更当期和以后各期确认。

（3）会计实务中，如果对某项变更不易区分是会计政策变更还是会计估计变更，应按会计估计变更进行会计处理。

【例16-2】天宇股份有限公司适用的所得税税率为25%。2018年3月31日，A公司董事会决定将其固定资产的折旧年限由10年调整为6年，该项变更自2018年1月1日起执行。上述管理用固定资产系2015年12月购入，成本为1 000万元，采用年限平均法计提折旧，预计净残值为零。税法规定该固定资产的计税年限为10年。

天宇公司会计处理如下。

（1）计算至2018年3月31日的累计折旧额 = 1 000÷10×2+1 000÷10×3/12 = 225（万元）

（2）计算至2018年3月31日的账面价值 = 1 000－225 = 775（万元）

（3）计算从2018年4月1日至年末计提的折旧额 = 775/(6×12－2×12－3)×9 = 155（万元）

（4）计算2018年计提的折旧额 = 1 000÷10×3/12+155 = 180（万元）

（5）计算2018年按照税法规定计算折旧额 = 1 000÷10 = 100（万元）

（6）确认递延所得税收益 = (180－100)×25% = 20（万元）

（7）计算会计估计变更影响2018年净利润 = －[(180－100)－20] = －60（万元）

四、会计估计变更在报表附注中的披露

企业应在财务报表附注中披露以下会计估计变更的信息。

（1）会计估计变更的内容和原因；

（2）会计估计变更对当期和未来期间的影响数；

（3）会计估计变更的影响数不能确定的，披露这一事实和原因。

【例 16－3】天宇股份有限公司 2015 年 1 月取得某无形资产，支付了 10 000 000 元，该无形资产的摊销年限为 10 年，2018 年起将摊销年限调整为 8 年，即预计尚可使用 5 年。所得税税率 25%。

由于会计估计的改变，对 2018 年净利润影响数为：

原估计每年摊销额 = 10 000 000/10 = 1 000 000（元）

采用新会计估计以后每年摊销额 =（10 000 000 － 3 000 000）/（8 － 3）

$$= 1 400 000（元）$$

该事项属于会计估计变更，不必对以前年度进行调整，只需按新摊销额进行摊销：

借：管理费用   1 400 000

    贷：累计摊销   1 400 000

报表附注披露：

本公司的一项无形资产，成本为 10 000 000 元，原预计使用年限为 10 年，2018 年起由于情况的变化，该项无形资产预计使用年限调整为 8 年，预计尚可使用 5 年。由于此项会计估计变更，2018 年管理费用多计 400 000 元，利润总额减少 400 000 元，所得税费用减少 100 000 元，并因此而减少净利润 300 000 元。

第三节　会计差错的更正

一、会计差错概述

会计差错是指在会计核算时，因计量、确认、记录等方面出现的错误。发现会计差错，应立即查明原因，分别不同情况采用不同的处理方法予以更正。

（一）会计差错的产生原因

会计差错的产生有诸多原因，以下是三种常见的差错。

1. 应用会计政策错误。采用了法律或会计准则等法规所不允许的会计政策。如按照我国企业会计准则规定，为购建固定资产而发生的借款费用，在固定资产尚未交付使用前发生的，应予资本化，计入所购建固定资产的成本。在固定资产

交付使用后发生的，计入当期损益。如果企业固定资产已交付使用后发生的借款费用，也计入该项固定资产的价值，予以资本化，则属于此类错误。

2. 账户分类以及计算错误。如企业购入的五年期国债，根据其管理金融资产的业务模式和金融资产的合同现金流量特征，应分类为以摊余成本计量的金融资产，记入"债权投资"科目，但在记账时记入了"交易性金融资产"，导致账户分类上的错误，并导致在资产负债表上流动资产和非流动资产的分类也有误，同时对当期损益的计算也造成影响。

3. 对事实的疏忽或曲解以及舞弊。如在期末应计项目与递延项目未予调整；漏记已完成的交易；提前确认尚未实现的收入或不确认已实现的收入等。

（二）会计差错的分类

1. 按照会计差错的影响程度和重要性，可划分为重要会计差错和不重要会计差错。

（1）重要会计差错。重要的会计差错，是指足以影响财务报表使用者对企业财务状况、经营成果和现金流量作出正确判断的会计差错。

（2）不重要会计差错。不重要的会计差错，是指不足以影响财务报表使用者对企业财务状况、经营成果和现金流量作出正确判断的前期差错。

2. 按照差错形成时间，可以分为本期差错和前期差错。

（1）本期差错。本期差错是指当年发生并发现的差错。

（2）前期差错。前期差错是指由于没有运用或错误运用下列两种信息，而对前期财务报表造成省略或错报：一是编报前期财务报表时预期能够取得并加以考虑的可靠信息；二是前期财务报告批准报出时能够取得的可靠信息。

二、本期差错的会计处理

当期发现当年的会计差错（无论重要还是不重要），应当立即调整当期相关项目。因为当年的会计报表尚未编制，无论会计差错是否重大，均可直接调整当期有关出错科目，更正后才编制会计报表，不存在"重述"报表问题。

【例 16 - 4】天宇股份有限公司将本年度应予资本化的在建工程人员工资48 000 元计入了管理费用，该工程已于 6 月完工结转为管理用固定资产，固定资产预计使用年限 4 年，按直线法计提折旧。当年 10 月 6 日发现后，应立即予以调整。

经计算，应调增固定资产原始价值 48 000 元，补提 7 ~ 9 月折旧 3 000 元。

账务处理为：

借：固定资产　　　　　　　　　　　　　　　　　　　48 000
　　贷：管理费用　　　　　　　　　　　　　　　　　　　　48 000
借：管理费用　　　　　　　　　　　　　　　　　　　 3 000
　　贷：累计折旧　　　　　　　　　　　　　　　　　　　　 3 000

10 月及以后各月，该固定资产的折旧应在原折旧额上，增加折旧 1 000 元。

三、前期差错更正的会计处理

前期差错的重要程度，应根据差错的性质和金额加以具体判断。

（一）不重要的前期差错的会计处理

对于不重要的前期差错，可以采用未来适用法更正，即企业不需调整财务报表相关项目的期初数，但应调整发现当期与前期相同的相关项目。属于影响损益的，应直接计入本期与上期相同的净损益项目。

（二）重要的前期差错的会计处理

我国《企业会计准则第28号——会计政策、会计估计变更和差错更正》第十二条规定，企业应当采用追溯重述法更正重要的前期差错，确定前期差错累积影响数不切实可行的除外。

追溯重述法是指在发现前期差错时，视同该项前期差错从未发生过，从而对财务报表相关项目进行更正的方法。如某公司2017年年报中的收入为2300万元，在2018年8月发现2017年多计收入100万元；在编制2018年年报时，应重编2017年年报，视同该差错在2017年没有发生过，即2017年的年收入应改为正确的2200万元。

当以追溯重述法更正前期差错不切实可行时，应区分两种情况解决。

（1）如果确定差错对列报的某一期或某几期的特定期间比较信息的影响不切实可行时，企业应当重述"追溯重述法"切实可行的最早期间（也可能是发现差错当期）的资产、负债和权益的期初余额；

（2）如果在当期期初确定差错对所有前期的累积影响不切实可行时，企业应当自最早的切实可行日重述比较信息，采用未来适用法更正差错。

具体地说，企业应当在重要的前期差错发现当期的财务报表中，通过下述处理对其进行追溯更正。

（1）追溯重述差错发生期间列报的前期比较金额；

（2）如果前期差错发生在列报的最早前期之前，则追溯重述列报的最早前期的资产、负债和所有者权益相关项目的期初余额。

对于发生的重要前期差错，如影响损益，应将其对损益的影响数调整发现当期的期初留存收益，财务报表其他相关项目的期初数也应一并调整；如不影响损益，应调整财务报表相关项目的期初数。

在编制比较财务报表时，对于比较财务报表期间的重要的前期差错，应调整各该期间的净损益和其他相关项目，视同该差错在产生的当期已经更正；对于比较财务报表期间以前的重要的前期差错，应调整比较财务报表最早期间的期初留存收益，财务报表其他相关项目的数字也应一并调整。例如，2018年12月发现2017年少提折旧100万元，则在编制2018年年报时，调整2018年利润表中作为比较基础的上年数，即 2017 年利润表中的相关数据；调整 2018 年资产负债表相关项目的年初数。

四、前期差错更正的披露

企业应当在附注中披露与前期差错更正有关的下列信息。

（1）前期差错的性质；

（2）各个列报前期财务报表中受影响的项目名称和更正金额；

（3）无法进行追溯重述的，说明该事实和原因以及对前期差错。

开始进行更正的时点、具体更正情况。在以后期间的财务报表中，不需要重复披露在以前期间的附注中已披露的会计政策变更和前期差错更正的信息。

【例 16-5】天宇股份有限公司 2017 年发行在外普通股加权平均数为 1 000 万股。2017 年基本每股收益为 0.5 元。2018 年 9 月发现 2016 年 12 月一项已完工投入使用的在建工程未结转到管理用固定资产，金额为 6 000 000 元，预计使用年限 6 年。采用直线法计提折旧，2017 年应提折旧 1 000 000 元，2018 年 1~8 月应提折旧 666 700 元（所得税率为 25%，按净利润 10% 提取法定盈余公积）。

分析：2018 年未计提折旧 666 700 元为当期发现的当年度的会计差错。2017 年差错为前期重大会计差错，该差错造成的影响为：2017 年少提折旧 1 000 000 元，管理费用少计 1 000 000 元，营业利润和利润总额多计 1 000 000 元，所得税费用多计 250 000 元，净利润多计 750 000 元，法定盈余公积多计提 75 000 元，未分配利润多计 675 000 元。

1. 会计差错更正账务处理。

①在建工程结转固定资产：

借：固定资产　　　　　　　　　　　　　　　　　6 000 000

　　贷：在建工程　　　　　　　　　　　　　　　　　6 000 000

②补提 2017 年折旧：

借：以前年度损益调整　　　　　　　　　　　　　1 000 000

　　贷：累计折旧　　　　　　　　　　　　　　　　　1 000 000

借：应交税费——应交所得税　　　　　　　　　　　250 000

　　贷：以前年度损益调整　　　　　　　　　　　　　　250 000

③将"以前年度损益调整"科目余额转入"利润分配"：

借：利润分配——未分配利润　　　　　　　　　　　750 000

　　贷：以前年度损益调整　　　　　　　　　　　　　　750 000

④调减盈余公积：

借：盈余公积——法定盈余公积　　　　　　　　　　75 000

　　贷：利润分配——未分配利润　　　　　　　　　　　75 000

⑤2018 年补提折旧：

借：管理费用　　　　　　　　　　　　　　　　　　666 700

贷：累计折旧　　　　　　　　　　　　　　　　　　　　666 700

2. 报表调整和重述。公司在列报 2018 年年报时，应调整 2018 年资产负债表年初余额、利润表有关项目上年金额及所有者权益变动表有关项目上年金额。

（1）资产负债表项目年初数的调整：

固定资产项目调增 5 000 000 元（原始价值调增 6 000 000 元，累计折旧调增 1 000 000 元），调减在建工程 6 000 000 元。调减应交税费 250 000 元，调减盈余公积 75 000 元，调减未分配利润 675 000 元。

（2）利润表有关项目上年金额的调整：

调增管理费用 1 000 000 元，调减所得税费用 250 000 元，调减净利润 750 000 元。基本每股收益调减 0.075 元。

（3）所有者权益变动表有关项目上年金额的调整：

调减前期差错更正项目中盈余公积上年金额 75 000 元，调减未分配利润上年金额 675 000 元，调减所有者权益合计上年金额 750 000 元。

3. 附注披露。本年度发现 2016 年 12 月没有及时结转完工的在建工程，导致 2017 年漏计固定资产折旧 1 000 000 元，由于此项错误的影响，2017 年少提折旧 1 000 000 元，少计管理费用 1 000 000 元，虚增净利润及留存收益 750 000 元。在编制 2017 年与 2018 年可比财务报表时，已对该项差错进行了更正。

如果确定前期差错影响数不切实可行的，可以从可追溯重述的最早期间开始调整留存收益的期初余额，财务报表其他相关项目的期初余额也应当一并调整，也可以采用未来适用法。

应注意：财务报告批准报出前发现报告年度的会计差错，按照资产负债表日后事项处理原则处理。

第四节　资产负债表日后事项

一、资产负债表日后事项的定义

我国《企业会计准则第 9 号——资产负债表日后事项》定义：资产负债表日后事项是指资产负债表日至财务报告批准报出日之间发生的有利或不利事项。

（一）资产负债表日

资产负债表日是指会计年度末和会计中期期末。根据《中华人民共和国会计法》的规定，我国"会计年度自公历 1 月 1 日起至 12 月 31 日止"，因此，"年度资产负债表日"是指 12 月 31 日，但资产负债表日后事项不含 12 月 31 日发生的事项。中期资产负债表日是指年中各会计中期期末，包括月末、季末和半年末。

（二）财务报告批准报出日

根据《中华人民共和国公司法》的规定，董事会有权制定公司的年度财务预算方案、决算方案、利润分配方案和弥补亏损方案，董事会有权批准对外公布财务会计报告，因此，对于上市公司而言，财务会计报告批准报出日是指董事会批准财务会计报告报出的日期。对于其他企业而言，财务会计报告批准报出日是指经理（厂长）会议或类似机构批准财务会计报告报出的日期。

（三）有利事项和不利事项

资产负债表日后事项包括有利事项和不利事项，"有利或不利事项"是指资产负债表日后事项肯定对企业财务状况和经营成果具有一定影响（既包括有利影响也包括不利影响）。如果某些事项的发生对企业并无任何影响，那么，那些事项既不是有利事项也不是不利事项，也就不属于准则所称资产负债表日后事项。资产负债表日后事项如果属于调整事项，不管是有利还是不利事项，都应进行处理，并调整年度或中期财务报表；如果属于非调整事项，对有利和不利事项，都应在年度或中期财务报表的附注中进行披露。

二、资产负债表日后事项所涵盖的期间

资产负债表日后事项所涵盖的期间是资产负债表日后至财务报告批准报出日之间。该期间应当包括以下两类。

（1）报告年度次年的 1 月 1 日至董事会或类似机构批准财务报告可以对外公布的日期；

（2）董事会或类似机构批准财务报告对外公布日与实际对外公布日之间发生的与资产负债表日后事项有关的事项，由此影响财务报告对外公布日期的，应以董事会或类似机构再次批准财务报告对外公布的日期为截止日期。

【例 16-6】天宇股份有限公司 2018 年的年度财务报告于 2019 年 2 月 10 日编制完成，注册会计师完成整个年度审计工作并签署审计报告的日期为 2019 年 4 月 1 日，经董事会批准财务报告可以对外公布的日期为 2019 年 4 月 8 日，财务报告实际对外公布日期为 2019 年 4 月 12 日，股东大会召开日期为 2019 年 4 月 20 日。因此，财务报告批准报出日为 2019 年 4 月 8 日，资产负债表日后事项的时间区间为 2019 年 1 月 1 日（含 1 月 1 日，下同）~2019 年 4 月 8 日。

应注意的是，董事会批准财务报告可以对外公布的日期至公司实际对外公布的日期之间发生的事项，也属于资产负债表日后事项，在本例中，经董事会批准财务报告对外公布的日期为 2019 年 4 月 8 日，实际对外公布的日期为 2019 年 4 月 12 日，如果在 4 月 8 日~12 日之间发生了日后事项，也需要调整会计报表相关项目的数字或需要在会计报表附注中披露。如果经调整或说明后的财务报告再经董事会批准的报出日期为 2019 年 4 月 18 日，实际对外公布的

日期为 2019 年 4 月 23 日，则资产负债表日后事项涵盖的期间为 2019 年 1 月 1 日 ~ 2019 年 4 月 18 日。

三、资产负债表日后事项的分类

国际上普遍认为管理层和注册会计师需要考虑和评价的资产负债表日后事项有两类。

（1）影响前期财务报表金额需要重新确认的事项；

（2）不需要重新确认，但必须在财务报表附注中披露的事项。

通常将第一类事项称为调整事项，第二类事项称为非调整事项。

我国《企业会计准则第 29 号——资产负债表日后事项》也将资产负债表日后事项分为调整事项和非调整事项。

（一）调整事项

资产负债表日后调整事项，是指对资产负债表日已经存在的情况提供了新的或进一步证据的事项。

调整事项有以下两种特点。

（1）在资产负债表日已经存在，资产负债表日后得以证实的事项；

（2）对按资产负债表日存在状况编制的财务报表产生重大影响的事项。

企业发生的调整事项，一般包括以下四种。

（1）资产负债表日后诉讼案件结案，法院判决证实了企业在资产负债表日已经存在现时义务，需要调整原先确认的与该诉讼案件相关的预计负债，或确认一项新负债；

（2）资产负债表日后取得确凿证据，表明某项资产在资产负债表日发生了减值或者需要调整该项资产原先确认的减值金额；

（3）资产负债表日后进一步确定了资产负债表日前购入资产的成本或售出资产的收入；

（4）资产负债表日后发现了财务报表舞弊或差错。

上述列示的调整事项，都是在资产负债表日之前已经存在，资产负债表日后又获得了新的证据得以证实，并需要调整财务报表的事项。

【例 16 - 7】天宇股份有限公司应收乙公司账款 150 000 元，按合同约定应在 2018 年 12 月 1 日前偿还。在 2018 年 12 月 31 日结账时，天宇公司尚未收到这笔款项，并已知乙公司财务状况不佳，近期内难以偿还债务，天宇公司对该应收账款提取了 20% 的坏账准备。2019 年 2 月 1 日，在天宇股份公司对外报出财务报告之前收到乙公司通知，乙公司已经宣告破产，无法偿还部分欠款。

分析：天宇公司于 2018 年 12 月 31 日结账时已经得知乙公司财务状况不佳，即在 2018 年 12 月 31 日，乙公司财务状况不佳的事实已经存在，但未得到乙公司破产的确切证据。在收到乙公司破产通知后，已有新的确凿证据表明应收乙公司款项中的大部分已经成为坏账，依据资产负债表日存在状况编制的财务报表所提供的信息已不能真实反映企业的实际情况，由于财务报告尚未对外报出，因此，应对财务报表相关项目的数字进行调整，调整后再对外报送。

（二）非调整事项

资产负债表日后非调整事项，是指表明资产负债表日后发生的情况的事项。资产负债表日后非调整事项虽然不影响资产负债表日的存在情况，但不加以说明将会影响财务报告使用者作出正确估计和决策。

非调整事项有以下两种特点。

（1）资产负债表日并未发生或存在，完全是期后新发生事项；

（2）对理解和分析财务报告有重大影响事项。

调整事项与非调整事项的区别与联系：调整事项是事项存在于资产负债表日或以前，资产负债表日后提供了证据对以前已存在的事项作进一步的说明；而非调整事项是在资产负债表日尚未存在，但在财务会计报告批准报出日之前发生或存在。还应注意，只有满足持续经营的假定才需按资产负债表日后事项的要求对原报表进行调整。

这两类事项的共同点在于调整事项和非调整事项都会对企业的财务状况、经营成果产生影响，进而会影响财务报告的使用者对企业财务状况、经营成果作出正确的估计和决策。

【例16-8】债务人乙公司财务情况恶化导致债权人天宇股份有限公司发生坏账损失，可能存在两种情况。

（1）2018年12月31日天宇公司根据掌握的资料判断，乙公司有可能破产清算，故按应收账款的20%计提坏账准备。天宇公司一周后接到通知，乙公司已被宣告破产清算，天宇公司估计有50%的债权无法收回。

（2）2018年12月31日乙公司财务状况良好，天宇公司预计应收账款可按时收回；但乙公司一周后发生重大火灾，导致天宇公司50%的应收账款无法收回。

本例中，（1）造成天宇公司50%应收账款无法收回的事实是乙公司财务状况恶化，该事实在资产负债表日已经存在，乙公司被宣告破产只是证实了资产负债表日的情况，因此，导致天宇公司应收款项发生坏账的事项属于调整事项，应按调整事项的处理原则调整账表相关数字。（2）导致天宇公司应收乙公司款项发生坏账的因素是火灾，这一事实在资产负债日以后才发生，因此，乙公司发生火灾导致天宇公司应收款项发生坏账的事项属于非调整事项，应当在报表附注中披露。

四、资产负债表日后调整事项的会计处理

对于调整事项的会计处理，国际上有两种方法。

（1）调整财务报表上的资产和负债以及相关收入、费用，以反映资产负债

表日后事项的影响。国际会计准则、中国香港地区、日本、英国及美国都按这一方法处理。支持这一观点的认为，财务报表中列示的金额经常来自估计，而非准确的计量，资产负债表日后事项中的调整事项，是对资产负债表日所作估计的一种追加证据，表明资产负债表日所作的估计与事实不符。当新的证据表明，原估计数存在差异时，根据新的证据对资产负债表日报表的相关数据进行调整是必要的。

（2）不调整财务报表上的相关数据，仅在财务报表附注中披露资产负债表日后事项对财务报表相关项目预计产生的影响。支持这一观点的认为，在财务报表附注中披露这些事项，既可以反映财务报表的原貌，又可以说明财务报表中估计的变化情况。

我国对资产负债表日后事项的调整事项，采用第一种会计处理方法，即调整财务报表的资产和负债以及相关的收入、费用，以反映资产负债表日后事项的影响。

（一）我国对调整事项的处理原则

由于资产负债表日后事项发生在次年，上年度的有关账目已经结转，特别是损益类科目在结账后已无余额，因此，资产负债表日后发生的调整事项应当分情况进行账务处理；同时，还应调整资产负债表日已编制的会计报表。需要调整的会计报表包括资产负债表、利润表、所有者权益变动表，不包括现金流量表。

（1）涉及损益的事项，通过"以前年度损益调整"科目核算。

①调整增加以前年度利润或减少以前年度亏损，借记有关科目，贷记"以前年度损益调整"科目；调整减少以前年度利润或增加以前年度亏损，借记"以前年度损益调整"科目，贷记有关科目。

②由于以前年度损益调整增加的所得税，借记"以前年度损益调整"科目，贷记"应交税费——应交所得税"科目；由于以前年度损益调整减少的所得税，借记"应交税费——应交所得税"科目，贷记"以前年度损益调整"科目。如涉及暂时性差异，应调整递延所得税。

③调整完成后，应将"以前年度损益调整"科目的余额转入"利润分配——未分配利润"科目。科目如为贷方余额，借记"以前年度损益调整"科目，贷记"利润分配——未分配利润"科目；如为借方余额，做相反的会计分录。"以前年度损益调整"科目结转后应无余额。

（2）涉及利润分配的调整事项，直接在"利润分配——未分配利润"科目核算。

（3）不涉及损益以及利润分配的事项，调整相关科目。

（4）通过上述账务处理后，还应同时调整会计报表相关项目的数字，包括：①资产负债表日编制的会计报表相关项目的数字；②当期编制的会计报表相关项目的年初数或上年数；③上述调整如果涉及附注内容的，还应调整附注相关项目的数字。

(二) 调整事项的会计处理方法

我国会计实务中常见的调整事项主要有以下四类，其具体会计处理方法如下。

1. 资产负债表日后诉讼案件结案，法院判决证实了企业在资产负债表日已经存在现实义务，需要调整原先确认的与该诉讼案件相关的预计负债，或确认一项新负债。

资产负债表日或以前已经存在的赔偿事项，在资产负债表日至财务报告批准报出日之间取得了新的证据，表明企业能够收到赔偿款或需要支付赔偿款；或资产负债表日以前提起的诉讼，以不同于资产负债表中登记的金额而结案，表明企业能够收到的赔偿款或需要支付的赔偿款与原估计金额不同，企业应当按照资产负债表日后调整事项的处理原则进行会计处理。在调整时，应注意如果涉及现金流量的，均不调整报告年度资产负债表货币资金项目和现金流量表正表各项目数字。

【例 16 - 9】天宇股份有限公司因未按时发货，违反购销合同，于 2018 年 10 月被中建公司告上法庭，要求赔偿 120 万元。2018 年 12 月 31 日法院尚未判决，据专业人士估计，赔偿金额可能在 800 000 ~ 1 000 000 元。天宇公司按或有事项准则于 2018 年年末确认预计负债 900 000 元。中建公司未确认收益。2019 年 2 月 25 日，经法院判决天宇公司应赔偿 1 000 000 元，天宇公司、中建公司双方均服从判决，天宇公司已向中建公司支付赔偿款 1 000 000 元。假设两公司的所得税税率均为 25%，财务报告批准报出日均为 3 月 10 日。所得税采用资产负债表债务法核算；天宇公司按 10% 提取法定盈余公积。

天宇公司的账务处理如下：

①2019 年 2 月 25 日：

借：以前年度损益调整——营业外支出   100 000

  贷：其他应付款——中建公司   100 000

因法院已判决天宇公司应赔偿 100 万元，所以 100 万元可以调减应交所得税。

借：应交税费——应交所得税（1 000 000 × 25%） 250 000

  贷：以前年度损益调整——所得税费用   250 000

上年末因预计负债 90 万元而产生的可抵扣暂时性差异导致的递延所得税资产转回：

借：以前年度损益调整——所得税费用   225 000

  贷：递延所得税资产   225 000

借：预计负债   900 000

  贷：其他应付款——中建公司   900 000

借：其他应付款——中建公司   1 000 000

  贷：银行存款   1 000 000

此分录属于 2019 年业务，与年报无关。

②将"以前年度损益调整"科目余额转入未分配利润：

借：利润分配——未分配利润   75 000

    贷：以前年度损益调整   75 000
  ③调减盈余公积：
   借：盈余公积   7 500
    贷：利润分配——未分配利润   7 500
  ④调整报告年度 2018 年会计报表相关项目的数字如表 16 - 6 ~ 表 16 - 9 所示。

表 16 - 6   **利润表（部分项目）**

编制单位：天宇股份公司   2018 年度   单位：万元

项　　目	本年累计数		
	调整前	调整数	调整后
营业外支出	（略）	10	（略）
……			
利润总额		- 10	
减：所得税费用		- 2. 5	
净利润		- 7. 5	

表 16 - 7   **资产负债表（部分项目）**

编制单位：天宇股份公司   2018 年 12 月 31 日   单位：万元

资　　产	年末数			负债和所有者权益	年末数		
	调整前	调整数	调整后		调整前	调整数	调整后
				应交税费		- 25	
				其他应付款		+ 100	
				预计负债		- 90	
递延所得税资产		- 22. 5		盈余公积		- 0. 75	
				未分配利润		- 6. 75	
调整的资产总计		- 22. 5		调整的负债和所有者权益总计		- 22. 5	

  应注意，资产负债表是列有年初数以作比较的月报，天宇公司在编制 2019 年 1 月的资产负债表时，是按照调整前 2018 年 12 月 31 日的资产负债表的数字作为年初数，由于 2 月份发生了资产负债表日后调整事项，2019 年 2 月份资产负债表相关项目的年初数应按照调整后的数字填列。

表 16 - 8　　　　　　　　　**所有者权益变动表（部分项目）**

编制单位：天宇股份公司　　　　　　　　　2018 年度　　　　　　　　　单位：万元

项　目	本年金额			
	……	盈余公积	未分配利润	……
……				
净利润			- 7.5	
……				
提取盈余公积		- 0.75	+ 0.75	
……				

表 16 - 9　　　　　　　　　**资产负债表（部分项目）**

编制单位：天宇股份公司　　　　　　　2019 年 2 月 28 日　　　　　　　单位：万元

资　产	年初数	负　债	年初数
……		应交税费	- 25
		其他应付款	+ 100
		预计负债	- 90
		盈余公积	- 0.75
递延所得税资产	- 22.5	年末未分配利润	- 6.75
资产合计	- 22.5	负债及所有者权益合计	- 22.5

中建公司的账务处理如下：

①2019 年 2 月 25 日：

借：银行存款　　　　　　　　　　　　　　　　　　　1 000 000
　　贷：以前年度损益调整——营业外收入　　　　　　　　　　1 000 000
借：以前年度损益调整——所得税费用　　　　　　　　250 000
　　贷：应交税费——应交所得税　　　　　　　　　　　　　　250 000

②将"以前年度损益调整"科目余额转入未分配利润：

借：以前年度损益调整　　　　　　　　　　　　　　　750 000
　　贷：利润分配——未分配利润　　　　　　　　　　　　　　750 000

③补提盈余公积：

借：利润分配——未分配利润　　　　　　　　　　　　75 000
　　贷：盈余公积　　　　　　　　　　　　　　　　　　　　　75 000

④调整报告年度（2018）报表。

资产负债表项目年末数的调整：调增应交税费 250 000 元，调增盈余公积 75 000 元，调增未分配利润 675 000 元。

利润表项目本年数的调整：调增营业外收入 1 000 000 元，调增所得税费用 250 000 元，调增净利润 750 000 元。

所有者权益变动表项目本年数的调整：调增净利润 750 000 元，提取盈余公积项目中盈余公积一栏调增 75 000 元，未分配利润一栏调减 75 000 元。

2. 资产负债表日后取得确凿证据，表明某项资产在资产负债表日发生了减值或者需要调整该项资产原先确认的减值金额。

是指在资产负债表日，根据当时资料判断某项资产可能发生了损失或减值，但没有最后确定是否会发生，因而按当时的最佳估计金额反映在会计报表中。但在资产负债表日至财务报告批准报出日之间，所取得的新的确凿证据能证明该事实成立，即某项资产已经发生了损失或减值，则应对资产负债表日所作的估计予以修正，进行会计处理，并对资产负债表日已编制的会计报表作相应的调整。

该调整事项，如发生在报告年度所得税汇算清缴之前，应调整报告年度的所得税；如果发生在报告年度所得税汇算清缴之后，应将与资产减值准备有关的事项产生的纳税调整金额，作为本年度的纳税调整事项，相应调整本年度应交所得税。

【例 16-10】天宇股份有限公司 2018 年 10 月销售一批产品给汤臣公司，取得含税收入 5 000 000 元，双方约定，货款于 11 月末前支付。但因汤臣公司财务困难，此笔货款到年末尚未支付，天宇公司按当时的情况计提了 10% 的坏账准备。2019 年 3 月 1 日，天宇公司接到汤臣公司通知，汤臣公司已进行破产清算，天宇公司预计有 50% 的货款无法收回。天宇公司所得税税率为 25%，所得税采用资产负债表债务法核算，2019 年 2 月 1 日已完成 2018 年所得税汇算清缴，天宇公司预计今后 3 年内有足够的应税所得用以抵扣可抵扣暂时性差异。按净利润的 10% 提取法定盈余公积。天宇公司 2018 年财务会计报告在 2019 年 3 月 31 日经批准报出。

根据规定判断，该事项应作为调整事项进行处理。

①2019 年 3 月 1 日：

补提坏账准备 2 000 000 元（500×50%－500×10%）

借：以前年度损益调整——信用减值损失　　　　2 000 000
　　　贷：坏账准备　　　　　　　　　　　　　　　　2 000 000

②确认递延所得税资产：

借：递延所得税资产　　　　　　　　　　　　　500 000
　　　贷：以前年度损益调整——所得税费用　　　　　500 000

③将"以前年度损益调整"科目余额转入未分配利润：

借：利润分配——未分配利润　　　　　　　　1 500 000
　　　贷：以前年度损益调整　　　　　　　　　　　1 500 000

④调减多提的盈余公积：

借：盈余公积　　　　　　　　　　　　　　　　150 000
　　　贷：利润分配——未分配利润　　　　　　　　　150 000

⑤调整报告年度报表：

调整 2018 年资产负债表年末数：调减应收账款 2 000 000 元，调增递延所得税资产 500 000 元，调减盈余公积 150 000 元，调减未分配利润 1 350 000 元。

调整 2018 年利润表的本年数：调增信用减值损失 2 000 000 元，调减所得税费用 500 000 元。调减净利润 1 500 000 元。

调整 2018 年所有者权益变动表的本年数：本年净利润中的未分配利润调减 1 500 000 元，调减提取盈余公积栏中盈余公积 150 000 元和调增未分配利润 150 000 元。

调整 2019 年 3 月 31 日资产负债表年初数：调减应收账款 2 000 000 元，调增递延所得税资产 500 000 元，调减盈余公积 150 000 元，调减未分配利润 1 350 000 元。

3. 资产负债表日后进一步确定了资产负债表日前购入资产的成本或售出资产的收入。如果资产负债表日前购入的资产已按暂估金额入账，资产负债表日后获得证据，可以进一步确定该资产的成本，则应对已入账的资产成本进行调整。

企业符合收入确认条件确认了资产的销售收入，但在资产负债表日后获得进一步证据，如发生销售退回等，应调整财务报表相关项目的金额。销售退回，包括报告年度或报告中期销售的商品被退回，也包括更早的以前期间销售的商品在资产负债表日后发生的退货。

【例 16 - 11】天宇股份有限公司 2019 年 10 月 25 日销售一批 A 商品给乙公司，取得收入 2 400 000 元（不含增值税），并结转成本 2 000 000 元。2019 年 12 月 31 日，该笔货款尚未收到，天宇公司未对该应收账款计提坏账准备。2020 年 2 月 8 日，由于产品质量问题，本批货物被全部退回。天宇公司于 2020 年 2 月 20 日完成 2019 年所得税汇算清缴。天宇公司适用的增值税税率为 13%，2019 年年报于 2020 年 4 月 25 日批准报出。

本例中，销售退回业务发生在资产负债表日后事项涵盖期间内，属于资产负债表日后调整事项。由于销售退回发生在天宇公司报告年度所得税汇算清缴之前，因此，在所得税汇算清缴时，应扣除该部分销售退回所实现的应纳税所得额。

天宇公司的账务处理如下：

① 调整销售收入：

借：以前年度损益调整——主营业务收入　　　　　　　2 400 000
　　应交税费——应交增值税（销项税额）　　　　　　　312 000
　　　贷：应收账款——乙公司　　　　　　　　　　　　　2 712 000

② 调整销售成本：

借：库存商品——A 商品　　　　　　　　　　　　　　2 000 000
　　贷：以前年度损益调整——主营业务成本　　　　　　　2 000 000

③ 调整应缴纳的所得税：

借：应交税费——应交所得税（400 000×25%）　　　　　100 000
　　贷：以前年度损益调整——所得税费用　　　　　　　　100 000

④ 将"以前年度损益调整"科目的余额转入未分配利润：

借：利润分配——未分配利润　　　　　　　　　　　　　300 000
　　贷：以前年度损益调整　　　　　　　　　　　　　　　300 000

⑤调减盈余公积：

借：盈余公积——法定盈余公积   30 000

  贷：利润分配——未分配利润   30 000

⑥调整报告年度（2019）财务报表相关项目：

a. 资产负债表项目年末数的调整。

调减应收账款 2 712 000 元，调增存货 2 000 000 元；调减应交税费 412 000 元；调减盈余公积 30 000 元，调减未分配利润 270 000 元。

b. 利润表项目本年数的调整。

调减营业收入 2 400 000 元，调减营业成本 2 000 000 元，调减所得税费用 100 000 元，调减净利润 300 000 元。

c. 所有者权益变动表项目本年数的调整。

提取盈余公积项目中盈余公积一栏调减 30 000 元，未分配利润一栏调增 30 000 元。

⑦调整 2020 年 2 月 28 日资产负债表相关项目的年初数：

调减应收账款 2 712 000 元，调增存货 2 000 000 元；调减应交税费 412 000 元；调减盈余公积 30 000 元，调减未分配利润 270 000 元。

4. 资产负债表日后发现了财务报表舞弊或差错。这一事项是指资产负债表日至财务报告批准日之间发生的属于资产负债表期间或以前期间存在的财务报表舞弊或差错，这种舞弊或差错应当作为资产负债表日后调整事项，调整报告年度的年度财务报告或中期财务报告相关项目的数字。

【例 16 - 12】天宇股份有限公司属于增值税一般纳税企业，适用的增值税税率为 16%，适用的所得税税率为 25%，所得税采用资产负债表债务法核算。天宇公司按当年实现净利润的 10% 提取法定盈余公积。天宇公司 2018 年度所得税汇算清缴于 2019 年 2 月 28 日完成，在此之前发生的 2018 年度纳税调整事项，均可进行纳税调整。天宇公司 2018 年度财务报告于 2019 年 3 月 31 日经董事会批准对外报出。

3 月 27 日，天宇公司发现 2018 年 12 月 31 日对一台设备计提减值损失有错误。2018 年 12 月 31 日该设备的账面价值为 18 000 000 元，公允价值减去处置费用后的净额为 15 000 000 元，预计未来现金流量现值为 12 000 000 元。

2018 年 12 月 31 日天宇公司将该设备的可收回金额预计为 12 000 000 元并确认资产减值损失 6 000 000 元。

分析：资产存在可能发生减值迹象的，应当估计其可收回金额。资产的可收回金额应当根据资产的公允价值减去处置费用后的净额与资产预计未来现金流量的现值两者之间较高者确定。因此，其可收回金额应为 15 000 000 元，而不是 12 000 000 元。

①公司多计提了固定资产减值准备，应予以更正，转回多提的准备 3 000 000 元。

借：固定资产减值准备   3 000 000

  贷：以前年度损益调整——资产减值损失   3 000 000

②转回多计算可抵扣暂时性差异 300 万元而多计的递延所得税资产。

借：以前年度损益调整——所得税费用　　　　　　　750 000
　　贷：递延所得税资产　　　　　　　　　　　　　　　 750 000

③将"以前年度损益调整"转入利润分配——未分配利润。

借：以前年度损益调整　　　　　　　　　　　　　 2 250 000
　　贷：利润分配——未分配利润　　　　　　　　　　 2 250 000

④调整法定盈余公积。

借：利润分配——未分配利润　　　　　　　　　　　 225 000
　　贷：盈余公积　　　　　　　　　　　　　　　　　　 225 000

⑤报表调整：略。

五、资产负债表日后非调整事项的会计处理

（一）常见的非调整事项

（1）资产负债表日后发生重大诉讼、仲裁、承诺；

（2）资产负债表日后资产价格、税收政策、外汇汇率发生重大变化；

（3）资产负债表日后因自然灾害导致资产发生重大损失；

（4）资产负债表日后发行股票和债券以及其他巨额举债；

（5）资产负债表日后资本公积转增资本；

（6）资产负债表日后发生巨额亏损；

（7）资产负债表日后发生企业合并或处置子公司。

（二）非调整事项的处理原则及披露

非调整事项，由于与资产负债表日存在状况无关，调整会计报表是不恰当的，因为这样做通常会导致在赚取收益或发生费用的日期之前报告这些金额。因此，对于非调整事项，不需要进行账务处理，也不需要调整会计报表。但是，财务报告应当反映最近期的相关信息，以满足财务报告及时性的要求，同时，由于这类事项不加以说明，可能会影响财务报告的使用者对企业财务状况、经营成果作出正确的估计和决策，因而需要在会计报表附注中加以说明。

我国《企业会计准则第 29 号——资产负债表日后事项》规定：企业应当在附注中披露每项主要的资产负债表日后非调整事项的性质、内容及其对财务状况和经营成果的影响。无法作出估计的，应当说明原因。

资产负债表日后至财务报告批准报出日之间由董事会或类似机构所制定利润分配方案中分配的股利，或批准宣告发放的股利，无论是现金股利还是股票股利，我国均作为非调整事项，在附注中单独披露。即企业发放的股利，均作为实际发放年度的事项进行处理，企业利润分配表中的"应付普通股股利""应付优先股股利""转作资本（股本）的普通股股利"项目均反映上年度实际分配的

股利。

【例 16 - 13】 天宇股份有限公司 2018 年度财务报告批准报出日是 2019 年 4 月 20 日。

（1）公司于 2019 年 1 月 15 日经批准发行三年期债券 5 000 000 元，面值 100 元，年利率 10%，公司按 110 元的价格发行，并于 2019 年 3 月 15 日发行结束。公司应在 2018 年度会计报表附注中对这一非调整事项进行披露。

（2）2019 年 1 月 10 日，经董事会决定以 100 万元购买另外两家小型加工企业为其生产配件，使其成为公司的全资子公司，购买工作于 2019 年 4 月 15 日结束。应在 2018 年度会计报表附注中对这一非调整事项进行披露。

（3）天宇公司 2018 年 9 月销售给甲企业一批产品，货款为 3 000 000 元，甲企业收到物资，验收入库后开出 6 个月承兑的商业汇票。天宇公司于 2018 年 12 月 31 日编制 2018 年度会计报表时，将这笔应收票据列入资产负债表 "应收票据及应收账款" 项目内。天宇公司 2019 年 1 月 20 日收到甲企业通知，甲企业由于发生水灾，冲毁了大部分厂房和设备，已无力偿付所欠货款。对于这一非调整事项，天宇公司和甲企业均应在 2018 年度会计报表附注中进行披露。

（4）2019 年 1 月 20 日，公司的股东将其 60% 的普通股以溢价出售给了乙企业（出售价格超过了公司股东对公司投资的每股账面价值）。这一交易对公司来说，只是换了一个股东，但在编制 2018 年度财务报告时，应披露与这一非调整事项有关的乙企业购置股份的事实，以及有关购置价格的信息。

（5）2019 年 2 月，丙企业通过法律手段起诉天宇公司违反经济合同，2019 年 3 月，天宇公司同意付给丙企业 500 000 元的现金以使其撤回法律诉讼。如果两公司财务报告批准报出日均是次年的 4 月 20 日，则均应将此事项作为非调整事项，在 2018 年度会计报表附注中进行披露。

主要参考文献

1. 葛家澍，林志军．现代西方会计理论 [M]．厦门大学出版社，2001．

2. 葛家澍．中级财务会计学 [M]．中国人民大学出版社，2007．

3. 中国注册会计师协会．会计 [M]．中国财政经济出版社，2015．

4. 国际会计准则委员会制定，财政部会计准则委员会译．国际会计准则 [M]．中国财政经济出版社，2004．

5. 财政部．企业会计准则 [M]．经济科学出版社，2006．

6. 财政部会计司．美国会计准则解释与运用 [M]．中国财政经济出版社，1995．

7. 美国财务会计准则委员会制定，王世定等译．美国财务会计准则 [M]．经济科学出版社，2002．

敬 告 读 者

为了帮助广大师生和其他学习者更好地使用、理解、巩固教材的内容，本教材提供课件，读者可关注微信公众号"会计与财税"浏览课件。

如有任何疑问，请与我们联系。

QQ：16678722

邮箱：esp_bj@163.com

教材使用 QQ 群：391238470

经济科学出版社

2019 年 2 月

会计与财税

教师交流 QQ 群

教材服务 QQ 群